Fc

Yf 2136

BIBLIOTHÈQUE LITTÉRAIRE

DE LA JEUNESSE.

A L'ÉDITEUR.

Monsieur,

Votre projet d'éditer dans les deux genres, prose et poésie, et sous le titre de *Bibliothèque littéraire de la jeunesse*, un choix des œuvres les plus célèbres de la littérature, me paraît fort utile dans le cas où, en conservant ce que nos auteurs nous ont laissé de remarquable sous le rapport de la composition et du talent, on aura soin d'en élaguer tout ce qui pourrait produire de fâcheuses impressions sur des esprits jeunes et délicats. C'est dans ce but que vous avez préparé des éditions de Corneille, de Racine et de Molière. Les expressions libres, les scènes licencieuses de celui-ci, la peinture trop vive des passions qu'on regrette de rencontrer assez souvent dans les deux autres, exigent de sages précautions. En les apportant dans vos éditions, vous rendez service à beaucoup d'instituteurs de la jeunesse et d'honnêtes familles. Si je me permets de joindre mon humble suffrage à ceux que des publications analogues d'ouvrages en prose vous ont déjà conquis, c'est par le désir de contribuer à encourager une entreprise aussi bien intentionnée que la vôtre.

Agréez, monsieur, ma parfaite considération,

B. des Billiers,
chanoine honoraire de Langres,
vicaire à Saint-Thomas d'Aquin.

Paris, le 9 septembre 1845.

BIBLIOTHÈQUE LITTÉRAIRE DE LA JEUNESSE

CORNEILLE

OEUVRES CHOISIES

ÉDITION ÉPURÉE

ILLUSTRÉE DE 20 DESSINS DE M. CÉLESTIN NANTEUIL

GRAVÉS PAR MM. BREVIÈRE, TRICHON, ETC.

PARIS
P.-C. LEHUBY, LIBRAIRE-ÉDITEUR
RUE DE SEINE, 53, F.-S.-G.
1846

AVERTISSEMENT
DE L'ÉDITEUR.

La pensée de former pour la jeunesse une *Bibliothèque littéraire* composée des ouvrages les plus estimés et les plus connus, et comprenant surtout les chefs-d'œuvre de notre littérature, en y opérant toutefois quelques retranchements, accessoires pour le fond, mais nécessaires dans certaines parties qui ne permettent pas de confier la plupart de ces ouvrages indistinctement à tous les lecteurs ; de satisfaire ainsi, pour un grand nombre, le double besoin de l'instruction et de l'agrément, sans danger pour les impressions du cœur, cette pensée, disons-nous, ne nous appartient pas; son importance a depuis longtemps frappé beaucoup de bons et sages esprits, surtout parmi ceux qui dirigent dans un but religieux et moral l'éducation de la jeunesse, qui en comprennent mieux les exigences. Si quelquefois on en a tenté l'exécution, ce n'a guère été que timidement et partiellement, ou bien sur des ouvrages dont l'épuration était peut-être impossible, souvent incomplète, et par là même inutile.

Pénétré, nous aussi, des avantages d'une pareille entreprise, et encouragé par des adhésions nombreuses de personnes d'ailleurs très compétentes, nous avons osé mettre la main à l'œuvre, et pour premier essai nous avons déjà publié plusieurs ouvrages en prose, entre lesquels nous rappellerons nos éditions des *Mille et une Nuits*, des *Voyages de Gulliver*, de *Don Quichotte*, de *Gilblas*, etc. L'accueil que ces éditions ont obtenu des personnes les plus honorables, dans les institutions et dans les familles, fait assez connaître que nous avions répondu à de justes désirs. C'était pour nous dès lors une satisfaction et un encouragement, et il était naturel aussi d'en conclure que nous ne devions pas nous borner à ces quelques essais : sollicité même de poursuivre nos travaux sur une plus grande échelle, d'aborder à leur tour les œuvres de la poésie française, notre pensée s'est portée tout d'abord sur les noms les plus célèbres, sur ceux qui ont été les maîtres de l'art, qui ont tant contribué à former, à illustrer notre langue, qui sont et seront toujours et partout des modèles, Corneille et Racine. Corneille, que l'on a surnommé, à juste titre, le père de la poésie française, à qui la postérité a décerné le nom de grand, est le premier que nous publions.

AVERTISSEMENT

Voici en quoi consiste le travail opéré dans cette édition : on y a réuni les tragédies de Corneille les plus estimées, celles qui ont établi davantage la gloire et la célébrité de l'auteur. Mais comme il n'en est aucune qui ne renferme des passages où quelques passions des plus dangereuses pour l'innocence et la paix du cœur ne soient trop vivement exprimées, et qui, par cette raison, n'offre quelques inconvénients pour une classe nombreuse de lecteurs, d'ailleurs la plus intéressante, bien que ces inconvénients soient, généralement parlant et par la nature même des sujets, moins graves dans la tragédie que dans la comédie, nous nous sommes efforcé de les faire disparaître au moyen de coupures et de retranchements qui, sans détruire l'ensemble et la marche du drame, sans lui ôter son intérêt, en conservent toutes les beautés. Notre travail s'est presque exclusivement borné à ces seuls retranchements. Lorsqu'il n'était pas possible de concilier un intérêt d'ensemble avec quelques passages remarquables, dignes d'être cités, nous avons donné des fragments, et le titre de la pièce en porte l'indication. C'est ce qui a été fait principalement pour quelques tragédies de second ordre. Nous ne pouvions d'ailleurs ni ne voulions donner plus d'un volume. Mais nous croyons pouvoir affirmer que ceux qui liront notre édition connaîtront les chefs-d'œuvre de Corneille, ce qu'il a produit de plus propre à plaire et à former le goût, ce qui lui a conquis sa gloire ; et n'est-ce pas là le seul but avoué que doivent se proposer la plupart des lecteurs ? Voilà pourquoi encore nous n'avons rien donné de ses comédies qui sont de beaucoup inférieures à ses tragédies. La comédie allait moins au genre d'esprit de Corneille, et l'on peut dire qu'elle était au-dessous de son génie, fait pour les grands caractères.

Ce travail, nous n'avons pas pu nous le dissimuler, suscitera plus d'une objection et rencontrera probablement des critiques. Nous en distinguons de deux sortes ; qu'on nous permette quelques réponses. Les uns, et ce sont des personnes vertueuses, des mieux intentionnées, très sévères, à juste titre, pour le choix des lectures offertes à la jeunesse, nous blâmeront peut-être de lui présenter des œuvres dramatiques, au risque de lui inspirer le goût du théâtre et de la provoquer à d'autres lectures semblables. Certes, nous savons très bien nous-même ce que le théâtre a, pour l'ordinaire, de répréhensible et de dangereux ; et ce qui prouve notre conviction, c'est que Corneille et Racine eux-mêmes, que nous plaçons, sous tous les rapports, fort au-dessus de ceux qui ont suivi la même carrière littéraire, qui étaient des hommes de foi, qui vivaient dans un siècle plus religieux que le nôtre, et où conséquemment les lois de la morale auraient dû être plus rigoureusement gardées, ne nous semblent cependant pas avoir écrit avec assez de réserve pour que leurs œuvres soient confiées indistinctement et sans précautions à tous les lecteurs. C'est cette conviction qui nous a déterminé à donner notre édition. Toutefois, disons-le, si les œuvres de nos grands auteurs étaient ignorées, on pourrait peut-être encore avoir quelques raisons de les tirer de l'oubli ; témoin ces austères habitants des monastères du moyen-âge, ces infatigables copistes du cloître, ces pontifes même de l'Église qui nous ont transmis, après les avoir sauvés du naufrage, les chefs-d'œuvre de l'antiquité païenne. Mais ces ouvrages de nos célèbres écrivains sont connus, multipliés, souvent cités ; on les trouve fréquemment sous sa main ; on ne peut se dispenser de les faire connaître, dans quelques parties au moins, aux élèves des cours d'humanité. Les jeunes personnes elles-mêmes, dont l'éducation est, au jugement de quelques bons esprits, poussée à l'excès dans certains détails, celles surtout qui appartiennent à une condition plus élevée et qui complètent souvent leur instruction par quelques études de la littérature, en ont aussi entendu l'éloge et sont quelquefois impatientes de les connaître. Qui dira, dans cet état de choses, qu'il n'est pas préférable qu'on lise ces ouvrages dans une édition semblable à la nôtre, plutôt que dans des éditions complètes ? Il faut encore convenir qu'à une époque où la lecture devient chaque jour, par suite d'une instruction plus générale, comme un besoin universel, et où la librairie s'encombre incessamment de tant de mauvaises productions, il vaut mieux, avec les précautions que nous prenons, initier la jeunesse à la connaissance des chefs-d'œuvre de notre littérature et cultiver son esprit par cette lecture, que voir dans ses mains des livres bien autrement dangereux. Craindrait-on qu'après avoir lu notre édition épurée bien des jeunes lecteurs ne voulussent en chercher une complète ? Cette mauvaise disposition pourra bien exister chez quelques-uns, mais pour beaucoup d'autres nous aimons à penser qu'il en sera autrement, et nous sommes fondé à le croire par notre expérience. Nous savons qu'il existe, et nous en connaissons, bon nombre de jeunes gens et de jeunes personnes qui, élevés religieusement et prévenus que ces lectures, faites sans précautions, leur offriraient quelque danger, ont assez de sagesse pour s'en abstenir, malgré des désirs peut-être assez vifs, mais qui pourraient faire succomber trop tôt à la tentation. Or, nous voulons croire que, quand ils connaîtront les beautés de nos grands auteurs dont nous leur composons une bibliothèque choisie, dans une heureuse combinaison d'instruction, d'agrément et de vertu, ces mêmes jeunes gens n'auront pas d'assez mauvais instincts pour aller rechercher, dans des éditions intégrales, les passages que nous avons cru devoir soustraire à leurs regards. Nous leur en renouvelons ici la recommandation dans un but qu'ils sauront encore mieux apprécier plus tard, et c'est ainsi qu'ils nous remercieront de ce que nous aurons fait pour eux. Nous n'avons travaillé que pour cette portion de jeunesse intéressante et sage, plus nombreuse encore qu'on ne pense : notre peine serait complétement inutile pour ceux qui recherchent et se permettent sans scrupule de mauvaises lectures ; on ne nous reprochera pas de porter ces derniers à la tentation, car n'ont-ils pas, hélas ! trop d'occasions et de moyens de satisfaire une damnable curiosité ?

Il faut finir, et nous expliquer, en peu de mots, avec une seconde classe de critiques. Ce sont ou des hommes pour qui la vertu et la foi sont également indifférentes, et nous déclarons ne pas nous en inquiéter et ne vouloir pas nous y arrêter ; ou bien des personnes qui croient le théâtre moins dangereux que ne le font les directeurs des âmes, coupables à leurs yeux d'exagération, et qui le regardent même comme une école de vertu ; nous nous bornons, pour abréger, à leur opposer une haute autorité, après beaucoup d'autres, celle de Bossuet dans ses *Maximes et réflexions sur la comédie*, dans quelques lettres au P. Caffaro, dans sa réponse à Louis XIV qui le consultait sur cette matière : « Sire, il y a de grands exem-
« ples pour, mais il y a de grandes raisons contre. » Nous y joindrons cette parole remarquable de J.-J. Rousseau : « Les théâtres
« sont un exercice pour la vertu, et celui qui s'expose à ces dan-
« gers mérite d'y succomber. Des spectacles et des mœurs ! voilà
« qui formerait vraiment un spectacle à voir, d'autant mieux que
« ce serait pour la première fois. » C'est appuyé sur de telles autorités, sans parler de celles des docteurs de l'Église et de l'expérience, qu'en offrant à la jeunesse les plus belles compositions du théâtre français, il nous a paru nécessaire d'en retrancher ce qu'elles offrent de dangereux pour les impressions du cœur.

D'autres enfin, littérateurs trop absolus, qui ne voient rien au-dessus de l'art et des productions du génie, pourront critiquer notre travail à ce point vue. Nous y sommes résigné à l'avance, en déclarant toutefois qu'au risque de passer pour quelque peu barbare, nous plaçons bien avant le génie, tout admirable et élevé qu'il soit, les règles éternelles de la morale. Nous savons aussi admirer et respecter ce que l'esprit humain a produit de grand et de beau ; mais, nous l'avouons, et nous ne serons probablement pas seul de notre avis, le génie se montre à nos yeux magnifique et pur bien plus dans les beautés que notre édition a recueillies, que dans les passages supprimés, bien plus dans la peinture des grandes scènes ou des nobles caractères, que dans les expressions sentimentales d'une passion souvent condamnable. Ici nous voyons moins le génie que des faiblesses, des fautes, des concessions, souvent inutiles, à quelques mauvais instincts des spectateurs : car, il faudrait bien l'avouer, nos chefs-d'œuvre dramatiques ne seraient pas moins admirables s'ils étaient plus purs ; la tragédie surtout pourrait, ce nous semble, se passer du jeu trop vivement exprimé de certaines passions mauvaises représentées à plaisir dans tous leurs écarts ; la peinture dangereuse qu'on en fait trop souvent ne serait-elle pas plutôt un usage répréhensible et un abus qu'une nécessité de l'art ? On nous pardonnera bien d'ailleurs de partager les scrupules de Corneille et de Racine eux-mêmes.

Après tout, qu'a-t-on fait dans une foule de *Recueils* ou *Choix de poésies, Ornements de la mémoire, Traités de littérature*, etc., offerts à la jeunesse ? On a donné des extraits, des citations des morceaux les plus remarquables de nos grands auteurs, et l'on ne croyait pas outrager les règles de l'art, ni offenser Corneille, Racine, Molière ou autres. Eh bien ! c'est là, si l'on veut, ce que nous avons fait, mais plus complétement, plus utilement, et mieux ce nous semble ; car nous donnons un bon nombre de pièces à peu près entières, sauf quelques suppressions dont nous prévenons, et pour les motifs que nous indiquons, tout en ménageant un ensemble, un intérêt, les beautés de nos auteurs. Nous croyons donc contribuer bien davantage à l'instruction, à l'agrément de nos lecteurs, en évitant de plus graves inconvénients. Voilà nos raisons : maintenant qu'on nous juge ; nous devrons nous soumettre.

victoires, soit pour lui demander des grâces, soit pour le remercier de celles qu'il en avait reçues. Il a traduit deux ouvrages latins du P. de Larue, tous deux d'assez longue haleine, et plusieurs autres petites pièces de Santeuil. Il estimait extrêmement ces deux poëtes. Enfin, après *Suréna*, qui fut joué en 1675, Corneille renonça décidément au théâtre pour se préparer à mourir chrétiennement. Il mourut le 1er septembre 1684, dans sa soixante-dix-neuvième année, doyen de l'Académie Française, regardé comme le plus grand poëte tragique de la France.

La suite de ses œuvres représente ce qui doit arriver à un grand homme qui pousse le travail jusqu'à la fin de sa vie. Ses commencements sont faibles et imparfaits, mais déjà dignes d'admiration par rapport à son siècle; ensuite il va aussi haut que son art peut atteindre; à la fin il s'affaiblit, s'éteint peu à peu, et n'est plus semblable à lui-même que par intervalles.

Corneille était assez grand et assez plein, avait l'air fort simple et fort commun, toujours négligé, et peu curieux de son extérieur. Il avait le visage assez agréable, un grand nez, la bouche belle, les yeux pleins de feu, la physionomie vive. Il parlait peu, même sur la matière qu'il entendait si bien. Il n'ornait pas ce qu'il disait; et, pour trouver le grand Corneille, il fallait le lire. Il avait l'humeur brusque, et quelquefois rude en apparence; au fond il était très aisé à vivre, tendre et plein d'amitié. Il avait l'âme fière et indépendante: nulle souplesse, nul manége, ce qui l'a rendu très propre à peindre la vertu romaine, et très peu propre à faire sa fortune. Il n'aimait point la cour: il y apportait un visage presque inconnu, un grand nom qui ne s'attirait que des louanges, et un mérite qui n'était point de ce pays-là. Rien n'était égal à son incapacité pour ses affaires que son aversion: les plus légères lui causaient de l'effroi et de la terreur. Quoique son talent lui eût beaucoup rapporté, il n'en était guère plus riche: il eût fallu le devenir par une habileté qu'il n'avait pas, et par des soins qu'il ne pouvait prendre. On l'a accusé d'être un homme intéressé et moins avide de gloire que de gain. Le P. de Tournemine le venge de cet injuste reproche, et rapporte que, peu de jours avant sa mort, l'argent manquait à cet illustre malade, fort éloigné de thésauriser; et le roi, ayant appris du P. de La Chaise la situation critique du grand Corneille, lui envoya deux cents louis. Ce qui l'honore surtout et complète son portrait, c'est d'avoir joint dans tous les temps, à beaucoup de probité naturelle, un grand fond de religion et des vertus réelles.

LE CID

TRAGÉDIE (1636).

A MADAME LA DUCHESSE D'AIGUILLON[1].

Madame,

Ce portrait vivant que je vous offre représente un héros assez reconnaissable aux lauriers dont il est couvert. Sa vie a été une suite continuelle de victoires; son corps, porté dans son armée, a gagné des batailles après sa mort; et son nom, au bout de six cents ans, vient encore triompher en France. Il y a trouvé une réception trop favorable pour se repentir d'être sorti de son pays et d'avoir appris à parler une autre langue que la sienne. Ce succès a passé mes plus ambitieuses espérances, et m'a surpris d'abord; mais il a cessé de m'étonner depuis que j'ai vu la satisfaction que vous avez témoignée quand il a paru devant vous. Alors j'ai osé me promettre de lui tout ce qui en est arrivé, et j'ai cru qu'après les éloges dont vous l'avez honoré, cet applaudissement universel ne lui pouvait manquer. Et véritablement, Madame, on ne peut douter avec raison de ce que vaut une chose qui a le bonheur de vous plaire; le jugement que vous en faites est la marque assurée de son prix: et comme vous donnez toujours libéralement aux véritables beautés l'estime qu'elles méritent, les fausses n'ont jamais le pouvoir de vous éblouir. Mais votre générosité ne s'arrête pas à des louanges stériles pour les ouvrages qui vous agréent; elle prend plaisir à s'étendre utilement sur ceux qui les produisent, et ne dédaigne point d'employer ce grand crédit[2] que votre qualité et

---

[1] Marie-Madeleine de Vignerot, fille de la sœur du cardinal et de René de Vignerot, seigneur de Pont-Courley. Elle épousa le marquis du Roure de Cambalet, et fut dame d'atours de la reine : elle fut duchesse d'Aiguillon, de son chef, sur la fin de 1637. (V.)

[2] La duchesse d'Aiguillon avait un très grand crédit, en effet, sur son oncle le cardinal ; et, sans elle, Corneille aurait été entièrement disgracié : il le fait assez entendre par ces paroles. Ses ennemis acharnés l'avaient peint comme un esprit altier qui bravait le premier ministre, et qui confondait dans un mépris général leurs ouvrages, et le goût de celui qui le protégeait. La duchesse d'Aiguillon rendit dans cette affaire un aussi grand service à son oncle qu'à Corneille : elle lui sauva dans la postérité la honte de passer pour l'approbateur de Colletet, et l'ennemi du *Cid* et de *Cinna*. V.

vos vertus vous ont acquis. J'en ai ressenti des effets qui me sont trop avantageux pour m'en taire, et je ne vous dois pas moins de remerciements pour moi que pour *le Cid*. C'est une reconnaissance qui m'est glorieuse, puisqu'il m'est impossible de publier que je vous ai de grandes obligations, sans publier en même temps que vous m'avez assez estimé pour vouloir que je vous en eusse. Aussi, Madame, si je souhaite quelque durée pour cet heureux effort de ma plume, ce n'est point pour apprendre mon nom à la postérité, mais seulement pour laisser des marques éternelles de ce que je vous dois, et faire lire à ceux qui naîtront dans les autres siècles la protestation que je fais d'être toute ma vie,

Madame,

Votre très humble et très obéissant serviteur,

CORNEILLE.

PERSONNAGES.

D. FERNAND, premier roi de Castille.
D. DIÈGUE, père de don Rodrigue.
D. GOMÈS, comte de Gormas, père de Chimène.
D. RODRIGUE.
D. SANCHE.
D. ARIAS, } gentilshommes castillans.
D. ALONSE,
CHIMÈNE, fille de don Gomès.
ELVIRE, gouvernante de Chimène.

La scène est à Séville [1].

---

(1) Remarquez que la scène est tantôt au palais du roi, tantôt dans la maison du comte de Gormas, tantôt dans la ville; mais, comme je le dis ailleurs, l'unité de lieu serait observée aux yeux des spectateurs, si on avait eu des théâtres dignes de Corneille, semblables à celui de Vicence, qui représente une ville, un palais, des rues, une place, etc.; car cette unité ne consiste pas à représenter toute l'action dans un cabinet, dans une chambre, mais dans plusieurs endroits contigus que l'œil puisse apercevoir sans peine. (V.)

ACTE PREMIER.

SCÈNE PREMIÈRE.

LE COMTE, D. DIÈGUE.

Le Comte. Enfin vous l'emportez, et la faveur du roi
Vous élève en un rang qui n'était dû qu'à moi ;
Il vous fait gouverneur du prince de Castille.
D. Diègue. Cette marque d'honneur qu'il met dans ma famille
Montre à tous qu'il est juste, et fait connaître assez
Qu'il sait récompenser les services passés.
Le Comte. Pour grands que soient les rois, ils sont ce que nous sommes,
Ils peuvent se tromper comme les autres hommes ;
Et ce choix sert de preuve à tous les courtisans
Qu'ils savent mal payer les services présents.
D. Diègue. Ne parlons plus d'un choix dont votre esprit s'irrite :
La faveur l'a pu faire autant que le mérite.
Mais on doit ce respect au pouvoir absolu,
De n'examiner rien quand un roi l'a voulu.
A l'honneur qu'il m'a fait ajoutez-en un autre ;
Joignons d'un sacré nœud ma maison à la vôtre.
Vous n'avez qu'une fille, et moi je n'ai qu'un fils ;
Leur hymen nous peut rendre à jamais plus qu'amis :
Faites-nous cette grâce, et l'acceptez pour gendre.
Le Comte. A des partis plus hauts ce beau fils doit prétendre ;
Et le nouvel éclat de votre dignité
Lui doit enfler le cœur d'une autre vanité.
Exercez-la, monsieur, et gouvernez le prince ;
Montrez-lui comme il faut régir une province,
Faire trembler partout les peuples sous sa loi,
Remplir les bons d'amour, et les méchants d'effroi ;
Joignez à ces vertus celles d'un capitaine :
Montrez-lui comme il faut s'endurcir à la peine,
Dans le métier de Mars se rendre sans égal,
Passer les jours entiers et les nuits à cheval,

LE CID,

Reposer tout armé, forcer une muraille,
Et ne devoir qu'à soi le gain d'une bataille :
Instruisez-le d'exemple, et rendez-le parfait,
Expliquant à ses yeux vos leçons par l'effet.

D. Diègue. Pour s'instruire d'exemple, en dépit de l'envie,
Il lira seulement l'histoire de ma vie.
Là, dans un long tissu de belles actions,
Il verra comme il faut dompter les nations,
Attaquer une place, ordonner une armée,
Et sur de grands exploits bâtir sa renommée.

Le Comte. Les exemples vivants sont d'un autre pouvoir ;
Un prince dans un livre apprend mal son devoir.
Et qu'a fait, après tout ce grand nombre d'années,
Que ne puisse égaler une de mes journées?
Si vous fûtes vaillant, je le suis aujourd'hui ;
Et ce bras du royaume est le plus ferme appui.
Grenade et l'Aragon tremblent quand ce fer brille ;
Mon nom sert de rempart à toute la Castille :
Sans moi, vous passeriez bientôt sous d'autres lois,
Et vous auriez bientôt vos ennemis pour rois.
Chaque jour, chaque instant, pour rehausser ma gloire,
Met lauriers sur lauriers, victoire sur victoire :
Le prince à mes côtés ferait dans les combats
L'essai de son courage à l'ombre de mon bras ;
Il apprendrait à vaincre en me regardant faire ;
Et, pour répondre en hâte à son grand caractère,
Il verrait...

D. Diègue. Je le sais, vous servez bien le roi ;
Je vous ai vu combattre et commander sous moi :
Quand l'âge dans mes nerfs a fait couler sa glace,
Votre rare valeur a bien rempli ma place :
Enfin pour épargner les discours superflus,
Vous êtes aujourd'hui ce qu'autrefois je fus.
Vous voyez toutefois qu'en cette concurrence
Un monarque entre nous met quelque différence.

Le Comte. Ce que je méritais vous l'avez emporté.
D. Diègue. Qui l'a gagné sur vous l'avait mieux mérité.
Le Comte. Qui peut mieux l'exercer en est bien le plus digne.
D. Diègue. En être refusé n'en est pas un bon signe.

Le Comte. Vous l'avez eu par brigue, étant vieux courtisan.
D. Diègue. L'éclat de mes hauts faits fut mon seul partisan.
Le Comte. Parlons-en mieux, le roi fait honneur à votre âge.
D. Diègue. Le roi, quand il en fait, le mesure au courage.
Le Comte. Et par là cet honneur n'était dû qu'à mon bras.
D. Diègue. Qui n'a pu l'obtenir ne le méritait pas.
Le Comte. Ne le méritait pas ! Moi ?
     D. Diègue. Vous.
       Le Comte. Ton impudence [1],
Téméraire vieillard, aura sa récompense.
       (*Il lui donne un soufflet.*)

D. Diègue, *mettant l'épée à la main.*
  Achève, et prends ma vie après un tel affront,
  Le premier dont ma race ait vu rougir son front.
Le Comte. Et que penses-tu faire avec tant de faiblesse ?
D. Diègue. O Dieu ! ma force usée en ce besoin me laisse !
Le Comte. Ton épée est à moi, mais tu serais trop vain,
  Si ce honteux trophée avait chargé ma main.
  Adieu. Fais lire au prince, en dépit de l'envie,
  Pour son instruction l'histoire de ta vie ;
  D'un insolent discours ce juste châtiment
  Ne lui servira pas d'un petit ornement.

SCÈNE II.

D. DIÈGUE.

  O rage ! ô désespoir ! ô vieillesse ennemie !
  N'ai-je donc tant vécu que pour cette infamie ?
  Et ne suis-je blanchi dans les travaux guerriers
  Que pour voir en un jour flétrir tant de lauriers ?
  Mon bras qu'avec respect toute l'Espagne admire,
  Mon bras qui tant de fois a sauvé cet empire,
  Tant de fois affermi le trône de son roi,
  Trahit donc ma querelle, et ne fait rien pour moi ?

---

(1) On ne donnerait pas aujourd'hui un soufflet sur la joue d'un héros. Les acteurs mêmes sont très embarrassés à donner ce soufflet ; ils font le semblant. Cela n'est plus même souffert dans la comédie, et c'est le seul exemple qu'on ait sur le théâtre tragique. Il est à croire que c'est une des raisons qui firent intituler *le Cid, tragi-comédie.* (V.)

O cruel souvenir de ma gloire passée!
Œuvre de tant de jours en un jour effacée!
Nouvelle dignité, fatale à mon bonheur!
Précipice élevé d'où tombe mon honneur!
Faut-il de votre éclat voir triompher le comte,
Et mourir sans vengeance, ou vivre dans la honte?
Comte, sois de mon prince à présent gouverneur;
Ce haut rang n'admet point un homme sans honneur;
Et ton jaloux orgueil, par cet affront insigne,
Malgré le choix du roi m'en a su rendre indigne.
Et toi, de mes exploits, glorieux instrument,
Mais d'un corps tout de glace inutile ornement,
Fer jadis tant à craindre, et qui, dans cette offense,
M'as servi de parade, et non pas de défense,
Va, quitte désormais le dernier des humains,
Passe, pour me venger, en de meilleures mains.

SCÈNE III.

D. DIÈGUE, D. RODRIGUE.

D. Diègue. Rodrigue, as-tu du cœur?
  D. Rodrigue. Tout autre que mon père
L'éprouverait sur l'heure.
  D. Diègue. Agréable colère!
Digne ressentiment à ma douleur bien doux!
Je reconnais mon sang à ce noble courroux;
Ma jeunesse revit en cette ardeur si prompte.
Viens, mon fils, viens, mon sang, viens réparer ma honte;
Viens me venger.
 D. Rodrigue. De quoi?
  D. Diègue. D'un affront si cruel,
Qu'à l'honneur de tous deux il porte un coup mortel;
D'un soufflet. L'insolent en eût perdu la vie;
Mais mon âge a trompé ma généreuse envie;
Et ce fer que mon bras ne peut plus soutenir,
Je le remets au tien pour venger et punir.
Va contre un arrogant éprouver ton courage:
Ce n'est que dans le sang qu'on lave un tel outrage;

Meurs ou tue. Au surplus, pour ne te point flatter,
Je te donne à combattre un homme à redouter;
Je l'ai vu, tout couvert de sang et de poussière,
Porter partout l'effroi dans une armée entière.
J'ai vu, par sa valeur, cent escadrons rompus;
Et pour t'en dire encor quelque chose de plus,
Plus que brave soldat, plus que grand capitaine.
C'est...

D. Rodrigue. De grâce, achevez.

D. Diègue. Le père de Chimène.

D. Rodrigue. Le?...

D. Diègue. Ne réplique point, je connais ton amour :
Mais qui peut vivre infâme est indigne du jour;
Plus l'offenseur est cher, et plus grande est l'offense.
Enfin tu sais l'affront et tu tiens la vengeance :
Je ne te dis plus rien. Venge-moi, venge-toi,
Montre-toi digne fils d'un père tel que moi.
Accablé des malheurs où le destin me range,
Je vais les déplorer. Va, cours, vole, et nous venge.

SCÈNE IV.

D. RODRIGUE.

Il vaut mieux courir au trépas[1].
Mon cœur doit à Chimène aussi bien qu'à mon père ;
J'attire en me vengeant sa haine et sa colère ;
J'attire ses mépris en ne me vengeant pas.
A mon plus doux espoir l'un me rend infidèle,
    Et l'autre indigne d'elle.
Mon mal augmente à le vouloir guérir ;
    Tout redouble ma peine.

---

(1) On mettait alors des stances dans la plupart des tragédies, on les a bannies du théâtre. On a pensé que les personnages qui parlent en vers d'une mesure déterminée ne devaient jamais changer cette mesure, parce que, s'ils s'expliquaient en prose, ils devraient toujours continuer à parler en prose. Or les vers de six pieds étant substitués à la prose, le personnage ne doit pas s'écarter de ce langage convenu. Les stances donnent trop l'idée que c'est le poëte qui parle. Cela n'empêche pas que ces stances du *Cid* ne soient fort belles, et ne soient encore écouté avec beaucoup de plaisir. (V.)

Allons, mon âme ; et puisqu'il faut mourir,
Mourons du moins sans offenser Chimène.

Mourir sans tirer ma raison !
Rechercher un trépas si mortel à ma gloire !
Endurer que l'Espagne impute à ma mémoire
D'avoir mal soutenu l'honneur de ma maison !
Conserver un espoir dont mon âme égarée
    Voit la perte assurée !
N'écoutons plus ce penser suborneur,
    Qui ne sert qu'à ma peine.
Allons, mon bras, sauvons du moins l'honneur,
Puisque après tout il faut perdre Chimène.

    Oui, mon esprit s'était déçu.
Je dois tout à mon père avant qu'à la princesse,
Que je meure au combat, ou meure de tristesse,
Je rendrai mon sang pur comme je l'ai reçu.
Je m'accuse déjà de trop de négligence,
    Courons à la vengeance ;
    Et tout honteux d'avoir tant balancé,
    Ne soyons plus en peine
(Puisque aujourd'hui mon père est l'offensé),
Si l'offenseur est père de Chimène.

ACTE DEUXIÈME.

SCÈNE PREMIÈRE.

D. ARIAS, LE COMTE.

Le Comte. Je l'avoue entre nous, mon sang un peu trop chaud
S'est trop ému d'un mot, et l'a porté trop haut.
Mais puisque c'en est fait, le coup est sans remède.
D. Arias. Qu'aux volontés du roi ce grand courage cède :

ACTE II, SCÈNE I.

Il y prend grande part; et son cœur irrité
Agira contre vous de pleine autorité.
Aussi vous n'avez point de valable défense.
Le rang de l'offensé, la grandeur de l'offense,
Demandent des devoirs et des submissions
Qui passent le commun des satisfactions.

Le Comte. Le roi peut à son gré disposer de ma vie.

D. Arias. De trop d'emportement votre faute est suivie.
Le roi vous aime encore; apaisez son courroux.
Il a dit, JE LE VEUX; désobéirez-vous?

Le Comte. Monsieur, pour conserver tout ce que j'ai d'estime,
Désobéir un peu n'est pas un si grand crime;
Et, quelque grand qu'il soit, mes services présents
Pour le faire abolir sont plus que suffisants.

D. Arias. Quoi qu'on fasse d'illustre et de considérable,
Jamais à son sujet un roi n'est redevable.
Vous vous flattez beaucoup, et vous devez savoir
Que qui sert bien son roi ne fait que son devoir.
Vous vous perdrez, monsieur, sur cette confiance.

Le Comte. Je ne vous en croirai qu'après l'expérience.

D. Arias. Vous devez redouter la puissance d'un roi.

Le Comte. Un jour seul ne perd pas un homme tel que moi.
Que toute sa grandeur s'arme pour mon supplice.
Tout l'État périra, s'il faut que je périsse.

D. Arias. Quoi! vous craignez si peu le pouvoir souverain...

Le Comte. D'un sceptre qui sans moi tomberait de sa main.
Il a trop d'intérêt lui-même en ma personne,
Et ma tête en tombant ferait choir sa couronne.

D. Arias. Souffrez que la raison remette vos esprits.
Prenez un bon conseil.

Le Comte. Le conseil en est pris.

D. Arias. Que lui dirai-je enfin? je lui dois rendre compte.

Le Comte. Que je ne puis du tout consentir à ma honte.

D. Arias. Mais songez que les rois veulent être absolus.

Le Comte. Le sort en est jeté, monsieur, n'en parlons plus.

D. Arias. Adieu donc, puisqu'en vain je tâche à vous résoudre:
Avec tous vos lauriers, craignez encor le foudre.

Le Comte. Je l'attendrai sans peur.

D. Arias. Mais non pas sans effet.

Le Comte. Nous verrons donc par-là don Diègue satisfait.
(Il est seul.) Qui ne craint point la mort ne craint point les menaces.
J'ai le cœur au-dessus des plus fières disgrâces ;
Et l'on peut me réduire à vivre sans bonheur,
Mais non pas me résoudre à vivre sans honneur.

SCÈNE II.

LE COMTE, D. RODRIGUE.

D. Rodrigue. A moi, comte, deux mots.

Le Comte. Parle.

D. Rodrigue. Ote-moi d'un doute.
Connais-tu bien don Diègue ?

Le Comte. Oui.

D. Rodrigue. Parlons bas ; écoute.
Sais-tu que ce vieillard fut la même vertu,
La vaillance et l'honneur de son temps ? le sais-tu ?

Le Comte. Peut-être.

D. Rodrigue. Cette ardeur que dans les yeux je porte,
Sais-tu que c'est son sang ? le sais-tu ?

Le Comte. Que m'importe ?

D. Rodrigue. A quatre pas d'ici je te le fais savoir.

Le Comte. Jeune présomptueux.

D. Rodrigue. Parle sans t'émouvoir.
Je suis jeune, il est vrai ; mais aux âmes bien nées
La valeur n'attend point le nombre des années.

Le Comte. Te mesurer à moi ! qui t'a rendu si vain,
Toi qu'on n'a jamais vu les armes à la main ?

D. Rodrigue. Mes pareils à deux fois ne se font point connaître,
Et pour leurs coups d'essai veulent des coups de maître.

Le Comte. Sais-tu bien qui je suis ?

D. Rodrigue. Oui ; tout autre que moi
Au seul bruit de ton nom pourrait trembler d'effroi.
Les palmes dont je vois ta tête si couverte
Semblent porter écrit le destin de ma perte.
J'attaque en téméraire un bras toujours vainqueur ;
Mais j'aurai trop de force, ayant assez de cœur.
A qui venge son père il n'est rien d'impossible :

A quatre pas d'ici je te le fais savoir.

LE CID.   Acte II, Scène II

Ton bras est invaincu, mais non pas invincible[1] .
Le Comte. Ce grand cœur qui paraît aux discours que tu tiens,
Par tes yeux, chaque jour, se découvrait aux miens;
Et croyant voir en toi l'honneur de la Castille,
Mon âme avec plaisir te destinait ma fille.
Je sais ta passion, et suis ravi de voir
Que tous ses mouvements cèdent à ton devoir;
Qu'ils n'ont point affaibli cette ardeur magnanime;
Que ta haute vertu répond à mon estime;
Et que, voulant pour gendre un cavalier parfait,
Je ne me trompais point au choix que j'avais fait.
Mais je sens que pour toi ma pitié s'intéresse;
J'admire ton courage, et je plains ta jeunesse.
Ne cherche point à faire un coup d'essai fatal :
Dispense ma valeur d'un combat inégal;
Trop peu d'honneur pour moi suivrait cette victoire.
A vaincre sans péril, on triomphe sans gloire.
On te croirait toujours abattu sans effort;
Et j'aurais seulement le regret de ta mort.
D. Rodrigue. D'une indigne pitié ton audace est suivie :
Qui m'ose ôter l'honneur craint de m'ôter la vie !
Le Comte. Retire-toi d'ici.
D. Rodrigue. Marchons sans discourir.
Le Comte. Es-tu si las de vivre?
D. Rodrigue. As-tu peur de mourir?
Le Comte. Viens, tu fais ton devoir, et le fils dégénère
Qui survit un moment à l'honneur de son père.

SCÈNE III.

L'INFANTE, CHIMÈNE, LÉONOR, LE PAGE.

L'Infante. Page, cherchez Rodrigue, et l'amenez ici.
Le Page. Le comte de Gormas et lui...
Chimène. Bon Dieu! je tremble.
L'Infante. Parlez.

---

(1) Ce mot *invaincu* n'a point été employé par les autres écrivains; je n'en vois aucune raison : il signifie autre chose qu'*indompté*. Un pays est *indompté*: un guerrier est *invaincu*. Corneille l'a encore employé dans les *Horaces*. (V.)

Le Page. De ce palais ils sont sortis ensemble.
Chimène. Seuls ?
Le Page. Seuls, et qui semblaient tout bas se quereller.
Chimène. Sans doute ils sont aux mains, il n'en faut plus parler.
Madame, pardonnez à cette promptitude.

SCÈNE IV.

D. FERNAND, D. ARIAS, D. SANCHE.

D. Fernand. Le comte est donc si vain et si peu raisonnable !
Ose-t-il croire encor son crime pardonnable ?
D. Arias. Je l'ai de votre part longtemps entretenu.
J'ai fait mon pouvoir, sire, et n'ai rien obtenu.
D. Fernand. Justes dieux ! ainsi donc un sujet téméraire
A si peu de respect et de soin de me plaire !
Il offense don Diègue et méprise son roi !
Au milieu de ma cour il me donne la loi !
Qu'il soit brave guerrier, qu'il soit grand capitaine,
Je saurai bien rabattre une humeur si hautaine ;
Fût-il la valeur même, et le dieu des combats,
Il verra ce que c'est que de n'obéir pas.
Quoi qu'ait pu mériter une telle insolence,
Je l'ai voulu d'abord traiter sans violence ;
Mais, puisqu'il en abuse, allez dès aujourd'hui,
Soit qu'il résiste, ou non, vous assurer de lui.
D. Sanche. Peut-être un peu de temps le rendrait moins rebelle ;
On l'a pris tout bouillant encor de sa querelle ;
Sire, dans la chaleur d'un premier mouvement,
Un cœur si généreux se rend malaisément.
Il voit bien qu'il a tort, mais une âme si haute
N'est pas si tôt réduite à confesser sa faute.
D. Fernand. Don Sanche, taisez-vous, et soyez averti
Qu'on se rend criminel à prendre son parti.
D. Sanche. J'obéis, et me tais ; mais, de grâce encor, sire.
Deux mots en sa défense.
D. Fernand. Et que pourrez-vous dire ?
D. Sanche. Qu'une âme accoutumée aux grandes actions
Ne se peut abaisser à des submissions :

ACTE II, SCÈNE IV.

Elle n'en conçoit point qui s'expliquent sans honte ;
Et c'est à ce mot seul qu'a résisté le comte.
Il trouve en son devoir un peu trop de rigueur,
Et vous obéirait s'il avait moins de cœur.
Commandez que son bras, nourri dans les alarmes,
Répare cette injure à la pointe des armes ;
Il satisfera, sire ; et vienne qui voudra,
Attendant qu'il l'ait su, voici qui répondra.

D. Fernand. Vous perdez le respect ; mais je pardonne à l'âge,
Et j'excuse l'ardeur en un jeune courage.
Un roi dont la prudence a de meilleurs objets
Est meilleur ménager du sang de ses sujets :
Je veille pour les miens, mes soucis les conservent,
Comme le chef a soin des membres qui le servent.
Ainsi votre raison n'est pas raison pour moi ;
Vous parlez en soldat, je dois agir en roi ;
Et, quoi qu'on veuille dire, et quoi qu'il ose croire,
Le comte à m'obéir ne peut perdre sa gloire.
D'ailleurs l'affront me touche ; il a perdu d'honneur
Celui que de mon fils j'ai fait le gouverneur ;
S'attaquer à mon choix, c'est se prendre à moi-même,
Et faire un attentat sur le pouvoir suprême.
N'en parlons plus. Au reste, on a vu dix vaisseaux
De nos vieux ennemis arborer les drapeaux ;
Vers la bouche du fleuve ils ont osé paraître.

D. Arias. Les Maures ont appris par force à vous connaître,
Et, tant de fois vaincus, ils ont perdu le cœur
De se plus hasarder contre un si grand vainqueur.

D. Fernand. Ils ne verront jamais, sans quelque jalousie,
Mon sceptre, en dépit d'eux, régir l'Andalousie ;
Et ce pays si beau, qu'ils ont trop possédé.
Avec un œil d'envie est toujours regardé.
C'est l'unique raison qui m'a fait dans Séville
Placer depuis dix ans le trône de Castille,
Pour les voir de plus près, et d'un ordre plus prompt
Renverser aussitôt ce qu'ils entreprendront.

D. Arias. Ils savent aux dépens de leurs plus dignes têtes
Combien votre présence assure vos conquêtes :
Vous n'avez rien à craindre.

D. Fernand. Et rien à négliger.
Le trop de confiance attire le danger,
Et vous n'ignorez pas qu'avec fort peu de peine
Un flux de pleine mer jusqu'ici les amène.
Toutefois j'aurais tort de jeter dans les cœurs,
L'avis étant mal sûr, de paniques terreurs.
L'effroi que produirait cette alarme inutile,
Dans la nuit qui survient troublerait trop la ville :
Faites doubler la garde aux murs et sur le port.
C'est assez pour ce soir.

SCÈNE V.

D. FERNAND, D. ALONSE, D. SANCHE, D. ARIAS.

D. Alonse. Sire, le comte est mort.
Don Diègue, par son fils, a vengé son offense.
D. Fernand. Dès que j'ai su l'affront, j'ai prévu la vengeance ;
Et j'ai voulu dès lors prévenir ce malheur.
D. Alonse. Chimène à vos genoux apporte sa douleur ;
Elle vient tout en pleurs vous demander justice.
D. Fernand. Bien qu'à ses déplaisirs mon âme compatisse,
Ce que le comte a fait semble avoir mérité
Ce digne châtiment de sa témérité.
Quelque juste pourtant que puisse être sa peine,
Je ne puis sans regret perdre un tel capitaine.
Après un long service à mon État rendu,
Après son sang pour moi mille fois répandu,
A quelques sentiments que son orgueil m'oblige,
Sa perte m'affaiblit et son trépas m'afflige.

SCÈNE VI.

D. FERNAND, D. DIÈGUE, CHIMÈNE, D. SANCHE, D. ARIAS, D. ALONSE.

Chimène. Sire, sire, justice.
D. Diègue. Ah ! sire, écoutez-nous.
Chimène. Je me jette à vos pieds.
D. Diègue. J'embrasse vos genoux.
Chimène. Je demande justice.

ACTE II, SCÈNE VI.

D. Diègue. Entendez ma défense.

Chimène. D'un jeune audacieux punissez l'insolence :
Il a de votre sceptre abattu le soutien,
Il a tué mon père.

D. Diègue. Il a vengé le sien.

Chimène. Au sang de ses sujets un roi doit la justice.

D. Diègue. Pour la juste vengeance il n'est point de supplice.

D. Fernand. Levez-vous l'un et l'autre, et parlez à loisir.
Chimène, je prends part à votre déplaisir ;
D'une égale douleur je sens mon âme atteinte.

A don Diègue. Vous parlerez après ; ne troublez pas sa plainte.

Chimène. Sire, mon père est mort ; mes yeux ont vu son sang
Couler à gros bouillons de son généreux flanc ;
Ce sang qui tant de fois garantit vos murailles,
Ce sang qui tant de fois vous gagna des batailles,
Ce sang qui tout sorti fume encor de courroux [1]
De se voir répandu pour d'autres que pour vous,
Qu'au milieu des hasards n'osait verser la guerre,
Rodrigue en votre cour vient d'en couvrir la terre.
J'ai couru sur le lieu, sans force et sans couleur ;
Je l'ai trouvé sans vie. Excusez ma douleur,
Sire, la voix me manque à ce récit funeste ;
Mes pleurs et mes soupirs vous diront mieux le reste.

D. Fernand. Prends courage, ma fille, et sache qu'aujourd'hui
Ton roi te veut servir de père au lieu de lui.

Chimène. Sire, de trop d'honneur ma misère est suivie.
Je vous l'ai déjà dit, je l'ai trouvé sans vie ;
Son flanc était ouvert ; et, pour mieux m'émouvoir,
Son sang sur la poussière écrivait mon devoir,
Ou plutôt sa valeur en cet état réduite
Me parlait par sa plaie, et hâtait ma poursuite ;
Et, pour se faire entendre au plus juste des rois,
Par cette triste bouche elle empruntait ma voix.
Sire, ne souffrez pas que sous votre puissance

---

[1] Scudéri ne reprit point ces hyperboles poétiques qui, n'étant point dans la nature, affaiblissent le pathétique de ce discours. C'est le poëte qui dit que *ce sang fume de courroux ;* ce n'est pas assurément Chimène : on ne parle pas ainsi d'un père mourant. Scudéri, beaucoup plus accoutumé que Corneille à ces figures outrées et puériles, ne remarqua pas même en autrui, tout éclairé qu'il était par l'envie, une faute qu'il ne sentait pas dans lui-même. (V.)

Règne devant vos yeux une telle licence ;
Que les plus valeureux, avec impunité,
Soient exposés aux coups de la témérité ;
Qu'un jeune audacieux triomphe de leur gloire,
Se baigne dans leur sang, et brave leur mémoire.
Un si vaillant guerrier qu'on vient de vous ravir,
Eteint, s'il n'est vengé, l'ardeur de vous servir.
Enfin mon père est mort, j'en demande vengeance,
Plus pour votre intérêt que pour mon allégeance.
Vous perdez en la mort d'un homme de son rang ;
Vengez-la par une autre, et le sang par le sang.
Immolez, non à moi, mais à votre couronne,
Mais à votre grandeur, mais à votre personne ;
Immolez, dis-je, sire, au bien de tout l'État
Tout ce qu'enorgueillit un si grand attentat.

D. Fernand. Don Diègue, répondez.

D. Diègue.   Qu'on est digne d'envie
Lorsqu'en perdant la force on perd aussi la vie !
Et qu'un long âge apprête aux hommes généreux,
Au bout de leur carrière, un destin malheureux !
Moi, dont les longs travaux ont acquis tant de gloire,
Moi, que jadis partout a suivi la victoire,
Je me vois aujourd'hui, pour avoir trop vécu,
Recevoir un affront et demeurer vaincu.
Ce que n'a pu jamais combat, siége, embuscade,
Ce que n'a pu jamais Aragon ni Grenade,
Ni tous vos ennemis, ni tous mes envieux,
Le comte en votre cour l'a fait presque à vos yeux,
Jaloux de votre choix, et fier de l'avantage
Que lui donnait sur moi l'impuissance de l'âge.
Sire, ainsi ces cheveux blanchis sous le harnois
Ce sang pour vous servir prodigué tant de fois,
Ce bras, jadis l'effroi d'une armée ennemie,
Descendaient au tombeau tout chargés d'infamie,
Si je n'eusse produit un fils digne de moi,
Digne de son pays et digne de son roi.
Il m'a prêté sa main, il a tué le comte ;
Il m'a rendu l'honneur, il a lavé ma honte.
Si montrer du courage et du ressentiment,

Si venger un soufflet mérite un châtiment,
Sur moi seul doit tomber l'éclat de la tempête :
Quand le bras a failli, l'on en punit la tête.
Qu'on nomme crime ou non ce qui fait nos débats,
Sire, j'en suis la tête, il n'en est que le bras.
Si Chimène se plaint qu'il a tué son père,
Il ne l'eût jamais fait si je l'eusse pu faire.
Immolez donc ce chef que les ans vont ravir,
Et conservez pour vous le bras qui peut servir.
Aux dépens de mon sang satisfaites Chimène :
Je n'y résiste point, je consens à ma peine ;
Et, loin de murmurer d'un rigoureux décret,
Mourant sans déshonneur, je mourrai sans regret.

D. Fernand. L'affaire est importante, et, bien considérée,
Mérite en plein conseil d'être délibérée.
Don Sanche, remettez Chimène en sa maison.
Don Diègue aura ma cour et sa foi pour prison.
Qu'on me cherche son fils. Je vous ferai justice.

Chimène. Il est juste, grand roi, qu'un meurtrier périsse.

D. Fernand. Prends du repos, ma fille, et calme tes douleurs.

Chimène. M'ordonner du repos, c'est croître mes malheurs.

ACTE TROISIÈME.

SCÈNE PREMIÈRE.

D. RODRIGUE, ELVIRE.

Elvire. Rodrigue, qu'as-tu fait ? où viens-tu, misérable ?

D. Rodrigue. Suivre le triste cours de mon sort déplorable.

Elvire. Où prends-tu cette audace et ce nouvel orgueil
De paraître en des lieux que tu remplis de deuil ?
Quoi ! viens-tu jusqu'ici braver l'ombre du comte ?
Ne l'as-tu pas tué ?

    D. Rodrigue. Sa vie était ma honte ;

Mon honneur de ma main a voulu cet effort.
Elvire. Mais chercher ton asile en la maison du mort?
Jamais un meurtrier en fit-il son refuge?
D. Rodrigue. Et je n'y viens aussi que m'offrir à mon juge.
Ne me regarde plus d'un visage étonné ;
Je cherche le trépas après l'avoir donné.
Elvire. Chimène est au palais, de pleurs toute baignée,
Et n'en reviendra point que bien accompagnée.
Rodrigue, fuis de grâce, ôte-moi de souci.
Que ne dira-t-on point si l'on te voit ici?
Veux-tu qu'un médisant, pour comble à sa misère,
L'accuse d'y souffrir l'assassin de son père?
Elle va revenir ; elle vient, je la voi :
Du moins, pour son honneur, Rodrigue, cache-toi.

SCÈNE II.

D. SANCHE, CHIMÈNE, ELVIRE.

D. Sanche. Oui, madame, il vous faut de sanglantes victimes :
Votre colère est juste, et vos pleurs légitimes ;
Et je n'entreprends pas, à force de parler,
Ni de vous adoucir, ni de vous consoler.
Mais si de vous servir je puis être capable,
Employez mon épée à punir le coupable ;
Employez mon courage à venger cette mort :
Sous vos commandements mon bras sera trop fort [1].
Chimène. Malheureuse !
D. Sanche. De grâce, acceptez mon service.
Chimène. J'offenserais le roi, qui m'a promis justice.
D. Sanche. Vous savez qu'elle marche avec tant de langueur,
Que bien souvent le crime échappe à sa longueur ;
Son cours lent et douteux fait trop perdre de larmes.
Souffrez qu'un cavalier vous venge par les armes :
La voie en est plus sûre, et plus prompte à punir.

---

[1] Quelque insipidité qu'on ait trouvée dans le personnage de don Sanche, il me semble qu'il fait là un effet très heureux en augmentant la douleur de Chimène ; et ce mot *malheureuse*, qu'elle prononce sans presque l'écouter, est sublime. Lorsqu'un personnage qui n'est rien par lui-même sert à faire valoir le caractère principal, il n'est point de trop. (V.)

Chimène. C'est le dernier remède ; et s'il y faut venir,
Et que de mes malheurs cette pitié vous dure,
Vous serez libre alors de venger mon injure.
D. Sanche. C'est l'unique bonheur où mon âme prétend ;
Et, pouvant l'espérer, je m'en vais trop content.

SCÈNE III.

CHIMÈNE, ELVIRE.

Chimène. Enfin je me vois libre, et je puis, sans contrainte,
De mes vives douleurs te faire voir l'atteinte ;
Je puis donner passage à mes tristes soupirs,
Je puis t'ouvrir mon âme et tous mes déplaisirs.
Mon père est mort, Elvire ; et la première épée
Dont s'est armé Rodrigue, a sa trame coupée.
Pleurez, pleurez, mes yeux, et fondez-vous en eau !
La moitié de ma vie a mis l'autre au tombeau,
Et m'oblige à venger, après ce coup funeste,
Celle que je n'ai plus sur celle qui me reste.
Elvire. Reposez-vous, madame.
Chimène. Ah ! que mal à propos
Dans un malheur si grand tu parles de repos !
Je cours sans balancer où mon honneur m'oblige.
Rodrigue m'est bien cher, son intérêt m'afflige ;
Mon cœur prend son parti ; mais, malgré son effort,
Je sais ce que je suis, et que mon père est mort.
Elvire. Pensez-vous le poursuivre ?
Chimène. Ah ! cruelle pensée !
Et cruelle poursuite où je me vois forcée !
Je demande sa tête, et crains de l'obtenir :
Ma mort suivra la sienne, et je le veux punir !
Elvire. Quittez, quittez, madame, un dessein si tragique ;
Ne vous imposez point de loi si tyrannique.
Chimène. Quoi ! mon père étant mort, et presque entre mes bras,
Son sang criera vengeance, et je ne l'orrai [1] pas !

(1) Ce futur du verbe *ouïr* n'est plus usité.

SCÈNE IV.

D. RODRIGUE, CHIMÈNE, ELVIRE.

D. Rodrigue. Hé bien ! sans vous donner la peine de poursuivre,
Assurez-vous l'honneur de m'empêcher de vivre.
Chimène. Elvire, où sommes-nous, et qu'est-ce que je voi ?
Rodrigue en ma maison ! Rodrigue devant moi !
D. Rodrigue. N'épargnez point mon sang ; goûtez, sans résistance,
La douceur de ma perte et de votre vengeance.
Chimène. Hélas !
 D. Rodrigue. Écoutez-moi.
  Chimène. Je me meurs.
   D. Rodrigue. Un moment.
Chimène. Va, laisse-moi mourir.
  D. Rodrigue. Quatre mots seulement ;
Après, ne répondez qu'avecque cette épée.
Chimène. Quoi ! du sang de mon père encor toute trempée !
D. Rodrigue. Ah ! Chimène....
 Chimène. Ote-moi cet objet odieux,
Qui reproche ton crime et ta vie à mes yeux.
D. Rodrigue. Regarde-le plutôt pour exciter ta haine,
Pour croître ta colère, et pour hâter ma peine.
Chimène. Il est teint de mon sang.
  D. Rodrigue. Plonge-le dans le mien ;
Et fais lui perdre ainsi la teinture du tien.
Chimène. Ah ! quelle cruauté, qui tout en un jour tue
Le père par le fer, la fille par la vue !
Ote-moi cet objet, je ne le puis souffrir :
Tu veux que je t'écoute, et tu me fais mourir !
D. Rodrigue. Je fais ce que tu veux, mais sans quitter l'envie
De finir par mes mains ma déplorable vie ;
Car enfin n'attends pas de mon affection
Un lâche repentir d'une bonne action.
L'irréparable effet d'une chaleur trop prompte
Déshonorait mon père, et me couvrait de honte.
Tu sais comme un soufflet touche un homme de cœur,
J'avais part à l'affront, j'en ai cherché l'auteur ;

ACTE III, SCÈNE IV.

Je l'ai vu, j'ai vengé mon honneur et mon père;
Je le ferais encor si j'avais à le faire.
Je t'ai fait une offense, et j'ai dû m'y porter
Pour effacer ma honte, et pour te mériter;
Mais quitte envers l'honneur, et quitte envers mon père,
C'est maintenant à toi que je viens satisfaire :
C'est pour t'offrir mon sang qu'en ces lieux tu me vois.
J'ai fait ce que j'ai dû, je fais ce que je dois.
Je sais qu'un père mort t'arme contre mon crime;
Je ne t'ai pas voulu dérober ta victime :
Immole avec courage au sang qu'il a perdu
Celui qui met sa gloire à l'avoir répandu.

Chimène. Ah! Rodrigue! il est vrai, quoique ton ennemie,
Je ne te puis blâmer d'avoir fui l'infamie;
Et de quelque façon qu'éclatent mes douleurs,
Je ne t'accuse point, je pleure mes malheurs.
Je sais ce que l'honneur, après un tel outrage,
Demandait à l'ardeur d'un généreux courage :
Tu n'as fait le devoir que d'un homme de bien;
Mais aussi le faisant, tu m'as appris le mien.
Ta funeste valeur m'instruit par ta victoire;
Elle a vengé ton père et soutenu ta gloire :
Même soin me regarde, et j'ai, pour m'affliger,
Ma gloire à soutenir, et mon père à venger.

D. Rodrigue. Ne diffère donc plus ce que l'honneur t'ordonne;
Il demande ma tête, et je te l'abandonne;
Fais-en un sacrifice à ce noble intérêt;
Le coup m'en sera doux, aussi bien que l'arrêt.

Chimène. Si tu m'offres ta tête, est-ce à moi de la prendre?
Je la dois attaquer, mais tu dois la défendre;
C'est d'un autre que toi qu'il me faut l'obtenir,
Et je dois te poursuivre et non pas te punir.
Adieu; sors, et surtout garde bien qu'on te voie.

Elvire. Madame, quelques maux que le ciel nous envoie...

Chimène. Ne m'importune plus, laisse-moi soupirer.
Je cherche le silence et la nuit pour pleurer.

SCÈNE V[1].

D. DIÈGUE.

Jamais nous ne goûtons de parfaite allégresse :
Nos plus heureux succès sont mêlés de tristesse ;
Toujours quelques soucis en ces événements
Troublent la pureté de nos contentements.
Au milieu du bonheur mon âme en sent l'atteinte ;
Je nage dans la joie, et je tremble de crainte.
J'ai vu mort l'ennemi qui m'avait outragé ;
Et je ne saurais voir la main qui m'a vengé.
En vain je m'y travaille, et d'un soin inutile,
Tout cassé que je suis, je cours toute la ville,
Ce peu que mes vieux ans m'ont laissé de vigueur
Se consume sans fruit à chercher ce vainqueur.
A toute heure, en tous lieux, dans une nuit si sombre,
Je pense l'embrasser et n'embrasse qu'une ombre ;
Et mon amour déçu par cet objet trompeur,
  forme des soupçons qui redoublent ma peur.
Je ne découvre point de marques de sa fuite ;
Je crains du comte mort les amis et la suite ;
Leur nombre m'épouvante et confond ma raison.
Rodrigue ne vit plus, ou respire en prison.
Justes cieux ! me trompé-je encore à l'apparence !
Ou si je vois enfin mon unique espérance !
C'est lui, n'en doutons plus ; mes vœux sont exaucés,
Ma crainte est dissipée, et mes ennuis cessés.

---

(1) C'est ici un défaut intolérable pour nous. La scène reste vide, les scènes ne sont point liées, l'action est interrompue. Pourquoi les acteurs précédents s'en vont-ils ? pourquoi ce nouvel acteur vient-il ? comment l'un peut-il s'en aller et l'autre arriver sans se voir ? Ce grand défaut était commun à toute l'Europe, et les Français seuls s'en sont corrigés. Plus il est difficile de lier toutes les scènes, plus cette difficulté vaincue a de mérite ; mais il ne faut pas la surmonter aux dépens de la vraisemblance et de l'intérêt. Nous venons d'entendre Chimène dans sa maison : mais où est maintenant don Diègue ? Ce n'est pas assurément dans cette maison. Le spectateur ne peut se figurer ce qu'il voit ; et c'est là un très grand défaut pour notre nation, qui veut partout de la vraisemblance, de la suite, de la liaison ; qui exige que toutes les scènes soient naturellement amenées les unes par les autres ; mérite inconnu sur tous les autres théâtres, et mérite absolument nécessaire pour la perfection de l'art. (V.)

SCÈNE VI.

D. DIÈGUE, D. RODRIGUE.

D. Diègue. Rodrigue, enfin le ciel permet que je te voie !
D. Rodrigue. Hélas !
    D. Diègue. Ne mêle point de soupirs à ma joie ;
Laisse-moi prendre haleine afin de te louer,
Ma valeur n'a point lieu de te désavouer ;
Tu l'as bien imitée, et ton illustre audace,
Fait bien revivre en toi les héros de ma race :
C'est d'eux que tu descends, c'est de moi que tu viens ;
Ton premier coup d'épée égale tous les miens :
Et d'une belle ardeur ta jeunesse animée
Par cette grande épreuve atteint ma renommée,
Appui de ma vieillesse et comble de mon heur,
Touche ces cheveux blancs à qui tu rends l'honneur.
Viens baiser cette joue, et reconnais la place
Où fut empreint l'affront que ton courage efface.
D. Rodrigue. L'honneur vous en est dû, je ne pouvais pas moins,
Étant sorti de vous et nourri par vos soins.
Je m'en tiens trop heureux, et mon âme est ravie
Que mon coup d'essai plaise à qui je dois la vie :
Mais parmi vos plaisirs ne soyez point jaloux
Si je m'ose à mon tour satisfaire après vous.
Souffrez qu'en liberté mon désespoir éclate ;
Assez et trop longtemps votre discours le flatte.
Je ne me repens point de vous avoir servi ;
Mais rendez-moi le bien que ce coup m'a ravi.
D. Diègue. Porte, porte plus haut le fruit de ta victoire.
Je t'ai donné la vie, et tu me rends ma gloire ;
Et d'autant que l'honneur m'est plus cher que le jour,
D'autant plus maintenant je te dois de retour.
D. Rodrigue. A ma fidélité ne faites point d'injure,
Souffrez-moi généreux sans me rendre parjure ;
Mes liens sont trop forts pour être ainsi rompus ;
Ma foi m'engage encor si je n'espère plus ;
Et ne pouvant quitter ni posséder Chimène,
Le trépas que je cherche est ma plus douce peine.

D. Diègue. Il n'est pas temps encor de chercher le trépas ;
Ton prince et ton pays ont besoin de ton bras.
La flotte qu'on craignait, dans ce grand fleuve entrée,
Croit surprendre la ville et piller la contrée.
Les Maures vont descendre ; et le flux et la nuit
Dans une heure à nos murs les amènent sans bruit.
La cour est en désordre, et le peuple en alarmes,
On n'entend que des cris, on ne voit que des larmes.
Dans ce malheur public mon bonheur a permis
Que j'ai trouvé chez moi cinq cents de mes amis,
Qui, sachant mon affront, poussés d'un même zèle,
Se venaient tous offrir à venger ma querelle.
Tu les as prévenus ; mais leurs vaillantes mains
Se tremperont bien mieux au sang des Africains.
Va marcher à leur tête, où l'honneur te demande ;
C'est toi que veut pour chef leur généreuse bande.
De ces vieux ennemis va soutenir l'abord ;
Là, si tu veux mourir, trouve une belle mort ;
Prends-en l'occasion, puisqu'elle t'est offerte ;
Fais devoir à ton roi son salut à ta perte ;
Mais reviens-en plutôt les palmes sur le front.
Ne borne pas ta gloire à venger un affront,
Porte-la plus avant ; force par ta vaillance
Ce monarque au pardon, et Chimène au silence ;
Si tu l'aimes, apprends que revenir vainqueur,
C'est l'unique moyen de regagner son cœur.
Mais le temps est trop cher pour le perdre en paroles ;
Je t'arrête en discours, et je veux que tu voles.
Viens, suis-moi, va combattre, et montrer à ton roi
Que ce qu'il perd au comte il le recouvre en toi.

ACTE QUATRIÈME.

SCÈNE PREMIÈRE.

CHIMÈNE, ELVIRE.

Chimène. N'est-ce point un faux bruit? le sais-tu bien, Elvire?
Elvire. Vous ne croiriez jamais comme chacun l'admire,
Et porte jusqu'au ciel, d'une commune voix,
De ce jeune héros les glorieux exploits.
Les Maures devant lui n'ont paru qu'à leur honte;
Leur abord fut bien prompt, leur fuite encor plus prompte;
Trois heures de combat laissent à nos guerriers
Une victoire entière et deux rois prisonniers.
La valeur de leur chef ne trouvait point d'obstacles.
Chimène. Et la main de Rodrigue a fait tous ces miracles!
Elvire. De ses nobles efforts ces deux rois sont le prix;
Sa main les a vaincus, et sa main les a pris.
Chimène. De qui peux-tu savoir ces nouvelles étranges?
Elvire. Du peuple, qui partout fait sonner ses louanges,
Le nomme de sa joie et l'objet et l'auteur,
Son ange tutélaire et son libérateur.
Chimène. Et le roi de quel œil voit-il tant de vaillance?
Elvire. Rodrigue n'ose encor paraître en sa présence;
Mais don Diègue ravi lui présente enchaînés,
Au nom de ce vainqueur, ces captifs couronnés,
Et demande pour grâce à ce généreux prince
Qu'il daigne voir la main qui sauve la province.
Chimène. Mais n'est-il point blessé?
                     Elvire. Je n'en ai rien appris.
Vous changez de couleur! reprenez vos esprits.
Chimène. Reprenons donc aussi ma colère affaiblie:
Pour avoir soin de lui faut-il que je m'oublie?
On le vante, on le loue, et mon cœur y consent!
Mon honneur est muet, mon devoir impuissant?

Silence donc, mon cœur, laisse agir ma colère ;
S'il a vaincu deux rois, il a tué mon père ;
Ces tristes vêtements, où je lis mon malheur,
Sont les premiers effets qu'ait produits sa valeur.
Et quoi qu'on die ailleurs d'un cœur si magnanime,
Ici tous les objets me parlent de son crime.
Vous qui rendez la force à mes ressentiments,
Voile, crêpes, habits, lugubres ornements,
Pompe où m'ensevelit sa première victoire,
Contre mes sentiments soutenez bien ma gloire ;
Et lorsque ma tendresse aura trop de pouvoir,
Parlez à mon esprit de mon triste devoir.

SCÈNE II[1].

D. FERNAND, D. DIÈGUE, D. ARIAS, D. RODRIGUE, D. SANCHE.

D. Fernand. Généreux héritier d'une illustre famille,
Qui fut toujours la gloire et l'appui de Castille,
Race de tant d'aïeux en valeur signalés,
Que l'essai de la tienne a si tôt égalés,
Pour te récompenser ma force est trop petite ;
Et j'ai moins de pouvoir que tu n'as de mérite.
Le pays délivré d'un si rude ennemi,
Mon sceptre dans ma main par la tienne affermi,
Et les Maures défaits avant qu'en ces alarmes
J'eusse pu donner ordre à repousser leurs armes,
Ne sont point des exploits qui laissent à ton roi
Le moyen ni l'espoir de s'acquitter vers toi.
Mais deux rois tes captifs feront ta récompense :
Ils t'ont nommé tous deux leur Cid en ma présence.
Puisque Cid en leur langue est autant que seigneur,
Je ne t'envierai pas ce beau titre d'honneur.
Sois désormais le Cid ; qu'à ce grand nom tout cède ;
Qu'il comble d'épouvante et Grenade et Tolède,
Et qu'il marque à tous ceux qui vivent sous mes lois

---

(1) Toujours la scène vide, et nulle liaison : c'était encore un des défauts du siècle. Cette négligence rend la tragédie bien plus facile à faire, mais bien plus défectueuse. (V.)

Et ce que tu me vaux, et ce que je te dois.
D. Rodrigue. Que votre majesté, sire, épargne ma honte.
D'un si faible service elle fait trop de compte,
Et me force à rougir devant un si grand roi
De mériter si peu l'honneur que j'en reçoi.
Je sais trop que je dois au bien de votre empire,
Et le sang qui m'anime, et l'air que je respire;
Et, quand je les perdrai pour un si digne objet,
Je ferai seulement le devoir d'un sujet.
D. Fernand. Tous ceux que ce devoir à mon service engage
Ne s'en acquittent pas avec même courage;
Et lorsque la valeur ne va point dans l'excès,
Elle ne produit point de si rares succès.
Souffre donc qu'on te loue, et de cette victoire
Apprends-moi plus au long la véritable histoire.
D. Rodrigue. Sire, vous avez su qu'en ce danger pressant,
Qui jeta dans la ville un effroi si puissant,
Une troupe d'amis chez mon père assemblée
Sollicita mon âme encore toute troublée...
Mais, sire, pardonnez à ma témérité,
Si j'osai l'employer sans votre autorité ;
Le péril approchait; leur brigade était prête;
Me montrant à la cour, je hasardais ma tête :
Et, s'il fallait la perdre, il m'était bien plus doux
De sortir de la vie en combattant pour vous.
D. Fernand. J'excuse ta chaleur à venger ton offense;
Et l'État défendu me parle en ta défense :
Crois que dorénavant Chimène a beau parler,
Je ne l'écoute plus que pour la consoler.
Mais poursuis.
D. Rodrigue. Sous moi donc cette troupe s'avance,
Et porte sur le front une mâle assurance.
Nous partîmes cinq cents; mais, par un prompt renfort,
Nous nous vîmes trois mille en arrivant au port,
Tant, à nous voir marcher avec un tel visage,
Les plus épouvantés reprenaient de courage!
J'en cache les deux tiers, aussitôt qu'arrivés,
Dans le fond des vaisseaux qui lors furent trouvés :
Le reste, dont le nombre augmentait à toute heure,

Brûlant d'impatience, autour de moi demeure,
Se couche contre terre, et sans faire aucun bruit,
Passe une bonne part d'une si belle nuit.
Par mon commandement la garde en fait de même,
Et, se tenant cachée, aide à mon stratagème ;
Et je feins hardiment d'avoir reçu de vous
L'ordre qu'on me voit suivre et que je donne à tous.
Cette obscure clarté qui tombe des étoiles
Enfin avec le flux nous fit voir trente voiles ;
L'onde s'enfle dessous, et d'un commun effort
Les Maures et la mer montent jusques au port.
On les laisse passer ; tout leur paraît tranquille ;
Point de soldats au port, point aux murs de la ville.
Notre profond silence abusant leurs esprits,
Ils n'osent plus douter de nous avoir surpris ;
Ils abordent sans peur, ils ancrent, ils descendent,
Et courent se livrer aux mains qui les attendent.
Nous nous levons alors, et tous en même temps
Poussons jusques au ciel mille cris éclatants ;
Les nôtres, à ces cris, de nos vaisseaux répondent ;
Ils paraissent armés, les Maures se confondent,
L'épouvante les prend à demi descendus ;
Avant que de combattre, ils s'estiment perdus.
Ils couraient au pillage, et rencontrent la guerre ;
Nous les pressons sur l'eau, nous les pressons sur terre,
Et nous faisons courir des ruisseaux de leur sang
Avant qu'aucun résiste ou reprenne son rang.
Mais bientôt, malgré nous, leurs princes les rallient,
Leur courage renaît, et leurs terreurs s'oublient :
La honte de mourir sans avoir combattu
Arrête leur désordre, et leur rend leur vertu.
Contre nous de pied ferme ils tirent leurs alfanges [1] ;
De notre sang au leur font d'horribles mélanges ;
Et la terre, et le fleuve, et leur flotte, et le port,
Sont des champs de carnage où triomphe la mort.
O combien d'actions, combien d'exploits célèbres
Sont demeurés sans gloire au milieu des ténèbres,

(1) *Alfange* est un mot espagnol qui signifie *sabre, cimeterre, coutelas*. L'épée était alors une arme inconnue aux Maures.

Où chacun, seul témoin des grands coups qu'il donnait,
Ne pouvait discerner où le sort inclinait !
J'allais de tous côtés encourager les nôtres,
Faire avancer les uns, et soutenir les autres,
Ranger ceux qui venaient, les pousser à leur tour ;
Et ne l'ai pu savoir jusques au point du jour.
Mais enfin sa clarté montre notre avantage ;
Le Maure voit sa perte, et perd soudain courage :
Et, voyant un renfort qui nous vient secourir,
L'ardeur de vaincre cède à la peur de mourir.
Ils gagnent leurs vaisseaux, ils en coupent les câbles,
Poussent jusques aux cieux des cris épouvantables,
Font retraite en tumulte, et sans considérer
Si leurs rois avec eux peuvent se retirer.
Pour souffrir ce devoir, leur frayeur est trop forte ;
Le flux les apporta, le reflux les remporte ;
Cependant que leurs rois, engagés, parmi nous,
Et quelque peu des leurs, tout percés de nos coups,
Disputent vaillamment et vendent bien leur vie.
A se rendre moi-même en vain je les convie ;
Le cimeterre au poing, ils ne m'écoutent pas :
Mais voyant à leurs pieds tomber tous leurs soldats,
Et que seuls désormais en vain ils se défendent,
Ils demandent le chef ; je me nomme, ils se rendent.
Je vous les envoyai tous deux en même temps ;
Et le combat cessa faute de combattants.

SCÈNE III.

D. FERNAND, D. DIÈGUE, D. RODRIGUE, D. ARIAS, D. ALONSE, D. SANCHE.

D. Alonse. Sire, Chimène vient vous demander justice.
D. Fernand. La fâcheuse nouvelle, et l'importun devoir [1] !
Va, je ne la veux pas obliger à te voir.
Pour tous remercîments il faut que je te chasse :

---

(1) Dès ce moment Rodrigue ne peut plus être puni ; toutes les poursuites de Chimène paraissent surabondantes. Elle est donc si loin de manquer aux bienséances, comme on le lui a reproché, qu'au contraire elle va au delà de son devoir en demandant la mort d'un homme devenu nécessaire à l'état. (V.)

Mais avant que sortir, viens, que ton roi t'embrasse.
(*D. Rodrigue rentre.*)
D. Diègue. Chimène le poursuit, et voudrait le sauver.
D. Fernand. On m'a dit qu'elle l'aime, et je vais l'éprouver.
Montrez un œil plus triste.

SCÈNE IV.

D. FERNAND, D. DIÈGUE, D. ARIAS, D. SANCHE, D. ALONSE, CHIMÈNE, ELVIRE.

D. Fernand. Enfin soyez contente,
Chimène, le succès répond à votre attente.
Si de nos ennemis Rodrigue a le dessus,
Il est mort à nos yeux des coups qu'il a reçus ;
Calmez cette douleur qui pour lui s'intéresse.
Chimène. Sire, on pâme de joie, ainsi que de tristesse[1] :
Un excès de plaisir nous rend tout languissants ;
Et quand il surprend l'âme, il accable les sens.
D. Fernand. Tu veux qu'en ta faveur nous croyions l'impossible ?
Chimène, ta douleur a paru trop visible.
Chimène. Eh bien, sire, ajoutez ce comble à mon malheur,
Nommez ma pamoison l'effet de ma douleur :
Un juste déplaisir à ce point m'a réduite :
Son trépas dérobait sa tête à ma poursuite ;
S'il meurt des coups reçus pour le bien du pays,
Ma vengeance est perdue et mes desseins trahis :
Une si belle fin m'est trop injurieuse.
Je demande sa mort, mais non pas glorieuse,
Non pas dans un éclat qui l'élève si haut,
Non pas au lit d'honneur, mais sur un échafaud ;
Qu'il meure pour mon père et non pour la patrie ;
Que son nom soit taché, sa mémoire flétrie.
Mourir pour le pays n'est pas un triste sort,
C'est s'immortaliser par une belle mort.
J'aime donc sa victoire, et je le puis sans crime ;

(1) On ne dit pas *pâmer, évanouir ;* on dit *se pâmer, s'évanouir.* Cette défaite de Chimène est comique, et fait rire. La faute est de l'original, mais ses termes sont plus convenables. (V.)

ACTE IV, SCÈNE IV.

Elle assure l'État, et me rend ma victime,
Mais noble, mais fameuse entre tous les guerriers,
Le chef, au lieu de fleurs, couronné de lauriers;
Et, pour dire en un mot ce que j'en considère,
Digne d'être immolée aux mânes de mon père...
Hélas! à quel espoir me laissé-je emporter!
Rodrigue de ma part n'a rien à redouter;
Que pourraient contre lui des larmes qu'on méprise?
Pour lui tout votre empire est un lieu de franchise;
Là, sous votre pouvoir, tout lui devient permis;
Il triomphe de moi comme des ennemis.
Dans leur sang répandu la justice étouffée
Au crime du vainqueur sert d'un nouveau trophée;
Nous en croissons la pompe, et le mépris des lois
Nous fait suivre son char au milieu de deux rois.

D. Fernand. Ma fille, ces transports ont trop de violence.
Quand on rend la justice on met tout en balance.
On a tué ton père, il était l'agresseur;
Et la même équité m'ordonne la douceur.
Avant que d'accuser ce que j'en fais paraître,
Consulte bien ton cœur, et qu'il soit seul ton maître;
Oui, ce cœur en secret rend grâces à ton roi,
Dont la faveur conserve un tel époux pour toi.

Chimène. Pour moi! mon ennemi! l'objet de ma colère!
L'auteur de mes malheurs! l'assassin de mon père!
De ma juste poursuite on fait si peu de cas
Qu'on me croit obliger en ne m'écoutant pas!
Puisque vous refusez la justice à mes larmes,
Sire, permettez-moi de recourir aux armes;
C'est par-là seulement qu'il a su m'outrager,
Et c'est aussi par-là que je me dois venger.
A tous vos cavaliers je demande sa tête;
Oui, qu'un d'eux me l'apporte, et je suis sa conquête;
Qu'ils le combattent, sire; et, le combat fini,
J'épouse le vainqueur, si Rodrigue est puni.
Sous votre autorité souffrez qu'on le publie.

D. Fernand. Cette vieille coutume en ces lieux établie,
Sous couleur de punir un injuste attentat,
Des meilleurs combattants affaiblit un état,

Souvent de cet abus le succès déplorable
Opprime l'innocent, et soutient le coupable.
J'en dispense Rodrigue, il m'est trop précieux
Pour l'exposer aux coups d'un sort capricieux ;
Et quoi qu'ait pu commettre un cœur si magnanime,
Les Maures en fuyant ont emporté son crime.

D. Diègue. Quoi ! sire, pour lui seul vous renversez des lois
Qu'a vu toute la cour observer tant de fois !
Que croira votre peuple, et que dira l'envie
Si sous votre défense il ménage sa vie,
Et s'en fait un prétexte à ne paraître pas
Où tous les gens d'honneur cherchent un beau trépas ?
De pareilles faveurs terniraient trop sa gloire :
Qu'il goûte sans rougir les fruits de sa victoire.
Le comte eut de l'audace, il l'en a su punir :
Il l'a fait en brave homme, et le doit maintenir.

D. Fernand. Puisque vous le voulez, j'accorde qu'il le fasse :
Mais d'un guerrier vaincu mille prendraient la place ;
Et le prix que Chimène au vainqueur a promis
De tous mes cavaliers ferait ses ennemis :
L'opposer seul à tous serait trop d'injustice ;
Il suffit qu'une fois il entre dans la lice.
Choisis qui tu voudras, Chimène, et choisis bien ;
Mais après ce combat ne demande plus rien.

D. Diègue. N'excusez point par-là ceux que son bras étonne ;
Laissez un champ ouvert où n'entrera personne.
Après ce que Rodrigue a fait voir aujourd'hui,
Quel courage assez vain s'oserait prendre à lui !
Qui se hasarderait contre un tel adversaire ?
Qui serait ce vaillant ou bien ce téméraire ?

D. Sanche. Faites ouvrir le champ : vous voyez l'assaillant ;
Je suis ce téméraire, ou plutôt ce vaillant ;
Accordez cette grâce à l'ardeur qui me presse.
Madame, vous savez quelle est votre promesse.

D. Fernand. Chimène, remets-tu ta querelle en sa main ?

Chimène. Sire, je l'ai promis.

    D. Fernand. Soyez prêt à demain.

D. Diègue. Non, sire, il ne faut pas différer davantage ;
On est toujours trop prêt quand on a du courage.

D. Fernand. Sortir d'une bataille et combattre à l'instant!
D. Diègue. Rodrigue a pris haleine en vous la racontant.
D. Fernand. Du moins une heure ou deux je veux qu'il se délasse;
Mais de peur qu'en exemple un tel exploit ne passe,
Pour témoigner à tous qu'à regret je permets
Un sanglant procédé qui ne me plut jamais,
De moi ni de ma cour il n'aura la présence!
A D. Arias. Vous seul des combattants jugerez la vaillance.
Ayez soin que tous deux fassent en gens de cœur,
Et, le combat fini, m'amenez le vainqueur.
Qui qu'il soit, même prix est acquis à sa peine;
Je le veux de ma main présenter à Chimène,
Et que, pour récompense, il reçoive sa foi.
Chimène. Quoi! sire, m'imposer une si dure loi!
D. Fernand. Tu t'en plains; mais ton cœur, loin d'avouer ta plainte,
Si Rodrigue est vainqueur, l'accepte sans contrainte.
Cesse de murmurer contre un arrêt si doux;
Qui que ce soit des deux, j'en ferai ton époux.

ACTE CINQUIÈME.

SCÈNE PREMIÈRE.

D. RODRIGUE, CHIMÈNE.

Chimène. Quoi! Rodrigue, en plein jour, d'où te vient cette audace?
Va, tu me perds d'honneur; retire-toi, de grâce.
D. Rodrigue. Je vais mourir, madame, et vous viens en ce lieu
Avant le coup mortel dire un dernier adieu.
Chimène. Tu vas mourir! Don Sanche est-il si redoutable,
Qu'il donne l'épouvante à ce cœur indomptable?
Qui t'a rendu si faible? ou qui le rend si fort?
Rodrigue va combattre, et se croit déjà mort!
Celui qui n'a pas craint les Maures ni mon père,
Va combattre don Sanche, et déjà désespère!

Ainsi donc au besoin ton courage s'abat !

D. Rodrigue. Je cours à mon supplice, et non pas au combat ;
Et ma fidèle ardeur sait bien m'ôter l'envie,
Quand vous cherchez ma mort, de défendre ma vie.
J'ai toujours même cœur ; mais je n'ai point de bras
Quand il faut conserver ce qui ne vous plaît pas ;
Et déjà cette nuit m'aurait été mortelle,
Si j'eusse combattu pour ma seule querelle ;
Mais défendant mon roi, son peuple et mon pays,
A me défendre mal je les aurais trahis.
Mon esprit généreux ne hait pas tant la vie,
Qu'il en veuille sortir par une perfidie :
Maintenant qu'il s'agit de mon seul intérêt,
Vous demandez ma mort, j'en accepte l'arrêt.

Chimène. Quoi ! n'es-tu généreux que pour me faire outrage ?
S'il ne faut m'offenser n'as-tu point de courage ?
Et traites-tu mon père avec tant de rigueur,
Qu'après l'avoir vaincu tu souffres un vainqueur ?
Va, sans vouloir mourir, laisse-moi te poursuivre ;
Et défends ton honneur, si tu ne veux plus vivre.

D. Rodrigue. Après la mort du comte, et les Maures défaits,
Faudrait-il à ma gloire encor d'autres effets ?
Elle peut dédaigner le soin de me défendre ;
On sait que mon courage ose tout entreprendre,
Que ma valeur peut tout, et que dessous les cieux,
Auprès de mon honneur, rien ne m'est plus précieux.
Non, non, en ce combat, quoique vous veuilliez croire,
Rodrigue peut mourir sans hasarder sa gloire,
Sans qu'on l'ose accuser d'avoir manqué de cœur,
Sans passer pour vaincu, sans souffrir un vainqueur.

SCÈNE II.

CHIMÈNE, ELVIRE.

Chimène. Elvire, que je souffre ! et que je suis à plaindre !
Je ne sais qu'espérer, et je vois tout à craindre ;
Aucun vœu ne m'échappe où j'ose consentir ;
Je ne souhaite rien sans un prompt repentir.

ACTE V, SCÈNE II.

A deux rivaux pour moi je fais prendre les armes :
Le plus heureux succès me coûtera des larmes ;
Et, quoi qu'en ma faveur en ordonne le sort,
Mon père est sans vengeance, ou bien Rodrigue est mort.

Elvire. D'un et d'autre côté je vous vois soulagée :
Ou vous avez Rodrigue, ou vous êtes vengée ;
Et quoi que le destin puisse ordonner de vous,
Il soutient votre gloire et vous donne un époux.

Chimène. Quoi ! l'objet de ma haine, ou de tant de colère !
L'assassin de Rodrigue, ou celui de mon père !
De tous les deux côtés on me donne un mari
Encor tout teint du sang que j'ai le plus chéri.
Et toi, puissant moteur du destin qui m'outrage,
Termine ce combat sans aucun avantage,
Sans faire aucun des deux ni vaincu ni vainqueur.

Elvire. Ce serait vous traiter avec trop de rigueur.
Madame, il vaut bien mieux que sa rare vaillance,
Lui couronnant le front, vous impose silence ;
Que la loi du combat étouffe vos soupirs,
Et que le roi vous force à suivre vos désirs.

Chimène. Quand il sera vainqueur, crois-tu que je me rende ?
Mon devoir est trop fort, et ma perte trop grande ;
Et ce n'est pas assez, pour leur faire la loi,
Que celle du combat et le vouloir du roi.
Il peut vaincre don Sanche avec fort peu de peine,
Mais non pas avec lui la gloire de Chimène ;
Et, quoi qu'à sa victoire un monarque ait promis,
Mon honneur lui fera mille autres ennemis.

Elvire. Gardez, pour vous punir de cet orgueil étrange,
Que le ciel à la fin ne souffre qu'on vous venge.
Quoi ! vous voulez encor refuser le bonheur
De pouvoir maintenant vous taire avec honneur ?
Que prétend ce devoir, et qu'est-ce qu'il espère ?
La mort d'un combattant vous rendra-t-elle un père ?
Est-ce trop peu pour vous que d'un coup de malheur ?
Faut-il perte sur perte et douleur sur douleur ?
Allez, dans le caprice où votre humeur s'obstine,
Vous ne méritez pas l'époux qu'on vous destine ;
Et nous verrons du ciel l'équitable courroux

Vous laisser, par sa mort, don Sanche pour époux.
Chimène. Elvire, c'est assez des peines que j'endure,
Ne les redouble point par ce funeste augure.
Je veux, si je le puis, les éviter tous deux ;
Sinon, en ce combat Rodrigue a tous mes vœux :
Non qu'une folle ardeur de son côté me penche ;
Mais, s'il était vaincu je serais à don Sanche.
Cette appréhension fait naître mon souhait...
Que vois-je ! malheureuse ! Elvire, c'en est fait.

SCÈNE III.

D. FERNAND, D. DIÈGUE, D. ARIAS, D. SANCHE, D. ALONSE, CHIMÈNE, ELVIRE.

Chimène. Sire, il n'est plus besoin de vous dissimuler
Ce que tous mes efforts ne vous ont pu céler.
Don Sanche m'a perdue en prenant ma défense ;
Et du bras qui me perd je suis la récompense !
D. Fernand. Chimène, sors d'erreur, Rodrigue n'est pas mort,
Et don Sanche vaincu t'a fait un faux rapport.
D. Sanche. Sire, un peu trop d'ardeur malgré moi l'a déçue :
Je venais du combat lui raconter l'issue.
Ce généreux guerrier dont son cœur est charmé,
« Ne crains rien (m'a-t-il dit quand il m'a désarmé) :
« Je laisserais plutôt la victoire incertaine,
« Que de répandre un sang hasardé pour Chimène ;
« Mais puisque mon devoir m'appelle auprès du roi,
« Va de notre combat l'entretenir pour moi,
« De la part du vainqueur lui porter ton épée. »
Sire, j'y suis venu : cet objet l'a trompée.
D. Fernand. Ma fille il ne faut point rougir d'un si beau feu,
Ni chercher les moyens d'en faire un désaveu ;
Une louable honte en vain t'en sollicite ;
Ta gloire est dégagée, et ton devoir est quitte ;
Ton père est satisfait, et c'était le venger
Que mettre tant de fois don Rodrigue en danger.
Tu vois comme le ciel autrement en dispose.
Ayant fait tout pour lui, fais pour toi quelque chose,

Prends un an, si tu veux, pour essuyer tes larmes

LE CID. Acte V, Scène IV.

Et ne sois point rebelle à mon commandement
Qui te donne un époux aimé si chèrement.

SCÈNE IV.

D. FERNAND, D. DIÈGUE, D. ARIAS, D. RODRIGUE, D. ALONSE,
D. SANCHE, CHIMÈNE, ELVIRE.

D. Rodrigue. Je ne viens point ici demander ma conquête ;
Je viens tout de nouveau vous apporter ma tête [1].
N'armez plus contre moi le pouvoir des humains ;
Rodrigue est à vos pieds, vengez-vous par vos mains ;
Vos mains seules ont droit de vaincre un invincible ;
Prenez une vengeance à tout autre impossible ;
Mais du moins que ma mort suffise à me punir.
Ne me bannissez point de votre souvenir.

Chimène. Relève-toi, Rodrigue. Il faut l'avouer, sire,
Je vous en ai trop dit pour m'en pouvoir dédire.
Rodrigue a des vertus que je ne puis haïr ;
Et quand un roi commande on lui doit obéir.
Mais, à quoi que déjà vous m'ayez condamnée,
Pourrez-vous à vos yeux souffrir cet hyménée ?
Et quand de mon devoir vous voulez cet effort,
Toute votre justice en est-elle d'accord ?
Si Rodrigue à l'État devient si nécessaire,
De ce qu'il fait pour vous dois-je être le salaire,
Et me livrer moi-même au reproche éternel
D'avoir trempé mes mains dans le sang paternel ?

D. Fernand. Le temps assez souvent a rendu légitime
Ce qui semblait d'abord ne se pouvoir sans crime ;
Rodrigue t'a gagnée, et tu dois être à lui.
Mais, quoique sa valeur t'ait conquise aujourd'hui,
Il faudrait que je fusse ennemi de ta gloire
Pour lui donner sitôt le prix de sa victoire.
Cet hymen différé ne rompt point une loi

---

(1) Rodrigue a offert sa tête si souvent, que cette nouvelle offre ne peut plus produire le même effet. Les personnages doivent toujours conserver leur caractère, mais non pas dire toujours les mêmes choses. L'unité de caractère n'est belle que par la variété des idées. (V.)

Qui, sans marquer de temps, lui destine ta foi.
Prends un an, si tu veux, pour essuyer tes larmes.
Rodrigue, cependant, il faut prendre les armes.
Après avoir vaincu les Maures sur nos bords,
Renversé leurs desseins, repoussé leurs efforts,
Va jusqu'en leur pays leur reporter la guerre,
Commander mon armée, et ravager leur terre.
A ce seul nom de Cid ils trembleront d'effroi ;
Ils t'ont nommé seigneur, et te voudront pour roi.
Mais parmi tes hauts faits sois-lui toujours fidèle :
Reviens-en, s'il se peut, encore plus digne d'elle ;
Et par tes grands exploits fais-toi si bien priser,
Qu'il lui soit glorieux alors de t'épouser.

D. Rodrigue. Pour posséder Chimène, et pour votre service,
Que peut-on m'ordonner que mon bras n'accomplisse ?
Quoi qu'absent de ses yeux il me faille endurer,
Sire, ce m'est trop d'heur de pouvoir espérer.

D. Fernand. Espère en ton courage, espère en ma promesse ;
Et possédant déjà le cœur de la princesse,
Pour vaincre un point d'honneur qui combat contre toi,
Laisse faire le temps, ta vaillance et ton roi.

Oui, tu vois en moi seule et le fer et la flamme.

MÉDÉE

FRAGMENTS
DE LA TRAGÉDIE DE MÉDÉE.

Médée, fille du Soleil, et célèbre magicienne, avait, par ses enchantements, facilité à Jason la conquête de la Toison d'or ; Jason, par reconnaissance, épousa Médée, qu'il répudia bientôt pour épouser Créuse, fille de Créon, roi de Corinthe.

MÉDÉE.

Souverains protecteurs des lois de l'hyménée [1],
Dieux garants de la foi que Jason m'a donnée,
S'il me peut aujourd'hui chasser impunément,
Vous êtes sans pouvoir ou sans ressentiment.
Et vous, troupe savante en noires barbaries,
Filles de l'Achéron, pestes, larves, furies,
Fières sœurs, si jamais notre commerce étroit
Sur vous et vos serpents me donna quelque droit,
Sortez de vos cachots avec les mêmes flammes
Et les mêmes tourments dont vous gênez les âmes ;
Laissez-les quelque temps reposer dans leurs fers ;
Pour mieux agir pour moi, faites trêve aux enfers ;
Apportez-moi du fond des antres de Mégère
La mort de ma rivale et celle de son père ;
Et si vous ne voulez mal servir mon courroux,
Quelque chose de pis pour mon perfide époux.
Qu'il coure vagabond de province en province,
Qu'il fasse lâchement la cour à chaque prince ;

[1] Voici des vers qui annoncent Corneille. Ce monologue est tout entier imité de Sénèque le tragique :

Dii conjugales, tuque genialis tori
Lucina custos....

Banni de tous côtés, sans biens et sans appui.
Accablé de frayeur, de misère et d'ennui,
Qu'à ses plus grands malheurs aucun ne compatisse ;
Qu'il ait regret à moi pour son dernier supplice ;
Et que mon souvenir jusque dans le tombeau
Attache à son esprit un éternel bourreau.
　　Jason me répudie ! et qui l'aurait pu croire ?
S'il a manqué de foi, manque-t-il de mémoire ?
Me peut-il bien quitter après tant de bienfaits [1] ?
M'ose-t-il bien quitter après tant de forfaits ?
Sachant ce que je puis, ayant vu ce que j'ose,
Croit-il que m'offenser ce soit si peu de chose ?
Quoi ! mon père trahi, les éléments forcés,
D'un frère dans la mer les membres dispersés,
Lui font-ils présumer mon audace épuisée ?
Lui font-ils présumer qu'à mon tour méprisée,
Ma rage contre lui n'ait par où s'assouvir,
Et que tout mon pouvoir se borne à le servir ?
Tu t'abuses, Jason, je suis encor moi-même.
Tout ce qu'en ta faveur fit mon ardeur extrême,
Je le ferai par haine, et je veux pour le moins
Qu'un forfait nous sépare ainsi qu'il nous a joints ;
Que mon sanglant divorce, en meurtres, en carnage,
S'égale aux premiers jours de notre mariage,
Et que notre union, que rompt ton changement,
Trouve une fin pareille à son commencement.
Déchirer par morceaux l'enfant aux yeux du père
N'est que le moindre effet qui suivra ma colère ;
Des crimes si légers furent mes coups d'essai :
Il faut bien autrement montrer ce que je sai ;
Il faut faire un chef-d'œuvre, et qu'un dernier ouvrage

---

(1) Ces vers sont dignes de la vraie tragédie, et Corneille n'en a guère fait de plus beaux. Si, au lieu d'être noyés dans un long monologue inutile, ils étaient placés dans un dialogue vif et touchant, ils feraient le plus grand effet.

Ces monologues furent très longtemps à la mode. Les comédiens les faisaient ronfler avec une emphase ridicule : ils les exigeaient des auteurs qui leur vendaient leurs pièces ; et une comédienne qui n'aurait point eu de monologue dans son rôle n'aurait pas voulu réciter. Voilà comme le théâtre, relevé par Corneille, commença parmi nous. Des farceurs ampoulés représentaient dans des jeux de paume ces mascarades rimées, qu'ils achetaient dix écus : les Athéniens en usaient autrement. (V.)

Surpasse de bien loin ce faible apprentissage.
Mais, pour exécuter tout ce que j'entreprends,
Quels dieux me fourniront des secours assez grands?
Ce n'est plus vous, enfers, qu'ici je sollicite :
Vos feux sont impuissants pour ce que je médite.
Auteur de ma naissance, aussi bien que du jour,
Qu'à regret tu dépars à ce fatal séjour,
Soleil, qui vois l'affront qu'on va faire en ta race [1],
Donne-moi tes chevaux à conduire à ta place :
Accorde cette grâce à mon désir bouillant.
Je veux choir sur Corinthe avec ton char brûlant :
Mais ne crains pas de chute à l'univers funeste ;
Corinthe consumé garantira le reste [2] ;
De mon juste courroux les implacables vœux
Dans ses odieux murs arrêteront les feux ;
Créon en est le prince, et prend Jason pour gendre :
C'est assez mériter d'être réduit en cendre,
D'y voir réduit tout l'isthme, afin de l'en punir,
Et qu'il n'empêche plus les deux mers de s'unir [3].

MÉDÉE, NÉRINE.

Médée. Eh bien ! Nérine, à quand, à quand cet hyménée ?
En ont-ils choisi l'heure ? en sais-tu la journée ?
N'en as-tu rien appris ? n'as-tu point vu Jason ?
N'appréhende-t-il rien après sa trahison ?
Croit-il qu'en cet affront je m'amuse à me plaindre ?
S'il cesse de m'aimer, qu'il commence à me craindre.
Il verra, le perfide, à quel comble d'horreur
De mes ressentiments peut monter la fureur.

(1) Cette prière au soleil, son père, est encore toute de Sénèque, et devait faire plus d'effet sur les peuples qui mettaient le soleil au rang des dieux, que sur nous qui n'admettons pas cette mythologie. (V.)

(2) Le talent de Corneille s'annonçait déjà dans sa *Médée* (quoique mal conçue et mal écrite), par quelques morceaux d'une force et d'une élévation de style inconnue avant lui. Tel est ce morceau de *Médée*, imité de Sénèque. Ailleurs ce pourrait être une déclamation ; mais il faut songer que c'est une magicienne qui parle.

(3) On peut relever quelques fautes de langage ; mais, en total, ce morceau est d'un style infiniment élevé au-dessus de tout ce qu'on écrivait dans le temps. Ces deux vers surtout :

Me peut-il bien quitter après tant de bienfaits ?
M'ose-t-il bien quitter après tant de forfaits ?

offrent un rapprochement d'idées de la plus grande énergie : il est impossible de dire plus en peu de mots : c'est le vrai sublime. (LA H.)

Nérine. Modérez les bouillons de cette violence
Et laissez déguiser vos douleurs au silence.
Quoi ! madame, est-ce ainsi qu'il faut dissimuler ?
Et faut-il perdre ainsi des menaces en l'air [1] ?
Les plus ardents transports d'une haine connue
Ne sont qu'autant d'éclairs avortés dans la nue,
Qu'autant d'avis à ceux que vous voulez punir,
Pour repousser vos coups, ou pour les prévenir.
Qui peut, sans s'émouvoir, supporter une offense
Peut mieux prendre à son point le temps de sa vengeance ;
Et sa feinte douceur, sous un appas mortel,
Mène insensiblement sa victime à l'autel.

Médée. Tu veux que je me taise et que je dissimule !
Nérine, porte ailleurs ce conseil ridicule ;
L'âme en est incapable en de moindres malheurs,
Et n'a point où cacher de pareilles douleurs.
Jason m'a fait trahir mon pays et mon père,
Et me laisse au milieu d'une terre étrangère,
Sans support, sans amis, sans retraite, sans bien.
La fable de son peuple, et la haine du mien !

Nérine. Pensez donc mieux, madame, à l'éclat que vous faites.
Quelque juste qu'il soit, regardez où vous êtes,
Considérez qu'à peine un esprit plus remis
Vous tient en sûreté parmi vos ennemis.

Médée. L'âme doit se roidir plus elle est menacée,
Et contre la fortune aller tête baissée,
La choquer hardiment, et, sans craindre la mort,
Se présenter de front à son plus rude effort.
Cette lâche ennemie a peur des grands courages [2],

---

(1) J'ai déjà dit que je ne ferais aucune remarque sur le style de cette tragédie, qui est vicieux presque d'un bout à l'autre. J'observerai seulement ici, à propos de ces rimes *dissimuler* et *en l'air*, qu'alors on prononçait *dissimulair* pour rimer à *l'air*. J'ajouterai qu'on a été longtemps dans le préjugé que la rime doit être pour les yeux. C'est pour cette raison qu'on faisait rimer *cher* à *bûcher* (V.)

(2) Cela est imité de Sénèque, et enchérit encore sur le mauvais goût de l'original :

Fortuna fortes metuit, ignavos premit.

Corneille appelle la fortune *lâche*. Toutes les tragédies qui précédèrent sa *Médée* sont remplies d'exemples de ce faux bel esprit. Ces puérilités furent si longtemps en vogue, que l'abbé Cotin, du temps même de Boileau et de Molière, donna à la fièvre l'épithète d'*ingrate*; cette ingrate de fièvre qui attaquait insolemment le beau corps de mademoiselle de Guise, où elle était si bien logée. (V.)

Et sur ceux qu'elle abat redouble ses outrages.
Nérine. Que sert ce grand courage où l'on est sans pouvoir ?
Médée. Il trouve toujours lieu de se faire valoir.
Nérine. Forcez l'aveuglement dont vous êtes séduite,
Pour voir en quel état le sort vous a réduite.
Votre pays vous hait, votre époux est sans foi :
Dans un si grand revers que vous reste-t-il ?
Médée. Moi,
Moi, dis-je, et c'est assez [1].
Nérine. Quoi ! vous seule, madame ?
Médée. Oui, tu vois en moi seule et le fer et la flamme,
Et la terre, et la mer, et l'enfer, et les cieux,
Et le sceptre des rois, et le foudre des dieux.
Nérine. L'impétueuse ardeur d'un courage sensible
A vos ressentiments figure tout possible :
Mais il faut craindre un roi fort de tant de sujets.
Médée. Mon père, qui l'était, rompit-il mes projets ?
Nérine. Non, mais il fut surpris, et Créon se défie :
Fuyez, qu'à ses soupçons il ne vous sacrifie.
Médée. Las ! je n'ai que trop fui ; cette infidélité
D'un juste châtiment punit ma lâcheté.
Si je n'eusse point fui pour la mort de Pélie,
Si j'eusse tenu bon dedans la Thessalie,
Il n'eût point vu Créuse, et cet objet nouveau
N'eût point de notre hymen étouffé le flambeau.
Nérine. Fuyez encor, de grâce.
Médée. Oui, je fuirai, Nérine ;
Mais, avant, de Créon on verra la ruine.
Je brave la fortune ; et toute sa rigueur,
En m'ôtant un mari, ne m'ôte pas le cœur ;
Sois seulement fidèle, et, sans te mettre en peine,
Laisse agir pleinement mon savoir et ma haine.
Nérine, *seule*. Madame... Elle me quitte au lieu de m'écouter.
Ces violents transports la vont précipiter ;

---

(1) *Moi, dis-je, et c'est assez.* Des gens difficiles ont prétendu que ce dernier hémistiche affaiblissait la beauté du *moi* : c'est se tromper étrangement ; bien loin de diminuer le sublime, il l'achève, car le premier *moi* pouvait n'être qu'un élan d'audace désespérée, mais le second est de réflexion. Elle y a pensé ; et elle insiste : *Moi, dis-je, et c'est assez.* Le premier étonne, le second fait trembler quand on songe que c'est Médée qui le prononce. (LA H.)

D'une trop juste ardeur l'inexorable envie
Lui fait abandonner le souci de sa vie.
Tâchons, encore un coup, d'en divertir le cours.
Apaiser sa fureur, c'est conserver ses jours.

. . . .

MÉDÉE, NÉRINE.

Nérine. Bien qu'un péril certain suive votre entreprise,
Assurez-vous sur moi, je vous suis toute acquise ;
Employez mon service aux flammes, au poison,
Je ne refuse rien ; mais épargnez Jason.
Votre aveugle vengeance une fois assouvie,
Le regret de sa mort vous coûterait la vie ;
Et les coups violents d'un rigoureux ennui...
Médée. Cesse de m'en parler, et ne crains rien pour lui :
Ma fureur jusque-là n'oserait me séduire ;
Jason m'a trop coûté pour le vouloir détruire ;
Mon courroux lui fait grâce, et ma première ardeur
Soutient son intérêt au milieu de mon cœur.
Créon seul et sa fille ont fait la perfidie ;
Eux seuls termineront toute la tragédie :
Leur perte achèvera cette fatale paix.
Nérine. Contenez-vous, madame, il sort de son palais.

CRÉON, MÉDÉE, NÉRINE, SOLDATS.

Créon. Quoi ! je te vois encore ! Avec quelle impudence
Peux-tu, sans t'effrayer, soutenir ma présence ?
Ignores-tu l'arrêt de ton bannissement ?
Fais-tu si peu de cas de mon commandement ?
Voyez comme elle s'enfle et d'orgueil et d'audace !
Ses yeux ne sont que feu, ses regards que menace !
Gardes, empêchez-la de s'approcher de moi.
Va, purge mes États d'un monstre tel que toi ;
Délivre mes sujets, et moi-même, de crainte.
Médée. De quoi m'accuse-t-on ? quel crime, quelle plainte
Pour mon bannissement vous donne tant d'ardeur ?
Créon. Ah ! l'innocence même ! et la même candeur !
Médée est un miroir de vertu signalée :

Quelle inhumanité de l'avoir exilée !
Barbare, as-tu sitôt oublié tant d'horreurs ?
Repasse tes forfaits, repasse tes fureurs,
Et de tant de pays nomme quelque contrée
Dont tes méchancetés te permettent l'entrée.
Toute la Thessalie en armes te poursuit :
Ton père te déteste, et l'univers te fuit ;
Me dois-je en ta faveur charger de tant de haines,
Et sur mon peuple et moi faire tomber tes peines ?
Va pratiquer ailleurs tes noires actions ;
J'ai racheté la paix à ces conditions.

Médée. Lâche paix, qu'entre vous, sans m'avoir écoutée,
Pour m'arracher mon bien vous avez complotée !
Paix dont le déshonneur vous demeure éternel !
Quiconque, sans l'ouïr, condamne un criminel,
Son crime eût-il cent fois mérité le supplice,
D'un juste châtiment il fait une injustice.

Créon. Au regard de Pélie, il fut bien mieux traité ;
Avant que l'égorger tu l'avais écouté ?

Médée. Ecouta-t-il Jason, quand sa haine couverte
L'envoya sur nos bords se livrer à sa perte !
Car comment voulez-vous que je nomme un dessein
Au-dessus de sa force et du pouvoir humain ?
Apprenez quelle était cette illustre conquête,
Et de combien de morts j'ai garanti sa tête.
Il fallait mettre au joug deux taureaux furieux ;
Des tourbillons de feux s'élançaient de leurs yeux,
Et leur maître Vulcain poussait par leur haleine
Un long embrasement dessus toute la plaine ;
Eux domptés, on entrait en de nouveaux hasards ;
Il fallait labourer les tristes champs de Mars,
Et des dents d'un serpent ensemencer la terre,
Dont la stérilité, fertile pour la guerre,
Produisait à l'instant des escadrons armés
Contre la même main qui les avait semés.
Mais, quoi qu'eût fait contre eux une valeur parfaite,
La toison n'était pas au bout de leur défaite :
Un dragon, enivré des plus mortels poisons
Qu'enfantent les péchés de toutes les saisons,

Vomissant mille traits de sa gorge enflammée
La gardait beaucoup mieux que toute cette armée ;
Jamais étoile, lune, aurore, ni soleil,
Ne virent abaisser sa paupière au sommeil :
Je l'ai seule assoupi ; seule, j'ai par mes charmes
Mis au joug des taureaux, et défait les gens d'armes.
Si lors à mon devoir mon désir limité
Eût conservé ma gloire et ma fidélité,
Si j'eusse eu de l'horreur de tant d'énormes fautes,
Que devenait Jason et tous vos Argonautes ?
Sans moi, ce vaillant chef, que vous m'avez ravi,
Eût péri le premier, et tous l'auraient suivi.
Je ne me repens point d'avoir, par mon adresse,
Sauvé le sang des dieux et la fleur de la Grèce ;
Zéthès, et Calaïs, et Pollux, et Castor,
Et le charmant Orphée, et le sage Nestor,
Tous vos héros enfin tiennent de moi la vie ;
Je vous les verrai tous posséder sans envie :
Je vous les ai sauvés, je vous les cède tous ;
Je n'en veux qu'un pour moi, n'en soyez point jaloux.

HORACE[1]

TRAGÉDIE (1639).

A MONSEIGNEUR LE CARDINAL
DUC DE RICHELIEU.

MONSEIGNEUR,

Je n'aurais jamais eu la témérité de présenter à Votre Éminence ce mauvais portrait d'Horace, si je n'eusse considéré qu'après tant de bienfaits[2] que j'ai reçus d'elle, le silence où mon respect m'a retenu jusqu'à présent passerait pour ingratitude, et que, quelque juste défiance que j'aie de mon travail, je dois avoir encore plus de confiance en votre bonté. C'est d'elle que je tiens tout ce que je suis ; et ce n'est pas sans rougir que, pour toute reconnaissance, je vous fais un présent si peu digne de vous, et si peu proportionné à ce que je vous dois. Mais, dans cette confusion, qui m'est commune avec tous ceux qui écrivent, j'ai cet avantage qu'on ne peut, sans quelque injustice, condamner mon choix, et que ce généreux Romain, que je mets aux pieds de Votre Éminence, eût pu paraître devant elle avec moins de honte, si les forces de l'artisan eussent répondu à la dignité de la matière : j'en ai pour garant l'auteur dont je l'ai tirée, qui commence à décrire cette fameuse histoire par ce glorieux éloge, « qu'il n'y a presque aucune chose plus « noble dans toute l'antiquité. » Je voudrais que ce qu'il a dit de l'action se pût dire de la peinture que j'en ai faite, non pour en tirer plus de vanité, mais seulement pour vous offrir quelque chose un peu moins indigne de vous être offert. Le sujet était capable de plus de grâces, s'il eût été traité d'une main plus savante ; mais du moins il a reçu de la mienne toutes celles qu'elle était capable de lui donner, et qu'on pouvait raisonnablement attendre d'une muse de province[3], qui, n'étant pas assez heureuse pour jouir souvent des regards de Votre Éminence, n'a pas les mêmes lumières à se conduire qu'ont celles qui en sont continuellement éclairées. Et certes, Monseigneur, ce changement visible qu'on remarque en mes ouvrages depuis que

---

(1) C'est le titre que Corneille donna toujours à cette tragédie. Celui des *Horaces* a prévalu depuis dans la conversation et sur les affiches des spectacles. Ainsi, l'usage étend son empire même sur des objets qui ne sont pas de sa compétence. (P.)

Si on reprocha à Corneille d'avoir pris dans les Espagnols les beautés les plus touchantes du *Cid*, on dut le louer d'avoir transporté sur la scène française, dans les *Horaces*, les morceaux les plus éloquents de Tite-Live, et même de les avoir embellis. On sait que quand on le menaça d'une seconde critique sur la tragédie des *Horaces*, semblable à celle du *Cid*, il répondit :

« Horace fut condamné par les duumvirs, mais « il fut absous par le peuple. » *Horace* n'est point encore une tragédie régulière, mais on y verra des beautés d'un genre supérieur. (V.)

(2) Ce mot *bienfaits* fait voir que le cardinal de Richelieu savait récompenser en premier ministre ce même talent qu'il avait un peu persécuté dans l'auteur du *Cid*. (V.)

(3) Corneille demeurait à Rouen, et ne venait à Paris que pour y faire jouer ses pièces, dont il tirait un profit qui ne répondait point du tout à leur gloire et à l'utilité dont elles étaient aux comédiens. (V.)

j'ai l'honneur d'être[1] à Votre Éminence, qu'est-ce autre chose qu'un effet des grandes idées qu'elle m'inspire quand elle daigne souffrir que je lui rende mes devoirs; et à quoi peut-on attribuer ce qui s'y mêle de mauvais, qu'aux teintures grossières que je reprends quand je demeure abandonné à ma propre faiblesse? Il faut, Monseigneur, que tous ceux qui donnent leurs veilles au théâtre publient hautement avec moi que nous vous avons deux obligations très signalées : l'une, d'avoir ennobli[2] le but de l'art; l'autre, de nous en avoir facilité les connaissances. Vous avez ennobli le but de l'art, puisque, au lieu de celui de plaire au peuple que nous prescrivent nos maîtres, et dont les deux plus honnêtes gens de leur siècle, Scipion et Lælie, ont autrefois protesté de se contenter, vous nous avez donné celui de vous plaire et de vous divertir; et qu'ainsi nous ne rendons pas un petit service à l'État, puisque, contribuant à vos divertissements, nous contribuons à l'entretien d'une santé qui lui est si précieuse et si nécessaire. Vous nous en avez facilité les connaissances, puisque nous n'avons plus besoin d'autre étude pour les acquérir que d'attacher nos yeux sur Votre Éminence quand elle honore de sa présence et de son attention le récit de nos poëmes. C'est là que, lisant sur son visage ce qui lui plaît et ce qui ne lui plaît pas, nous nous instruisons avec certitude de ce qui est bon et de ce qui est mauvais, et tirons des règles infaillibles de ce qu'il faut suivre et de ce qu'il faut éviter; c'est là que j'ai souvent appris en deux heures ce que mes livres n'eussent pu m'apprendre en dix ans; c'est là que j'ai puisé ce qui m'a valu l'applaudissement du public; et c'est là qu'avec votre faveur j'espère puiser assez pour être un jour une œuvre digne de vos mains. Ne trouvez donc pas mauvais, Monseigneur, que, pour vous remercier de ce que j'ai de réputation, dont je vous suis entièrement redevable, j'emprunte quatre vers d'un autre Horace que celui que je vous présente, et que je vous exprime par eux les plus véritables sentiments de mon âme :

Totum muneris hoc tui est,
Quod monstror digito prætereuntium
Scenæ non levis artifex :
Quod spiro et placeo, si placeo, tuum est.

Je n'ajouterai qu'une vérité à celle-ci, en vous suppliant de croire que je suis et serai toute ma vie, très passionnément[3],

Monseigneur,
de Votre Éminence,

le très humble, très obéissant,
et très obligé serviteur,

CORNEILLE.

(1) Je ne sais ce qu'on doit entendre par ces mots, *être à Votre Éminence*. Le cardinal de Richelieu faisait au grand Corneille une pension de cinq cents écus, non pas au nom du roi, mais de ses propres deniers. Cela ne se pratiquerait pas aujourd'hui : peu de gens de lettres voudraient accepter une pension d'un autre que de Sa Majesté, ou d'un prince. Mais il faut considérer que le cardinal de Richelieu était roi en quelque façon; il en avait la puissance et l'appareil.
Cependant une pension de cinq cents écus, que le grand Corneille fut réduit à recevoir, ne paraît pas un titre suffisant pour qu'il dit : *J'ai l'honneur d'être à Votre Éminence*. (V.)
(2) Cette phrase est assez remarquable : ou elle est une ironie, ou elle est une flatterie qui semble contredire le caractère qu'on attribue à Corneille. Il est évident qu'il ne croyait pas que l'ennemi du *Cid* et le protecteur de ses ennemis eût un goût si sûr. Il était mécontent du cardinal, et il le loue! Jugeons de ses vrais sentiments par le sonnet fameux qu'il fit après la mort de Louis XIII :

Sous ce marbre repose un monarque sans vice,
Dont la seule bonté déplut aux bons Français;
Ses erreurs, ses écarts vinrent d'un mauvais choix
Dont il fut trop longtemps innocemment complice.

L'ambition, l'orgueil, la haine, l'avarice,
Armés de son pouvoir, nous donnèrent des lois;
Et, bien qu'il fût en soi le plus juste des rois,
Son règne fut toujours celui de l'injustice.

Fier vainqueur au dehors, vil esclave en sa cour,
Son tyran et le nôtre à peine perd le jour,
Que jusque dans sa tombe il le force à le suivre,

Et, par cet ascendant ses projets confondus;
Après trente-trois ans sur le trône perdus,
Commençant à régner, il a cessé de vivre.

Le sonnet a des beautés; mais avouons que ce n'était pas à un pensionnaire du cardinal à le faire, et qu'il ne fallait ni lui prodiguer tant de louanges pendant sa vie, ni l'outrager après sa mort. (V.)
(3) Cette expression *passionnément* montre combien tout dépend des usages. *Je suis passionnément* est aujourd'hui la formule dont les supérieurs se servent avec les inférieurs. Les Romains ni les Grecs ne connurent jamais ce protocole de la vanité : il a toujours changé parmi nous. Celui qui fait cette remarque est le premier qui ait supprimé les formules dans les épîtres dédicatoires de ce genre; et on commence à s'en abstenir. Ces épîtres, en effet, étant souvent des ouvrages raisonnés, ne doivent point finir comme un ouvrage ordinaire.

PERSONNAGES.

TULLE, roi de Rome.
LE VIEIL HORACE, chevalier romain.
HORACE, son fils.
CURIACE, gentilhomme d'Albe, promis à Camille.
VALÈRE, chevalier romain.
SABINE, sœur de Curiace et femme d'Horace.
CAMILLE, sœur d'Horace, et promise à Curiace.
JULIE, dame romaine, confidente de Sabine et de Camille.
FLAVIAN, soldat de l'armée d'Albe.
PROCULE, soldat de l'armée de Rome.

La scène est à Rome, dans une salle de la maison d'Horace.

ACTE PREMIER.

SCÈNE PREMIÈRE.

SABINE[1], JULIE.

Sabine. Approuvez ma faiblesse, et souffrez ma douleur;
Elle n'est que trop juste en un si grand malheur:
Si près de voir sur soi fondre de tels orages,
L'ébranlement sied bien aux plus fermes courages;
Et l'esprit le plus mâle et le moins abattu
Ne saurait sans désordre exercer sa vertu.
Quoique le mien s'étonne à ces rudes alarmes,
Le trouble de mon cœur ne peut rien sur mes larmes,

---

[1] Corneille, dans l'examen des *Horaces*, dit que le personnage de Sabine est heureusement inventé, mais qu'il ne sert pas à l'action.

Il est vrai que ce rôle n'est pas nécessaire à la pièce; mais j'ose ici être moins sévère que Corneille: ce rôle est du moins incorporé à la tragédie; c'est une femme qui tremble pour son mari et pour son frère. Elle ne cause aucun événement, il est vrai; c'est un défaut sur un théâtre aussi perfectionné que le nôtre; mais elle prend part à tous les événements, et c'est beaucoup pour un temps où l'art commençait à naître.

Observez que ce personnage débite souvent de très beaux vers, et qu'il fait l'exposition du sujet d'une manière très intéressante et très noble.

Mais observez surtout que les beaux vers de Corneille nous enseignent à discerner les mauvais. Le goût du public se forma insensiblement par la comparaison des beautés et des défauts. On désapprouve aujourd'hui cet amas de sentences, ces idées générales retournées en tant de manières, l'ébranlement qui sied aux *fermes* courages, l'esprit le *plus mâle*, le *moins abattu*: c'est l'auteur qui parle, et c'est le personnage qui doit parler. (V.)

Et, parmi les soupirs qu'il pousse vers les cieux,
Ma constance du moins règne encor sur mes yeux :
Quand on arrête là les déplaisirs d'une âme,
Si l'on fait moins qu'un homme, on fait plus qu'une femme;
Commander à ses pleurs en cette extrémité,
C'est montrer pour le sexe assez de fermeté.

Julie. C'en est peut-être assez pour une âme commune
Qui du moindre péril se fait une infortune ;
Mais de cette faiblesse un grand cœur est honteux :
Il ose espérer tout dans un succès douteux.
Les deux camps sont rangés au pied de nos murailles ;
Mais Rome ignore encor comme on perd des batailles.
Loin de trembler pour elle, il lui faut applaudir :
Puisqu'elle va combattre, elle va s'agrandir.
Bannissez, bannissez une frayeur si vaine,
Et concevez des vœux dignes d'une Romaine.

Sabine. Je suis Romaine, hélas ! puisqu'Horace est Romain ;
J'en ai reçu le titre en recevant sa main ;
Mais ce nœud me tiendrait en esclave enchaînée,
S'il m'empêchait de voir en quels lieux je suis née.
Albe, où j'ai commencé de respirer le jour,
Albe, mon cher pays, et mon premier amour [1] ;
Lorsqu'entre nous et toi je vois la guerre ouverte,
Je crains notre victoire autant que notre perte.
Rome, si tu te plains que c'est là te trahir,
Fais-toi des ennemis que je puisse haïr [2].
Quand je vois de tes murs leur armée et la nôtre,
Mes trois frères dans l'une, et mon mari dans l'autre,
Puis-je former des vœux, et sans impiété
Importuner le ciel pour ta félicité ?
Je sais que ton État, encore en sa naissance,
Ne saurait, sans la guerre, affermir sa puissance ;
Je sais qu'il doit s'accroître, et que tes grands destins
Ne le borneront pas chez les peuples latins ;

(1) Voyez comme ces vers sont supérieurs à ceux du commencement : c'est ici un sentiment vrai ; il n'y a point là de lieux communs, point de vaines sentences, rien de recherché, ni dans les idées, ni dans les expressions. *Albe, mon cher pays*, c'est la nature seule qui parle : cette comparaison de Corneille avec lui-même formera mieux le goût que toutes les dissertations et les poétiques. (V.)

(2) Ce vers est resté en proverbe. (V.)

Que les dieux t'ont promis l'empire de la terre,
Et que tu n'en peux voir l'effet que par la guerre.
Bien loin de m'opposer à cette noble ardeur
Qui suit l'arrêt des dieux et court à ta grandeur,
Je voudrais déjà voir tes troupes couronnées,
D'un pas victorieux franchir les Pyrénées.
Va jusqu'en l'Orient pousser tes bataillons ;
Va sur les bords du Rhin planter tes pavillons ;
Fais trembler sous tes pas les colonnes d'Hercule,
Mais respecte une ville à qui tu dois Romule.
Ingrate, souviens-toi que du sang de ses rois
Tu tiens ton nom, tes murs et tes premières lois.
Albe est ton origine ; arrête, et considère
Que tu portes le fer dans le sein de ta mère.
Tourne ailleurs les efforts de tes bras triomphants ;
Sa joie éclatera dans l'heur de ses enfants ;
Et, se laissant ravir à l'amour maternelle,
Ses vœux seront pour toi, si tu n'es plus contre elle.

Julie. Ce discours me surprend, vu que depuis le temps
Qu'on a contre son peuple armé nos combattants,
Je vous ai vu pour elle autant d'indifférence
Que si d'un sang romain vous aviez pris naissance.
J'admirais la vertu qui réduisait en vous
Vos plus chers intérêts à ceux de votre époux ;
Et je vous consolais au milieu de vos plaintes,
Comme si notre Rome eût fait toutes vos craintes.

Sabine. Tant qu'on ne s'est choqué qu'en de légers combats,
Trop faibles pour jeter un des partis à bas,
Tant qu'un espoir de paix a pu flatter ma peine,
Oui, j'ai fait vanité d'être toute Romaine.
Si j'ai vu Rome heureuse avec quelque regret,
Soudain j'ai condamné ce mouvement secret ;
Et si j'ai ressenti, dans ses destins contraires,
Quelque maligne joie en faveur de mes frères,
Soudain, pour l'étouffer rappelant ma raison,
J'ai pleuré quand la gloire entrait dans leur maison.
Mais aujourd'hui qu'il faut que l'une ou l'autre tombe,
Qu'Albe devienne esclave, ou que Rome succombe,
Et qu'après la bataille il ne demeure plus

Ni d'obstacle aux vainqueurs ni d'espoir aux vaincus,
J'aurais pour mon pays une cruelle haine,
Si je pourrais encore être toute Romaine,
Et si je demandais votre triomphe aux dieux,
Au prix de tant de sang qui m'est si précieux.
Je m'attache un peu moins aux intérêts d'un homme :
Je ne suis point pour Albe, et ne suis plus pour Rome ;
Je crains pour l'une et l'autre en ce dernier effort,
Et serai du parti qu'affligera le sort.
Égale à tous les deux jusques à la victoire [1],
Je prendrai part aux maux sans en prendre à la gloire ;
Et je garde, au milieu de tant d'âpres rigueurs,
Mes larmes aux vaincus, et ma haine aux vainqueurs [2].

Julie. Camille voit d'un œil bien différent du vôtre
Son sang dans une armée, et son époux dans l'autre.
Lorsque vous conserviez un esprit tout romain,
Le sien irrésolu, le sien tout incertain,
De la moindre mêlée appréhendait l'orage,
De tous les deux partis détestait l'avantage,
Au malheur des vaincus donnait toujours ses pleurs,
Et nourrissait ainsi d'éternelles douleurs.
Mais hier, quand elle sut qu'on avait pris journée [3],
Et qu'enfin la bataille allait être donnée,
Une soudaine joie éclatant sur son front...

Sabine. Ah ! que je crains, Julie, un changement si prompt !

Julie. Oui, certes, c'en est trop d'aller jusqu'à la joie.

Sabine. Voyez qu'un bon génie à propos nous l'envoie.
Essayez sur ce point à la faire parler ;
Elle vous aime assez pour ne vous rien céler.
Je vous laisse. Ma sœur, entretenez Julie [4] :

---

(1) *Égale à* n'est pas français en ce sens. L'auteur veut dire *juste envers tous les deux*; car Sabine doit être juste et non pas indifférente. (V.)

(2) Elle ne doit pas haïr son mari, ses enfants, s'ils sont victorieux ; ce sentiment n'est pas permis : elle devrait plutôt dire *sans haïr les vainqueurs*. (V.)

(3) On prend *jour*, et on ne prend point *journée*, parce que *jour* signifie *temps*, et que *journée* signifie *bataille* : la journée d'Ivry, la journée de Fontenoy. (V.)

(4) *Ma sœur, entretenez Julie*, est de la comédie ; mais il y a ici un plus grand défaut, c'est qu'il semble que Camille vienne sans aucun intérêt, et seulement pour faire conversation. La tragédie ne permet pas qu'un personnage paraisse sans une raison importante. On est fort dégoûté aujourd'hui de toutes ces longues conversations, qui ne sont amenées que pour remplir le vide de l'ac-

ACTE I, SCÈNE I.

J'ai honte de montrer tant de mélancolie,
Et mon cœur, accablé de mille déplaisirs,
Cherche la solitude à cacher ses soupirs.

SCÈNE II.

CAMILLE, JULIE.

Camille. Qu'elle a tort de vouloir que je vous entretienne [1] !
Croit-elle ma douleur moins vive que la sienne,
Et que, plus insensible à de si grands malheurs,
A mes tristes discours je mêle moins de pleurs?
Julie. Oubliez Curiace, et recevez Valère,
Vous ne tremblerez plus pour le parti contraire,
Vous serez toute nôtre, et votre esprit remis
N'aura plus rien à perdre aux camp des ennemis.
Camille. Donnez-moi des conseils qui soient plus légitimes,
Et plaignez mes malheurs sans m'ordonner des crimes.
Quoiqu'à peine à mes maux je puisse résister,
J'aime mieux les souffrir que de les mériter.
Julie. Quoi! vous appelez crime un change raisonnable!
Camille. Quoi! le manque de foi vous semble pardonnable?
Julie. Envers un ennemi qui peut nous obliger?
Camille. D'un serment solennel qui peut nous dégager?
Je garde à Curiace une amitié trop pure
Pour souffrir plus longtemps qu'on m'estime parjure.
Il vous souvient qu'à peine on voyait de sa sœur
Par un heureux hymen mon frère possesseur,
Quand, pour comble de joie, il obtint de mon père
Que de ses vœux ardents je serais le salaire.
Ce jour nous fut propice et funeste à la fois;
Unissant nos maisons, il désunit nos rois :
Le combat général aujourd'hui se hasarde;
J'en sus hier la nouvelle, et je n'y pris pas garde ;
Mon esprit rejetait ces funestes objets,

tion, et qui ne le remplissent pas. D'ailleurs pourquoi s'en aller quand un bon génie lui envoie Camille, et qu'elle peut s'éclaircir? (V.)

(1) Cette formule de conversation ne doit jamais entrer dans la tragédie où les personnages doivent, pour ainsi dire, parler malgré eux, emportés par la passion qui les anime. (V.)

Charmé des doux pensers d'hymen et de la paix.
La nuit a dissipé des erreurs si charmantes ;
Mille songes affreux, mille images sanglantes,
Ou plutôt mille amas de carnage et d'horreur,
M'ont arraché ma joie et rendu ma terreur.
J'ai vu du sang, des morts, et n'ai rien vu de suite [1] ;
Un spectre en paraissant prenait soudain la fuite ;
Ils s'effaçaient l'un l'autre ; et chaque illusion
Redoublait mon effroi par sa confusion.

Julie. C'est en contraire sens qu'un songe s'interprète.

Camille. Je le dois croire ainsi, puisque je le souhaite ;
Mais je me trouve enfin, malgré tous mes souhaits,
Au jour d'une bataille, et non pas d'une paix.

Julie. Par là finit la guerre, et la paix lui succède.

Camille. Dure à jamais le mal, s'il y faut ce remède !
Mais quel objet nouveau se présente en ces lieux ?
Est-ce toi, Curiace ? en croirai-je mes yeux ?

SCÈNE III.

CURIACE, CAMILLE, JULIE.

Curiace. N'en doutez point, Camille, et revoyez un homme
Qui n'est ni le vainqueur ni l'esclave de Rome ;
Cessez d'appréhender de voir rougir mes mains
Du poids honteux des fers ou du sang des Romains.
J'ai cru que vous aimiez assez Rome et la gloire
Pour mépriser ma chaîne et haïr ma victoire ;
Et comme également en cette extrémité
Je craignais la victoire et la captivité...

Camille. Curiace, il suffit, je devine le reste :
Tu fuis une bataille à tes vœux si funeste.
Mais as-tu vu mon père ? et peut-il endurer
Qu'ainsi dans sa maison tu t'oses retirer ?
Ne préfère-t-il point l'État à sa famille ?

---

(1) Un rêve qui ne sert qu'à faire craindre ce qui doit arriver ne peut avoir que des beautés de détail, n'est qu'un ornement passager. C'est ce qu'on appelle aujourd'hui un *remplissage*. *Mille* songes, *mille* images, *mille* amas, sont d'un style trop négligé, et ne disent rien d'assez positif. (V.)

ACTE I, SCÈNE III.

　　　　　Ne regarde-t-il point Rome plus que sa fille?
　　　　　Enfin notre bonheur est-il bien affermi?
　　　　　T'a-t-il vu comme gendre, ou bien comme ennemi?
Curiace. Il m'a vu comme gendre, avec une tendresse
　　　　　Qui témoignait assez une entière allégresse;
　　　　　Mais il ne m'a point vu, par une trahison,
　　　　　Indigne de l'honneur d'entrer dans sa maison.
　　　　　Oui, malgré les désirs de mon âme charmée,
　　　　　Si la guerre durait, je serais dans l'armée :
　　　　　C'est la paix qui chez vous me donne un libre accès,
　　　　　La paix à qui nos cœurs doivent ce beau succès.
Camille. La paix! et le moyen de croire un tel miracle?
Julie. Camille, pour le moins croyez-en votre oracle,
　　　　　Et sachons pleinement par quels heureux effets
　　　　　L'heure d'une bataille a produit cette paix.
Curiace. L'aurait-on jamais cru! Déjà les deux armées,
　　　　　D'une égale chaleur au combat animées,
　　　　　Se menaçaient des yeux, et, marchant fièrement,
　　　　　N'attendaient, pour donner, que le commandement,
　　　　　Quand notre dictateur devant les rangs s'avance,
　　　　　Demande à votre prince un moment de silence;
　　　　　Et, l'ayant obtenu : « Que faisons-nous, Romains,
　　　　　« Dit-il, et quel démon nous fait venir aux mains?
　　　　　« Souffrons que la raison éclaire enfin nos âmes :
　　　　　« Nous sommes vos voisins, nos filles sont vos femmes,
　　　　　« Et l'hymen nous a joints par tant et tant de nœuds,
　　　　　« Qu'il est peu de nos fils qui ne soient vos neveux.
　　　　　« Nous ne sommes qu'un sang et qu'un peuple en deux villes:
　　　　　« Pourquoi nous déchirer par des guerres civiles,
　　　　　« Où la mort des vaincus affaiblit les vainqueurs,
　　　　　« Et le plus beau triomphe est arrosé de pleurs?
　　　　　« Nos ennemis communs attendent avec joie
　　　　　« Qu'un des partis défait leur donne l'autre en proie,
　　　　　« Lassé, demi-rompu, vainqueur, mais, pour tout fruit,
　　　　　« Dénué d'un secours par lui-même détruit.
　　　　　« Ils ont assez longtemps joui de nos divorces [1];

---

(1) Ce mot de *divorces*, s'il ne signifiait que des querelles, serait impropre : mais ici il dénote les querelles de deux peuples unis; et par là il est juste, nouveau et excellent. (V.)

« Contre eux dorénavant joignons toutes nos forces,
« Et noyons dans l'oubli ces petits différends
« Qui de si bons guerriers font de mauvais parents.
« Que si l'ambition de commander aux autres
« Fait marcher aujourd'hui vos troupes et les nôtres,
« Pourvu qu'à moins de sang nous voulions l'apaiser,
« Elle nous unira, loin de nous diviser.
« Nommons des combattants pour la cause commune ;
« Que chaque peuple aux siens attache sa fortune,
« Et, suivant ce que d'eux ordonnera le sort,
« Que le faible parti prenne loi du plus fort :
« Mais, sans indignité pour des guerriers si braves,
« Qu'ils deviennent sujets sans devenir esclaves,
« Sans honte, sans tribut, et sans autre rigueur
« Que de suivre en tous lieux les drapeaux du vainqueur.
« Ainsi nos deux États ne feront qu'un empire. »
Il semble qu'à ces mots notre discorde expire :
Chacun, jetant les yeux dans un rang ennemi,
Reconnaît un beau-frère, un cousin, un ami ;
Ils s'étonnent comment leurs mains, de sang avides,
Volaient, sans y penser, à tant de parricides,
Et font paraître un front couvert tout à la fois
D'horreur pour la bataille et d'ardeur pour ce choix.
Enfin l'offre s'accepte, et la paix désirée
Sous ces conditions est aussitôt jurée :
Trois combattront pour tous ; mais, pour les mieux choisir,
Nos chefs ont voulu prendre un peu plus de loisir ;
Le vôtre est au sénat, le nôtre dans sa tente.

Camille. O dieux, que ce discours rend mon âme contente !

Curiace. Dans deux heures au plus, par un commun accord,
Le sort de nos guerriers réglera notre sort.
Cependant tout est libre, attendant qu'on les nomme :
Rome est dans notre camp, et notre camp dans Rome ;
D'un et d'autre côté l'accès étant permis,
Chacun va renouer avec ses vieux amis [1].
Pour moi, mon intérêt m'a fait suivre vos frères ;

---

(1) On doit avouer que *renouer avec ses vieux amis* est de la prose familière, qu'il faut éviter dans le style tragique ; bien entendu qu'on ne sera jamais ampoulé. (V.)

Et mes désirs ont eu des succès si prospères,
Que l'auteur de vos jours m'a promis à demain [1]
Le bonheur sans pareil de vous donner la main [2].
Vous ne deviendrez pas rebelle à sa puissance.

Camille. Le devoir d'une fille est dans l'obéissance.

Curiace. Venez donc recevoir ce doux commandement,
Qui doit mettre le comble à mon contentement.

Camille. Je vais suivre vos pas, mais pour revoir mes frères,
Et savoir d'eux encor la fin de nos misères.

Julie. Allez, et cependant au pied de nos autels
J'irai rendre pour vous grâces aux immortels.

ACTE DEUXIÈME.

SCÈNE PREMIÈRE.

HORACE, CURIACE.

Curiace. Ainsi Rome n'a point séparé son estime ;
Elle eût cru faire ailleurs un choix illégitime :
Cette superbe ville en vos frères et vous
Trouve les trois guerriers qu'elle préfère à tous ;
Et son illustre ardeur d'oser plus que les autres,
D'une seule maison brave toutes les nôtres.
Nous croirons, à la voir tout entière en vos mains,
Que hors les fils d'Horace il n'est point de Romains.
Ce choix pouvait combler trois familles de gloire,
Consacrer hautement leurs noms à la mémoire :
Oui, l'honneur que reçoit la vôtre par ce choix
En pouvait à bon titre immortaliser trois ;

---

(1) *A demain* est trop du style de la comédie. Je fais souvent cette observation ; c'était un des vices du temps. La *Sophonisbe* de Mairet est tout entière dans ce style ; et Corneille s'y livrait quand les grandes images ne le soutenaient pas. (V.)

(2) *Le bonheur sans pareil* n'était pas si ridicule qu'aujourd'hui. Ce fut Boileau qui proscrivit toutes ces expressions communes de *sans pareil, sans seconde, à nul autre pareil, à nulle autre seconde*. (V.)

HORACE,

Et puisque c'est chez vous que les vœux de mon âme,
M'ont fait placer ma sœur et choisir une femme,
Ce que je vais vous être et ce que je vous suis
Me font y prendre part autant que je le puis.
Mais un autre intérêt tient ma joie en contrainte,
Et parmi ses douceurs mêle beaucoup de crainte :
La guerre en tel éclat a mis votre valeur,
Que je tremble pour Albe et prévois son malheur.
Puisque vous combattez, sa perte est assurée ;
En vous faisant nommer, le destin l'a jurée.
Je vois trop dans ce choix ses funestes projets,
Et me compte déjà pour un de vos sujets.

Horace. Loin de trembler pour Albe, il vous faut plaindre Rome,
Voyant ceux qu'elle oublie, et les trois qu'elle nomme.
C'est un aveuglement pour elle bien fatal
D'avoir tant à choisir, et de choisir si mal.
Mille de ses enfants beaucoup plus dignes d'elle
Pouvaient bien mieux que nous soutenir sa querelle ;
Mais quoique ce combat me promette un cercueil,
La gloire de ce choix m'enfle d'un juste orgueil ;
Mon esprit en conçoit une mâle assurance ;
J'ose espérer beaucoup de mon peu de vaillance ;
Et du sort envieux quels que soient les projets,
Je ne me compte point pour un de vos sujets.
Rome a trop cru de moi ; mais mon âme ravie
Remplira son attente, ou quittera la vie.
Qui veut mourir, ou vaincre, est vaincu rarement ;
Ce noble désespoir périt malaisément.
Rome, quoi qu'il en soit, ne sera point sujette
Que mes derniers soupirs n'assurent ma défaite.

Curiace. Hélas ! c'est bien ici que je dois être plaint.
Ce que veut mon pays, mon amitié le craint.
Dures extrémités, de voir Albe asservie,
Ou sa victoire au prix d'une si chère vie,
Et que l'unique bien où tendent ses désirs
S'achète seulement par vos derniers soupirs !
Quels vœux puis-je former, et quel bonheur attendre ?
De tous les deux côtés j'ai des pleurs à répandre ;
De tous les deux côtés mes désirs sont trahis.

Horace. Quoi! vous me pleureriez mourant pour mon pays!
Pour un cœur généreux ce trépas à des charmes ;
La gloire qui le suit ne souffre point de larmes,
Et je le recevrais en bénissant mon sort,
Si Rome et tout l'État perdaient moins en ma mort.
Curiace. A vos amis pourtant permettez de le craindre ;
Dans un si beau trépas ils sont les seuls à plaindre :
La gloire en est pour vous, et la perte pour eux ;
Il vous fait immortel, et les rend malheureux.
On perd tout quand on perd un ami si fidèle.
Mais Flavian m'apporte ici quelque nouvelle.

SCÈNE II.

HORACE, CURIACE, FLAVIAN.

Curiace. Albe de trois guerriers a-t-elle fait le choix ?
Flavian. Je viens pour vous l'apprendre.
      Curiace. Eh bien! qui sont les trois?
Flavian. Vos deux frères et vous.
      Curiace. Qui?
       Flavian. Vous et vos deux frères [1].
Mais pourquoi ce front triste et ces regards sévères ?
Ce choix vous déplaît-il ?
      Curiace. Non, mais il me surprend ;
Je m'estimais trop peu pour un honneur si grand.
Flavian. Dirai-je au dictateur, dont l'ordre ici m'envoie,
Que vous le recevez avec si peu de joie ?
Ce morne et froid accueil surprendrait votre roi.
Curiace. Dis-lui que l'amitié, l'alliance et ma foi
Ne pourront empêcher que les trois Curiaces
Ne servent leur pays contre les trois Horaces.
Flavian. Contre eux ! Ah ! c'est beaucoup me dire en peu de mots.
Curiace. Porte-lui ma réponse, et nous laisse en repos.

---

(1) Ce n'est pas ici une battologie; cette répétition, *vous et vos deux frères*, est sublime par la situation. Voilà la première scène au théâtre où un simple messager ait fait un effet tragique en croyant apporter des nouvelles ordinaires. J'ose croire que c'est la perfection de l'art. (V.)

SCÈNE III.

HORACE, CURIACE.

Curiace. Que désormais le ciel, les enfers et la terre
Unissent leurs fureurs à nous faire la guerre ;
Que les hommes, les dieux, les démons et le sort
Préparent contre nous un général effort [1] :
Je mets à faire pis, en l'état où nous sommes,
Le sort, et les démons, et les dieux et les hommes.
Ce qu'ils ont de cruel, et d'horrible, et d'affreux,
L'est bien moins que l'honneur qu'on nous fait à tous deux.

Horace. Le sort qui de l'honneur nous ouvre la barrière
Offre à notre constance une illustre matière ;
Il épuise sa force à former un malheur
Pour mieux se mesurer avec notre valeur ;
Et comme il voit en nous des âmes peu communes,
Hors de l'ordre commun il nous fait des fortunes.
Combattre un ennemi pour le salut de tous,
Et contre un inconnu s'exposer seul aux coups,
D'une simple vertu c'est l'effet ordinaire,
Mille déjà l'ont fait, mille pourraient le faire.
Mourir pour le pays est un si digne sort,
Qu'on briguerait en foule une si belle mort.
Mais vouloir au public immoler ce qu'on aime,
S'attacher au combat contre un autre soi-même,
Attaquer un parti qui prend pour défenseur
Le frère d'une femme et l'époux d'une sœur ;
Et, rompant tous ces nœuds, s'armer pour la patrie
Contre un sang qu'on voudrait racheter de sa vie ;
Une telle vertu n'appartenait qu'à nous.
L'éclat de son grand nom lui fait peu de jaloux,
Et peu d'hommes au cœur l'ont assez imprimée,
Pour oser aspirer à tant de renommée.

Curiace. Il est vrai que nos noms ne sauraient plus périr.

---

[1] Cet entassement, cette répétition, cette combinaison de *ciel*, de *dieux*, d'*enfers*, de *démons*, de *terre* et d'*hommes* ; de *cruel*, d'*horrible*, d'*affreux*, est, je l'avoue, bien condamnable. Cependant le dernier vers fait presque pardonner ce défaut. (V.)

ACTE II, SCÈNE III.

L'occasion est belle, il nous la faut chérir.
Nous serons les miroirs d'une vertu bien rare;
Mais votre fermeté tient un peu du barbare;
Peu, même des grands cœurs, tireraient vanité
D'aller par ce chemin à l'immortalité.
A quelque prix qu'on mette une telle fumée,
L'obscurité vaut mieux que tant de renommée.
Pour moi, je l'ose dire, et vous l'avez pu voir,
Je n'ai point consulté pour suivre mon devoir;
Notre longue amitié, mes vœux, ni l'alliance,
N'ont pu mettre un moment mon esprit en balance;
Et puisque par ce choix Albe montre en effet
Qu'elle m'estime autant que Rome vous a fait,
Je crois faire pour elle autant que vous pour Rome;
J'ai le cœur aussi bon, mais enfin je suis homme.
Je vois que votre honneur demande tout mon sang,
Que tout le mien consiste à vous percer le flanc,
Près d'épouser la sœur, qu'il faut tuer le frère,
Et que pour mon pays j'ai le sort si contraire.
Encor qu'à mon devoir je coure sans terreur,
Mon cœur s'en effarouche, et j'en frémis d'horreur;
J'ai pitié de moi-même, et jette un œil d'envie
Sur ceux dont notre guerre a consumé la vie,
Sans souhait toutefois de pouvoir reculer.
Ce triste et fier honneur m'émeut sans m'ébranler :
J'aime ce qu'il me donne, et je plains ce qu'il m'ôte;
Et si Rome demande une vertu plus haute,
Je rends grâces aux dieux de n'être pas Romain,
Pour conserver encor quelque chose d'humain [1].

Horace. Si vous n'êtes Romain, soyez digne de l'être;
Et si vous m'égalez, faites-le mieux paraître.
La solide vertu dont je fais vanité
N'admet point de faiblesse avec sa fermeté;
Et c'est mal de l'honneur entrer dans la carrière
Que dès les premiers pas regarder en arrière.
Notre malheur est grand; il est au plus haut point;
Je l'envisage entier, mais je n'en frémis point.

[1] Cette tirade fit un effet surprenant sur tout le public, et les deux derniers vers sont devenus un proverbe, ou plutôt une maxime admirable. (V.)

Contre qui que ce soit que mon pays m'emploie,
J'accepte aveuglément cette gloire avec joie ;
Celle de recevoir de tels commandements
Doit étouffer en nous tous autres sentiments.
Qui, près de le servir, considère autre chose,
A faire ce qu'il doit lâchement se dispose ;
Ce droit saint et sacré rompt tout autre lien.
Rome a choisi mon bras, je n'examine rien.
Avec une allégresse aussi pleine et sincère
Que j'épousai la sœur, je combattrai le frère ;
Et pour trancher enfin ces discours superflus,
Albe vous a nommé, je ne vous connais plus¹.

Curiace. Je vous connais encore, et c'est ce qui me tue ;
Mais cette âpre vertu ne m'était pas connue.
Comme notre malheur elle est au plus haut point :
Souffrez que je l'admire et ne l'imite point.

Horace. Non, non, n'embrassez pas de vertu par contrainte ;
Et, puisque vous trouvez plus de charme à la plainte,
En toute liberté goûtez un bien si doux.
Voici venir ma sœur pour se plaindre avec vous.
Je vais revoir la vôtre, et résoudre son âme
A se bien souvenir qu'elle est toujours ma femme,
A vous aimer encor si je meurs par vos mains,
Et prendre en son malheur des sentiments romains.

SCÈNE IV.

HORACE, CURIACE, CAMILLE.

Horace. Avez-vous su l'état qu'on fait de Curiace,
Ma sœur ?

Camille. Hélas ! mon sort a bien changé de face.

---

(1) A ces mots, *je ne vous connais plus,* — *je vous connais encore,* on se récria d'admiration ; on n'avait jamais rien vu de si sublime : il n'y a pas dans Longin un seul exemple d'une pareille grandeur. Ce sont ces traits qui ont mérité à Corneille le nom de grand, non-seulement pour le distinguer de son frère, mais du reste des hommes. Une telle scène fait pardonner mille défauts. (V.)
—Voilà une remarque qui prouve combien Voltaire était digne de juger Corneille. Il loue le génie avec l'enthousiasme du génie ; il s'élève au-dessus des petites passions qui paraissent ailleurs l'avoir égaré, et qui donnèrent lieu à ses détracteurs de l'accuser de jalousie. (P.)

Horace. Armez-vous de constance, et montrez-vous ma sœur ;
Et si par mon trépas il retourne vainqueur,
Ne le recevez point en meurtrier d'un frère,
Mais en homme d'honneur qui fait ce qu'il doit faire,
Qui sert bien son pays, et sait montrer à tous,
Par sa haute vertu, qu'il est digne de vous.
Comme si je vivais, achevez l'hyménée ;
Mais si ce fer aussi tranche sa destinée,
Faites à ma victoire un pareil traitement,
Ne m'en témoignez point votre ressentiment.
Vos larmes vont couler, et votre cœur se presse.
Consumez avec lui toute cette faiblesse,
Querellez ciel et terre, et maudissez le sort ;
Mais après le combat ne pensez plus au mort.
(*à Curiace.*)
Je ne vous laisserai qu'un moment avec elle,
Puis nous irons ensemble où l'honneur nous appelle.

SCÈNE V.

CURIACE, CAMILLE.

Camille. Iras-tu, Curiace ? et ce funeste honneur
Te plaît-il aux dépens de tout notre bonheur ?
Curiace. Hélas ! je vois trop bien qu'il faut, quoi que je fasse,
Mourir, ou de douleur, ou de la main d'Horace.
Je vais comme au supplice à cet illustre emploi ;
Je maudis mille fois l'état qu'on fait de moi.
Je hais cette valeur qui fait qu'Albe m'estime.
Mon âme au désespoir passe jusques au crime ;
Elle se prend au ciel, et l'ose quereller.
Je vous plains, je me plains, mais il y faut aller.
Camille. Non, je te connais mieux, tu veux que je te prie,
Et qu'ainsi mon pouvoir t'excuse à ta patrie.
Tu n'es que trop fameux par tes autres exploits :
Albe a reçu par eux tout ce que tu lui dois.
Autre n'a mieux que toi soutenu cette guerre ;
Autre de plus de morts n'a couvert notre terre :
Ton nom ne peut plus croître, il ne lui manque rien ;

Souffre qu'un autre aussi puisse ennoblir le sien.

Curiace. Que je souffre à mes yeux qu'on ceigne une autre tête
Des lauriers immortels que la gloire m'apprête,
Ou que tout mon pays reproche à ma vertu
Qu'il aurait triomphé si j'avais combattu,
Et que par notre hymen ma valeur endormie
Couronne tant d'exploits d'une telle infamie!
Non, Albe, après l'honneur que j'ai reçu de toi,
Tu ne succomberas ni vaincras que par moi.
Tu m'as commis ton sort, je t'en rendrai bon compte,
Et vivrai sans reproche, ou périrai sans honte.

Camille. Quoi! tu ne veux pas voir qu'ainsi tu me trahis!

Curiace. Avant que d'être à vous je suis à mon pays.

Camille. Mais te priver pour lui toi-même d'un beau-frère,
Ta sœur de son mari!

Curiace. Telle est notre misère :
Le choix d'Albe et de Rome ôte toute douceur
Aux noms jadis si doux de beau-frère et de sœur.

Camille. Tu pourras donc, cruel, me présenter sa tête,
Et demander ma main pour prix de ta conquête!

Curiace. Il n'y faut plus penser; en l'état où je suis,
Désirer sans espoir, c'est tout ce que je puis.
Vous en pleurez, Camille?

Camille. Il faut bien que je pleure :
Mon insensible époux ordonne que je meure;
Et quand l'hymen pour nous allume son flambeau,
Il l'éteint de sa main pour m'ouvrir le tombeau.
Ce cœur impitoyable à ma perte s'obstine,
Et dit qu'il m'aime encore alors qu'il m'assassine.

Curiace. Que les pleurs d'une femme ont de puissants discours!
Et que son œil est fort avec un tel secours!
Que mon cœur s'attendrit à cette triste vue!
Ma constance contre elle à regret s'évertue.
N'attaquez plus ma gloire avec tant de douleurs,
Et laissez-moi sauver ma vertu de vos pleurs.
Allez, ne m'aimez plus, ne versez plus de larmes,
Ou j'oppose l'offense à de si fortes armes;
Je me défendrai mieux contre votre courroux,
Et, pour le mériter, je n'ai plus d'yeux pour vous.

Vengez-vous d'un ingrat, punissez un volage.
Vous ne vous montrez point sensible à cet outrage!
Je n'ai plus d'yeux pour vous, vous en avez pour moi!
En faut-il plus encor? je renonce à ma foi.
Rigoureuse vertu dont je suis la victime,
Ne peux-tu résister sans le secours d'un crime?

Camille. Ne fais point d'autre crime, et j'atteste les dieux
Qu'au lieu de t'en haïr, je t'en aimerai mieux.
Oui, je te chérirai, tout ingrat et perfide,
Et cesse d'aspirer au nom de fratricide.
Pourquoi suis-je Romaine, ou que n'es-tu Romain?
Je te préparerais des lauriers de ma main;
Je t'encouragerais, au lieu de te distraire;
Et je te traiterais comme j'ai fait mon frère.
Hélas! j'étais aveugle en mes vœux aujourd'hui,
J'en ai fait contre toi quand j'en ai fait pour lui.
Il revient : quel malheur, si l'amour de sa femme
Ne peut non plus sur lui que le mien sur ton âme?

SCÈNE VI.

HORACE, SABINE, CURIACE, CAMILLE.

Curiace. Dieu! Sabine le suit! Pour ébranler mon cœur,
Est-ce peu de Camille? y joignez-vous ma sœur?
Et, laissant à ses pleurs vaincre ce grand courage,
L'amenez-vous ici chercher même avantage?

Sabine. Non, non, mon frère, non, je ne viens en ce lieu
Que pour vous embrasser et pour vous dire adieu.
Votre sang est trop bon, n'en craignez rien de lâche,
Rien dont la fermeté de ces grands cœurs se fâche :
Si ce malheur illustre ébranlait l'un de vous,
Je le désavouerais pour frère ou pour époux.
Pourrai-je toutefois vous faire une prière
Digne d'un tel époux, et digne d'un tel frère?
Je veux d'un coup si noble ôter l'impiété,
A l'honneur qui l'attend rendre sa pureté,
La mettre en son éclat sans mélange de crimes;
Enfin, je veux vous faire ennemis légitimes.

4.

Du saint nœud qui vous joint je suis le seul lien :
Quand je ne serai plus, vous ne vous serez rien.
Brisez votre alliance, et rompez-en la chaîne ;
Et, puisque votre honneur veut des effets de haine,
Achetez par ma mort le droit de vous haïr :
Albe le veut, et Rome : il faut leur obéir.
Qu'un de vous deux me tue, et que l'autre me venge[1] :
Alors votre combat n'aura plus rien d'étrange,
Et du moins l'un des deux sera juste agresseur,
Ou pour venger sa femme, ou pour venger sa sœur.
Mais quoi ! vous souilleriez une gloire si belle,
Si vous vous animiez par quelque autre querelle :
Le zèle du pays vous défend de tels soins ;
Vous feriez peu pour lui si vous vous étiez moins[2].
Il lui faut, et sans haine, immoler un beau-frère.
Ne différez donc plus ce que vous devez faire ;
Commencez par sa sœur à répandre son sang,
Commencez par sa femme à lui percer le flanc,
Commencez par Sabine à faire de vos vies
Un digne sacrifice à vos chères patries.
Vous êtes ennemis en ce combat fameux,
Vous d'Albe, vous de Rome, et moi de toutes deux.
Quoi ! me réservez-vous à voir une victoire
Où, pour haut appareil d'une pompeuse gloire,
Je verrai les lauriers d'un frère ou d'un mari
Fumer encor d'un sang que j'aurai tant chéri ?
Pourrai-je entre vous deux régler alors mon âme,
Satisfaire aux devoirs et de sœur et de femme,
Embrasser le vainqueur en pleurant le vaincu ?
Non, non, avant ce temps Sabine aura vécu :
Ma mort le préviendra, de qui que je l'obtienne ;
Le refus de vos mains y condamne la mienne.
Sus donc, qui vous retient ? allez, cœurs inhumains,
J'aurai trop de moyens pour y forcer vos mains ;

---

(1) Quand Sabine vient proposer à son frère et à son mari de lui donner la mort, on sait trop qu'ils ne le feront ni l'un ni l'autre. Ce n'est donc qu'une vaine déclamation : car Sabine ne doit pas plus le demander qu'ils ne doivent le faire ; c'est un remplissage amené par des sentiments peu naturels. (LA H.)

(2) Ce *peu* et ce *moins* font un mauvais effet, et *vous vous étiez moins* est prosaïque et familier. (V.)

Fuyez, et laissez-les déplorer leurs malheurs

HORACE   Acte II, Scène VII

Vous ne les aurez point au combat occupées,
Que ce corps au milieu n'arrête vos épées;
Et, malgré vos refus, il faudra que leurs coups
Se fassent jour ici pour aller jusqu'à vous.

Horace. O ma femme!

Curiace. O ma sœur!

Camille. Courage! ils s'amollissent.

Sabine. Vous poussez des soupirs; vos visages pâlissent :
Quelle peur vous saisit? Sont-ce là ces grands cœurs,
Ces héros qu'Albe et Rome ont pris pour défenseurs?

Horace. Que t'ai-je fait, Sabine? et quelle est mon offense,
Qui t'oblige à chercher une telle vengeance?
Que t'a fait mon honneur? et par quel droit viens-tu
Avec toute ta force attaquer ma vertu?
Du moins contente-toi de l'avoir étonnée,
Et me laisse achever cette grande journée.
Tu me viens de réduire en un étrange point [1];
Aime assez ton mari pour n'en triompher point.
Va-t'en, et ne rends plus la victoire douteuse;
La dispute déjà m'en est assez honteuse.
Souffre qu'avec honneur je termine mes jours.

Sabine. Va, cesse de me craindre; on vient à ton secours.

SCÈNE VII.

LE VIEIL HORACE, HORACE, CURIACE, SABINE, CAMILLE.

Le v. Horace. Qu'est-ce ci, mes enfants? écoutez-vous vos âmes [2]?
Et perdez-vous encor le temps avec des femmes [3]?
Prêts à verser du sang, regardez-vous des pleurs?
Fuyez, et laissez-les déplorer leurs malheurs,
Leurs plaintes ont pour vous trop d'art et de tendresse;
Elles vous feraient part enfin de leur faiblesse,
Et ce n'est qu'en fuyant qu'on pare de tels coups.

(1) Notre malheureuse rime arrache quelquefois de ces mauvais vers : ils passent à la faveur des bons; mais ils feraient tomber un ouvrage médiocre dans lequel ils seraient en grand nombre. (V.)

(2) *Qu'est-ce ci* ne se dit plus aujourd'hui que dans le discours familier. (V.)

(3) *Avec des femmes* serait comique en toute autre occasion; mais je ne sais si cette expression commune ne va pas ici jusqu'à la noblesse, tant elle peint bien le vieil Horace. (V.)

Sabine. N'appréhendez rien d'eux, ils sont dignes de vous.
Malgré tous nos efforts vous en devez attendre
Ce que vous souhaitez et d'un fils et d'un gendre ;
Et si notre faiblesse ébranlait leur honneur,
Nous vous laissons ici pour leur rendre du cœur.
Allons, ma sœur, allons, ne perdons plus de larmes ;
Contre tant de vertus ce sont de faibles armes.
Ce n'est qu'au désespoir qu'il nous faut recourir.
Tigres, allez combattre, et nous, allons mourir.

SCÈNE VIII.

LE VIEIL HORACE, HORACE, CURIACE.

Horace. Mon père, retenez des femmes qui s'emportent,
Et, de grâce, empêchez surtout qu'elles ne sortent.
Leur esprit inquiet viendrait avec éclat
Par des cris et des pleurs troubler notre combat ;
Et ce qu'elles nous sont ferait qu'avec justice
On nous imputerait ce mauvais artifice ;
L'honneur d'un si beau choix serait trop acheté,
Si l'on nous soupçonnait de quelque lâcheté.
Le vieil Horace. J'en aurai soin. Allez, vos frères vous attendent ;
Ne pensez qu'aux devoirs que vos pays demandent.
Curiace. Quel adieu vous dirai-je ! et par quels compliments...
Le vieil Horace. Ah ! n'attendrissez point ici mes sentiments ;
Pour vous encourager ma voix manque de termes ;
Mon cœur ne forme point de pensers assez fermes ;
Moi-même en cet adieu j'ai les larmes aux yeux.
Faites votre devoir, et laissez faire aux dieux [1].

---

(1) J'ai cherché dans tous les anciens et dans tous les théâtres étrangers une situation pareille, un pareil mélange de grandeur d'âme, de douleur, de bienséance, et je ne l'ai point trouvé : je remarquerai surtout que chez les Grecs il n'y a rien dans ce goût. (V.)

ACTE TROISIÈME.

SCÈNE PREMIÈRE.

SABINE.

Prenons parti, mon âme, en de telles disgrâces ;
Soyons femme d'Horace, ou sœur des Curiaces ;
Cessons de partager nos inutiles soins ;
Souhaitons quelque chose et craignons un peu moins.
Mais las ! quel parti prendre en un sort si contraire ?
Quel ennemi choisir d'un époux ou d'un frère ?
Ou le cœur ou le sang parle pour chacun d'eux,
Et la loi du devoir m'attache à tous les deux.
Sur leurs hauts sentiments réglons plutôt les nôtres ;
Soyons femme de l'un ensemble et sœur des autres ;
Regardons leur honneur comme un souverain bien ;
Imitons leur constance, et ne craignons plus rien.
La mort qui les menace est une mort si belle,
Qu'il en faut sans frayeur attendre la nouvelle.
N'appelons point alors les destins inhumains ;
Songeons pour quelle cause, et non par quelles mains ;
Revoyons les vainqueurs, sans penser qu'à la gloire
Que toute leur maison reçoit de leur victoire ;
Et sans considérer aux dépens de quel sang
Leur vertu les élève en cet illustre rang,
Faisons nos intérêts de ceux de leur famille :
En l'une je suis femme, en l'autre je suis fille,
Et tiens à toutes deux par de si forts liens,
Qu'on ne peut triompher que par les bras des miens.
Fortune, quelques maux que ta rigueur m'envoie,

---

(1) Ce monologue de Sabine est absolument inutile, et fait languir la pièce. Les comédiens voulaient alors des monologues. La déclamation approchait du chant, surtout celle des femmes ; les auteurs avaient cette complaisance pour elles. Sabine s'adresse à sa pensée, la retourne, répète ce qu'elle a dit, oppose parole à parole. (V.)

J'ai tiré le moyen d'en avoir de la joie,
Et puis voir aujourd'hui le combat sans terreur,
Les morts sans désespoir, les vainqueurs sans horreur.
Flatteuse illusion, erreur douce et grossière,
Vain effort de mon âme, impuissante lumière,
De qui le faux brillant prend droit de m'éblouir
Que tu sais peu durer, et tôt t'évanouir !
Pareille à ces éclairs qui, dans le fort des ombres,
Poussent un jour qui fuit, et rend les nuits plus sombres,
Tu n'as frappé mes yeux d'un moment de clarté
Que pour les abîmer dans plus d'obscurité.
Tu charmais trop ma peine, et le ciel qui s'en fâche,
Me vend déjà bien cher ce moment de relâche.
Je sens mon triste cœur percé de tous les coups
Qui m'ôtent maintenant un frère ou mon époux.
Quand je songe à leur mort, quoi que je me propose,
Je songe par quels bras, et non par quelle cause,
Et ne vois les vainqueurs en leur illustre rang
Que pour considérer aux dépens de quel sang.
La maison des vaincus touche seule mon âme ;
En l'une je suis fille, en l'autre je suis femme,
Et tiens à toutes deux par de si forts liens,
Qu'on ne peut triompher que par la mort des miens.
C'est donc là cette paix que j'ai tant souhaitée !
Trop favorables dieux, vous m'avez écoutée !
Quels foudres lancez-vous quand vous vous irritez,
Si même vos faveurs ont tant de cruautés ?
Et de quelle façon punissez-vous l'offense,
Si vous traitez ainsi les vœux de l'innocence [1] !

SCÈNE II.

SABINE, JULIE.

Sabine. En est-ce fait, Julie ? et que m'apportez-vous ?
Est-ce la mort d'un frère, ou celle d'un époux ?
Le funeste succès de leurs armes impies

---

(1) Ces quatre derniers vers semblent dignes de la tragédie ; mais ce monologue ne semble qu'une amplification. (V.)

De tous les combattants a-t-il fait des hosties ?
Et, m'enviant l'horreur que j'aurais des vainqueurs,
Pour tous tant qu'ils étaient demande-t-il des pleurs ?

Julie. Quoi ! ce qui s'est passé vous l'ignorez encore ?

Sabine. Vous faut-il étonner de ce que je l'ignore ?
Et ne savez-vous point que de cette maison
Pour Camille et pour moi l'on fait une prison.
Julie, on nous renferme, on a peur de nos larmes ;
Sans cela nous serions au milieu de leurs armes,
Et par les désespoirs d'une chaste amitié,
Nous aurions des deux camps tiré quelque pitié.

Julie. Il n'était pas besoin d'un si tendre spectacle ;
Leur vue à leur combat apporte assez d'obstacle.
Sitôt qu'ils ont paru prêts à se mesurer,
On a dans les deux camps entendu murmurer :
A voir de tels amis, des personnes si proches,
Venir pour leur patrie aux mortelles approches,
L'un s'émeut de pitié, l'autre est saisi d'horreur,
L'autre d'un si grand zèle admire la fureur :
Tel porte jusqu'aux cieux leur vertu sans égale,
Et tel l'ose nommer sacrilége et brutale.
Ces divers sentiments n'ont pourtant qu'une voix ;
Tous accusent leurs chefs, tous détestent leur choix ;
Et, ne pouvant souffrir un combat si barbare,
On s'écrie, on s'avance, enfin on les sépare.

Sabine. Que je vous dois d'encens, grands dieux qui m'exaucez !

Julie. Vous n'êtes pas, Sabine, encore où vous pensez :
Vous pouvez espérer, vous avez moins à craindre ;
Mais il vous reste encore assez de quoi vous plaindre.
En vain d'un sort si triste on les veut garantir ;
Ces cruels généreux n'y peuvent consentir :
La gloire de ce choix leur est si précieuse,
Et charme tellement leur âme ambitieuse,
Qu'alors qu'on les déplore ils s'estiment heureux,
Et prennent pour affront la pitié qu'on a d'eux.
Le trouble des deux camps souille leur renommée ;
Ils combattront plutôt et l'une et l'autre armée,
Et mourront par les mains qui leur font d'autres lois,
Que pas un d'eux renonce aux honneurs d'un tel choix.

Sabine. Quoi! dans leur dureté ces cœurs d'acier s'obstinent!
Julie. Oui, mais d'un autre côté les deux camps se mutinent.
Et leurs cris des deux parts poussés en même temps
Demandent la bataille ou d'autres combattants.
La présence des chefs à peine est respectée,
Leur pouvoir est douteux, leur voix mal écoutée,
Le roi même s'étonne, et, pour dernier effort,
« Puisque chacun, dit-il, s'échauffe en ce discord,
« Consultons des grands dieux la majesté sacrée,
« Et voyons si ce change à leurs bontés agrée.
« Quel impie osera se plaindre à leur vouloir,
« Lorsqu'en un sacrifice ils nous l'auront fait voir? »
Il se tait, et ces mots semblent être des charmes;
Même aux six combattants ils arrachent les armes;
Et ce désir d'honneur qui leur ferme les yeux,
Tout aveugle qu'il est, respecte encor les dieux.
Leur plus bouillante ardeur cède à l'avis de Tulle;
Et soit par déférence, ou par un prompt scrupule,
Dans l'une et l'autre armée on s'en fait une loi,
Comme si toutes deux la connaissaient pour roi.
Le reste s'apprendra par la mort des victimes.
Sabine. Les dieux n'avoueront point un combat plein de crimes;
J'en espère beaucoup puisqu'il est différé,
Et je commence à voir ce que j'ai désiré.

SCÈNE III.

CAMILLE, SABINE, JULIE.

Sabine. Ma sœur, que je vous die une bonne nouvelle [1].
Camille. Je pense la savoir, s'il faut la nommer telle;
On l'a dite à mon père, et j'étais avec lui :
Mais je n'en conçois rien qui flatte mon ennui :

---

(1) Au lieu de *die*, on a imprimé *dise* dans les éditions suivantes. *Die* n'est plus qu'une licence; on ne l'emploie que pour la rime. *Une bonne nouvelle* est du style de la comédie : ce n'est là qu'une très légère inattention. Il était très aisé à Corneille de mettre : *Ah ! ma sœur, apprenez une heureuse nouvelle*, et d'exprimer ce petit détail autrement ; mais alors ces expressions familières étaient tolérées; elles ne sont devenues des fautes que quand la langue s'est perfectionnée; et c'est à Corneille même qu'elle doit en partie cette perfection. On fit bientôt une étude sérieuse d'une langue dans laquelle il avait écrit de si belles choses. (V.)

Ce délai de nos maux rendra les coups plus rudes;
Ce n'est plus qu'un long terme à nos inquiétudes;
Et tout l'allégement qu'il en faut espérer,
C'est de pleurer plus tard ceux qu'il faudra pleurer.

Sabine. Les dieux n'ont pas en vain inspiré ce tumulte.

Camille. Disons plutôt, ma sœur, qu'en vain on les consulte.
Ces mêmes dieux à Tulle ont inspiré ce choix;
Et la voix du public n'est pas toujours leur voix;
Ils descendent bien moins dans de si bas étages,
Que dans l'âme des rois, leurs vivantes images,
De qui l'indépendante et sainte autorité
Est un rayon secret de leur divinité.

Julie. C'est vouloir sans raison vous former des obstacles
Que de chercher leur voix ailleurs qu'en leurs oracles.

Sabine. Quand la faveur du ciel ouvre à demi ses bras,
Qui ne s'en promet rien ne la mérite pas;
Il empêche souvent qu'elle ne se déploie;
Et lorsqu'elle descend, son refus la renvoie.

Camille. Le ciel agit sans nous en ces événements,
Et ne se règle point dessus nos sentiments.

Julie. Il ne vous a fait peur que pour vous faire grâce.
Adieu : je vais savoir comme enfin tout se passe.

SCÈNE IV.

SABINE, CAMILLE.

Sabine. Que feriez-vous, ma sœur, au point où je me vois,
Si vous aviez à craindre autant que je le dois,
Et si vous attendiez de leurs armes fatales
Des maux pareils aux miens, et des pertes égales?

Camille. Parlez plus sainement de vos maux et des miens :
Chacun voit ceux d'autrui d'un autre œil que les siens;
Mais, à bien regarder ceux où le ciel me plonge,
Les vôtres auprès d'eux vous sembleront un songe.
La seule mort d'Horace est à craindre pour vous.
Des frères ne sont rien à l'égal d'un époux;
L'hymen qui nous attache en une autre famille
Nous détache de celle où l'on a vécu fille;

On voit d'un œil divers des nœuds si différents,
Et pour suivre un mari l'on quitte ses parents,
Mais, si près d'un hymen, celui que donne un père
Nous est moins qu'un époux, et non pas moins qu'un frère;
Nos sentiments entre eux demeurent suspendus,
Notre choix impossible, et nos vœux confondus.
Ainsi, ma sœur, du moins vous avez dans vos plaintes
Où porter vos souhaits et terminer vos craintes;
Mais, si le ciel s'obstine à nous persécuter,
Pour moi, j'ai tout à craindre, et rien à souhaiter.

Sabine. Quand il faut que l'un meure et par les mains de l'autre,
C'est un raisonnement bien mauvais que le vôtre [1].
Quoique ce soient, ma sœur, des nœuds bien différents,
C'est sans les oublier qu'on quitte ses parents :
L'hymen n'efface point ces profonds caractères ;
Pour aimer un mari, l'on ne hait pas ses frères.

SCÈNE V.

LE VIEIL HORACE, SABINE, CAMILLE.

Le vieil Horace. Mes filles, vainement je voudrais vous céler
Ce qu'on ne vous saurait longtemps dissimuler :
Vos frères sont aux mains, les dieux ainsi l'ordonnent.

Sabine. Je veux bien l'avouer, ces nouvelles m'étonnent ;
Et je m'imaginais dans la divinité
Beaucoup moins d'injustice et bien plus de bonté.
Ne vous consolez point : contre tant d'infortune
La pitié parle en vain, la raison importune.
Nous avons en nos mains la fin de nos douleurs,
Et qui veut bien mourir peut braver les malheurs.
Nous pourrions aisément faire en votre présence
De notre désespoir une fausse constance ;
Mais quand on peut sans honte être sans fermeté,

---

(1) Ce mot seul de *raisonnement* est la condamnation de cette scène et de toutes celles qui lui ressemblent. Tout doit être action dans une tragédie ; non que chaque scène doive être un événement, mais chaque scène doit servir à nouer ou à dé- nouer l'intrigue ; chaque discours doit être préparation ou obstacle. C'est en vain qu'on cherche à mettre des contrastes entre les caractères dans ces scènes inutiles, si ces contrastes ne produisent rien (**V.**)

ACTE III, SCÈNE V.

L'affecter au dehors, c'est une lâcheté ;
L'usage d'un tel art, nous le laissons aux hommes,
Et ne voulons passer que pour ce que nous sommes.
Nous ne demandons point qu'un courage si fort
S'abaisse à notre exemple à se plaindre du sort.
Recevez sans frémir ces mortelles alarmes ;
Voyez couler nos pleurs sans y mêler vos larmes ;
Enfin, pour toute grâce, en de tels déplaisirs,
Gardez votre constance, et souffrez nos soupirs.

Le vieil Horace. Loin de blâmer les pleurs que je vous vois répandre,
Je crois faire beaucoup de m'en pouvoir défendre,
Et céderais peut-être à de si rudes coups,
Si je prenais ici même intérêt que vous :
Non qu'Albe par son choix m'ait fait haïr vos frères,
Tous trois me sont encor des personnes bien chères ;
Mais enfin je les vois comme nos ennemis,
Et donne sans regret mes souhaits à mes fils.
Ils sont, grâces aux dieux, dignes de leur patrie ;
Aucun étonnement n'a leur gloire flétrie ;
Et j'ai vu leur honneur croître de la moitié,
Quand ils ont des deux camps refusé la pitié.
Si par quelque faiblesse ils l'avaient mendiée,
Si leur haute vertu ne l'eût répudiée,
Ma main bientôt sur eux m'eût vengé hautement
De l'affront que m'eût fait ce mol consentement.
Mais lorsqu'en dépit d'eux on en a voulu d'autres,
Je ne le cèle point, j'ai joint mes vœux aux vôtres.
Si le ciel pitoyable eût écouté ma voix,
Albe serait réduite à faire un autre choix ;
Nous pourrions voir tantôt triompher les Horaces
Sans voir leurs bras souillés du sang des Curiaces,
Et de l'événement d'un combat plus humain
Dépendrait maintenant l'honneur du nom romain.
La prudence des dieux autrement en dispose ;
Sur leur ordre éternel mon esprit se repose :
Il s'arme en ce besoin de générosité,
Et du bonheur public fait sa félicité.
Tâchez d'en faire autant pour soulager vos peines,
Et songez toutes deux que vous êtes Romaines :

Vous, l'êtes devenue, et vous, l'êtes encor ;
Un si glorieux titre est un digne trésor.
Un jour, un jour viendra que par toute la terre
Rome se fera craindre à l'égal du tonnerre,
Et que, tout l'univers tremblant dessous ses lois,
Ce grand nom deviendra l'ambition des rois :
Les dieux à notre Ænée ont promis cette gloire.

SCÈNE VI.

LE VIEIL HORACE, SABINE, CAMILLE, JULIE.

Le vieil Horace. Nous venez-vous Julie, apprendre la victoire ?
Julie. Mais plutôt du combat les funestes effets.
Rome est sujette d'Albe, et vos fils sont défaits ;
Des trois les deux sont morts, son époux seul vous reste.
Le vieil Horace. O d'un triste combat effet vraiment funeste !
Rome est sujette d'Albe, et pour l'en garantir
Il n'a pas employé jusqu'au dernier soupir !
Non, non, cela n'est point, on vous trompe, Julie ;
Rome n'est point sujette, ou mon fils est sans vie :
Je connais mieux mon sang, il sait mieux son devoir.
Julie. Mille, de nos remparts, comme moi l'ont pu voir.
Il s'est fait admirer tant qu'ont duré ses frères ;
Mais, comme il s'est vu seul contre trois adversaires,
Près d'être enfermé d'eux sa fuite l'a sauvé.
Le vieil Horace. Et nos soldats trahis ne l'ont point achevé !
Dans leurs rangs à ce lâche ils ont donné retraite !
Julie. Je n'ai rien voulu voir après cette défaite.
Camille. O mes frères !
Le vieil Horace. Tout beau, ne les pleurez pas tous ;
Deux jouissent d'un sort dont leur père est jaloux.
Que des plus nobles fleurs leur tombe soit couverte ;
La gloire de leur mort m'a payé de leur perte.
Ce bonheur a suivi leur courage invaincu,
Qu'ils ont vu Rome libre autant qu'ils ont vécu,
Et ne l'auront point vue obéir qu'à son prince,
Ni d'un État voisin devenir la province.
Pleurez l'autre, pleurez l'irréparable affront

ACTE III, SCÈNE VI.

Que sa fuite honteuse imprime à notre front ;
Pleurez le déshonneur de toute notre race,
Et l'opprobre éternel qu'il laisse au nom d'Horace.

Julie. Que vouliez-vous qu'il fît contre trois ?

Le vieil Horace. Qu'il mourût [1],
Ou qu'un beau désespoir alors le secourût.
N'eût-il que d'un moment reculé sa défaite,
Rome eût été du moins un peu plus tard sujette ;
Il eût avec honneur laissé mes cheveux gris,
Et c'était de sa vie un assez digne prix.
Il est de tout son sang comptable à sa patrie ;
Chaque goutte épargnée a sa gloire flétrie ;
Chaque instant de sa vie, après ce lâche tour,
Met d'autant plus ma honte avec la sienne au jour.
J'en romprai bien le cours, et ma juste colère,
Contre un indigne fils usant des droits d'un père,
Saura bien faire voir, dans sa punition,
L'éclatant désaveu d'une telle action.

Sabine. Écoutez un peu moins ces ardeurs généreuses,
Et ne nous rendez point tout à fait malheureuses.

Le vieil Horace. Sabine, votre cœur se console aisément ;
Nos malheurs jusqu'ici vous touchent faiblement.
Vous n'avez point encor de part à nos misères ;
Le ciel vous a sauvé votre époux et vos frères :
Si nous sommes sujets, c'est de votre pays :
Vos frères sont vainqueurs quand nous sommes trahis ;
Et, voyant le haut point où leur gloire se monte,
Vous regardez fort peu ce qui nous vient de honte.
Mais votre trop d'amour pour cet infâme époux
Vous donnera bientôt à plaindre comme à nous ;
Vos pleurs en sa faveur sont de faibles défenses ;
J'atteste des grands dieux les suprêmes puissances,
Qu'avant ce jour fini, ces mains, ces propres mains

---

(1) Voilà ce fameux *qu'il mourût*, ce trait du plus grand sublime, ce mot auquel il n'en est aucun de comparable dans toute l'antiquité. Tout l'auditoire fut si transporté, qu'on n'entendit jamais le vers faible qui suit ; et le morceau, *n'eût-il que d'un moment retardé sa défaite*, étant plein de chaleur, augmente encore la force du *qu'il mourût*. Que de beautés! et d'où naissent-elles ? d'une simple méprise très naturelle, sans complication d'événements, sans aucune intrigue recherchée, sans aucun effort. Il y a d'autres beautés tragiques ; mais celle-ci est au premier rang. (V.)

Laveront dans son sang la honte des Romains.
Sabine. Suivons-le promptement, la colère l'emporte.
Dieux ! verrons-nous toujours des malheurs de la sorte ?
Nous faudra-t-il toujours en craindre de plus grands,
Et toujours redouter la main de nos parents ?

ACTE QUATRIÈME.

SCÈNE PREMIÈRE.

LE VIEIL HORACE, CAMILLE.

Le vieil Horace. Ne me parlez jamais en faveur d'un infâme ;
Qu'il me fuie à l'égal des frères de sa femme :
Pour conserver un sang qu'il tient si précieux,
Il n'a rien fait encor s'il n'évite mes yeux.
Sabine y peut mettre ordre, ou de rechef j'atteste
Le souverain pouvoir de la troupe céleste...
Camille. Ah ! mon père ! prenez un plus doux sentiment ;
Vous verrez Rome même en user autrement ;
Et, de quelque malheur que le ciel l'ait comblée,
Excuser la vertu sous le nombre accablée.
Le vieil Horace. Le jugement de Rome est peu pour mon regard,
Camille ; je suis père, et j'ai mes droits à part.
Je sais trop comme agit la vertu véritable :
C'est sans en triompher que le nombre l'accable ;
Et sa mâle vigueur, toujours en même point,
Succombe sous la force, et ne lui cède point.
Taisez-vous, et sachons ce que nous veut Valère.

SCÈNE II.

LE VIEIL HORACE, VALÈRE, CAMILLE.

Valère. Envoyé par le roi pour consoler un père,
Et pour lui témoigner...

ACTE IV, SCÈNE II.

Le vieil Horace. N'en prenez aucun soin :
C'est un soulagement dont je n'ai pas besoin ;
Et j'aime mieux voir morts que couverts d'infamie
Ceux que vient de m'ôter une main ennemie.
Tous deux pour leur pays sont morts en gens d'honneur ;
Il me suffit.

Valère. Mais l'autre est un rare bonheur ;
De tous les trois chez vous il doit tenir la place.

Le vieil Horace. Que n'a-t-on vu périr en lui le nom d'Horace !

Valère. Seul vous le maltraitez après ce qu'il a fait.

Le vieil Horace. C'est à moi seul aussi de punir son forfait.

Valère. Quel forfait trouvez-vous en sa bonne conduite ?

Le vieil Horace. Quel éclat de vertu trouvez-vous en sa fuite ?

Valère. La fuite est glorieuse en cette occasion.

Le vieil Horace. Vous redoublez ma honte et ma confusion.
Certes, l'exemple est rare et digne de mémoire
De trouver dans la fuite un chemin à la gloire.

Valère. Quelle confusion, et quelle honte à vous
D'avoir produit un fils qui nous conserve tous,
Qui fait triompher Rome, et lui gagne un empire ?
A quels plus grands honneurs faut-il qu'un père aspire ?

Le vieil Horace. Quels honneurs, quel triomphe, et quel empire enfin,
Lorsqu'Albe sous ses lois range notre destin ?

Valère. Que parlez-vous ici d'Albe et de sa victoire ?
Ignorez-vous encor la moitié de l'histoire ?

Le vieil Horace. Je sais que par sa fuite il a trahi l'État.

Valère. Oui, s'il eût en fuyant terminé le combat ;
Mais on a bientôt vu qu'il ne fuyait qu'en homme
Qui savait ménager l'avantage de Rome.

Le vieil Horace. Quoi ! Rome donc triomphe[1] ?

Valère. Apprenez, apprenez
La valeur de ce fils qu'à tort vous condamnez.
Resté seul contre trois, mais en cette aventure
Tous trois étant blessés, et lui seul sans blessure,
Trop faible pour eux tous, trop fort pour chacun d'eux,
Il sait bien se tirer d'un pas si hasardeux.
Il fuit pour mieux combattre, et cette prompte ruse
Divise adroitement trois frères qu'elle abuse.

---

(1) Que ce mot est pathétique ! comme il sort des entrailles d'un vieux Romain ! (V.)

Chacun le suit d'un pas ou plus ou moins pressé,
Selon qu'il se rencontre ou plus ou moins blessé.
Leur ardeur est égale à poursuivre sa fuite;
Mais leurs coups inégaux séparent leur poursuite.
Horace, les voyant l'un de l'autre écartés,
Se retourne, et déjà les croit demi-domptés :
Il attend le premier, et c'était votre gendre.
L'autre, tout indigné qu'il ait osé l'attendre,
En vain en l'attaquant fait paraître un grand cœur :
Le sang qu'il a perdu ralentit sa vigueur.
Albe à son tour commence à craindre un sort contraire;
Elle crie au second qu'il secoure son frère :
Il se hâte et s'épuise en efforts superflus;
Il trouve en les joignant que son frère n'est plus.

Camille. Hélas!

Valère. Tout hors d'haleine il prend pourtant sa place,
Et redouble bientôt la victoire d'Horace:
Son courage sans force est un débile appui;
Voulant venger son frère, il tombe auprès de lui.
L'air résonne des cris qu'au ciel chacun envoie :
Albe en jette d'angoisse et les Romains de joie.
Comme notre héros se voit près d'achever,
C'est peu pour lui de vaincre, il veut encor braver :
« J'en viens d'immoler deux aux mânes de mes frères,
« Rome aura le dernier de mes trois adversaires,
« C'est à ses intérêts que je vais l'immoler, »
Dit-il; et tout d'un temps on le voit y voler.
La victoire entre deux n'était pas incertaine;
L'Albain percé de coups ne se traînait qu'à peine,
Et, comme une victime aux marches de l'autel,
Il semblait présenter sa gorge au coup mortel :
Aussi le reçoit-il, peu s'en faut, sans défense,
Et son trépas de Rome établit la puissance.

Le vieil Horace. O mon fils! ô ma joie! ô l'honneur de nos jours !
O d'un État penchant l'inespéré secours!
Vertu digne de Rome, et sang digne d'Horace!
Appui de ton pays, et gloire de ta race!
Quand pourrai-je étouffer dans tes embrassements
L'erreur dont j'ai formé de si faux sentiments?

ACTE IV, SCÈNE II.

Quand pourra mon amour baigner avec tendresse
Ton front victorieux de larmes d'allégresse ?

Valère. Vos caresses bientôt pourront se déployer ;
Le roi dans un moment vous le va renvoyer ;
Et remet à demain la pompe qu'il prépare
D'un sacrifice aux dieux pour un bonheur si rare.
Aujourd'hui seulement on s'acquitte vers eux
Par des chants de victoire et par de simples vœux.
C'est où le roi le mène, et tandis il m'envoie
Faire office vers vous de douleur et de joie ;
Mais cet office encor n'est pas assez pour lui ;
Il y viendra lui-même, et peut-être aujourd'hui :
Il croit mal reconnaître une vertu si pure,
Si de sa propre bouche il ne vous en assure,
S'il ne vous dit chez vous combien vous doit l'État.

Le vieil Horace. De tels remerciments ont pour moi trop d'éclat,
Et je me tiens déjà trop payé par les vôtres
Du service d'un fils, et du sang des deux autres.

Valère. Il ne sait ce que c'est d'honorer à demi ;
Et son sceptre arraché des mains de l'ennemi
Fait qu'il tient cet honneur qu'il lui plaît de vous faire
Au-dessous du mérite et du fils et du père.
Je vais lui témoigner quels nobles sentiments
La vertu vous inspire en tous vos mouvements,
Et combien vous montrez d'ardeur pour son service.

Le vieil Horace. Je vous devrai beaucoup pour un si bon office [1].

SCÈNE III.

LE VIEIL HORACE, CAMILLE.

Le vieil Horace. Ma fille, il n'est plus temps de répandre des pleurs [2],
Il sied mal d'en verser où l'on voit tant d'honneurs ;

---

(1) Ici la pièce est finie, l'action est complétement terminée. Il s'agissait de la victoire, et elle est remportée ; du destin de Rome, et il est décidé. (V.)

(2) Voici donc une autre pièce qui commence ; le sujet en est bien moins grand, moins intéressant, moins théâtral que celui de la première. Ces deux actions différentes ont nui au succès complet des *Horaces*. Il est vrai qu'en Espagne, en Angleterre, on joint quelquefois plusieurs actions sur le théâtre : on représente dans la même pièce la mort de César et la bataille de Philippes. *Nos musas colimus severiores.*

Remarquez que Camille a été si inutile

On pleure injustement des pertes domestiques,
Quand on en voit sortir des victoires publiques.
Rome triomphe d'Albe, et c'est assez pour nous;
Tous nos maux à ce prix doivent nous être doux.
Il me faut à Sabine en porter la nouvelle;
Ce coup sera sans doute assez rude pour elle,
Et ses trois frères morts par la main d'un époux
Lui donneront des pleurs bien plus justes qu'à vous;
Mais j'espère aisément en dissiper l'orage,
Et qu'un peu de prudence, aidant son grand courage,
Fera bientôt régner sur un si noble cœur
Le généreux amour qu'elle doit au vainqueur.
Cependant étouffez cette lâche tristesse;
Recevez-le, s'il vient, avec moins de faiblesse;
Faites-vous voir sa sœur, et qu'en un même flanc
Le ciel vous a tous deux formés d'un même sang.

SCÈNE IV.

CAMILLE.

Oui, je lui ferai voir, par d'infaillibles marques,
Qu'un véritable amour brave la main des Parques,
Et ne prend point de lois de ces cruels tyrans
Qu'un astre injurieux nous donne pour parents.
Tu blâmes ma douleur, tu l'oses nommer lâche;
Je l'aime d'autant plus que plus elle te fâche,
Impitoyable père, et par un juste effort
Je la veux rendre égale aux rigueurs de mon sort.
En vit-on jamais un dont les rudes traverses
Prissent en moins de rien tant de faces diverses?
Qui fût doux tant de fois, et tant de fois cruel,
Et portât tant de coups avant le coup mortel?
Vit-on jamais une âme en un jour plus atteinte
De joie et de douleur, d'espérance et de crainte?
Asservie en esclave à plus d'événements,

sur la fin de la première pièce, qu'elle n'a proféré qu'un *hélas* pendant le récit de la mort de Curiace.

Remarquez encore que le vieil Horace n'a plus rien à dire, et qu'il perd le temps à répéter à Camille qu'il va consoler Sabine. (V.)

Va dedans les enfers plaindre ton Curiace!

HORACE   Acte IV, Scène V.

Et le piteux jouet de plus de changements?
Mais ce n'est rien encore au prix de ce qui reste :
On demande ma joie en un jour si funeste;
Il me faut applaudir aux exploits du vainqueur,
Et baiser une main qui me perce le cœur.
En un sujet de pleurs si grand, si légitime,
Se plaindre est une honte, et soupirer un crime ;
Leur brutale vertu veut qu'on s'estime heureux,
Et si l'on n'est barbare on n'est point généreux.
Dégénérons, mon cœur, d'un si vertueux père [1];
Soyons indigne sœur d'un si généreux frère.
C'est gloire de passer pour un cœur abattu,
Quand la brutalité fait la haute vertu.
Éclatez, mes douleurs; à quoi bon vous contraindre?
Quand on a tout perdu, que saurait-on plus craindre?
Pour ce cruel vainqueur n'ayez point de respect ;
Loin d'éviter ses yeux, croissez à son aspect.

SCÈNE V.

HORACE, CAMILLE, PROCULE.

(Procule porte en sa main les trois épées des Curiaces.)

Horace. Ma sœur, voici le bras qui venge nos deux frères,
Le bras qui rompt le cours de nos destins contraires,
Qui nous rend maîtres d'Albe; enfin voici le bras
Qui seul fait aujourd'hui le sort de deux États ;
Vois ces marques d'honneur, ces témoins de ma gloire,
Et rends ce que tu dois à l'heur de ma victoire.

Camille. Recevez donc mes pleurs, c'est ce que je lui dois.

Horace. Rome n'en veut point voir après de tels exploits,
Et nos deux frères morts dans le malheur des armes
Sont trop payés de sang pour exiger des larmes :
Quand la perte est vengée, on n'a plus rien perdu.

Camille. Puisqu'ils sont satisfaits par le sang épandu,
J'oublierai donc leur mort... O mon cher Curiace !

---

(1) Ce *dégénérons, mon cœur*, cette résolution de se mettre en colère, ce long discours, cette nouvelle sentence mal exprimée, que *c'est gloire de passer pour un cœur abattu*, enfin tout refroidit, tout glace le lecteur, qui ne souhaite plus rien. C'est, encore une fois, la faute du sujet. L'aventure des Horaces, des Curiaces, et de Camille, est plus propre en effet pour l'histoire que pour le théâtre. On ne peut trop honorer Corneille, qui a senti ce défaut, et qui en parle dans son Examen avec la candeur d'un grand homme. (V.)

Horace. O d'une indigne sœur insupportable audace [1] !
D'un ennemi public dont je reviens vainqueur
Le nom est dans ta bouche et l'amour dans ton cœur [2] !
Tes plaintes désormais doivent être étouffées ;
Bannis-les de ton âme, et songe à mes trophées ;
Qu'ils soient dorénavant ton unique entretien.

Camille. Donne-moi donc, barbare, un cœur comme le tien.
Tigre altéré de sang, qui me défends les larmes,
Qui veux que dans sa mort je trouve encor des charmes,
Et que jusques au ciel élevant tes exploits,
Moi-même je le tue une seconde fois !
Puissent tant de malheurs accompagner ta vie,
Que tu tombes au point de me porter envie !
Et toi bientôt souiller par quelque lâcheté
Cette gloire si chère à ta brutalité !

Horace. O ciel ! qui vit jamais une pareille rage !
Crois-tu donc que je sois insensible à l'outrage,
Que je souffre en mon sang ce mortel déshonneur ?
Aime, aime cette mort qui fait notre bonheur,
Et préfère du moins au souvenir d'un homme
Ce que doit ta naissance aux intérêts de Rome.

Camille. Rome, l'unique objet de mon juste courroux [3] !

---

(1) Observez que la colère du vieil Horace contre son fils était très intéressante, et que celle de son fils contre sa sœur est révoltante et sans aucun intérêt. C'est que la colère du vieil Horace supposait le malheur de Rome; au lieu que le jeune Horace ne se met en colère que contre une femme qui pleure et qui crie, et qu'il faut laisser crier et pleurer. Cela est historique, oui ; mais cela n'est nullement tragique, nullement théâtral. (V.)

(2) Le reproche est évidemment injuste. Horace lui-même devait plaindre Curiace : c'est son beau-frère ; il n'y a plus d'ennemis, les deux peuples n'en font plus qu'un. Il a dit lui-même, au second acte, qu'*il aurait voulu racheter de sa vie le sang de Curiace*. (V.)

(3) L'imprécation de Camille a toujours passé pour la plus belle qu'il y ait au théâtre, et le génie de Corneille se fait sentir dans toute sa vigueur. Camille doit s'emporter contre Rome, parce que son frère n'oppose à ses douleurs que l'intérêt de Rome, et que c'est à ce grand intérêt qu'il se vante d'immoler Curiace : l'excès de la passion, d'ailleurs, ne raisonne pas ; et, si l'emportement de Camille avait moins de violence, la férocité d'Horace serait révoltante. Il fallait amener ce trait de barbarie consacré par l'histoire, et Corneille n'avait que ce moyen de le rendre supportable. *Mourir de plaisir* n'est point une hyperbole qui aille jusqu'à la plaisanterie ; c'est un dernier coup de pinceau plein de vigueur, et qui n'a pu faire naître d'idée plaisante que dans la tête de quelques-uns de ces bouffons de société qui se plaisent, dit Gresset,

. . . . A semer l'ignoble parodie
Sur les fruits des talents et les dons du génie.

Que veut dire là *mourir de plaisir*, sinon mourir de l'excès de ravissement qu'une vengeance satisfaite peut faire éprouver ? (P.)

ACTE IV, SCÈNE V.

Rome, à qui vient ton bras d'immoler mon époux !
Rome qui t'a vu naître, et que ton cœur adore !
Rome enfin que je hais parce qu'elle t'honore !
Puissent tous ses voisins ensemble conjurés
Saper ses fondements encor mal assurés !
Et, si ce n'est assez de toute l'Italie,
Que l'orient contre elle à l'occident s'allie ;
Que cent peuples unis des bouts de l'univers
Passent pour la détruire et les monts et les mers !
Qu'elle-même sur soi renverse ses murailles,
Et de ses propres mains déchire ses entrailles !
Que le courroux du ciel allumé par mes vœux
Fasse pleuvoir sur elle un déluge de feux !
Puissé-je de mes yeux y voir tomber ce foudre,
Voir ses maisons en cendre, et tes lauriers en poudre ;
Voir le dernier Romain à son dernier soupir ;
Moi seule en être cause, et mourir de plaisir !

Horace, *mettant l'épée à la main, et poursuivant sa sœur qui s'enfuit.*

C'est trop, ma patience à la raison fait place ;
Va dedans les enfers plaindre ton Curiace !

Camille, *blessée derrière le théâtre.*

Ah ! traître !

Horace, *revenant sur le théâtre.*   Ainsi reçoive un châtiment soudain
Quiconque ose pleurer un ennemi romain !

SCÈNE VI.

HORACE, PROCULE.

Procule. Que venez-vous de faire[1] ?

Horace.   Un acte de justice ;
Un semblable forfait veut un pareil supplice.

Procule. Vous deviez la traiter avec moins de rigueur.

Horace. Ne me dis point qu'elle est et mon sang et ma sœur.
Mon père ne peut plus l'avouer pour sa fille :

---

[1] D'où vient ce Procule ? à quoi sert ce Procule, ce personnage subalterne qui n'a pas dit un mot jusqu'ici ? C'est encore un très grand défaut ; non pas de ces défauts de convenance, de ces fautes qui amènent des beautés, mais de celles qui amènent de nouveaux défauts.

Cette scène a toujours paru dure et révoltante. Aristote remarque que la plus froide des catastrophes est celle dans laquelle on commet de sang-froid une action atroce qu'on a voulu commettre.

Qui maudit son pays renonce à sa famille ;
Des noms si pleins d'amour ne lui sont plus permis ;
De ses plus chers parents il fait ses ennemis ;
Le sang même les arme en haine de son crime.
La plus prompte vengeance en est plus légitime ;
Et ce souhait impie, encore qu'impuissant,
Est un monstre qu'il faut étouffer en naissant.

SCÈNE VII.

SABINE, HORACE, PROCULE.

Sabine. A quoi s'arrête ici ton illustre colère [1] ?
Viens voir mourir ta sœur dans les bras de ton père ;
Viens repaître tes yeux d'un spectacle si doux ;
Ou, si tu n'es point las de ces généreux coups,
Immole au cher pays des vertueux Horaces
Ce reste malheureux du sang des Curiaces ;
Si prodigue du tien, n'épargne pas le leur ;
Joins Sabine à Camille, et ta femme à ta sœur.
Nos crimes sont pareils, ainsi que nos misères ;
Je soupire comme elle et déplore mes frères :
Plus coupable en ce point contre tes dures lois,
Qu'elle n'en pleurait qu'un et que j'en pleure trois,
Qu'après son châtiment ma faute continue.

Horace. Sèche tes pleurs, Sabine, ou les cache à ma vue.
Rends-toi digne du nom de ma chaste moitié,
Et ne m'accable point d'une indigne pitié.
Je t'aime, et je connais la douleur qui te presse ;
Embrasse ma vertu pour vaincre ta faiblesse,
Participe à ma gloire au lieu de la souiller ;
Tâche à t'en revêtir, non à m'en dépouiller.
Es-tu de mon honneur si mortelle ennemie,
Que je te plaise mieux couvert d'une infamie ?
Sois plus femme que sœur, et, te réglant sur moi,

---

(1) Sabine, arrivant après le meurtre de Camille, seulement pour reprocher cette mort à son mari, achève de jeter de la froideur sur un événement qui, autrement préparé, devait être terrible.

L'illustre colère et *les généreux coups* sont une déclamation ironique.

Cette conversation de Sabine et d'Horace, après le meurtre de Camille, est aussi inutile que la scène de Procule ; elle ne produit aucun changement. (V.)

Fais-toi de mon exemple une immuable loi.
Sabine. Cherche pour t'imiter des âmes plus parfaites.
Je ne t'impute point les pertes que j'ai faites,
J'en ai les sentiments que je dois en avoir,
Et je m'en prends au sort plutôt qu'à ton devoir ;
Mais enfin je renonce à la vertu romaine
Si pour la posséder je dois être inhumaine,
Et ne puis voir en moi la femme du vainqueur
Sans y voir des vaincus la déplorable sœur.
Prenons part en public aux victoires publiques,
Pleurons dans la maison nos malheurs domestiques,
Et ne regardons point des biens communs à tous,
Quand nous voyons des maux qui ne sont que pour nous.
Pourquoi veux-tu, cruel, agir d'une autre sorte?
Laisse en entrant ici tes lauriers à la porte,
Mêle tes pleurs aux miens. Quoi ! ces lâches discours
N'arment point ta vertu contre mes tristes jours ?
Mon crime redoublé n'émeut point ta colère ?
Que Camille est heureuse ! elle a pu te déplaire ;
Elle a reçu de toi ce qu'elle a prétendu,
Et recouvre là-bas tout ce qu'elle a perdu.
Cher époux, cher auteur du tourment qui me presse,
Écoute la pitié, si ta colère cesse ;
Exerce l'une ou l'autre, après de tels malheurs,
A punir ma faiblesse, ou finir mes douleurs.
Je demande la mort pour grâce, ou pour supplice ;
Qu'elle soit un effet d'amour ou de justice,
N'importe ; tous ses traits n'auront rien que de doux,
Si je les vois partir de la main d'un époux.
Horace. A quel point ma vertu devient-elle réduite !
Rien ne la saurait plus garantir que la fuite.
Adieu. Ne me suis point, ou retiens tes soupirs.
Sabine, seule. O colère, ô pitié, sourdes à mes désirs,
Vous négligez mon crime, et ma douleur vous lasse,
Et je n'obtiens de vous ni supplice, ni grâce !
Allons-y par nos pleurs faire encore un effort,
Et n'employons après que nous à notre mort[1].

---

(2) Sabine parle toujours de mourir : il n'en faut pas tant parler quand on ne meurt point. (V.)

ACTE CINQUIÈME[1].

SCÈNE PREMIÈRE.

LE VIEIL HORACE, HORACE.

Le vieil Horace. Retirons nos regards de cet objet funeste,
Pour admirer ici le jugement céleste :
Quand la gloire nous enfle, il sait bien comme il faut
Confondre notre orgueil qui s'élève trop haut :
Nos plaisirs les plus doux ne vont point sans tristesse;
Il mêle à nos vertus des marques de faiblesse,
Et rarement accorde à notre ambition
L'entier et pur honneur d'une bonne action.
Je ne plains point Camille; elle était criminelle;
Je me tiens plus à plaindre, et je te plains plus qu'elle :
Moi d'avoir mis au jour un cœur si peu romain;
Toi, d'avoir par sa mort déshonoré ta main.
Je ne la trouve point injuste ni trop prompte;
Mais tu pouvais, mon fils, t'en épargner la honte;
Son crime, quoique énorme et digne du trépas,
Était mieux impuni que puni par ton bras.
Horace. Disposez de mon sang, les lois vous en font maître;
J'ai cru devoir le sien aux lieux qui m'ont vu naître.
Si dans vos sentiments mon zèle est criminel,

---

[1] Corneille, dans son jugement sur *Horace*, s'exprime ainsi : « Tout ce cinquième acte est encore une des causes du peu de satisfaction que laisse cette tragédie; il est tout en plaidoyers, etc. » Après un si noble aveu, il ne faut parler de la pièce que pour rendre hommage au génie d'un homme assez grand pour se condamner lui-même. Si j'ose ajouter quelque chose, c'est qu'on trouvera de beaux détails dans ces plaidoyers. Il est vrai que cette pièce n'est pas régulière, qu'il y a en effet trois tragédies absolument distinctes : la victoire d'Horace, la mort de Camille, et le procès d'Horace. C'est imiter, en quelque façon, le défaut qu'on reproche à la scène anglaise et à l'espagnole; mais les scènes d'Horace, de Curiace, et du vieil Horace, sont d'une si grande beauté, qu'on reverra toujours ce poëme avec plaisir quand il se trouvera des acteurs qui auront assez de talent pour faire sentir ce qu'il y a d'excellent, et faire pardonner ce qu'il y a de défectueux. (V.)

ACTE V, SCÈNE I.

S'il m'en faut recevoir un reproche éternel,
Si ma main en devient honteuse et profanée,
Vous pouvez d'un seul mot trancher ma destinée.
Reprenez tout ce sang de qui ma lâcheté
A si brutalement souillé la pureté.
Ma main n'a pu souffrir de crime en votre race ;
Ne souffrez point de tache en la maison d'Horace.
C'est en ces actions dont l'honneur est blessé
Qu'un père tel que vous se montre intéressé :
Son amour doit se taire où toute excuse est nulle ;
Lui-même il y prend part lorsqu'il les dissimule ;
Et de sa propre gloire il fait trop peu de cas
Quand il ne punit point ce qu'il n'approuve pas.

Le vieil Horace. Il n'use pas toujours d'une rigueur extrême ;
Il épargne ses fils bien souvent pour soi-même ;
Sa vieillesse sur eux aime à se soutenir,
Et ne les punit point de peur de se punir.
Je te vois d'un autre œil que tu ne te regardes ;
Je sais... Mais le roi vient, je vois entrer ses gardes.

SCÈNE II.

TULLE, VALÈRE, LE VIEIL HORACE, HORACE, TROUPE DE GARDES.

Le vieil Horace. Ah ! sire, un tel honneur a trop d'excès pour moi ;
Ce n'est point en ce lieu que je dois voir mon roi :
Permettez qu'à genoux...

Tulle. Non, levez-vous, mon père.
Je fais ce qu'en ma place un bon prince doit faire.
Un si rare service et si fort important
Veut l'honneur le plus rare et le plus éclatant.
  (*montrant Valère.*)
Vous en aviez déjà sa parole pour gage ;
Je ne l'ai pas voulu différer davantage.
J'ai su, par son rapport, et je n'en doutais pas,
Comme de vos deux fils vous portez le trépas,
Et que, déjà votre âme étant trop résolue,
Ma consolation vous serait superflue :
Mais je viens de savoir quel étrange malheur

D'un fils victorieux a suivi la valeur,
Et que son trop d'amour pour la cause publique,
Par ses mains à son père ôte une fille unique.
Ce coup est un peu rude à l'esprit le plus fort ;
Et je doute comment vous portez cette mort.

Le vieil Horace. Sire, avec déplaisir, mais avec patience.

Tulle. C'est l'effet vertueux de votre expérience.
Beaucoup par un long âge ont appris comme vous
Que le malheur succède au bonheur le plus doux :
Peu savent comme vous s'appliquer ce remède,
Et dans leur intérêt toute leur vertu cède.
Si vous pouvez trouver dans ma compassion
Quelque soulagement pour votre affliction,
Ainsi que votre mal, sachez qu'elle est extrême,
Et que je vous en plains autant que je vous aime.

Valère. Sire, puisque le ciel entre les mains des rois
Dépose sa justice et la force des lois [1],
Et que l'État demande aux princes légitimes
Des prix pour les vertus, des peines pour les crimes,
Souffrez qu'un bon sujet vous fasse souvenir
Que vous plaignez beaucoup ce qu'il vous faut punir.
Souffrez...

Le vieil Horace. Quoi ! qu'on envoie un vainqueur au supplice ?

Tulle. Permettez qu'il achève, et je ferai justice ;
J'aime à la rendre à tous, à toute heure, en tout lieu ;
C'est par elle qu'un roi se fait un demi-dieu ;
Et c'est dont je vous plains qu'après un tel service,
On puisse contre lui me demander justice [2].

Valère. Souffrez donc, ô grand roi, le plus juste des rois,
Que tous les gens de bien vous parlent par ma voix :
Non que nos cœurs jaloux de ses honneurs s'irritent ;
S'il en reçoit beaucoup, ses hauts faits les méritent ;

---

(1) Il faut avouer que ce *Valère* fait là un fort mauvais personnage : il n'a encore paru dans la pièce que pour faire un compliment ; on n'en a parlé que comme d'un homme sans conséquence. C'est un défaut capital que Corneille tâche en vain de pallier dans son Examen.

(2) C'est la loi de l'unité de lieu qui force ici l'auteur à faire le procès d'Horace dans sa propre maison ; ce qui n'est ici ni convenable, ni vraisemblable. J'ajouterai ici une remarque purement historique, c'est que les chefs de Rome, appelés *rois*, ne rendaient point justice seuls ; il fallait le concours du sénat entier, ou des délégués. (V.)

ACTE V, SCÈNE II.

Ajoutez-y plutôt que d'en diminuer ;
Nous sommes tous encor prêts d'y contribuer.
Mais, puisque d'un tel crime il s'est montré capable,
Qu'il triomphe en vainqueur, et périsse en coupable.
Arrêtez sa fureur, et sauvez de ses mains,
Si vous voulez régner, le reste des Romains ;
Il y va de la perte ou du salut du reste.
La guerre avait un cours si sanglant, si funeste,
Et les nœuds de l'hymen, durant nos bons destins,
Ont tant de fois uni des peuples si voisins,
Qu'il est peu de Romains que le parti contraire
N'intéresse en la mort d'un gendre ou d'un beau-frère,
Et qui ne soient forcés de donner quelques pleurs,
Dans le bonheur public, à leurs propres malheurs.
Si c'est offenser Rome, et que l'heur de ses armes
L'autorise à punir ce crime de nos larmes,
Quel sang épargnera ce barbare vainqueur,
Qui ne pardonne pas à celui de sa sœur ?
Faisant triompher Rome, il se l'est asservie ;
Il a sur nous un droit et de mort et de vie ;
Et nos jours criminels ne pourront plus durer
Qu'autant qu'à sa clémence il plaira l'endurer.
Je pourrais ajouter aux intérêts de Rome
Combien un pareil coup est indigne d'un homme ;
Je pourrais demander qu'on mît devant vos yeux
Ce grand et rare exploit d'un bras victorieux :
Vous verriez un beau sang, pour accuser sa rage,
D'un frère si cruel rejaillir au visage ;
Vous verriez des horreurs qu'on ne peut concevoir ;
Son âge et sa beauté vous pourraient émouvoir ;
Mais je hais ces moyens qui sentent l'artifice.
Vous avez à demain remis le sacrifice ;
Pensez-vous que les dieux, vengeurs des innocents,
D'une main parricide acceptent de l'encens ?
Sur vous ce sacrilége attirerait sa peine ;
Ne le considérez qu'en objet de leur haine :
Et croyez avec nous qu'en tous ces trois combats
Le bon destin de Rome a plus fait que son bras,
Puisque ces mêmes dieux, auteurs de sa victoire,

Ont permis qu'aussitôt il en souillât la gloire,
Et qu'un si grand courage, après ce noble effort,
Fût digne en même jour de triomphe et de mort.
Sire, c'est ce qu'il faut que votre arrêt décide.
En ce lieu Rome a vu le premier parricide :
La suite en est à craindre, et la haine des cieux.
Sauvez-nous de sa main, et redoutez les dieux.

Tulle. Défendez-vous, Horace.

Horace. A quoi bon me défendre?
Vous savez l'action, vous la venez d'entendre ;
Ce que vous en croyez me doit être une loi.
Sire, on se défend mal contre l'avis d'un roi ;
Et le plus innocent devient soudain coupable,
Quand aux yeux de son prince il paraît condamnable.
C'est crime qu'envers lui se vouloir excuser :
Notre sang est son bien, il en peut disposer.
Sire, c'est rarement qu'il s'offre une matière
A montrer d'un grand cœur la vertu tout entière ;
Suivant l'occasion elle agit plus ou moins,
Et paraît forte ou faible aux yeux de ses témoins.
Le peuple qui voit tout seulement par l'écorce,
S'attache à son effet pour juger de sa force ;
Il veut que ses dehors gardent un même cours,
Qu'ayant fait un miracle, elle en fasse toujours :
Après une action pleine, haute, éclatante,
Tout ce qui brille moins remplit mal son attente :
Il veut qu'on soit égal en tout temps, en tous lieux ;
Il n'examine point si lors on pouvait mieux,
Ni que, s'il ne voit pas sans cesse une merveille,
L'occasion est moindre, et la vertu pareille.
Son injustice accable et détruit les grands noms ;
L'honneur des premiers faits se perd par les seconds ;
Et quand la renommée a passé l'ordinaire,
Si l'on n'en veut déchoir, il ne faut plus rien faire.
Je ne vanterai point les exploits de mon bras ;
Votre majesté, sire, a vu mes trois combats :
Il est bien malaisé qu'un pareil les seconde,
Qu'une autre occasion à celle-ci réponde,
Et que tout mon courage, après de si grands coups,

ACTE V, SCÈNE II.

Parvienne à des succès qui n'aillent au-dessous ;
Si bien que, pour laisser une illustre mémoire,
La mort seule aujourd'hui peut conserver ma gloire :
Encor la fallait-il sitôt que j'eus vaincu,
Puisque pour mon honneur j'ai déjà trop vécu.
Un homme tel que moi voit sa gloire ternie,
Quand il tombe en péril de quelque ignominie ;
Et ma main aurait su déjà m'en garantir :
Mais sans votre congé mon sang n'ose sortir ;
Comme il vous appartient, votre aveu doit se prendre ;
C'est vous le dérober qu'autrement le répandre.
Rome ne manque point de généreux guerriers ;
Assez d'autres sans moi soutiendront vos lauriers ;
Que votre majesté désormais m'en dispense [1] ;
Et si ce que j'ai fait vaut quelque récompense,
Permettez, ô grand roi, que de ce bras vainqueur
Je m'immole à ma gloire, et non pas à ma sœur.

SCÈNE III.

TULLE, VALÈRE, LE VIEIL HORACE, HORACE, SABINE.

Sabine. Sire, écoutez Sabine, et voyez dans son âme
Les douleurs d'une sœur, et celles d'une femme,
Qui, toute désolée, à vos sacrés genoux,
Pleure pour sa famille, et craint pour son époux.
Ce n'est pas que je veuille avec cet artifice
Dérober un coupable au bras de la justice ;
Quoi qu'il ait fait pour vous, traitez-le comme tel,
Et punissez en moi ce noble criminel ;
De mon sang malheureux expiez tout son crime :
Vous ne changerez point pour cela de victime ;
Ce n'en sera point prendre une injuste pitié,
Mais en sacrifier la plus chère moitié.
Les nœuds de l'hyménée, et son amour extrême,
Font qu'il vit plus en moi qu'il ne vit en lui-même ;
Et si vous m'accordez de mourir aujourd'hui,

---

[1] On ne connaissait point alors le titre de majesté ni de sire. (V.)

Il mourra plus en moi qu'il ne mourrait en lui [1];
La mort que je demande, et qu'il faut que j'obtienne,
Augmentera sa peine, et finira la mienne.
Sire, voyez l'excès de mes tristes ennuis,
Et l'effroyable état où mes jours sont réduits.
Quelle horreur d'embrasser un homme dont l'épée
De toute ma famille a la trame coupée!
Et quelle impiété de haïr un époux
Pour avoir bien servi les siens, l'État, et vous!
Aimer un bras souillé du sang de tous mes frères!
N'aimer pas un mari qui finit nos misères!
Sire, délivrez-moi, par un heureux trépas,
Des crimes de l'aimer et de ne l'aimer pas;
J'en nommerai l'arrêt une faveur bien grande.
Ma main peut me donner ce que je vous demande;
Mais ce trépas enfin me sera bien plus doux,
Si je puis de sa honte affranchir mon époux;
Si je puis par mon sang apaiser la colère
Des dieux qu'a pu fâcher sa vertu trop sévère,
Satisfaire, en mourant, aux mânes de sa sœur,
Et conserver à Rome un si bon défenseur.

Le vieil Horace. Sire, c'est donc à moi de répondre à Valère :
Mes enfants avec lui conspirent contre un père ;
Tous trois veulent me perdre, et s'arment sans raison
Contre si peu de sang qui reste en ma maison.
A Sabine. Toi qui, par des douleurs à ton devoir contraires,
Veux quitter un mari pour rejoindre tes frères,
Va plutôt consulter leurs mânes généreux.
Ils sont morts, mais pour Albe, et s'en tiennent heureux :
Puisque le ciel voulait qu'elle fût asservie,
Si quelque sentiment demeure après la vie,
Ce malheur semble moindre, et moins rudes ses coups,
Voyant que tout l'honneur en retombe sur nous.
Tous trois désavoueront la douleur qui te touche,
Les larmes de tes yeux, les soupirs de ta bouche,
L'horreur que tu fais voir d'un mari vertueux.

(1) Ces subtilités de Sabine jettent beaucoup de froid sur cette scène. On est las de voir une femme qui a toujours eu une douleur étudiée, qui a proposé à Horace de la tuer afin que Curiace la vengeât, et qui maintenant veut qu'on la fasse mourir pour Horace, parce qu'Horace vit en elle. (V.)

Sabine, sois leur sœur, suis ton devoir comme eux.
Au roi. Contre ce cher époux Valère en vain s'anime :
Un premier mouvement ne fut jamais un crime ;
Et la louange est due, au lieu du châtiment,
Quand la vertu produit ce premier mouvement.
Aimer nos ennemis avec idolâtrie,
De rage en leur trépas maudire la patrie,
Souhaiter à l'État un malheur infini,
C'est ce qu'on nomme crime, et ce qu'il a puni.
Le seul amour de Rome a sa main animée ;
Il serait innocent s'il l'avait moins aimée.
Qu'ai-je dit, sire ? il l'est, et ce bras paternel
L'aurait déjà puni s'il était criminel ;
J'aurais su mieux user de l'entière puissance
Que me donnent sur lui les droits de la naissance.
J'aime trop l'honneur, sire, et ne suis point de rang
A souffrir ni d'affront, ni de crime en mon sang.
C'est dont je ne veux point de témoin que Valère ;
Il a vu quel accueil lui gardait ma colère,
Lorsqu'ignorant encor la moitié du combat,
Je croyais que sa fuite avait trahi l'État.
Qui le fait se charger des soins de ma famille ?
Qui le fait, malgré moi, vouloir venger ma fille ?
Et par quelle raison, dans son juste trépas,
Prend-il un intérêt qu'un père ne prend pas ?
On craint qu'après sa sœur il n'en maltraite d'autres !
Sire, nous n'avons part qu'à la honte des nôtres,
Et, de quelque façon qu'un autre puisse agir,
Qui ne nous touche point ne nous fait point rougir,
A Valère. Tu peux pleurer, Valère, et même aux yeux d'Horace ;
Il ne prend intérêt qu'aux crimes de sa race :
Qui n'est point de son sang ne peut faire d'affront
Aux lauriers immortels qui lui ceignent le front.
Lauriers, sacrés rameaux qu'on veut réduire en poudre,
Vous qui mettez sa tête à couvert de la foudre,
L'abandonnerez-vous à l'infâme couteau
Qui fait choir les méchants sous la main d'un bourreau ?
Romains, souffrirez-vous qu'on vous immole un homme
Sans qui Rome aujourd'hui cesserait d'être Rome,

Et qu'un Romain s'efforce à tacher le renom
D'un guerrier à qui tous doivent un si beau nom?
Dis, Valère, dis-nous, si tu veux qu'il périsse,
Où tu penses choisir un lieu pour son supplice?
Sera-ce entre ces murs que mille et mille voix
Font résonner encor du bruit de ses exploits?
Sera-ce hors des murs, au milieu de ces places
Qu'on voit fumer encor du sang des Curiaces,
Entre leurs trois tombeaux, et dans ce champ d'honneur
Témoin de sa vaillance et de notre bonheur?
Tu ne saurais cacher sa peine à sa victoire;
Dans les murs, hors des murs, tout parle de sa gloire.
Sire, ne donnez rien à mes débiles ans :
Rome aujourd'hui m'a vu père de quatre enfants;
Trois en ce même jour sont morts pour sa querelle :
Il m'en reste encore un, conservez-le pour elle :
N'ôtez pas à ses murs un si puissant appui;
Et souffrez, pour finir, que je m'adresse à lui.
Horace, ne crois pas que le peuple stupide
Soit le maître absolu d'un renom bien solide.
Sa voix tumultueuse assez souvent fait bruit,
Mais un moment l'élève, un moment le détruit;
Et ce qu'il contribue à notre renommée
Toujours en moins de rien se dissipe en fumée.
C'est aux rois, c'est aux grands, c'est aux esprits bien faits
A voir la vertu pleine en ses moindres effets;
C'est d'eux seuls qu'on reçoit la véritable gloire,
Eux seuls des vrais héros assurent la mémoire.
Vis toujours en Horace; et toujours auprès d'eux
Ton nom demeurera grand, illustre, fameux,
Bien que l'occasion, moins haute ou moins brillante,
D'un vulgaire ignorant trompe l'injuste attente.
Ne hais donc plus la vie, et du moins vis pour moi,
Et pour servir encor ton pays et ton roi.
Sire, j'en ai trop dit : mais l'affaire vous touche;
Et Rome tout entière a parlé par ma bouche.

Valère. Sire, permettez-moi...

    Tulle. Valère, c'est assez;
Vos discours par les leurs ne sont pas effacés;

J'en garde en mon esprit les forces plus pressantes,
Et toutes vos raisons me sont encor présentes.
Cette énorme action faite presque à nos yeux
Outrage la nature, et blesse jusqu'aux dieux.
Un premier mouvement qui produit un tel crime
Ne saurait lui servir d'excuse légitime.
Les moins sévères lois en ce point sont d'accord ;
Et si nous les suivons, il est digne de mort.
Si d'ailleurs nous voulons regarder le coupable,
Ce crime, quoique grand, énorme, inexcusable,
Vient de la même épée et part du même bras
Qui me fait aujourd'hui maître de deux États.
Deux sceptres en ma main, Albe à Rome asservie,
Parlent bien hautement en faveur de sa vie :
Sans lui j'obéirais où je donne la loi,
Et je serais sujet où je suis deux fois roi.
Assez de bons sujets dans toutes les provinces
Par des vœux impuissants s'acquittent vers leurs princes,
Tous les peuvent aimer, mais tous ne peuvent pas
Par d'illustres effets assurer leurs États ;
Et l'art et le pouvoir d'affermir des couronnes
Sont des dons que le ciel fait à peu de personnes.
De pareils serviteurs sont les forces des rois,
Et de pareils aussi sont au-dessus des lois.
Qu'elles se taisent donc ; que Rome dissimule
Ce que dès sa naissance elle vit en Romule ;
Elle peut bien souffrir en son libérateur
Ce qu'elle a bien souffert en son premier auteur.
Vis donc, Horace, vis, guerrier trop magnanime :
Ta vertu met ta gloire au-dessus de ton crime ;
Sa chaleur généreuse a produit ton forfait ;
D'une cause si belle il faut souffrir l'effet.
Vis pour servir l'État, vis, mais aime Valère :
Qu'il ne reste entre vous ni haine ni colère ;
Et soit qu'il ait suivi l'envie ou le devoir,
Sans aucun sentiment résous-toi de le voir.
Sabine, écoutez moins la douleur qui vous presse ;
Chassez de ce grand cœur ces marques de faiblesse :
C'est en séchant vos pleurs que vous vous montrerez

La véritable sœur de ceux que vous pleurez.
Mais nous devons aux dieux demain un sacrifice ;
Et nous aurions le ciel à nos vœux mal propice,
Si nos prêtres, avant que de sacrifier,
Ne trouvaient les moyens de le purifier.
Son père en prendra soin ; il lui sera facile
D'apaiser tout d'un temps les mânes de Camille.
Je la plains ; et pour rendre à son sort rigoureux
Ce que peut souhaiter son esprit généreux,
Puisqu'en un même jour l'ardeur d'un même zèle
Achève le destin de Curiace et d'elle,
Je veux qu'un même jour, témoin de leurs deux morts,
En un même tombeau voie enfermer leurs corps.

CINNA

ou

LA CLÉMENCE D'AUGUSTE

TRAGÉDIE (1639).

A MONSIEUR DE MONTORON.

Monsieur,

Je vous présente un tableau d'une des plus belles actions d'Auguste. Ce monarque était tout généreux, et sa générosité n'a jamais paru avec tant d'éclat que dans les effets de sa clémence et de sa libéralité. Ces deux rares vertus lui étaient si naturelles, et si inséparables en lui, qu'il semble qu'en cette histoire que j'ai mise sur notre théâtre, elles se soient tour à tour entre-produites dans son âme. Il avait été si libéral envers Cinna, que sa conjuration ayant fait voir une ingratitude extraordinaire, il eut besoin d'un extraordinaire effort de clémence pour lui pardonner; et le pardon qu'il lui donna fut la source des nouveaux bienfaits dont il lui fut prodigue, pour vaincre tout à fait cet esprit qui n'avait pu être gagné par les premiers, de sorte qu'il est vrai de dire qu'il eût été moins clément envers lui s'il eût été moins libéral, et qu'il eût été moins libéral s'il eût été moins clément. Cela étant, à qui pourrais-je plus justement donner le portrait de l'une de ces héroïques vertus, qu'à celui qui possède l'autre en un si haut degré, puisque, dans cette action, ce grand prince les a si bien attachées et comme unies l'une à l'autre, qu'elles ont été tout ensemble et la cause et l'effet l'une de l'autre? Vous avez des richesses, mais vous savez en jouir, et vous en jouissez d'une façon si noble, si relevée et tellement illustre, que vous forcez la voix publique d'avouer que la fortune a consulté la raison quand elle a répandu ses faveurs sur vous, et qu'on a plus de sujet de vous en souhaiter le redoublement que de vous en envier l'abondance. J'ai vécu si éloigné de la flatterie, que je pense être en possession de me faire croire quand je dis du bien de quelqu'un; et lorsque je donne des louanges (ce qui m'arrive assez rarement), c'est avec tant de retenue, que je supprime toujours quantité de glorieuses vérités, pour ne me rendre pas suspect d'étaler de ces mensonges obligeants que beaucoup de nos modernes savent débiter de si bonne grâce. Aussi je ne dirai rien des avantages de votre naissance, ni de votre courage qui l'a si dignement soutenue dans la profession des armes, à qui vous avez donné vos premières années; ce sont des choses trop connues de tout le monde. Je ne dirai rien de ce prompt et puissant secours que reçoivent chaque jour de votre main tant de bonnes familles ruinées par les désordres de nos guerres; ce sont des choses que vous voulez tenir cachées. Je dirai seulement un mot de ce que vous avez particulièrement de commun avec Auguste : c'est que cette générosité qui compose la meilleure partie de votre âme et règne sur l'autre, et qu'à juste titre on peut nommer l'âme de votre âme, puisqu'elle en fait mouvoir toutes les puissances ; c'est, dis-je, que cette générosité, à l'exemple de ce grand empereur, prend plaisir à s'étendre sur les gens de lettres, en un temps où beaucoup pensent avoir trop récompensé leur travaux quand ils les ont honorés d'une louange stérile. Et certes, vous avez traité quelques-unes de nos muses avec tant de magnanimité, qu'en elles vous avez obligé toutes les autres, et qu'il n'en est point qui ne vous en doive un remercîment. Trouvez donc bon, monsieur, que je m'acquitte de celui que je reconnais vous en devoir, par le présent que je vous fais de ce poëme, que j'ai choisi comme le plus durable des miens, pour apprendre plus longtemps à ceux qui le liront que le généreux M. de Montoron, par une libéralité inouïe en ce siècle, s'est rendu toutes les muses redevables, et que je prends tant de part aux bienfaits dont vous avez surpris quelques-unes d'elles, que je m'en dirai toute ma vie,

Monsieur,

votre très humble, très obéissant et très obligé serviteur,

CORNEILLE.

PERSONNAGES.

OCTAVE-CÉSAR-AUGUSTE, empereur de Rome.
CINNA, fils d'une fille de Pompée, chef de la conjuration contre Auguste.
MAXIME, autre chef de la conjuration.
ÆMILIE, fille de C. Toranius, tuteur d'Auguste, et proscrit par lui durant le triumvirat.
FULVIE, confidente d'Æmilie.
POLYCLÈTE, affranchi d'Auguste.
ÉVANDRE, affranchi de Cinna.
EUPHORBE, affranchi de Maxime.

La scène est à Rome.

ACTE PREMIER.

SCÈNE PREMIÈRE.

ÆMILIE, FULVIE.

Æmilie. Je l'ai juré, Fulvie, et je le jure encore,
Quoique j'aime Cinna, quoique mon cœur l'adore,
S'il me veut posséder, Auguste doit périr ;
Sa tête est le seul prix dont il peut m'acquérir.
Je lui prescris la loi que mon devoir m'impose.
Fulvie. Elle a, pour la blâmer, une trop juste cause ;
Par un si grand dessein vous vous faites juger
Digne sang de celui que vous voulez venger [1] ;
Mais encore une fois souffrez que vous die
Qu'une si juste ardeur devrait être attiédie.
Auguste chaque jour, à force de bienfaits,
Semble assez réparer les maux qu'il vous a faits ;
Sa faveur envers vous paraît si déclarée,
Que vous êtes chez lui la plus considérée ;
Et de ses courtisans souvent les plus heureux
Vous pressent à genoux de lui parler pour eux.
Æmilie. Toute cette faveur ne me rend pas mon père ;
Et de quelque façon que l'on me considère,
Abondante en richesse, ou puissante en crédit,
Je demeure toujours la fille d'un proscrit.
Les bienfaits ne font pas toujours ce que tu penses ;
D'une main odieuse ils tiennent lieu d'offenses :
Plus nous en prodiguons à qui nous peut haïr,
Plus d'armes nous donnons à qui nous veut trahir.
Il m'en fait chaque jour sans changer mon courage ;
Je suis ce que j'étais, et je puis davantage,

---

(1) Toranius était un plébéien inconnu, qui n'avait joué aucun rôle, et qu'Octave sacrifia dans les proscriptions parce qu'il était riche. (V.)

Et des mêmes présents qu'il verse dans mes mains
J'achète contre lui les esprits des Romains ;
Je recevrais de lui la place de Livie
Comme un moyen plus sûr d'attenter à sa vie.
Pour qui venge son père il n'est point de forfaits,
Et c'est vendre son sang que se rendre aux bienfaits.

Fulvie. Quel besoin toutefois de passer pour ingrate?
Ne pouvez-vous haïr sans que la haine éclate?
Assez d'autres sans vous n'ont pas mis en oubli
Par quelles cruautés son trône est établi ;
Tant de braves Romains, tant d'illustres victimes,
Qu'à son ambition ont immolés ses crimes,
Laissent à leurs enfants d'assez vives douleurs
Pour venger votre perte en vengeant leurs malheurs.
Beaucoup l'ont entrepris, mille autres vont les suivre :
Qui vit haï de tous ne saurait longtemps vivre :
Remettez à leurs bras les communs intérêts,
Et n'aidez leurs desseins que par des vœux secrets.

Emilie. Quoi ! je le haïrai sans tâcher de lui nuire?
J'attendrai du hasard qu'il ose le détruire?
Et je satisferai des devoirs si pressants
Par une haine obscure et des vœux impuissants?
Sa perte, que je veux, me deviendrait amère,
Si quelqu'un l'immolait à d'autres qu'à mon père ;
Et tu verrais mes pleurs couler pour son trépas,
Qui, le faisant périr, ne me vengerait pas.
C'est une lâcheté que de remettre à d'autres
Les intérêts publics qui s'attachent aux nôtres.
Joignons à la douceur de venger nos parents
La gloire qu'on remporte à punir les tyrans,
Et faisons publier par toute l'Italie :
« La liberté de Rome est l'œuvre d'Æmilie ;
« On a touché son âme, et son cœur s'est épris ;
« Elle a donné son cœur et sa main à ce prix. »

Fulvie. Votre main à ce prix n'est qu'un présent funeste
Qui rendra de Cinna la perte manifeste.

Æmilie. Cinna n'est pas perdu pour être hasardé.
De quelques légions qu'Auguste soit gardé,
Quelque soin qu'il se donne et quelque ordre qu'il tienne,

Qui méprise la vie est maître de la sienne.
Plus le péril est grand, plus doux en est le fruit ;
La vertu nous y jette, et la gloire le suit :
Quoi qu'il en soit, qu'Auguste ou que Cinna périsse,
Aux mânes paternels je dois ce sacrifice ;
Cinna me l'a promis en recevant ma foi :
Et ce coup seul aussi le rend digne de moi.
Il est tard, après tout, de m'en vouloir dédire.
Aujourd'hui l'on s'assemble, aujourd'hui l'on conspire ;
L'heure, le lieu, le bras se choisit aujourd'hui ;
Et c'est à faire enfin à mourir après lui.

SCÈNE II.

CINNA, ÆMILIE, FULVIE.

Émilie. Mais le voici qui vient. Cinna, votre assemblée
 Par l'effroi du péril n'est-elle point troublée ?
 Et reconnaissez-vous au front de vos amis
 Qu'ils soient prêts à tenir ce qu'ils vous ont promis ?
Cinna. Jamais contre un tyran entreprise conçue
 Ne permit d'espérer une si belle issue,
 Jamais de telle ardeur on n'en jura la mort,
 Et jamais conjurés ne furent mieux d'accord.
Émilie. Je l'avais bien prévu, que, pour un tel ouvrage,
 Cinna saurait choisir des hommes de courage,
 Et ne remettrait pas en de mauvaises mains
 L'intérêt d'Æmilie et celui des Romains.
Cinna. Plût aux dieux que vous-même eussiez vu de quel zèle
 Cette troupe entreprend une action si belle [1] !
 Au seul nom de César, d'Auguste, et d'empereur,
 Vous eussiez vu leurs yeux s'enflammer de fureur,
 Et dans un même instant, par un effet contraire,
 Leur front pâlir d'horreur et rougir de colère.
 « Amis, leur ai-je dit, voici le jour heureux
 « Qui doit conclure enfin nos desseins généreux.
 « Le ciel entre nos mains a mis le sort de Rome,
 « Et son salut dépend de la perte d'un homme,

[1] Ce discours de Cinna est un des plus beaux morceaux d'éloquence que nous ayons dans notre langue. (V.)

« Si l'on doit le nom d'homme à qui n'a rien d'humain,
« A ce tigre altéré de tout le sang romain,
« Combien pour le répandre a-t-il formé de brigues !
« Combien de fois changé de partis et de ligues,
« Tantôt ami d'Antoine, et tantôt ennemi,
« Et jamais insolent ni cruel à demi ! »
Là, par un long récit de toutes les misères
Que durant notre enfance ont enduré nos pères,
Renouvelant leur haine avec leur souvenir,
Je redouble en leurs cœurs l'ardeur de le punir.
Je leur fais des tableaux de ces tristes batailles
Où Rome par ses mains déchirait ses entrailles,
Où l'aigle abattait l'aigle, et de chaque côté
Nos légions s'armaient contre leur liberté ;
Où les meilleurs soldats et les chefs les plus braves
Mettaient toute leur gloire à devenir esclaves ;
Où pour mieux assurer la honte de leurs fers,
Tous voulaient à leur chaîne attacher l'univers ;
Et l'exécrable honneur de lui donner un maître
Faisant aimer à tous l'infâme nom de traître,
Romains contre Romains, parents contre parents,
Combattaient seulement pour le choix des tyrans.
J'ajoute à ces tableaux la peinture effroyable
De leur concorde impie, affreuse, inexorable ;
Funeste aux gens de bien, aux riches, au sénat,
Et, pour tout dire enfin, de leur triumvirat ;
Mais je ne trouve point de couleurs assez noires
Pour en représenter les tragiques histoires.
Je les peins dans le meurtre à l'envi triomphants,
Rome entière noyée au sang de ses enfants :
Les uns assassinés dans les places publiques,
Les autres dans le sein de leurs dieux domestiques ;
Le méchant par le prix au crime encouragé,
Le mari par sa femme en son lit égorgé ;
Le fils tout dégouttant du meurtre de son père,
Et, sa tête à la main, demandant son salaire [1],

---

[1] Peinture énergique des sanglantes proscriptions et des crimes du triumvirat : cet effrayant tableau met dans le parti de Cinna les spectateurs, qui ne voient dans son entreprise que le dessein toujours imposant de rendre la liberté à Rome, et de punir un tyran qui a été barbare. (LA H.)

Sans pouvoir exprimer par tant d'horribles traits
Qu'un crayon imparfait de leur sanglante paix.
Vous dirai-je les noms de ces grands personnages
Dont j'ai dépeint les morts pour aigrir les courages,
De ces fameux proscrits, ces demi-dieux mortels,
Qu'on a sacrifiés jusque sur les autels?
Mais pourrai-je vous dire à quelle impatience,
A quels frémissements, à quelle violence,
Ces indignes trépas, quoique mal figurés,
Ont porté les esprits de tous nos conjurés?
Je n'ai point perdu temps, et voyant leur colère
Au point de ne rien craindre, en état de tout faire,
J'ajoute en peu de mots : « Toutes ces cruautés,
« La perte de nos biens et de nos libertés,
« Le ravage des champs, le pillage des villes,
« Et les proscriptions, et les guerres civiles,
« Sont les degrés sanglants dont Auguste a fait choix
« Pour monter sur le trône et nous donner des lois.
« Mais nous pouvons changer un destin si funeste,
« Puisque de trois tyrans c'est le seul qui nous reste,
« Et que, juste une fois, il s'est privé d'appui,
« Perdant, pour régner seul, deux méchants comme lui.
« Lui mort, nous n'avons point de vengeur ni de maître;
« Avec la liberté Rome s'en va renaître;
« Et nous mériterons le nom de vrais Romains,
« Si le joug qui l'accable est brisé par nos mains.
« Prenons l'occasion tandis qu'elle est propice :
« Demain au Capitole il fait un sacrifice ;
« Qu'il en soit la victime, et faisons en ces lieux
« Justice à tout le monde, à la face des dieux.
« Là presque pour sa suite il n'a que notre troupe ;
« C'est de ma main qu'il prend et l'encens et la coupe ;
« Et je veux pour signal que cette même main
« Lui donne, au lieu d'encens, d'un poignard dans le sein.
« Ainsi d'un coup mortel la victime frappée
« Fera voir si je suis du sang du grand Pompée ;
« Faites voir, après moi, si vous vous souvenez
« Des illustres aïeux de qui vous êtes nés. »
A peine ai-je achevé, que chacun renouvelle,

Par un noble serment, le vœu d'être fidèle.
L'occasion leur plaît, mais chacun veut pour soi
L'honneur du premier coup que j'ai choisi pour moi.
La raison règle enfin l'ardeur qui les emporte :
Maxime et la moitié s'assurent de la porte ;
L'autre moitié me suit, et doit l'environner,
Prête au premier signal que je voudrai donner.
Voilà, belle Æmilie, à quel point nous en sommes.
Demain j'attends la haine ou la faveur des hommes,
Le nom de parricide ou de libérateur,
César celui de prince ou d'un usurpateur.
Du succès qu'on obtient contre la tyrannie
Dépend ou notre gloire ou notre ignominie ;
Et le peuple, inégal à l'endroit des tyrans,
S'il les déteste morts, les adore vivants.
Pour moi, soit que le ciel me soit dur ou propice,
Qu'il m'élève à la gloire ou me livre au supplice,
Que Rome se déclare ou pour ou contre nous,
Mourant pour vous servir, tout me semblera doux.

Emilie. Ne crains point de succès qui souille ta mémoire :
Le bon et le mauvais sont égaux pour ta gloire ;
Et, dans un tel dessein, le manque de bonheur
Met en péril ta vie, et non pas ton honneur.
Regarde le malheur de Brute et de Cassie ;
La splendeur de leurs noms en est-elle obscurcie ?
Sont-ils morts tout entiers avec leurs grands desseins [1] ?
Ne les compte-t-on plus pour les derniers Romains ?
Leur mémoire dans Rome est encor précieuse,
Autant que de César la vie est odieuse ;
Mais quelle occasion mène Évandre vers nous ?

---

(1) Cette expression sublime, *mourir tout entier*, est prise du latin d'Horace, *non omnis moriar ;* Racine l'a imitée dans sa belle pièce d'Iphigénie.

Il n'en faut point douter, Auguste a tout appris

SCÈNE III.

CINNA, ÆMILIE, ÉVANDRE, FULVIE.

Évandre. Seigneur, César vous mande, et Maxime avec vous[1].
Cinna. Et Maxime avec moi! Le sais-tu bien, Évandre?
Évandre. Polyclète est encor chez vous à vous attendre,
Et fût venu lui-même avec moi vous chercher,
Si ma dextérité n'eût su l'en empêcher;
Je vous en donne avis, de peur d'une surprise.
Il presse fort.
Æmilie. Mander les chefs de l'entreprise!
Tous deux! en même temps! Vous êtes découverts.
Cinna. Espérons mieux, de grâce.
Æmilie. Ah! Cinna! je te perds!
Et les dieux, obstinés à nous donner un maître,
Parmi tes vrais amis ont mêlé quelque traître.
Il n'en faut point douter, Auguste a tout appris.
Quoi! tous deux! et sitôt que le conseil est pris!
Cinna. Je ne vous puis céler que son ordre m'étonne;
Mais souvent il m'appelle auprès de sa personne;
Maxime est comme moi de ses plus confidents,
Et nous nous alarmons peut-être en imprudents.
Æmilie. Sois moins ingénieux à te tromper toi-même;
Cinna, ne porte point mes maux jusqu'à l'extrême;
Et, puisque désormais tu ne peux me venger,
Dérobe au moins ta tête à ce mortel danger.
Cinna. Quoi! sur l'illusion d'une terreur panique,
Trahir vos intérêts et la cause publique!
Par cette lâcheté moi-même m'accuser,
Et tout abandonner quand il faut tout oser!
Que feront nos amis si vous êtes déçue?
Æmilie. Mais que deviendras-tu si l'entreprise est sue?

---

[1] L'intrigue est nouée dès le premier acte; le plus grand intérêt et le plus grand péril s'y manifestent: c'est un coup de théâtre. Remarquez que l'on s'intéresse d'abord beaucoup au succès de la conspiration de Cinna et d'Emilie: 1° parce que c'est une conspiration; 2° parce que Cinna a peint Auguste avec toutes les couleurs que les proscriptions méritent, et que dans son récit il a rendu Auguste *exécrable*. (V.)

Cinna. S'il est pour me trahir des esprits assez bas,
Ma vertu pour le moins ne me trahira pas;
Vous la verrez, brillante au bord des précipices,
Se couronner de gloire en bravant les supplices,
Rendre Auguste jaloux du sang qu'il répandra,
Et le faire trembler alors qu'il me perdra.
Je deviendrais suspect à tarder davantage.
Adieu. Raffermissez ce généreux courage.
S'il faut subir le coup d'un destin rigoureux,
Je mourrai tout ensemble heureux et malheureux [1] :
Heureux pour vous servir de perdre ainsi la vie,
Malheureux de mourir sans vous avoir servie.
Émilie. Oui, va, n'écoute plus ma voix qui te retient;
Mon trouble se dissipe, et ma raison revient.
Pardonne à mon ardeur cette indigne faiblesse.
Tu voudrais fuir en vain, Cinna, je le confesse;
Meurs, s'il y faut mourir, en citoyen romain,
Et par un beau trépas couronne un beau dessein.
Ne crains pas qu'après toi rien ici me retienne;
Ta mort emportera mon âme avec la tienne.

ACTE DEUXIÈME.

SCÈNE PREMIÈRE.

AUGUSTE CINNA, MAXIME, TROUPE DE COURTISANS.

Auguste. Que chacun se retire, et qu'aucun n'entre ici.
Vous, Cinna, demeurez, et vous, Maxime, aussi.
(*Tous se retirent, à la réserve de Cinna et de Maxime.*)
Cet empire absolu sur la terre et sur l'onde,

---

[1] Boileau reprenait cet *heureux* et *malheureux*: il y trouvait trop de recherche et je ne sais quoi d'alambiqué. On peut dire *heureux dans mon malheur*, l'exact et l'élégant Racine l'a dit; mais être à la fois heureux et malheureux, expliquer et retourner cette antithèse, cette énigme, cela n'est pas de la véritable éloquence. (V.)

ACTE II, SCÈNE I.

Ce pouvoir souverain que j'ai sur tout le monde,
Cette grandeur sans bornes et cet illustre rang,
Qui m'a jadis coûté tant de peine et de sang,
Enfin tout ce qu'adore en ma haute fortune
D'un courtisan flatteur la présence importune,
N'est que de ces beautés dont l'éclat éblouit,
Et qu'on cesse d'aimer sitôt qu'on en jouit.
L'ambition déplaît quand elle est assouvie,
D'une contraire ardeur son ardeur est suivie ;
Et comme notre esprit, jusqu'au dernier soupir,
Toujours vers quelque objet pousse quelque désir,
Il se ramène en soi, n'ayant plus où se prendre,
Et, monté sur le faîte, il aspire à descendre[1].
J'ai souhaité l'empire, et j'y suis parvenu ;
Mais, en le souhaitant, je ne l'ai pas connu :
Dans sa possession j'ai trouvé pour tous charmes
D'effroyables soucis, d'éternelles alarmes,
Mille ennemis secrets, la mort à tout propos,
Point de plaisir sans trouble et jamais de repos.
Sylla m'a précédé dans ce pouvoir suprême :
Le grand César mon père en a joui de même ;
D'un œil si différent tous deux l'ont regardé,
Que l'un s'en est démis, et l'autre l'a gardé :
Mais l'un, cruel, barbare, est mort aimé, tranquille,
Comme un bon citoyen dans le sein de sa ville ;
L'autre, tout débonnaire, au milieu du sénat
A vu trancher ses jours par un assassinat.
Ces exemples récents suffiraient pour m'instruire,

---

(1) Quelque crainte que mon père eût de parler de vers à mon frère, quand il le vit en âge de pouvoir discerner le bon du mauvais, il lui fit apprendre par cœur des endroits de *Cinna*; et lorsqu'il lui entendait réciter ce beau vers :

Et, monté sur le faîte, il aspire à descendre,

« Remarquez bien cette expression, lui « disait-il avec enthousiasme. On dit : as-« pirer à monter ; mais il faut connaître « le cœur humain aussi bien que Corneille « l'a connu, pour avoir su dire de l'ambi-« tieux, qu'il aspire à descendre. » On ne croira point qu'il ait affecté la modestie lorsqu'il parlait ainsi en particulier à son fils : il lui disait ce qu'il pensait. (L. RACINE.)

Racine admirait surtout ce vers, et le faisait admirer par ses enfants. En effet, ce mot *aspirer*, qui d'ordinaire s'emploie avec *s'élever*, devient une beauté frappante quand on le joint à descendre : c'est cet heureux emploi des mots qui fait la belle poésie, et qui fait passer un ouvrage à la postérité. (V.)

Si par l'exemple seul on se devait conduire.
L'un m'invite à le suivre, et l'autre me fait peur ;
Mais l'exemple souvent n'est qu'un miroir trompeur ;
Et l'ordre du destin qui gêne nos pensées
N'est pas toujours écrit dans les choses passées :
Quelquefois l'un se brise où l'autre s'est sauvé,
Et par où l'un périt, un autre est conservé.
Voilà, mes chers amis, ce qui me met en peine.
Vous, qui me tenez lieu d'Agrippe et de Mécène [1],
Pour résoudre ce point avec eux débattu,
Prenez sur mon esprit le pouvoir qu'ils ont eu :
Ne considérez point cette grandeur suprême,
Odieuse aux Romains, et pesante à moi-même ;
Traitez-moi comme ami, non comme souverain ;
Rome, Auguste, l'État, tout est en votre main :
Vous mettrez et l'Europe, et l'Asie, et l'Afrique,
Sous les lois d'un monarque, ou d'une république ;
Votre avis est ma règle, et par ce seul moyen
Je veux être empereur, ou simple citoyen.

Cinna. Malgré notre surprise, et mon insuffisance,
Je vous obéirai, seigneur, sans complaisance,
Et mets bas le respect qui pourrait m'empêcher
De combattre un avis où vous semblez pencher.
Souffrez-le d'un esprit jaloux de votre gloire,
Que vous allez souiller d'une tache trop noire,
Si vous ouvrez votre âme à ces impressions
Jusques à condamner toutes vos actions.
On ne renonce point aux grandeurs légitimes ;
On garde sans remords ce qu'on acquiert sans crimes ;
Et plus le bien qu'on quitte est noble, grand, exquis,

---

[1] Auguste eut en effet, à ce qu'on dit, cette conversation avec Agrippa et Mécénas : Dion Cassius les fait parler tous deux ; mais qu'il est faible et stérile en comparaison de Corneille !

Dion Cassius fait ainsi parler Mécénas : *Consultez plutôt les besoins de la patrie que la voix du peuple, qui, semblable aux enfants, ignore ce qui lui est profitable ou nuisible. La république est comme un vaisseau battu de la tempête,* etc. Comparez ces discours à ceux de Corneille, dans lesquels il avait la difficulté de la rime à surmonter.

Cette scène est un traité du droit des gens. La différence que Corneille établit entre l'usurpation et la tyrannie était une chose toute nouvelle ; et jamais écrivain n'avait étalé des idées politiques en prose aussi fortement que Corneille les approfondit en vers. (V.)

Plus qui l'ose quitter le juge mal acquis.
N'imprimez pas, seigneur, cette honteuse marque
A ces rares vertus qui vous ont fait monarque ;
Vous l'êtes justement, et c'est sans attentat
Que vous avez changé la forme de l'État.
Rome est dessous vos lois par le droit de la guerre,
Qui sous les lois de Rome a mis toute la terre ;
Vos armes l'ont conquise, et tous les conquérants
Pour être usurpateurs ne sont pas des tyrans ;
Quand ils ont sous leurs lois asservi des provinces,
Gouvernant justement, il s'en font justes princes.
C'est ce que fit César ; il vous faut aujourd'hui
Condamner sa mémoire, ou faire comme lui.
Si le pouvoir suprême est blâmé par Auguste,
César fut un tyran, et son trépas fut juste,
Et vous devez aux dieux compte de tout le sang
Dont vous l'avez vengé pour monter à son rang.
N'en craignez point, seigneur, les tristes destinées ;
Un plus puissant démon veille sur vos années :
On a dix fois sur vous attenté sans effet,
Et qui l'a voulu perdre au même instant l'a fait.
On entreprend assez, mais aucun n'exécute ;
Il est des assassins, mais il n'est plus de Brute.
Enfin, s'il faut attendre un semblable revers,
Il est beau de mourir maître de l'univers.
C'est ce qu'en peu de mots j'ose dire ; et j'estime
Que ce peu que j'ai dit est l'avis de Maxime.

Maxime. Oui, j'accorde qu'Auguste a droit de conserver
L'empire où sa vertu l'a fait seule arriver,
Et qu'au prix de son sang, au péril de sa tête,
Il a fait de l'État une juste conquête :
Mais que, sans se noircir, il ne puisse quitter
Le fardeau que sa main est lasse de porter,
Qu'il accuse par là César de tyrannie,
Qu'il approuve sa mort, c'est ce que je dénie.
Rome est à vous, seigneur, l'empire est votre bien ;
Chacun en liberté peut disposer du sien ;
Il le peut, à son choix, garder ou s'en défaire.
Vous seul ne pourriez pas ce que peut le vulgaire,

Et seriez devenu, pour avoir tout dompté,
Esclave des grandeurs où vous êtes monté!
Possédez-les, seigneur, sans qu'elles vous possèdent.
Loin de vous captiver, souffrez qu'elles vous cèdent;
Et faites hautement connaître enfin à tous
Que tout ce qu'elles ont est au-dessous de vous.
Votre Rome autrefois vous donna la naissance;
Vous lui voulez donner votre toute-puissance;
Et Cinna vous impute à crime capital
La libéralité vers le pays natal!
Il appelle remords l'amour de la patrie!
Par la haute vertu la gloire est donc flétrie,
Et ce n'est qu'un objet digne de nos mépris,
Si de ses pleins effets l'infamie est le prix [1] !
Je veux bien avouer qu'une action si belle
Donne à Rome bien plus que vous ne tenez d'elle;
Mais commet-on un crime indigne de pardon,
Quand la reconnaissance est au-dessus du don?
Suivez, suivez, seigneur, le ciel qui vous inspire:
Votre gloire redouble à mépriser l'empire;
Et vous serez fameux chez la postérité,
Moins pour l'avoir conquis que pour l'avoir quitté.
Le bonheur peut conduire à la grandeur suprême,
Mais pour y renoncer il faut la vertu même;
Et peu de généreux vont jusqu'à dédaigner,
Après un sceptre acquis, la douceur de régner.
Considérez d'ailleurs que vous régnez dans Rome,
Où, de quelque façon que votre cour vous nomme,
On hait la monarchie; et le nom d'empereur,
Cachant celui de roi, ne fait pas moins d'horreur.
Ils passent pour tyran quiconque s'y fait maître;
Qui le sert, pour esclave, et qui l'aime, pour traître;
Qui le souffre a le cœur lâche, mol, abattu,
Et pour s'en affranchir tout s'appelle vertu.
Vous en avez, seigneur, des preuves trop certaines:

---

(1) Cette phrase n'a pas la clarté, l'élégance, la justesse nécessaire. La vertu est donc un objet digne de nos mépris, si l'infamie est le prix de ses pleins effets. Remarquez de plus qu'*infamie* n'est pas le mot propre: il n'y a point d'infamie à renoncer à l'empire. (V.)

ACTE II, SCÈNE I.

On a fait contre vous dix entreprises vaines ;
Peut-être que l'onzième est prête d'éclater,
Et que ce mouvement qui vous vient d'agiter
N'est qu'un avis secret que le ciel vous envoie,
Qui pour vous conserver n'a plus que cette voie.
Ne vous exposez plus à ces fameux revers,
Il est beau de mourir maître de l'univers.
Mais la plus belle mort souille notre mémoire,
Quand nous avons pu vivre et croître notre gloire.

Cinna. Si l'amour du pays doit ici prévaloir,
C'est son bien seulement que vous devez vouloir ;
Et cette liberté, qui lui semble si chère,
N'est pour Rome, seigneur, qu'un bien imaginaire,
Plus nuisible qu'utile, et qui n'approche pas
De celui qu'un bon prince apporte à ses États.
Avec ordre et raison les honneurs il dispense,
Avec discernement punit et récompense,
Et dispose de tout en juste possesseur,
Sans rien précipiter, de peur d'un successeur.
Mais quand le peuple est maître, on n'agit qu'en tumulte :
La voix de la raison jamais ne se consulte ;
Les honneurs sont vendus aux plus ambitieux,
L'autorité livrée aux plus séditieux.
Ces petits souverains qu'il fait pour une année,
Voyant d'un temps si court leur puissance bornée,
Des plus heureux desseins font avorter le fruit,
De peur de le laisser à celui qui les suit ;
Comme ils ont peu de part aux biens dont ils ordonnent,
Dans le champ du public largement ils moissonnent,
Assurés que chacun leur pardonne aisément,
Espérant à son tour un pareil traitement.
Le pire des États, c'est l'État populaire [1].

Auguste. Et toutefois le seul qui dans Rome peut plaire.
Cette haine des rois que depuis cinq cents ans
Avec le premier lait sucent tous ses enfants,

---

(1) Quelle prodigieuse supériorité de la belle poésie sur la prose! Tous les écrivains politiques ont délayé ces pensées ; aucun a-t-il approché de la force, de la profondeur, de la netteté, de la précision de ces discours de Cinna et de Maxime? (V.)

Pour l'arracher des cœurs, est trop enracinée.

Maxime. Oui, seigneur, dans son mal Rome est trop obstinée;
Son peuple, qui s'y plaît, en fuit la guérison :
Sa coutume l'emporte, et non pas la raison ;
Et cette vieille erreur, que Cinna veut abattre,
Est une heureuse erreur dont il est idolâtre,
Par qui le monde entier, asservi sous ses lois,
L'a vu cent fois marcher sur la tête des rois,
Son épargne s'enfler du sac de leurs provinces.
Que lui pouvaient de plus donner les meilleurs princes?
J'ose dire, seigneur, que par tous les climats
Ne sont pas bien reçus toutes sortes d'États ;
Chaque peuple a le sien conforme à sa nature,
Qu'on ne saurait changer sans lui faire une injure.
Telle est la loi du ciel, dont la sage équité
Sème dans l'univers cette diversité.
Les Macédoniens aiment le monarchique,
Et le reste des Grecs, la liberté publique :
Les Parthes, les Persans veulent des souverains ;
Et le seul consulat est bon pour les Romains.

Cinna. Il est vrai que du ciel la prudence infinie
Départ à chaque peuple un différent génie;
Mais il n'est pas moins vrai que cet ordre des cieux
Change selon les temps comme selon les lieux.
Rome a reçu des rois ses murs et sa naissance ;
Elle tient des consuls sa gloire et sa puissance,
Et reçoit maintenant de vos rares bontés
Le comble souverain de ses prospérités.
Sous vous, l'État n'est plus en pillage aux armées ;
Les portes de Janus par vos mains sont fermées,
Ce que sous ses consuls on n'a vu qu'une fois,
Et qu'a fait voir comme eux le second de ses rois.

Maxime. Les changements d'État que fait l'ordre céleste
Ne coûtent point de sang, n'ont rien qui soit funeste.

Cinna. C'est un ordre des dieux qui jamais ne se rompt,
De nous vendre un peu cher les grands biens qu'ils nous font.
L'exil des Tarquins même ensanglanta nos terres,
Et nos premiers consuls nous ont coûté des guerres.

Maxime. Donc votre aïeul Pompée au ciel a résisté

ACTE II, SCÈNE I.

        Quand il a combattu pour notre liberté?

Cinna. Si le ciel n'eût voulu que Rome l'eût perdue,
Par les mains de Pompée il l'aurait défendue :
Il a choisi sa mort pour servir dignement
D'une marque éternelle à ce grand changement,
Et devait cette gloire aux mânes d'un tel homme,
D'emporter avec eux la liberté de Rome.
Ce nom depuis longtemps ne sert qu'à l'éblouir,
Et sa propre grandeur l'empêche d'en jouir.
Depuis qu'elle se voit la maîtresse du monde,
Depuis que la richesse entre ses murs abonde,
Et que son sein, fécond en glorieux exploits,
Produit des citoyens plus puissants que des rois,
Les grands, pour s'affermir achetant des suffrages,
Tiennent pompeusement leurs maîtres à leurs gages,
Qui, par des fers dorés se laissent enchaîner,
Reçoivent d'eux les lois qu'ils pensent leur donner.
Envieux l'un de l'autre, ils mènent tout par brigues,
Que leur ambition tourne en sanglantes ligues.
Ainsi de Marius Sylla devint jaloux ;
César, de son aïeul ; Marc-Antoine, de vous :
Ainsi la liberté ne peut plus être utile
Qu'à former les fureurs d'une guerre civile,
Lorsque, par un désordre à l'univers fatal,
L'un ne veut point de maître, et l'autre point d'égal.
Seigneur, pour sauver Rome, il faut qu'elle s'unisse
En la main d'un bon chef à qui tout obéisse.
Si vous aimez encore à la favoriser,
Otez-lui les moyens de se plus diviser.
Sylla, quittant la place enfin bien usurpée,
N'a fait qu'ouvrir le champ à César et Pompée,
Que le malheur des temps ne nous eût pas fait voir,
S'il eût dans sa famille assuré son pouvoir.
Qu'a fait du grand César le cruel parricide,
Qu'élever contre vous Antoine avec Lépide,
Qui n'eussent pas détruit Rome par les Romains,
Si César eût laissé l'empire entre vos mains ?
Vous la replongerez, en quittant cet empire,
  Dans les maux dont à peine encore elle respire,

Et de ce peu, seigneur, qui lui reste de sang,
Une guerre nouvelle épuisera son flanc.
Que l'amour du pays, que l'amitié vous touche ;
Votre Rome à genoux vous parle par ma bouche.
Considérez le prix que vous avez coûté :
Non pas qu'elle vous croie avoir trop acheté,
Des maux qu'elle a soufferts elle est trop bien payée ;
Mais une juste peur tient son âme effrayée :
Si, jaloux de son heur, et las de commander,
Vous lui rendez un bien qu'elle ne peut garder,
S'il lui faut à ce prix en acheter un autre,
Si vous ne préférez son intérêt au vôtre,
Si ce funeste don la met au désespoir,
Je n'ose dire ici ce que j'ose prévoir.
Conservez-vous, seigneur, en lui laissant un maître
Sous qui son vrai bonheur commence de renaître ;
Et, pour mieux assurer le bien commun de tous,
Donnez un successeur qui soit digne de vous.

Auguste. N'en délibérons plus, cette pitié l'emporte.
Mon repos m'est bien cher, mais Rome est la plus forte ;
Et, quelque grand malheur qui m'en puisse arriver,
Je consens à me perdre afin de la sauver.
Pour ma tranquillité mon cœur en vain soupire :
Cinna, par vos conseils, je reprendrai l'empire ;
Mais je le retiendrai pour vous en faire part.
Je vois trop que vos cœurs n'ont point pour moi de fard,
Et que chacun de vous dans l'avis qu'il me donne,
Regarde seulement l'État et ma personne :
Votre amour en tous deux fait ce combat d'esprits,
Et vous allez tous deux en recevoir le prix.
Maxime, je vous fais gouverneur de Sicile [1],
Allez donner mes lois à ce pays fertile :
Songez que c'est pour moi que vous gouvernerez,
Et que je répondrai de ce que vous ferez.
Pour épouse, Cinna, je vous donne Æmilie [2] ;

(1) Cela n'est pas dans l'histoire. En effet, c'eût été plutôt un exil qu'une récompense ; un proconsulat en Sicile est une punition pour un favori qui veut rester à Rome et à la cour avec un grand crédit. (V.)

(2) Ceci est bien différent. Tout lecteur voit dans ce vers la perfection de l'art.

ACTE II, SCÈNE I.

Vous savez qu'elle tient la place de Julie,
Et que si nos malheurs et la nécessité
M'ont fait traiter son père avec sévérité,
Mon épargne depuis en sa faveur ouverte
Doit avoir adouci l'aigreur de cette perte.
Voyez-la de ma part, tâchez de la gagner :
Vous n'êtes point pour elle un homme à dédaigner ;
De l'offre de vos vœux elle sera ravie [1].
Adieu : j'en veux porter la nouvelle à Livie.

SCÈNE II.

CINNA, MAXIME.

Maxime. Quel est votre dessein après ces beaux discours ?
Cinna. Le même que j'avais et que j'aurai toujours.
Maxime. Un chef de conjurés flatte la tyrannie !
Cinna. Un chef de conjurés la veut voir impunie !
Maxime. Je veux voir Rome libre.
Cinna. Et vous pouvez juger
Que je veux l'affranchir ensemble et la venger.
Octave aura donc vu ses fureurs assouvies,
Pillé jusqu'aux hôtels, sacrifié nos vies,
Rempli les champs d'horreurs, comblé Rome de morts,
Et sera quitte après pour l'effet d'un remords !
Quand le ciel par nos mains à le punir s'apprête,
Un lâche repentir garantira sa tête !
C'est trop semer d'appâts, et c'est trop inviter
Par son impunité quelque autre à l'imiter.
Vengeons nos citoyens, et que sa peine étonne

Auguste donne à Cinna sa fille adoptive, que Cinna veut obtenir par l'assassinat d'Auguste. Le mérite de ce vers ne peut échapper à personne. (V.)

(1) En général, cette scène est d'un genre dont il n'y avait aucun exemple chez les anciens ni chez les modernes : détachez-la de la pièce, c'est un chef-d'œuvre d'éloquence ; incorporée à la pièce, c'est un chef-d'œuvre encore plus grand. Il est vrai que ces beautés n'excitent ni terreur ni pitié, ni grands mouvements; mais ces mouvements, cette pitié, cette terreur ne sont pas nécessaires dans le commencement d'un second acte.

Cette scène est beaucoup plus difficile à jouer qu'aucune autre ; elle exigerait trois acteurs d'une figure imposante, et qui eussent autant de noblesse dans la voix et dans les gestes qu'il y en a dans les vers ; c'est ce qui ne s'est jamais rencontré. (V.)

              Quiconque après sa mort aspire à la couronne.
              Que le peuple aux tyrans ne soit plus exposé :
              S'il eût puni Sylla, César eût moins osé.
Maxime. Mais la mort de César, que vous trouvez si juste,
              A servi de prétexte aux cruautés d'Auguste.
              Voulant nous affranchir, Brute s'est abusé ;
              S'il n'eût puni César, Auguste eût moins osé.
Cinna. La faute de Cassie, et ses terreurs paniques,
              On fait rentrer l'État sous des lois tyranniques ;
              Mais nous ne verrons point de pareils accidents,
              Lorsque Rome suivra des chefs moins imprudents.
Maxime. Nous sommes encor loin de mettre en évidence
              Si nous nous conduirons avec plus de prudence ;
              Cependant c'en est peu que de n'accepter pas
              Le bonheur qu'on recherche au péril du trépas.
Cinna. C'en est encor bien moins, alors qu'on s'imagine
              Guérir un mal si grand sans couper la racine ;
              Employer la douceur à cette guérison,
              C'est, en fermant la plaie, y verser du poison.
Maxime. Vous la voulez sanglante, et la rendez douteuse.
Cinna. Vous la voulez sans peine, et la rendez honteuse.
Maxime. Pour sortir de ses fers jamais on ne rougit.
Cinna. On en sort lâchement, si la vertu n'agit.
Maxime. Jamais la liberté ne cesse d'être aimable ;
              Et c'est toujours pour Rome un bien inestimable.
Cinna. Ce ne peut être un bien qu'elle daigne estimer,
              Quand il vient d'une main lasse de l'opprimer :
              Elle a le cœur trop bon pour se voir avec joie
              Le rebut du tyran dont elle fut la proie ;
              Et tout ce que la gloire a de vrais partisans
              Le hait trop puissamment pour aimer ses présents.
Maxime. Donc pour vous Æmilie est un objet de haine.
Cinna. La recevoir de lui me serait une gêne :
              Mais quand j'aurai vengé Rome des maux soufferts,
              Je saurai le braver jusque dans les enfers.
              Oui, quand par son trépas je l'aurai méritée,
              Je veux joindre à sa main ma main ensanglantée,
              L'épouser sur sa cendre, et qu'après notre effort
              Les présents du tyran soient le prix de sa mort.

Maxime. Mais l'apparence, ami, que vous puissiez lui plaire
Teint du sang de celui qu'elle aime comme un père ?
Car vous n'êtes pas homme à la violenter.
Cinna. Ami, dans ce palais on peut nous écouter,
Et nous parlons peut-être avec trop d'imprudence
Dans un lieu si mal propre à notre confidence.

ACTE TROISIÈME.

SCÈNE PREMIÈRE.

CINNA, MAXIME.

Maxime. Vous me semblez pensif.
Cinna. Ce n'est pas sans sujet.
Maxime. Puis-je d'un tel chagrin savoir quel est l'objet ?
Cinna. Æmilie et César, l'un et l'autre me gêne ;
L'un me semble trop bon, l'autre trop inhumaine.
Plût aux dieux que César employât mieux ses soins,
Et s'en fît mieux aimer, ou m'aimât un peu moins.
Cette faveur si pleine, et si mal reconnue,
Par un mortel reproche à tous moments me tue.
Il me semble surtout incessamment le voir
Déposer en nos mains son absolu pouvoir,
Écouter nos avis, m'applaudir et me dire :
« Cinna, par vos conseils je retiendrai l'empire,
« Mais je le retiendrai pour vous en faire part. »
Et je puis dans son sein enfoncer un poignard !
Je deviens sacrilége, ou je suis parricide,
Et vers l'un ou vers l'autre il faut être perfide.
Maxime. Vous n'aviez point tantôt ces agitations :
Vous paraissiez plus ferme en vos intentions ;
Vous ne sentiez au cœur ni remords ni reproche.
Cinna. On ne les sent aussi que quand le coup approche,
Et l'on ne reconnaît de semblables forfaits
Que quand la main s'apprête à venir aux effets.

L'âme, de son dessein jusque là possédée,
S'attache aveuglément à sa première idée ;
Mais alors quel esprit n'en devient point troublé ?
Ou plutôt quel esprit n'en est point accablé ?
Je crois que Brute même, à tel point qu'on le prise,
Voulut plus d'une fois rompre son entreprise,
Qu'avant que de frapper elle lui fit sentir
Plus d'un remords en l'âme, et plus d'un repentir.

Maxime. Il eut trop de vertu pour tant d'inquiétude ;
Il ne soupçonna point sa main d'ingratitude,
Et fut contre un tyran d'autant plus animé
Qu'il en reçut de biens et qu'il s'en vit aimé.
Comme vous l'imitez, faites la même chose,
Et formez vos remords d'une plus juste cause,
De vos lâches conseils, qui seuls ont arrêté
Le bonheur renaissant de notre liberté :
C'est vous seul aujourd'hui qui nous l'avez ôtée ;
De la main de César Brute l'eût acceptée,
Et n'eût jamais souffert qu'un intérêt léger
De vengeance ou d'amour l'eût remise en danger.
N'écoutez plus la voix d'un tyran qui vous aime,
Et veut vous faire part de son bonheur suprême ;
Mais entendez crier Rome à votre côté :
« Rends-moi, rends-moi, Cinna, ce que tu m'as ôté ;
« Et, si tu m'as tantôt préféré ta maîtresse,
« Ne me préfère pas le tyran qui m'oppresse. »

Cinna. Ami, n'accable plus un esprit malheureux
Qui ne forme qu'en lâche un dessein généreux.
Envers nos citoyens je sais qu'elle est ma faute,
Et leur rendrai bientôt tout ce que je leur ôte ;
Mais pardonne aux abois d'une vieille amitié
Qui ne peut expirer sans me faire pitié,
Et laisse-moi, de grâce, attendant Æmilie,
Donner un libre cours à ma mélancolie.
Mon chagrin t'importune, et le trouble où je suis
Veut de la solitude à calmer tant d'ennuis.

SCÈNE II.

CINNA.

Donne un plus digne nom au glorieux empire [1]
Du noble sentiment que la vertu m'inspire,
Et que l'honneur oppose au coup précipité
De mon ingratitude et de ma lâcheté.
En ces extrémités quel conseil dois-je prendre ?
De quel côté pencher ? à quel parti me rendre ?
Qu'une âme généreuse a de peine à faillir !
Quelque fruit que par là j'espère de cueillir,
Les douceurs de l'hymen, celles de la vengeance,
La gloire d'affranchir le lieu de ma naissance,
N'ont point assez d'appâts pour flatter ma raison,
S'il les faut acquérir par une trahison ;
S'il faut percer le flanc d'un prince magnanime
Qui du peu que je suis fait une telle estime,
Qui me comble d'honneurs, qui m'accable de biens,
Qui ne prend pour régner de conseils que les miens.
O coup ! ô trahison trop indigne d'un homme !
Dure, dure à jamais l'esclavage de Rome !
Périsse mon hymen, périsse mon espoir,
Plutôt que de ma main parte un crime si noir !
Quoi ! ne m'offre-t-il pas tout ce que je souhaite,
Et qu'au prix de son sang mon injustice achète ?
Pour jouir de ses dons faut-il l'assassiner ?
Et faut-il lui ravir ce qu'il me veut donner ?
Mais je dépends de vous, ô serment téméraire !
O haine d'Æmilie, ô souvenir d'un père !
Ma foi, mon cœur, mon bras, tout vous est engagé,
Et je ne puis plus rien que par votre congé :
C'est à vous à régler ce qu'il faut que je fasse ;
C'est à vous, Æmilie, à lui donner sa grâce ;

---

(1) Voici le cas où un monologue est convenable : un homme dans une situation violente peut examiner avec lui-même le danger de son entreprise, l'horreur du crime qu'il va commettre, écouter ou combattre ses remords ; mais il fallait que ce monologue fût placé après qu'Auguste l'a comblé d'amitié et de bienfaits, et non pas après une scène froide avec Maxime. (V.)

Vos seules volontés président à son sort,
Et tiennent en mes mains et sa vie et sa mort.
Mais voici de retour cette femme inhumaine.

SCÈNE III.

ÆMILIE, CINNA, FULVIE.

Æmilie. Grâces aux dieux, Cinna, ma frayeur était vaine ;
Aucun de tes amis ne t'a manqué de foi,
Et je n'ai point eu lieu de m'employer pour toi.
Octave en ma présence a tout dit à Livie,
Et par cette nouvelle il m'a rendu la vie.

Cinna. Le désavouerez-vous ? et du don qu'il me fait
Voudrez-vous retarder le bienheureux effet ?

Æmilie. L'effet est en ta main.

Cinna. Mais plutôt en la vôtre.

Æmilie. Je suis toujours moi-même, et mon cœur n'est point autre ;
Me donner à Cinna, c'est ne lui donner rien,
C'est seulement lui faire un présent de son bien.

Cinna. Vous pouvez toutefois... ô ciel ! l'osé-je dire ?

Æmilie. Que puis-je ? et que crains-tu ?

Cinna. Je tremble, je soupire,
Et vois que si nos cœurs avaient mêmes désirs,
Je n'aurais pas besoin d'expliquer mes soupirs.
Ainsi je suis trop sûr que je vais vous déplaire ;
Mais je n'ose parler, et je ne puis me taire.

Æmilie. C'est trop me gêner, parle.

Cinna. Il faut vous obéir.
Je vais donc vous déplaire, et vous m'allez haïr.
Voyez-vous à quel prix vous me donnez votre âme ;
En me rendant heureux vous rendez infâme ;
Cette bonté d'Auguste...

Æmilie. Il suffit, je t'entends,
Je vois ton repentir et tes vœux inconstants.
Les faveurs du tyran emportent tes promesses ;
Tes feux et tes serments cèdent à ses caresses ;
Et ton esprit crédule ose s'imaginer
Qu'Auguste pouvant tout peut aussi me donner.
Tu me veux de sa main plutôt que de la mienne ;

Mais ne crois pas qu'ainsi jamais je t'appartienne.
Il peut faire trembler la terre sous ses pas,
Mettre un roi hors du trône, et donner ses États,
De ses proscriptions rougir la terre et l'onde,
Et changer à son gré l'ordre de tout le monde ;
Mais le cœur d'Æmilie est hors de son pouvoir.

Cinna. Aussi n'est-ce qu'à vous que je veux le devoir.
J'ai pu, vous le savez, sans parjure et sans crime,
Vous laisser échapper cette illustre victime.
César se dépouillant du pouvoir souverain
Nous ôtait tout prétexte à lui percer le sein ;
La conjuration s'en allait dissipée,
Vos desseins avortés, votre haine trompée ;
Moi seul j'ai raffermi son esprit étonné,
Et pour vous l'immoler ma main l'a couronné.

Æmilie. Pour me l'immoler, traître ! et tu veux que moi-même
Je retienne ta main ! qu'il vive, et que je l'aime !
Que je sois le butin de qui l'ose épargner,
Et le prix du conseil qui le force à régner !

Cinna. Avec les premiers vœux de mon obéissance
Souffrez ce faible effort de ma reconnaissance,
Que je tâche de vaincre un indigne courroux,
Et vous donner pour lui l'amour qu'il a pour vous.
Une âme généreuse, et que la vertu guide,
Fuit la honte des noms d'ingrate et de perfide ;
Elle en hait l'infamie attachée au bonheur,
Et n'accepte aucun bien aux dépens de l'honneur.

Æmilie. Je fais gloire, pour moi, de cette ignominie :
La perfidie est noble envers la tyrannie ;
Et quand on rompt le cours d'un sort si malheureux,
Les cœurs les plus ingrats sont les plus généreux.

Cinna. Vous faites des vertus au gré de votre haine.

Æmilie. Je me fais des vertus dignes d'une Romaine.

Cinna. Un cœur vraiment romain...

Æmilie.   Ose tout pour ravir
Une odieuse vie à qui le fait servir ;
Il fuit plus que la mort la honte d'être esclave.

Cinna. C'est l'être avec honneur que de l'être d'Octave ;
Et nous voyons souvent des rois à nos genoux

Demander pour appui tels esclaves que nous.
Il abaisse à nos pieds l'orgueil des diadèmes,
Il nous fait souverains sur leurs grandeurs suprêmes;
Il prend d'eux les tributs dont il nous enrichit,
Et leur impose un joug dont il nous affranchit.

Émilie. L'indigne ambition que ton cœur se propose!
Pour être plus qu'un roi, tu te crois quelque chose!
Aux deux bouts de la terre en est-il un si vain
Qu'il prétende égaler un citoyen romain?
Antoine sur sa tête attira notre haine
En se déshonorant par l'amour d'une reine;
Attale, ce grand roi, dans la pourpre blanchi,
Qui du peuple romain se nommait l'affranchi,
Quand de toute l'Asie il se fût vu l'arbitre,
Eut encor moins prisé son trône que ce titre.
Souviens-toi de ton nom, soutiens sa dignité;
Et prenant d'un Romain la générosité,
Sache qu'il n'en est point que le ciel n'ait fait naître
Pour commander aux rois, et pour vivre sans maître.

Cinna. Le ciel a trop fait voir en de tels attentats
Qu'il hait les assassins et punit les ingrats;
Et quoi qu'on entreprenne, et quoi qu'on exécute,
Quand il élève un trône, il en venge la chute;
Il se met du parti de ceux qu'il fait régner;
Le coup dont on les tue est longtemps à saigner;
Et quand à les punir il a pu se résoudre,
De pareils châtiments n'appartiennent qu'au foudre.

Émilie. Dis que de leur parti toi-même tu te rends,
De te remettre au foudre à punir les tyrans.
Je ne t'en parle plus, va, sers la tyrannie;
Abandonne ton âme à son lâche génie;
Et pour rendre le calme à ton esprit flottant,
Oublie et ta naissance et le prix qui t'attend.
Sans emprunter ta main pour servir ma colère,
Je saurai bien venger mon pays et mon père.
Et te dire en mourant d'un esprit satisfait:
« N'accuse point mon sort, c'est toi seul qui l'as fait;
« Je descends dans la tombe où tu m'as condamnée;
« Où la gloire me suit qui t'était destinée :

« Je meurs en détruisant un pouvoir absolu ;
« Mais je vivrais à toi si tu l'avais voulu. »

Cinna. Eh bien ! vous le voulez, il faut vous satisfaire,
Il faut affranchir Rome, il faut venger un père,
Il faut sur un tyran porter de justes coups ;
Mais apprenez qu'Auguste est moins tyran que vous.

ACTE QUATRIÈME.

SCÈNE PREMIÈRE.

AUGUSTE, EUPHORBE, POLYCLÈTE, GARDES.

Auguste. Tout ce que tu me dis, Euphorbe, est incroyable.
Euphorbe. Seigneur, le récit même en paraît effroyable :
On ne conçoit qu'à peine une telle fureur,
Et la seule pensée en fait frémir d'horreur.
Auguste. Quoi ! mes plus chers amis ! quoi ! Cinna ! quoi ! Maxime !
Les deux que j'honorais d'une si haute estime,
A qui j'ouvrais mon cœur, et dont j'avais fait choix
Pour les plus importants et plus nobles emplois !
Après qu'entre leurs mains j'ai remis mon empire,
Pour m'arracher le jour l'un et l'autre conspire !
Maxime a vu sa faute, il m'en fait avertir,
Et montre un cœur touché d'un juste repentir ;
Mais Cinna !
Euphorbe. Cinna seul dans sa rage s'obstine,
Et contre vos bontés d'autant plus se mutine ;
Lui seul combat encor les vertueux efforts
Que sur les conjurés fait ce juste remords,
Et, malgré les frayeurs à leurs regrets mêlées,
Il tâche à raffermir leurs âmes ébranlées.
Auguste. Lui seul les encourage, et lui seul les séduit !
O le plus déloyal que la terre ait produit !
O trahison conçue au sein d'une furie !

O trop sensible coup d'une main si chérie !
Cinna, tu me trahis ! Polyclète, écoutez.
(*Il lui parle à l'oreille.*)

Polyclète. Tous vos ordres, seigneur, seront exécutés.

Auguste. Qu'Éraste en même temps aille dire à Maxime
Qu'il vienne recevoir le pardon de son crime.
(*Polyclète rentre.*)

Euphorbe. Il l'a jugé trop grand pour ne pas s'en punir.
À peine du palais il a pu revenir,
Que, les yeux égarés, et le regard farouche,
Le cœur gros de soupirs, les sanglots à la bouche,
Il déteste sa vie et ce complot maudit,
M'en apprend l'ordre entier tel que je vous l'ai dit ;
Et, m'ayant commandé que je vous avertisse,
Il ajoute : « Dis-lui que je me fais justice,
« Que je n'ignore point ce que j'ai mérité. »
Puis soudain dans le Tibre il s'est précipité ;
Et l'eau grosse et rapide, et la nuit assez noire,
M'ont dérobé la fin de sa tragique histoire.

Auguste. Sous ce pressant remords il a trop succombé,
Il s'est à mes bontés lui-même dérobé ;
Il n'est crime envers moi qu'un repentir n'efface ;
Mais puisqu'il a voulu renoncer à ma grâce,
Allez pourvoir au reste, et faites qu'on ait soin
De tenir en lieu sûr ce fidèle témoin.

SCÈNE II.

AUGUSTE.

Ciel, à qui voulez-vous désormais que je fie [1]
Les secrets de mon âme et le soin de ma vie ?
Reprenez le pouvoir que vous m'avez commis,
Si donnant des sujets il ôte les amis,
Si tel est le destin des grandeurs souveraines

---

(1) Voilà encore une occasion où un monologue est bien placé ; la situation d'Auguste est une excuse légitime : d'ailleurs il est bien écrit, les vers en sont beaux, les réflexions sont justes, intéressantes ; ce morceau est digne du grand Corneille. (V.)

Que leurs plus grands bienfaits n'attirent que des haines,
Et si votre rigueur les condamne à chérir
Ceux que vous animez à les faire périr.
Pour elles rien n'est sûr ; qui peut tout doit tout craindre.
Rentre en toi-même, Octave, et cesse de te plaindre.
Quoi ! tu veux qu'on t'épargne, et n'as rien épargné !
Songe aux fleuves de sang où ton bras s'est baigné,
De combien ont rougi les champs de Macédoine,
Combien en a versé la défaite d'Antoine,
Combien celle de Sexte, et revois tout d'un temps
Pérouse au sien noyée, et tous ses habitants.
Remets dans ton esprit, après tant de carnages,
De tes proscriptions les sanglantes images,
Où toi-même, des tiens devenu le bourreau,
Au sein de ton tuteur enfonças le couteau,
Et puis ose accuser le destin d'injustice
Quand tu vois que les tiens s'arment pour ton supplice,
Et que, par ton exemple, à ta perte guidés,
Ils violent des droits que tu n'as pas gardés !
Leur trahison est juste, et le ciel l'autorise :
Quitte ta dignité comme tu l'as acquise ;
Rends un sang infidèle à l'infidélité,
Et souffre des ingrats après l'avoir été.
Mais que mon jugement au besoin m'abandonne !
Quelle fureur, Cinna, m'accuse et te pardonne ?
Toi, dont la trahison me force à retenir
Ce pouvoir souverain dont tu me veux punir,
Me traite en criminel, et fait seule mon crime,
Relève pour l'abattre, un crime illégitime,
Et, d'un zèle effronté couvrant son attentat,
S'oppose, pour me perdre, au bonheur de l'État ?
Donc jusqu'à l'oublier je pourrais me contraindre !
Tu vivrais en repos après m'avoir fait craindre !
Non, non, je me trahis moi-même d'y penser :
Qui pardonne aisément invite à l'offenser ;
Punissons l'assassin, proscrivons les complices.
Mais quoi ! toujours du sang et toujours des supplices !
Ma cruauté se lasse, et ne peut s'arrêter ;
Je veux me faire craindre, et ne fais qu'irriter.

Rome a pour ma ruine une hydre trop fertile ;
Une tête coupée en fait renaître mille ;
Et le sang répandu de mille conjurés
Rend mes jours plus maudits, et non plus assurés.
Octave, n'attends plus le coup d'un nouveau Brute ;
Meurs, et dérobe-lui la gloire de ta chute ;
Meurs ; tu ferais pour vivre un lâche et vain effort,
Si tant de gens de cœur font des vœux pour ta mort,
Et si tout ce que Rome a d'illustre jeunesse
Pour te faire périr tour à tour s'intéresse ;
Meurs, puisque c'est un mal que tu ne peux guérir ;
Meurs enfin, puisqu'il faut ou tout perdre, ou mourir.
La vie est peu de chose, et le peu qui t'en reste
Ne vaut pas l'acheter par un prix si funeste ;
Meurs, mais quitte du moins la vie avec éclat,
Éteins-en le flambeau dans le sang de l'ingrat,
A toi-même en mourant immole ce perfide ;
Contentant ses désirs, punis son parricide ;
Fais un tourment pour lui de ton propre trépas,
En faisant qu'il le voie et n'en jouisse pas :
Mais jouissons plutôt nous-même de sa peine ;
Et si Rome nous hait, triomphons de sa haine.
O Romains ! ô vengeance ! ô pouvoir absolu !
O rigoureux combat d'un cœur irrésolu
Qui fuit en même temps tout ce qu'il se propose !
D'un prince malheureux ordonnez quelque chose.

SCÈNE III[1].

ÆMILIE, FULVIE.

Æmilie. D'où me vient cette joie, et que mal à propos
Mon esprit malgré moi goûte un entier repos !
César mande Cinna sans me donner d'alarmes !
Mon cœur est sans soupirs, mes yeux n'ont point de larmes :

---

(1) La scène reste vide ; c'est un grand défaut aujourd'hui, et dans lequel même les plus médiocres auteurs ne tombent pas. Mais Corneille est le premier qui ait pratiqué cette règle si belle et si nécessaire de lier les scènes, et de ne faire paraître sur le théâtre aucun personnage sans une raison évidente. Si le législateur manque ici à la loi qu'il a introduite, il est assurément bien excusable. (V.)

ACTE IV, SCÈNE III.

Comme si j'apprenais d'un secret mouvement
Que tout doit succéder à mon contentement !
Ai-je bien entendu ? me l'as-tu dit Fulvie ?

Fulvie. J'avais gagné sur lui qu'il aimerait la vie,
Et je vous l'amenais, plus traitable et plus doux,
Faire un second effort contre votre courroux ;
Je m'en applaudissais, quand soudain Polyclète,
Des volontés d'Auguste ordinaire interprète,
Est venu l'aborder et sans suite et sans bruit,
Et de sa part sur l'heure au palais l'a conduit.
Auguste est fort troublé, l'on ignore la cause ;
Chacun diversement soupçonne quelque chose ;
Tous présument qu'il aie un grand sujet d'ennui,
Et qu'il mande Cinna pour prendre avis de lui.
Mais ce qui m'embarrasse, et que je viens d'apprendre,
C'est que deux inconnus se sont saisis d'Évandre,
Qu'Euphorbe est arrêté sans qu'on sache pourquoi,
Que même de son maître on dit je ne sais quoi :
On lui veut imputer un désespoir funeste ;
On parle d'eaux, de Tibre, et l'on se tait du reste.

Æmilie. Que de sujets de craindre et de désespérer,
Sans que mon triste cœur en daigne murmurer !
A chaque occasion le ciel y fait descendre
Un sentiment contraire à celui qu'il doit prendre :
Une vaine frayeur tantôt m'a pu troubler ;
Et je suis insensible alors qu'il faut trembler.
Je vous entends, grands dieux ! vos bontés que j'adore
Ne peuvent consentir que je me déshonore ;
Et ne me permettant soupirs, sanglots, ni pleurs,
Soutiennent ma vertu contre de tels malheurs.
Vous voulez que je meure avec ce grand courage
Qui m'a fait entreprendre un si fameux ouvrage ;
Et je veux bien périr comme vous l'ordonnez,
Et dans la même assiette où vous me retenez.
O liberté de Rome ! ô mânes de mon père !
J'ai fait de mon côté tout ce que j'ai pu faire :
Contre votre tyran j'ai ligué ses amis
Et plus osé pour vous qu'il ne m'était permis.
Si l'effet a manqué, ma gloire n'est pas moindre ;

N'ayant pu vous venger, je vous irai rejoindre,
Mais si fumante encor d'un généreux courroux
Par un trépas si noble et si digne de vous,
Qu'il vous fera sur l'heure aisément reconnaître
Le sang des grands héros dont vous m'avez fait naître.

SCÈNE IV.

MAXIME, ÆMILIE, FULVIE.

Æmilie. Mais je vous vois, Maxime, et l'on vous faisait mort [1] !
Maxime. Euphorbe trompe Auguste avec ce faux rapport ;
Se voyant arrêté, la trame découverte,
Il a feint ce trépas pour empêcher ma perte.
Æmilie. Que dit-on de Cinna ?

Maxime. Que son plus grand regret
C'est de voir que César sait tout votre secret ;
En vain il le dénie et le veut méconnaître.
Évandre à tout conté pour excuser son maître,
Et par l'ordre d'Auguste on vient vous arrêter.
Æmilie. Celui qui l'a reçu tarde à l'exécuter ;
Je suis prête à le suivre et lasse de l'attendre.
Maxime. Il vous attend chez moi.

Æmilie. Chez vous !

Maxime. C'est vous surprendre ;
Mais apprenez le soin que le ciel a de vous ;
C'est un des conjurés qui va fuir avec nous.
Prenons notre avantage avant qu'on nous poursuive ;
Nous avons pour partir un vaisseau sur la rive.
Æmilie. Me connais-tu, Maxime, et sais-tu qui je suis ?
Maxime. En faveur de Cinna je fais ce que je puis [2],

(1) Ne dissimulons rien, cette résurrection de Maxime n'est pas une invention heureuse. Qu'un héros qu'on croyait mort dans un combat reparaisse, c'est un moment intéressant ; mais le public ne peut souffrir un lâche que son valet avait supposé s'être jeté dans la rivière. Corneille n'a pas prétendu faire un coup de théâtre ; mais il pouvait éviter cette apparition inattendue d'un homme qu'on croit mort, et dont on ne désire point du tout la vie ; il était fort inutile à la pièce que son esclave Euphorbe eût feint que son maître s'était noyé. (V.)

(2) Maxime joue le rôle d'un misérable ; pourquoi l'auteur, pouvant l'ennoblir, l'a-t-il rendu si bas ? Apparemment il cherchait un contraste ; mais de tels contrastes ne peuvent guère réussir que dans la comédie. (V.)

ACTE IV, SCÈNE IV.

Et tâche à garantir de ce malheur extrême
La plus belle moitié qui reste de lui-même.
Sauvons-nous, Æmilie, et conservons le jour,
Afin de le venger par un heureux retour.

Æmilie. Cinna dans son malheur est de ceux qu'il faut suivre,
Qu'il ne faut pas venger, de peur de leur survivre.
Quiconque après sa perte aspire à se sauver
Est indigne du jour qu'il tâche à conserver.

Maxime. Quel désespoir aveugle à ces fureurs vous porte?
O dieux! que de faiblesse en une âme si forte!
Ce cœur si généreux rend si peu de combat,
Et du premier revers la fortune l'abat!
Votre juste douleur est trop impétueuse.

Æmilie. La tienne en ta faveur est trop ingénieuse.
Ma vertu tout entière agit sans s'émouvoir,
Et je vois malgré moi plus que je ne veux voir.

Maxime. Quoi! vous suis-je suspect de quelque perfidie?

Æmilie. Oui, tu l'es, puisque enfin tu veux que je le die;
L'ordre de notre fuite est trop bien concerté
Pour ne te soupçonner d'aucune lâcheté.
Ne crains pas toutefois que j'éclate en injures;
Mais n'espère non plus m'éblouir de parjures.
Si c'est te faire tort que de m'en défier,
Viens mourir avec moi pour te justifier.

ACTE CINQUIÈME.

SCÈNE PREMIÈRE.

AUGUSTE, CINNA.

Auguste. Prends un siége, Cinna, prends, et sur toute chose
Observe exactement la loi que je t'impose :
Prête, sans me troubler, l'oreille à mes discours ;
D'aucun mot, d'aucun cri, n'en interromps le cours ;
Tiens ta langue captive ; et si ce grand silence
A ton émotion fait quelque violence,
Tu pourras me répondre après tout à loisir :
Sur ce point seulement contente mon désir.
Cinna. Je vous obéirai, seigneur.
Auguste. Qu'il te souvienne
De garder ta parole, et je tiendrai la mienne.
Tu vois le jour, Cinna ; mais ceux dont tu le tiens
Furent les ennemis de mon père, et les miens.
Au milieu de leur camp tu reçus la naissance ;
Et lorsque après leur mort tu vins en ma puissance,
Leur haine enracinée au milieu de ton sein
T'avait mis contre moi les armes à la main.
Tu fus mon ennemi même avant que de naître,
Et tu le fus encor quand tu me pus connaître,
Et l'inclination jamais n'a démenti
Ce sang qui t'avait fait du contraire parti.
Autant que tu l'as pu les effets l'ont suivie ;
Je ne m'en suis vengé qu'en te donnant la vie ;

---

(1) « Sede, inquit, Cinna; hoc primum a te peto ne loquentem interpelles. » Toute cette scène est de Sénèque le philosophe. Par quel prodige de l'art Corneille a-t-il surpassé Sénèque, comme dans *les Horaces* il a été plus nerveux que Tite-Live ? C'est là le privilége de la belle poésie, et un de ces exemples qui condamnent bien fortement ces deux auteurs, d'Aubignac et La Motte, qui ont voulu faire des tragédies en prose. (V.)

Cinna, tu t'en souviens, et veux m'assassiner

CINNA Acte V, Scène 1.

ACTE V, SCÈNE I.

Je te fis prisonnier pour te combler de biens ;
Ma cour fut ta prison, mes faveurs tes liens ;
Je te restituai d'abord ton patrimoine ;
Je t'enrichis après des dépouilles d'Antoine,
Et tu sais que depuis, à chaque occasion,
Je suis tombé pour toi dans la profusion.
Toutes les dignités que tu m'as demandées,
Je te les ai sur l'heure et sans peine accordées ;
Je t'ai préféré même à ceux dont les parents
Ont jadis dans mon camp tenu les premiers rangs,
A ceux qui de leur sang m'ont acheté l'empire,
Et qui m'ont conservé le jour que je respire.
De la façon enfin qu'avec toi j'ai vécu,
Les vainqueurs sont jaloux du bonheur du vaincu.
Quand le ciel me voulut, en rappelant Mécène,
Après tant de faveur montrer un peu de haine,
Je te donnai sa place en ce triste accident,
Et te fis, après lui, mon plus cher confident,
Aujourd'hui même encor, mon âme irrésolue
Me pressant de quitter ma puissance absolue,
De Maxime et de toi j'ai pris les seuls avis,
Et ce sont, malgré lui, les tiens que j'ai suivis.
Bien plus, ce même jour je te donne Æmilie,
Le digne objet des vœux de toute l'Italie,
Et qu'ont mise si haut mon amour et mes soins,
Qu'en te couronnant roi je t'aurais donné moins.
Tu t'en souviens, Cinna, tant d'heur et tant de gloire
Ne peuvent pas sitôt sortir de ta mémoire ;
Mais ce qu'on ne pourrait jamais s'imaginer,
Cinna, tu t'en souviens, et veux m'assassiner.

Cinna. Moi, seigneur ! moi, que j'eusse une âme si traîtresse !
Qu'un si lâche dessein...

      Auguste. Tu tiens mal ta promesse :
Sieds-toi, je n'ai pas dit encor ce que je veux ;
Tu te justifieras après, si tu le peux.
Écoute cependant, et tiens mieux ta parole.
Tu veux m'assassiner demain, au Capitole,
Pendant le sacrifice, et ta main pour signal

Me doit, au lieu d'encens, donner le coup fatal ;
La moitié de tes gens doit occuper la porte,
L'autre moitié te suivre et te prêter main-forte.
Ai-je de bons avis, ou de mauvais soupçons ?
De tous ces meurtriers te dirai-je les noms ?
Procule, Glabrion, Virginian, Rutile,
Marcel, Plaute, Lénas, Pompone, Albin, Icile,
Maxime, qu'après toi j'avais le plus aimé :
Le reste ne vaut pas l'honneur d'être nommé ;
Un tas d'hommes perdus de dettes et de crimes,
Que pressent de mes lois les ordres légitimes,
Et qui, désespérant de les plus éviter,
Si tout n'est renversé, ne sauraient subsister.
Tu te tais maintenant, et gardes le silence,
Plus par confusion que par obéissance.
Quel était ton dessein, et que prétendais-tu
Après m'avoir au temple à tes pieds abattu ?
Affranchir ton pays d'un pouvoir monarchique !
Si j'ai bien entendu tantôt ta politique,
Son salut désormais dépend d'un souverain,
Qui pour tout conserver tienne tout en sa main ;
Et si sa liberté te faisait entreprendre,
Tu ne m'eusses jamais empêché de la rendre ;
Tu l'aurais acceptée au nom de tout l'État,
Sans vouloir l'acquérir par un assassinat.
Quel était donc ton but ? d'y régner en ma place ?
D'un étrange malheur son destin le menace,
Si pour monter au trône et lui donner la loi
Tu ne trouves dans Rome autre obstacle que moi,
Si jusques à ce point son sort est déplorable,
Que tu sois après moi le plus considérable,
Et que ce grand fardeau de l'empire romain
Ne puisse après ma mort tomber mieux qu'en ta main.
Apprends à te connaître, et descends en toi-même :
On t'honore dans Rome, on te courtise, on t'aime,
Chacun tremble sous toi, chacun t'offre des vœux,
Ta fortune est bien haut, tu peux ce que tu veux :
Mais tu ferais pitié même à ceux qu'elle irrite,

ACTE V, SCÈNE I.

Si je t'abandonnais à ton peu de mérite.
Ose me démentir, dis-moi ce que tu vaux,
Conte-moi tes vertus, tes glorieux travaux,
Les rares qualités par où tu m'as dû plaire,
Et tout ce qui t'élève au-dessus du vulgaire.
Ma faveur fait ta gloire, et ton pouvoir en vient;
Elle seule t'élève, et seule te soutient;
C'est elle qu'on adore, et non pas ta personne;
Tu n'as crédit ni rang qu'autant qu'elle t'en donne;
Et pour te faire choir je n'aurais aujourd'hui
Qu'à retirer la main qui seule est ton appui.
J'aime mieux toutefois céder à ton envie;
Règne, si tu le peux, aux dépens de ma vie;
Mais oses-tu penser que les Serviliens,
Les Cosses, les Métels, les Pauls, les Fabiens,
Et tant d'autres enfin de qui les grands courages
Des héros de leur sang sont les vives images,
Quittent le noble orgueil d'un sang si généreux
Jusqu'à pouvoir souffrir que tu règnes sur eux?
Parle, parle, il est temps.

Cinna. Je demeure stupide;
Non que votre colère ou la mort m'intimide :
Je vois qu'on m'a trahi, vous m'y voyez rêver,
Et j'en cherche l'auteur sans le pouvoir trouver.
Mais c'est trop y tenir toute l'âme occupée :
Seigneur, je suis Romain, et du sang de Pompée.
Le père et les deux fils, lâchement égorgés,
Par la mort de César étaient trop peu vengés.
C'est là d'un beau dessein l'illustre et seule cause :
Et puisqu'à vos rigueurs la trahison m'expose,
N'attendez point de moi d'infâmes repentirs,
D'inutiles regrets, ni de honteux soupirs;
Le sort vous est propice autant qu'il m'est contraire;
Je sais ce que j'ai fait, et ce qu'il vous faut faire.
Vous devez un exemple à la postérité,
Et mon trépas importe à votre sûreté.

Auguste. Tu me braves, Cinna, tu fais le magnanime,
Et, loin de t'excuser, tu couronnes ton crime.

Voyons si ta constance ira jusques au bout.
Tu sais ce qui t'est dû, tu vois que je sais tout;
Fais ton arrêt toi-même, et choisis tes supplices.

SCÈNE II.

AUGUSTE, CINNA, ÆMILIE, FULVIE.

Æmilie. Vous ne connaissez pas encor tous les complices;
Votre Æmilie en est, seigneur, et la voici.
Cinna. C'est elle-même, ô dieux!
Auguste. Et toi, ma fille, aussi!
Æmilie. Oui, tout ce qu'il a fait, il l'a fait pour me plaire,
Et j'en étais, seigneur, la cause et le salaire.
Je le lui fis jurer; il chercha des amis:
Le ciel rompt le succès que je m'étais promis,
Et je vous viens, seigneur, offrir une victime;
Non pour sauver sa vie en me chargeant du crime,
Son trépas est trop juste après son attentat,
Et toute excuse est vaine en un crime d'État:
Mourir en sa présence, et rejoindre mon père,
C'est tout ce qui m'amène, et tout ce que j'espère.
Auguste. O ma fille! est-ce là le prix de mes bienfaits?
Æmilie. Ceux de mon père en vous firent mêmes effets.
Auguste. Songe avec quel amour j'élevai ta jeunesse.
Æmilie. Il éleva la vôtre avec même tendresse;
Il fut votre tuteur, et vous son assassin;
Et vous m'avez au crime enseigné le chemin.
Le mien d'avec le vôtre en ce point seul diffère,
Que votre ambition s'est immolé mon père,
Et qu'un juste courroux dont je me sens brûler
A son sang innocent voulait vous immoler.
Cinna. Elle n'a conspiré que par mon artifice;
J'en suis le seul auteur, elle n'est que complice.
Æmilie. Cinna, qu'oses-tu dire? est-ce là me chérir,
Que de m'ôter l'honneur quand il me faut mourir?
Cinna. Mourez, mais en mourant ne souillez point ma gloire.
Æmilie. La mienne se flétrit, si César te veut croire.

Cinna. Et la mienne se perd, si vous tirez à vous
Toute celle qui suit de si généreux coups.
Émilie. Nos deux âmes, seigneur, sont deux âmes romaines ;
Unissant nos désirs, nous unîmes nos haines ;
De nos parents perdus le vif ressentiment
Nous apprit nos devoirs en un même moment ;
En ce noble dessein nos cœurs se rencontrèrent ;
Nos esprits généreux ensemble le formèrent ;
Ensemble nous cherchons l'honneur d'un beau trépas :
Vous vouliez nous unir, ne nous séparez pas.
Auguste. Oui, je vous unirai, couple ingrat et perfide,
Et plus mon ennemi qu'Antoine ni Lépide :
Oui, je vous unirai, puisque vous le voulez :
Il faut bien satisfaire aux vœux que vous formez,
Et que tout l'univers, sachant ce qui m'anime,
S'étonne du supplice aussi bien que du crime.

SCÈNE III.

AUGUSTE, CINNA, MAXIME, ÆMILIE, FULVIE.

Auguste. Mais enfin le ciel m'aime, et ses bienfaits nouveaux
Ont arraché Maxime à la fureur des eaux.
Approche, seul ami que j'éprouve fidèle.
Maxime. Honorez moins, seigneur, une âme criminelle.
Auguste. Ne parlons plus de crime après ton repentir,
Après que du péril tu m'as su garantir ;
C'est à toi que je dois et le jour et l'empire.
Maxime. De tous vos ennemis connaissez mieux le pire :
Si vous régnez encor, seigneur, si vous vivez,
C'est ma jalouse rage à qui vous le devez.
Un vertueux remords n'a point touché mon âme ;
Pour perdre mon rival j'ai découvert sa trame ;
Euphorbe vous a feint que je m'étais noyé,
De crainte qu'après moi vous n'eussiez envoyé.
Auguste. En est-ce assez, ô ciel ! et le sort, pour me nuire,
A-t-il quelqu'un des miens qu'il veuille encor séduire ?
Qu'il joigne à ses efforts le secours des enfers ;

Je suis maître de moi comme de l'univers ;
Je le suis, je veux l'être. O siècles ! ô mémoire !
Conservez à jamais ma dernière victoire ;
Je triomphe aujourd'hui du plus juste courroux
De qui le souvenir puisse aller jusqu'à vous.
Soyons amis, Cinna, c'est moi qui t'en convie [1] :
Comme à mon ennemi je t'ai donné la vie ;
Et, malgré la fureur de ton lâche dessein,
Je te la donne encor comme à mon assassin.
Commençons un combat qui montre par l'issue
Qui l'aura mieux de nous ou donnée ou reçue.
Tu trahis mes bienfaits, je les veux redoubler ;
Je t'en avais comblé, je t'en veux accabler :
Avec cette beauté que je t'avais donnée,
Reçois le consulat pour la prochaine année.
Aime Cinna, ma fille, en cet illustre rang ;
Préfère-s-en la pourpre à celle de mon sang ;
Apprends sur mon exemple à vaincre ta colère :
Te rendant un époux, je te rends plus qu'un père.

Émilie. Et je me rends, seigneur, à ces hautes bontés ;
Je recouvre la vue auprès de leurs clartés.
Je connais mon forfait qui me semblait justice ;
Et (ce que n'avait pu la terreur du supplice)
Je sens naître en mon âme un repentir puissant,
Et mon cœur en secret me dit qu'il y consent.
Le ciel a résolu votre grandeur suprême ;
Et pour preuve, seigneur, je n'en veux que moi-même.
J'ose avec vanité me donner cet éclat,
Puisqu'il change mon cœur, qu'il veut changer l'État.
Ma haine va mourir, que j'ai crue immortelle ;
Elle est morte, et ce cœur devient sujet fidèle ;
Et, prenant désormais cette haine en horreur,
L'ardeur de vous servir succède à sa fureur.

---

(1) C'est ce que dit Auguste qui est admirable ; c'est là ce qui fit verser des larmes au grand Condé, larmes qui n'appartiennent qu'à de belles âmes.

De toutes les tragédies de Corneille, celle-ci fit le plus grand effet à la cour, et on peut lui appliquer ces vers du vieil Horace :

C'est aux rois, c'est aux grands, c'est aux esprits bien faits...
. . . .
C'est d'eux seuls qu'on attend la véritable gloire.
(V.)

Cinna. Seigneur, que vous dirai-je après que nos offenses
Au lieu de châtiments trouvent des récompenses?
O vertu sans exemple! ô clémence, qui rend
Votre pouvoir plus juste, et mon crime plus grand!
Auguste. Cesse d'en retarder un oubli magnanime;
Et tous deux avec moi faites grâce à Maxime :
Il nous a trahis tous; mais ce qu'il a commis
Vous conserve innocents, et me rend mes amis.
A Maxime. Reprends auprès de moi ta place accoutumée;
Rentre dans ton crédit et dans ta renommée;
Qu'Euphorbe de tous trois ait sa grâce à son tour;
Et que demain l'hymen couronne ce grand jour.
Si tu l'aimes encor, ce sera ton supplice.
Maxime. Je n'en murmure point, il a trop de justice;
Et je suis plus confus, seigneur, de vos bontés
Que je ne suis jaloux du bien que vous m'ôtez.
Cinna. Souffrez que ma vertu dans mon cœur rappelée
Vous consacre une foi lâchement violée,
Mais si ferme à présent, si loin de chanceler,
Que la chute du ciel ne pourrait l'ébranler.
Puisse le grand moteur des belles destinées,
Pour prolonger vos jours, retrancher nos années;
Et moi, par un bonheur dont chacun soit jaloux,
Perdre pour vous cent fois ce que je tiens de vous!
Auguste. Qu'on redouble demain les heureux sacrifices
Que nous devons offrir sous de meilleurs auspices,
Et que vos conjurés entendent publier
Qu'Auguste a tout appris, et veut tout oublier [1].

---

(1) Ce n'est pas ici une pièce telle que les *Horaces*. On voit bien le même pinceau, mais l'ordonnance du tableau est très supérieure. Il n'y a point de double action : ce ne sont point des intérêts indépendants les uns des autres, des actes ajoutés à des actes; c'est toujours la même intrigue. Les trois unités sont aussi parfaitement observées qu'elles puissent l'être, sans que l'action soit gênée, sans que l'auteur paraisse faire le moindre effort. Il y a toujours de l'art; et l'art s'y montre rarement à découvert. (V.) — Le pardon généreux d'Auguste, les vers qu'il prononce, qui sont le sublime de la grandeur d'âme. Ces vers que l'admiration

a gravés dans la mémoire de tous ceux qui les ont entendus, et cet avantage attaché à la beauté du dénouement, de laisser au spectateur une dernière impression qui est la plus heureuse et la plus vive de toutes celles qu'il a reçues, ont fait regarder assez généralement cette tragédie comme le chef-d'œuvre de Corneille; et si l'on ajoute à ce grand mérite du cinquième acte le discours éloquent de Cinna dans la scène où il fait le tableau des proscriptions d'Octave; cette autre scène si théâtrale où Auguste délibère avec ceux qui ont résolu de l'assassiner; les idées profondes et l'énergie de style qu'on remarque dans ce dialogue aussi frappant à la lecture qu'au théâtre; le monologue d'Auguste au quatrième acte; la fierté du caractère d'Émilie, et les traits heureux dont il est semé; cette préférence paraîtra suffisamment justifiée. N'oublions pas surtout de remarquer combien l'auteur de *Cinna* a embelli les détails qu'il a puisés dans Sénèque. Tel est l'avantage inappréciable des beaux vers, telle est la supériorité qu'ils ont sur la meilleure prose, que la mesure et l'harmonie ont gravé dans tous les esprits et mis dans toutes les bouches ce qui demeurait comme enseveli dans les écrits d'un philosophe, et n'existait que pour un petit nombre de lecteurs. Cette précision, commandée par le rhythme poétique, a tellement consacré les paroles que Corneille prête à Auguste, qu'on croirait qu'il n'a pu s'exprimer autrement; et la conversation d'Auguste et de Cinna ne sera jamais autre chose que les vers qu'on a retenus de Corneille. (La H.)

POLYEUCTE[1]
MARTYR
TRAGÉDIE CHRÉTIENNE (1640).

A LA REINE RÉGENTE.

MADAME,

Quelque connaissance que j'aie de ma faiblesse, quelque profond respect qu'imprime Votre Majesté dans les âmes de ceux qui l'approchent, j'avoue que je me jette à ses pieds, sans timidité, sans défiance, et que je me tiens assuré de lui plaire, parce que je suis assuré de lui parler de ce qu'elle aime le mieux. Ce n'est qu'une pièce de théâtre que je lui présente, mais qui l'entretiendra de Dieu : la dignité de la matière est si haute, que l'impuissance de l'artisan ne la peut ravaler ; et votre âme royale se plaît trop à cette sorte d'entretien pour s'offenser des défauts d'un ouvrage où elle rencontrera les délices de son cœur. C'est par là, Madame, que j'espère obtenir de Votre Majesté le pardon du long temps que j'ai attendu à lui rendre cette sorte d'hommage. Toutes les fois que j'ai mis sur notre scène des vertus morales ou politiques, j'en ai toujours cru les tableaux trop peu dignes de paraître devant elle, quand j'ai considéré qu'avec quelque soin que je les pusse choisir dans l'histoire, et quelques ornements dont l'artifice les pût enrichir, elle en voyait de plus grands exemples dans elle-même. Pour rendre les choses proportionnées, il fallait aller à la plus haute espèce, et n'entreprendre pas de rien offrir de cette nature à une reine très chrétienne, et qui l'est beaucoup plus encore par ses actions que par son titre, à moins que de lui offrir un portrait des vertus chrétiennes dont l'amour et la gloire de Dieu formassent les plus beaux traits, et qui rendît les plaisirs qu'elle y pourra prendre aussi propres à exercer sa piété qu'à délasser son esprit. C'est à cette extraordinaire et ad-

---

[1] Quand on passe de *Cinna* à *Polyeucte*, on se trouve dans un monde tout différent : mais les grands poëtes, ainsi que les grands peintres, savent traiter tous les sujets. C'est une chose assez connue que, Corneille ayant lu sa tragédie de *Polyeucte* chez madame de Rambouillet, où se rassemblaient alors les esprits les plus cultivés, cette pièce y fut condamnée d'une voix unanime, malgré l'intérêt qu'on prenait à l'auteur dans cette maison : Voiture fut député de toute l'assemblée pour engager Corneille à ne pas faire représenter cet ouvrage. Il est difficile de démêler ce qui put porter les hommes du royaume qui avaient le plus de goût et de lumières à juger si singulièrement : furent-ils persuadés qu'un martyr ne pouvait jamais réussir sur le théâtre ? c'était ne pas connaître le peuple ; croyaient-ils que les défauts que leur sagacité leur faisait remarquer révolteraient le public ? c'était tomber dans la même erreur qui avait trompé les censeurs du *Cid* : ils examinaient le *Cid* par l'exacte raison, et ils ne voyaient pas qu'au spectacle on juge par sentiment. Pouvaient-ils ne pas sentir les beautés singulières des rôles de Sévère et de Pauline ? Ce qui est étonnant, c'est que tous ces chefs-d'œuvre se suivaient d'année en année. *Cinna* fut joué au commencement de 1639, et *Polyeucte* en 1640. Il est vrai que Lope de Véga, Garnier, Calderon, composaient encore plus vite, *stantes pede in uno* ; mais quand on ne s'asservit à aucune règle, qu'on n'est gêné ni par la rime, ni par la conduite, ni par aucune bienséance, il est plus aisé de faire dix tragédies que de faire *Cinna* et *Polyeucte*.

mirable piété, Madame, que la France est redevable des bénédictions qu'elle voit tomber sur les premières armes de son roi ; les heureux succès qu'elles ont obtenus en sont les rétributions éclatantes, et des coups du ciel, qui répand abondamment sur tout le royaume les récompenses et les grâces que Votre Majesté a méritées. Notre perte semblait infaillible après celle de notre grand monarque ; toute l'Europe avait déjà pitié de nous, et s'imaginait que nous nous allions précipiter dans un extrême désordre, parce qu'elle nous voyait dans une extrême désolation : cependant la prudence et les soins de Votre Majesté, les bons conseils qu'elle a pris, les grands courages qu'elle a choisis pour les exécuter, ont agi si puissamment dans tous les besoins de l'État, que cette première année de sa régence a non seulement égalé les plus glorieuses de l'autre règne, mais a même effacé, par la prise de Thionville, le souvenir du malheur qui, devant ses murs, avait interrompu une si longue suite de victoires. Permettez que je me laisse emporter au ravissement que me donne cette pensée, et que je m'écrie dans ce transport :

Que vos soins, grande reine, enfantent des miracles !
Bruxelles et Madrid en sont tout interdits ;
Et si notre Apollon me les avait prédits,
J'aurais moi-même osé douter de ses oracles.
Sous vos commandemens on force tous obstacles ;
On porte l'épouvante aux cœurs les plus hardis,
Et par les coups d'essai vos États agrandis
Des drapeaux ennemis font d'illustres spectacles.
La victoire elle-même accourant à mon roi,
Et mettant à ses pieds Thionville et Rocroi,
Fait retentir ces vers sur les bords de la Seine :
France, attends tout d'un règne ouvert en triomphant,
Puisque tu vois déjà les ordres de ta reine
Faire un foudre en tes mains des armes d'un enfant.

Il ne faut point douter que des commencements si merveilleux ne soient soutenus par des progrès encore plus étonnants. Dieu ne laisse point ses ouvrages imparfaits : il les achèvera, Madame, et rendra non seulement la régence de Votre Majesté, mais encore toute sa vie, un enchaînement continuel de prospérités. Ce sont les vœux de toute la France, et ce sont ceux que fait avec plus de zèle,
Madame,
de Votre Majesté,
le très humble, très obéissant
très fidèle serviteur et sujet,
CORNEILLE.

ABRÉGÉ
DU
MARTYRE DE SAINT POLYEUCTE,

Écrit par Siméon Métaphraste, et rapporté par Surius.

L'ingénieuse tissure des fictions avec la vérité, où consiste le plus beau secret de la poésie, produit d'ordinaire deux sortes d'effets, selon la diversité des esprits qui la voient. Les uns se laissent si bien persuader à cet enchaînement, qu'aussitôt qu'ils ont remarqué quelques événements véritables, ils s'imaginent la même chose des motifs qui les font naître et des circonstances qui les accompagnent ; les autres, mieux avertis de notre artifice, soupçonnent de fausseté tout ce qui n'est pas de leur connaissance, si bien que, quand nous traitons quelque histoire écartée dont ils ne trouvent rien dans leur souvenir, ils l'attribuent tout entière à l'effort de notre imagination, et la prennent pour une aventure de roman.

L'un et l'autre de ces effets serait

dangereux en cette rencontre, il y va de la gloire de Dieu, qui se plaît dans celle de ses saints, dont la mort si précieuse devant ses yeux ne doit pas passer pour fabuleuse devant ceux des hommes. Au lieu de sanctifier notre théâtre par sa représentation, nous y profanerions la sainteté de leurs souffrances, si nous permettions que la crédulité des uns et la défiance des autres, également abusées par ce mélange, se méprissent également en la vénération qui leur est due, et que les premiers la rendissent mal à propos à ceux qui ne la méritent pas, pendant que les autres la dénieraient à ceux à qui elle appartient.

Saint Polyeucte est un martyr dont, s'il m'est permis de parler ainsi, beaucoup ont plutôt appris le nom à la comédie qu'à l'église. Le *Martyrologe romain* en fait mention sur le 13 de février, mais en deux mots, suivant sa coutume; Baronius, dans ses *Annales*, n'en dit qu'une ligne; le seul Surius, ou plutôt Mosander, qui l'a augmenté dans les dernières impressions, en rapporte la mort assez au long sur le neuvième de janvier : et j'ai cru qu'il était de mon devoir d'en mettre ici l'abrégé. Comme il a été à propos d'en rendre la représentation agréable, afin que le plaisir pût insinuer plus doucement l'utilité, et lui servir comme de véhicule pour la porter dans l'âme du peuple, il est juste aussi de lui donner cette lumière pour démêler la vérité d'avec ses ornements, et lui faire reconnaître ce qui lui doit imprimer du respect comme saint, et ce qui le doit seulement divertir comme industrieux. Voici donc ce que ce dernier nous apprend :

Polyeucte et Néarque étaient deux cavaliers étroitement liés ensemble d'amitié; ils vivaient en l'an 250, sous l'empire de Décius; leur demeure était dans Mélitène, capitale d'Arménie; leur religion différente, Néarque étant chrétien, et Polyeucte suivant encore la secte des gentils, mais ayant toutes les qualités dignes d'un chrétien, et une grande inclination à le devenir. L'empereur ayant fait publier un édit très-rigoureux contre les chrétiens, cette publication donna un grand trouble à Néarque, non pour la crainte des supplices dont il était menacé, mais pour l'appréhension qu'il eut que leur amitié ne souffrît quelque séparation ou refroidissement par cet édit, vu les peines qui y étaient proposées à ceux de sa religion, et les honneurs promis à ceux du parti contraire; il en conçut un si profond déplaisir, que son ami s'en aperçut; et l'ayant obligé de lui en dire la cause, il prit de là occasion de lui ouvrir son cœur : Ne craignez point, lui dit-il, que l'édit de l'empereur nous désunisse : j'ai vu cette nuit le Christ que vous adorez; il m'a dépouillé d'une robe sale pour me revêtir d'une autre toute lumineuse, et m'a fait monter sur un cheval ailé pour le suivre : cette vision m'a résolu entièrement à faire ce qu'il y a longtemps que je médite; le seul nom chrétien me manque; et vous-même, toutes les fois que vous m'avez parlé de votre grand Messie, vous avez pu remarquer que je vous ai toujours écouté avec respect; et quand vous m'avez lu sa vie et ses enseignements, j'ai toujours admiré la sainteté de ses actions et de ses discours. O Néarque! si je ne me croyais pas indigne d'aller à lui sans être initié de ses mystères et avoir reçu la grâce de ses sacrements, que vous verriez éclater l'ardeur que j'ai de mourir pour sa gloire et le soutien de ses éternelles vérités. Néarque l'ayant éclairci sur l'illusion du scrupule où il était par l'exemple du bon larron, qui en un moment mérita le ciel, bien qu'il n'eût reçu le baptême; aussitôt notre martyr, plein d'une sainte ferveur, prend l'édit de l'empereur, crache dessus, et le déchire en morceaux qu'il jette au vent; et, voyant des idoles que le peuple portait sur les autels pour les adorer, il les arrache à ceux qui les portaient, les brise contre terre, et les foule aux pieds, étonnant tout le monde et son ami même par la chaleur de ce zèle, qu'il n'avait pas espéré.

Son beau-père Félix, qui avait la commission de l'empereur pour persécuter les chrétiens, ayant vu lui-même ce qu'avait fait son gendre, saisi de douleur de voir l'espoir et l'appui de sa famille perdus, tâche d'ébranler sa constance, premièrement par de belles paroles, ensuite par des menaces, enfin par des coups qu'il lui fait donner par ses bourreaux sur tout le visage : mais, n'en ayant pu venir à bout, pour dernier effort il lui envoie sa fille Pauline, afin de voir si ses larmes n'auraient point plus de pouvoir sur l'esprit d'un mari que n'avaient eu ses artifices et ses rigueurs. Il n'avance rien davantage par-là ; au contraire, voyant que sa fermeté convertissait beaucoup de païens, il le condamne à perdre la tête. Cet arrêt fut exécuté sur l'heure : et le saint martyr, sans autre baptême que de son sang, s'en alla prendre possession de la gloire que Dieu a promise à ceux qui renonceraient à eux-mêmes pour l'amour de lui.

Voilà en peu de mots ce qu'en dit Surius : le songe de Pauline, le rôle de Sévère, le baptême effectif de Polyeucte, le sacrifice pour la victoire de l'empereur, la dignité de Félix que je fais gouverneur d'Arménie, la mort de Néarque, la conversion de Félix et de Pauline, sont des inventions et des embellissements de théâtre. La seule victoire de l'empereur contre les Perses a quelque fondement dans l'histoire ; et sans chercher d'autres auteurs, elle est rapporté par M. Coeffeteau dans son *Histoire romaine* ; mais il ne dit pas, ni qu'il leur imposa tribut, ni qu'il envoya faire des sacrifices de remerciment en Arménie.

Si j'ai ajouté ces incidents et ces particularités selon l'art, ou non, les savants en jugeront ; mon but ici n'est pas de les justifier, mais seulement d'avertir le lecteur de ce qu'il en peut croire.

PERSONNAGES.

FÉLIX, sénateur romain, gouverneur d'Arménie.
POLYEUCTE, seigneur arménien, gendre de Félix.
SÉVÈRE, chevalier romain, favori de l'empereur Décie.
NÉARQUE, seigneur arménien, ami de Polyeucte.
PAULINE, fille de Félix et femme de Polyeucte.
STRATONICE, confidente de Pauline.
ALBIN, confident de Félix.
FABIAN, domestique de Sévère.
CLÉON, domestique de Félix.
TROIS GARDES.

La scène est à Mélitène, capitale d'Arménie, dans le palais de Félix.

ACTE PREMIER.

SCÈNE PREMIÈRE.

POLYEUCTE, NÉARQUE.

Néarque. Quoi ! vous vous arrêtez aux songes d'une femme !
De si faibles sujets troublent cette grande âme !
Et ce cœur tant de fois dans la guerre éprouvé
S'alarme d'un péril qu'une femme a rêvé !
Polyeucte. Je sais ce qu'est un songe, et le peu de croyance
Qu'un homme doit donner à son extravagance,
Qui d'un amas confus des vapeurs de la nuit
Forme de vains objets que le réveil détruit ;
Mais vous ne savez pas ce que c'est qu'une femme ;
Vous ignorez quels droits elle a sur toute l'âme :
Elle oppose ses pleurs au dessein que je fais,
Et tâche à m'empêcher de sortir du palais.
Je méprise sa crainte, et je cède à ses larmes ;
Elle me fait pitié sans me donner d'alarmes ;
Et mon cœur attendri, sans être intimidé,
N'ose déplaire aux yeux dont il est possédé.
Néarque. Avez-vous cependant une pleine assurance
D'avoir assez de vie ou de persévérance ?
Et Dieu, qui tient votre âme et vos jours dans sa main,
Promet-il à vos vœux de le pouvoir demain ?
Il est toujours tout juste et tout bon ; mais sa grâce
Ne descend pas toujours avec même efficace ;
Après certains moments que perdent nos longueurs,
Elle quitte ces traits qui pénètrent les cœurs ;
Le nôtre s'endurcit, la repousse, l'égare :
Le bras qui la versait en devient plus avare,
Et cette sainte ardeur qui doit porter au bien
Tombe plus rarement, ou n'opère plus rien.
Celle qui vous pressait de courir au baptême,

Languissante déjà, cesse d'être la même,
Et, pour quelques soupirs qu'on vous a fait ouïr,
Sa flamme se dissipe, et va s'évanouir.

Polyeucte. Vous me connaissez mal : la même ardeur me brûle,
Et le désir s'accroît quand l'effet se recule.
Ces pleurs, que je regarde avec un œil d'époux,
Me laissent dans le cœur aussi chrétien que vous ;
Mais, pour en recevoir le sacré caractère
Qui lave nos forfaits dans une eau salutaire,
Et qui, purgeant notre âme et dessillant nos yeux,
Nous rend le premier droit que nous avions aux cieux,
Bien que je le préfère aux grandeurs d'un empire,
Comme le bien suprême est le seul où j'aspire,
Je crois, pour satisfaire un juste et saint amour,
Pouvoir un peu remettre, et différer d'un jour.

Néarque. Ainsi du genre humain l'ennemi vous abuse :
Ce qu'il ne peut de force, il l'entreprend de ruse.
Jaloux des bons desseins qu'il tâche d'ébranler,
Quand il ne les peut rompre, il pousse à reculer ;
D'obstacle sur obstacle il va troubler le vôtre,
Aujourd'hui par des pleurs, chaque jour par quelque autre ;
Et ce songe rempli de noires visions
N'est que le coup d'essai de ses illusions.
Il met tout en usage, et prière, et menace ;
Il attaque toujours, et jamais ne se lasse ;
Il croit pouvoir enfin ce qu'encore il n'a pu,
Et que ce qu'on diffère est à demi rompu.
Rompez ces premiers coups ; laissez pleurer Pauline.
Dieu ne veut point d'un cœur où le monde domine,
Qui regarde en arrière, et, douteux en son choix,
Lorsque sa voix l'appelle, écoute une autre voix.

Polyeucte. Pour se donner à lui, faut-il n'aimer personne ?

Néarque. Nous pouvons tout aimer, il le souffre, il l'ordonne ;
Mais, à vous dire tout, ce Seigneur des seigneurs
Veut le premier amour et les premiers honneurs.
Comme rien n'est égal à sa grandeur suprême,
Il ne faut rien aimer qu'après lui, qu'en lui-même,
Négliger, pour lui plaire, et femme, et biens et rang,
Exposer pour sa gloire et verser tout son sang.

ACTE I, SCÈNE I.

Mais que vous êtes loin de cette ardeur parfaite
Qui vous est nécessaire, et que je vous souhaite !
Je ne puis vous parler que les larmes aux yeux.
Polyeucte, aujourd'hui qu'on nous hait en tous lieux,
Qu'on croit servir l'État quand on nous persécute,
Qu'aux plus âpres tourments un chrétien est en butte,
Comment en pourrez-vous surmonter les douleurs,
Si vous ne pouvez pas résister à des pleurs ?

Polyeucte Vous ne m'étonnez point ; la pitié qui me blesse
Sied bien aux plus grands cœurs et n'a point de faiblesse.
Sur mes pareils, Néarque, un regard est bien fort :
Tel craint de le fâcher qui ne craint pas la mort ;
Et s'il faut affronter les plus cruels supplices,
Y trouver des appas, en faire mes délices,
Votre Dieu, que je n'ose encor nommer le mien,
M'en donnera la force en me faisant chrétien.

Néarque. Hâtez-vous donc de l'être.

Polyeucte. Oui, j'y cours, cher Néarque ;
Je brûle d'en porter la glorieuse marque.
Mais Pauline s'afflige, et ne peut consentir,
Tant ce songe la trouble, à me laisser sortir.

Néarque. Votre retour pour elle en aura plus de charmes ;
Dans une heure au plus tard vous essuierez ses larmes ;
Et l'heur de vous revoir lui semblera plus doux,
Plus elle aura pleuré pour un si cher époux.
Allons, on nous attend.

Polyeucte. Apaisez donc sa crainte,
Et calmez la douleur dont son âme est atteinte.
Elle revient.

Néarque. Fuyez.

Polyeucte. Je ne puis.

Néarque. Il le faut ;
Fuyez un ennemi qui sait votre défaut,
Qui le trouve aisément, qui blesse par la vue,
Et dont le coup mortel vous plaît quand il vous tue.

SCÈNE II.

POLYEUCTE, NÉARQUE, PAULINE, STRATONICE.

   (à Néarque.)   (à Pauline.)
Polyeucte. Fuyons, puisqu'il le faut. Adieu, Pauline, adieu.
  Dans une heure au plus tard je reviens en ce lieu.
Pauline. Quel sujet si pressant à sortir vous convie?
  Y va-t-il de l'honneur? y va-t-il de la vie?
Polyeucte. Il y va de bien plus.
    Pauline. Quel est donc ce secret?
Polyeucte. Vous le saurez un jour : je vous quitte à regret;
  Mais enfin il le faut[1].
    Pauline. Vous m'aimez?
      Polyeucte. Je vous aime,
Le ciel m'en soit témoin, cent fois plus que moi-même;
Mais...
 Pauline. Mais mon déplaisir ne vous peut émouvoir!
  Vous avez des secrets que je ne puis savoir!
  Quelle preuve d'amour! Au nom de l'hyménée,
  Donnez à mes soupirs cette seule journée.
Polyeucte. Un songe vous fait peur?
    Pauline. Ses présages sont vains,
  Je le sais; mais enfin je vous aime, et je crains.
Polyeucte. Ne craignez rien de mal pour une heure d'absence.
  Adieu : vos pleurs sur moi prennent trop de puissance :
  Je sens déjà mon cœur prêt à se révolter,
  Et ce n'est qu'en fuyant que j'y puis résister.

SCÈNE III.

PAULINE, STRATONICE.

Pauline. Va, néglige mes pleurs, cours, et te précipite
  Au-devant de la mort que les dieux m'ont prédite;
  Suis cet agent fatal de tes mauvais destins,
  Qui peut-être te livre aux mains des assassins.

---

(1) Voilà trois fois de suite *il le faut.* Cette inadvertance n'ôte rien à l'intérêt qui commence à naître dès la première scène; et quoique le style soit souvent incorrect et négligé, il est toujours au-dessus de son siècle. (V)

Stratonice. S'il ne vous traite ici d'entière confidence,
S'il part malgré vos pleurs, c'est un trait de prudence ;
Sans vous en affliger, présumez avec moi
Qu'il est plus à propos qu'il vous cèle pourquoi ;
Assurez-vous sur lui qu'il en a juste cause.
Il est bon qu'un mari nous cache quelque chose,
Qu'il soit quelquefois libre, et ne s'abaisse pas
A nous rendre toujours compte de tous ses pas.
On n'a tous deux qu'un cœur qui sent mêmes traverses ;
Mais ce cœur a pourtant des fonctions diverses,
Et la loi de l'hymen qui vous tient assemblés
N'ordonne pas qu'il tremble alors que vous tremblez.
Ce qui fait vos frayeurs ne peut le mettre en peine ;
Il est Arménien, et vous êtes Romaine,
Et vous pouvez savoir que nos deux nations
N'ont pas sur ce sujet mêmes impressions.
Un songe en notre esprit passe pour ridicule,
Il ne nous laisse espoir, ni crainte, ni scrupule ;
Mais il passe dans Rome avec autorité
Pour fidèle miroir de la fatalité.
Pauline. Quelque peu de crédit que chez vous il obtienne,
Je crois que ta frayeur égalerait la mienne,
Si de telles horreurs t'avaient frappé l'esprit,
Si je t'en avais fait seulement le récit.
Stratonice. A raconter ses maux souvent on les soulage.
Pauline. Écoute ; mais il faut te dire davantage,
Et que, pour mieux comprendre un si triste discours,
Tu saches ma faiblesse en de plus anciens jours.
Dans Rome, où je naquis, ce malheureux visage
D'un chevalier romain captiva le courage ;
Il s'appelait Sévère : excuse les soupirs
Qu'arrache encore un nom trop cher à mes désirs.
Stratonice. Est-ce lui qui naguère aux dépens de sa vie
Sauva des ennemis votre empereur Décie,
Qui leur tira mourant la victoire des mains,
Et fit tourner le sort des Perses aux Romains ?
Lui, qu'entre tant de morts immolés à son maître,
On ne put rencontrer, ou du moins reconnaître ;
A qui Décie, enfin, pour des exploits si beaux,

POLYEUCTE,

Fit si pompeusement dresser de vains tombeaux !

Pauline. Hélas ! c'était lui-même, et jamais notre Rome
N'a produit plus grand cœur, ni vu plus honnête homme.
Puisque tu le connais, je ne t'en dirai rien.
Je l'aimai, Stratonice ; il le méritait bien.
Parmi ce vif penchant que j'avais pour Sévère,
J'attendais un époux de la main de mon père,
Toujours prête à le prendre ; et jamais ma raison
N'avoua de mon cœur l'aimable trahison :
Mais, malgré des désirs si doux, si favorables,
Mon père et mon devoir étaient inexorables.
Enfin je quittai Rome en ce triste moment,
Pour suivre ici mon père en son gouvernement ;
Et lui, désespéré, s'en alla dans l'armée
Chercher d'un beau trépas l'illustre renommée.
Le reste, tu le sais. Mon abord en ces lieux
Me fit voir Polyeucte, et je plus à ses yeux ;
Mon père fut ravi, conclut cet hyménée :
Et moi, comme à son choix je me vis accordée,
Je donnai par devoir à son affection
Tout ce que l'autre avait par inclination [1].
Si tu peux en douter, juge-le par la crainte
Dont en ce triste jour tu me vois l'âme atteinte.

Stratonice. Elle fait assez voir à quel point vous l'aimez.
Mais quel songe, après tout, tient vos sens alarmés !

Pauline. Je l'ai vu cette nuit ce malheureux Sévère,
La vengeance à la main, l'œil ardent de colère :
Il n'était point couvert de ces tristes lambeaux
Qu'une ombre désolée emporte des tombeaux ;
Il n'était point percé de ces coups pleins de gloire
Qui, retranchant sa vie, assurent sa mémoire ;
Il semblait triomphant, et tel que sur son char
Victorieux dans Rome entre notre César.
Après un peu d'effroi que m'a donné sa vue,

---

(1) Rien ne paraît plus neuf, plus singulier, et d'une nuance plus délicate. Quoi qu'on en dise, ce sentiment peut être très naturel dans une femme sensible et honnête. Ceux qui ont dit qu'ils ne voudraient pas de Pauline pour femme ont dit un bon mot qui ne dérobe rien à la beauté extraordinaire du caractère de Pauline. Il serait à souhaiter que ces vers fussent aussi délicats par l'expression que par le sentiment. (V.)

« Porte à qui tu voudras la faveur qui m'est due,
« Ingrate, m'a-t-il dit; et, ce jour expiré,
« Pleure à loisir l'époux que tu m'as préféré. »
A ces mots j'ai frémi, mon âme s'est troublée :
Ensuite des chrétiens une impie assemblée,
Pour avancer l'effet de ce discours fatal,
A jeté Polyeucte aux pieds de son rival.
Soudain à son secours j'ai réclamé mon père;
Hélas! c'est de tout point ce qui me désespère!
J'ai vu mon père même, un poignard à la main,
Entrer le bras levé pour lui percer le sein :
Là, ma douleur trop forte a brouillé ces images ;
Le sang de Polyeucte a satisfait leurs rages.
Je ne sais ni comment ni quand ils l'ont tué,
Mais je sais qu'à sa mort tous ont contribué.
Voilà quel est mon songe.

Stratonice. Il est vrai qu'il est triste;
Mais il faut que votre âme à ces frayeurs résiste :
La vision, de soi, peut faire quelque horreur,
Mais non pas vous donner une juste terreur.
Pouvez-vous craindre un mort, pouvez-vous craindre un père
Qui chérit votre époux, que votre époux révère,
Et dont le juste choix vous a donnée à lui
Pour s'en faire en ces lieux un ferme et sûr appui?

Pauline. Il m'en a dit autant, et rit de mes alarmes;
Mais je crains des chrétiens les complots et les charmes,
Et que sur mon époux leur troupeau ramassé
Ne venge tant de sang que mon père a versé.

Stratonice. Leur secte est insensée, impie et sacrilége,
Et dans son sacrifice use de sortilége;
Mais sa fureur ne va qu'à briser nos autels;
Elle n'en veut qu'aux dieux, et non pas aux mortels.
Quelque sévérité que sur eux on déploie,
Ils souffrent sans murmure, et meurent avec joie;
Et, depuis qu'on les traite en criminels d'État,
On ne peut les charger d'aucun assassinat.

Pauline. Tais-toi, mon père vient.

SCÈNE IV.

FÉLIX, ALBIN, PAULINE, STRATONICE.

Félix. Ma fille, que ton songe
En d'étranges frayeurs ainsi que toi me plonge !
Que j'en crains les effets, qui semblent s'approcher !
Pauline. Quelle subite alarme ainsi vous peut toucher ?
Félix. Sévère n'est point mort.
Pauline. Quel mal nous fait sa vie ?
Félix. Il est le favori de l'empereur Décie.
Pauline. Après l'avoir sauvé des mains des ennemis,
L'espoir d'un si haut rang lui devenait permis ;
Le destin, aux grands cœurs si souvent mal propice,
Se résout quelquefois à leur faire justice.
Félix. Il vient ici lui-même.
Pauline. Il vient !
Félix. Tu le vas voir.
Pauline. C'en est trop ; mais comment le pouvez-vous savoir ?
Félix. Albin l'a rencontré dans la proche campagne ;
Un gros de courtisans en foule l'accompagne,
Et montre assez quel est son rang et son crédit :
Mais, Albin, redis-lui ce que ses gens t'ont dit.
Albin. Vous savez quelle fut cette grande journée
Que sa perte pour nous rendit si fortunée,
Où l'empereur captif, par sa main dégagé,
Rassura son parti déjà découragé,
Tandis que sa vertu succomba sous le nombre.
Vous savez les honneurs qu'on fit faire à son ombre,
Après qu'entre les morts on ne put le trouver :
Le roi de Perse aussi l'avait fait enlever.
Témoin de ses hauts faits et de son grand courage,
Ce monarque en voulut connaître le visage ;
On le mit dans sa tente, où, tout percé de coups,
Tout mort qu'il paraissait, il fit mille jaloux.
Là, bientôt il montra quelque signe de vie :
Ce prince généreux en eut l'âme ravie,
Et sa joie, en dépit de son dernier malheur,

ACTE I, SCÈNE IV.

Du bras qui le causait honora la valeur,
Il en fit prendre soin, la cure en fut secrète;
Et comme au bout d'un mois sa santé fut parfaite,
Il offrit dignités, alliance, trésors,
Et pour gagner Sévère il fit cent vains efforts.
Après avoir comblé ses refus de louange,
Il envoie à Décie en proposer l'échange;
Et soudain l'empereur, transporté de plaisir,
Offre au Perse son frère, et cent chefs à choisir.
Ainsi revint au camp le valeureux Sévère
De sa haute vertu recevoir le salaire;
La faveur de Décie en fut le digne prix.
De nouveau l'on combat, et nous sommes surpris.
Ce malheur toutefois sert à croître sa gloire :
Lui seul rétablit l'ordre, et gagne la victoire,
Mais si belle, et si pleine, et par tant de beaux faits,
Qu'on nous offre tribut, et nous faisons la paix.
L'empereur, qui lui montre une amour infinie,
Après ce grand succès l'envoie en Arménie ;
Il vient en apporter la nouvelle en ces lieux,
Et par un sacrifice en rendre hommage aux dieux.

Félix. O ciel! en quel état ma fortune est réduite?

Albin. Voilà ce que j'ai su d'un homme de sa suite,
Et j'ai couru, seigneur, pour vous y disposer.

Félix. Ah! sans doute, ma fille, il vient pour t'épouser;
L'ordre d'un sacrifice est pour lui peu de chose,
C'est un prétexte faux dont ses vœux sont la cause.

Pauline. Cela pourrait bien être; il m'aimait chèrement.

Félix. Que ne permettra-t-il à son ressentiment?
Et jusques à quel point ne porte sa vengeance
Une juste colère avec tant de puissance?
Il nous perdra, ma fille.

       Pauline. Il est trop généreux.

Félix. Tu veux flatter en vain un père malheureux;
Il nous perdra, ma fille. Ah! regret qui me tue
De n'avoir pas aimé la vertu toute nue!
Ah! Pauline! en effet, tu m'as trop obéi;
Ton courage était bon, ton devoir l'a trahi :
Que ta rébellion m'eût été favorable!

9.

Qu'elle m'eût garanti d'un état déplorable !
Si quelque espoir me reste, il n'est plus aujourd'hui
Qu'en l'absolu pouvoir qu'il te donnait sur lui ;
Ménage en ma faveur l'ardeur qui le possède,
Et d'où provient mon mal fais sortir le remède.

Pauline. Moi ! moi ! que je revoie un si puissant vainqueur,
Et m'expose à des yeux qui me percent le cœur !
Je ne le verrai point.

Félix. Il faut le voir, ma fille,
Ou tu trahis ton père et toute ta famille.

Pauline. C'est à moi d'obéir, puisque vous commandez ;
Mais voyez les périls où vous me hasardez.

Félix. Ta vertu m'est connue.

Pauline. Elle vaincra sans doute ;
Ce n'est pas le succès que mon âme redoute :
Mais qu'un peu de loisir me prépare à le voir.

Félix. Jusqu'au-devant des murs je vais le recevoir ;
Rappelle cependant tes forces étonnées,
Et songe qu'en tes mains tu tiens nos destinées.

Pauline. Oui, je vais de nouveau dompter mes sentiments,
Pour servir de victime à vos commandements.

ACTE DEUXIÈME.

SCENE PREMIÈRE.

SÉVÈRE, FABIAN.

Sévère. Cependant que Félix donne ordre au sacrifice,
Pourrai-je prendre un temps à mes vœux si propice ?
Pourrai-je voir Pauline, et donner à ses yeux
L'hommage souverain que l'on va rendre aux dieux ?

Fabian. Vous la verrez, seigneur.

Sévère. Que lui fait ma venue ?
Puis-je tout espérer de cette heureuse vue ?

ACTE II, SCÈNE I.

Car je voudrais mourir plutôt que d'abuser
Des lettres de faveur que j'ai pour l'épouser;
Elles sont pour Félix, non pour triompher d'elle :
Jamais à ses désirs mon cœur ne fut rebelle;
Et, si mon mauvais sort avait changé le sien,
Je me vaincrais moi-même, et ne prétendrais rien.

Fabian. Vous la verrez, c'est tout ce que je puis vous dire.

Sévère. D'où vient que tu frémis, et que ton cœur soupire?
Ne m'aime-t-elle plus? éclaircis-moi ce point.

Fabian. M'en croirez-vous, seigneur? ne la revoyez point :
Portez en lieu plus haut l'honneur de vos caresses :
Vous trouverez à Rome assez d'autres princesses;
Et, dans ce haut degré de puissance et d'honneur,
Les plus grands y tiendront votre hymen à bonheur.

Sévère. Qu'à des pensers si bas mon âme se ravale!
Que je tienne Pauline à mon sort inégale!
Elle en a mieux usé, je la dois imiter;
Je n'aime mon bonheur que pour la mériter.
Voyons-la, Fabian, ton discours m'importune;
Allons mettre à ses pieds cette haute fortune.

Fabian. Non, non, encore un coup ne la revoyez point.

Sévère. Ah! c'en est trop, enfin éclaircis-moi ce point;
As-tu vu des froideurs quand tu l'en as priée?

Fabian. Je tremble à vous le dire; elle est...

      Sévère. Quoi?

         Fabian. Mariée.

Sévère. Soutiens-moi, Fabian; ce coup de foudre est grand,
Et frappe d'autant plus, que plus il me surprend.

Fabian. Seigneur, qu'est devenu ce généreux courage?

Sévère. La constance est ici d'un difficile usage;
De pareils déplaisirs accablent un grand cœur;
La vertu la plus mâle en perd toute vigueur;
Et, quand d'un doux espoir les âmes sont éprises,
La mort les trouble moins que de telles surprises.
Je ne suis plus à moi quand j'entends ce discours.
Pauline est mariée!

    Fabian. Oui, depuis quinze jours.
Polyeucte, un seigneur des premiers d'Arménie,
Goûte de son hymen la douceur infinie.

Sévère. Je ne la puis du moins blâmer d'un mauvais choix ;
Polyeucte a du nom, et sort du sang des rois.
Faibles soulagements d'un malheur sans remède !
Pauline, je verrai qu'un autre vous possède !
Voyons-la toutefois, et dans ce triste lieu
Achevons de mourir en lui disant adieu.
Que mon cœur, chez les morts emportant son image,
De son dernier soupir puisse lui faire hommage.

Fabian. Seigneur, considérez...

Sévère. Tout est considéré.
Quel désordre peut craindre un cœur désespéré ?
N'y consent-elle pas ?

Fabian. Oui, seigneur, mais...

Sévère. N'importe.

Fabian. Cette vive douleur en deviendra plus forte.

Sévère. Et ce n'est pas un mal que je veuille guérir ;
Laisse-la-moi donc voir, soupirer et mourir.

Fabian. Oui, je vais l'assurer qu'en ce malheur extrême
Vous êtes assez fort pour vous vaincre vous-même.

Sévère. Fabian, je la vois.

Fabian. Seigneur, souvenez-vous...

Sévère. Hélas ! elle aime un autre, un autre est son époux.

SCÈNE II.

SÉVÈRE, PAULINE, STRATONICE, FABIAN.

Pauline. Oui, je l'aime, Sévère, et n'en fais point d'excuse ;
Que tout autre que moi vous flatte et vous abuse,
Pauline a l'âme noble, et parle à cœur ouvert.
Le bruit de votre mort n'est point ce qui vous perd ;
Si le ciel en mon choix eût mis mon hyménée,
A vos seules vertus je me serais donnée,
Et toute la rigueur de votre premier sort
Contre votre mérite eût fait un vain effort ;
Je découvrais en vous d'assez illustres marques
Pour vous préférer même aux plus heureux monarques ;
Mais puisque mon devoir m'imposait d'autres lois,
De quelque époux pour moi que mon père eût fait choix,

ACTE II, SCÈNE II.

Quand à ce grand pouvoir que la valeur vous donne
Vous auriez ajouté l'éclat d'une couronne,
Quand je vous aurais vu, quand je l'aurais haï,
J'en aurais soupiré, mais j'aurais obéi.

Sévère. Ainsi, de vos désirs toujours reine absolue,
Les plus grands changements vous trouvent résolue ;
De la plus forte ardeur vous portez vos esprits
Jusqu'à l'indifférence, et peut-être au mépris.

Pauline. Un je ne sais quel charme encor vers vous m'emporte ;
Votre mérite est grand, si ma raison est forte :
Je le vois, encor tel qu'il parut à mes yeux,
D'autant plus puissamment solliciter mes vœux
Qu'il est environné de puissance et de gloire,
Qu'en tous lieux après vous il traîne la victoire,
Que j'en sais mieux le prix, et qu'il n'a point déçu
Le généreux espoir que j'en avais conçu.
C'est cette vertu même, à nos désirs cruelle,
Que vous louiez alors en blasphémant contre elle :
Plaignez-vous-en encor ; mais louez sa rigueur
Qui triomphe à la fois de vous et de mon cœur,
Et voyez qu'un devoir moins ferme et moins sincère
N'aurait pas mérité l'estime de Sévère.

Sévère. Ah ! madame, excusez une aveugle douleur
Qui ne connaît plus rien que l'excès du malheur.
Je nommais inconstance, et prenais pour un crime,
De ce juste devoir l'effort le plus sublime.
De grâce, montrez moins à mes sens désolés
La grandeur de ma perte et ce que vous valez ;
Et cachez par pitié cette vertu si rare,
Qui double mes regrets lorsqu'elle nous sépare.

Pauline. Mais si vous estimez ce vertueux devoir,
Conservez-m'en la gloire, et cessez de me voir.

Sévère. Que je me prive ainsi du seul bien qui me reste !

Pauline. Sauvez-vous d'une vue à tous les deux funeste.

Sévère. Quel prix de mon espoir ! quel fruit de mes travaux !

Pauline. C'est le remède seul qui peut guérir nos maux.

Sévère. Je veux mourir des miens ; aimez-en la mémoire.

Pauline. Je veux guérir des miens ; ils souilleraient ma gloire.

Sévère. Ah ! puisque votre gloire en prononce l'arrêt,

Il faut que ma douleur cède à son intérêt.
Est-il rien que sur moi cette gloire n'obtienne ?
Elle me rend les soins que je dois à la mienne.
Adieu : je vais chercher au milieu des combats
Cette immortalité que donne un beau trépas,
Et remplir dignement, par une mort pompeuse,
De mes premiers exploits l'attente avantageuse,
Si toutefois, après ce coup mortel du sort,
J'ai de la vie assez pour chercher une mort.

Pauline. Et moi, dont votre vue augmente le supplice,
Je l'éviterai même en votre sacrifice ;
Et, seule dans ma chambre enfermant mes regrets,
Je vais pour vous aux dieux faire des vœux secrets.

Sévère. Puisse le juste ciel, content de ma ruine,
Combler d'heur et de jours Polyeucte et Pauline !

Pauline. Puisse trouver Sévère, après tant de malheur,
Une félicité digne de sa valeur !

SCÈNE III.

PAULINE, STRATONICE.

Stratonice. Je vous ai plaints tous deux, j'en verse encor des larmes ;
Mais du moins votre esprit est hors de ses alarmes :
Vous voyez clairement que votre songe est vain ;
Sévère ne vient pas la vengeance à la main.

Pauline. Laisse-moi respirer du moins, si tu m'as plainte.
Au fort de ma douleur tu rappelles ma crainte ;
Souffre un peu de relâche à mes esprits troublés,
Et ne m'accable point par des maux redoublés.

Stratonice. Quoi ! vous craignez encor ?

                Pauline. Je tremble, Stratonice ;
Et, bien que je m'effraie avec peu de justice,
Cette injuste frayeur sans cesse reproduit
L'image des malheurs que j'ai vus cette nuit.

Stratonice. Sévère est généreux.

                Pauline. Malgré sa retenue,
Polyeucte sanglant frappe toujours ma vue.

Stratonice. Vous voyez ce rival faire des vœux pour lui.

Pauline. Je crois même au besoin qu'il serait son appui :
Mais, soit cette croyance ou fausse ou véritable,
Son séjour en ces lieux m'est toujours redoutable.
A quoi que sa vertu puisse le disposer,
Il est puissant, vainqueur, et vient pour m'épouser.

SCÈNE IV.

POLYEUCTE, NÉARQUE, PAULINE, STRATONICE.

Polyeucte. C'est trop verser de pleurs, il est temps qu'ils tarissent :
Que votre douleur cesse, et vos craintes finissent ;
Malgré les faux avis par vos dieux envoyés,
Je suis vivant, madame, et vous me revoyez.
Pauline. Le jour est encor long, et, ce qui plus m'effraie,
La moitié de l'avis se trouve déjà vraie ;
J'ai cru Sévère mort, et je le vois ici.
Polyeucte. Je le sais, mais enfin j'en prends peu de souci.
Je suis dans Mélitène, et, quel que soit Sévère,
Votre père y commande, et l'on m'y considère ;
Et je ne pense pas qu'on puisse avec raison
D'un cœur tel que le sien craindre une trahison.
On m'avait assuré qu'il vous faisait visite,
Et je venais lui rendre un honneur qu'il mérite.
Pauline. Il vient de me quitter assez triste et confus ;
Mais j'ai gagné sur lui qu'il ne me verra plus.
Polyeucte. Quoi ! vous me soupçonnez déjà de quelque ombrage ?
Pauline. Je ferais à tous trois un trop sensible outrage.
J'assure mon repos que troublent ses regards :
La vertu la plus ferme évite les hasards.
Polyeucte. Plus je vois mes défauts et plus je vous contemple,
Plus j'admire...

SCÈNE V.

POLYEUCTE, PAULINE, NÉARQUE, STRATONICE, CLÉON.

Cléon. Seigneur, Félix vous mande au temple ;
La victime est choisie, et le peuple à genoux ;
Et pour sacrifier on n'attend plus que vous.

Polyeucte. Va, nous allons te suivre. Y venez-vous, madame ?
Pauline. Sévère craint ma vue, elle irrite son âme ;
Je lui tiendrai parole, et ne veux plus le voir.
Adieu : vous l'y verrez ; pensez à son pouvoir,
Et ressouvenez-vous que sa valeur est grande.
Polyeucte. Allez, tout son crédit n'a rien que j'appréhende ;
Et comme je connais sa générosité,
Nous ne nous combattrons que de civilité.

SCÈNE VI.

POLYEUCTE, NÉARQUE.

Néarque. Où pensez-vous aller ?
Polyeucte. Au temple où l'on m'appelle.
Néarque. Quoi ! vous mêler aux vœux d'une troupe infidèle !
Oubliez-vous déjà que vous êtes chrétien ?
Polyeucte. Vous par qui je le suis, vous en souvient-il bien ?
Néarque. J'abhorre les faux dieux.
Polyeucte. Et moi, je les déteste.
Néarque. Je tiens leur culte impie.
Polyeucte. Et je le tiens funeste.
Néarque. Fuyez donc leurs autels.
Polyeucte. Je les veux renverser[1],
Et mourir dans leur temple, ou les y terrasser.

(1) C'est une tradition que tout l'hôtel de Rambouillet, et particulièrement l'évêque de Vence, Godeau, condamnèrent cette entreprise de Polyeucte : on disait que c'est un zèle imprudent ; que plusieurs évêques et plusieurs synodes avaient expressément défendu ces attentats contre l'ordre et contre les lois ; qu'on refusait même la communion aux chrétiens qui, par des témérités pareilles, avaient exposé l'Église entière aux persécutions : on ajoutait que Polyeucte et même Pauline auraient intéressé bien davantage si Polyeucte avait simplement refusé d'assister à un sacrifice idolâtre fait en l'honneur de la victoire de Sévère. Ces réflexions me paraissent judicieuses ; mais il me paraît aussi que le spectateur pardonne à Polyeucte son imprudence, comme celle d'un jeune homme pénétré d'un zèle ardent que le baptême fortifie en lui : il n'examine pas si ce zèle est selon la science. Au théâtre, on se prête toujours aux sentiments naturels des personnages ; on devient enthousiaste avec Polyeucte, inflexible avec Horace ; le dialogue est vif, et il entraîne. Il est vrai que les esprits philosophes, dont le nombre est fort augmenté, méprisent beaucoup l'action de Polyeucte et de Néarque ; ils ne regardent ce Néarque que comme un convulsionnaire qui a ensorcelé un jeune imprudent. Mais le parterre entier ne sera jamais philosophe ; les idées populaires seront toujours admises au théâtre. (V.) — Le profond mépris que Voltaire témoigne pour les idées religieuses de Polyeucte, tout en convenant qu'au

ACTE II, SCÈNE VI.

Allons, mon cher Néarque, allons, aux yeux des hommes,
Braver l'idolâtrie et montrer qui nous sommes :
C'est l'attente du ciel, il nous faut la remplir ;
Je viens de le promettre, et je vais l'accomplir.
Je rends grâces au Dieu que tu m'as fait connaître
De cette occasion qu'il a sitôt fait naître,
Où déjà sa bonté, prête à me couronner,
Daigne éprouver la foi qu'il vient de me donner.

Néarque. Ce zèle est trop ardent, souffrez qu'il se modère.
Polyeucte. On n'en peut trop avoir pour le Dieu qu'on révère.
Néarque. Vous trouverez la mort.
    Polyeucte. Je la cherche pour lui.
Néarque. Et si ce cœur s'ébranle ?
    Polyeucte. Il sera mon appui.
Néarque. Il ne commande point que l'on s'y précipite.
Polyeucte. Plus elle est volontaire, et plus elle mérite.
Néarque. Il suffit, sans chercher, d'attendre et de souffrir.
Polyeucte. On souffre avec regret quand on n'ose s'offrir.
Néarque. Mais dans ce temple enfin la mort est assurée.
Polyeucte. Mais dans le ciel déjà la palme est préparée.
Néarque. Par une sainte vie il faut la mériter.
Polyeucte. Mes crimes, en vivant, me la pourraient ôter.
Pourquoi mettre au hasard ce que la mort assure ?
Quand elle ouvre le ciel, peut-elle sembler dure ?
Je suis chrétien, Néarque, et le suis tout à fait ;
La foi que j'ai reçue aspire à son effet.
Qui fuit croit lâchement, et n'a qu'une foi morte.
Néarque. Ménagez votre vie, à Dieu même elle importe ;
Vivez pour protéger les chrétiens en ces lieux.
Polyeucte. L'exemple de ma mort les fortifiera mieux.
Néarque. Vous voulez donc mourir ?
    Polyeucte. Vous aimez donc à vivre ?
Néarque. Je ne puis déguiser que j'ai peine à vous suivre.
Sous l'horreur des tourments je crains de succomber.
Polyeucte. Qui marche assurément n'a point peur de tomber :
Dieu fait part, au besoin, de sa force infinie.

---

théâtre où doit toujours se prêter aux sentiments naturels des personnages, prouve qu'il était trop prévenu contre le sujet pour juger sainement la pièce. (P.)

Qui craint de le nier, dans son âme le nie ;
Il croit le pouvoir faire, et doute de sa foi.

Néarque. Qui n'appréhende rien présume trop de soi.

Polyeucte. J'attends tout de sa grâce et rien de ma faiblesse.
Mais, loin de me presser, il faut que je vous presse !
D'où vient cette froideur ?

Néarque. Dieu même a craint la mort.

Polyeucte. Il s'est offert pourtant ; suivons ce saint effort ;
Dressons-lui des autels sur des monceaux d'idoles.
Il faut (je me souviens encor de vos paroles)
Négliger, pour lui plaire, et femme, et biens, et rang ;
Exposer pour sa gloire et verser tout son sang.
Hélas ! qu'avez-vous fait de cette amour parfaite
Que vous me souhaitiez, et que je vous souhaite ?
S'il vous en reste encor, n'êtes-vous point jaloux
Qu'à grand'peine chrétien j'en montre plus que vous ?

Néarque. Vous sortez du baptême, et ce qui vous anime,
C'est sa grâce qu'en vous n'affaiblit aucun crime ;
Comme encor tout entière, elle agit pleinement,
Et tout semble possible à son feu véhément ;
Mais cette même grâce en moi diminuée,
Et par mille péchés sans cesse exténuée,
Agit aux grands effets avec tant de langueur,
Que tout semble impossible à son peu de vigueur.
Cette indigne mollesse et ces lâches défenses
Sont des punitions qu'attirent mes offenses ;
Mais Dieu, dont on ne doit jamais se défier,
Me donne votre exemple à me fortifier.
Allons, cher Polyeucte, allons aux yeux des hommes
Braver l'idolâtrie et montrer qui nous sommes.
Puissé-je vous donner l'exemple de souffrir,
Comme vous me donnez celui de vous offrir.

Polyeucte. A cet heureux transport que le ciel vous envoie,
Je reconnais Néarque, et j'en pleure de joie.
Ne perdons plus de temps ; le sacrifice est prêt ;
Allons-y du vrai Dieu soutenir l'intérêt ;
Allons fouler aux pieds ce foudre ridicule
Dont arme un bois pourri ce peuple trop crédule ;
Allons en éclairer l'aveuglement fatal ;

Allons briser ces dieux de pierre et de métal :
Abandonnons nos jours à cette ardeur céleste ;
Faisons triompher Dieu : qu'il dispose du reste.
NÉARQUE. Allons faire éclater sa gloire aux yeux de tous,
Et répondre avec zèle à ce qu'il veut de nous.

ACTE TROISIÈME.

SCÈNE PREMIÈRE.

PAULINE.

Que de soucis flottants, que de confus nuages
Présentent à mes yeux d'inconstantes images !
Douce tranquillité, que je n'ose espérer,
Que ton divin rayon tarde à les éclairer !
Mille agitations, que mes troubles produisent,
Dans mon cœur ébranlé tour à tour se détruisent ;
Aucun espoir n'y coule où j'ose persister ;
Aucun effroi n'y règne où j'ose m'arrêter.
Mon esprit, embrassant tout ce qu'il s'imagine,
Voit tantôt mon bonheur, et tantôt ma ruine,
Et suit leur vaine idée avec si peu d'effet,
Qu'il ne peut espérer ni craindre tout à fait.
Mais que je me figure une étrange chimère !
Et que je traite mal Polyeucte et Sévère !
Ils se verront au temple en hommes généreux.
Mais las ! ils se verront, et c'est beaucoup pour eux.
Que sert à mon époux d'être dans Mélitène,
Si contre lui Sévère arme l'aigle romaine,
Si mon père y commande, et craint ce favori,
Et se repent déjà du choix de mon mari ?
Si peu que j'ai d'espoir ne luit qu'avec contrainte ;
En naissant il avorte, et fait place à la crainte ;
Ce qui doit l'affermir sert à le dissiper.
Dieux ! faites que ma peur puisse enfin se tromper !
Mais sachons-en l'issue.

SCÈNE II.

PAULINE, STRATONICE.

Pauline. Eh bien! ma Stratonice,
Comment s'est terminé ce pompeux sacrifice?
Ces rivaux généreux au temple se sont vus?
Stratonice. Ah! Pauline!
Pauline. Mes vœux ont-ils été déçus?
J'en vois sur ton visage une mauvaise marque.
Se sont-ils querellés?
Stratonice. Polyeucte, Néraque,
Les chrétiens...
Pauline. Parle donc: les chrétiens?...
Stratonice. Je ne puis.
Pauline. Tu prépares mon âme à d'étranges ennuis.
Stratonice. Vous n'en sauriez avoir une plus juste cause.
Pauline. L'ont-ils assassiné?
Stratonice. Ce serait peu de chose.
Tout votre songe est vrai, Polyeucte n'est plus...
Pauline. Il est mort!
Stratonice. Non, il vit; mais, ô pleurs superflus!
Ce courage si grand, cette âme si divine,
N'est plus digne du jour, ni digne de Pauline.
Ce n'est plus cet époux si charmant à vos yeux;
C'est l'ennemi commun de l'État et des dieux,
Un méchant, un infâme, un rebelle, un perfide,
Un traître, un scélérat, un lâche, un parricide,
Une peste exécrable à tous les gens de bien,
Un sacrilége impie, en un mot, un chrétien.
Pauline. Ce mot aurait suffi sans ce torrent d'injures.
Stratonice. Ces titres aux chrétiens sont-ce des impostures?
Pauline. Il est ce que tu dis, s'il embrasse leur foi;
Mais il est mon époux, et tu parles à moi.
Stratonice. Ne considérez plus que ce Dieu qu'il adore.
Pauline. Je l'aimai par devoir; ce devoir dure encore.
Stratonice. Il vous donne à présent sujet de le haïr:
Qui trahit tous nos dieux aurait pu vous trahir.

Pauline. Je l'aimerais encor, quand il m'aurait trahie :
Et si de tant d'amour tu peux être ébahie,
Apprends que mon devoir ne dépend point du sien :
Qu'il y manque, s'il veut ; je dois faire le mien.
Mais quel ressentiment en témoigne mon père ?

Stratonice. Une secrète rage, un excès de colère,
Malgré que toutefois un reste d'amitié
Montre pour Polyeucte encor quelque pitié.
Il ne veut point sur lui faire agir sa justice,
Que du traître Néarque il n'ait vu le supplice.

Pauline. Quoi ! Néarque en est donc !

Stratonice. Néarque l'a séduit ;
De leur vieille amitié c'est là l'indigne fruit.
Ce perfide tantôt, en dépit de lui-même,
L'arrachant de vos bras, le traînait au baptême.
Voilà ce grand secret et si mystérieux
Que n'en pouvait tirer votre amour curieux.

Pauline. Tu me blâmais alors d'être trop importune.

Stratonice. Je ne prévoyais pas une telle infortune.

Pauline. Avant qu'abandonner mon âme à mes douleurs,
Il me faut essayer la force de mes pleurs,
En qualité de femme ou de fille, j'espère
Qu'ils vaincront un époux, ou fléchiront un père.
Que si sur l'un et l'autre ils manquent de pouvoir,
Je ne prendrai conseil que de mon désespoir.
Apprends-moi cependant ce qu'ils ont fait au temple.

Stratonice. C'est une impiété qui n'eut jamais d'exemple.
Je ne puis y penser sans frémir à l'instant,
Et crains de faire un crime en vous la racontant.
Apprenez en deux mots leur brutale insolence.
Le prêtre avait à peine obtenu du silence,
Et devers l'orient assuré son aspect,
Qu'ils ont fait éclater leur manque de respect.
A chaque occasion de la cérémonie,
A l'envi l'un et l'autre étalait sa manie,
Des mystères sacrés hautement se moquait,
Et traitait de mépris les dieux qu'on invoquait.
Tout le peuple en murmure, et Félix s'en offense ;
Mais tous deux s'emportant à plus d'irrévérence :

« Quoi ! lui dit Polyeucte en élevant sa voix,
« Adorez-vous des dieux ou de pierre ou de bois ?
« Le Dieu de Polyeucte et celui de Néarque
« De la terre et du ciel est l'absolu monarque,
« Seul être indépendant, seul maître du destin,
« Seul principe éternel, et souveraine fin.
« C'est ce Dieu des chrétiens qu'il faut qu'on remercie
« Des victoires qu'il donne à l'empereur Décie.
« Lui seul tient en sa main le succès des combats ;
« Il le veut élever, il le peut mettre à bas ;
« Sa bonté, son pouvoir, sa justice est immense ;
« C'est lui seul qui punit, lui seul qui récompense :
« Vous adorez en vain des monstres impuissants. »
Se jetant à ces mots sur le vin et l'encens,
Après en avoir mis les saints vases par terre,
Sans crainte de Félix, sans crainte du tonnerre,
D'une fureur pareille ils courent à l'autel.
Cieux ! a-t-on vu jamais, a-t-on rien vu de tel !
Du plus puissant des dieux nous voyons la statue
Par une main impie à leurs pieds abattue,
Les mystères troublés, le temple profané,
La fuite et les clameurs d'un peuple mutiné
Qui craint d'être accablé sous le courroux céleste.
Félix... Mais le voici qui vous dira le reste.

Pauline. Que son visage est sombre et plein d'émotion !
Qu'il montre de tristesse et d'indignation !

SCÈNE III.

FÉLIX, PAULINE, STRATONICE.

Félix. Une telle insolence avoir osé paraître !
En public ! à ma vue ! Il en mourra, le traître.
Pauline. Souffrez que votre fille embrasse vos genoux.
Félix. Je parle de Néarque, et non de votre époux.
Quelque indigne qu'il soit de ce doux nom de gendre,
Mon âme lui conserve un sentiment plus tendre ;
La grandeur de son crime et de mon déplaisir
N'a pas éteint l'amour qui me l'a fait choisir.

Pauline. Je n'attendais pas moins de la bonté d'un père.
Félix. Je pouvais l'immoler à ma juste colère :
Car vous n'ignorez pas à quel comble d'horreur
De son audace impie a monté la fureur ;
Vous l'avez pu savoir du moins de Stratonice.
Pauline. Je sais que de Néarque il doit voir le supplice.
Félix. Du conseil qu'il doit prendre il sera mieux instruit,
Quand il verra punir celui qui l'a séduit.
Au spectacle sanglant d'un ami qu'il faut suivre,
La crainte de mourir et le désir de vivre
Ressaisissent une âme avec tant de pouvoir,
Que qui voit le trépas cesse de le vouloir.
L'exemple touche plus que ne fait la menace :
Cette indiscrète ardeur tourne bientôt en glace,
Et nous verrons bientôt son cœur inquiété
Me demander pardon de tant d'impiété.
Pauline. Vous pouvez espérer qu'il change de courage ?
Félix. Aux dépens de Néarque il doit se rendre sage.
Pauline. Il le doit ; mais, hélas ! où me renvoyez-vous ?
Et quels tristes hasards ne court point mon époux,
Si de son inconstance il faut qu'enfin j'espère
Le bien que j'espérais de la bonté d'un père ?
Félix. Je vous en fais trop voir, Pauline, à consentir
Qu'il évite la mort par un prompt repentir.
Je devais même peine à des crimes semblables ;
Et, mettant différence entre ces deux coupables,
J'ai trahi la justice à l'amour paternel ;
Je me suis fait pour lui moi-même criminel ;
Et j'attendais de vous, au milieu de vos craintes,
Plus de remercîments que je n'entends de plaintes.
Pauline. De quoi remercier qui ne me donne rien ?
Je sais quelle est l'humeur et l'esprit d'un chrétien.
Dans l'obstination jusqu'au bout il demeure :
Vouloir son repentir, c'est ordonner qu'il meure.
Félix. Sa grâce est en sa main, c'est à lui d'y rêver.
Pauline. Faites-la tout entière.
     Félix. Il la peut achever.
Pauline. Ne l'abandonnez pas aux fureurs de sa secte.
Félix. Je l'abandonne aux lois, qu'il faut que je respecte.

Pauline. Est-ce ainsi que d'un gendre un beau-père est l'appui.
Félix. Qu'il fasse autant pour soi comme je fais pour lui.
Pauline. Mais il est aveuglé.
Félix. Mais il se plaît à l'être.
Qui chérit son erreur ne la veut pas connaître.
Pauline. Mon père, au nom des dieux...
Félix. Ne les réclamez pas,
Ces dieux dont l'intérêt demande son trépas.
Pauline. Ils écoutent nos vœux.
Félix. Eh bien! qu'il leur en fasse[1].
Pauline. Au nom de l'empereur, dont vous tenez la place...
Félix. J'ai son pouvoir en main; mais, s'il me l'a commis,
C'est pour le déployer contre ses ennemis.
Pauline. Polyeucte l'est-il?
Félix. Tous chrétiens sont rebelles.
Pauline. N'écoutez point pour lui ces maximes cruelles;
En épousant Pauline il s'est fait votre sang.
Félix. Je regarde sa faute, et ne vois plus son rang.
Quand le crime d'État se mêle au sacrilège,
Le sang ni l'amitié n'ont plus de privilège.
Pauline. Quel excès de rigueur!
Félix. Moindre que son forfait.
Pauline. O de mon songe affreux trop véritable effet!
Voyez-vous qu'avec lui vous perdez votre fille?
Félix. Les dieux et l'empereur sont plus que ma famille.
Pauline. La perte de tous deux ne vous peut arrêter!
Félix. J'ai les dieux et Décie ensemble à redouter.
Mais nous n'avons encore à craindre rien de triste :
Dans son aveuglement pensez-vous qu'il persiste?
S'il nous semblait tantôt courir à son malheur,
C'est d'un nouveau chrétien la première chaleur.
Pauline. Si vous l'aimez encor, quittez cette espérance
Que deux fois en un jour il change de croyance.
Outre que les chrétiens ont plus de dureté,
Vous attendez de lui trop de légèreté.
Ce n'est point une erreur avec le lait sucée,
Que sans l'examiner son âme ait embrassée :

[1] Le lecteur voit sans doute combien tout ce dialogue est vif, pressé, naturel, intéressant; c'est un chef-d'œuvre. (V.)

Polyeucte est chrétien parce qu'il l'a voulu,
Et vous portait au temple un esprit résolu.
Vous devez présumer de lui comme du reste :
Le trépas n'est pour eux ni honteux ni funeste ;
Ils cherchent de la gloire à mépriser nos dieux ;
Aveugles pour la terre, ils aspirent aux cieux ;
Et, croyant que la mort leur en ouvre la porte,
Tourmentés, déchirés, assassinés, n'importe,
Les supplices leur sont ce qu'à nous les plaisirs,
Et les mènent au but où tendent leurs désirs ;
La mort la plus infâme ils l'appellent martyre.

Félix. Eh bien donc ! Polyeucte aura ce qu'il désire :
N'en parlons plus.

Pauline. Mon père...

SCÈNE IV.

FÉLIX, ALBIN, PAULINE, STRATONICE.

Félix. Albin, en est-ce fait ?
Albin. Oui, seigneur ; et Néarque a payé son forfait.
Félix. Et notre Polyeucte a vu trancher sa vie ?
Albin. Il l'a vu, mais, hélas ! avec un œil d'envie.
Il brûle de le suivre, au lieu de reculer ;
Et son cœur s'affermit, au lieu de s'ébranler.
Pauline. Je vous le disais bien. Encore un coup, mon père,
Si jamais mon respect a pu vous satisfaire,
Si vous l'avez prisé, si vous l'avez chéri...
Félix. Vous aimez trop, Pauline, un indigne mari.
Pauline. Je l'ai de votre main : mon amour est sans crime ;
Il est de votre choix la glorieuse estime.
Ne m'ôtez pas vos dons ; ils sont chers à mes yeux,
Et m'ont assez coûté pour m'être précieux.
Félix. Vous m'importunez trop : bien que j'aie un cœur tendre,
Je n'aime la pitié qu'au prix que j'en veux prendre :
Employez mieux l'effort de vos justes douleurs ;
Malgré moi m'en toucher, c'est perdre et temps et pleurs ;
J'en veux être le maître, et je veux bien qu'on sache
Que je la désavoue alors qu'on me l'arrache.

Préparez-vous à voir ce malheureux chrétien,
Et faites votre effort quand j'aurai fait le mien.
Allez ; n'irritez plus un père qui vous aime,
Et tâchez d'obtenir votre époux de lui-même.
Tantôt jusqu'en ce lieu je le ferai venir :
Cependant quittez-nous, je veux l'entretenir.

Pauline. De grâce, permettez...

    Félix. Laissez-nous seuls, vous dis-je ;
Votre douleur m'offense autant qu'elle m'afflige.
A gagner Polyeucte appliquez tous vos soins ;
Vous avancerez plus en m'importunant moins.

SCÈNE V.

FÉLIX, ALBIN.

Félix. Albin, comme est-il mort ?
    Albin. En brutal, en impie,
En bravant les tourments, en dédaignant la vie,
Sans regret, sans murmure, et sans étonnement,
Dans l'obstination et l'endurcissement,
Comme un chrétien enfin, le blasphème à la bouche.

Félix. Et l'autre ?
  Albin. Je l'ai dit déjà, rien ne le touche ;
Loin d'en être abattu, son cœur en est plus haut ;
On l'a violenté pour quitter l'échafaud :
Il est dans la prison où je l'ai vu conduire ;
Mais vous êtes bien loin encor de le réduire.

Félix. Que je suis malheureux !
    Albin. Tout le monde vous plaint.

Félix. On ne sait pas les maux dont mon cœur est atteint ;
De pensers sur pensers mon âme est agitée,
De soucis sur soucis elle est inquiétée ;
Je sens l'amour, la haine, et la crainte et l'espoir,
La joie et la douleur tour à tour l'émouvoir ;
J'entre en des sentiments qui ne sont pas croyables ;
J'en ai de violents, j'en ai de pitoyables ;
J'en ai de généreux qui n'oseraient agir :
J'en ai même de bas, et qui me font rougir.

ACTE III, SCÈNE V.

J'aime ce malheureux que j'ai choisi pour gendre,
Je hais l'aveugle erreur qui le vient de surprendre ;
Je déplore sa perte, et, le voulant sauver,
J'ai la gloire des dieux ensemble à conserver ;
Je redoute leur foudre, et celui de Décie ;
Il y va de ma charge, il y va de ma vie.
Ainsi tantôt pour lui je m'expose au trépas,
Et tantôt je le perds pour ne me perdre pas.

Albin. Décie excusera l'amitié d'un beau-père ;
Et d'ailleurs Polyeucte est d'un sang qu'on révère.

Félix. A punir les chrétiens son ordre est rigoureux ;
Et plus l'exemple est grand, plus il est dangereux.
On ne distingue point quand l'offense est publique ;
Et lorsqu'on dissimule un crime domestique,
Par quelle autorité peut-on, par quelle loi,
Châtier en autrui ce qu'on souffre chez soi ?

Albin. Si vous n'osez avoir d'égard à sa personne,
Écrivez à Décie afin qu'il en ordonne.

Félix. Sévère me perdrait, si j'en usais ainsi :
Sa haine et son pouvoir font mon plus grand souci.
Si j'avais différé de punir un tel crime,
Quoiqu'il soit généreux, quoiqu'il soit magnanime,
Il est homme, et sensible, et je l'ai dédaigné ;
Et de tant de mépris son esprit indigné,
Que met au désespoir cet hymen de Pauline,
Du courroux de Décie obtiendrait ma ruine.
Pour venger un affront tout semble être permis,
Et les occasions tentent les plus remis.
Peut-être (et ce soupçon n'est pas sans apparence)
Il rallume en son cœur déjà quelque espérance ;
Et, croyant bientôt voir Polyeucte puni,
Il rappelle un désir à grand'peine banni.
Juge si sa colère, en ce cas implacable,
Me ferait innocent de sauver un coupable,
Et s'il m'épargnerait, voyant par mes bontés
Une seconde fois ses desseins avortés.
Te dirai-je un penser indigne, bas, et lâche?
Je l'étouffe, il renaît ; il me flatte, et me fâche :
L'ambition toujours me le vient présenter ;

Et tout ce que je puis, c'est de le détester.
Polyeucte est ici l'appui de ma famille :
Mais si, par son trépas, l'autre épousait ma fille,
J'acquerrais bien par là de plus puissants appuis
Qui me mettraient plus haut cent fois que je ne suis,
Mon cœur en prend par force une maligne joie :
Mais que plutôt le ciel à tes yeux me foudroie,
Qu'à des pensers si bas je puisse consentir,
Que jusque-là ma gloire ose se démentir !

Albin. Votre cœur est trop bon, et votre âme trop haute.
Mais vous résolvez-vous à punir cette faute ?

Félix. Je vais dans la prison faire tout mon effort
A vaincre cet esprit par l'effroi de la mort ;
Et nous verrons après ce que pourra Pauline.

Albin. Que ferez-vous enfin si toujours il s'obstine ?

Félix. Ne me presse point tant ; dans un tel déplaisir,
Je ne puis que résoudre, et ne sais que choisir.

Albin. Je dois vous avertir, en serviteur fidèle,
Qu'en sa faveur déjà la foule se rebelle,
Et ne peut voir passer par la rigueur des lois
Sa dernière espérance et le sang de ses rois.
Je tiens sa prison même assez mal assurée ;
J'ai laissé tout autour une troupe éplorée ;
Je crains qu'on ne la force.

Félix. Il faut donc l'en tirer,
Et l'amener ici pour nous en assurer.

Albin. Tirez-l'en donc vous-même, et d'un espoir de grâce
Apaisez la fureur de cette populace.

Félix. Allons, et s'il persiste à demeurer chrétien,
Nous en disposerons sans qu'elle en sache rien.

ACTE QUATRIÈME.

SCÈNE PREMIÈRE.

POLYEUCTE, CLÉON ; TROIS AUTRES GARDES.

Polyeucte. Gardes, que me veut-on ?
            Cléon.   Pauline vous demande.
Polyeucte. O présence, ô combat que surtout j'appréhende !
        Félix, dans la prison j'ai triomphé de toi,
        J'ai ri de ta menace, et t'ai vu sans effroi :
        Tu prends pour t'en venger de plus puissantes armes ;
        Je craignais beaucoup moins tes bourreaux que ses larmes.
        Seigneur, qui vois ici les périls que je cours,
        En ce pressant besoin redouble ton secours ;
        Et toi qui, tout sortant encor de la victoire,
        Regardes mes travaux du séjour de la gloire,
        Cher Néarque, pour vaincre un si fort ennemi,
        Prête du haut du ciel la main à ton ami.
        Gardes, oseriez-vous me rendre un bon office ?
        Non pour me dérober aux rigueurs du supplice,
        Ce n'est pas mon dessein qu'on me fasse évader ;
        Mais comme il suffira de trois à me garder,
        L'autre m'obligerait d'aller querir Sévère.
        Je crois que sans péril on peut me satisfaire :
        Si j'avais pu lui dire un secret important,
        Il vivrait plus heureux, et je mourrais content.
Cléon. Si vous me l'ordonnez, j'y cours en diligence.
Polyeucte. Sévère à mon défaut fera ta récompense.
        Va, ne perds point de temps, et reviens promptement.
Cléon. Je serai de retour, seigneur, dans un moment.

SCÈNE II.

POLYEUCTE.

(*Les gardes se retirent aux coins du théâtre.*)

Source délicieuse, en misères féconde,
Que voulez-vous de moi, flatteuses voluptés?
Heureux attachements de la chair et du monde,
Que ne me quittez-vous, quand je vous ai quittés?
Allez, honneurs, plaisirs, qui me livrez la guerre :
    Toute votre félicité,
    Sujette à l'instabilité,
    En moins de rien tombe par terre ;
    Et comme elle a l'éclat du verre,
    Elle en a la fragilité.

Ainsi n'espérez pas qu'après vous je soupire.
Vous étalez en vain vos charmes impuissants ;
Vous me montrez en vain par tout ce vaste empire
Les ennemis de Dieu pompeux et florissants.
Il étale à son tour des revers équitables
    Par qui les grands sont confondus ;
    Et les glaives qu'il tient pendus
    Sur les plus fortunés coupables
    Sont d'autant plus inévitables,
    Que leurs coups sont moins attendus.

Tigre altéré de sang, Décie impitoyable,
Ce Dieu t'a trop longtemps abandonné les siens :
De ton heureux destin vois la suite effroyable ;
Le Scythe va venger la Perse et les chrétiens.
Encore un peu plus outre, et ton heure est venue ;
    Rien ne t'en saurait garantir ;
    Et la foudre qui va partir,
    Toute prête à crever la nue,
    Ne peut plus être retenue
    Par l'attente du repentir.

Que cependant Félix m'immole à ta colère ;

Qu'un rival plus puissant éblouisse ses yeux ;
Qu'aux dépens de ma vie il s'en fasse beau-père,
Et qu'à titre d'esclave il commande en ces lieux ;
Je consens, ou plutôt j'aspire à ma ruine.
  Monde, pour moi tu n'as plus rien :
  Je porte en un cœur tout chrétien
  Une flamme toute divine,
  Et je ne regarde Pauline
  Que comme un obstacle à mon bien.

Saintes douceurs du ciel, adorables idées,
Vous remplissez un cœur qui vous peut recevoir :
De vos sacrés attraits les âmes possédées
Ne conçoivent plus rien qui les puisse émouvoir.
Vous promettez beaucoup, et donnez davantage :
  Vos biens ne sont point inconstants ;
  Et l'heureux trépas que j'attends
  Ne vous sert que d'un doux passage
  Pour nous introduire au partage
  Qui nous rend à jamais contents.

C'est vous, ô feu divin que rien ne peut éteindre,
Qui m'allez faire voir Pauline sans la craindre.
Je la vois : mais mon cœur, d'un saint zèle enflammé,
N'en goûte plus l'appas dont il était charmé ;
Et mes yeux, éclairés des célestes lumières,
Ne trouvent plus aux siens leurs grâces coutumières.

SCÈNE III.

POLYEUCTE, PAULINE, GARDES.

Polyeucte. Madame, quel dessein vous fait me demander ?
Est-ce pour me combattre, ou pour me seconder ?
Cet effort généreux de votre amour parfaite
Vient-il à mon secours, vient-il à ma défaite ?
Apportez-vous ici la haine ou l'amitié,
Comme mon ennemie ou ma chère moitié ?
Pauline. Vous n'avez point ici d'ennemis que vous-même ;
Seul vous vous haïssez, lorsque chacun vous aime ;

Seul vous exécutez tout ce que j'ai rêvé :
No veuillez pas vous perdre, et vous êtes sauvé.
A quelque extrémité que votre crime passe,
Vous êtes innocent si vous vous faites grâce.
Daignez considérer le sang dont vous sortez,
Vos grandes actions, vos rares qualités ;
Chéri de tout le peuple, estimé chez le prince,
Gendre du gouverneur de toute la province,
Je ne vous compte à rien le nom de mon époux ;
C'est un bonheur pour moi qui n'est pas grand pour vous :
Mais après vos exploits, après votre naissance,
Après votre pouvoir, voyez notre espérance ;
Et n'abandonnez pas à la main d'un bourreau
Ce qu'à nos tristes vœux promet un sort si beau.

Polyeucte. Je considère plus ; je sais mes avantages,
Et l'espoir que sur eux forment les grands courages :
Ils n'aspirent enfin qu'à des biens passagers,
Que troublent les soucis, que suivent les dangers.
La mort nous les ravit, la fortune s'en joue ;
Aujourd'hui dans le trône, et demain dans la boue ;
Et leur plus haut éclat fait tant de mécontents
Que peu de vos Césars en ont joui longtemps.
J'ai de l'ambition, mais plus noble et plus belle :
Cette grandeur périt, j'en veux une immortelle,
Un bonheur assuré, sans mesure et sans fin,
Au-dessus de l'envie, au-dessus du destin.
Est-ce trop l'acheter que d'une triste vie
Qui tantôt, qui soudain me peut être ravie ;
Qui ne me fait jouir que d'un instant qui fuit,
Et ne peut m'assurer de celui qui le suit ?

Pauline. Voilà de vos chrétiens les ridicules songes ;
Voilà jusqu'à quel point vous charment leurs mensonges ;
Tout votre sang est peu pour un bonheur si doux !
Mais, pour en disposer, ce sang est-il à vous ?
Vous n'avez pas la vie ainsi qu'un héritage ;
Le jour qui vous la donne en même temps l'engage :
Vous la devez au prince, au public, à l'État.

Polyeucte. Je la voudrais pour eux perdre dans un combat ;
Je sais quel en est l'heur, et quelle en est la gloire.

ACTE IV, SCÈNE II.

Des aïeux de Décie on vante la mémoire ;
Et ce nom, précieux encore à vos Romains,
Au bout de six cents ans lui met l'empire aux mains.
Je dois ma vie au peuple, au prince, à sa couronne ;
Mais je la dois bien plus au Dieu qui me la donne.
Si mourir pour son prince est un illustre sort,
Quand on meurt pour son Dieu quelle sera la mort !

Pauline. Quel Dieu !

Polyeucte. Tout beau, Pauline : il entend vos paroles ;
Et ce n'est pas un Dieu comme vos dieux frivoles,
Insensibles et sourds, impuissants, mutilés,
De bois, de marbre, ou d'or, comme vous les voulez :
C'est le Dieu des chrétiens, c'est le mien, c'est le vôtre ;
Et la terre et le ciel n'en connaissent point d'autre.

Pauline. Adorez-le dans l'âme, et n'en témoignez rien.

Polyeucte. Que je sois tout ensemble idolâtre et chrétien !

Pauline. Ne feignez qu'un moment ; laissez partir Sévère,
Et donnez lieu d'agir aux bontés de mon père.

Polyeucte. Les bontés de mon Dieu sont bien plus à chérir :
Il m'ôte des périls que j'aurais pu courir,
Et, sans me laisser lieu de tourner en arrière,
Sa faveur me couronne entrant dans la carrière ;
Du premier coup de vent il me conduit au port,
Et, sortant du baptême, il m'envoie à la mort.
Si vous pouviez comprendre, et le peu qu'est la vie,
Et de quelles douceurs cette mort est suivie !...
Mais que sert de parler de ces trésors cachés
A des esprits que Dieu n'a pas encor touchés ?

Pauline. Cruel ! (car il est temps que ma douleur éclate,
Et qu'un juste reproche accable une âme ingrate)
Est-ce là ce beau feu ? sont-ce là tes serments ?
Témoignes-tu pour moi les moindres sentiments ?
Je ne te parlais point de l'état déplorable
Où ta mort va laisser ta femme inconsolable ;
Je croyais que ton cœur t'en parlerait assez,
Et je ne voulais pas de sentiments forcés.
Mais cette affection justement méritée
Que tu m'avais promise, et que je t'ai portée,
Quand tu me veux quitter, quand tu me fais mourir,

Te peut-elle arracher une larme, un soupir ?
Tu me quittes, ingrat, et le fais avec joie ;
Tu ne la caches pas, tu veux que je la voie ;
Et ton cœur, insensible à ces tristes appas,
Se figure un bonheur où je ne serai pas !
C'est donc là le dégoût qu'apporte l'hyménée ?
Je te suis odieuse après m'être donnée !

Polyeucte. Hélas !

Pauline. Que cet hélas a de peine à sortir !
Encor s'il commençait un heureux repentir,
Que, tout forcé qu'il est, j'y trouverais de charmes !
Mais courage, il s'émeut, je vois couler des larmes.

Polyeucte. J'en verse, et plût à Dieu qu'à force d'en verser
Ce cœur trop endurci se pût enfin percer !
Le déplorable état où je vous abandonne
Est bien digne des pleurs que mon amour vous donne ;
Et si l'on peut au ciel sentir quelques douleurs,
J'y pleurerai pour vous l'excès de vos malheurs :
Mais si, dans ce séjour de gloire et de lumière,
Ce Dieu tout juste et bon peut souffrir ma prière ;
S'il y daigne écouter un conjugal amour,
Sur votre aveuglement il répandra le jour.
Seigneur, de vos bontés il faut que je l'obtienne ;
Elle a trop de vertus pour n'être pas chrétienne :
Avec trop de mérite il vous plut la former,
Pour ne pas vous connaître et ne pas vous aimer,
Pour vivre des enfers esclave infortunée,
Et sous leur triste joug mourir comme elle est née.

Pauline. Que dis-tu, malheureux ? qu'oses-tu souhaiter ?

Polyeucte. Ce que de tout mon sang je voudrais acheter.

Pauline. Que plutôt !...

Polyeucte. C'est en vain qu'on se met en défense :
Ce Dieu touche les cœurs lorsque moins on y pense.
Ce bienheureux moment n'est pas encor venu ;
Il viendra, mais le temps ne m'en est pas connu.

Pauline. Quittez cette chimère, et m'aimez.

Polyeucte. Je vous aime,
Beaucoup moins que mon Dieu, mais bien plus que moi-même.

Pauline. Au nom de cet amour, ne m'abandonnez pas.

ACTE IV, SCÈNE III.

Polyeucte. Au nom de cet amour, daignez suivre mes pas.
Pauline. C'est peu de me quitter, tu veux donc me séduire?
Polyeucte. C'est peu d'aller au ciel, je veux vous y conduire.
Pauline. Imaginations!
  Polyeucte. Célestes vérités!
Pauline. Étrange aveuglement!
  Polyeucte. Éternelles clartés!
Pauline. Tu préfères la mort à l'amour de Pauline!
Polyeucte. Vous préférez le monde à la bonté divine!
Pauline. Va, cruel, va mourir; tu ne m'aimas jamais.
Polyeucte. Vivez heureuse au monde, et me laissez en paix.
Pauline. Oui, je t'y vais laisser; ne t'en mets plus en peine;
 Je vais...

SCÈNE IV.

POLYEUCTE, PAULINE, SÉVÈRE, FABIAN, GARDES.

Pauline. Mais quel dessein en ce lieu vous amène,
Sévère? aurait-on cru qu'un cœur si généreux
Pût venir jusqu'ici braver un malheureux?
Polyeucte. Vous traitez mal, Pauline, un si rare mérite;
A ma seule prière il rend cette visite.
Je vous ai fait, seigneur, une incivilité,
Que vous pardonnerez à ma captivité.
Possesseur d'un trésor dont je n'étais pas digne,
Souffrez avant ma mort que je vous le résigne,
Et laisse la vertu la plus rare à nos yeux
Qu'une femme jamais put recevoir des cieux
Aux mains du plus vaillant et du plus honnête homme
Qu'ait adoré la terre et qu'ait vu naître Rome.
Rendez-lui votre cœur, et recevez sa foi :
Vivez heureux ensemble, et mourez comme moi;
C'est le bien qu'à tous deux Polyeucte désire.
Qu'on me mène à la mort, je n'ai plus rien à dire.
Allons, gardes, c'est fait.

SCÈNE V.

SÉVÈRE, PAULINE, FABIAN.

Sévère. Dans mon étonnement,
Je suis confus pour lui de son aveuglement.
Sa résolution a si peu de pareilles,
Qu'à peine je me fie encore à mes oreilles.
Un cœur qui vous chérit, (mais quel cœur assez bas
Aurait pu vous connaître et ne vous chérir pas?)
Un homme aimé de vous, sitôt qu'il vous possède,
Sans regret il vous quitte : il fait plus, il vous cède ;
Comme si votre cœur était un don fatal,
Il en fait de lui-même un présent sans égal.
Certes, ou les chrétiens ont d'étranges manies,
Ou leurs félicités doivent être infinies,
Puisque, pour y prétendre, ils osent rejeter
Ce que de tout l'empire il faudrait acheter.
On m'aurait mis en poudre, on m'aurait mis en cendre,
Avant que...

Pauline. Brisons là ; je crains de trop entendre,
Et que cette chaleur, qui sent vos premiers vœux,
Ne pousse quelque suite indigne de tous deux.
Sévère, connaissez Pauline tout entière.
Mon Polyeucte touche à son heure dernière ;
Pour achever de vivre il n'a plus qu'un moment ;
Vous en êtes la cause encor qu'innocemment.
Je ne sais si votre âme, à vos désirs ouverte,
Aurait osé former quelque espoir sur sa perte ;
Mais sachez qu'il n'est point de si cruels trépas
Où d'un front assuré je ne porte mes pas,
Qu'il n'est point aux enfers d'horreur que je n'endure,
Plutôt que de souiller une gloire si pure,
Que d'épouser un homme, après son triste sort,
Qui de quelque façon soit cause de sa mort :
Et, si vous me croyiez d'une âme si peu saine,
Mon estime pour vous tournerait tout en haine.
Vous êtes généreux ; soyez-le jusqu'au bout.

ACTE IV, SCÈNE V.

Mon père est en état de vous accorder tout,
Il vous craint ; et j'avance encor cette parole,
Que, s'il perd mon époux, c'est à vous qu'il l'immole.
Sauvez ce malheureux, employez-vous pour lui ;
Faites-vous un effort pour lui servir d'appui.
Souvenez-vous enfin que vous êtes Sévère.
Adieu. Résolvez seul ce que vous voulez faire ;
Si vous n'êtes pas tel que je l'ose espérer,
Pour vous priser encor je le veux ignorer.

SCÈNE VI.

SÉVÈRE, FABIAN.

Sévère. Qu'est-ce ci, Fabian ? quel nouveau coup de foudre
Tombe sur mon bonheur, et le réduit en poudre !
Plus je l'estime près, plus il est éloigné ;
Je trouve tout perdu quand je crois tout gagné ;
Et toujours la fortune, à me nuire obstinée,
Tranche mon espérance aussitôt qu'elle est née ;
Avant qu'offrir des vœux je reçois des refus :
Toujours triste, toujours et honteux et confus
De voir que lâchement elle ait osé renaître,
Qu'encor plus lâchement elle ait osé paraître ;
Et qu'une femme enfin dans la calamité
Me fasse des leçons de générosité.

Fabian. Laissez à son destin cette ingrate famille ;
Qu'il accorde, s'il veut, le père avec la fille ;
Polyeucte et Félix, l'épouse avec l'époux :
D'un si cruel effort quel prix espérez-vous ?

Sévère. La gloire de montrer à cette âme si belle
Que Sévère l'égale, et qu'il est digne d'elle ;
Qu'elle m'était bien due, et que l'ordre des cieux
En me la refusant m'est trop injurieux.

Fabian. Sans accuser le sort ni le ciel d'injustice,
Prenez garde au péril qui suit un tel service ;
Vous hasardez beaucoup, seigneur, pensez-y bien.
Quoi ! vous entreprenez de sauver un chrétien !
Pouvez-vous ignorer pour cette secte impie

Quelle est et fut toujours la haine de Décie?
C'est un crime vers lui si grand, si capital,
Qu'à votre faveur même il peut être fatal.

Sévère. Cet avis serait bon pour quelque âme commune.
S'il tient entre ses mains ma vie et ma fortune,
Je suis encor Sévère; et tout ce grand pouvoir
Ne peut rien sur ma gloire, et rien sur mon devoir.
Ici l'honneur m'oblige, et j'y veux satisfaire ;
Qu'après le sort se montre ou propice ou contraire;
Comme son naturel est toujours inconstant,
Périssant glorieux, je périrai content.
Je te dirai bien plus, mais avec confidence :
La secte des chrétiens n'est pas ce que l'on pense[1].
On les hait; la raison, je ne la connais point ;
Et je ne vois Décie injuste qu'en ce point.
Par curiosité j'ai voulu les connaître :
On les tient pour sorciers dont l'enfer est le maître ;
Et sur cette croyance on punit du trépas
Des mystères secrets que nous n'entendons pas.
Mais Cérès Éleusine, et la bonne déesse,
Ont leurs secrets comme eux à Rome et dans la Grèce;
Encore impunément nous souffrons en tous lieux,
Leur Dieu seul excepté, toute sorte de dieux.
Tous les monstres d'Égypte ont leurs temples dans Rome;
Nos aïeux à leur gré faisaient un dieu d'un homme ;
Et, leur sang parmi nous conservant leurs erreurs,
Nous remplissons le ciel de tous nos empereurs.
Mais, à parler sans fard de tant d'apothéoses,
L'effet est bien douteux de ces métamorphoses.
Les chrétiens n'ont qu'un Dieu, maître absolu de tout,
De qui le seul vouloir fait tout ce qu'il résout :
Mais, si j'ose entre nous dire ce qu'il me semble,
Les nôtres bien souvent s'accordent mal ensemble;
Et, me dût leur colère écraser à tes yeux,
Nous en avons beaucoup pour être de vrais dieux.
Enfin chez les chrétiens les mœurs sont innocentes,
Les vices détestés, les vertus florissantes;

(1) On sait assez que c'est là un des plus beaux endroits de la pièce; c'est la condamnation de tous les persécuteurs. (V.)

Ils font des vœux pour nous qui les persécutons ;
Et depuis tant de temps que nous les tourmentons,
Les a-t-on vus mutins? les a-t-on vus rebelles?
Nos princes ont-ils eu des soldats plus fidèles?
Furieux dans la guerre, ils souffrent nos bourreaux ;
Et, lions au combat, ils meurent en agneaux.
J'ai trop de pitié d'eux pour ne les pas défendre.
Allons trouver Félix; commençons par son gendre ;
Et contentons ainsi, d'une seule action,
Et Pauline, et ma gloire, et ma compassion.

ACTE CINQUIÈME.

SCÈNE PREMIÈRE.

FÉLIX, ALBIN, CLÉON.

Félix. Albin, as-tu bien vu la fourbe de Sévère?
　　As-tu bien vu sa haine? et vois-tu ma misère?
Albin. Je n'ai vu rien en lui qu'un homme généreux,
　　Et ne vois rien en vous qu'un père rigoureux.
Félix. Que tu discernes mal le cœur d'avec la mine !
　　Dans l'âme il hait Félix et dédaigne Pauline ;
　　Et, s'il l'aima jadis, il estime aujourd'hui
　　Les restes d'un rival trop indignes de lui.
　　Il parle en sa faveur, il me prie, il menace,
　　Et me perdra, dit-il, si je ne lui fais grâce.
　　Tranchant du généreux, il croit m'épouvanter :
　　L'artifice est trop lourd pour ne pas l'éventer.
　　Je sais des gens de cour quelle est la politique,
　　J'en connais mieux que lui la plus fine pratique.
　　C'est en vain qu'il tempête et feint d'être en fureur,
　　Je vois ce qu'il prétend auprès de l'empereur.
　　Mais un vieux courtisan est un peu moins crédule ;
　　Il voit quand on le joue, et quand on dissimule ;

Et moi j'en ai tant vu de toutes les façons,
Qu'à lui-même au besoin j'en ferais des leçons.

Albin. Dieux ! que vous vous gênez par cette défiance !
Félix. Pour subsister en cour c'est la haute science.
Quand une fois un homme a droit de nous haïr,
Nous devons présumer qu'il cherche à nous trahir,
Toute son amitié nous doit être suspecte.
Si Polyeucte enfin n'abandonne sa secte,
Quoi que son protecteur ait pour lui dans l'esprit,
Je suivrai hautement l'ordre qui m'est prescrit.

Albin. Grâce, grâce, seigneur ! que Pauline l'obtienne !
Félix. Celle de l'empereur ne suivrait pas la mienne ;
Et, loin de le tirer de ce pas dangereux,
Ma bonté ne ferait que nous perdre tous deux.

Albin. Mais Sévère promet...

Félix. Albin, je m'en défie,
Et connais mieux que lui la haine de Décie ;
En faveur des chrétiens s'il choquait son courroux,
Lui-même assurément se perdrait avec nous.
Je veux tenter pourtant encore une autre voie.
Amenez Polyeucte ; et si je le renvoie,
S'il demeure insensible dernier à ce effrot,
Au sortir de ce lieu qu'on lui donne la mort.

Albin. Votre ordre est rigoureux.

Félix. Il faut que je le suive,
Si je veux empêcher qu'un désordre n'arrive.
Je vois le peuple ému pour prendre son parti ;
Et toi-même tantôt tu m'en as averti :
Dans ce zèle pour lui qu'il fait déjà paraître,
Je ne sais si longtemps j'en pourrais être maître.
Peut-être dès demain, dès la nuit, dès ce soir,
J'en verrais des effets que je ne veux pas voir ;
Et Sévère aussitôt, courant à sa vengeance,
M'irait calomnier de quelque intelligence.
Il faut rompre ce coup, qui me serait fatal.

Albin. Que tant de prévoyance est un étrange mal !
Tout vous nuit, tout vous perd, tout vous fait de l'ombrage :
Mais voyez que sa mort mettra ce peuple en rage ;
Que c'est mal le guérir que le désespérer.

Félix. En vain après sa mort il voudra murmurer;
Et, s'il ose venir à quelque violence,
C'est à faire à céder deux jours à l'insolence :
J'aurai fait mon devoir, quoi qu'il puisse arriver.
Mais Polyeucte vient, tâchons à le sauver.
Soldats, retirez-vous, et gardez bien la porte.

SCÈNE II.

FÉLIX, POLYEUCTE, ALBIN.

Félix. As-tu donc pour la vie une haine si forte,
Malheureux Polyeucte? et la loi des chrétiens
T'ordonne-t-elle ainsi d'abandonner les tiens?
Polyeucte. Je ne hais point la vie, et j'en aime l'usage,
Mais sans attachement qui sente l'esclavage.
Toujours prêt à la rendre au Dieu dont je la tiens;
La raison me l'ordonne, et la loi des chrétiens;
Et je vous montre à tous par là comme il faut vivre,
Si vous avez le cœur assez bon pour me suivre.
Félix. Te suivre dans l'abîme où tu te veux jeter?
Polyeucte. Mais plutôt dans la gloire où je m'en vais monter.
Félix. Donne-moi pour le moins le temps de la connaître;
Pour me faire chrétien, sers-moi de guide à l'être;
Et ne dédaigne pas de m'instruire en ta foi,
Ou toi-même à ton Dieu tu répondras de moi.
Polyeucte. N'en riez point, Félix, il sera votre juge;
Vous ne trouverez point devant lui de refuge;
Les rois et les bergers y sont d'un même rang :
De tous les siens sur vous il vengera le sang.
Félix. Je n'en répandrai plus, et, quoi qu'il en arrive,
Dans la foi des chrétiens je souffrirai qu'on vive;
J'en serai protecteur.
      Polyeucte. Non, non, persécutez,
Et soyez l'instrument de nos félicités.
Celle d'un vrai chrétien n'est que dans les souffrances;
Les plus cruels tourments lui sont des récompenses.
Dieu, qui rend le centuple aux bonnes actions,
Pour comble donne encor les persécutions :
Mais ces secrets pour vous sont fâcheux à comprendre;

Ce n'est qu'à ses élus que Dieu les fait entendre.

Félix. Je te parle sans fard, et veux être chrétien.

Polyeucte. Qui peut donc retarder l'effet d'un si grand bien ?

Félix. La présence importune...

Polyeucte. Et de qui ? de Sévère ?

Félix. Pour lui seul contre toi j'ai feint tant de colère :
Dissimule un moment jusques à son départ.

Polyeucte. Félix, c'est donc ainsi que vous parlez sans fard ?
Portez à vos païens, portez à vos idoles,
Le sucré empoisonné que sèment vos paroles.
Un chrétien ne craint rien, ne dissimule rien ;
Aux yeux de tout le monde il est toujours chrétien.

Félix. Ce zèle de ta foi ne sert qu'à te séduire,
Si tu cours à la mort plutôt que de m'instruire.

Polyeucte. Je vous en parlerais ici hors de saison ;
Elle est un don du ciel, et non de la raison ;
Et c'est là que bientôt, voyant Dieu face à face,
Plus aisément pour vous j'obtiendrai cette grâce.

Félix. Ta perte cependant me va désespérer.

Polyeucte. Vous avez en vos mains de quoi la réparer ;
En vous ôtant un gendre, on vous en donne un autre
Dont la condition répond mieux à la vôtre ;
Ma perte n'est pour vous qu'un change avantageux.

Félix. Cesse de me tenir ce discours outrageux.
Je t'ai considéré plus que tu ne mérites ;
Mais, malgré ma bonté, qui croît plus tu l'irrites,
Cette insolence enfin te rendrait odieux,
Et je me vengerais aussi bien que nos dieux.

Polyeucte. Quoi ! vous changez bientôt d'humeur et de langage !
Le zèle de vos dieux rentre en votre courage !
Celui d'être chrétien s'échappe ! et par hasard
Je vous viens d'obliger à me parler sans fard !

Félix. Va, ne présume pas que, quoi que je te jure,
De tes nouveaux docteurs je suive l'imposture.
Je flattais ta manie, afin de t'arracher
Du honteux précipice où tu vas trébucher ;
Je voulais gagner temps pour ménager ta vie
Après l'éloignement d'un flatteur de Décie :
Mais j'ai trop fait d'injure à nos dieux tout puissants ;

Choisis de leur donner ton sang, ou de l'encens.

Polyeucte. Mon choix n'est point douteux. Mais j'aperçois Pauline :
O ciel !

SCÈNE III.

FÉLIX, POLYEUCTE, PAULINE, ALBIN.

Pauline. Qui de vous deux aujourd'hui m'assassine ?
Sont-ce tous deux ensemble, ou chacun à son tour ?
Ne pourrai-je fléchir la nature ou l'amour ?
Et n'obtiendrai-je rien d'un époux ni d'un père ?
Félix. Parlez à votre époux.
   Polyeucte. Vivez avec Sévère.
Pauline. Tigre, assassine-moi du moins sans m'outrager.
Polyeucte. Mon amour, par pitié, cherche à vous soulager ;
Vous estimez Sévère, et sa gloire augmentée...
Pauline. Que t'ai-je fait, cruel, pour être ainsi traitée,
Et pour me reprocher, au mépris de ma foi,
Des regrets si puissants que j'ai vaincus pour toi ?
Vois, pour te faire vaincre un si fort adversaire,
Quels efforts à moi-même il a fallu me faire ;
Quels combats j'ai donnés pour te donner un cœur
Si justement acquis à son premier vainqueur ;
Et si l'ingratitude en ton cœur ne domine,
Fais quelque effort sur toi pour te rendre à Pauline :
Apprends d'elle à forcer ton propre sentiment ;
Prends sa vertu pour guide en ton aveuglement ;
Souffre que de toi-même elle obtienne ta vie,
Pour vivre sous tes lois à jamais asservie.
Si tu peux rejeter de si justes désirs,
Regarde au moins ses pleurs, écoute ses soupirs ;
Ne désespère pas une âme qui t'implore.
Polyeucte. Je vous l'ai déjà dit, et vous le dis encore,
Vivez avec Sévère, ou mourez avec moi.
Je ne méprise point vos pleurs, ni votre foi ;
Mais, de quoi que pour vous notre amour m'entretienne,
Je ne vous connais plus, si vous n'êtes chrétienne.
C'en est assez, Félix, reprenez ce courroux,

        Et sur cet insolent vengez vos dieux, et vous.
Pauline. Ah! mon père! son crime à peine est pardonnable;
        Mais s'il est insensé, vous êtes raisonnable :
        La nature est trop forte, et ses aimables traits
        Imprimés dans le sang ne s'effacent jamais.
        Un père est toujours père, et sur cette assurance
        J'ose appuyer encore un reste d'espérance.
        Jetez sur votre fille un regard paternel :
        Ma mort suivra la mort de ce cher criminel;
        Et les dieux trouveront sa peine illégitime,
        Puisqu'elle confondra l'innocence et le crime,
        Et qu'elle changera, par ce redoublement,
        En injuste rigueur un juste châtiment.
        Nos destins, par vos mains rendus inséparables,
        Nous doivent rendre heureux ensemble, ou misérables;
        Et vous seriez cruel jusques au dernier point,
        Si vous désunissiez ce que vous avez joint.
        Un cœur à l'autre uni jamais ne se retire;
        Et pour l'en séparer il faut qu'on le déchire.
        Mais vous êtes sensible à mes justes douleurs,
        Et d'un œil paternel vous regardez mes pleurs.
Félix. Oui, ma fille, il est vrai qu'un père est toujours père;
        Rien n'en peut effacer le sacré caractère;
        Je porte un cœur sensible, et vous l'avez percé.
        Je me joins avec vous contre cet insensé.
        Malheureux Polyeucte, es-tu seul insensible?
        Et veux-tu rendre seul ton crime irrémissible?
        Pour reprendre les noms et de gendre et d'époux,
        Veux-tu nous voir tous deux embrasser tes genoux?
Polyeucte. Que tout cet artifice est de mauvaise grâce!
        Après avoir deux fois essayé la menace,
        Après m'avoir fait voir Néarque dans la mort,
        Après avoir tenté l'amour et son effort,
        Après m'avoir montré cette soif du baptême,
        Pour opposer à Dieu l'intérêt de Dieu même,
        Vous vous joignez ensemble! Ah! ruses de l'enfer!
        Faut-il tant de fois vaincre avant que triompher!
        Vos résolutions usent trop de remise;
        Prenez la vôtre enfin, puisque la mienne est prise.

ACTE V, SCÈNE III.

Je n'adore qu'un Dieu, maître de l'univers,
Sous qui tremblent le ciel, la terre et les enfers ;
Un Dieu qui, nous aimant d'une amour infinie,
Voulut mourir pour nous avec ignominie,
Et qui, par un effort de cet excès d'amour,
Veut pour nous en victime être offert chaque jour.
Mais j'ai tort d'en parler à qui ne peut m'entendre.
Voyez l'aveugle erreur que vous osez défendre :
Des crimes les plus noirs vous souillez tous vos dieux ;
Vous n'en punissez point qui n'ait son maître aux cieux ;
La fornication, la fraude, le parjure,
Le vol, l'assassinat, l'horreur de la nature,
C'est exemple qu'à suivre offrent vos immortels.
J'ai profané leur temple et brisé leurs autels ;
Je le ferais encor si j'avais à le faire,
Même aux yeux de Félix, même aux yeux de Sévère,
Même aux yeux du sénat, aux yeux de l'empereur.

Félix. Enfin ma bonté cède à ma juste fureur :
Adore-les, ou meurs !

Polyeucte. Je suis chrétien.

Félix. Impie !
Adore-les, te dis-je, ou renonce à la vie !

Polyeucte. Je suis chrétien.

Félix. Tu l'es ? O cœur trop obstiné !
Soldats, exécutez l'ordre que j'ai donné.

Pauline. Où le conduisez-vous ?

Félix. A la mort.

Polyeucte. A la gloire.
Chère Pauline, adieu ; conservez ma mémoire.

Pauline. Je te suivrai partout, et mourrai si tu meurs.

Polyeucte. Ne suivez point mes pas, ou quittez vos erreurs.

Félix. Qu'on l'ôte de mes yeux, et que l'on m'obéisse.
Puisqu'il aime à périr, je consens qu'il périsse.

SCÈNE IV.

FÉLIX, ALBIN.

Félix. Je me fais violence, Albin, mais je l'ai dû ;
Ma bonté naturelle aisément m'eût perdu.
Que la rage du peuple à présent se déploie,
Que Sévère en fureur tonne, éclate, foudroie ;
M'étant fait cet effort, j'ai fait ma sûreté.
Mais n'es-tu point surpris de cette dureté ?
Vois-tu comme le sien des cœurs impénétrables,
Ou des impiétés à ce point exécrables ?
Du moins j'ai satisfait mon esprit affligé :
Pour amollir son cœur je n'ai rien négligé ;
J'ai feint même à tes yeux des lâchetés extrêmes :
Et certes, sans l'horreur de ses derniers blasphèmes,
Qui m'ont rempli soudain de colère et d'effroi,
J'aurais eu de la peine à triompher de moi.
Albin. Vous maudirez peut-être un jour cette victoire,
Qui tient je ne sais quoi d'une action trop noire,
Indigne de Félix, indigne d'un Romain,
Répandant votre sang par votre propre main.
Félix. Ainsi l'ont autrefois versé Brute et Manlie ;
Mais leur gloire en a crû, loin d'en être affaiblie ;
Et quand nos vieux héros avaient de mauvais sang,
Ils eussent, pour le perdre, ouvert leur propre flanc.
Albin. Votre ardeur vous séduit ; mais, quoi qu'elle vous die,
Quand vous la sentirez une fois refroidie,
Quand vous verrez Pauline, et que son désespoir
Par ses pleurs et ses cris saura vous émouvoir...
Félix. Tu me fais souvenir qu'elle a suivi ce traître,
Et que ce désespoir qu'elle fera paraître
De mes commandements pourra troubler l'effet :
Va donc y donner ordre, et voir ce qu'elle fait ;
Romps ce que ses douleurs y donneraient d'obstacle ;
Tire-la, si tu peux, de ce triste spectacle ;

Tâche à la consoler. Va donc ; qui te retient ?
Albin. Il n'en est pas besoin, seigneur, elle revient.

SCÈNE V.

FÉLIX, PAULINE, ALBIN.

Pauline. Père barbare, achève, achève ton ouvrage ;
Cette seconde hostie est digne de ta rage :
Joins ta fille à ton gendre ! ose : que tardes-tu ?
Tu vois le même crime, ou la même vertu :
Ta barbarie en elle a les mêmes matières.
Mon époux en mourant m'a laissé ses lumières ;
Son sang, dont tes bourreaux viennent de me couvrir,
M'a dessillé les yeux, et me les vient d'ouvrir.
Je vois, je sais, je crois, je suis désabusée :
De ce bienheureux sang tu me vois baptisée ;
Je suis chrétienne enfin, n'es-ce point assez dit ?
Conserve en me perdant ton rang et ton crédit ;
Redoute l'empereur, appréhende Sévère :
Si tu ne veux périr, ma perte est nécessaire.
Polyeucte m'appelle à cet heureux trépas ;
Je vois Néarque et lui qui me tendent les bras.
Mène, mène-moi voir tes dieux que je déteste ;
Ils n'en ont brisé qu'un, je briserai le reste.
On m'y verra braver tout ce que vous craignez,
Ces foudres impuissants qu'en leurs mains vous peignez,
Et, saintement rebelle aux lois de la naissance,
Une fois envers toi manquer d'obéissance.
Ce n'est point ma douleur que par là je fais voir ;
C'est la grâce qui parle, et non le désespoir.
Le faut-il dire encor, Félix, je suis chrétienne ;
Affermis par ma mort ta fortune et la mienne ;
Le coup à l'un et l'autre en sera précieux,
Puisqu'il t'assure en terre en m'élevant aux cieux.

SCÈNE VI.

FÉLIX, SÉVÈRE, PAULINE, ALBIN, FABIAN.

Sévère. Père dénaturé, malheureux politique,
Esclave ambitieux d'une peur chimérique ;
Polyeucte est donc mort ! et par vos cruautés
Vous pensez conserver vos tristes dignités !
La faveur que pour lui je vous avais offerte,
Au lieu de le sauver, précipite sa perte !
J'ai prié, menacé, mais sans vous émouvoir.
Et vous m'avez cru fourbe, ou de peu de pouvoir !
Eh bien ! à vos dépens vous verrez que Sévère
Ne se vante jamais que de ce qu'il peut faire ;
Et par votre ruine il vous fera juger
Que qui peut bien vous perdre eût pu vous protéger.
Continuez aux dieux ce service fidèle ;
Par de telles horreurs montrez-leur votre zèle.
Adieu ; mais quand l'orage éclatera sur vous,
Ne doutez point du bras dont partiront les coups.

Félix. Arrêtez-vous, seigneur, et d'une âme apaisée
Souffrez que je vous livre une vengeance aisée.
Ne me reprochez plus que par mes cruautés
Je tâche à conserver mes tristes dignités ;
Je dépose à vos pieds l'éclat de leur faux lustre :
Celle où j'ose aspirer est d'un rang plus illustre ;
Je m'y trouve forcé par un secret appas ;
Je cède à des transports que je ne connais pas ;
Et, par un mouvement que je ne puis entendre,
De ma fureur je passe au zèle de mon gendre.
C'est lui, n'en doutez point, dont le sang innocent
Pour son persécuteur prie un Dieu tout puissant ;
Son amour épandu sur toute la famille
Tire après lui le père aussi bien que la fille.
J'en ai fait un martyr, sa mort me fait chrétien :
J'ai fait tout son bonheur, il veut faire le mien.
C'est ainsi qu'un chrétien se venge et se courrouce :

ACTE V, SCÈNE VI.

Heureuse cruauté dont la suite est si douce!
Donne la main, Pauline. Apportez des liens ;
Immolez à vos dieux ces deux nouveaux chrétiens.
Je le suis, elle l'est, suivez votre colère.

PAULINE. Qu'heureusement enfin je retrouve mon père!
Cet heureux changement rend mon bonheur parfait.

FÉLIX. Ma fille, il n'appartient qu'à la main qui le fait.

SÉVÈRE. Qui ne serait touché d'un si tendre spectacle!
De pareils changements ne vont point sans miracle :
Sans doute vos chrétiens qu'on persécute en vain
Ont quelque chose en eux qui surpasse l'humain ;
Ils mènent une vie avec tant d'innocence,
Que le ciel leur en doit quelque reconnaissance :
Se relever plus forts, plus ils sont abattus,
N'est pas aussi l'effet des communes vertus.
Je les aimai toujours, quoi qu'on m'en ait pu dire ;
Je n'en vois point mourir que mon cœur n'en soupire ;
Et peut-être qu'un jour je les connaîtrai mieux.
J'approuve cependant que chacun ait ses dieux,
Qu'il les serve à sa mode, et sans peur de la peine.
Si vous êtes chrétien, ne craignez plus ma haine ;
Je les aime, Félix, et de leur protecteur
Je n'en veux pas sur vous faire un persécuteur.
Gardez votre pouvoir, reprenez-en la marque ;
Servez bien votre Dieu, servez notre monarque.
Je perdrai mon crédit envers sa majesté,
Ou vous verrez finir cette sévérité :
Par cette injuste haine il se fait trop d'outrage.

FÉLIX. Daigne le ciel en vous achever son ouvrage,
Et, pour vous rendre un jour ce que vous méritez,
Vous inspirer bientôt toutes ses vérités!
Nous autres, bénissons notre heureuse aventure [1] :

---

[1] L'extrême beauté du rôle de Sévère, la situation piquante de Pauline, sa scène admirable avec Sévère au quatrième acte, assurent à cette pièce un succès éternel; non-seulement elle enseigne la vertu la plus pure, mais la dévotion et la perfection du christianisme. *Polyeucte* et *Athalie* sont la condamnation éternelle de ceux qui, par une jalousie secrète, voudraient proscrire un art sublime dont les beautés n'effacent que trop leurs ouvrages; ils sentent combien cet art est au dessus du leur; ne pouvant y atteindre, ils le veulent proscrire, et, par une injustice aussi absurde que barbare, ils confondent Tabarin et Guillot Gorju avec

Allons à nos martyrs donner la sépulture,
Baiser leurs corps sacrés, les mettre en digne lieu,
Et faire retentir partout le nom de Dieu.

saint Polyeucte et le grand prêtre Joad*. Dacier, dans ses remarques sur la poétique d'Aristote, prétend que Polyeucte n'est pas propre au théâtre, parce que ce personnage n'excite ni la pitié ni la crainte; il attribue tout le succès à Sévère et à Pauline. Cette opinion est assez générale; mais il faut avouer aussi qu'il y a de très beaux traits dans le rôle de Polyeucte, et qu'il a fallu un très grand génie pour manier un sujet si difficile.

(V.)

* Cette exagération est beaucoup trop forte. Personne ne confond Polyeucte et Joad avec Tabarin et Guillot Gorju. Les plus ardents ennemis des spectacles n'ont jamais été absurdes à ce point-là. (P.)

POMPÉE[1]

TRAGÉDIE (1644).

A MONSEIGNEUR L'ÉMINENTISSIME CARDINAL MAZARIN.

MONSEIGNEUR,

Je présente le grand Pompée à Votre Éminence, c'est à dire le plus grand personnage de l'ancienne Rome au plus illustre de la nouvelle; je mets sous la protection du premier ministre de notre jeune roi un héros qui, dans sa bonne fortune, fut le protecteur de beaucoup de rois, et qui, dans sa mauvaise, eut encore des rois pour ses ministres. Il espère de la générosité de Votre Éminence qu'elle ne dédaignera pas de lui conserver cette seconde vie que j'ai tâché de lui redonner, et que, lui rendant cette justice qu'elle fait rendre par tout le royaume, elle le vengera pleinement de la mauvaise politique de la cour d'Égypte. Il l'espère, et avec raison, puisque, dans le peu de séjour qu'il a fait en France, il a déjà su de la voix publique que les maximes dont vous vous servez pour la conduite de cet État ne sont point fondées sur d'autres principes que ceux de la vertu. Il a su d'elle les obligations que vous a la France de l'avoir choisie pour votre seconde mère, qui vous est d'autant plus redevable, que les grands services que vous lui rendez sont de purs effets de votre inclination et de votre zèle, et non pas des devoirs de votre naissance. Il a su d'elle que Rome s'est acquittée envers notre jeune monarque de ce qu'elle devait à ses prédécesseurs, par le présent qu'elle lui a fait de votre personne. Il a su d'elle enfin que la solidité de votre prudence et la netteté de vos lumières enfantent des conseils si avantageux pour le gouvernement, qu'il semble que ce soit vous à qui, par un esprit de prophétie, notre Virgile ait adressé ce vers il y a plus de seize siècles :

Tu regere imperio populos, Romane, memento.

Voilà, Monseigneur, ce que ce grand homme a appris en apprenant à parler français :

Pauca, sed a pleno venientia pectore veri.

Et comme la gloire de Votre Éminence est assurée sur la fidélité de cette voix publique, je n'y mêlerai point la faiblesse de mes pensées, ni la rudesse de mes expressions, qui pourraient diminuer quelque chose de son éclat; et je n'ajouterai rien aux célèbres témoignages qu'elle vous rend, qu'une profonde vénération pour les hautes qualités qui vous les ont acquis, avec une protestation très sincère et très inviolable d'être toute ma vie,

Monseigneur,

de Votre Éminence,

le très humble, très obéissant, et très fidèle serviteur,

CORNEILLE.

---

[1] Dans la première édition, cette tragédie avait pour titre : *La Mort de Pompée* ; et c'est ainsi qu'aujourd'hui encore on la désigne ordinairement.

AU LECTEUR.

Si je voulais faire ici ce que j'ai fait en mes deux derniers ouvrages, et te donner le texte ou l'abrégé des auteurs dont cette histoire est tirée, afin que tu pusses remarquer en quoi je m'en serais écarté pour l'accommoder au théâtre, je ferais un avant-propos dix fois plus long que mon poëme, et j'aurais à rapporter des livres entiers de presque tous ceux qui ont écrit l'histoire romaine. Je me contenterai de t'avertir que celui dont je me suis le plus servi a été le poëte Lucain, dont la lecture m'a rendu si amoureux de la force de ses pensées et de la majesté de son raisonnement, qu'afin d'en enrichir notre langue j'ai fait cet effort pour réduire en poëme dramatique ce qu'il a traité en épique. Tu trouveras ici cent ou deux cents vers traduits ou imités de lui. J'ai tâché de suivre ce grand homme dans le reste, et de prendre son caractère quand son exemple m'a manqué : si je suis demeuré bien loin derrière, tu en jugeras.

PERSONNAGES.

JULES-CÉSAR.
MARC-ANTOINE.
LÉPIDE.
CORNÉLIE, femme de Pompée.
PTOLOMÉE[1], roi d'Égypte.
CLÉOPATRE, sœur de Ptolomée.
ACHILLAS, lieutenant-général des armées du roi d'Égypte.
PHOTIN, chef du conseil d'Égypte.
SEPTIME, tribun romain, à la solde du roi d'Égypte.
CHARMION, dame d'honneur de Cléopâtre.
ACHORÉE, écuyer de Cléopâtre.
PHILIPPE, affranchi de Pompée.
TROUPE DE ROMAINS.
TROUPE D'ÉGYPTIENS.

La scène est en Alexandrie, dans le palais de Ptolomée.

---

(1) *Ptolémée* eût été plus conforme à l'étymologie. Voltaire a écrit l'un et l'autre.

ACTE PREMIER.

SCÈNE PREMIÈRE.

PTOLOMÉE, PHOTIN, ACHILLAS, SEPTIME.

ptolomée. Le destin se déclare, et nous venons d'entendre
Ce qu'il a résolu du beau-père et du gendre.
Quand les dieux étonnés semblaient se partager,
Pharsale a décidé ce qu'ils n'osaient juger.
Ses fleuves teints de sang, et rendus plus rapides
Par le débordement de tant de parricides,
Cet horrible débris d'aigles, d'armes, de chars,
Sur ses champs empestés confusément épars,
Ces montagnes de morts privés d'honneurs suprêmes,
Que la nature force à se venger eux-mêmes,
Et dont les troncs pourris exhalent dans les vents
De quoi faire la guerre au reste des vivants,
Sont les titres affreux dont le droit de l'épée,
Justifiant César, a condamné Pompée.
Ce déplorable chef du parti le meilleur,
Que sa fortune lasse abandonne au malheur,
Devient un grand exemple, et laisse à la mémoire
Des changements du sort une éclatante histoire.
Il fuit, lui qui, toujours triomphant et vainqueur,
Vit ses prospérités égaler son grand cœur;
Il fuit, et dans nos ports, dans nos murs, dans nos villes;
Et, contre son beau-père ayant besoin d'asiles,
Sa déroute orgueilleuse en cherche aux mêmes lieux
Où contre les Titans en trouvèrent les dieux.
Il croit que ce climat, en dépit de la guerre,
Ayant sauvé le ciel, sauvera bien la terre,
Et, dans son désespoir à la fin se mêlant,
Pourra prêter l'épaule au monde chancelant.
Oui, Pompée avec lui porte le sort du monde,

Et veut que notre Égypte, en miracles féconde,
Serve à sa liberté de sépulcre ou d'appui,
Et relève sa chute, ou trébuche sous lui.
C'est de quoi, mes amis, nous avons à résoudre ;
Il apporte en ces lieux les palmes ou la foudre :
S'il couronna le père, il hasarde le fils ;
Et, nous l'ayant donnée, il expose Memphis.
Il faut le recevoir, ou hâter son supplice,
Le suivre, ou le pousser dedans le précipice.
L'un me semble peu sûr, l'autre peu généreux ;
Et je crains d'être injuste, ou d'être malheureux.
Quoi que je fasse enfin, la fortune ennemie
M'offre bien des périls, ou beaucoup d'infamie :
C'est à moi de choisir, c'est à vous d'aviser
A quel choix vos conseils doivent me disposer.
Il s'agit de Pompée, et nous aurons la gloire
D'achever de César ou troubler la victoire.
Et je puis dire enfin que jamais potentat
N'eut à délibérer d'un si grand coup d'État.

Photin. Seigneur, quand par le fer les choses sont vidées,
La justice et le droit sont de vaines idées ;
Et qui veut être juste en de telles saisons
Balance le pouvoir, et non pas les raisons.
Voyez donc votre force ; et regardez Pompée,
Sa fortune abattue, et sa valeur trompée.
César n'est pas le seul qu'il fuie en cet État :
Il fuit et le reproche et les yeux du sénat,
Dont plus de la moitié piteusement étale
Une indigne curée aux vautours de Pharsale ;
Il fuit Rome perdue, il fuit tous les Romains,
A qui par sa défaite il met les fers aux mains ;
Il fuit le désespoir des peuples et des princes
Qui vengeraient sur lui le sang de leurs provinces,
Leurs États et d'argent et d'hommes épuisés,
Leurs trônes mis en cendre, et leurs sceptres brisés :
Auteur des maux de tous, il est à tous en butte,
Et fuit le monde entier écrasé sous sa chute.
Le défendrez-vous seul contre tant d'ennemis ?
L'espoir de son salut en lui seul était mis,

ACTE I, SCÈNE I.

Lui seul pouvait pour soi : cédez alors qu'il tombe.
Soutiendrez-vous un faix sous qui Rome succombe,
Sous qui tout l'univers se trouve foudroyé,
Sous qui le grand Pompée a lui-même ployé?
Quand on veut soutenir ceux que le sort accable,
A force d'être juste on est souvent coupable;
Et la fidélité qu'on garde imprudemment,
Après un peu d'éclat, traîne un long châtiment,
Trouve un noble revers, dont les coups invincibles,
Pour être glorieux, ne sont pas moins sensibles.
Seigneur, n'attirez point le tonnerre en ces lieux;
Rangez-vous du parti des destins et des dieux,
Et sans les accuser d'injustice ou d'outrage,
Puisqu'ils font les heureux, adorez leur ouvrage;
Quels que soient leurs décrets, déclarez-vous pour eux,
Et, pour leur obéir, perdez le malheureux.
Pressé de toutes parts des colères célestes,
Il en vient dessus vous faire fondre les restes,
Et sa tête, qu'à peine il a pu dérober,
Toute prête de choir, cherche avec qui tomber.
Sa retraite chez vous en effet n'est qu'un crime;
Elle marque sa haine, et non pas son estime;
Il ne vient que vous perdre en venant prendre port;
Et vous pouvez douter s'il est digne de mort!
Il devait mieux remplir nos vœux et notre attente,
Faire voir sur ses nefs la victoire flottante;
Il n'eût ici trouvé que joie et que festins :
Mais puisqu'il est vaincu, qu'il s'en prenne aux destins.
J'en veux à sa disgrâce, et non à sa personne :
J'exécute à regret ce que le ciel ordonne;
Et du même poignard pour César destiné
Je perce en soupirant son cœur infortuné.
Vous ne pouvez enfin qu'aux dépens de sa tête
Mettre à l'abri la vôtre, et parer la tempête.
Laissez nommer sa mort un injuste attentat :
La justice n'est pas une vertu d'État.
Le choix des actions ou mauvaises ou bonnes
Ne fait qu'anéantir la force des couronnes,
Le droit des rois consiste à ne rien épargner ;

La timide équité détruit l'art de régner.
Quand on craint d'être injuste, on a toujours à craindre ;
Et qui veut tout pouvoir doit oser tout enfreindre,
Fuir comme un déshonneur la vertu qui le perd,
Et voler sans scrupule au crime qui lui sert.
C'est là mon sentiment. Achillas et Septime
S'attacheront peut-être à quelque autre maxime.
Chacun a son avis, mais, quel que soit le leur,
Qui punit le vaincu ne craint point le vainqueur.

Achillas. Seigneur, Photin dit vrai ; mais, quoique de Pompée
Je voie et la fortune et la valeur trompée,
Je regarde son sang comme un sang précieux,
Qu'au milieu de Pharsale ont respecté les dieux.
Non qu'en un coup d'État je n'approuve le crime ;
Mais, s'il n'est nécessaire, il n'est point légitime :
Et quel besoin ici d'une extrême rigueur ?
Qui n'est point au vaincu ne craint point le vainqueur.
Neutre jusqu'à présent, vous pouvez l'être encore ;
Vous pouvez adorer César, si l'on l'adore :
Mais, quoique vos encens le traitent d'immortel,
Cette grande victime est trop pour son autel ;
Et sa tête immolée au dieu de la victoire
Imprime à votre nom une tache trop noire :
Ne le pas secourir suffit sans l'opprimer.
En usant de la sorte on ne vous peut blâmer.
Vous lui devez beaucoup ; par lui Rome animée
A fait rendre le sceptre au feu roi Ptolomée :
Mais la reconnaissance et l'hospitalité
Sur les âmes des rois n'ont qu'un droit limité.
Quoi que doive un monarque, et dût-il sa couronne,
Il doit à ses sujets encor plus qu'à personne,
Et cesse de devoir quand la dette est d'un rang
A ne point s'acquitter qu'aux dépens de leur sang.
S'il est juste d'ailleurs que tout se considère,
Que hasardait Pompée en servant votre père ?
Il se voulait par là faire voir tout puissant,
Et vit croître sa gloire en le rétablissant.
Il le servit enfin, mais ce fut de la langue ;
La bourse de César fit plus que sa harangue :

ACTE I, SCÈNE I.

Sans ses mille talents, Pompée et ses discours
Pour rentrer en Égypte étaient un froid secours.
Qu'il ne vante donc plus ses mérites frivoles;
Les effets de César valent bien ses paroles :
Et, si c'est un bienfait qu'il faut rendre aujourd'hui,
Comme il parla pour vous, vous parlerez pour lui.
Ainsi vous le pouvez et devez reconnaître.
Le recevoir chez vous, c'est recevoir un maître,
Qui, tout vaincu qu'il est, bravant le nom de roi,
Dans vos propres États vous donnerait la loi.
Fermez-lui donc vos ports, mais épargnez sa tête.
S'il le faut toutefois, ma main est toute prête;
J'obéis avec joie, et je serais jaloux
   Qu'autre bras que le mien portât les premiers coups.

SEPTIME. Seigneur, je suis Romain, je connais l'un et l'autre.
Pompée a besoin d'aide, il vient chercher la vôtre :
Vous pouvez, comme maître absolu de son sort,
Le servir, le chasser, le livrer vif ou mort.
Des quatre le premier vous serait trop funeste;
Souffrez donc qu'en deux mots j'examine le reste.
Le chasser, c'est vous faire un puissant ennemi,
Sans obliger par là le vainqueur qu'à demi,
Puisque c'est lui laisser et sur mer et sur terre
La suite d'une longue et difficile guerre,
Dont peut-être tous deux également lassés
Se vengeraient sur vous de tous les maux passés.
Le livrer à César n'est que la même chose.
Il lui pardonnera, s'il faut qu'il en dispose,
Et, s'armant à regret de générosité,
D'une fausse clémence il fera vanité,
Heureux de l'asservir en lui donnant la vie,
Et de plaire par là même à Rome asservie !
Cependant que, forcé d'épargner son rival,
Aussi bien que Pompée il vous voudra du mal.
Il faut le délivrer du péril et du crime,
Assurer sa puissance, et sauver son estime,
Et du parti contraire en ce grand chef détruit,
Prendre sur vous le crime et lui laisser le fruit;
C'est là mon sentiment, ce doit être le vôtre :

Par là vous gagnez l'un, et ne craignez plus l'autre :
Mais suivant d'Achillas le conseil hasardeux,
Vous n'en gagnez aucun, et les perdez tous deux.

Ptolomée. N'examinons donc plus la justice des causes,
Et cédons au torrent qui roule toutes choses.
Je passe au plus de voix, et de mon sentiment
Je veux bien avoir part à ce grand changement.
Assez et trop longtemps l'arrogance de Rome
A cru qu'être Romain c'était être plus qu'homme.
Abattons sa superbe avec sa liberté,
Dans le sang de Pompée éteignons sa fierté ;
Tranchons l'unique espoir où tant d'orgueil se fonde,
Et donnons un tyran à ces tyrans du monde.
Secondons le destin qui les veut mettre aux fers,
Et prêtons-lui la main pour venger l'univers.
Rome, tu serviras ; et ces rois que tu braves,
Et que ton insolence ose traiter d'esclaves,
Adoreront César avec moins de douleur,
Puisqu'il sera ton maître aussi bien que le leur.
Allez donc, Achillas, allez avec Septime
Nous immortaliser par cet illustre crime.
Qu'il plaise au ciel ou non, laissez-m'en le souci.
Je crois qu'il veut sa mort, puisqu'il l'amène ici.

Achillas. Seigneur, je crois tout juste alors qu'un roi l'ordonne.

Ptolomée. Allez, et hâtez-vous d'assurer ma couronne ;
Et vous ressouvenez que je mets en vos mains
Le destin de l'Égypte et celui des Romains.

SCÈNE II.

PTOLOMÉE, PHOTIN.

Ptolomée. Photin, ou je me trompe, ou ma sœur est déçue.
De l'abord de Pompée elle espère autre issue.
Sachant que de mon père il a le testament,
Elle ne doute point de son couronnement ;
Elle se croit déjà souveraine maîtresse
D'un sceptre partagé que sa bonté lui laisse ;
Et, se promettant tout de leur vieille amitié,

De mon trône en son âme elle prend la moitié,
Où de son vain orgueil les cendres rallumées
Poussent déjà dans l'air de nouvelles fumées.

Photin. Seigneur, c'est un motif que je ne disais pas,
Qui devait de Pompée avancer le trépas.
Sans doute il jugerait de la sœur et du frère
Suivant le testament du feu roi votre père,
Son hôte et son ami, qui l'en daigna saisir :
Jugez après cela de votre déplaisir.
Ce n'est pas que je veuille, en vous parlant contre elle,
Rompre les sacrés nœuds d'une amour fraternelle ;
Du trône et non du cœur je la veux éloigner,
Car c'est ne régner pas qu'être deux à régner.
Un roi qui s'y résout est mauvais politique ;
Il détruit son pouvoir quand il le communique ;
Et les raisons d'État... Mais, seigneur, la voici.

SCÈNE III.

PTOLOMÉE, CLÉOPATRE, PHOTIN.

Cléopâtre. Seigneur, Pompée arrive, et vous êtes ici !
Ptolomée. J'attends dans mon palais ce guerrier magnanime,
Et lui vient d'envoyer Achillas et Septime [1].
Cléopâtre. Quoi ! Septime à Pompée, à Pompée Achillas !
Ptolomée. Si ce n'est assez d'eux, allez, suivez leurs pas.
Cléopâtre. Donc pour le recevoir c'est trop que de vous-même ?
Ptolomée. Ma sœur, je dois garder l'honneur du diadème.
Cléopâtre. Si vous en portez un, ne vous en souvenez
Que pour baiser la main de qui vous le tenez,
Que pour en faire hommage aux pieds d'un si grand homme.
Ptolomée. Au sortir de Pharsale est-ce ainsi qu'on le nomme ?
Cléopâtre. Fût-il dans son malheur de tous abandonné,
Il est toujours Pompée, et vous a couronné.

---

(1) Ce vers en dit plus que vingt n'en pourraient dire. La simple exposition des choses est quelquefois plus énergique que les plus grands mouvements de l'éloquence. Voilà le véritable dialogue de la tragédie ; il est simple, mais plein de force ; il fait penser plus qu'il ne dit. Corneille est le premier qui ait eu l'idée de cette vraie beauté, mais elle est très difficile à saisir, et il ne l'a pas toujours employée. (V.)

POMPÉE,

Ptolomée. Il n'en est plus que l'ombre, et couronna mon père,
Dont l'ombre et non pas moi lui doit ce qu'il espère ;
Il peut aller, s'il veut, dessus son monument
Recevoir ses devoirs et son remerciment.

Cléopâtre. Après un tel bienfait, c'est ainsi qu'on le traite !

Ptolomée. Je m'en souviens, ma sœur, et je vois sa défaite.

Cléopâtre. Vous la voyez de vrai, mais d'un œil de mépris.

Ptolomée. Le temps de chaque chose ordonne et fait le prix.
Vous qui l'estimez tant, allez lui rendre hommage ;
Mais songez qu'au port même il peut faire naufrage.

Cléopâtre. Il peut faire naufrage, et même dans le port !
Quoi ! vous auriez osé lui préparer la mort !

Ptolomée. J'ai fait ce que les dieux m'ont inspiré de faire,
Et que pour mon État j'ai jugé nécessaire.

Cléopâtre. Je ne le vois que trop, Photin et ses pareils
Vous ont empoisonné de leurs lâches conseils :
Ces âmes que le ciel ne forma que de boue...

Photin. Ce sont de nos conseils, oui, madame, et j'avoue...

Cléopâtre. Photin, je parle au roi, vous répondrez pour tous
Quand je m'abaisserai jusqu'à parler à vous.

Ptolomée, *à Photin.* Il faut un peu souffrir de cette humeur hautaine.
Je sais votre innocence, et je connais sa haine ;
Après tout, c'est ma sœur, oyez sans repartir.

Cléopâtre. Ah ! s'il est encor temps de vous en repentir,
Affranchissez-vous d'eux et de leur tyrannie,
Rappelez la vertu par leurs conseils bannie ;
Cette haute vertu dont le ciel et le sang
Enflent toujours les cœurs de ceux de notre rang.

Ptolomée. Quoi ! d'un frivole espoir déjà préoccupée,
Vous me parlez en reine en parlant de Pompée ;
Et d'un faux zèle ainsi votre orgueil revêtu
Fait agir l'intérêt sous le nom de vertu !
Confessez-le, ma sœur, vous sauriez vous en taire,
N'était le testament du feu roi notre père ;
Vous savez qu'il le garde.

Cléopâtre. Et vous saurez aussi
Que la seule vertu me fait parler ainsi,
Et que, si l'intérêt m'avait préoccupée,
J'agirais pour César et non pas pour Pompée.

Apprenez un secret que je voulais cacher,
Et cessez désormais de me rien reprocher.
Quand ce peuple insolent qu'enferme Alexandrie
Fit quitter au feu roi son trône et sa patrie,
Et que jusque dans Rome il alla du sénat
Implorer la pitié contre un tel attentat,
Il nous mena tous deux pour toucher son courage,
Vous, assez jeune encor, moi déjà dans un âge
Où ce peu de beauté que m'ont donné les cieux
D'un assez vif éclat faisait briller mes yeux.
César en fut ravi; du moins ai-je eu la gloire
De le voir hautement donner lieu de le croire;
Mais, voyant contre lui le sénat irrité,
Il fit agir Pompée et son autorité.
Ce dernier nous servit à sa seule prière,
Qui de leur amitié fut la preuve dernière :
Vous en savez l'effet, et vous en jouissez.
Mais pour un si grand cœur ce ne fut pas assez :
Après avoir pour nous employé ce grand homme,
Qui nous gagna soudain toutes les voix de Rome,
Sa faveur en voulut seconder les efforts,
Et, nous ouvrant son cœur, nous ouvrit ses trésors.
Nous eûmes de ses vœux, encore en leur naissance,
Et les nerfs de la guerre, et ceux de la puissance,
Et les mille talents qui lui sont encor dus
Remirent en nos mains tous nos États perdus.
Le roi, qui s'en souvint à son heure fatale,
Me laissa comme à vous la dignité royale,
Et, par son testament, il vous fit cette loi
Pour me rendre une part de ce qu'il tint de moi.
C'est ainsi qu'ignorant d'où vint ce bon office,
Vous appelez faveur ce qui n'est que justice,
Et l'osez accuser d'une aveugle amitié,
Quand du tout qu'il me doit il me rend la moitié.

Ptolémée. Certes, ma sœur, le conte est fait avec adresse.
Cléopâtre. César viendra bientôt, et j'en ai lettre expresse;
Et peut-être aujourd'hui vos yeux seront témoins
De ce que votre esprit s'imagine le moins.
Ce n'est pas sans sujet que je parlais en reine.

Je n'ai reçu de vous que mépris et que haine ;
Et, de ma part du sceptre indigne ravisseur,
Vous m'avez plus traitée en esclave qu'en sœur ;
Même, pour éviter des effets plus sinistres,
Il m'a fallu flatter vos insolents ministres,
Dont j'ai craint jusqu'ici le fer ou le poison.
Mais Pompée ou César m'en va faire raison.
Et, quoi qu'avec Photin Achillas en ordonne,
Ou l'une ou l'autre main me rendra ma couronne.
Cependant mon orgueil vous laisse à démêler
Quel était l'intérêt qui me faisait parler.

SCÈNE IV.

PTOLOMÉE, PHOTIN.

Ptolomée. Que dites-vous, ami, de cette âme orgueilleuse ?
Photin. Seigneur, cette surprise est pour moi merveilleuse,
Je n'en sais que penser, et mon cœur étonné
D'un secret que jamais il n'aurait soupçonné,
Inconstant et confus dans son incertitude,
Ne se résout à rien qu'avec inquiétude.
Ptolomée. Sauverons-nous Pompée ?
                          Photin. Il faudrait faire effort,
Si nous l'avions sauvé, pour conclure sa mort.
Et, pour mieux empêcher, seigneur, qu'on vous opprime,
Consultez-en encore Achillas et Septime.
Ptolomée. Allons donc les voir faire, et montons à la tour ;
Et nous en résoudrons ensemble à leur retour.

ACTE DEUXIÈME.

SCÈNE PREMIÈRE.

CLÉOPATRE, ACHORÉE, CHARMION.

Achorée. Madame, j'ai couru par votre ordre au rivage ;
J'ai vu la trahison, j'ai vu toute sa rage,
Du plus grand des mortels j'ai vu trancher le sort :
J'ai vu dans son malheur la gloire de sa mort ;
Et puisque vous voulez qu'ici je vous raconte
La gloire d'une mort qui nous couvre de honte,
Écoutez, admirez, et plaignez son trépas.
Ses trois vaisseaux en rade avaient mis voiles bas ;
Et, voyant dans le port préparer nos galères,
Il croyait que le roi, touché de ses misères,
Par un beau sentiment d'honneur et de devoir,
Avec toute sa cour le venait recevoir ;
Mais voyant que ce prince, ingrat à ses mérites,
N'envoyait qu'un esquif rempli de satellites,
Il soupçonne aussitôt son manquement de foi,
Et se laisse surprendre à quelque peu d'effroi ;
Enfin, voyant nos bords et notre flotte en armes,
Il condamne en son cœur ces indignes alarmes,
Et réduit tous les soins d'un si pressant ennui
A ne hasarder pas Cornélie avec lui.
« N'exposons, lui dit-il, que cette seule tête
« A la réception que l'Égypte m'apprête ;
« Et tandis que moi seul j'en courrai le danger,
« Songe à prendre la fuite afin de me venger.
« Le roi Juba nous garde une foi plus sincère ;
« Chez lui tu trouveras et mes fils, et ton père ;
« Mais quand tu les verrais descendre chez Pluton,
« Ne désespère point, du vivant de Caton. »
Tandis que leur tendresse en cet adieu conteste,
Achillas à son bord joint son esquif funeste,

Septime se présente, et, lui tendant la main,
Le salue empereur en langage romain :
Et comme député de ce jeune monarque,
« Passez, seigneur, dit-il, passez dans cette barque ;
« Les sables et les bancs cachés dessous les eaux
« Rendent l'accès mal sûr à de plus grands vaisseaux. »
Ce héros voit la fourbe, et s'en moque dans l'âme :
Il reçoit les adieux des siens et de sa femme,
Leur défend de le suivre, et s'avance au trépas
Avec le même front qu'il donnait les États.
La même majesté sur son visage empreinte
Entre ces assassins montre un esprit sans crainte ;
Sa vertu tout entière à la mort le conduit :
Son affranchi Philippe est le seul qui le suit ;
C'est de lui que j'ai su ce que je viens de dire,
Mes yeux ont vu le reste et mon cœur en soupire,
Et croit que César même à de si grands malheurs
Ne pourra refuser des soupirs et des pleurs.

Cléopâtre. N'épargnez pas les miens ; achevez, Achorée,
L'histoire d'une mort que j'ai déjà pleurée.

Achorée. On l'amène ; et du port nous le voyons venir,
Sans que pas un d'entre eux daigne l'entretenir.
Ce mépris lui fait voir ce qu'il en doit attendre.
Sitôt qu'on a pris terre on l'invite à descendre :
Il se lève ; et soudain pour signal Achillas,
Derrière ce héros, tirant son coutelas,
Septime et trois des siens, lâches enfants de Rome,
Percent à coups pressés les flancs de ce grand homme,
Tandis qu'Achillas même, épouvanté d'horreur,
De ces quatre enragés admire la fureur.

Cléopâtre. Vous qui livrez la terre aux discordes civiles,
Si vous vengez sa mort, dieux, épargnez nos villes !
N'imputez rien aux lieux, reconnaissez les mains ;
Le crime de l'Égypte est fait par des Romains.
Mais que fait et que dit ce généreux courage ?

Achorée. D'un des pans de sa robe il couvre son visage,
A son mauvais destin en aveugle obéit,
Et dédaigne de voir le ciel qui le trahit,
De peur que d'un coup d'œil contre une telle offense

ACTE II, SCÈNE I.

Il ne semble implorer son aide ou sa vengeance.
Aucun gémissement à son cœur échappé
Ne le montre, en mourant, digne d'être frappé :
Immobile à leurs coups, en lui-même il rappelle
Ce qu'eut de beau sa vie, et ce qu'on dira d'elle ;
Et tient la trahison que le roi leur prescrit
Trop au-dessous de lui pour y prêter l'esprit.
Sa vertu dans leur crime augmente ainsi son lustre ;
Et son dernier soupir est un soupir illustre,
Qui, de cette grande âme achevant les destins,
Étale tout Pompée aux yeux des assassins.
Sur les bords de l'esquif sa tête enfin penchée,
Par le traître Septime indignement tranchée,
Passe au bout d'une lance en la main d'Achillas,
Ainsi qu'un grand trophée après de grands combats.
On descend, et pour comble à sa noire aventure
On donne à ce héros la mer pour sépulture,
Et le tronc sous les flots roule dorénavant
Au gré de la fortune, et de l'onde, et du vent.
La triste Cornélie, à cet affreux spectacle,
Par de longs cris aigus tâche d'y mettre obstacle,
Défend ce cher époux de la voix et des yeux ;
Puis, n'espérant plus rien, lève les mains aux cieux ;
Et cédant tout à coup à la douleur plus forte,
Tombe, dans sa galère, évanouie ou morte.
Les siens en ce désastre, à force de ramer,
L'éloignent de la rive, et regagnent la mer.
Mais sa fuite est mal sûre : et l'infâme Septime,
Qui se voit dérober la moitié de son crime,
Afin de l'achever, prend six vaisseaux au port,
Et poursuit sur les eaux Pompée après sa mort.
Cependant Achillas porte au roi sa conquête :
Tout le peuple tremblant en détourne la tête ;
Un effroi général offre à l'un sous ses pas
Des abîmes ouverts pour venger ce trépas ;
L'autre entend le tonnerre ; et chacun se figure
Un désordre soudain de toute la nature ;
Tant l'excès du forfait, troublant leurs jugements,
Présente à leur terreur l'excès des châtiments !

Philippe, d'autre part, montrant sur le rivage
Dans une âme servile un généreux courage,
Examine d'un œil et d'un soin curieux
Où les vagues rendront ce dépôt précieux,
Pour lui rendre, s'il peut, ce qu'aux morts on doit rendre,
Dans quelque urne chétive en ramasser la cendre,
Et d'un peu de poussière élever un tombeau
A celui qui du monde eut le sort le plus beau.
Mais comme vers l'Afrique on poursuit Cornélie,
On voit d'ailleurs César venir de Thessalie :
Une flotte paraît, qu'on a peine à compter...

Cléopâtre. C'est lui-même, Achorée, il n'en faut point douter.
Tremblez, tremblez, méchants, voici venir la foudre ;
Cléopâtre a de quoi vous mettre tous en poudre :
César vient, elle est reine, et Pompée est vengé ;
La tyrannie est bas et le sort a changé.
Admirons cependant le destin des grands hommes,
Plaignons-les, et par eux jugeons ce que nous sommes.
Ce prince d'un sénat maître de l'univers,
Dont le bonheur semblait au-dessus du revers,
Lui que sa Rome a vu, plus craint que le tonnerre,
Triompher en trois fois des trois parts de la terre,
Et qui voyait encore en ces derniers hasards
L'un et l'autre consul suivre ses étendards ;
Sitôt que d'un malheur sa fortune est suivie,
Les monstres de l'Égypte ordonnent de sa vie :
On voit un Achillas, un Septime, un Photin,
Arbitres souverains d'un si noble destin ;
Un roi qui de ses mains a reçu la couronne
A ces pestes de cour lâchement l'abandonne.
Ainsi finit Pompée ; et peut-être qu'un jour
César éprouvera même sort à son tour.
Rendez l'augure faux, dieux qui voyez mes larmes,
Et secondez partout et mes vœux et ses armes !

Charmion. Madame, le roi vient, qui pourra vous ouïr.

SCÈNE II.

PTOLOMÉE, CLÉOPATRE, CHARMION.

Ptolomée. Savez-vous le bonheur dont nous allons jouir,
Ma sœur?
Cléopatre. Oui, je le sais, le grand César arrive :
Sous les lois de Photin je ne suis plus captive.
Ptolomée. Vous haïssez toujours ce fidèle sujet?
Cléopâtre. Non, mais en liberté je ris de son projet.
Ptolomée. Quel projet faisait-il dont vous puissiez vous plaindre?
Cléopâtre. J'en ai souffert beaucoup, et j'avais plus à craindre.
Un si grand politique est capable de tout ;
Et vous donnez les mains à tout ce qu'il résout.
Ptolomée. Si je suis ses conseils, j'en connais la prudence.
Cléopâtre. Si j'en crains les effets, j'en vois la violence.
Ptolomée. Pour le bien de l'État tout est juste en un roi.
Cléopâtre. Ce genre de justice est à craindre pour moi ;
Après ma part du sceptre, à ce titre usurpée,
Il en coûte la vie et la tête à Pompée [1].
Ptolomée. Jamais un coup d'État ne fut mieux entrepris.
Le voulant secourir, César nous eût surpris ;
Vous voyez sa vitesse ; et l'Égypte troublée
Avant qu'être en défense en serait accablée ;
Mais je puis maintenant à cet heureux vainqueur
Offrir en sûreté mon trône et votre cœur.
Cléopâtre. Je ferai mes présents, n'ayez soin que des vôtres,
Et dans vos intérêts n'en confondez point d'autres.
Ptolomée. Les vôtres sont les miens, étant de même sang.
Cléopâtre. Vous pouvez dire encore, étant de même rang,
Étant rois l'un et l'autre ; et toutefois je pense
Que nos deux intérêts ont quelque différence.
Ptolomée. Oui, ma sœur ; car l'État, dont mon cœur est content,
Sur quelques bords du Nil à grand'peine s'étend :
Mais César, à vos lois soumettant son courage,
Vous va faire régner sur le Gange et le Tage.
Cléopâtre. J'ai de l'ambition, mais je la sais régler :

---

(1) Quand on dit *la vie*, *la tête* est de trop. (V.)

Elle peut m'éblouir, et non pas m'aveugler.
Ne parlons point ici du Tage, ni du Gange;
Je connais ma portée, et ne prends point le change.

Ptolomée. L'occasion vous rit, et vous en userez.
Cléopâtre. Si je n'en use bien, vous m'en accuserez.
Ptolomée. J'en espère beaucoup, vu l'ardeur qui l'engage.
Cléopâtre. Vous la craignez peut-être encore davantage;
Mais, quelque occasion qui me rie aujourd'hui,
N'ayez aucune peur, je ne veux rien d'autrui;
Je ne garde pour vous ni haine ni colère;
Et je suis bonne sœur, si vous n'êtes bon frère.
Ptolomée. Vous montrez cependant un peu bien du mépris.
Cléopâtre. Le temps de chaque chose ordonne et fait le prix.
Ptolomée. Votre façon d'agir le fait assez connaître.
Cléopâtre. Le grand César arrive, et vous avez un maître.
Ptolomée. Il l'est de tout le monde, et je l'ai fait le mien.
Cléopâtre. Allez lui rendre hommage, et j'attendrai le sien.
Allez, ce n'est pas trop pour lui que de vous-même :
Je garderai pour vous l'honneur du diadème.
Photin vous vient aider à le bien recevoir;
Consultez avec lui quel est votre devoir.

SCÈNE III.

PTOLOMÉE, PHOTIN.

Ptolomée. J'ai suivi tes conseils; mais plus je l'ai flattée,
Et plus dans l'insolence elle s'est emportée,
Si bien qu'enfin, outré de tant d'indignités,
Je m'allais emporter dans les extrémités :
Mon bras, dont ses mépris forçaient la retenue,
N'eût plus considéré César ni sa venue,
Et l'eût mise en état, malgré tout son appui,
De se plaindre à Pompée auparavant qu'à lui.
L'arrogante! à l'ouïr elle est déjà ma reine;
Et, si César en croit son orgueil et sa haine,
Si, comme elle s'en vante, elle est son cher objet,
De son frère et son roi je deviens son sujet.
Non, non; prévenons-la : c'est faiblesse d'attendre

ACTE II, SCÈNE III.

    Le mal qu'on voit venir sans vouloir s'en défendre.
Photin. Seigneur, ne donnez point de prétexte à César
    Pour attacher l'Égypte aux pompes de son char.
Ptolomée. Si Cléopâtre vit, s'il la voit, elle est reine.
Photin. Si Cléopâtre meurt, votre perte est certaine.
Ptolomée. Je perdrai qui me perd, ne pouvant me sauver.
Photin. Pour la perdre avec joie il faut vous conserver.
Ptolomée. Quoi! pour voir sur sa tête éclater ma couronne?
    Sceptre, s'il faut enfin que ma main t'abandonne,
    Passe, passe plutôt en celle du vainqueur.
Photin. Vous l'arracherez mieux de celle d'une sœur.
    Il voit encor l'Afrique et l'Espagne occupées
    Par Juba, Scipion, et les jeunes Pompées;
    Et le monde à ses lois n'est point assujetti,
    Tant qu'il verra durer ces restes du parti.
    Au sortir de Pharsale un si grand capitaine
    Saurait mal son métier s'il laissait prendre haleine,
    Et s'il donnait loisir à des cœurs si hardis
    De relever du coup dont ils sont étourdis :
    S'il les vainc, s'il parvient où son désir aspire,
    Il faut qu'il aille à Rome établir son empire,
    Jouir de sa fortune et de son attentat,
    Et changer à son gré la forme de l'État.
    Jugez durant ce temps ce que vous pourrez faire.
    Seigneur, voyez César, forcez-vous à lui plaire;
    Et lui déférant tout, veuillez vous souvenir
    Que les événements régleront l'avenir.
    Remettez en ses mains trône, sceptre, couronne,
    Et, sans en murmurer, souffrez qu'il en ordonne :
    Il en croira sans doute ordonner justement,
    En suivant du feu roi l'ordre et le testament ;
    L'importance d'ailleurs de ce dernier service
    Ne permet pas d'en craindre une entière injustice.
    Quoi qu'il en fasse enfin, feignez d'y consentir,
    Louez son jugement, et laissez-le partir.
    Après, quand nous verrons le temps propre aux vengeances,
    Nous aurons et la force et les intelligences.
    Jusque-là réprimez ces transports violents
    Qu'excitent d'une sœur les mépris insolents :

Les bravades enfin sont des discours frivoles,
Et qui songe aux effets néglige les paroles.
Ptolomée. Ah! tu me rends la vie et le sceptre à la fois :
Un sage conseiller est le bonheur des rois.
Cher appui de mon trône, allons, sans plus attendre,
Offrir tout à César, afin de tout reprendre;
Avec toute ma flotte allons le recevoir,
Et par ces vains honneurs séduire son pouvoir.

ACTE TROISIÈME.

SCÈNE PREMIÈRE.

CHARMION, ACHORÉE.

Charmion. Oui, tandis que le roi va lui-même en personne
Jusqu'aux pieds de César prosterner sa couronne,
Cléopâtre s'enferme en son appartement,
Et, sans s'en émouvoir, attend son compliment.
Comment nommerez-vous une humeur si hautaine?
Achorée. Un orgueil noble et juste, et digne d'une reine
Qui soutient avec cœur et magnanimité
L'honneur de sa naissance et de sa dignité :
Lui pourrai-je parler?
      Charmion. Non; mais elle m'envoie
Savoir à cet abord ce qu'on a vu de joie;
Ce qu'à ce beau présent César a témoigné;
S'il a paru content, ou s'il l'a dédaigné;
S'il traite avec douceur, s'il traite avec empire;
Ce qu'à nos assassins enfin il a su dire.
Achorée. La tête de Pompée a produit des effets
Dont ils n'ont pas sujet d'être fort satisfaits.

Je ne sais si César prendrait plaisir à feindre ;
Mais pour eux jusqu'ici je trouve lieu de craindre :
S'ils aimaient Ptolomée, ils l'ont fort mal servi.
Vous l'avez vu partir, et moi je l'ai suivi.
Ses vaisseaux en bon ordre ont éloigné la ville,
Et pour joindre César n'ont avancé qu'un mille :
Il venait à plein voile ; et si dans les hasards
Il éprouva toujours pleine faveur de Mars,
Sa flotte, qu'à l'envi favorisait Neptune,
Avait le vent en poupe ainsi que sa fortune.
Dès le premier abord notre prince étonné
Ne s'est plus souvenu de son front couronné ;
Sa frayeur a paru sous sa fausse allégresse ;
Toutes ses actions ont senti la bassesse :
J'en ai rougi moi-même, et me suis plaint à moi
De voir là Ptolomée, et n'y voir point de roi ;
Et César, qui lisait sa peur sur son visage,
Le flattait par pitié pour lui donner courage.
Lui, d'une voix tombante offrant ce don fatal :
« Seigneur, vous n'avez plus, lui dit-il, de rival ;
« Ce que n'ont pu les dieux dans votre Thessalie,
« Je vais mettre en vos mains Pompée et Cornélie :
« En voici déjà l'un, et pour l'autre, elle fuit :
« Mais avec six vaisseaux un des miens la poursuit. »
A ces mots Achillas découvre cette tête :
Il semble qu'à parler encore elle s'apprête ;
Qu'à ce nouvel affront un reste de chaleur
En sanglots mal formés exhale sa douleur ;
Sa bouche encore ouverte et sa vue égarée
Rappellent sa grande âme à peine séparée ;
Et son courroux mourant fait un dernier effort
Pour reprocher aux dieux sa défaite et sa mort.
César, à cet aspect comme frappé du foudre,
Et comme ne sachant que croire ou que résoudre,
Immobile, et les yeux sur l'objet attachés,
Nous tient assez longtemps ses sentiments cachés ;
Et je dirai, si j'ose en faire conjecture,
Que, par un mouvement commun à la nature,
Quelque maligne joie en son cœur s'élevait,

Dont sa gloire indignée à peine le sauvait [1].
L'aise de voir la terre à son pouvoir soumise
Chatouillait malgré lui son âme avec surprise,
Et de cette douceur son esprit combattu
Avec un peu d'effort rassurait sa vertu.
S'il aime sa grandeur, il hait la perfidie ;
Il se juge en autrui, se tâte, s'étudie,
Examine en secret sa joie et ses douleurs,
Les balance, choisit, laisse couler des pleurs ;
Et, forçant sa vertu d'être encor la maîtresse,
Se montre généreux par un trait de faiblesse :
Ensuite il fait ôter ce présent de ses yeux,
Lève les mains ensemble et les regards aux cieux,
Lâche deux ou trois mots contre cette insolence ;
Puis tout triste et pensif il s'obstine au silence,
Et même à ses Romains ne daigne repartir
Que d'un regard farouche et d'un profond soupir.
Enfin ayant pris terre avec trente cohortes,
Il se saisit du port, il se saisit des portes,
Met des gardes partout et des ordres secrets,
Fait voir sa défiance ainsi que ses regrets,
Parle d'Égypte en maître, et de son adversaire,
Non plus comme ennemi, mais comme son beau-père.
Voilà ce que j'ai vu.

Charmion. Voilà ce qu'attendait,
Ce qu'au juste Osiris la reine demandait.
Je vais bien la ravir avec cette nouvelle.
Vous, continuez-lui ce service fidèle.

Achorée. Qu'elle n'en doute point. Mais César vient. Allez.
Peignez-lui bien nos gens pâles et désolés ;
Et moi, soit que l'issue en soit douce ou funeste,
J'irai l'entretenir quand j'aurai vu le reste.

---

(1) Quelle peinture, et quelle vérité ! que ces grands traits effacent de fautes ! Rien n'est plus beau que cette tirade : elle fait voir en même temps qu'il fallait mettre ce récit intéressant dans la bouche d'un personnage plus important qu'Achorée. (V.)

SCÈNE II.

CÉSAR, PTOLOMÉE, LÉPIDE, PHOTIN, ACHORÉE; SOLDATS ROMAINS, SOLDATS ÉGYPTIENS.

Ptolomée. Seigneur, montez au trône, et commandez ici.
César. Connaissez-vous César, de lui parler ainsi ?
Que m'offrirait de pis la fortune ennemie,
A moi qui tiens le trône égal à l'infamie !
Certes, Rome à ce coup pourrait bien se vanter
D'avoir eu juste lieu de me persécuter ;
Elle qui d'un même œil les donne et les dédaigne,
Qui ne voit rien aux rois qu'elle aime ou qu'elle craigne,
Et qui verse en nos cœurs, avec l'âme et le sang,
Et la haine du nom, et le mépris du rang.
C'est ce que de Pompée il vous fallait apprendre :
S'il en eût aimé l'offre, il eût su s'en défendre ;
Et le trône et le roi se seraient ennoblis
A soutenir la main qui les a rétablis.
Vous eussiez pu tomber, mais tout couvert de gloire :
Votre chute eût valu la plus haute victoire ;
Et si votre destin n'eût pu vous en sauver,
César eût pris plaisir à vous en relever.
Vous n'avez pu former une si noble envie.
Mais quel droit aviez-vous sur cette illustre vie ?
Que vous devait son sang pour y tremper vos mains,
Vous qui devez respect au moindre des Romains ?
Ai-je vaincu pour vous dans les champs de Pharsale ?
Et, par une victoire aux vaincus trop fatale,
Vous ai-je acquis sur eux, en ce dernier effort,
La puissance absolue et de vie et de mort ?
Moi qui n'ai jamais pu la souffrir à Pompée,
La souffrirai-je en vous sur lui-même usurpée,
Et que de mon bonheur vous ayez abusé
Jusqu'à plus attenter que je n'aurais osé ?
De quel nom, après tout, pensez-vous que je nomme
Ce camp où vous tranchez du souverain de Rome,

Et qui sur un seul chef lui fait bien plus d'affront
Que sur tant de milliers ne fit le roi de Pont?
Pensez-vous que j'ignore ou que je dissimule
Que vous n'auriez pas eu pour moi plus de scrupule,
Et que, s'il m'eût vaincu, votre esprit complaisant
Lui faisait de ma tête un semblable présent[1] ?
Grâces à ma victoire, on me rend des hommages
Où ma fuite eût reçu toutes sortes d'outrages ;
Au vainqueur, non à moi, vous faites tout l'honneur :
Si César en jouit, ce n'est que par bonheur.
Amitié dangereuse et redoutable zèle,
Que règle la fortune, et qui tourne avec elle !
Mais parlez, c'est trop être interdit et confus.

Ptolomée. Je le suis, il est vrai, si jamais je le fus ;
Et vous-même avouerez que j'ai sujet de l'être.
Étant né souverain, je vois ici mon maître :
Ici, dis-je, où ma cour tremble en me regardant,
Où je n'ai point encore agi qu'en commandant,
Je vois une autre cour sous une autre puissance,
Et ne puis plus agir qu'avec obéissance.
De votre seul aspect je me suis vu surpris :
Jugez si vos discours rassurent mes esprits ;
Jugez par quel moyen je puis sortir d'un trouble
Que forme le respect, que la crainte redouble,
Et ce que vous peut dire un prince épouvanté
De voir tant de colère et tant de majesté.
Dans ces étonnements dont mon âme est frappée
De rencontrer en vous le vengeur de Pompée,
Il me souvient pourtant que s'il fut notre appui,
Nous vous dûmes dès lors autant et plus qu'à lui.
Votre faveur pour nous éclata la première,
Tout ce qu'il fit après fut à votre prière :
Il émut le sénat pour des rois outragés,
Que sans cette prière il aurait négligés ;
Mais de ce grand sénat les saintes ordonnances
Eussent peu fait pour nous, seigneur, sans vos finances ;
Par là de nos mutins le feu roi vint à bout ;

---

(1) Cela est beau, parce que cela est vrai. Il n'y a là ni déclamation ni enflure. (V.)

Et, pour en bien parler, nous vous devons le tout.
Nous avons honoré votre ami, votre gendre,
Jusqu'à ce qu'à vous-même il ait osé se prendre ;
Mais voyant son pouvoir, de vos succès jaloux,
Passer en tyrannie, et s'armer contre vous...

César. Tout beau : que votre haine en son sang assouvie
N'aille point à sa gloire ; il suffit de sa vie.
N'avancez rien ici que Rome ose nier ;
Et justifiez-vous sans le calomnier.

Ptolomée. Je laisse donc aux dieux à juger ses pensées,
Et dirai seulement qu'en vos guerres passées,
Où vous fûtes forcé par tant d'indignités,
Tous nos vœux ont été pour vos prospérités ;
Que, comme il vous traitait en mortel adversaire,
J'ai cru sa mort pour vous un malheur nécessaire ;
Et que sa haine injuste, augmentant tous les jours,
Jusque dans les enfers chercherait du secours ;
Ou qu'enfin, s'il tombait dessous votre puissance,
Il nous fallait pour vous craindre votre clémence ;
Et que le sentiment d'un cœur trop généreux,
Usant mal de vos droits, vous rendît malheureux.
J'ai donc considéré qu'en ce péril extrême
Nous vous devions, seigneur, servir malgré vous-même ;
Et, sans attendre d'ordre, en cette occasion,
Mon zèle ardent l'a prise à ma confusion.
Vous m'en désavouez, vous l'imputez à crime ;
Mais pour servir César rien n'est illégitime.
J'en ai souillé mes mains pour vous en préserver :
Vous pouvez en jouir, et le désapprouver ;
Et plus j'ai fait pour vous, plus l'action est noire,
Puisque c'est d'autant plus vous immoler ma gloire,
Et que ce sacrifice, offert par mon devoir,
Vous assure la vôtre avec votre pouvoir.

César. Vous cherchez, Ptolomée, avecque trop de ruses
De mauvaises couleurs et de froides excuses.
Votre zèle était faux, si seul il redoutait
Ce que le monde entier à pleins vœux souhaitait :
Et s'il vous a donné ces craintes trop subtiles,
Qui m'ôtent tout le fruit de nos guerres civiles,

Où l'honneur seul m'engage, et que pour terminer
Je ne veux que celui de vaincre et pardonner,
Où mes plus dangereux et plus grands adversaires,
Sitôt qu'ils sont vaincus, ne sont plus que mes frères ;
Et mon ambition ne va qu'à les forcer,
Ayant dompté leur haine, à vivre et m'embrasser.
O combien d'allégresse une si triste guerre
Aurait-elle laissé dessus toute la terre
Si Rome avait pu voir marcher en même char,
Vainqueurs de leur discorde, et Pompée et César !
Voilà ces grands malheurs que craignait votre zèle.
O crainte ridicule autant que criminelle !
Vous craigniez ma clémence ! ah ! n'ayez plus ce soin ;
Souhaitez-la plutôt, vous en avez besoin [1].
Si je n'avais égard qu'aux lois de la justice,
Je m'apaiserais Rome avec votre supplice,
Sans que ni vos respects, ni votre repentir,
Ni votre dignité, vous puisse garantir ;
Votre trône lui-même en serait le théâtre :
Mais, voulant épargner le sang de Cléopâtre,
J'impute à vos flatteurs toute la trahison,
Et je veux voir comment vous m'en ferez raison ;
Suivant les sentiments dont vous serez capable
Je saurai vous tenir innocent ou coupable.
Cependant à Pompée élevez des autels ;
Rendez-lui les honneurs qu'on rend aux immortels ;
Par un prompt sacrifice expiez tous vos crimes ;
Et surtout pensez bien au choix de vos victimes.
Allez y donner ordre, et me laissez ici
Entretenir les miens sur quelque autre souci.

SCÈNE III.

CÉSAR, CORNÉLIE, ANTOINE, LÉPIDE, SEPTIME.

Septime. Seigneur...

César. Allez, Septime, allez vers votre maître ;

---

(1) *Souhaitez-la plutôt* est sublime ; et quoique les vers suivants étendent peut-être un peu trop cette pensée, ils ne la déparent pas ; tant on aime à voir le crime puni, et un roi confondu par un Romain. (V.)

ACTE III, SCÈNE III.

César ne peut souffrir la présence d'un traître,
D'un Romain lâche assez pour servir sous un roi,
Après avoir servi sous Pompée et sous moi [1].

(*Septime rentre.*)

Cornélie. César, car le destin, que dans tes fers je brave,
Me fait ta prisonnière, et non pas ton esclave,
Et tu ne prétends pas qu'il m'abatte le cœur
Jusqu'à te rendre hommage, et te nommer seigneur;
De quelque rude trait qu'il m'ose avoir frappée,
Veuve du jeune Crasse, et veuve de Pompée,
Fille de Scipion, et, pour dire encor plus,
Romaine, mon courage est encore au-dessus;
Et, de tous les assauts que sa rigueur me livre,
Rien ne me fait rougir que la honte de vivre.
J'ai vu mourir Pompée, et ne l'ai pas suivi;
Et, bien que le moyen m'en ait été ravi,
Qu'une pitié cruelle à mes douleurs profondes
M'ait ôté le secours et du fer et des ondes,
Je dois rougir pourtant, après un tel malheur,
De n'avoir pu mourir d'un excès de douleur :
Ma mort était ma gloire, et le destin m'en prive
Pour croître mes malheurs, et me voir ta captive.
Je dois bien toutefois rendre grâces aux dieux
De ce qu'en arrivant je te trouve en ces lieux,
Que César y commande, et non pas Ptolomée.
Hélas! et sous quel astre, ô ciel! m'as-tu formée,
Si je leur dois des vœux de ce qu'ils ont permis
Que je rencontre ici mes plus grands ennemis,
Et tombe entre leurs mains plutôt qu'aux mains d'un prince
Qui doit à mon époux son trône et sa province?
César, de ta victoire écoute moins le bruit;
Elle n'est que l'effet du malheur qui me suit;
Je l'ai porté pour dot chez Pompée et chez Crasse;
Deux fois du monde entier j'ai causé la disgrâce;
Deux fois de mon hymen le nœud mal assorti
A chassé tous les dieux du plus juste parti :
Heureuse en mes malheurs, si ce triste hyménée

---

(1) Ces quatre vers de César à Septime relèvent tout d'un coup le caractère de César, et le rendent digne d'écouter Cornélie.

Pour le bonheur de Rome à César m'eût donnée !
Et si j'eusse avec moi porté dans ta maison
D'un astre envenimé l'invincible poison !
Car enfin n'attends pas que j'abaisse ma haine.
Je te l'ai déjà dit, César, je suis Romaine,
Et quoique ta captive, un cœur comme le mien,
De peur de s'oublier, ne te demande rien.
Ordonne ; et, sans vouloir qu'il tremble, ou s'humilie,
Souviens-toi seulement que je suis Cornélie.

César. O d'un illustre époux noble et digne moitié,
Dont le courage étonne, et le sort fait pitié !
Certes, vos sentiments font assez reconnaître
Qui vous donna la main, et qui vous donna l'être ;
Et l'on juge aisément, au cœur que vous portez,
Où vous êtes entrée, et de qui vous sortez.
L'âme du jeune Crasse et celle de Pompée,
L'une et l'autre vertu par le malheur trompée,
Le sang des Scipions protecteur de nos dieux,
Parlent par votre bouche et brillent dans vos yeux ;
Et Rome dans ses murs ne voit point de famille
Qui soit plus honorée ou de femme ou de fille.
Plût au grand Jupiter, plût à ces mêmes dieux
Qu'Annibal eût bravés jadis sans vos aïeux,
Que ce héros si cher dont le ciel vous sépare
N'eût pas si mal connu la cour d'un roi barbare,
Ni mieux aimé tenter une incertaine foi,
Que la vieille amitié qu'il eût trouvée en moi ;
Qu'il eût voulu souffrir qu'un bonheur de mes armes
Eût vaincu ses soupçons, dissipé ses alarmes ;
Et qu'enfin, m'attendant sans plus se défier,
Il m'eût donné moyen de me justifier !
Alors, foulant aux pieds la discorde et l'envie,
Je l'eusse conjuré de se donner la vie,
D'oublier ma victoire, et d'aimer un rival
Heureux d'avoir vaincu pour vivre son égal.
J'eusse alors regagné son âme satisfaite
Jusqu'à lui faire aux dieux pardonner sa défaite ;
Il eût fait à son tour, en me rendant son cœur,
Que Rome eût pardonné la victoire au vainqueur.

Mais puisque par sa perte, à jamais sans seconde,
Le sort a dérobé cette allégresse au monde,
César s'efforcera de s'acquitter vers vous
De ce qu'il voudrait rendre à cet illustre époux.
Prenez donc en ces lieux liberté tout entière :
Seulement pour deux jours soyez ma prisonnière,
Afin d'être témoin comme, après nos débats,
Je chéris sa mémoire et venge son trépas,
Et de pouvoir apprendre à toute l'Italie
De quel orgueil nouveau m'enfle la Thessalie.
Je vous laisse à vous-même et vous quitte un moment.
Choisissez-lui, Lépide, un digne appartement ;
Et qu'on l'honore ici, mais en dame romaine,
C'est-à-dire un peu plus qu'on n'honore la reine.
Commandez, et chacun aura soin d'obéir.

Cornélie. O ciel ! que de vertus vous me faites haïr.

ACTE QUATRIÈME.

SCÈNE PREMIÈRE.

PTOLOMÉE, ACHILLAS, PHOTIN.

Ptolomée. Quoi ! de la même main et de la même épée
Dont il vient d'immoler le malheureux Pompée,
Septime, par César indignement chassé,
Dans un tel désespoir à vos yeux a passé ?

Achillas. Oui, seigneur ; et sa mort a de quoi vous apprendre
La honte qu'il prévient, et qu'il vous faut attendre.
Jugez quel est César à ce courroux si lent.
Un moment pousse et rompt un transport violent ;
Mais l'indignation qu'on prend avec étude
Augmente avec le temps, et porte un coup plus rude ;
Ainsi n'espérez pas de le voir modéré ;
Par adresse il se fâche après s'être assuré.

Sa puissance établie, il a soin de sa gloire.
Il poursuivait Pompée, et chérit sa mémoire ;
Et veut tirer à soi, par un courroux accort [1],
L'honneur de sa vengeance et le fruit de sa mort.

Ptolomée. Ah ! si je t'avais cru, je n'aurais pas de maître ;
Je serais dans le trône où le ciel m'a fait naître :
Mais c'est une imprudence assez commune aux rois
D'écouter trop d'avis, et se tromper au choix ;
Le destin les aveugle au bord du précipice ;
Ou si quelque lumière en leur âme se glisse,
Cette fausse clarté, dont il les éblouit,
Les plonge dans un gouffre, et puis s'évanouit.

Photin. J'ai mal connu César ; mais puisqu'en son estime
Un si rare service est un énorme crime,
Il porte dans son flanc de quoi nous en laver ;
C'est là qu'est notre grâce, il nous l'y faut trouver.
Je ne vous parle plus de souffrir sans murmure,
D'attendre son départ pour venger cette injure ;
Je sais mieux conformer les remèdes au mal :
Justifions sur lui la mort de son rival ;
Et, notre main alors également trempée
Et du sang de César et du sang de Pompée,
Rome, sans leur donner de titres différents,
Se croira par vous seul libre de deux tyrans.

Ptolomée. Oui, par là seulement ma perte est évitable ;
C'est trop craindre un tyran que j'ai fait redoutable :
Montrons que sa fortune est l'œuvre de nos mains ;
Deux fois en même jour disposons des Romains ;
Faisons leur liberté comme leur esclavage.
César, que tes exploits n'enflent plus ton courage ;
Considère les miens, tes yeux en sont témoins.
Pompée était mortel, et tu ne l'es pas moins :
Il pouvait plus que toi ; tu lui portais envie :
Tu n'as, non plus que lui, qu'une âme et qu'une vie ;
Et son sort que tu plains te doit faire penser
Que ton cœur est sensible, et qu'on peut le percer.

---

(1) *Accort* signifie *conciliant* ; il vient d'*accorder* ; il ne signifie pas *feint* : c'est d'ailleurs un mot qui n'est plus en usage dans le style noble, et on doit regretter qu'il n'y soit plus. *Tirer à soi* est bas. (V.)

ACTE IV, SCÈNE I.

Tonne, tonne à ton gré, fais pour de ta justice :
C'est à moi d'apaiser Rome par ton supplice ;
C'est à moi de punir ta cruelle douceur,
Qui n'épargne en un roi que le sang de sa sœur.
J'emploierai contre toi de plus nobles maximes.
Tu m'as prescrit tantôt de choisir des victimes,
De bien penser au choix ; j'obéis, et je voi
Que je n'en puis choisir de plus digne que toi,
Ni dont le sang offert, la fumée, et la cendre,
Puissent mieux satisfaire aux mânes de ton gendre.
Mais ce n'est pas assez, amis, de s'irriter ;
Il faut voir quels moyens on a d'exécuter :
Toute cette chaleur est peut-être inutile ;
Les soldats du tyran sont maîtres de la ville ;
Que pouvons-nous contre eux ? et, pour les prévenir,
Quel temps devons-nous prendre, et quel ordre tenir ?

Achillas. Nous pouvons tout, seigneur, en l'état où nous sommes.
A deux milles d'ici vous avez six mille hommes,
Que depuis quelques jours, craignant des remuements,
Je faisais tenir prêts à tous événements ;
Quelques soins qu'ait César, sa prudence est déçue.
Cette ville a sous terre une secrète issue,
Par où fort aisément on les peut, cette nuit,
Jusque dans le palais introduire sans bruit :
Car contre sa fortune aller à force ouverte,
Ce serait trop courir vous-même à votre perte.
Il nous le faut surprendre au milieu du festin,
Enivré des douceurs de la table et du vin.
Tout le peuple est pour nous. Tantôt, à son entrée,
J'ai remarqué l'horreur que ce peuple a montrée
Lorsque avec tant de faste il a vu ses faisceaux
Marcher arrogamment, et braver nos drapeaux.
Au spectacle insolent de ce pompeux outrage
Ses farouches regards étincelaient de rage :
Je voyais sa fureur à peine se dompter :
Et, pour peu qu'on le pousse, il est prêt d'éclater :
Mais surtout les Romains que commandait Septime,
Pressés de la terreur que sa mort leur imprime,

13.

Ne cherchent qu'à venger par un coup généreux
Le mépris qu'en leur chef ce superbe a fait d'eux.

Ptolomée. Mais qui pourra de nous approcher sa personne,
Si durant le festin sa garde l'environne ?

Photin. Les gens de Cornélie, entre qui vos Romains
Ont déjà reconnu des frères, des germains,
Dont l'âpre déplaisir leur a laissé paraître
Une soif d'immoler leur tyran à leur maître :
Ils ont donné parole, et peuvent, mieux que nous,
Dans les flancs de César porter les premiers coups.
Son faux art de clémence, ou plutôt sa folie,
Qui pense gagner Rome en flattant Cornélie,
Leur donnera sans doute un assez libre accès
Pour de ce grand dessein assurer le succès.
Mais voici Cléopâtre : agissez avec feinte,
Seigneur, et ne montrez que faiblesse et que crainte.
Nous allons vous quitter, comme objets odieux
Dont l'aspect importun offenserait ses yeux.

Ptolomée. Allez, je vous rejoins.

SCÈNE II.

PTOLOMÉE, CLÉOPATRE, ACHORÉE, CHARMION.

Cléopâtre. J'ai vu César, mon frère,
Et de tout mon pouvoir combattu sa colère.

Ptolomée. Vous êtes généreuse ; et j'avais attendu
Cet office de sœur que vous m'avez rendu.
Mais cet illustre ami vous a bientôt quittée.

Cléopâtre. Sur quelque brouillerie, en la ville excitée,
Il a voulu lui-même apaiser les débats
Qu'avec nos citoyens ont eus quelques soldats :
Et moi, j'ai bien voulu moi-même vous redire
Que vous ne craigniez rien pour vous ni votre empire ;
Et que le grand César blâme votre action
Avec moins de courroux que de compassion.
Il vous plaint d'écouter ces lâches politiques
Qui n'inspirent aux rois que des mœurs tyranniques.

Ainsi que la naissance, ils ont les esprits bas;
En vain on les élève à régir des États :
Un cœur né pour servir sait mal comme on commande;
Sa puissance l'accable alors qu'elle est trop grande;
Et sa main, que le crime en vain fait redouter,
Laisse choir le fardeau qu'elle ne peut porter.

PTOLOMÉE. Vous dites vrai, ma sœur, et ces effets sinistres
Me font bien voir ma faute au choix de mes ministres.
Si j'avais écouté de plus nobles conseils,
Je vivrais dans la gloire où vivent mes pareils;
Je mériterais mieux cette amitié si pure
Que pour un frère ingrat vous donne la nature;
César embrasserait Pompée en ce palais;
Notre Égypte à la terre aurait rendu la paix,
Et verrait son monarque encore à juste titre
Ami de tous les deux, et peut-être l'arbitre.
Mais, puisque le passé ne peut se révoquer,
Trouvez bon qu'avec vous mon cœur s'ose expliquer.
Je vous ai maltraitée; et vous êtes si bonne,
Que vous me conservez la vie et la couronne.
Vainquez-vous tout à fait; et, par un digne effort,
Arrachez Achillas et Photin à la mort.
Elle leur est bien due; ils vous ont offensée;
Mais ma gloire en leur perte est trop intéressée :
Si César les punit des crimes de leur roi,
Toute l'ignominie en rejaillit sur moi :
Il me punit en eux; leur supplice est ma peine.
Forcez, en ma faveur, une trop juste haine.
De quoi peut satisfaire un cœur si généreux
Le sang abject et vil de ces deux malheureux?
Que je vous doive tout : César cherche à vous plaire,
Et vous pouvez d'un mot désarmer sa colère.

CLÉOPÂTRE. Si j'avais en mes mains leur vie et leur trépas,
Je les méprise assez pour ne m'en venger pas :
Mais sur le grand César je puis fort peu de chose,
Quand le sang de Pompée à mes désirs s'oppose.
Je ne me vante pas de pouvoir le fléchir;
J'en ai déjà parlé, mais il a su gauchir;

Et, tournant le discours sur une autre matière,
Il n'a ni refusé, ni souffert ma prière.
Je veux bien toutefois encor m'y hasarder,
Mes efforts redoublés pourront mieux succéder ;
Et j'ose croire...
  Ptolomée. Il vient ; souffrez que je l'évite :
Je crains que ma présence à vos yeux ne l'irrite,
Que son courroux ému ne s'aigrisse à me voir ;
Et vous agirez seule avec plus de pouvoir.

SCÈNE III.

CÉSAR, CLÉOPATRE, ANTOINE, LÉPIDE, CHARMION, ACHORÉE, ROMAINS.

César. Reine, tout est paisible ; et la ville calmée,
Qu'un trouble assez léger avait trop alarmée,
N'a plus à redouter le divorce intestin
Du soldat insolent et du peuple mutin.
Cléopâtre. Faites grâce, seigneur ; ou souffrez que j'en fasse,
Et montre à tous par là que j'ai repris ma place.
Achillas et Photin sont gens à dédaigner ;
Ils sont assez punis en me voyant régner :
Et leur crime...
  César. Ah ! prenez d'autres marques de reine :
Dessus mes volontés vous êtes souveraine ;
Mais, si mes sentiments peuvent être écoutés,
Choisissez des sujets dignes de vos bontés.
Ne vous donnez sur moi qu'un pouvoir légitime,
Et ne me rendez point complice de leur crime.
C'est beaucoup que pour vous j'ose épargner le roi,
Et si mes vœux n'étaient...

SCÈNE IV.

CÉSAR, CORNÉLIE, CLÉOPATRE, ACHORÉE, ANTOINE, LÉPIDE, CHARMION, ROMAINS.

Cornélie. César, prends garde à toi[1] :
Ta mort est résolue, on la jure, on l'apprête ;
A celle de Pompée on veut joindre ta tête.
Prends-y garde, César, ou ton sang répandu
Bientôt parmi le sien se verra confondu.
Mes esclaves en sont; apprends de leurs indices
L'auteur de l'attentat, et l'ordre, et les complices :
Je te les abandonne.

César. O cœur vraiment romain,
Et digne du héros qui vous donna la main !
Ses mânes, qui du ciel ont vu de quel courage
Je préparais la mienne à venger son outrage,
Mettant leur haine bas, me sauvent aujourd'hui
Par la moitié qu'en terre il nous laisse de lui.

Cornélie. Tu te flattes, César, de mettre en ta croyance
Que la haine ait fait place à la reconnaissance :
Ne le présume plus; le sang de mon époux
A rompu pour jamais tout commerce entre nous.
J'attends la liberté qu'ici tu m'as offerte,
Afin de l'employer tout entière à ta perte;
Et je te chercherai partout des ennemis,
Si tu m'oses tenir ce que tu m'as promis.
Mais avec cette soif que j'ai de ta ruine,
Je me jette au-devant du coup qui t'assassine,
Et forme des désirs avec trop de raison
Pour en aimer l'effet par une trahison :

---

(1) Que cette générosité de Cornélie élève l'âme ! Ce n'est point de la terreur et de la pitié, mais c'est de l'admiration. Corneille est le premier de tous les tragiques du monde qui ait excité ce sentiment, et qui en fait la base de la tragédie. Quand l'admiration se joint à la pitié et à la terreur, l'art est poussé alors au plus haut point où l'esprit puisse atteindre. L'admiration seule passe trop vite. Boileau dit :

Inventez des ressorts qui puissent m'attacher.

Que ceux qui travaillent pour la scène tragique aient toujours ce précepte gravé dans leur mémoire. (V.)

Qui la sait et la souffre a part à l'infamie.
Si je veux ton trépas, c'est en juste ennemie :
Mon époux a des fils ; il aura des neveux :
Quand ils te combattront, c'est là que je le veux ;
Et qu'une digne main par moi-même animée,
Dans ton champ de bataille, aux yeux de ton armée,
T'immole noblement et par un digne effort
Aux mânes du héros dont tu venges la mort.
Tous mes soins, tous mes vœux hâtent cette vengeance :
Ta perte la recule, et ton salut l'avance.
Quelque espoir qui d'ailleurs me l'ose ou puisse offrir,
Ma juste impatience aurait trop à souffrir :
La vengeance éloignée est à demi perdue ;
Et, quand il faut l'attendre, elle est trop cher vendue.
Je n'irai point chercher sur les bords africains
Le foudre souhaité que je vois en tes mains :
La tête qu'il menace en doit être frappée :
J'ai pu donner la tienne au lieu d'elle à Pompée.
Ma haine avait le choix ; mais cette haine enfin
Sépare son vainqueur d'avec son assassin,
Et ne croit avoir droit de punir ta victoire
Qu'après le châtiment d'une action si noire.
Rome le veut ainsi ; son adorable front
Aurait de quoi rougir d'un trop honteux affront,
De voir en même jour, après tant de conquêtes,
Sous un indigne fer ses deux plus nobles têtes.
Son grand cœur, qu'à tes lois en vain tu crois soumis,
En veut aux criminels plus qu'à ses ennemis,
Et tiendrait à malheur le bien de se voir libre,
Si l'attentat du Nil affranchissait le Tibre.
Comme autre qu'un Romain n'a pu l'assujettir,
Autre aussi qu'un Romain ne l'en doit garantir.
Tu tomberais ici sans être sa victime ;
Au lieu d'un châtiment ta mort serait un crime ;
Et, sans que tes pareils en conçussent d'effroi,
L'exemple que tu dois périrait avec toi.
Venge-la de l'Égypte à son appui fatale,
Et je la vengerai, si je puis, de Pharsale.

Va, ne perds point de temps, il presse. Adieu : tu peux
Te vanter qu'une fois j'ai fait pour toi des vœux[1].

SCÈNE V.

CÉSAR, CLÉOPATRE, ANTOINE, LÉPIDE, ACHORÉE, CHARMION.

César. Son courage m'étonne autant que leur audace.
Reine, voyez pour qui vous me demandiez grâce !
Cléopâtre. Je n'ai rien à vous dire : allez, seigneur, allez
Venger sur ces méchants tant de droits violés.
On m'en veut plus qu'à vous ; c'est ma mort qu'ils respirent,
C'est contre mon pouvoir que les traîtres conspirent ;
Leur rage, pour l'abattre, attaque mon soutien,
Et par votre trépas cherche un passage au mien.
Mais, parmi ces transports d'une juste colère,
Je ne puis oublier que leur chef est mon frère.
Le saurez-vous, seigneur ! et pourrai-je obtenir
Que ce cœur irrité daigne s'en souvenir ?
César. Oui, je me souviendrai que ce cœur magnanime
Au bonheur de son sang veut pardonner son crime.
Adieu, ne craignez rien ; Achillas et Photin
Ne sont pas gens à vaincre un si puissant destin ;
Pour les mettre en déroute, eux et tous leurs complices,
Je n'ai qu'à déployer l'appareil des supplices,
Et, pour soldats choisis, envoyer des bourreaux
Qui portent hautement mes haches pour drapeaux.

(*César rentre avec les Romains.*)

Cléopâtre. Ne quittez pas César ; allez, cher Achorée,
Repousser avec lui ma mort qu'on a jurée ;
Et quand il punira nos lâches ennemis,
Faites-le souvenir de ce qu'il m'a promis.
Ayez l'œil sur le roi dans la chaleur des armes,
Et conservez son sang pour épargner mes larmes.
Achorée. Madame, assurez-vous qu'il ne peut y périr,
Si mon zèle et mes soins peuvent le secourir.

[1] Ces derniers vers que prononce Cornélie frappent d'admiration, et, quand ce couplet est bien récité, il est toujours suivi d'applaudissements.

ACTE CINQUIÈME.

SCÈNE PREMIÈRE[1].

CORNÉLIE, *tenant une petite urne en sa main*; PHILIPPE.

Cornélie. Mes yeux, puis-je vous croire, et n'est-ce point un songe
Qui sur mes tristes vœux a formé ce mensonge?
Te revois-je, Philippe, et cet époux si cher
A-t-il reçu de toi les honneurs du bûcher?
Cette urne que je tiens contient-elle sa cendre?
O vous, à ma douleur objet terrible et tendre,
Éternel entretien de haine et de pitié,
Reste du grand Pompée, écoutez sa moitié.
N'attendez point de moi de regrets ni de larmes;
Un grand cœur à ses maux applique d'autres charmes.
Les faibles déplaisirs s'amusent à parler,
Et quiconque se plaint cherche à se consoler.
Moi, je jure des dieux la puissance suprême,
Et, pour dire encor plus, je jure par vous-même :
Car vous pouvez bien plus sur ce cœur affligé
Que le respect des dieux qui l'ont mal protégé :
Je jure donc par vous, ô pitoyable reste,
Ma divinité seule après ce coup funeste,
Par vous, qui seul ici pouvez me soulager,
De n'éteindre jamais l'ardeur de le venger.
Ptolomée à César, par un lâche artifice,
Rome, de ton Pompée a fait un sacrifice ;
Et je n'entrerai point dans tes murs désolés,

---

(1) Par quel art une scène inutile est-elle si belle? Cornélie a déjà dit sur la mort de Pompée tout ce qu'elle devait dire. Que les cendres de Pompée soient enfermées dans une urne ou non, c'est une chose absolument indifférente à la construction de la pièce; cette urne ne fait ni le nœud ni le dénouement; retranchez cette scène, la tragédie (si c'en est une) marche tout de même : mais Cornélie dit de si belles choses, Philippe fait parler César d'une manière si noble, le nom seul de Pompée fait une telle impression, que cette scène même soutient le cinquième acte, qui est assez languissant. Ce qui, dans les règles sévères de la tragédie, est un véritable défaut devient ici une beauté frappante par les détails, par les beaux vers. (V.)

Restes du grand Pompée, écoutez sa moitié.

POMPÉE.   Acte V, Scène I

ACTE V, SCÈNE I.

Que le prêtre et le dieu ne lui soient immolés.
Faites-m'en souvenir, et soutenez ma haine,
O cendres, mon espoir aussi bien que ma peine ;
Et, pour m'aider un jour à perdre son vainqueur,
Versez dans tous les cœurs ce que ressent mon cœur.
Toi qui l'as honoré sur cette infâme rive
D'une flamme pieuse autant comme chétive,
Dis-moi, quel bon démon a mis en ton pouvoir
De rendre à ce héros ce funèbre devoir ?

PHILIPPE. Tout couvert de son sang, et plus mort que lui-même,
Après avoir cent fois maudit le diadème,
Madame, j'ai porté mes pas et mes sanglots
Du côté que le vent poussait encor les flots.
Je cours longtemps en vain, mais enfin d'une roche
J'en découvre le tronc vers un sable assez proche,
Où la vague en courroux semblait prendre plaisir
A feindre de le rendre, et puis s'en ressaisir.
Je m'y jette, et l'embrasse, et le pousse au rivage ;
Et, ramassant sous lui le débris d'un naufrage,
Je lui dresse un bûcher à la hâte et sans art,
Tel que je pus sur l'heure, et qu'il plut au hasard.
A peine brûlait-il, que le ciel plus propice
M'envoie un compagnon en ce pieux office :
Cordus, un vieux Romain qui demeure en ces lieux,
Retournant de la ville, y détourne les yeux ;
Et, n'y voyant qu'un tronc dont la tête est coupée,
A cette triste marque il reconnaît Pompée.
Soudain la larme à l'œil : « O toi, qui que tu sois,
« A qui le ciel permet de si dignes emplois,
« Ton sort est bien, dit-il, autre que tu ne penses ;
« Tu crains des châtiments, attends des récompenses.
« César est en Égypte, et venge hautement
« Celui pour qui ton zèle a tant de sentiment.
« Tu peux faire éclater les soins qu'on t'en voit prendre,
« Tu peux même à sa veuve en reporter la cendre.
« Son vainqueur l'a reçue avec tout le respect
« Qu'un dieu pourrait ici trouver à son aspect.
« Achève, je reviens. » Il part et m'abandonne,
Et rapporte aussitôt ce vase qu'il me donne,

Où sa main et la mienne enfin ont renfermé
Ces restes d'un héros par le feu consumé.
Cornélie. O que sa piété mérite de louanges !
Philippe. En entrant j'ai trouvé des désordres étranges.
J'ai vu fuir tout un peuple en foule vers le port,
Où le roi, disait-on, s'était fait le plus fort.
Les Romains poursuivaient ; et César, dans la place
Ruisselante du sang de cette populace,
Montrait de sa justice un exemple assez beau,
Faisant passer Photin par les mains d'un bourreau.
Aussitôt qu'il me voit, il daigne me connaître ;
Et, prenant de ma main les cendres de mon maître :
« Restes d'un demi-dieu, dont à peine je puis
« Égaler le grand nom, tout vainqueur que j'en suis,
« De vos traîtres, dit-il, voyez punir les crimes :
« Attendant des autels, recevez ces victimes ;
« Bien d'autres vont les suivre. Et toi, cours au palais
« Porter à sa moitié ce don que je lui fais ;
« Porte à ses déplaisirs cette faible allégeance,
« Et dis-lui que je cours achever sa vengeance. »
Ce grand homme à ces mots me quitte en soupirant,
Et baise avec respect ce vase qu'il me rend.
Cornélie. O soupirs, ô respect ! ô qu'il est doux de plaindre
Le sort d'un ennemi quand il n'est plus à craindre[1] !
Qu'avec chaleur, Philippe, on court à le venger
Lorsqu'on s'y voit forcé par son propre danger,
Et quand cet intérêt qu'on prend pour sa mémoire
Fait notre sûreté comme il croît notre gloire !
César est généreux, j'en veux être d'accord ;
Mais le roi le veut perdre, et son rival est mort.
Sa vertu laisse lieu de douter à l'envie
De ce qu'elle ferait s'il le voyait en vie.
Tant d'intérêts sont joints à ceux de mon époux,
Que je ne devrais rien à ce qu'il fait pour nous ;
Si, comme par soi-même un grand cœur juge un autre

(1) Ces beaux vers font un très grand effet, parce que la maxime est courte, et qu'elle est en sentiment. Peut-être Cornélie est toujours trop occupée de rabaisser le mérite de César. Elle doit savoir que César a parlé de punir le meurtre de Pompée en arrivant en Égypte, et avant que Ptolomée conspirât contre lui : mais que ne pardonne-t-on point à la veuve de Pompée gémissante !

Je n'aimais mieux juger sa vertu par la nôtre,
Et croire que nous seuls armons ce combattant,
Parce qu'au point qu'il est j'en voudrais faire autant.

SCÈNE II[1].

CLÉOPATRE, CORNÉLIE, PHILIPPE, CHARMION.

Cléopâtre. Je ne viens pas ici pour troubler une plainte
Trop juste à la douleur dont vous êtes atteinte ;
Je viens pour rendre hommage aux cendres d'un héros
Qu'un fidèle affranchi vient d'arracher aux flots,
Pour le plaindre avec vous, et vous jurer, madame,
Que j'aurais conservé ce maître de votre âme,
Si le ciel, qui vous traite avec trop de rigueur,
M'en eût donné la force aussi bien que le cœur.
Si pourtant, à l'aspect de ce qu'il vous renvoie,
Vos douleurs laissaient place à quelque peu de joie ;
Si la vengeance avait de quoi vous soulager,
Je vous dirais aussi qu'on vient de vous venger,
Que le traître Photin... Vous le savez peut-être.

Cornélie. Oui, princesse, je sais qu'on a puni ce traître.

Cléopâtre. Un si prompt châtiment vous doit être bien doux.

Cornélie. S'il a quelque douceur, elle n'est que pour vous.

Cléopâtre. Tous les cœurs trouvent doux le succès qu'ils espèrent.

Cornélie. Comme nos intérêts, nos sentiments diffèrent.
Si César à sa mort joint celle d'Achillas,
Vous êtes satisfaite, et je ne le suis pas.
Aux mânes de Pompée il faut une autre offrande :
La victime est trop basse, et l'injure est trop grande ;
Et ce n'est pas un sang que pour la réparer
Son ombre et ma douleur daignent considérer :
L'ardeur de le venger, dans mon âme allumée,
En attendant César, demande Ptolomée.
Tout indigne qu'il est de vivre et de régner,

(1) Après cette scène de Cornélie, qui est un chef-d'œuvre de génie, on est fâché de voir celle-ci. Quand le sujet baisse, l'auteur baisse nécessairement ; et Cléopâtre n'est pas digne de parler à Cornélie. Ces scènes d'ailleurs ne servent ni au nœud ni au dénouement : ce sont des entretiens, et non pas des scènes.
(V.)

Je sais bien que César se force à l'épargner.
Mais, quoi que sa faveur ait osé vous promettre,
Le ciel, plus juste enfin, n'osera le permettre ;
Et, s'il peut une fois écouter tous mes vœux,
Par la main l'un de l'autre ils périront tous deux.
Mon âme à ce bonheur, si le ciel me l'envoie,
Oubliera ses douleurs pour s'ouvrir à la joie ;
Mais si ce grand souhait demande trop pour moi,
Si vous n'en perdez qu'un, ô ciel ! perdez le roi.

Cléopâtre. Le ciel sur nos souhaits ne règle pas les choses.
Cornélie. Le ciel règle souvent les effets sur les causes,
Et rend aux criminels ce qu'ils ont mérité.
Cléopâtre. Comme de la justice, il a de la bonté.
Cornélie. Oui ; mais il fait juger, à voir comme il commence,
Que sa justice agit, et non pas sa clémence.
Cléopâtre. Souvent de la justice il passe à la douceur.
Cornélie. Reine, je parle en veuve, et vous parlez en sœur.
Chacune a son sujet d'aigreur ou de tendresse,
Qui dans le sort du roi justement l'intéresse.
Apprenons par le sang qu'on aura répandu
A quels souhaits le ciel a le mieux répondu.
Voici votre Achorée.

SCÈNE III.

CORNÉLIE, CLÉOPATRE, ACHORÉE, PHILIPPE, CHARMION.

Cléopâtre.   Hélas ! sur son visage
Rien ne s'offre à mes yeux que de mauvais présage.
Ne nous déguisez rien, parlez sans me flatter :
Qu'ai-je à craindre, Achorée ? ou qu'ai-je à regretter ?
Achorée. Aussitôt que César eut su la perfidie...
Cléopâtre. Ce ne sont pas ses soins que je veux qu'on me die ;
Je sais qu'il fit trancher et clore ce conduit
Par où ce grand secours devait être introduit ;
Qu'il manda tous les siens pour s'assurer la place
Où Photin a reçu le prix de son audace ;
Que d'un si prompt supplice Achillas étonné
S'est aisément saisi du port abandonné ;

ACTE V, SCÈNE III.

        Que le roi l'a suivi ; qu'Antoine a mis à terre
        Ce qui dans ses vaisseaux restait de gens de guerre ;
        Que César l'a rejoint ; et je ne doute pas
        Qu'il n'ait su vaincre encore, et punir Achillas.

Achorée. Oui, madame, on a vu son bonheur ordinaire...

Cléopâtre. Dites-moi seulement s'il a sauvé mon frère,
        S'il m'a tenu promesse.

                Achorée.   Oui, de tout son pouvoir.

Cléopâtre. C'est là l'unique point que je voulais savoir.
        Madame, vous voyez, les dieux m'ont écoutée.

Cornélie. Ils n'ont que différé la peine méritée.

Cléopâtre. Vous la vouliez sur l'heure, ils l'en ont garanti.

Achorée. Il faudrait qu'à nos vœux il eût mieux consenti.

Cléopâtre. Que disiez-vous naguère? et que viens-je d'entendre?
        Accordez ces discours, que j'ai peine à comprendre.

Achorée. Aucuns ordres ni soins n'ont pu le secourir ;
        Malgré César et nous il a voulu périr :
        Mais il est mort, madame, avec toutes les marques
        Que puissent laisser d'eux les plus dignes monarques ;
        Sa vertu rappelée a soutenu son rang,
        Et sa perte aux Romains a coûté bien du sang.
        Il combattait Antoine avec tant de courage,
        Qu'il emportait déjà sur lui quelque avantage :
        Mais l'abord de César a changé le destin ;
        Aussitôt Achillas suit le sort de Photin :
        Il meurt, mais d'une mort trop belle pour un traître,
        Les armes à la main, en défendant son maître.
        Le vainqueur crie en vain qu'on épargne le roi ;
        Ces mots au lieu d'espoir lui donnent de l'effroi ;
        Son esprit alarmé les croit un artifice
        Pour réserver sa tête à l'affront d'un supplice.
        Il pousse dans nos rangs, il les perce, et fait voir
        Ce que peut la vertu qu'arme le désespoir ;
        Et son cœur, emporté par l'erreur qui l'abuse,
        Cherche partout la mort, que chacun lui refuse.
        Enfin perdant haleine après ces grands efforts,
        Près d'être environné, ses meilleurs soldats morts,
        Il voit quelques fuyards sauter dans une barque ;

Il s'y jette, et les siens, qui suivent leur monarque,
D'un si grand nombre en foule accablent ce vaisseau
Que la mer l'engloutit avec tout son fardeau.
C'est ainsi que sa mort lui rend toute sa gloire,
A vous toute l'Égypte, à César la victoire.
Il vous proclame reine ; et, bien qu'aucun Romain
Du sang que vous pleurez n'ait vu rougir sa main,
Il nous fait voir à tous un déplaisir extrême,
Il soupire, il gémit. Mais le voici lui-même,
Qui pourra mieux que moi vous montrer la douleur
Que lui donne du roi l'invincible malheur.

SCÈNE IV.

CÉSAR, CORNÉLIE, CLÉOPATRE, ANTOINE, LÉPIDE, ACHORÉE, CHARMION, PHILIPPE.

Cornélie. César, tiens-moi parole, et me rends mes galères.
Achillas et Photin ont reçu leurs salaires ;
Leur roi n'a pu jouir de ton cœur adouci ;
Et Pompée est vengé ce qu'il peut l'être ici.
Je n'y saurais plus voir qu'un funeste rivage
Qui de leur attentat m'offre l'horrible image,
Ta nouvelle victoire, et le bruit éclatant
Qu'aux changements de roi pousse un peuple inconstant;
Et, parmi ces objets, ce qui le plus m'afflige,
C'est d'y revoir toujours l'ennemi qui m'oblige.
Laisse-moi m'affranchir de cette indignité,
Et souffre que ma haine agisse en liberté.
A cet empressement j'ajoute une requête :
Vois l'urne de Pompée ; il y manque sa tête ?
Ne me la retiens plus ; c'est l'unique faveur
Dont je te puis encor prier avec honneur.

César. Il est juste, et César est tout prêt de vous rendre
Ce reste où vous avez tant de droit de prétendre ;
Mais il est juste aussi qu'après tant de sanglots
A ses mânes errants nous rendions le repos,
Qu'un bûcher allumé par ma main et la vôtre

ACTE V, SCÈNE IV.

Le venge pleinement de la honte de l'autre ;
Que son ombre s'apaise en voyant notre ennui,
Et qu'une urne plus digne et de vous et de lui,
Après la flamme éteinte et les pompes finies,
Renferme avec éclat ses cendres réunies.
De cette même main dont il fut combattu
Il verra des autels dressés à sa vertu ;
Il recevra des vœux, de l'encens, des victimes,
Sans recevoir par là d'honneurs que légitimes :
Pour ces justes devoirs je ne veux que demain ;
Ne me refusez pas ce bonheur souverain.
Faites un peu de force à votre impatience ;
Vous êtes libre après ; partez en diligence ;
Portez à notre Rome un si digne trésor ;
Portez...

Cornélie. Non pas, César, non pas à Rome encor :
Il faut que ta défaite et que tes funérailles
A cette cendre aimée en ouvrent les murailles ;
Et quoiqu'elle la tienne aussi chère que moi,
Elle n'y doit rentrer qu'en triomphant de toi.
Je la porte en Afrique ; et c'est là que j'espère
Que les fils de Pompée, et Caton, et mon père,
Secondés par l'effort d'un roi plus généreux,
Ainsi que la justice auront le sort pour eux.
C'est là que tu verras sur la terre et sur l'onde
Les débris de Pharsale armer un autre monde ;
Et c'est là que j'irai, pour hâter tes malheurs,
Porter de rang en rang ces cendres et mes pleurs.
Je veux que de ma haine ils reçoivent des règles,
Qu'ils suivent au combat des urnes au lieu d'aigles ;
Et que ce triste objet porte en leur souvenir
Les soins de le venger, et ceux de te punir.
Tu veux à ce héros rendre un devoir suprême ;
L'honneur que tu lui rends rejaillit sur toi-même :
Tu m'en veux pour témoin ; j'obéis au vainqueur :
Mais ne présume pas toucher par là mon cœur.
La perte que j'ai faite est trop irréparable ;
La source de ma haine est trop inépuisable :

A l'égal de mes jours je la ferai durer ;
Je veux vivre avec elle, avec elle expirer.
Je t'avouerai pourtant, comme vraiment Romaine,
Que pour toi mon estime est égale à ma haine ;
Que l'une et l'autre est juste, et montre le pouvoir,
L'une de la vertu, l'autre de mon devoir ;
Que l'une est généreuse, et l'autre intéressée,
Et que dans mon esprit l'une et l'autre est forcée.
Tu vois que ta vertu, qu'en vain on veut trahir,
Me force de priser ce que je dois haïr :
Juge ainsi de la haine où mon devoir me lie,
La veuve de Pompée y force Cornélie.
J'irai, n'en doute point, au sortir de ces lieux,
Soulever contre toi les hommes et les dieux ;
Ces dieux qui t'ont flatté, ces dieux qui m'ont trompée ;
Ces dieux qui dans Pharsale ont mal servi Pompée,
Qui, la foudre à la main, l'ont pu voir égorger ;
Ils connaîtront leur faute et le voudront venger.
Mon zèle, à leur refus, aidé de sa mémoire,
Te saura bien sans eux arracher la victoire,
Et quand tout mon effort se trouvera rompu,
Cléopâtre fera ce que je n'aurai pu.
Je sais quelle est ta flamme et quelles sont ses forces,
Que tu n'ignores pas comme on fait les divorces,
Que ton ardeur t'aveugle, et que pour l'épouser
Rome n'a point de lois que tu n'oses briser :
Mais sache aussi qu'alors la jeunesse romaine
Se croira tout permis sur l'époux d'une reine.

SCÈNE V.

CÉSAR, CLÉOPATRE, ANTOINE, LÉPIDE, ACHORÉE, CHARMION.

Cléopâtre. Plutôt qu'à ces périls je vous puisse exposer,
Seigneur, perdez en moi ce qui les peut causer.
César. Reine, ces vains projets sont le seul avantage
Qu'un grand cœur impuissant a du ciel en partage :
Comme il a peu de force, il a beaucoup de soins ;

ACTE V, SCÈNE V.

Et, s'il pouvait plus faire, il souhaiterait moins.
Les dieux empêcheront l'effet de ces augures,
Et mes félicités n'en seront pas moins pures,
Pourvu que votre foi gagne sur vos douleurs
Qu'en faveur de César vous tarissiez vos pleurs ;
Et que votre bonté, sensible à ma prière,
Pour un fidèle ami oublie un mauvais frère.
On aura pu vous dire avec quel déplaisir
J'ai vu le désespoir qu'il a voulu choisir ;
Avec combien d'efforts j'ai voulu le défendre
Des paniques terreurs qui l'avaient pu surprendre.
Il s'est de mes bontés jusqu'au bout défendu,
Et de peur de se perdre il s'est enfin perdu.
O honte pour César, qu'avec tant de puissance,
Tant de soins de vous rendre entière obéissance,
Il n'ait pu toutefois, en ces événements,
Obéir au premier de vos commandements !
Prenez-vous-en au ciel, dont les ordres sublimes
Malgré tous nos efforts savent punir les crimes ;
Sa rigueur envers lui vous ouvre un sort plus doux,
Puisque par cette mort l'Égypte est toute à vous.

Cléopâtre. Je sais que j'en reçois un nouveau diadème,
Qu'on n'en peut accuser que les dieux et lui-même ;
Mais comme il est, seigneur, de la fatalité
Que l'aigreur soit mêlée à la félicité,
Ne vous offensez pas si cet heur de vos armes,
Qui me rend tant de biens, me coûte un peu de larmes,
Et si, voyant sa mort due à sa trahison,
Je donne à la nature ainsi qu'à la raison.
Je n'ouvre point les yeux sur ma grandeur si proche,
Qu'aussitôt à mon cœur mon sang ne le reproche ;
J'en ressens dans mon âme un murmure secret,
Et ne puis remonter au trône sans regret.

Achorée. Un grand peuple, seigneur, dont cette cour est pleine,
Par des cris redoublés demande à voir sa reine,
Et, tout impatient, déjà se plaint aux cieux
Qu'on lui donne trop tard un bien si précieux.

César. Ne lui refusons plus le bonheur qu'il désire :

Princesse, allons par là commencer votre empire.
Cependant qu'à l'envi ma suite et votre cour
Préparent pour demain la pompe d'un beau jour,
Où, dans un digne emploi l'une et l'autre occupée,
Couronne Cléopâtre et m'apaise Pompée,
Élève à l'une un trône, à l'autre des autels,
Et jure à tous les deux des respects immortels.

RODOGUNE

PRINCESSE DES PARTHES.

TRAGÉDIE (1646).

A MONSEIGNEUR LE PRINCE.

Monseigneur,

Rodogune se présente à Votre Altesse avec quelque sorte de confiance, et ne peut croire qu'après avoir fait sa bonne fortune vous dédaigniez de la prendre en votre protection. Elle a trop de connaissance de votre bonté pour craindre que vous veuilliez laisser votre ouvrage imparfait, et lui dénier la continuation des grâces dont vous lui avez été si prodigue. C'est à votre illustre suffrage qu'elle est obligée de tout ce qu'elle a reçu d'applaudissement ; et les favorables regards dont il vous plut fortifier la faiblesse de sa naissance lui donnèrent tant d'éclat et de vigueur, qu'il semblait que vous eussiez pris plaisir à répandre sur elle un rayon de cette gloire qui vous environne, et à lui faire part de cette facilité de vaincre qui vous suit partout. Après cela, Monseigneur, quels hommages peut-elle rendre à Votre Altesse qui ne soient au-dessous de ce qu'elle lui doit? Si elle tâche à lui témoigner quelque reconnaissance par l'admiration de ses vertus, où trouvera-t-elle des éloges dignes de cette main qui fait trembler tous nos ennemis, et dont les coups d'essais furent signalés par la défaite des premiers capitaines de l'Europe? Votre Altesse sut vaincre avant qu'ils se pussent imaginer qu'elle sût combattre ; et ce grand courage, qui n'avait encore vu la guerre que dans les livres, effaça tout ce qu'il y avait lu des Alexandre et des César, sitôt qu'il parut à la tête d'une armée. La générale consternation où la perte de notre grand monarque nous avait plongés enflait l'orgueil de nos adversaires en un tel point qu'ils osaient se persuader que du siége de Rocroi dépendait la prise de Paris ; et l'avidité de leur ambition dévorait déjà le cœur d'un royaume dont ils pensaient avoir surpris les frontières. Cependant les premiers miracles de votre valeur renversèrent si pleinement toutes leurs espérances, que ceux-là mêmes qui s'étaient promis tant de conquêtes sur nous virent terminer la campagne de cette même année par celles que vous fîtes sur eux. Ce fut par là, Monseigneur, que vous commençâtes ces grandes victoires que vous avez toujours si bien choisies qu'elles ont honoré deux règnes tout à la fois, comme si c'eût été trop peu pour Votre Altesse d'étendre les bornes de l'État sous celui-ci, si elle n'eût en même temps effacé quelques-uns des malheurs qui s'étaient mêlés aux longues prospérités de l'autre. Thionville, Philisbourg, et Norlinghen, étaient des lieux funestes pour la France : elle n'en pouvait entendre les noms sans gémir ; elle ne pouvait y porter sa pensée sans soupirer ; et ces mêmes lieux, dont le souvenir lui arrachait des soupirs et des gémissements, sont devenus les éclatantes marques de sa nouvelle félicité, les dignes occasions de ses feux de joie, et les glorieux sujets des actions de grâce qu'elle a rendues au ciel pour les triomphes que votre courage invincible en a obtenus. Dispensez-moi, Monseigneur, de vous parler de Dunkerque : j'épuise toutes les forces de mon imagination, et je ne conçois rien qui réponde à la dignité de ce grand ouvrage, qui nous vient d'assurer l'Océan par la prise de cette fameuse retraite de corsaires. Tous nos havres en étaient comme assiégés ; il n'en pouvait échapper un vaisseau qu'à la merci de leurs brigandages ; et nous en avons vu souvent de pillés à la vue des mêmes ports dont ils venaient de faire voile : et maintenant, par la conquête d'une seule ville, je vois, d'un côté, nos mers libres, nos côtes affranchies, notre commerce rétabli, la racine de nos maux publics coupées ; d'autre côté, la Flandre ouverte, l'embouchure de ses rivières captive, la porte de son secours fermée, la source de son abondance en notre pouvoir ; et ce que je vois n'est rien encore au prix de ce que je prévois sitôt que Votre Altesse y reportera la terreur de ses armes. Dispensez-moi donc, Monseigneur, de profaner des effets si merveilleux et des attentes si hautes par la bassesse de mes idées et par l'impuissance de mes expressions ; et trouvez bon que, demeurant dans un respectueux silence, je n'ajoute rien ici qu'une protestation très inviolable d'être toute ma vie,

Monseigneur,
de Votre Altesse,
le très humble, très obéissant,
et très passionné serviteur,
CORNEILLE.

APPIAN ALEXANDRIN
AU LIVRE
DES GUERRES DE SYRIE, SUR LA FIN.

« Démétrius, surnommé Nicanor, « roi de Syrie, entreprit la guerre « contre les Parthes, et, étant devenu « leur prisonnier, vécut dans la cour « de leur roi Phraates, dont il épousa « la sœur, nommée Rodogune. Cependant Diodotus, domestique des rois « précédents, s'empara du trône de « Syrie, et y fit asseoir un Alexandre « encore enfant, fils d'Alexandre-le-« Bâtard, et d'une fille de Ptolomée. « Ayant gouverné quelque temps « comme son tuteur, il se défit de ce « malheureux pupille, et eut l'insolence de prendre lui-même la couronne sous un nouveau nom de Tryphon qu'il se donna. Mais Antiochus, frère du roi prisonnier, ayant « appris à Rhodes sa captivité, et les « troubles qui l'avaient suivie, revint « dans le pays, où, ayant défait Tryphon avec beaucoup de peine, il le « fit mourir : de là il porta ses armes « contre Phraates, lui redemandant « son frère ; et, vaincu dans une bataille, il se tua lui-même. Démétrius, « retourné en son royaume, fut tué « par sa femme Cléopâtre, qui lui « dressa des embûches en haine de « cette seconde femme Rodogune « qu'il avait épousée, dont elle avait « conçu une telle indignation, que, « pour s'en venger, elle avait épousé « ce même Antiochus, frère de son « mari. Elle avait eu deux fils de Démétrius, l'un nommé Séleucus, et « l'autre Antiochus, dont elle tua le « premier d'un coup de flèche, sitôt « qu'il eut pris le diadème après la « mort de son père, soit qu'elle craignît qu'il ne la voulût venger, soit « que l'impétuosité de la même fureur « la portât à ce nouveau parricide. « Antiochus lui succéda, qui contraignit cette mauvaise mère de boire « le poison qu'elle lui avait préparé. « C'est ainsi qu'elle fut enfin punie. »

FRAGMENTS DE RODOGUNE.

VENGEANCE DE CLÉOPATRE.

PERSONNAGES.

CLÉOPATRE, reine de Syrie, veuve de Démétrius Nicanor.
SÉLEUCUS, } fils de Démétrius et de
ANTIOCHUS, } Cléopâtre.
RODOGUNE, sœur de Phraates, roi des Parthes.
TIMAGÈNE, gouverneur des deux princes.
ORONTE, ambassadeur de Phraates.
LAONICE, sœur de Timagène, confidente de Cléopâtre.

La scène est à Séleucie, dans le palais royal.

ACTE PREMIER.

SCÈNE PREMIÈRE.

LAONICE, TIMAGÈNE.

Laonice. Enfin ce jour pompeux, cet heureux jour nous luit,
Qui d'un trouble si long doit dissiper la nuit ;
Ce grand jour où l'hymen, étouffant la vengeance,
Entre le Parthe et nous remet l'intelligence,
Affranchit sa princesse, et nous fait pour jamais
Du motif de la guerre un lien de la paix.
Ce grand jour est venu, mon frère, où notre reine,
Cessant de plus tenir la couronne incertaine,
Doit rompre aux yeux de tous son silence obstiné,
De deux princes gémeaux nous déclarer l'aîné :
Et l'avantage seul d'un moment de naissance,
Dont elle a jusqu'ici caché la connaissance,

Mettant au plus heureux le sceptre dans la main,
Va faire l'un sujet, et l'autre souverain.
Mais n'admirez-vous point que cette même reine
Le donne pour époux à l'objet de sa haine,
Et n'en doit faire un roi qu'afin de couronner
Celle que dans les fers elle aimait à gêner?
Rodogune, par elle en esclave traitée,
Par elle se va voir sur le trône montée,
Puisque celui des deux qu'elle nommera roi
Lui doit donner la main et recevoir sa foi.

Timagène. Pour le mieux admirer trouvez bon, je vous prie,
Que j'apprenne de vous les troubles de Syrie.
J'en ai vu les premiers, et me souviens encor
Des malheureux succès du grand roi Nicanor,
Quand, des Parthes vaincus pressant l'adroite fuite,
Il tomba dans leurs fers au bout de sa poursuite.
Je n'ai pas oublié que cet événement
Du perfide Tryphon fit le soulèvement.
Voyant le roi captif, la reine désolée,
Il crut pouvoir saisir la couronne ébranlée;
Et le sort, favorable à son lâche attentat,
Mit d'abord sous ses lois la moitié de l'État.
La reine, craignant tout de ces nouveaux orages,
En sut mettre à l'abri ses plus précieux gages,
Et, pour n'exposer pas l'enfance de ses fils,
Me les fit chez son frère enlever à Memphis.
Là, nous n'avons rien su que de la renommée,
Qui, par un bruit confus diversement semée,
N'a porté jusqu'à nous ces grands renversements
Que sous l'obscurité de cent déguisements.

Laonice. Sachez donc que Tryphon, après quatre batailles,
Ayant su nous réduire à ces seules murailles,
En forma tôt le siége; et, pour comble d'effroi,
Un faux bruit s'y coula touchant la mort du roi.
Le peuple épouvanté, qui déjà dans son âme
Ne suivait qu'à regret les ordres d'une femme,
Voulut forcer la reine à choisir un époux.
Que pouvait-elle faire et seule et contre tous?
Croyant son mari mort, elle épousa son frère.

L'effet montra soudain ce conseil salutaire.
Le prince Antiochus, devenu nouveau roi,
Sembla de tous côtés traîner l'heur avec soi :
La victoire attachée au progrès de ses armes
Sur nos fiers ennemis rejeta nos alarmes ;
Et la mort de Tryphon dans un dernier combat,
Changeant tout notre sort, lui rendit tout l'État.
Quelque promesse alors qu'il eût faite à la mère
De remettre ses fils au trône de leur père,
Il témoigna si peu de la vouloir tenir,
Qu'elle n'osa jamais les faire revenir.
Ayant régné sept ans, son ardeur militaire
Ralluma cette guerre où succomba son frère ;
Il attaqua le Parthe, et se crut assez fort
Pour en venger sur lui la prison et la mort,
Jusque dans ses États il lui porta la guerre ;
Il s'y fit partout craindre à l'égal du tonnerre.
. . . .

SCÈNE IV.

Laonice. Les Parthes, au combat par les nôtres forcés,
Tantôt presque vainqueurs, tantôt presque enfoncés,
Sur l'une et l'autre armée également heureuse,
Virent longtemps voler la victoire douteuse :
Mais la fortune enfin se tourna contre nous,
Si bien qu'Antiochus, percé de mille coups,
Près de tomber aux mains d'une troupe ennemie,
Lui voulut dérober les restes de sa vie,
Et, préférant aux fers la gloire de périr,
Lui-même par sa main acheva de mourir.
La reine, ayant appris cette triste nouvelle,
En reçut tôt après une autre plus cruelle ;
Que Nicanor vivait ; que, sur un faux rapport,
De ce premier époux elle avait cru la mort ;
Que, piqué jusqu'au vif contre son hyménée,
Son âme à l'imiter s'était déterminée ;
Et que, pour s'affranchir des fers de son vainqueur,
Il allait épouser Rodogune sa sœur.

Tandis qu'un escadron de Parthes pleins de joie
Les conduit l'un et l'autre, et court comme à la proie,
La reine, au désespoir de n'en rien obtenir,
Se résout de se perdre ou de le prévenir.
Elle-même leur dresse une embûche au passage,
Se mêle dans les coups, porte partout sa rage,
En pousse jusqu'au bout les furieux effets.
Que vous dirai-je enfin ? les Parthes sont défaits ;
Le roi meurt, et, dit-on, par la main de la reine ;
Rodogune captive est livrée à sa haine.
Tous les maux qu'un esclave endure dans les fers,
Alors sans moi, mon frère, elle les eût soufferts.
La reine, à la gêner prenant mille délices,
Ne commettait qu'à moi l'ordre de ses supplices ;
Mais, quoi que m'ordonnât cette âme toute en feu,
Je promettais beaucoup, et j'exécutais peu.
Le Parthe cependant en jure la vengeance ;
Sur nous à main armée il fond en diligence,
Nous surprend, nous assiége, et fait un tel effort,
Que, la ville aux abois, on lui parle d'accord.
Il veut fermer l'oreille, enflé de l'avantage ;
Mais voyant parmi nous Rodogune en otage,
Enfin il craint pour elle et nous daigne écouter ;
Et c'est ce qu'aujourd'hui l'on doit exécuter.
La reine de l'Égypte a rappelé nos princes
Pour remettre à l'aîné son trône et ses provinces.
Rodogune a paru, sortant de sa prison,
Comme un soleil levant dessus notre horizon.
Le Parthe a décampé, pressé par d'autres guerres
Contre l'Arménien qui ravage ses terres.

. . . .

ACTE DEUXIÈME.

SCÈNE PREMIÈRE.

CLÉOPATRE.

Serments fallacieux, salutaire contrainte,
Que m'imposa la force et qu'accepta ma crainte,
Heureux déguisements d'un immortel courroux,
Vains fantômes d'État, évanouissez-vous !
Si d'un péril pressant la terreur vous fit naître,
Avec ce péril même il vous faut disparaître,
Semblables à ces vœux dans l'orage formés,
Qu'efface un prompt oubli quand les flots sont calmés.
Et vous, qu'avec tant d'art cette feinte a voilée,
Recours des impuissants, haine dissimulée,
Digne vertu des rois, noble secret de cour,
Éclatez, il est temps, et voici notre jour.
Montrons-nous toutes deux, non plus comme sujettes,
Mais telle que je suis, et telle que vous êtes.
Le Parthe est éloigné, nous pouvons tout oser :
Nous n'avons rien à craindre et rien à déguiser ;
Je hais, je règne encor. Laissons d'illustres marques
En quittant, s'il le faut, ce haut rang de monarques :
Faisons-en avec gloire un départ éclatant,
Et rendons-le funeste à celle qui l'attend.
C'est encor, c'est encor cette même ennemie
Qui cherchait ses honneurs dedans mon infamie,
Dont la haine à son tour croit me faire la loi,
Et régner par mon ordre et sur vous et sur moi.
Tu m'estimes bien lâche, imprudente rivale,
Si tu crois que mon cœur jusque-là se ravale,
Qu'il souffre qu'un hymen qu'on t'a promis en vain
Te mette ta vengeance et mon sceptre à la main.
Vois jusqu'où m'emporta l'amour du diadème,
Vois quel sang il me coûte, et tremble pour toi-même :

Tremble, te dis-je ; et songe en dépit du traité,
Que, pour t'en faire un don, je l'ai trop acheté.
. . . .

SCÈNE III.

CLÉOPATRE, ANTIOCHUS, SÉLEUCUS, LAONICE.

Cléopâtre. Mes enfants, prenez place. Enfin voici le jour
Si doux à mes souhaits, si cher à mon amour,
Où je puis voir briller sur une de vos têtes
Ce que j'ai conservé parmi tant de tempêtes,
Et vous remettre un bien, après tant de malheurs,
Qui m'a coûté pour vous tant de soins et de pleurs.
Il peut vous souvenir quelles furent mes larmes
Quand Tryphon me donna de si rudes alarmes,
Que pour ne vous pas voir exposés à ses coups,
Il fallut me résoudre à me priver de vous.
Quelles peines depuis, grands dieux ! n'ai-je souffertes !
Chaque jour redoubla mes douleurs et mes pertes.
Je vis votre royaume entre ces murs réduit ;
Je crus mort votre père ; et sur un si faux bruit
Le peuple mutiné voulut avoir un maître.
J'eus beau le nommer lâche, ingrat, parjure, traître,
Il fallut satisfaire à son brutal désir,
Et, de peur qu'il n'en prît, il m'en fallut choisir.
Pour vous sauver l'État que n'eussé-je pu faire ?
Je choisis un époux avec des yeux de mère,
Votre oncle Antiochus, et j'espérai qu'en lui
Votre trône tombant trouverait un appui :
Mais à peine son bras en relève la chute,
Que par lui de nouveau le sort me persécute ;
Maître de votre État par sa valeur sauvé,
Il s'obstine à remplir ce trône relevé :
Qui lui parle de vous attire sa menace.
Il n'a défait Tryphon que pour prendre sa place ;
Et de dépositaire et de libérateur
Il s'érige en tyran et lâche usurpateur.
Sa main l'en a puni : pardonnons à son ombre ;

Aussi bien en un seul voici des maux sans nombre.
Nicanor, votre père et mon premier époux....
Mais pourquoi lui donner encor des noms si doux,
Puisque l'ayant cru mort, il sembla ne revivre
Que pour s'en dépouiller afin de nous poursuivre ?
Passons : je ne me puis souvenir sans trembler
Du coup dont j'empêchai qu'il nous pût accabler :
Je ne sais s'il est digne ou d'honneur ou d'estime,
S'il plut aux dieux ou non, s'il fut justice ou crime ;
Mais soit crime ou justice, il est certain, mes fils,
Que mon amour pour vous fit tout ce que je fis :
Ni celui des grandeurs ni celui de la vie
Ne jeta dans mon cœur cette aveugle furie.
J'étais lasse d'un trône où d'éternels malheurs
Me comblaient chaque jour de nouvelles douleurs.
Ma vie est presque usée, et ce reste inutile
Chez mon frère avec vous trouvait un sûr asile :
Mais voir, après douze ans et de soins et de maux,
Un père vous ôter le fruit de mes travaux !
Mais voir votre couronne après lui destinée
Aux enfants qui naîtraient d'un second hyménée !
A cette indignité je ne connus plus rien ;
Je me crus tout permis pour garder votre bien.
Recevez donc, mes fils, de la main d'une mère,
Un trône racheté par le malheur d'un père.
Je crus qu'il fit lui-même un crime en vous l'ôtant,
Et si j'en ai fait un en vous le rachetant,
Daigne du juste ciel la bonté souveraine,
Vous en laissant le fruit, m'en réserver la peine,
Ne lancer que sur moi les foudres mérités,
Et n'épandre sur vous que des prospérités !

Antiochus. Jusques ici, madame, aucun ne met en doute,
Les longs et grands travaux que notre amour vous coûte ;
Et nous croyons tenir des soins de cet amour
Ce doux espoir du trône aussi bien que le jour.
Le récit nous en charme, et nous fait mieux comprendre
Quelles grâces tous deux nous vous en devons rendre :
Mais afin qu'à jamais nous les puissions bénir,
Épargnez le dernier à notre souvenir :

Ce sont fatalités dont l'âme embarrassée
A plus qu'elle ne veut se voit souvent forcée.
Sur les noires couleurs d'un si triste tableau
Il faut passer l'éponge, ou tirer le rideau :
Un fils est criminel quand il les examine ;
Et, quelque suite enfin que le ciel y destine,
J'en rejette l'idée, et crois qu'en ces malheurs
Le silence ou l'oubli nous sied mieux que les pleurs.
Nous attendons le sceptre avec même espérance :
Mais si nous l'attendons, c'est sans impatience ;
Nous pouvons sans régner vivre tous deux contents ;
C'est le fruit de vos soins, jouissez-en longtemps ;
Il tombera sur nous quand vous en serez lasse ;
Nous le recevrons lors de bien meilleure grâce ;
Et l'accepter sitôt semble nous reprocher
De n'être revenus que pour vous l'arracher.

Séleucus. J'ajouterai, madame, à ce qu'a dit mon frère
Que, bien qu'avec plaisir et l'un et l'autre espère,
L'ambition n'est pas notre plus grand désir.
Régnez, nous le verrons tous deux avec plaisir ;
Et c'est bien la raison que pour tant de puissance
Nous vous rendions du moins un peu d'obéissance,
Et que celui de nous dont le ciel a fait choix
Sous votre illustre exemple apprenne l'art des rois.

Cléopâtre. Dites tout, mes enfants : vous fuyez la couronne,
Non que son trop d'éclat ou son poids vous étonne ;
L'unique fondement de cette aversion,
C'est la honte attachée à sa possession.
Elle passe à vos yeux pour la même infamie,
S'il faut la partager avec notre ennemie,
Et qu'un indigne hymen la fasse retomber
Sur celle qui venait pour vous la dérober.
O nobles sentiments d'une âme généreuse !
O fils vraiment mes fils ! ô mère trop heureuse !
Le sort de votre père enfin est éclairci ;
Il était innocent, et je puis l'être aussi ;
Il vous aima toujours, et ne fut mauvais père
Que charmé par la sœur, ou forcé par le frère ;
Et dans cette embuscade où son effort fut vain,

Rodogune, mes fils, le tua par ma main.
Ainsi de cet amour la fatale puissance
Vous coûte votre père, à moi, mon innocence ;
Et si ma main pour vous n'avait tout attenté,
L'effet de cet amour vous aurait tout coûté.
Ainsi vous me rendrez l'innocence et l'estime,
Lorsque vous punirez la cause de mon crime.
De cette même main qui vous a tout sauvé,
Dans son sang odieux je l'aurais bien lavé ;
Mais comme vous aviez votre part aux offenses,
Je vous ai réservé votre part aux vengeances ;
Et, pour ne tenir plus en suspens vos esprits,
Si vous voulez régner, le trône est à ce prix.
Entre deux fils que j'aime avec même tendresse
Embrasser ma querelle est le seul droit d'aînesse ;
La mort de Rodogune en nommera l'aîné.
Quoi ! vous montrez tous deux un visage étonné !
Redoutez-vous son frère ? après la paix infâme
Que même en la jurant je détestais dans l'âme,
J'ai fait lever des gens par des ordres secrets
Qu'à vous suivre en tous lieux vous trouverez tout prêts ;
Et tandis qu'il fait tête aux princes d'Arménie
Nous pouvons sans péril briser sa tyrannie.
Qui vous fait donc pâlir à cette juste loi ?
Est-ce pitié pour elle, est-ce haine pour moi ?
Voulez-vous l'épouser afin qu'elle me brave,
Et mettre mon destin aux mains de mon esclave ?
Vous ne répondez point ! Allez, enfants ingrats,
Pour qui je crus en vain conserver ces États :
J'ai fait votre oncle roi, j'en ferai bien un autre ;
Et mon nom peut encore ici plus que le vôtre.

Séleucus. Mais, madame, voyez que pour premier exploit...
Cléopâtre. Mais que chacun de vous pense à ce qu'il me doit.
Je sais bien que le sang qu'à vos mains je demande
N'est pas le digne essai d'une valeur bien grande ;
Mais si vous me devez et le sceptre et le jour,
Ce doit être envers moi le sceau de votre amour :
Sans ce gage ma haine à jamais s'en défie ;
Ce n'est qu'en m'imitant que l'on me justifie.

Rien ne vous sert ici de faire les surpris :
Je vous le dis encor, le trône est à ce prix ;
Je puis en disposer comme de ma conquête ;
Point d'aîné, point de roi, qu'en m'apportant sa tête ;
Et puisque mon seul choix vous y peut élever,
Pour jouir de mon crime il le faut achever.

SCÈNE IV.

SÉLEUCUS, ANTIOCHUS.

Séleucus. O haines ! ô fureurs dignes d'une Mégère !
O femme, que je n'ose appeler encor mère !
Après que tes forfaits ont régné pleinement,
Ne saurais-tu souffrir qu'on règne innocemment ?
Quels attraits penses-tu qu'ait pour nous la couronne,
S'il faut qu'un crime égal par ta main nous la donne ?
Et de quelles horreurs nous doit-elle combler,
Si pour monter au trône il faut te ressembler ?
Antiochus. Gardons plus de respect aux droits de la nature,
Et n'imputons qu'au sort notre triste aventure :
Nous le nommions cruel ; mais il nous était doux
Quand il ne nous donnait à combattre que nous.
Séleucus. Une douleur si sage et si respectueuse,
Ou n'est guère sensible, ou guère impétueuse,
Et c'est en de tels maux avoir l'esprit bien fort
D'en connaître la cause, et l'imputer au sort.
Pour moi, je sens les miens avec plus de faiblesse ;
Plus leur cause m'est chère, et plus l'effet m'en blesse :
Non que pour m'en venger j'ose entreprendre rien ;
Je donnerais encor tout mon sang pour le sien :
Je sais ce que je dois ; mais dans cette contrainte,
Si je retiens mon bras, je laisse aller ma plainte ;
Et j'estime qu'au point qu'elle nous a blessés,
Qui ne fait que s'en plaindre a du respect assez.
Voyez-vous bien quel est le ministère infâme
Qu'ose exiger de nous la haine d'une femme ?
Voyez-vous qu'aspirant à des crimes nouveaux,
De deux princes ses fils elle fait ses bourreaux ?

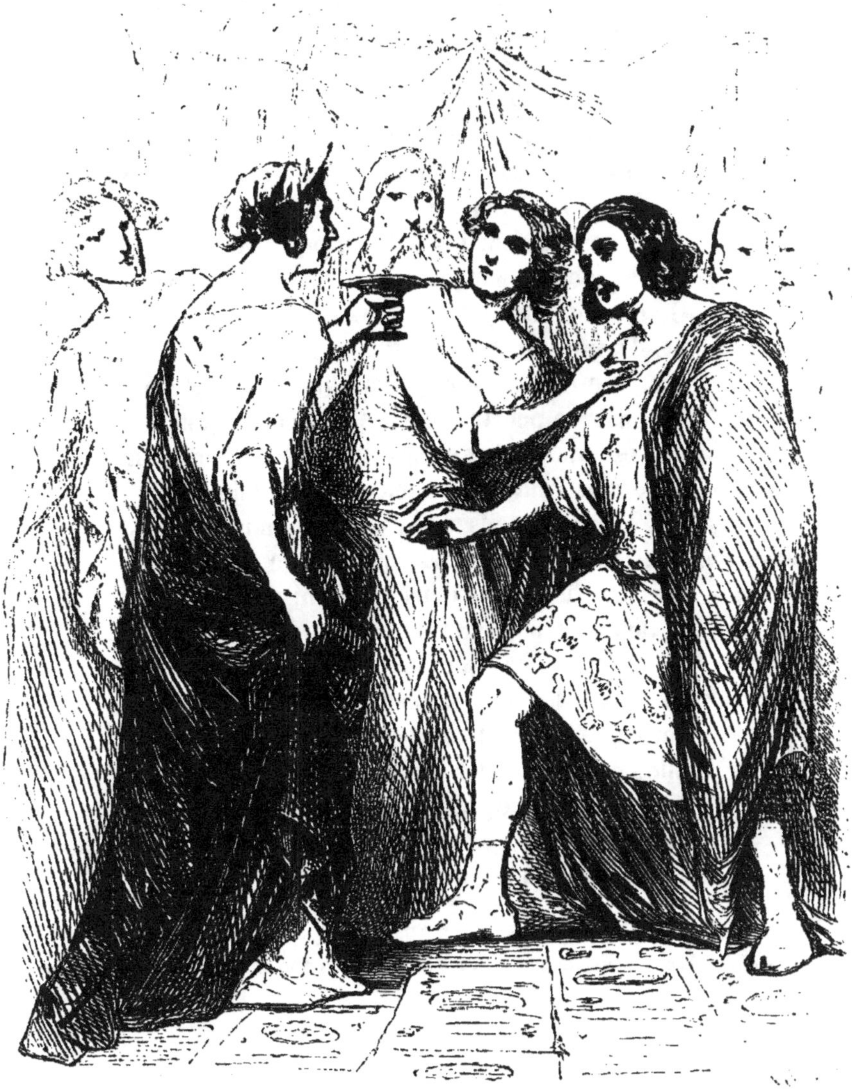

...N'importe, elle est ma mère, il faut la secourir

RODOGUNE. Acte V, Scène IV.

Si vous pouvez le voir, pouvez-vous vous en taire?
Antiochus. Je vois bien plus encor, je vois qu'elle est ma mère;
Et plus je vois son crime indigne de ce rang,
Plus je lui vois souiller la source de mon sang.
J'en sens de ma douleur croître la violence;
Mais ma confusion m'impose le silence,
Lorsque dans ses forfaits sur nos fronts imprimés
Je vois les traits honteux dont nous sommes formés [1].
Je tâche à cet objet d'être aveugle ou stupide;
J'ose me déguiser jusqu'à son parricide;
Je me cache à moi-même un excès de malheur
Où notre ignominie égale ma douleur;
Et, détournant les yeux d'une mère cruelle,
J'impute tout au sort qui m'a fait naître d'elle.
Je conserve pourtant encore un peu d'espoir :
Elle est mère, et le sang a beaucoup de pouvoir;
Et le sort l'eût-il faite encor plus inhumaine,
Une larme d'un fils peut amollir sa haine.
Séleucus. Ah! mon frère, l'amour n'est guère véhément
Pour des fils élevés dans un bannissement,
Et qu'ayant fait nourrir presque dans l'esclavage
Elle n'a rappelés que pour servir sa rage.
De ses pleurs tant vantés je découvre le fard;
Nous avons en son cœur vous et moi peu de part :
Elle fait bien sonner ce grand amour de mère;
Mais elle seule enfin s'aime et se considère;
Et quoi que nous étale un langage si doux,
Elle a tout fait pour elle, et n'a rien fait pour nous.
. . . .

(1) On n'est point formé de traits, et les forfaits ne s'impriment point sur le front.(V.)

ACTE QUATRIÈME.

SCÈNE TROISIÈME.

CLÉOPATRE, ANTIOCHUS, LAONICE.

Cléopâtre. Eh bien! Antiochus, vous dois-je la couronne?
Antiochus. Madame, vous savez si le ciel me la donne.
Cléopâtre. Vous savez mieux que moi si vous la méritez.
Antiochus. Je sais que je péris si vous ne m'écoutez.
Cléopâtre. Un peu trop lent peut-être à servir ma colère,
Vous vous êtes laissé prévenir par un frère ;
Il a su me venger quand vous délibériez,
Et je dois à son bras ce que vous espériez.
Je v ous en plains, mon fils, ce malheur est extrême ;
C'est périr en effet que perdre un diadème.
Je n'y sais qu'un remède, encore est-il fâcheux,
Étonnant, incertain, et triste pour tous deux ;
Je périrai moi-même avant que de le dire :
Mais enfin on perd tout quand on perd un empire.
Antiochus. Le remède à nos maux est tout en votre main,
Et n'a rien de fâcheux, d'étonnant, d'incertain ;
Votre seule colère a fait notre infortune.
Nous perdons tout, madame, en perdnat Rodogune.
Nous devions aspirer à sa possession
Par attrait, par devoir, ou par ambition.
Nous l'avons donc aimée, et nous pensions vous plaire ;
Chacun de nous n'a craint que le bonheur d'un frère :
Et cette crainte enfin cédant à l'amitié,
J'implore pour tous deux un moment de pitié.
Avons-nous dû prévoir cette haine cachée,
Que la foi des traités n'avait point arrachée?
Cléopâtre. Non, mais vous avez dû garder le souvenir
Des hontes que pour vous j'avais su prévenir,
Et de l'indigne état où votre Rodogune
Sans moi, sans mon courage, eût mis votre fortune.
Je croyais que vos cœurs, sensibles à ces coups,
En sauraient conserver un généreux courroux ;

Et je le retenais avec ma douceur feinte,
Afin que, grossissant sous un peu de contrainte,
Ce torrent de colère et de ressentiment
Fût plus impétueux en son débordement.
Je fais plus maintenant : je presse, sollicite,
Je commande, menace, et rien ne vous irrite.
Le sceptre, dont ma main vous doit récompenser,
N'a point de quoi vous faire un moment balancer ;
Vous ne considérez ni lui ni mon injure :
Vous étouffez en vous la voix de la nature...
Périssez, périssez, votre rébellion
Mérite plus d'horreur que de compassion.
Mes yeux sauront le voir sans verser une larme,
Sans regarder en vous que l'objet qui vous charme ;
Et je triompherai, voyant périr mes fils,
De ses adorateurs et de mes ennemis.

Antiochus. Eh bien! triomphez-en, que rien ne vous retienne :
Votre main tremble-t-elle ? y voulez-vous la mienne ?
Madame, commandez, je suis prêt d'obéir ;
Je percerai ce cœur qui vous ose trahir :
Heureux si par ma mort je puis vous satisfaire,
Et noyer dans mon sang toute votre colère !
Mais si la dureté de votre aversion
Nomme encor notre attrait une rébellion,
Du moins souvenez-vous qu'elle n'a pris pour armes
Que de faibles soupirs et d'impuissantes larmes.

Cléopâtre. Ah! que n'a t-elle pris et la flamme et le fer !
Que bien plus aisément j'en saurais triompher !
Vos larmes dans mon cœur ont trop d'intelligence ;
Elles ont presque éteint cette ardeur de vengeance :
Je ne puis refuser des soupirs à vos pleurs ;
Je sens que je suis mère auprès de vos douleurs.
C'en est fait, je me rends, et ma colère expire.
Rodogune est à vous aussi bien que l'empire.

Antiochus. Madame, est-il possible?

Cléopâtre. En vain j'ai résisté ;
La nature est trop forte, et mon cœur s'est dompté.
Je ne vous dis plus rien, vous aimez votre mère,
Et votre amour pour moi taira ce qu'il faut taire.

Allez donc; ce qu'ici vous perdez de moments
Sont autant de larcins à vos contentements;
Et ce soir, destiné pour la cérémonie,
Fera voir pleinement si ma haine est finie.

Antiochus. Et nous vous ferons voir tous nos désirs bornés
A vous donner en nous des sujets couronnés.

SCÈNE IV.

CLÉOPATRE, LAONICE.

Laonice. Enfin ce grand courage a vaincu sa colère.
Cléopâtre. Que ne peut point un fils sur le cœur d'une mère!
Laonice. Vos pleurs coulent encore, et ce cœur adouci...
Cléopâtre. Envoyez-moi son frère, et nous laissez ici.
Sa douleur sera grande, à ce que je présume;
Mais j'en saurai sur l'heure adoucir l'amertume.
Ne lui témoignez rien : il lui sera plus doux
D'apprendre tout de moi, qu'il ne serait de vous.

SCÈNE V.

CLÉOPATRE.

Que tu pénètres mal le fond de mon courage!
Si je verse des pleurs, ce sont des pleurs de rage;
Et ma haine, qu'en vain tu crois s'évanouir,
Ne les a fait couler qu'afin de t'éblouir.
Je ne veux plus que moi dedans ma confidence.
Et toi, crédule enfant, que charme l'apparence,
Et dont l'esprit léger s'attache avidement
Aux attraits captieux de mon déguisement,
Va, triomphe en idée avec ta Rodogune,
Au sort des immortels préfère ta fortune,
Tandis que mieux instruite en l'art de me venger,
En des nouveaux malheurs je saurai te plonger.
Ce n'est pas tout d'un coup que tant d'orgueil trébuche :
De qui se rend trop tôt on doit craindre une embûche;
Et c'est mal démêler le cœur d'avec le front,
Que prendre pour sincère un changement si prompt.
L'effet te fera voir comme je suis changée.

SCÈNE VI.

CLÉOPATRE, SÉLEUCUS.

Cléopâtre. Savez-vous, Séleucus, que je me suis vengée ?
Séleucus. Pauvre princesse, hélas !
Cléopâtre. Vous déplorez son sort !
Quoi ! l'aimiez-vous ?
Séleucus. Assez pour regretter sa mort.
Cléopâtre. Vous lui pouvez servir encor d'ami fidèle ;
Si j'ai su me venger, ce n'a pas été d'elle.
Séleucus. O ciel ! et de qui donc, madame ?
Cléopâtre. C'est de vous,
Ingrat, qui n'aspirez qu'à vous voir son époux.
Le trône était à toi par le droit de naissance ;
Rodogune avec lui tombait en ta puissance ;
Tu devais l'épouser, tu devais être roi !
Mais comme ce secret n'est connu que de moi,
Je puis, comme je veux, tourner le droit d'aînesse,
Et donner à ton frère un sceptre et la princesse.
Séleucus. A mon frère ?
Cléopâtre. C'est lui que j'ai nommé l'aîné.
Séleucus. Vous ne m'affligez point de l'avoir couronné :
Et, par une raison qui vous est inconnue,
Mes propres sentiments vous avaient prévenue :
Les biens que vous m'ôtez n'ont point d'attraits si doux
Que mon cœur n'ait donnés à ce frère avant vous ;
Et, si vous bornez là toute votre vengeance,
Vos désirs et les miens seront d'intelligence.
Cléopâtre. C'est ainsi qu'on déguise un violent dépit ;
C'est ainsi qu'une feinte au dehors l'assoupit,
Et qu'on croit amuser de fausses patiences
Ceux dont en l'âme on craint les justes défiances.
Séleucus. Quoi ! je conserverais quelque courroux secret !
Cléopâtre. Quoi ! lâche, tu pourrais la perdre sans regret !
Séleucus. Peut-être ; mais enfin par quel amour de mère
Pressez-vous tellement ma douleur contre un frère ?
Prenez-vous intérêt à la faire éclater ?
Cléopâtre. J'en prends à la connaître, et la faire avorter ;

J'en prends à conserver malgré toi mon ouvrage
Des jaloux attentats de ta secrète rage.

Séleucus. Je le veux croire ainsi ; mais quel autre intérêt
Nous fait tous deux aînés quand et comme il vous plaît ?

Cléopâtre. Comme reine, à mon choix je fais justice ou grâce,
Et je m'étonne fort d'où vous vient cette audace,
D'où vient qu'un fils, vers moi noirci de trahison,
Ose de mes faveurs me demander raison.

Séleucus. Vous pardonnerez donc ces chaleurs indiscrètes :
Je ne suis point jaloux du bien que vous lui faites ;
Et je vois quel amour vous avez pour tous deux,
Plus que vous ne pensez, et plus que je ne veux :
Le respect me défend d'en dire davantage.
Je n'ai ni faute d'yeux, ni faute de courage,
Madame ; mais enfin n'espérez voir en moi
Qu'amitié pour mon frère, et zèle pour mon roi.
Adieu.

SCÈNE VII.

CLÉOPATRE.

De quel malheur suis-je encore capable !
Leur zèle m'offensait, leur amitié m'accable ;
Et contre mes fureurs je trouve en mes deux fils
Deux enfants révoltés et deux rivaux unis ;
Mais n'importe ; mes mains sur le père enhardies
Pour un bras refusé sauront prendre deux vies ;
Leurs jours également sont pour moi dangereux :
J'ai commencé par lui, j'achèverai par eux.
Sors de mon cœur, nature, ou fais qu'ils m'obéissent :
Fais-les servir ma haine, ou consens qu'ils périssent.
Mais déjà l'un a vu que je les veux punir.
Souvent qui tarde trop se laisse prévenir.
Allons chercher le temps d'immoler nos victimes,
Et de me rendre heureuse à force de grands crimes.

ACTE CINQUIÈME.

SCÈNE PREMIÈRE.

CLÉOPATRE.

Enfin, grâces aux dieux, j'ai moins d'un ennemi [1].
La mort de Séleucus m'a vengée à demi.
Son ombre, en entendant Rodogune et son frère,
Peut déjà de ma part les promettre à son père.
Ils le suivront de près, et j'ai tout préparé
Pour réunir bientôt ce que j'ai séparé.
O toi, qui n'attends plus que la cérémonie
Pour jeter à mes pieds Rodogune punie,
Et par qui deux époux vont d'un seul coup du sort
Recevoir l'hyménée, et le trône, et la mort,
Poison, me sauras-tu rendre mon diadème?
Le fer m'a bien servie, en feras-tu de même?
Me seras-tu fidèle? Et toi, que me veux-tu [2],
Ridicule retour d'une sotte vertu,
Tendresse dangereuse autant comme importune?
Je ne veux point pour fils l'époux de Rodogune,
Et ne vois plus en lui les restes de mon sang,
S'il m'arrache du trône et la met en mon rang.
Reste du sang ingrat d'un époux infidèle,
Héritier d'une flamme envers moi criminelle,

---

[1] Il n'est point de serpent ni de monstre odieux
Qui, par l'art imité, ne puisse plaire aux yeux.

Il faut bien que cela ainsi, puisque le public écoute encore, non sans plaisir, ce monologue. Je ne puis trahir ma pensée jusqu'à déguiser la peine qu'il me fait : je trouve surtout cette exclamation, *grâces aux dieux*, aussi déplacée qu'horrible. *Grâces aux dieux, je viens d'égorger mon fils, de qui je n'avais nul sujet de me plaindre* : mais enfin je conçois que cette détestable fermeté de Cléopâtre peut attacher, et surtout qu'on est très curieux de savoir comment Cléopâtre réussira ou succombera; c'est là ce qui fait, à mon avis, le grand mérite de cette pièce. (V.)

(2) . . . . . . Et toi, que me veux-tu,
Ridicule retour d'une sotte vertu?

n'est pas de même; rien n'est plus bas, ni même plus mal placé : Cléopâtre n'a point de vertu; son âme exécrable n'a pas hésité un instant. Ce mot *sotte* doit être évité. (V.)

Aime mon ennemie et péris comme lui.
Pour la faire tomber j'abattrai son appui :
Aussi bien sous mes pas c'est creuser un abîme
Que retenir ma main sur la moitié du crime ;
Et, te faisant mon roi, c'est trop me négliger,
Que te laisser sur moi frère et père à venger.
Qui se venge à demi court lui-même à sa peine :
Il faut ou condamner ou couronner sa haine.
Dût le peuple en fureur pour ses maîtres nouveaux
De mon sang odieux arroser leurs tombeaux,
Dût le Parthe vengeur me trouver sans défense,
Dût le ciel égaler le supplice à l'offense,
Trône, à t'abandonner je ne puis consentir ;
Par un coup de tonnerre il vaut mieux en sortir ;
Il vaut mieux mériter le sort le plus étrange [1].
Tombe sur moi le ciel pourvu que je me venge !
J'en recevrai le coup d'un visage remis :
Il est doux de périr après ses ennemis :
Et, de quelque rigueur que le destin me traite,
Je perds moins à mourir qu'à vivre leur sujette.
Mais voici Laonice ; il faut dissimuler
Ce que le seul effet doit bientôt révéler.

SCÈNE II.

CLÉOPATRE, LAONICE.

Cléopâtre. Viennent-ils, ces époux ?

                Laonice. Ils approchent, madame [2] :
On lit dessus leur front l'allégresse de l'âme ;
Le bonheur y paraît avec la majesté ;
Et, suivant le vieil ordre en Syrie usité,

---

(1) *Il vaut mieux mériter*, etc. Il est bien plus étrange qu'un vers si oiseux et si faible se trouve entre deux vers si beaux et si forts. Plaignons la stérilité de nos rimes dans le genre noble ; nous n'en avons qu'un très petit nombre, et l'embarras de trouver une rime convenable fait souvent beaucoup de tort au génie ; mais aussi, quand cette difficulté est toujours surmontée, le génie alors brille dans toute sa perfection. (V.)

(2) Cette description que fait Laonice, toute simple qu'elle est, me paraît un grand coup de l'art ; elle intéresse pour les deux époux ; c'est un beau contraste avec la rage de Cléopâtre. Ce moment excite la crainte et la pitié ; et voilà la vraie tragédie. (V.)

D'une grâce en tous deux tout auguste et royale,
Ils viennent prendre ici la coupe nuptiale,
Pour s'en aller au temple, au sortir du palais,
Par les mains du grand prêtre être unis à jamais :
C'est là qu'il les attend pour bénir l'alliance.
Le peuple tout ravi par ses vœux les devance,
Et pour eux à grands cris demande aux immortels
Tout ce qu'on leur souhaite au pied de leurs autels,
Impatient pour eux que la cérémonie
Ne commence bientôt, ne soit bientôt finie.
Les Parthes à la foule aux Syriens mêlés,
Tous nos vieux différends de leur âme exilés,
Font leur suite assez grosse, et d'une voix commune
Bénissent à l'envi le prince et Rodogune.
Mais je les vois déjà : madame, c'est à vous
A commencer ici des spectacles si doux.

SCÈNE III.

CLÉOPATRE, ANTIOCHUS, RODOGUNE, ORONTE, LAONICE,
TROUPE DE PARTHES ET DE SYRIENS.

Cléopâtre. Approchez, mes enfants ; car l'amour maternelle,
Madame, dans mon cœur, vous tient déjà pour telle ;
Et je crois que ce nom ne vous déplaira pas.
Rodogune. Je le chérirai même au delà du trépas.
Il m'est trop doux, madame ; et tout l'heur que j'espère,
C'est de vous obéir et respecter en mère.
Cléopâtre. Aimez-moi seulement ; vous allez être rois,
Et s'il faut du respect, c'est moi qui vous le dois.
Antiochus. Ah ! si nous recevons la suprême puissance,
Ce n'est pas pour sortir de votre obéissance :
Vous régnerez ici quand nous y régnerons,
Et ce seront vos lois que nous y donnerons.
Cléopâtre. J'ose le croire ainsi : mais prenez votre place ;
Il est temps d'avancer ce qu'il faut que je fasse.

(*Ici Antiochus s'assied dans un fauteuil, Rodogune à sa gauche, en même rang, et Cléopâtre à sa droite, mais en rang inférieur, et qui marque quelque inégalité. Oronte s'assied aussi à la gauche de Rodogune, avec la même différence ; et Cléopâtre, cependant qu'ils prennent leurs places, parle à l'oreille de Laonice, qui s'en va quérir une coupe pleine de vin empoisonné. Après qu'elle est partie, Cléopâtre continue :*)

Peuple qui m'écoutez, Parthes et Syriens,
Sujets du roi son frère, ou qui fûtes les miens,
Voici de mes deux fils celui qu'un droit d'aînesse
Élève dans le trône, et donne à la princesse.
Je lui rends cet État que j'ai sauvé pour lui,
Je cesse de régner ; il commence aujourd'hui.
Qu'on ne me traite plus ici de souveraine :
Voici votre roi, peuple, et voilà votre reine.
Vivez pour les servir, respectez-les tous deux,
Aimez-les, et mourez, s'il est besoin, pour eux.
Oronte, vous voyez avec quelle franchise
Je leur rends ce pouvoir dont je me suis démise :
Prêtez les yeux au reste, et voyez les effets
Suivre de point en point les traités de la paix.

(*Laonice revient avec une coupe à la main.*)

Oronte. Votre sincérité s'y fait assez paraître,
Madame ; et j'en ferai récit au roi mon maître.

Cléopâtre. L'hymen est maintenant notre plus cher souci.
L'usage veut, mon fils, qu'on le commence ici :
Recevez de ma main la coupe nuptiale,
Pour être après unis sous la foi conjugale ;
Puisse-t-elle être un gage envers votre moitié,
De vos serments ensemble et de mon amitié.

Antiochus, *prenant la coupe.*
Ciel ! que ne dois-je point aux bontés d'une mère !

Cléopâtre. Le temps presse, et votre heur d'autant plus se diffère.

Antiochus, à *Rodogune.* Madame, hâtons donc ces glorieux moments :
Voici l'heureux essai de nos contentements.
Mais si mon frère était le témoin de ma joie...

Cléopâtre. C'est être trop cruel de vouloir qu'il la voie :
Ce sont des déplaisirs qu'il fait bien d'épargner ;
Et sa douleur secrète a droit de l'éloigner.

Antiochus. Il m'avait assuré qu'il la verrait sans peine.
Mais n'importe, achevons.

SCÈNE IV.

CLÉOPATRE, ANTIOCHUS, RODOGUNE, ORONTE, TIMAGÈNE, LAONICE, TROUPE.

Timagène. Ah ! seigneur !
Cléopâtre. Timagène,
Quelle est votre insolence !
Timagène. Ah ! madame !
Antiochus, *rendant la coupe à Laonice.* Parlez.
Timagène. Souffrez pour un moment que mes sens rappelés...
Antiochus. Qu'est-il donc arrivé ?
Timagène. Le prince votre frère...
Antiochus. Quoi ! se voudrait-il rendre à mon bonheur contraire ?
Timagène. L'ayant cherché longtemps afin de divertir
L'ennui que de sa perte il pouvait ressentir,
Je l'ai trouvé, seigneur, au bout de cette allée
Où la clarté du ciel semble toujours voilée.
Sur un lit de gazon, de faiblesse étendu,
Il semblait déplorer ce qu'il avait perdu ;
D'une profonde plaie en l'estomac ouverte
Son sang à gros bouillons sur cette couche verte...
Cléopâtre. Il est mort !
Timagène. Oui, madame.
Cléopâtre. Ah ! destins ennemis,
Qui m'enviez le bien que je m'étais promis !
Timagène, *à Cléopâtre.* Madame, il a parlé ; sa main est innocente.
Cléopâtre, *à Timagène.*
La tienne est donc coupable, et ta rage insolente,
Par une lâcheté qu'on ne peut égaler,
L'ayant assassiné, le fait encor parler !
Antiochus. Timagène, souffrez la douleur d'une mère,
Et les premiers soupçons d'une aveugle colère.
Comme ce coup fatal n'a point d'autres témoins,
J'en ferais autant qu'elle, à vous connaître moins.
Mais que vous a-t-il dit ? achevez, je vous prie.
Timagène. Surpris d'un tel spectacle, à l'instant je m'écrie ;
Et soudain à mes cris, ce prince, en soupirant,

Avec assez de peine entr'ouvre un œil mourant ;
Et ce reste égaré de lumière incertaine
Lui peignant son cher frère au lieu de Timagène,
Rempli de votre idée, il m'adresse pour vous
Ces mots où l'amitié règne sur le courroux :
 « Une main qui nous fut bien chère
« Venge ainsi le refus d'un coup trop inhumain.
 « Régnez ; et surtout, mon cher frère,
 « Gardez-vous de la même main.
« C'est... » La parque à ce mot lui coupe la parole ;
Sa lumière s'éteint, et son âme s'envole :
Et moi, tout effrayé d'un si tragique sort,
J'accours pour vous en faire un funeste rapport.

Antiochus. Rapport vraiment funeste, et sort vraiment tragique,
Qui va changer en pleurs l'allégresse publique.
O de ses derniers mots fatale obscurité,
En quel gouffre d'horreur m'as-tu précipité !
Quand j'y pense chercher la main qui l'assassine,
Je m'impute à forfait tout ce que j'imagine ;
Mais aux marques enfin que tu m'en viens donner,
Fatale obscurité ! qui dois-je en soupçonner ?
 « Une main qui nous fut bien chère ! »
Madame, est-ce la vôtre, ou celle de ma mère [1] ?
Vous vouliez toutes deux un coup trop inhumain ;
Nous vous avons tous deux refusé notre main :
Qui de vous s'est vengée ? est-ce l'une, est-ce l'autre,
Qui fait agir la sienne au refus de la nôtre ?
Est-ce vous qu'en coupable il me faut regarder ?
Est-ce vous, désormais, dont je me dois garder [2] ?

---

(1) Il n'y a point de situation plus forte ; il n'y en a point où l'on ait porté plus loin la terreur, et cette incertitude effrayante qui serre l'âme dans l'attente d'un événement qui ne peut être que tragique. Ces mots terribles :
 « Une main qui nous fut bien chère ! »
Madame, est-ce la vôtre, ou celle de ma mère ?
Ces mots font frémir ; et ce qui mérite encore plus d'éloges, c'est que la situation est aussi bien dénouée qu'elle est fortement conçue. Cléopâtre, avalant elle-même le poison preparé pour son fils et pour Rodogune, et se flattant encore de vivre assez pour les voir périr avec elle, forme un dénouement admirable. Il faut bien qu'il le soit, puisqu'il a fait pardonner les étranges invraisemblances sur lesquelles il est fondé, et qui ne peuvent pas avoir d'autre excuse. (La H.)

(2) Cette situation est sans doute des plus théâtrales, elle ne permet pas aux spectateurs de respirer. Le succès prodigieux de cette scène est une grande réponse à tous ces critiques qui disent à un auteur : *Ceci n'est pas assez fondé, cela*

Cléopâtre. Quoi! vous me soupçonnez?

Rodogune. Quoi! je vous suis suspecte?

Antiochus. Je suis époux et fils, je vous aime et respecte;
Mais quoi que sur mon cœur puissent des noms si doux,
A ces marques enfin je ne connais que vous.
As-tu bien entendu? dis-tu vrai, Timagène?

Timagène. Avant qu'en soupçonner la princesse ou la reine,
Je mourrais mille fois; mais enfin mon récit
Contient, sans rien de plus, ce que le prince a dit.

Antiochus. D'un et d'autre côté l'action est si noire,
Que, n'en pouvant douter, je n'ose encor la croire.
O quiconque des deux avez versé son sang,
Ne vous préparez plus à me percer le flanc.
Nous avons mal servi vos haines mutuelles,
Aux jours l'une de l'autre également cruelles;
Mais si j'ai refusé ce détestable emploi,
Je veux bien vous servir toutes deux contre moi :
Qui que vous soyez donc, recevez une vie
Que déjà vos fureurs m'ont à demi ravie.

Rodogune. Ah! seigneur, arrêtez.

Timagène. Seigneur, que faites-vous?

Antiochus. Je sers ou l'une ou l'autre, et je préviens ses coups.

Cléopâtre. Vivez, régnez heureux.

Antiochus. Otez-moi donc de doute,
Et montrez-moi la main qu'il faut que je redoute,
Qui pour m'assassiner ose me secourir,
Et me sauve de moi pour me faire périr.
Puis-je vivre et traîner cette gêne éternelle,
Confondre l'innocente avec la criminelle,
Vivre, et ne pouvoir plus vous voir sans m'alarmer,
Vous craindre toutes deux, toutes deux vous aimer?
Vivre avec ce tourment, c'est mourir à toute heure.
Tirez-moi de ce trouble, ou souffrez que je meure,

n'*est pas assez préparé.* L'auteur répond : *J'ai touché, j'ai enlevé le public;* l'auteur a raison, tant que le public applaudit. Il est pourtant infiniment mieux de s'astreindre à la plus exacte vraisemblance; par là on plaît toujours, non-seulement au public assemblé, qui sent plus qu'il ne raisonne, mais aux critiques éclairés qui jugent dans le cabinet : c'est même le seul moyen de conserver une réputation pure dans la postérité. (V.)

Et que mon déplaisir, par un coup généreux,
Épargne un parricide à l'une de vous deux.

Cléopâtre. Puisque le même jour que ma main vous couronne
Je perds un de mes fils, et l'autre me soupçonne,
Qu'au milieu de mes pleurs, qu'il devrait essuyer,
Son peu d'amour me force à me justifier ;
Si vous n'en pouvez mieux consoler une mère
Qu'en la traitant d'égal avec une étrangère,
Je vous dirai, seigneur (car ce n'est plus à moi
A nommer autrement et mon juge et mon roi),
Que vous voyez l'effet de cette vieille haine
Qu'en dépit de la paix me garde l'inhumaine,
Qu'en son cœur du passé soutient le souvenir,
Et que j'avais raison de vouloir prévenir.
Elle a soif de mon sang, elle a voulu l'épandre ;
J'ai prévu d'assez loin ce que j'en viens d'apprendre ;
Mais je vous ai laissé désarmer mon courroux.

A Rodogune. Sur la foi de ses pleurs je n'ai rien craint de vous,
Madame ; mais, ô dieux ! quelle rage est la vôtre !
Quand je vous donne un fils, vous assassinez l'autre,
Et m'enviez soudain l'unique et faible appui
Qu'une mère opprimée eût pu trouver en lui !
Quand vous m'accablerez, où sera mon refuge ?
Si je m'en plains au roi, vous possédez mon juge ;
Et s'il m'ose écouter, peut-être, hélas ! en vain
Il voudra se garder de cette même main.
Enfin je suis leur mère, et vous leur ennemie ;
J'ai recherché leur gloire, et vous leur infamie ;
Et si je n'eusse aimé ces fils que vous m'ôtez,
Votre abord en ces lieux les eût déshérités.
C'est à lui maintenant, en cette concurrence,
A régler ses soupçons sur cette différence,
A voir de qui des deux il doit se défier,
Si vous n'avez un charme à vous justifier.

Rodogune, *à Cléopâtre.*
Je me défendrai mal : l'innocence étonnée
Ne peut s'imaginer qu'elle soit soupçonnée ;
Et n'ayant rien prévu d'un attentat si grand,

Qui l'en veut accuser sans peine la surprend [1].
Je ne m'étonne point de voir que votre haine
Pour me faire coupable a quitté Timagène.
Au moindre jour ouvert de tout jeter sur moi,
Son récit s'est trouvé digne de votre foi.
Vous l'accusiez pourtant, quand votre âme alarmée
Craignait qu'en expirant ce fils vous eût nommée :
Mais de ses derniers mots voyant le sens douteux,
Vous avez pris soudain le crime entre nous deux.
Certes, si vous voulez passer pour véritable
Que l'une de nous deux de sa mort soit coupable,
Je veux bien par respect ne vous imputer rien ;
Mais votre bras au crime est plus fait que le mien ;
Et qui sur un époux fit son apprentissage
A bien pu sur un fils achever son ouvrage.
Je ne dénierai point, puisque vous les savez,
De justes sentiments dans mon âme élevés :
Vous demandiez mon sang ; j'ai demandé le vôtre :
Le roi sait quels motifs ont poussé l'une et l'autre ;
Comme par sa prudence il a tout adouci,
Il vous connaît peut-être, et me connaît aussi.

A Antiochus. Seigneur, c'est un moyen de vous être bien chère
Que pour don nuptial vous immoler un frère :
On fait plus ; on m'impute un coup si plein d'horreur,
Pour me faire un passage à vous percer le cœur.

A Cléopâtre. Où fuirais-je de vous après tant de furie,
Madame ? et que ferait toute votre Syrie,
Où seule et sans appui contre mes attentats,
Je verrais ?... Mais, seigneur, vous ne m'écoutez pas !

Antiochus. Non, je n'écoute rien ; et dans la mort d'un frère
Je ne veux point juger entre vous et ma mère :
Assassinez un fils, massacrez un époux,

---

(1) On n'a rien à dire sur ces deux plaidoyers de Cléopâtre et de Rodogune. Ces deux princesses parlent toutes deux comme elles doivent parler. La réponse de Rodogune est beaucoup plus forte que le discours de Cléopâtre, elle doit l'être : il n'y a rien à y répliquer, elle porte la conviction ; et Antiochus devrait en être tellement frappé, qu'il ne devrait peut-être pas dire : *Non, je n'écoute rien ;* car, comment ne pas écouter de si bonnes raisons ? Mais j'ose dire que le parti que prend Antiochus est infiniment plus théâtral que s'il était simplement raisonnable. (V.)

Je ne veux me garder ni d'elle ni de vous.
Suivons aveuglément ma triste destinée ;
Pour m'exposer à tout achevons l'hyménée.
Cher frère, c'est pour moi le chemin du trépas ;
La main qui t'a percé ne m'épargnera pas ;
Je cherche à te rejoindre, et non à m'en défendre,
Et lui veux bien donner tout lieu de me surprendre :
Heureux si sa fureur qui me prive de toi
Se fait bientôt connaître en achevant sur moi,
Et si du ciel, trop lent à la réduire en poudre,
Son crime redoublé peut arracher la foudre !
Donnez-moi...

Rodogune, *l'empêchant de prendre la coupe.*
Quoi, seigneur !

Antiochus. Vous m'arrêtez en vain :
Donnez...

Rodogune. Ah ! gardez-vous de l'une et l'autre main !
Cette coupe est suspecte, elle vient de la reine ;
Craignez de toutes deux quelque secrète haine.

Cléopâtre. Qui m'épargnait tantôt ose enfin m'accuser !

Rodogune. De toutes deux, madame, il doit tout refuser.
Je n'accuse personne, et vous tiens innocente ;
Mais il en faut sur l'heure une preuve évidente :
Je veux bien à mon tour subir les mêmes lois.
On ne peut craindre trop pour le salut des rois.
Donnez donc cette preuve ; et, pour toute réplique,
Faites faire un essai par quelque domestique [1].

Cléopâtre, *prenant la coupe.*
Je le ferai moi-même. Eh bien ! redoutez-vous
Quelque sinistre effet encor de mon courroux ?
J'ai souffert cet outrage avecque patience.

Antiochus, *prenant la coupe des mains de Cléopâtre, après qu'elle a bu.*
Pardonnez-lui, madame, un peu de défiance :

---

(1) Apparemment que les princesses syriennes faisaient peu de cas de leurs domestiques ; mais c'est une réflexion que personne ne peut faire dans l'agitation où l'on est, et dans l'attente du dénouement. L'action qui termine cette scène fait frémir, c'est le tragique porté au comble : on est seulement étonné que, dans les compliments d'Antiochus et de l'ambassadeur, qui terminent la pièce, Antiochus ne dise pas un mot de son frère, qu'il aimait si tendrement. Le rôle terrible de Cléopâtre et le cinquième acte feront toujours réussir cette pièce.

(V.)

FRAGMENTS.

Comme vous l'accusez, elle fait son effort
A rejeter sur vous l'horreur de cette mort ;
Et soit amour pour moi, soit adresse pour elle,
Ce soin la fait paraître un peu moins criminelle.
Pour moi, qui ne vois rien, dans le trouble où je suis,
Qu'un gouffre de malheurs, qu'un abîme d'ennuis,
Attendant qu'en plein jour ces vérités paraissent,
J'en laisse la vengeance aux dieux qui les connaissent,
Et vais sans plus tarder...

Rodogune. Seigneur, voyez ses yeux
Déjà tout égarés, troubles, et furieux,
Cette affreuse sueur qui court sur son visage,
Cette gorge qui s'enfle. Ah ! bons dieux ! quelle rage !
Pour vous perdre après elle, elle a voulu périr.

Antiochus, *rendant la coupe à Laonice ou à quelque autre.*
N'importe, elle est ma mère, il faut la secourir.

Cléopâtre. Va, tu me veux en vain rappeler à la vie ;
Ma haine est trop fidèle, et m'a trop bien servie :
Elle a paru trop tôt pour te perdre avec moi ;
C'est le seul déplaisir qu'en mourant je reçoi :
Mais j'ai cette douceur dedans cette disgrâce
De ne voir point régner ma rivale en ma place.
Règne ; de crime en crime enfin te voilà roi.
Je t'ai défait d'un père, et d'un frère, et de moi :
Puisse le ciel tous deux vous prendre pour victimes,
Et laisser choir sur vous les peines de mes crimes !
Puissiez-vous ne trouver dedans votre union
Qu'horreur, que jalousie, et que confusion !
Et, pour vous souhaiter tous les malheurs ensemble,
Puisse naître de vous un fils qui me ressemble !

Antiochus. Ah ! vivez pour changer cette haine en amour.

Cléopâtre. Je maudirais les dieux s'ils me rendaient le jour.
Qu'on m'emporte d'ici : je me meurs. Laonice,
Si tu veux m'obliger par un dernier service,
Après les vains efforts de mes inimitiés,
Sauve-moi de l'affront de tomber à leurs pieds.

(*Elle s'en va, et Laonice lui aide à marcher.*)

Oronte. Dans les justes rigueurs d'un sort si déplorable,
Seigneur, le juste ciel vous est bien favorable ;

Il vous a préservé, sur le point de périr,
Du danger le plus grand que vous puissiez courir ;
Et par un digne effet de ses faveurs puissantes,
La coupable est punie et vos mains innocentes.

Antiochus. Oronte, je ne sais, dans son funeste sort,
Qui m'afflige le plus, ou sa vie, ou sa mort ;
L'une et l'autre a pour moi des malheurs sans exemple :
Plaignez mon infortune. Et vous, allez au temple
Y changer l'allégresse en un deuil sans pareil,
La pompe nuptiale en funèbre appareil ;
Et nous verrons après, par d'autres sacrifices,
Si les dieux voudront être à nos vœux plus propices.

HÉRACLIUS

TRAGÉDIE (1674).

A MONSEIGNEUR SÉGUIER,
CHANCELIER DE FRANCE.

Monseigneur,

Je sais que cette tragédie n'est pas d'un genre assez relevé pour espérer légitimement que vous y daigniez jeter les yeux, et que, pour offrir quelque chose à Votre Grandeur qui n'en fût pas entièrement indigne, j'aurais eu besoin d'une parfaite peinture de toute la vertu d'un Caton ou d'un Sénèque ; mais comme je tâchais d'amasser des forces pour ce grand dessein, les nouvelles faveurs que j'ai reçues de vous m'ont donné une juste impatience de les publier ; et les applaudissements qui ont suivi les représentations de ce poème m'ont fait présumer que sa bonne fortune pourrait suppléer à son peu de mérite. La curiosité que son récit a laissée dans les esprits pour sa lecture m'a flatté aisément, jusques à me persuader que je ne pouvais prendre une plus heureuse occasion de leur faire savoir combien je vous suis redevable ; et j'ai précipité ma reconnaissance, quand j'ai considéré qu'autant que je la différerais pour m'en acquitter plus dignement, autant je demeurerais dans les apparences d'une ingratitude inexcusable envers vous. Mais quand même les dernières obligations que je vous ai ne m'auraient pas fait cette glorieuse violence, il faut que je vous avoue ingénument que les intérêts de ma propre réputation m'en imposaient une très pressante nécessité. Le bonheur de mes ouvrages ne la porte en aucun lieu où elle ne demeure fort douteuse, et où l'on ne se défie, avec raison, de ce qu'en dit la voix publique, parce qu'aucun d'eux n'y fait connaître l'honneur que j'ai d'être connu de vous. Cependant on sait par toute l'Europe l'accueil favorable que Votre Grandeur fait aux gens de lettres ; que l'accès auprès de vous est ouvert et libre à tous ceux que les sciences ou les talents de l'esprit élèvent au-dessus du commun ; que les caresses dont vous les honorez sont les marques les plus indubitables et les plus solides de ce qu'ils valent ; et qu'enfin nos plus belles muses, que feu monseigneur le cardinal de Richelieu avait choisies de sa main pour en composer un corps tout d'esprits, seraient encore inconsolables de sa perte, si elles n'avaient trouvé chez Votre Grandeur la même protection qu'elles rencontraient chez Son Éminence. Quelle apparence donc qu'en quelque climat où notre langue puisse avoir entrée, on puisse croire qu'un homme mérite quelque véritable estime, si ses travaux n'y portent les assurances de l'état que vous en faites dans les hommages qu'il vous en doit ? Trouvez bon, Monseigneur, que celui-ci, plus heureux que le reste des miens, affranchisse mon nom de ne vous en avoir point encore rendu, et que, pour affermir ce peu de réputation qu'ils m'ont acquis, il tire mes lecteurs d'un doute si légitime, en leur apprenant non-seulement que je ne vous suis pas tout à fait inconnu, mais aussi même que votre bonté ne dédaigne pas de répandre sur moi votre bienveillance et vos grâces : de sorte que, quand votre vertu ne me donnerait pas toutes les passions imaginables pour votre service, je serais le plus ingrat de tous les hommes, si je n'étais toute ma vie très véritablement,

Monseigneur,

votre très humble, très obéissant, et très fidèle serviteur,

CORNEILLE.

AU LECTEUR.

Voici une hardie entreprise sur l'histoire, dont vous ne reconnaîtrez aucune chose dans cette tragédie, que l'ordre de la succession des empereurs Tibère, Maurice, Phocas, et Héraclius. J'ai falsifié la naissance de ce dernier ; mais ce n'a été qu'en sa faveur, et pour lui en donner une plus illustre, le faisant fils de l'empereur Maurice, bien qu'il ne le fût que d'un préteur d'Afrique de même nom que lui. J'ai prolongé la durée de l'empire de son prédécesseur de douze années, et lui ai donné un fils, quoique l'histoire n'en parle point, mais seulement d'une fille nommée Domitla, qu'il maria à un Priscus ou Crispus. J'ai prolongé de même la vie de l'impératrice Constantine, et comme j'ai fait régner ce tyran vingt ans au lieu de huit, je n'ai fait mourir cette princesse que dans la quinzième année de sa tyrannie, quoiqu'il l'eût sacrifiée à sa sûreté avec ses filles dès la cinquième. Je ne me mettrai pas en peine de justifier cette licence que j'ai prise ; l'événement l'a assez justifiée, et les exemples des anciens que j'ai rapportés sur *Rodogune* semblent l'autoriser suffisamment : mais, à parler sans fard, je ne voudrais pas conseiller à personne de la tirer en exemple. C'est beaucoup hasarder, et l'on n'est pas toujours heureux ; et, dans un dessein de cette nature, ce qu'un bon succès fait passer pour une ingénieuse hardiesse, un mauvais le fait prendre pour une témérité ridicule.

Baronius, parlant de la mort de l'empereur Maurice, et de celle de ses fils, que Phocas faisait immoler à sa vue, rapporte une circonstance très rare, dont j'ai pris l'occasion de former le nœud de cette tragédie, à qui elle sert de fondement. Cette nourrice eut tant de zèle pour ce malheureux prince, qu'elle exposa son propre fils au supplice, au lieu d'un des siens qu'on lui avait donné à nourrir. Maurice reconnut l'échange, et l'empêcha par une considération pieuse que cette extermination de toute sa famille était un juste jugement de Dieu, auquel il n'eût pas cru satisfaire, s'il eût souffert que le sang d'un autre eût payé pour celui d'un de ses fils. Mais quant à ce qui était de la mère, elle avait surmonté l'affection maternelle en faveur de son prince, et l'on peut dire que son enfant était mort pour son regard. Comme j'ai cru que cette action était assez généreuse pour mériter une personne plus illustre à la produire, j'ai fait de cette nourrice une gouvernante. J'ai supposé que l'échange avait eu son effet ; et de cet enfant sauvé par la supposition d'un autre, j'en ai fait Héraclius, le successeur de Phocas. Bien plus, j'ai feint que cette Léontine ne croyant pas pouvoir cacher longtemps cet enfant que Maurice avait commis à sa fidélité, vu la recherche exacte que Phocas en faisait faire, et se voyant même déjà soupçonnée et prête à être découverte, se voulut mettre dans les bonnes grâces de ce tyran, en lui allant offrir ce petit prince dont il était en peine, au lieu duquel elle lui livra son propre fils Léonce. J'ai ajouté que par cette action Phocas fut tellement gagné, qu'il crut ne pouvoir remettre son fils Martian aux mains d'une personne qui lui fût plus acquise, d'autant que ce

AU LECTEUR.

qu'elle venait de faire l'avait jetée, à ce qu'il croyait, dans une haine irréconciliable avec les amis de Maurice, qu'ils avaient seuls à craindre. Cette faveur où je la mets auprès de lui donne lieu à un second échange d'Héraclius, qu'elle nourrissait comme son fils sous le nom de Léonce, avec Martian, que Phocas lui avait confié. Je lui fais prendre l'occasion de l'éloignement de ce tyran, que j'arrête trois ans, sans revenir, à la guerre contre les Perses ; et à son retour, je fais qu'elle lui donne Héraclius pour fils, qui est dorénavant élevé auprès de lui sous le nom de Martian, cependant qu'elle retient le vrai Martian auprès d'elle, et le nourrit sous le nom de son Léonce, qu'elle avait exposé pour l'autre. Comme ces deux princes sont grands, et que Phocas, abusé par ce dernier échange, presse Héraclius d'épouser Pulchérie, fille de Maurice, qu'il avait réservée exprès seule de toute sa famille, afin qu'elle portât par ce mariage le droit et les titres de l'empire dans sa maison, Léontine, pour empêcher cette alliance du frère et de la sœur, avertit Héraclius de sa naissance. Je serais trop long si je voulais ici toucher le reste des incidents d'un poëme si embarrassé, et me contenterai de vous avoir donné ces lumières, afin que vous en puissiez commencer la lecture avec moins d'obscurité. Vous vous souviendrez seulement qu'Héraclius passe pour Martian, fils de Phocas, et Martian pour Léonce, fils de Léontine, et qu'Héraclius sait qui il est, et qui est ce faux Léonce ; mais que le vrai Martian, Phocas, ni Pulchérie, n'en savent rien, non plus que le reste des acteurs, hormis Léontine et sa fille Eudoxe.

On m'a fait quelque scrupule de ce qu'il n'est pas vraisemblable qu'une mère expose son fils à la mort pour en préserver un autre : à quoi j'ai deux réponses à faire ; la première, que notre unique docteur Aristote nous permet de mettre quelquefois des choses qui même soient contre la raison et l'apparence, pourvu que ce soit hors de l'action, ou, pour me servir des termes latins de ses interprètes, *extrà fabulam*, comme est ici cette supposition d'enfant, et nous donne pour exemple OEdipe, qui, ayant tué un roi de Thèbes, l'ignore encore vingt ans après ; l'autre, que l'action étant vraie du côté de la mère, comme j'ai remarqué tantôt, il ne faut plus s'informer si elle est vraisemblable, étant certain que toutes les vérités sont recevables dans la poésie, quoiqu'elle ne soit pas obligée à les suivre. La liberté qu'elle a de s'en écarter n'est pas une nécessité, et la vraisemblance n'est qu'une condition nécessaire à la disposition, et non pas au choix du sujet, ni des incidents qui sont appuyés de l'histoire. Tout ce qui entre dans le poëme doit être croyable ; et il l'est, selon Aristote, par l'un de ces trois moyens, la vérité, la vraisemblance, ou l'opinion commune. J'irai plus outre ; et, quoique peut-être on voudra prendre cette proposition pour un paradoxe, je ne craindrai point d'avancer que le sujet d'une belle tragédie doit n'être pas vraisemblable. La preuve en est aisée par le même Aristote, qui ne veut pas qu'on en compose une d'un ennemi qui tue son ennemi, parce que, bien que cela soit vraisemblable, il n'excite dans l'âme des spectateurs ni pitié ni crainte, qui sont les deux passions de la tragédie ; mais il nous renvoie la choisir dans les événements extraordinaires qui se passent entre personnes proches, comme d'un père qui tue son fils, une femme son mari, un frère sa sœur ; ce qui, n'étant jamais vraisemblable, doit avoir l'autorité de l'histoire ou de l'opinion commune pour être cru : si bien qu'il n'est pas permis d'inventer un sujet de cette nature. C'est la raison qu'il donne de ce que les anciens traitaient presque les mêmes sujets, d'autant qu'ils rencontraient peu de familles où fussent arrivés de pareils désordres, qui font les belles et puissantes oppositions du devoir et de la passion.

Ce n'est pas ici le lieu de m'étendre plus au long sur cette matière : j'en ai dit ces deux mots en passant, par une nécessité de me défendre d'une objection qui détruirait tout mon ouvrage, puisqu'elle va à en saper le fondement, et non par ambition d'étaler mes maximes, qui peut-être ne sont pas généralement avouées des savants. Aussi ne donné-je ici mes opinions qu'à la mode de M. de Montaigne, non pour bonnes, mais pour miennes. Je m'en suis bien trouvé jusqu'à présent ; mais je ne tiens pas impossible qu'on réussisse mieux en suivant les contraires.

PERSONNAGES.

PHOCAS, empereur d'Orient.
HÉRACLIUS, fils de l'empereur Maurice, cru Martian, fils de Phocas.
MARTIAN, fils de Phocas, cru Léonce, fils de Léontine.
PULCHÉRIE, fille de l'empereur Maurice.
LÉONTINE, dame de Constantinople, autrefois gouvernante d'Héraclius et de Martian.
EUDOXE, fille de Léontine.
CRISPE, gendre de Phocas.
EXUPÈRE, patricien de Constantinople.
AMINTAS, ami d'Exupère.
UN PAGE de Léontine.

La scène est à Constantinople.

ACTE PREMIER.

SCÈNE PREMIÈRE.

PHOCAS, CRISPE.

Phocas. Crispe, il n'est que trop vrai, la plus belle couronne
N'a que de faux brillants dont l'éclat l'environne ;
Et celui dont le ciel pour un sceptre fait choix,
Jusqu'à ce qu'il le porte, en ignore le poids.
Mille et mille douceurs y semblent attachées,
Qui ne sont qu'un amas d'amertumes cachées ;
Qui croit les posséder les sent s'évanouir ;
Et la peur de les perdre empêche d'en jouir :
Surtout qui, comme moi, d'une obscure naissance,
Monte par la révolte à la toute-puissance,
Qui de simple soldat à l'empire élevé,
Ne l'a que par le crime acquis et conservé,
Autant que sa fureur s'est immolé de têtes,
Autant dessus la sienne il croit voir de tempêtes ;
Et comme il n'a semé qu'épouvante et qu'horreur,
Il n'en recueille enfin que trouble et que terreur.
J'en ai semé beaucoup ; et depuis quatre lustres
Mon trône n'est fondé que sur des morts illustres ;
Et j'ai mis au tombeau, pour régner sans effroi,
Tout ce que j'en ai vu de plus digne que moi.
Mais le sang répandu de l'empereur Maurice,
Ses cinq fils à ses yeux envoyés au supplice,
En vain en ont été les premiers fondements,
Si pour m'ôter ce trône ils servent d'instruments.
On en fait revivre un au bout de vingt années :
Byzance ouvre, dis-tu, l'oreille à ces menées ;
Et le peuple, amoureux de tout ce qui me nuit,
D'une croyance avide embrasse ce faux bruit,
Impatient déjà de se laisser séduire
Au premier imposteur armé pour me détruire,

16

Qui, s'osant revêtir de ce fantôme aimé,
Voudra servir l'idole à son zèle charmé.
Mais sais-tu sous quel nom ce fâcheux bruit s'excite?

Crispe. Il nomme Héraclius celui qu'il ressuscite.

Phocas. Quiconque en est l'auteur devait mieux l'inventer.
Le nom d'Héraclius doit peu m'épouvanter;
Sa mort est trop certaine, et fut trop remarquable,
Pour craindre un grand effet d'une si vaine fable.
Il n'avait que six mois; et, lui perçant le flanc,
On en fit dégoutter plus de lait que de sang;
Et ce prodige affreux, dont je tremblai dans l'âme,
Fut aussitôt suivi de la mort de ma femme.
Il me souvient encor qu'il fut deux jours caché,
Et que sans Léontine on l'eût longtemps cherché:
Il fut livré par elle, à qui, pour récompense,
Je donnai de mon fils à gouverner l'enfance,
Du jeune Martian, qui d'âge presque égal,
Était resté sans mère en ce moment fatal.
Juge par là combien ce conte est ridicule.

Crispe. Tout ridicule il plaît; et le peuple est crédule:
Mais avant qu'à ce conte il se laisse emporter,
Il vous est trop aisé de le faire avorter.
Quand vous fîtes périr Maurice et sa famille,
Il vous en plut, seigneur, réserver une fille,
Et résoudre dès lors qu'elle aurait pour époux
Ce prince destiné pour régner après vous.
Le peuple en sa personne aime encore et révère
Et son père Maurice et son aïeul Tibère,
Et vous verra sans trouble en occuper le rang
S'il voit tomber leur sceptre au reste de leur sang.
Non, il ne coûrra plus après l'ombre du frère,
S'il voit monter la sœur dans le trône du père.
Mais pressez cet hymen: le prince aux champs de Mars
Chaque jour, chaque instant, s'offre à mille hasards,
Et n'eût été Léonce, en la dernière guerre,
Ce dessein avec lui serait tombé par terre,
Puisque, sous la valeur de ce jeune guerrier,
Martian demeurait ou mort ou prisonnier.
Avant que d'y périr, s'il faut qu'il y périsse,

ACTE I, SCÈNE I.

Qu'il vous laisse un neveu qui le soit de Maurice,
Et qui, réunissant l'une et l'autre maison,
Tire chez vous l'amour qu'on garde pour son nom.

Phocas. Hélas! de quoi me sert ce dessein salutaire,
Si pour en voir l'effet tout me devient contraire?
Pulchérie et mon fils ne se montrent d'accord
Qu'à fuir cet hyménée à l'égal de la mort;
Et les aversions entre eux deux mutuelles,
Les font d'intelligence à se montrer rebelles.
La princesse surtout frémit à mon aspect;
Et, quoiqu'elle étudie un peu de faux respect,
Le souvenir des siens, l'orgueil de sa naissance,
L'emporte à tous moments à braver ma puissance.
Sa mère, que longtemps je voulus épargner,
Et qu'en vain par douceur j'espérai de gagner,
L'a de la sorte instruite; et ce que je vois suivre
Me punit bien du trop que je la laissai vivre.

Crispe. Il faut agir de force avec de tels esprits,
Seigneur, et qui les flatte endurcit leurs mépris.
La violence est juste où la douceur est vaine.

Phocas. C'est par là qu'aujourd'hui je veux dompter sa haine.
Je l'ai mandée exprès, non plus pour la flatter,
Mais pour prendre mon ordre et pour l'exécuter.

Crispe. Elle entre.

SCÈNE II.

PHOCAS, PULCHÉRIE, CRISPE.

Phocas. Enfin, madame, il est temps de vous rendre.
Le besoin de l'État défend de plus attendre;
Il lui faut des Césars, et je me suis promis
D'en voir naître bientôt de vous et de mon fils.
Ce n'est pas exiger grande reconnaissance
Des soins que mes bontés ont pris de votre enfance,
De vouloir qu'aujourd'hui, pour prix de mes bienfaits,
Vous daigniez accepter les dons que je vous fais.
Ils ne font point de honte au rang le plus sublime;
Ma couronne et mon fils valent bien quelque estime:
Je vous les offre encore après tant de refus;

Mais apprenez aussi que je n'en souffre plus,
Que de force ou de gré je veux me satisfaire,
Qu'il me faut craindre en maître, ou me chérir en père,
Et que, si votre orgueil s'obstine à me haïr,
Qui ne peut être aimé se peut faire obéir.

Pulchérie. J'ai rendu jusqu'ici cette reconnaissance
A ces soins tant vantés d'élever mon enfance,
Que, tant qu'on m'a laissée en quelque liberté,
J'ai voulu me défendre avec civilité ;
Mais, puisqu'on use enfin d'un pouvoir tyrannique,
Je vois bien qu'à mon tour il faut que je m'explique,
Que je me montre entière à l'injuste fureur,
Et parle à mon tyran en fille d'empereur.
Il fallait me cacher avec quelque artifice
Que j'étais Pulchérie, et fille de Maurice,
Si tu faisais dessein de m'éblouir les yeux
Jusqu'à prendre tes dons pour des dons précieux.
Vois quels sont ces présents dont le refus t'étonne :
Tu me donnes, dis-tu, ton fils et ta couronne ;
Mais, que me donnes-tu, puisque l'une est à moi,
Et l'autre en est indigne, étant sorti de toi ?
Ta libéralité me fait peine à comprendre :
Tu parles de donner quand tu ne fais que rendre ;
Et puisque avecque moi tu veux le couronner,
Tu ne me rends mon bien que pour te le donner.
Tu veux que cet hymen que tu m'oses prescrire
Porte dans ta maison les titres de l'empire,
Et de cruel tyran, d'infâme ravisseur,
Te fasse vrai monarque et juste possesseur.
Ne reproche donc plus à mon âme indignée
Qu'en perdant tous les miens tu m'as seule épargnée :
Cette feinte douceur, cette ombre d'amitié,
Vint de ta politique, et non de ta pitié.
Ton intérêt dès lors fit seul cette réserve :
Tu m'as laissé la vie afin qu'elle te serve ;
Et mal sûr dans un trône où tu crains l'avenir,
Tu ne m'y veux placer que pour t'y maintenir ;
Tu ne m'y fais monter que de peur d'en descendre :
Mais connais Pulchérie, et cesse de prétendre.

Je sais qu'il m'appartient ce trône où tu te sieds,
Que c'est à moi d'y voir tout le monde à mes pieds :
Mais comme il est encor teint du sang de mon père,
S'il n'est lavé du tien, il ne saurait me plaire;
Et ta mort, que mes vœux s'efforcent de hâter,
Est l'unique degré par où j'y veux monter :
Voilà quelle je suis, et quelle je veux être.
Qu'un autre t'aime en père, ou te redoute en maître,
Le cœur de Pulchérie est trop haut et trop franc
Pour craindre ou pour flatter le bourreau de son sang.

Phocas. J'ai forcé ma colère à te prêter silence,
Pour voir à quel excès irait ton insolence :
J'ai vu ce qui t'abuse et me fait mépriser,
Et t'aime encore assez pour te désabuser.
N'estime plus mon sceptre usurpé sur ton père,
Ni que pour l'appuyer ta main soit nécessaire.
Depuis vingt ans je règne, et je règne sans toi;
Et j'en eus tout le droit du choix qu'on fit de moi.
Le trône où je me sieds n'est pas un bien de race :
L'armée a ses raisons pour remplir cette place;
Son choix en est le titre; et tel est notre sort
Qu'une autre élection nous condamne à la mort.
Celle qu'on fit de moi fut l'arrêt de Maurice;
J'en vis avec regret le triste sacrifice :
Au repos de l'État il fallut l'accorder;
Mon cœur, qui résistait, fut contraint de céder;
Mais pour remettre un jour l'empire en sa famille
Je fis ce que je pus, je conservai sa fille,
Et, sans avoir besoin de titres ni d'appui,
Je te fais part d'un bien qui n'était plus à lui.

Pulchérie. Un chétif centenier des troupes de Mysie,
Qu'un gros de mutinés élut par fantaisie,
Oser arrogamment se vanter à mes yeux
D'être juste seigneur du bien de mes aïeux!
Lui qui n'a pour l'empire autre droit que ses crimes,
Lui qui de tous les miens fit autant de victimes,
Croire s'être lavé d'un si noir attentat
En imputant leur perte au salut de l'État!
Il fait plus, il me croit digne de cette excuse!

Souffre, souffre à ton tour que je te désabuse :
Apprends que si jadis quelques séditions
Usurpèrent le droit de ces élections,
L'empire était chez nous un bien héréditaire ;
Maurice ne l'obtint qu'en gendre de Tibère ;
Et l'on voit depuis lui remonter mon destin
Jusqu'au grand Théodose et jusqu'à Constantin.
Et je pourrais avoir l'âme assez abattue...

Phocas. Eh bien ! si tu le veux, je te le restitue,
Cet empire, et consens encor que ta fierté
Impute à mes remords l'effet de ma bonté.
Dis que je te le rends et te fais des caresses,
Pour apaiser des tiens les ombres vengeresses,
Et tout ce qui pourra sous quelque autre couleur
Autoriser ta haine, et flatter ta douleur ;
Pour un dernier effort je veux souffrir la rage
Qu'allume dans ton cœur cette sanglante image.
Mais que t'a fait mon fils ? était-il, au berceau,
Des tiens que je perdis le juge ou le bourreau ?
Tant de vertus qu'en lui le monde entier admire
Ne l'ont-elles pas fait trop digne de l'empire ?
En ai-je eu quelque espoir qu'il n'ait assez rempli ?
Et voit-on sous le ciel prince plus accompli ?
Un cœur comme le tien, si grand, si magnanime...

Pulchérie. Va, je ne confonds point ses vertus et ton crime :
Comme ma haine est juste, et ne m'aveugle pas,
J'en vois assez en lui pour les plus grands États ;
J'admire chaque jour les preuves qu'il en donne ;
J'honore sa valeur, j'estime sa personne,
Et pense d'autant plus à lui vouloir du bien
Que s'en voyant indigne il ne demande rien,
Que ses longues froideurs témoignent qu'il s'irrite
De ce qu'on veut de moi par-delà son mérite,
Et que de tes projets son cœur triste et confus
Pour m'en faire justice approuve mes refus.
Ce fils si vertueux d'un père si coupable,
S'il ne devait régner, me pourrait être aimable ;
Et cette grandeur même où tu veux le porter
Est l'unique motif qui m'y fait résister.

ACTE I, SCÈNE II.

Après l'assassinat de ma famille entière,
Quand tu ne m'as laissé père, mère, ni frère,
Que j'en fasse ton fils légitime héritier !
Que j'assure par là leur trône au meurtrier !
Non, non ; si tu me crois le cœur si magnanime
Qu'il ose séparer ses vertus de ton crime,
Sépare tes présents, et ne m'offre aujourd'hui
Que ton fils sans le sceptre, ou le sceptre sans lui.
Avise ; et si tu crains qu'il te fût trop infâme
De remettre l'empire en la main d'une femme,
Tu peux dès aujourd'hui le voir mieux occupé.
Le ciel me rend un frère à ta rage échappé ;
On dit qu'Héraclius est tout prêt de paraître :
Tyran, descends du trône, et fais place à ton maître.

Phocas. A ce compte, arrogante, un fantôme nouveau,
Qu'un murmure confus fait sortir du tombeau,
Te donne cette audace et cette confiance !
Ce bruit s'est fait déjà digne de ta croyance.
Mais...

Pulchérie. Je sais qu'il est faux ; pour t'assurer ce rang
Ta rage eut trop de soin de verser tout mon sang ;
Mais la soif de ta perte en cette conjoncture
Me fait aimer l'auteur d'une belle imposture.
Au seul nom de Maurice il te fera trembler :
Puisqu'il se dit son fils, il veut lui ressembler ;
Et cette ressemblance où son courage aspire
Mérite mieux que toi de gouverner l'empire :
J'irai par mon suffrage affermir cette erreur,
L'avouer pour mon frère et pour mon empereur,
Et dedans son parti jeter tout l'avantage
Du peuple convaincu par mon premier hommage.
Toi, si quelque remords te donne un juste effroi,
Sors du trône, et te laisse abuser comme moi ;
Prends cette occasion de te faire justice.

Phocas. Oui, je me la ferai bientôt par ton supplice :
Ma bonté ne peut plus arrêter mon devoir ;
Ma patience a fait par-delà son pouvoir.
Qui se laisse outrager mérite qu'on l'outrage ;
Et l'audace impunie enfle trop un courage.

Tonne, menace, brave, espère en de faux bruits,
Fortifie, affermis ceux qu'ils auront séduits.
Dans ton âme à ton gré change ma destinée ;
Mais choisis pour demain la mort ou l'hyménée.

Pulchérie. Il n'est pas pour ce choix besoin d'un grand effort
A qui hait l'hyménée, et ne craint point la mort.

(En ces deux scènes, Héraclius passe pour Martian, et Martian pour Léonce. Héraclius se connaît, mais Martian ne se connaît pas.)

SCÈNE III.

PHOCAS, PULCHÉRIE, HÉRACLIUS, CRISPE.

Phocas, *à Pulchérie.* Dis, si tu veux encor, que ton cœur la souhaite.
A Héraclius. Approche, Martian, que je te le répète :
Cette ingrate furie, après tant de mépris,
Conspire encor la perte et du père et du fils ;
Elle-même a semé cette erreur populaire
D'un faux Héraclius qu'elle accepte pour frère :
Mais quoi qu'à ces mutins elle puisse imposer,
Demain ils la verront mourir, ou t'épouser.

Héraclius. Seigneur...

Phocas. Garde sur toi d'attirer ma colère.

Héraclius. Dussé-je mal user de cet amour de père,
Étant ce que je suis, je me dois quelque effort
Pour vous dire, seigneur, que c'est vous faire tort,
Et que c'est trop montrer d'injuste défiance
De ne pouvoir régner que par son alliance :
Sans prendre un nouveau droit du nom de son époux,
Ma naissance suffit pour régner après vous.
J'ai du cœur, et tiendrais l'empire même infâme
S'il fallait le tenir de la main d'une femme.

Phocas. Eh bien ! elle mourra, tu n'en as pas besoin.

Héraclius. De vous-même, seigneur, daignez mieux prendre soin.
Le peuple aime Maurice : en perdre ce qui reste
Nous rendrait ce tumulte au dernier point funeste.
Au nom d'Héraclius à demi soulevé,
Vous verriez par sa mort le désordre achevé.
Il vaut mieux la priver du rang qu'elle rejette,
Faire régner une autre, et la laisser sujette :

ACTE I, SCÈNE III.

Et d'un parti plus bas punissant son orgueil...

Phocas. Quand Maurice peut tout du creux de son cercueil,
A ce fils supposé, dont il me faut défendre,
Tu parles d'ajouter un véritable gendre !

Héraclius. Seigneur, j'ai des amis chez qui cette moitié...

Phocas. A l'épreuve d'un sceptre il n'est point d'amitié,
Point qui ne s'éblouisse à l'éclat de sa pompe,
Point qu'après son hymen sa haine ne corrompe.
Elle mourra, te dis-je.

Pulchérie. Ah! ne m'empêchez pas
De rejoindre les miens par un heureux trépas.
La vapeur de mon sang ira grossir la foudre
Que Dieu tient déjà prête à le réduire en poudre ;
Et ma mort, en servant de comble à tant d'horreurs...

Phocas. Par ses remercîments juge de ses fureurs.
J'ai prononcé l'arrêt, il faut que l'effet suive.
Résous-la de t'aimer, si tu veux qu'elle vive !
Sinon, j'en jure encore, et ne t'écoute plus,
Son trépas dès demain punira ses refus.

SCÈNE IV.

PULCHÉRIE, HÉRACLIUS, MARTIAN.

Héraclius. En vain il se promet que sous cette menace
J'espère en votre cœur surprendre quelque place :
Votre refus est juste, et j'en sais les raisons.
Ce n'est pas à nous deux d'unir les deux maisons ;
D'autres destins, madame, attendent l'un et l'autre :
Ma foi m'engage ailleurs aussi bien que la vôtre.
Vous aurez en Léonce un digne possesseur [1] ;
Je serai trop heureux d'en posséder la sœur.

---

[1] Le lecteur doit savoir que Léonce, dont on n'a point encore parlé, passe pour le fils de Léontine, ancienne gouvernante du prince Héraclius, fils de Maurice, et du prince Martian, fils de Phocas. On ne sait point encore que ce prétendu Léonce a été changé en nourrice, et qu'il est le véritable Martian. Il eût été à souhaiter peut-être que dès la première scène ces aventures eussent été éclaircies; mais avec un peu d'attention il sera aisé de suivre l'intrigue : il est triste qu'on ait besoin de cette attention, qui *d'un divertissement nous fait une fatigue,* comme dit Boileau. (V.)

Martian. Ah! mon prince! ah! madame! il vaut mieux vous résoudre
Par un heureux hymen à dissiper ce foudre.
Héraclius. Je te connais, Léonce, et mieux que tu ne crois ;
Je sais ce que tu vaux, et ce que je te dois.
Son bonheur est le mien, madame ; et je vous donne
Léonce et Martian en la même personne ;
C'est Martian en lui que vous favorisez.
Opposons la constance aux périls opposés.
Je vais près de Phocas essayer la prière ;
Et si je n'en obtiens la grâce tout entière,
Malgré le nom de père, et le titre de fils,
Je deviens le plus grand de tous ses ennemis.
Oui, si sa cruauté s'obstine à votre perte,
J'irai, pour l'empêcher, jusqu'à la force ouverte,
Et puisse, si le ciel m'y voit rien épargner,
Un faux Héraclius en ma place régner !
Adieu, madame.
Pulchérie. Adieu, prince trop magnanime,
(*Héraclius s'en va, et Pulchérie continue.*)
Prince digne en effet d'un trône acquis sans crime,
Digne d'un autre père. Ah ! Phocas ! ah ! tyran !
Se peut-il que ton sang ait formé Martian ?
Mais allons, cher Léonce, admirant son courage,
Tâcher de notre part à repousser l'orage.

ACTE DEUXIÈME.

SCÈNE PREMIÈRE.

LÉONTINE, EUDOXE.

Léontine. Avec trop d'imprudence il vous l'a révélé[1].
Vous êtes fille, Eudoxe, et vous avez parlé[2] :

(1) Le spectateur ne peut savoir d'abord que c'est Léontine qui parle, et que c'est cette même Léontine, autrefois gouvernante d'Héraclius et de Martian ; il serait peut-être mieux qu'on en fût informé d'abord. Il faut que tous ceux qui assistent à une pièce de théâtre connaissent tout d'un coup les personnages qui se présentent, excepté ceux dont l'intérêt est de cacher leur nom. (V.)

(2) Qui ? de qui parle-t-elle ? c'est une énigme. (V.)

ACTE II, SCÈNE I.

Vous n'avez pu savoir cette grande nouvelle
Sans la dire à l'oreille à quelque âme infidèle,
A quelque esprit léger, ou de votre heur jaloux,
A qui ce grand secret a pesé comme à vous.
C'est par là qu'il est su, c'est par là qu'on publie
Ce prodige étonnant d'Héraclius en vie ;
C'est par là qu'un tyran, plus instruit que troublé
De l'ennemi secret qui l'aurait accablé,
Ajoutera bientôt sa mort à tant de crimes,
Et se sacrifiera pour nouvelles victimes
Ce prince dans son sein pour son fils élevé,
Vous dont il a fait choix, et moi qui l'ai sauvé.
Voyez combien de maux pour n'avoir su vous taire.

Eudoxe. Madame, mon respect souffre tout d'une mère,
Qui, pour peu qu'elle veuille écouter la raison,
Ne m'accusera plus de cette trahison ;
Car c'en est une enfin bien digne de supplice
Qu'avoir d'un tel secret donné le moindre indice.

Léontine. Et qui donc aujourd'hui le fait connaître à tous ?
Est-ce le prince, ou moi ?

Eudoxe. Ni le prince, ni vous.
De grâce, examinez ce bruit qui vous alarme.
On dit qu'il est en vie, et son nom seul les charme :
On ne dit point comment vous trompâtes Phocas,
Livrant un de vos fils pour ce prince au trépas,
Ni comme après, du sien étant la gouvernante,
Par une tromperie encor plus importante,
Vous en fîtes l'échange, et, prenant Martian,
Vous laissâtes pour fils ce prince à son tyran ;
En sorte que le sien passe ici pour mon frère,
Cependant que de l'autre il croit être le père,
Et voit en Martian Léonce qui n'est plus,
Tandis que sous ce nom il aime Héraclius.
On dirait tout cela si, par quelque imprudence,
Il m'était échappé d'en faire confidence :
Mais pour toute nouvelle on dit qu'il est vivant[1] ;
Aucun n'ose pousser l'histoire plus avant.

---

(1) Toutes ces manières de parler sont d'une familiarité qui n'est nullement convenable à la tragédie. (V.)

Comme ce sont pour tous des routes inconnues,
Il semble à quelques-uns qu'il doit tomber des nues ;
Et j'en sais tel qui croit dans sa simplicité
Que pour punir Phocas Dieu l'a ressuscité.
Mais le voici.

SCÈNE V.

HÉRACLIUS, LÉONTINE, EUDOXE.

Héraclius. Madame, il n'est plus temps de taire
D'un si profond secret le dangereux mystère ;
Le tyran, alarmé du bruit qui le surprend,
Rend ma crainte trop juste et le péril trop grand.
Non que de ma naissance il fasse conjecture ;
Au contraire, il prend tout pour grossière imposture,
Et me connaît si peu, que, pour la renverser,
A l'hymen qu'il souhaite il prétend me forcer.
Il m'oppose à mon nom qui le vient de surprendre :
Je suis fils de Maurice ; il m'en veut faire gendre,
Et s'acquérir les droits d'un prince si chéri
En me donnant moi-même à ma sœur pour mari.
Jugez s'il n'est pas temps de montrer qui nous sommes,
De cesser d'être fils du plus méchant des hommes,
D'immoler mon tyran aux périls de ma sœur,
Et de rendre à mon père un juste successeur.

Léontine. Votre courage seul nous donne lieu de craindre :
Modérez-en l'ardeur, daignez vous y contraindre ;
Et, puisqu'aucun soupçon ne dit rien à Phocas,
Soyez encor son fils, et ne vous montrez pas.
De quoi que ce tyran menace Pulchérie,
J'aurai trop de moyens d'arrêter sa furie,
De rompre cet hymen, ou de le retarder,
Pourvu que vous veuillez ne vous point hasarder.
Répondez-moi de vous, et je vous réponds d'elle.

Héraclius. Jamais l'occasion ne s'offrira si belle.
Vous voyez un grand peuple à demi révolté,
Sans qu'on sache l'auteur de cette nouveauté.
Il semble que de Dieu la main appesantie,
Se faisant du tyran l'effroyable partie,

ACTE II, SCÈNE II.

Veuille avancer par là son juste châtiment;
Quoi, par un si grand bruit semé confusément,
Il dispose les cœurs à prendre un nouveau maître,
Et presse Héraclius de se faire connaître.
C'est à nous de répondre à ce qu'il en prétend :
Montrons Héraclius au peuple qui l'attend;
Évitons le hasard qu'un imposteur l'abuse,
Et qu'après s'être armé d'un nom que je refuse,
De mon trône, à Phocas sous ce titre arraché,
Il puisse me punir de m'être trop caché.
Il ne sera pas temps, madame, de lui dire
Qu'il me rende mon nom, ma naissance et l'empire,
Quand il se prévaudra de ce nom déjà pris
Pour me joindre au tyran dont je passe pour fils.

Léontine. Sans vous donner pour chef à cette populace,
Je romprai bien encor ce coup, s'il vous menace;
Mais gardons jusqu'au bout ce secret important;
Fiez-vous plus à moi qu'à ce peuple inconstant.
Ce que j'ai fait pour vous depuis votre naissance
Semble digne, seigneur, de cette confiance :
Je ne laisserai point mon ouvrage imparfait,
Et bientôt mes desseins auront leur plein effet.
Je punirai Phocas, je vengerai Maurice :
Mais aucun n'aura part à ce grand sacrifice;
J'en veux toute la gloire, et vous me la devez.
Vous régnerez par moi, si par moi vous vivez.
Laissez entre mes mains mûrir vos destinées,
Et ne hasardez point le fruit de vingt années.

Eudoxe. Seigneur, si votre amour peut écouter mes pleurs,
Ne vous exposez point au dernier des malheurs.
La mort de ce tyran, quoique trop légitime,
Aura dedans vos mains l'image d'un grand crime :
Le peuple pour miracle osera maintenir
Que le ciel par son fils l'aura voulu punir;
Et sa haine obstinée après cette chimère
Vous croira parricide en vengeant votre père;
La vérité n'aura ni le nom ni l'effet
Que d'un adroit mensonge à couvrir ce forfait;
Et d'une telle erreur l'ombre sera trop noire

17

Pour ne pas obscurcir l'éclat de votre gloire.
Héraclius. Le secret est à vous, et je serais ingrat
Si sans votre congé j'osais en faire éclat,
Puisque, sans votre aveu, toute mon aventure
Passerait pour un songe ou pour une imposture.
Je dirai plus : l'empire est plus à vous qu'à moi,
Puisqu'à Léonce mort tout entier je le doi ;
C'est le prix de son sang, c'est pour y satisfaire
Que je rends à la sœur ce que je tiens du frère.
Mais si je me dérobe au rang qui vous est dû,
Ce sera par moi seul que vous l'aurez perdu ;
Seul je vous ôterai ce que je dois vous rendre.
Disposez des moyens et du temps de le prendre.
Quand vous voudrez régner, faites-m'en possesseur :
Mais, comme enfin j'ai lieu de craindre pour ma sœur,
Tirez-la dans ce jour de ce péril extrême,
Ou demain je ne prends conseil que de moi-même.
Léontine. Je vous l'ai déjà dit, laissez ce qui vous perd.

SCÈNE III.

EXUPÈRE, LÉONTINE, EUDOXE.

Exupère. Madame, Héraclius vient d'être découvert.
Léontine, *à Eudoxe*. Eh bien !
Eudoxe. Si... (*à Exupère.*)
Léontine. Taisez-vous. Depuis quand ?
Exupère. Tout à l'heure.
Léontine. Et déjà l'empereur a commandé qu'il meure ?
Exupère. Le tyran est bien loin de s'en voir éclairci.
Léontine. Comment ?
Exupère. Ne craignez rien, madame, le voici.
Léontine. Je ne vois que Léonce.
Exupère. Ah ! quittez l'artifice.

SCÈNE IV.

MARTIAN, LÉONTINE, EXUPÈRE, EUDOXE.

Martian. Madame, dois-je croire un billet de Maurice ?
Voyez si c'est sa main, ou s'il est contrefait ;
Dites s'il me détrompe, ou m'abuse en effet,
Si je suis votre fils, ou s'il était mon père :
Vous en devez connaître encor le caractère.

Léontine lit le billet. « Léontine a trompé Phocas,
« Et, livrant pour mon fils un des siens au trépas,
« Dérobe à sa fureur l'héritier de l'empire.
« O vous qui me restez de fidèles sujets,
« Honorez son grand zèle, appuyez ses projets !
« Sous le nom de Léonce Héraclius respire.
                    « MAURICE. »

(*Elle rend le billet à Exupère, qui le lui a donné, et continue.*)

Seigneur, il vous dit vrai ; vous étiez en mes mains
Quand on ouvrit Byzance au pire des humains.
Maurice m'honora de cette confiance :
Mon zèle y répondit par-delà sa croyance :
Le voyant prisonnier et ses quatre autres fils,
Je cachai quelques jours ce qu'il m'avait commis ;
Mais enfin, toute prête à me voir découverte,
Ce zèle sur mon sang détourna votre perte.
J'allai pour vous sauver vous offrir à Phocas ;
Mais j'offris votre nom, et ne vous donnai pas.
La généreuse ardeur de sujette fidèle
Me rendit pour mon prince à moi-même cruelle :
Mon fils fut, pour mourir, le fils de l'empereur.
J'éblouis le tyran, je trompai sa fureur :
Léonce, au lieu de vous, lui servit de victime.
     (*Elle fait un soupir.*)
Ah ! pardonnez, de grâce ; il m'échappe sans crime.
J'ai pris pour vous sa vie, et lui rends un soupir ;
Ce n'est pas trop, seigneur, pour un tel souvenir :
A cet illustre effort par mon devoir réduite,
J'ai dompté la nature, et ne l'ai pas détruite.

Phocas, ravi de joie à cette illusion,
Me combla de faveurs avec profusion,
Et nous fit de sa main cette haute fortune
Dont il n'est pas besoin que je vous importune.
Voilà ce que mes soins vous laissent ignorer ;
Et j'attendais, seigneur, à vous le déclarer,
Que, par vos grands exploits, votre rare vaillance
Pût faire à l'univers croire à votre naissance,
Et qu'une occasion pareille à ce grand bruit
Nous pût de son aveu promettre quelque fruit :
Car, comme j'ignorais que notre grand monarque
En eût pu rien savoir, ou laisser quelque marque,
Je doutais qu'un secret, n'étant su que de moi,
Sous un tyran si craint pût trouver quelque foi.

Exupère. Comme sa cruauté, pour mieux gêner Maurice,
Le forçait de ses fils à voir le sacrifice,
Ce prince vit l'échange, et l'allait empêcher ;
Mais l'acier des bourreaux fut plus prompt à trancher :
La mort de votre fils arrêta cette envie,
Et prévint d'un moment le refus de sa vie.
Maurice, à quelque espoir se laissant lors flatter,
S'en ouvrit à Félix qui vint le visiter,
Et trouva les moyens de lui donner ce gage
Qui vous en pût un jour rendre un plein témoignage.
Félix est mort, madame, et naguère en mourant
Il remit ce dépôt à son plus cher parent ;
Et m'ayant tout conté, « Tiens, dit-il, Exupère,
  « Sers ton prince, et venge ton père. »
Armé d'un tel secret, seigneur, j'ai voulu voir
Combien parmi le peuple il aurait de pouvoir.
J'ai fait semer ce bruit sans vous faire connaître ;
Et voyant tous les cœurs vous souhaiter pour maître,
J'ai ligué du tyran les secrets ennemis,
Mais sans leur découvrir plus qu'il ne m'est permis.
Ils aiment votre nom, sans savoir davantage,
Et cette seule joie anime leur courage,
Sans qu'autres que les deux qui vous parlaient là-bas
De tout ce qu'elle a fait sachent plus que Phocas.
Vous venez de savoir ce que vous vouliez d'elle ;

C'est à vous de répondre à son généreux zèle.
Le peuple est mutiné, vos amis assemblés,
Le tyran effrayé, ses confidents troublés.
Donnez l'aveu du prince à sa mort qu'on apprête,
Et ne dédaignez pas d'ordonner de sa tête.

Martian. Surpris des nouveautés d'un tel événement,
Je demeure à vos yeux muet d'étonnement.
Je sais ce que je dois, madame, au grand service
Dont vous avez sauvé l'héritier de Maurice.
Je croyais, comme fils, devoir tout à vos soins,
Et je vous dois bien plus lorsque je vous suis moins :
Mais pour vous expliquer toute ma gratitude,
Mon âme a trop de trouble et trop d'inquiétude.
Allez, brave Exupère, allez, je vous rejoins ;
Souffrez que je demeure un moment sans témoins.

ACTE TROISIÈME.

SCÈNE PREMIÈRE.

PHOCAS, EXUPÈRE, AMINTAS, MARTIAN, PULCHÉRIE, CRISPE.

Phocas. Quel est votre entretien avec cette princesse ?
Des noces que je veux ?

Martian. C'est de quoi je la presse.
Phocas. Et vous l'avez gagnée en faveur de mon fils ?
Martian. Il sera son époux, elle me l'a promis.
Phocas. C'est beaucoup obtenu d'une âme si rebelle.
Mais quand ?

Martian. C'est un secret que je n'ai pas su d'elle.
Phocas. Vous pouvez m'en dire un dont je suis plus jaloux,
On dit qu'Héraclius est fort connu de vous :
Si vous aimez mon fils, faites-le-moi connaître.
Martian. Vous le connaissez trop, puisque je vois ce traître.
Exupère. Je sers mon empereur, et je sais mon devoir.

Martian. Chacun te l'avouera ; tu le fais assez voir.
Phocas. De grâce, éclaircissez ce que je vous propose.
Ce billet à demi m'en dit bien quelque chose ;
Mais, Léonce, c'est peu si vous ne l'achevez.
Martian. Nommez-moi par mon nom puisque vous le savez ;
Dites Héraclius ; il n'est plus de Léonce ;
Et j'entends mon arrêt sans qu'on me le prononce.
Phocas. Tu peux bien t'y résoudre après ton vain effort
Pour m'arracher le sceptre et conspirer ma mort.
Martian. J'ai fait ce que j'ai dû. Vivre sous ta puissance,
C'eût été démentir mon nom et ma naissance,
Et ne point écouter le sang de mes parents,
Qui ne crie en mon cœur que la mort des tyrans.
Quiconque pour l'empire eut la gloire de naître
Renonce à cet honneur s'il peut souffrir un maître :
Hors le trône ou la mort, il doit tout dédaigner ;
C'est un lâche, s'il n'ose ou se perdre ou régner.
J'entends donc mon arrêt sans qu'on me le prononce.
Héraclius mourra comme a vécu Léonce,
Bon sujet, meilleur prince, et ma vie et ma mort
Rempliront dignement et l'un et l'autre sort.
La mort n'a rien d'affreux pour une âme bien née :
A mes côtés pour toi je l'ai cent fois traînée ;
Et mon dernier exploit contre tes ennemis
Fut d'arrêter son bras qui tombait sur ton fils.
Phocas. Tu prends pour me toucher un mauvais artifice :
Héraclius n'eut point de part à ce service :
J'en ai payé Léonce, à qui seul était dû
L'inestimable honneur de me l'avoir rendu :
Mais sous des noms divers à soi-même contraire,
Qui conserva le fils attente sur le père ;
Et se désavouant d'un aveugle secours,
Sitôt qu'il se connaît, il en veut à mes jours.
Je te devais sa vie, et je me dois justice.
Léonce est effacé par le fils de Maurice.
Contre un tel attentat rien n'est à balancer,
Et je saurai punir comme récompenser.
Martian. Je sais trop qu'un tyran est sans reconnaissance
Pour en avoir conçu la honteuse espérance,

ACTE III, SCÈNE I.

Et suis trop au-dessus de cette indignité
Pour te vouloir piquer de générosité.
Que ferais-tu pour moi de me laisser la vie,
Si pour moi sans le trône elle n'est qu'infamie?
Héraclius vivrait pour te faire la cour!
Rends-lui, rends-lui son sceptre, ou prive-le du jour.
Pour ton propre intérêt sois juge incorruptible :
Ta vie avec la mienne est trop incompatible;
Un si grand ennemi ne peut être gagné,
Et je te punirais de m'avoir épargné.
Si de ton fils sauvé j'ai rappelé l'image,
J'ai voulu de Léonce étaler le courage,
Afin qu'en le voyant tu ne doutasses plus
Jusques où doit aller celui d'Héraclius.
Je me tiens plus heureux de périr en monarque,
Que de vivre en éclat sans en porter la marque;
Et puisque pour jouir d'un si glorieux sort
Je n'ai que ce moment qu'on destine à ma mort,
Je la rendrai si belle et si digne d'envie,
Que ce moment vaudra la plus illustre vie.
M'y faisant donc conduire, assure ton pouvoir,
Et délivre mes yeux de l'horreur de te voir.

Phocas. Nous verrons la vertu de cette âme hautaine.
Faites-le retirer en la chambre prochaine,
Crispe; et qu'on me l'y garde, attendant que mon choix
Pour punir son forfait vous donne d'autres lois.

Martian, *à Pulchérie.*

Adieu, madame, adieu, je n'ai pu davantage.
Ma mort va vous laisser encor dans l'esclavage :
Le ciel par d'autres mains vous en daigne affranchir!

SCÈNE II.

PHOCAS, PULCHÉRIE, EXUPÈRE, AMINTAS.

Phocas. Et toi, n'espère pas désormais me fléchir.
Je tiens Héraclius, et n'ai plus rien à craindre,
Plus lieu de te flatter, plus lieu de me contraindre.
Ce frère et ton espoir vont entrer au cercueil,
Et j'abattrai d'un coup sa tête et ton orgueil.

Mais ne te contrains point dans ces rudes alarmes ;
Laisse aller tes soupirs, laisse couler tes larmes.

Pulchérie. Moi pleurer! moi gémir, tyran! J'aurais pleuré
Si quelques lâchetés l'avaient déshonoré,
S'il n'eût pas emporté sa gloire tout entière,
S'il m'avait fait rougir par la moindre prière,
Si quelque infâme espoir qu'on lui dût pardonner
Eût mérité la mort que tu lui vas donner.
Sa vertu jusqu'au bout ne s'est point démentie.
Il n'a point pris le ciel ni le sort à partie,
Point querellé le bras qui fait ces lâches coups,
Point daigné contre lui perdre un juste courroux.
Sans te nommer ingrat, sans trop le nommer traître,
De tous deux, de soi-même il s'est montré le maître ;
Et dans cette surprise il a bien su courir
A la nécessité qu'il voyait de mourir.

Phocas. Explique, explique mieux le fond de ta pensée ;
Et, sans plus te parer d'une vertu forcée,
Pour apaiser le père, offre le cœur au fils,
Et tâche à racheter ce cher frère à ce prix.

Pulchérie. Crois-tu que sur la foi de tes fausses promesses
Mon âme ose descendre à de telles bassesses ?
Prends mon sang pour le sien ; mais, s'il y faut mon cœur,
Périsse Héraclius avec sa triste sœur !

Phocas. Eh bien! il va périr ; ta haine en est complice.

Pulchérie. Et je verrai du ciel bientôt choir ton supplice :
Dieu, pour le réserver à ses puissantes mains,
Fait avorter exprès tous les moyens humains ;
Il veut frapper le coup sans notre ministère.
Si l'on t'a bien donné Léonce pour mon frère,
Les quatre autres peut-être, à tes yeux abusés,
Ont été comme lui des Césars supposés.
L'État, qui, dans leur mort, voyait trop sa ruine,
Avait des généreux autres que Léontine ;
Ils trompaient d'un barbare aisément la fureur,
Qui n'avait jamais vu la cour ni l'empereur.
Crains, tyran, crains encor tous les quatre peut-être :
L'un après l'autre enfin se vont faire paraître ;
Et, malgré tous tes soins, malgré tout ton effort,

Tu ne les connaîtras qu'en recevant la mort.
Moi-même à leur défaut je serai la conquête
De quiconque à mes pieds apportera ta tête ;
L'esclave le plus vil qu'on puisse imaginer
Sera digne de moi, s'il peut t'assassiner.
Va perdre Héraclius, et quitte la pensée
Que je me pare ici d'une vertu forcée ;
Et, sans m'importuner de répondre à tes vœux ¹,
Si tu prétends régner, défais-toi de tous deux.

SCÈNE III.

PHOCAS, EXUPÈRE, AMINTAS.

Phocas. J'écoute avec plaisir ces menaces frivoles ;
Je ris d'un désespoir qui n'a que des paroles ;
Et, de quelque façon qu'elle m'ose outrager,
Le sang d'Héraclius m'en doit assez venger.
Vous donc, mes vrais amis, qui me tirez de peine,
Vous, dont je vois l'amour quand j'en craignais la haine,
Vous, qui m'avez livré mon secret ennemi,
Ne soyez point vers moi fidèles à demi :
Résolvez avec moi des moyens de sa perte :
La ferons-nous secrète, ou bien à force ouverte ?
Prendrons-nous le plus sûr, ou le plus glorieux ?
Exupère. Seigneur, n'en doutez point, le plus sûr vaut le mieux ;
Mais le plus sûr pour vous est que sa mort éclate,
De peur qu'en l'ignorant le peuple ne se flatte,
N'attende encor ce prince, et n'ait quelque raison
De courir en aveugle à qui prendra son nom.
Phocas. Donc, pour ôter tout doute à cette populace,
Nous enverrons sa tête au milieu de la place.

---

(1) Cette scène est adroite. L'auteur a voulu tromper jusqu'au spectateur, qui ne sait si Exupère trahit Phocas ou non : cependant un peu de réflexion fait bien voir que Phocas est dupe de cet officier. Les trois principaux personnages de cette pièce, Phocas, Héraclius et Martian, sont trompés jusqu'au bout ; ce serait un exemple très dangereux à imiter. Corneille ne se soutient pas seulement ici par l'intrigue, mais par de très beaux détails. Toutes les pièces que d'autres auteurs ont faites dans ce goût sont tombées à la longue. On veut de la vraisemblance dans l'intrigue, de la clarté, de grandes passions, une élégance continue.
(V.)

Exupère. Mais si vous la coupez dedans votre palais,
Ces obstinés mutins ne le croiront jamais ;
Et, sans que pas un d'eux à son erreur renonce,
Ils diront qu'on impute un faux nom à Léonce,
Qu'on en fait un fantôme afin de les tromper,
Prêts à suivre toujours qui voudra l'usurper.
Phocas. Lors nous leur ferons voir ce billet de Maurice.
Exupère. Ils le tiendront pour faux, et pour un artifice :
Seigneur, après vingt ans vous espérez en vain
Que ce peuple ait des yeux pour connaître sa main.
Si vous voulez calmer toute cette tempête,
Il faut en pleine place abattre cette tête,
Et qu'il die, en mourant, à ce peuple confus :
« Peuple, n'en doute point, je suis Héraclius. »
Phocas. Il le faut, je l'avoue ; et déjà je destine
A ce même échafaud l'infâme Léontine.
Mais si ces insolents l'arrachent de nos mains ?
Exupère. Qui l'osera, seigneur ?
               Phocas. Ce peuple que je crains.
Exupère. Ah ! souvenez-vous mieux des désordres qu'enfante
Dans un peuple sans chef la première épouvante.
Le seul bruit de ce prince au palais arrêté
Dispersera soudain chacun de son côté ;
Les plus audacieux craindront votre justice,
Et le reste en tremblant ira voir son supplice.
Mais ne leur donnez pas, tardant trop à punir,
Le temps de se remettre et de se réunir :
Envoyez des soldats à chaque coin des rues ;
Saisissez l'Hippodrome avec ses avenues :
Dans tous les lieux publics rendez-vous le plus fort.
Pour nous, qu'un tel indice intéresse à sa mort,
De peur que d'autres mains ne se laissent séduire,
Jusques à l'échafaud laissez-nous le conduire.
Nous aurons trop d'amis pour en venir à bout ;
J'en réponds sur ma tête, et j'aurai l'œil à tout.
Phocas. C'en est trop, Exupère : allez, je m'abandonne
Aux fidèles conseils que votre ardeur me donne.
C'est l'unique moyen de dompter nos mutins,
Et d'éteindre à jamais ces troubles intestins.

Je vais, sans différer, pour cette grande affaire,
Donner à tous mes chefs un ordre nécessaire.
Vous, pour répondre aux soins que vous m'avez promis,
Allez de votre part assembler vos amis,
Et croyez qu'après moi, jusqu'à ce que j'expire,
Ils seront, eux et vous, les maîtres de l'empire.

SCÈNE IV.

EXUPÈRE, AMINTAS.

Exupère. Nous sommes en faveur, ami, tout est à nous :
L'heur de notre destin va faire des jaloux.
Amintas. Quelque allégresse ici que vous fassiez paraître,
Trouvez-vous doux les noms de perfide et de traître?
Exupère. Je sais qu'aux généreux ils doivent faire horreur ;
Ils m'ont frappé l'oreille, ils m'ont blessé le cœur :
Mais bientôt, par l'effet que nous devons attendre,
Nous serons en état de ne les plus entendre.
Allons ; pour un moment qu'il faut les endurer,
Ne fuyons pas les biens qu'ils nous font espérer.

ACTE QUATRIÈME.

SCÈNE PREMIÈRE.

HÉRACLIUS, EUDOXE.

Héraclius. Vous avez grand sujet d'appréhender pour elle :
Phocas au dernier point la tiendra criminelle ;
Et je le connais mal, ou, s'il la peut trouver,
Il n'est moyen humain qui puisse la sauver.
Je vous plains, chère Eudoxe, et non pas votre mère ;
Elle a bien mérité ce qu'a fait Exupère ;
Il trahit justement qui voulait me trahir,
Eudoxe. Vous croyez qu'à ce point elle ait pu vous haïr,

Vous pour qui son amour a forcé la nature?

Héraclius. Comment voulez-vous donc nommer son imposture?
M'empêcher d'entreprendre, et, par un faux rapport,
Confondre en Martian et mon nom et mon sort;
Abuser d'un billet que le hasard lui donne;
Attacher de sa main mes droits à sa personne,
Et le mettre en état, dessous sa bonne foi,
De régner en ma place, ou de périr pour moi :
Madame, est-ce en effet me rendre un grand service?

Eudoxe. Eût-elle démenti ce billet de Maurice?
Et l'eût-elle pu faire, à moins que révéler
Ce que surtout alors il lui fallait céler?
Quand Martian par là n'eût pas connu son père,
C'était vous hasarder sur la foi d'Exupère :
Elle en doutait, seigneur; et, par l'événement,
Vous voyez que son zèle en doutait justement.
Sûre en soi des moyens de vous rendre l'empire,
Qu'à vous rendre jamais elle n'a voulu dire,
Elle a sur Martian tourné le coup fatal
De l'épreuve d'un cœur qu'elle connaissait mal.
Seigneur, où seriez-vous sans ce nouveau service?

Héraclius. Qu'importe qui des deux on destine au supplice?
Qu'importe, Martian, vu ce que je te doi,
Qui trahisse mon sort, d'Exupère ou de moi?
Si l'on ne me découvre, il faut que je m'expose;
Et l'un et l'autre enfin ne sont que même chose,
Sinon qu'étant trahi je mourrais malheureux,
Et que, m'offrant pour toi, je mourrai généreux.

Eudoxe. Quoi! pour désabuser une aveugle furie,
Rompre votre destin, et donner votre vie!

Héraclius. S'il s'agissait ici de le faire empereur,
Je pourrais lui laisser mon nom et son erreur :
Mais conniver en lâche à ce nom qu'on me vole,
Quand son père à mes yeux au lieu de moi l'immole!
Souffrir qu'il se trahisse aux rigueurs de mon sort!
Vivre par son supplice, et régner par sa mort!

Eudoxe. Ah! ce n'est pas, seigneur, ce que je vous demande;
De cette lâcheté l'infamie est trop grande.
Montrez-vous pour sauver ce héros du trépas;

ACTE IV, SCÈNE I.

Mais montrez-vous en maître, et ne vous perdez pas :
Rallumez cette ardeur où s'opposait ma mère,
Garantissez le fils par la perte du père ;
Et, prenant à l'empire un chemin éclatant,
Montrez Héraclius au peuple qui l'attend.

Héraclius. Il n'est plus temps, madame ; un autre a pris ma place.
Sa prison a rendu le peuple tout de glace :
Déjà préoccupé d'un autre Héraclius,
Dans l'effroi qui le trouble il ne me croira plus ;
Et, ne me regardant que comme un fils perfide,
Il aura de l'horreur de suivre un parricide.
Mais quand même il voudrait seconder mes desseins,
Le tyran tient déjà Martian en ses mains.
S'il voit qu'en sa faveur je marche à force ouverte,
Piqué de ma révolte, il hâtera sa perte,
Soit qu'il faille régner, soit qu'il faille périr,
Au tombeau comme au trône on me verra courir.
Mais voici le tyran, et son traître Exupère.

SCÈNE II.

PHOCAS, HÉRACLIUS, EXUPÈRE, EUDOXE, TROUPE DE GARDES.

Phocas, *montrant Eudoxe à ses gardes.*
    Qu'on la tienne en lieu sûr en attendant sa mère.
Héraclius. A-t-elle quelque part?...
              Phocas. Nous verrons à loisir :
Il est bon cependant de la faire saisir.
Eudoxe, *s'en allant.* Seigneur, ne croyez rien de ce qu'il vous va dire.
Phocas, *à Eudoxe.* Je croirai ce qu'il faut pour le bien de l'empire.
A Héraclius. Ses pleurs pour ce coupable imploraient ta pitié ?
Héraclius. Seigneur.
      Phocas. Je sais pour lui quelle est ton amitié ;
Mais je veux que toi-même, ayant bien vu son crime,
Tiennes ton zèle injuste, et sa mort légitime.
Aux gardes. Qu'on le fasse venir. Pour en tirer l'aveu
Il ne sera besoin ni du fer ni du feu.
Loin de s'en repentir, l'orgueilleux en fait gloire.
Mais que me diras-tu qu'il ne me faut pas croire ?

Eudoxe m'en conjure, et l'avis me surprend.
Aurais-tu découvert quelque crime plus grand?

Héraclius. Oui, sa mère a plus fait contre votre service
Que ne sait Exupère, et que n'a vu Maurice.

Phocas. La perfide! Ce jour lui sera le dernier.
Parle.

Héraclius. J'achèverai devant le prisonnier.
Trouvez bon qu'un secret d'une telle importance,
Puisque vous le mandez, s'explique en sa présence.

Phocas. Le voici. Mais surtout ne me dis rien pour lui.

SCÈNE III[1].

PHOCAS, HÉRACLIUS, MARTIAN, EXUPÈRE, TROUPE DE GARDES.

Héraclius. Je sais qu'en ma prière il aurait peu d'appui;
Et, loin de me donner une inutile peine,
Tout ce que je demande à votre juste haine,
C'est que de tels forfaits ne soient pas impunis.
Perdez Héraclius, et sauvez votre fils:
Voilà tout mon souhait et toute ma prière.
M'en refuserez-vous?

Phocas. Tu l'obtiendras entière:
Ton salut en effet est douteux sans sa mort.

Martian. Ah! prince! J'y courrai sans me plaindre du sort;
Son indigne rigueur n'est pas ce qui me touche:
Mais en ouïr l'arrêt sortir de votre bouche!
Je vous ai mal connu jusques à mon trépas.

Héraclius. Et même en ce moment tu ne me connais pas:
Écoute, père aveugle, et toi, prince crédule,
Ce que l'honneur défend que plus je dissimule.
Phocas, connais ton sang, et tes vrais ennemis:
Je suis Héraclius, et Léonce est ton fils.

Martian. Seigneur, que dites-vous?

Héraclius. Que je ne puis plus taire
Que deux fois Léontine osa tromper ton père;
Et, semant de nos noms un insensible abus,

---

[1] Jusqu'ici le spectateur n'a été qu'embarrassé et inquiet; à présent il est ému par l'attente d'un grand événement. (V.)

ACTE IV, SCÈNE III.

    Fit un faux Martian du jeune Héraclius.
Phocas. Maurice te dément, lâche! tu n'as qu'à lire :
    « Sous le nom de Léonce Héraclius respire. »
    Tu fais après cela des contes superflus.
Héraclius. Si ce billet fut vrai, seigneur, il ne l'est plus.
    J'étais Léonce alors et j'ai cessé de l'être
    Quand Maurice immolé n'en a pu rien connaître.
    S'il laissa par écrit ce qu'il avait pu voir,
    Ce qui suivit sa mort fut hors de son pouvoir.
    Vous portâtes soudain la guerre dans la Perse,
    Où vous eûtes trois ans la fortune diverse :
    Cependant Léontine, étant dans le château
    Reine de nos destins et de notre berceau,
    Pour me rendre le rang qu'occupait votre race,
    Prit Martian pour elle, et me mit à sa place.
    Ce zèle en ma faveur lui succéda si bien,
    Que vous-même au retour vous n'en connûtes rien;
    Et ces informes traits qu'à six mois a l'enfance,
    Ayant mis entre nous fort peu de différence,
    Le faible souvenir en trois ans s'en perdit :
    Vous prîtes aisément ce qu'elle vous rendit.
    Nous vécûmes tous deux sous le nom l'un de l'autre :
    Il passa pour son fils, je passai pour le vôtre ;
    Et je ne jugeais pas ce chemin criminel
    Pour remonter sans meurtre au trône paternel.
    Mais voyant cette erreur fatale à cette vie
    Sans qui déjà la mienne aurait été ravie,
    Je me croirais, seigneur, coupable infiniment
    Si je souffrais encore un tel aveuglement.
    Je viens reprendre un nom qui seul a fait son crime.
    Conservez votre haine, et changez de victime.
    Je ne demande rien que ce qui m'est promis :
    Perdez Héraclius, et sauvez votre fils.
Martian. Admire de quel fils le ciel t'a fait le père,
    Admire quel effort sa vertu vient de faire,
    Tyran ; et ne prends pas pour une vérité
    Ce qu'invente pour moi sa générosité.
A Héraclius. C'est trop, prince, c'est trop pour ce petit service
    Dont honora mon bras ma fortune propice :

Je vous sauvai la vie, et ne la perdis pas ;
Et pour moi vous cherchez un assuré trépas !
Ah ! si vous m'en devez quelque reconnaissance,
Prince, ne m'ôtez pas l'honneur de ma naissance.
Avoir tant de pitié d'un sort si glorieux,
De crainte d'être ingrat, c'est m'être injurieux.

Phocas. En quel trouble me jette une telle dispute !
A quels nouveaux malheurs m'expose-t-elle en butte !
Lequel croire, Exupère, et lequel démentir ?
Tombé-je dans l'erreur, ou si j'en vais sortir ?
Si ce billet est vrai, le reste est vraisemblable,

Exupère. Mais qui sait si ce reste est faux ou véritable ?

Phocas. Léontine deux fois a pu tromper Phocas.

Exupère. Elle a pu les changer, et ne les changer pas :
Et plus que vous, seigneur, dedans l'inquiétude,
Je ne vois que du trouble et de l'incertitude.

Héraclius. Ce n'est pas d'aujourd'hui que je sais qui je suis :
Vous voyez quels effets en ont été produits.
Depuis plus de quatre ans vous voyez quelle adresse
J'apporte à rejeter l'hymen de la princesse,
Où sans doute aisément mon cœur eût consenti,
Si Léontine alors ne m'en eût averti.

A Martian. Ami, rends-moi mon nom : la faveur n'est pas grande ;
Ce n'est que pour mourir que je te le demande.
Reprends ce triste jour que tu m'as racheté,
Ou rends-moi cet honneur que tu m'as presque ôté.

Martian. Pourquoi, de mon tyran volontaire victime,
Précipiter vos jours pour me noircir d'un crime ?
Prince, qui que je sois, j'ai conspiré sa mort,
Et nos noms au dessein donnent un divers sort.
Dedans Héraclius il a gloire solide,
Et dedans Martian il devient parricide.
Puisqu'il faut que je meure illustre, ou criminel,
Couvert ou de louange ou d'opprobre éternel,
Ne souillez point ma mort, et ne veuillez pas faire
Du vengeur de l'empire un assassin d'un père.

Héraclius. Mon nom seul est coupable, et, sans plus disputer,
Pour te faire innocent tu n'as qu'à le quitter.
Il conspira lui seul, tu n'en es point complice.

ACTE IV, SCÈNE III.

Ce n'est qu'Héraclius qu'on envoie au supplice :
Sois son fils, tu vivras.

Martian. Si je l'avais été,
Seigneur, ce traître en vain m'aurait sollicité ;
Et, lorsque contre vous il m'a fait entreprendre,
La nature en secret aurait su m'en défendre.

Héraclius. Apprends donc qu'en secret mon cœur t'a prévenu.
J'ai voulu conspirer, mais on m'a retenu ;
Et dedans mon péril Léontine timide...

Martian. N'a pu voir Martian commettre un parricide.

Héraclius. Et n'eût pas eu pour moi d'horreur d'un grand forfait,
Puisque dans ta personne elle en pressait l'effet.
Mais elle m'empêchait de hasarder ma tête,
Espérant par ton bras me livrer ma conquête.
Ce favorable aveu dont elle t'a séduit
T'exposait aux périls pour m'en donner le fruit ;
Et c'était ton succès qu'attendait sa prudence,
Pour découvrir au peuple ou cacher ma naissance.

Phocas. Hélas ! je ne puis voir qui des deux est mon fils ;
Et je vois que tous deux ils sont mes ennemis.
En ce piteux état quel conseil dois-je suivre ?
J'ai craint un ennemi, mon bonheur me le livre ;
Je sais que de mes mains il ne peut se sauver,
Je sais que je le vois, et ne puis le trouver.
La nature tremblante, incertaine, étonnée,
D'un nuage confus couvre sa destinée :
L'assassin sous cette ombre échappe à ma rigueur,
Et, présent à mes yeux, il se cache en mon cœur.
Martian, à ce nom aucun ne veut répondre,
Et l'amour paternel ne sert qu'à me confondre.
Trop d'un Héraclius en mes mains est remis ;
Je tiens mon ennemi, mais je n'ai plus de fils.
Que veux-tu donc, nature, et que prétends-tu faire ?
Si je n'ai plus de fils, puis-je encore être père ?
De quoi parle à mon cœur ton murmure imparfait ?
Ne me dis rien du tout, ou parle tout à fait.
Qui que ce soit des deux que mon sang ait fait naître,
Ou laisse-moi le perdre, ou fais-le-moi connaître.
O toi, qui que tu sois, enfant dénaturé,

Et trop digne du sort que tu t'es procuré,
Mon trône est-il pour toi plus honteux qu'un supplice?
O malheureux Phocas! ô trop heureux Maurice!
Tu recouvres deux fils pour mourir après toi,
Et je n'en puis trouver pour régner après moi!
Qu'aux honneurs de ta mort je dois porter envie
Puisque mon propre fils les préfère à sa vie!

SCÈNE IV[1].

PHOCAS, HÉRACLIUS, MARTIAN, CRISPE, EXUPÈRE, LÉONTINE.

Crispe, *à Phocas.* Seigneur, ma diligence enfin a réussi;
J'ai trouvé Léontine, et je l'amène ici.
Phocas, *à Léontine.* Approche, malheureuse.
Héraclius, *à Léontine.* Avouez tout, madame.
J'ai tout dit.
Léontine, *à Héraclius.* Quoi, seigneur?
Phocas. Tu l'ignores, infâme!
Qui des deux est mon fils?
Léontine. Qui vous en fait douter?
Héraclius, *à Léontine.* Le nom d'Héraclius que son fils veut porter:
Il en croit ce billet et votre témoignage;
Mais ne le laissez pas dans l'erreur davantage.
Phocas. N'attends pas les tourments, ne me déguise rien.
M'as-tu livré ton fils? as-tu changé le mien?
Léontine. Je t'ai livré mon fils; et j'en aime la gloire.
Si je parle du reste, oseras-tu m'en croire?
Et qui t'assurera que pour Héraclius,
Moi qui t'ai tant trompé, je ne te trompe plus?
Phocas. N'importe, fais-nous voir quelle haute prudence
En des temps si divers leur en fait confidence,
A l'un depuis quatre ans, à l'autre d'aujourd'hui.
Léontine. Le secret n'en est su ni de lui, ni de lui;

---

(1) Toute cette scène de Léontine est très belle en son genre; car Léontine dit tout ce qu'elle doit dire, et le dit de la manière la plus imposante. La seule chose qui puisse faire de la peine, c'est que cette Léontine, qui semblait, dès le second acte, conduire l'action, qui voulait qu'on se reposât de tout sur elle, n'agit point dans la pièce; et c'est ce que nous examinerons, surtout au cinquième acte.
(V.).

M'as-tu livré ton fils ? as-tu changé le mien

ACTE IV, SCÈNE IV.

Tu n'en sauras non plus les véritables causes :
Devine, si tu peux, et choisis, si tu l'oses.
L'un des deux est ton fils, l'autre est ton empereur.
Tremble dans ton amour, tremble dans ta fureur.
Je te veux toujours voir, quoi que ta rage fasse,
Craindre ton ennemi dedans ta propre race,
Toujours aimer ton fils dedans ton ennemi,
Sans être ni tyran, ni père qu'à demi.
Tandis qu'autour des deux tu perdras ton étude,
Mon âme jouira de ton inquiétude :
Je rirai de ta peine ; ou, si tu m'en punis,
Tu perdras avec moi le secret de ton fils.

Phocas. Et si je les punis tous deux sans les connaître,
L'un comme Héraclius, l'autre pour vouloir l'être ?

Léontine. Je m'en consolerai quand je verrai Phocas
Croire affermir son sceptre en se coupant le bras,
Et de la même main son ordre tyrannique
Venger Héraclius dessus son fils unique.

Phocas. Quelle reconnaissance, ingrate, tu me rends
Des bienfaits répandus sur toi, sur tes parents,
De t'avoir confié ce fils que tu me caches,
D'avoir mis en tes mains ce cœur que tu m'arraches,
D'avoir mis à tes pieds ma cour qui t'adorait !
Rends-moi mon fils, ingrate.

Léontine.   Il m'en désavouerait ;
Et ce fils, quel qu'il soit, que tu ne peux connaître,
A le cœur assez bon pour ne vouloir pas l'être.
Admire sa vertu qui trouble ton repos.
C'est du fils d'un tyran que j'ai fait ce héros ;
Tant ce qu'il a reçu d'heureuse nourriture
Dompte ce mauvais sang qu'il eut de la nature !
C'est assez dignement répondre à tes bienfaits
Que d'avoir dégagé ton fils de tes forfaits.
Séduit par ton exemple et par sa complaisance,
Il t'aurait ressemblé s'il eût su sa naissance ;
Il serait lâche, impie, inhumain comme toi !
Et tu me dois ainsi plus que je ne te doi.

Exupère. L'impudence et l'orgueil suivent les impostures.
Ne vous exposez plus à ce torrent d'injures,

Qui, ne faisant qu'aigrir votre ressentiment,
Vous donne peu de jour pour ce discernement.
Laissez-la-moi, seigneur, quelques moments en garde ;
Puisque j'ai commencé, le reste me regarde :
Malgré l'obscurité de son illusion,
J'espère démêler cette confusion.
Vous savez à quel point l'affaire m'intéresse.

Phocas. Achève, si tu peux, par force, ou par adresse,
Exupère ; et sois sûr que je te devrai tout,
Si l'ardeur de ton zèle en peut venir à bout.
Je saurai cependant prendre à part l'un et l'autre ;
Et peut-être qu'enfin nous trouverons le nôtre.
Agis de ton côté ; je la laisse avec toi :
Gêne, flatte, surprends. Vous autres, suivez-moi.

SCÈNE V.

EXUPÈRE, LÉONTINE.

Exupère. On ne peut nous entendre. Il est juste, madame,
Que je vous ouvre enfin jusqu'au fond de mon âme ;
C'est passer trop longtemps pour traître auprès de vous.
Vous haïssez Phocas ; nous le haïssons tous...
Léontine. Oui, c'est bien lui montrer ta haine et ta colère,
Que lui vendre ton prince et le sang de ton père.
Exupère. L'apparence vous trompe, et je suis en effet...
Léontine. L'homme le plus méchant que la nature ait fait.
Exupère. Ce qui passe à vos yeux pour une perfidie...
Léontine. Cache une intention fort noble et fort hardie !
Exupère. Pouvez-vous en juger, puisque vous l'ignorez ?
Considérez l'état de tous nos conjurés :
Il n'est aucun de nous à qui sa violence
N'ait donné trop de lieu d'une juste vengeance ;
Et, nous en croyant tous dans notre âme indignés,
Le tyran du palais nous a tous éloignés.
Il y fallait rentrer par quelque grand service.
Léontine. Et tu crois m'éblouir avec cet artifice ?
Exupère. Madame, apprenez tout. Je n'ai rien hasardé.
Vous savez de quel nombre il est toujours gardé ;

Pouvions-nous le surprendre, ou forcer les cohortes
Qui de jour et de nuit tiennent toutes ses portes?
Pouvions-nous mieux sans bruit nous approcher de lui?
Vous voyez la posture où j'y suis aujourd'hui ;
Il me parle, il m'écoute, il me croit; et lui-même
Se livre entre mes mains, aide à mon stratagème.
C'est par mes seuls conseils qu'il veut publiquement
Du prince Héraclius faire le châtiment,
Que sa milice éparse à chaque coin des rues
A laissé du palais les portes presque nues :
Je puis en un moment m'y rendre le plus fort ;
Mes amis sont tout prêts : c'en est fait, il est mort ;
Et j'userai si bien de l'accès qu'il me donne,
Qu'aux pieds d'Héraclius je mettrai sa couronne.
Mais après mes desseins pleinement découverts,
De grâce, faites-moi connaître qui je sers ;
Et ne le cachez plus à ce cœur qui n'aspire
Qu'à le rendre aujourd'hui maître de tout l'empire.

Léontine. Esprit lâche et grossier, quelle brutalité
Te fait juger en moi tant de crédulité?
Va, d'un piége si lourd l'appât est inutile,
Traître, et si tu n'as point de ruse plus subtile...

Exupère. Je vous dis vrai, madame, et vous dirai de plus...

Léontine. Ne me fais point ici de contes superflus :
L'effet à tes discours ôte toute croyance.

Exupère. Eh bien! demeurez donc dans votre défiance.
Je ne demande plus, et ne vous dis plus rien ;
Gardez votre secret, je garderai le mien.
Puisque je passe encor pour homme à vous séduire,
Venez dans la prison où je vais vous conduire :
Si vous ne me croyez, craignez ce que je puis.
Avant la fin du jour vous saurez qui je suis.

ACTE CINQUIÈME.

SCÈNE PREMIÈRE.

HÉRACLIUS, PULCHÉRIE.

Héraclius. O ciel ! quel bon démon devers moi vous envoie,
Madame[1] ?
Pulchérie. Le tyran, qui veut que je vous voie,
Et met tout en usage afin de s'éclaircir.
Héraclius. Par vous-même en ce trouble il pense réussir !
Pulchérie. Il le pense, seigneur, et ce brutal espère
Mieux qu'il ne trouve un fils que je découvre un frère :
Comme si j'étais fille à ne lui rien céler
De tout ce que le sang pourrait me révéler !
Héraclius. Puisse-t-il par un trait de lumière fidèle
Vous le mieux révéler qu'il ne me le révèle !
Aidez-moi cependant, madame, à repousser
Les indignes frayeurs dont je me sens presser...
Pulchérie. Ah ! prince, il ne faut point d'assurance plus claire ;
Si vous craignez la mort, vous n'êtes point mon frère :
Ces indignes frayeurs vous ont trop découvert.
Héraclius. Moi, la craindre, madame ! Ah ! je m'y suis offert.
Qu'il me traite en tyran, qu'il m'envoie au supplice,
Je suis Héraclius, je suis fils de Maurice ;
Sous ces noms précieux je cours m'ensevelir,
Et m'étonne si peu que je l'en fais pâlir :
Mais il me traite en père, il me flatte, il m'embrasse ;
Je n'en puis arracher une seule menace :

(1) On sent ici que le terrain manque à l'auteur : cette scène est entièrement inutile au dénouement de la pièce ; mais non-seulement elle est inutile, elle n'est pas vraisemblable : il n'est pas possible que Phocas se serve ici de la famille Maurice comme il emploierait un confident sur lequel il compterait ; il l'a menacée vingt fois de la mort ; elle lui a parlé avec la plus grande horreur et le plus profond mépris, et il l'envoie tranquillement pour surprendre le secret d'Héraclius. Une telle disparate, un tel changement dans le caractère devrait au moins être excusé, s'il peut l'être, par une exposition pathétique du trouble extrême où est Phocas, et qui le réduit à implorer le secours de Pulchérie même, sa mortelle ennemie.
(V.)

ACTE V, SCÈNE I.

J'ai beau faire et beau dire afin de l'irriter.
Il m'écoute si peu qu'il me force à douter.
Malgré moi comme fils toujours il me regarde ;
Au lieu d'être en prison, je n'ai pas même un garde.
Je ne sais qui je suis, et crains de le savoir ;
Je veux ce que je dois, et cherche mon devoir :
Je crains de le haïr, si j'en tiens la naissance ;
Je le plains de m'aimer, si je m'en dois vengeance ;
Et mon cœur, indigné d'une telle amitié,
En frémit de colère, et tremble de pitié.
De tous ses mouvements mon esprit se défie ;
Il condamne aussitôt tout ce qu'il justifie.
La colère, l'amour, la haine et le respect,
Ne me présentent rien qui ne me soit suspect.
Je crains tout, je fuis tout ; et, dans cette aventure,
Des deux côtés en vain j'écoute la nature.
Secourez donc un frère en ces perplexités.

Pulchérie. Ah ! vous ne l'êtes point, puisque vous en doutez.
Celui qui, comme vous, prétend à cette gloire,
D'un courage plus ferme en croit ce qu'il doit croire.
Comme vous on le flatte, il y sait résister ;
Rien ne le touche assez pour le faire douter :
Et le sang, par un double et secret artifice,
Parle en vous pour Phocas, comme en lui pour Maurice.

Héraclius. A ces marques en lui connaissez Martian ;
Il a le cœur plus dur étant fils d'un tyran.
La générosité suit la belle naissance :
La pitié l'accompagne, et la reconnaissance.
Dans cette grandeur d'âme un vrai prince affermi
Est sensible aux malheurs même d'un ennemi ;
La haine qu'il lui doit ne saurait le défendre,
Quand il s'en voit aimé, de s'en laisser surprendre ;
Et trouve assez souvent son devoir arrêté
Par l'effet naturel de sa propre bonté.
Cette digne vertu de l'âme la mieux née,
Madame, ne doit pas souiller ma destinée.
Je doute ; et si ce doute a quelque crime en soi,
C'est assez m'en punir que douter comme moi ;
Et mon cœur, qui sans cesse en sa faveur se flatte,

Cherche qui le soutienne, et non pas qui l'abatte ;
Il demande secours pour mes sens étonnés,
Et non le coup mortel dont vous m'assassinez.

Pulchérie. L'œil le mieux éclairé sur de telles matières
Peut prendre de faux jours pour de vives lumières ;
Et comme notre sexe ose assez promptement
Suivre l'impression d'un premier mouvement,
Peut-être qu'en faveur de ma première idée
Ma haine pour Phocas m'a trop persuadée.
Son amour est pour vous un poison dangereux ;
Et quoique la pitié montre un cœur généreux,
Celle qu'on a pour lui de ce rang dégénère.
Vous devez le haïr ; et fût-il votre père,
Si ce titre est douteux, son crime ne l'est pas.
Qu'il vous offre sa grâce, ou vous livre au trépas,
Il n'est pas moins tyran quand il vous favorise,
Puisque c'est ce cœur même alors qu'il tyrannise ;
Et que votre devoir, par là mieux combattu,
Prince, met en péril jusqu'à votre vertu.
Doutez, mais haïssez ; et quoi qu'il exécute,
Je douterai d'un nom qu'un autre vous dispute :
En douter lorsqu'en moi vous cherchez quelque appui,
Si c'est trop peu pour vous, c'est assez contre lui.
L'un de vous est mon frère, et l'autre y peut prétendre :
Entre tant de vertus mon choix se peut méprendre ;
Mais je ne puis faillir, dans votre sort douteux,
A chérir l'un et l'autre, et vous plaindre tous deux.
J'espère encor pourtant ; on murmure, on menace :
Un tumulte, dit-on, s'élève dans la place :
Exupère est allé fondre sur ces mutins ;
Et peut-être de là dépendent nos destins.
Mais Phocas entre.

SCÈNE II.

PHOCAS, HÉRACLIUS, MARTIAN, PULCHÉRIE, GARDES.

Phocas. Eh bien ! se rendra-t-il, madame ?
Pulchérie. Quelque effort que je fasse à lire dans son âme,

ACTE V, SCÈNE II.

Je n'en vois que l'effet que je m'étais promis :
Je trouve trop d'un frère, et vous trop peu d'un fils.

Phocas. Ainsi le ciel vous veut enrichir de ma perte.

Pulchérie. Il tient en ma faveur leur naissance couverte :
Ce frère qu'il me rend serait déjà perdu
Si dedans votre sang il ne l'eût confondu.

Phocas, *à Pulchérie.* Cette confusion peut perdre l'un et l'autre.
En faveur de mon sang je ferai grâce au vôtre :
Mais je veux le connaître ; et ce n'est qu'à ce prix
Qu'en lui donnant la vie il me rendra mon fils.
(*A Héraclius.*)
Pour la dernière fois, ingrat, je t'en conjure ;
Car enfin c'est vers toi que penche la nature ;
Et je n'ai point pour lui ces doux empressements
Qui d'un cœur paternel font les vrais mouvements.
Ce cœur s'attache à toi par d'invincibles charmes.
En crois-tu mes soupirs ? en croiras-tu mes larmes ?
Songe avec quel amour mes soins t'ont élevé,
Avec quelle valeur son bras t'a conservé ;
Tu nous dois à tous deux.

Héraclius. Et pour reconnaissance
Je vous rends votre fils, je lui rends sa naissance.

Phocas. Tu me l'ôtes, cruel, et le laisses mourir.

Héraclius. Je meurs pour vous le rendre, et pour le secourir.

Phocas. C'est me l'ôter assez que ne vouloir plus l'être.

Héraclius. C'est vous le rendre assez que le faire connaître.

Phocas. C'est me l'ôter assez que me le supposer.

Héraclius. C'est vous le rendre assez que vous désabuser.

Phocas. Laisse-moi mon erreur, puisqu'elle m'est si chère.
Je t'adopte pour fils, accepte-moi pour père :
Fais vivre Héraclius sous l'un ou l'autre sort ;
Pour moi, pour toi, pour lui, fais-toi ce peu d'effort.

Héraclius. Ah ! c'en est trop enfin, et ma gloire blessée
Dépouille un vieux respect où je l'avais forcée [1].

---

(1) Je ne sais si Héraclius, dans l'incertitude où il est de sa naissance, doit répondre avec tant d'indignation et de mépris à un empereur qui est peut-être son père. Cette scène d'ailleurs fait un grand effet, quoique la perplexité où est le spectateur n'ait point augmenté ; mais c'est beaucoup que, dans un tel sujet, elle soit toujours entretenue : c'est un très grand art d'y être parvenu, et c'est une grande ressource de génie. Martian fait seulement un personnage froid dans

De quelle ignominie osez-vous me flatter?
Toutes les fois, tyran, qu'on se laisse adopter,
On veut une maison illustre autant qu'amie,
On cherche de la gloire, et non de l'infamie ;
Et ce serait un monstre horrible à vos États
Que le fils de Maurice adopté par Phocas.

Phocas. Va, cesse d'espérer la mort que tu mérites ;
Ce n'est que contre lui, lâche, que tu m'irrites :
Tu te veux rendre en vain indigne de ce rang ;
Je m'en prends à la cause, et j'épargne mon sang.
Puisque ton amitié de ma foi se défie
Jusqu'à prendre son nom pour lui sauver la vie,
Soldats, sans plus tarder, qu'on l'immole à ses yeux ;
Et sois après sa mort mon fils, si tu le veux.

Héraclius. Perfides, arrêtez!

Martian. Ah! que voulez-vous faire,
Prince ?

Héraclius. Sauver le fils de la fureur du père.

Martian. Conservez-lui ce fils qu'il ne cherche qu'en vous ;
Ne troublez point un sort qui lui semble si doux.
C'est avec assez d'heur qu'Héraclius expire,
Puisque c'est en vos mains que tombe son empire.
Le ciel daigne bénir votre sceptre et vos jours!

Phocas. C'est trop perdre de temps à souffrir ces discours.
Dépêche, Octavian.

Héraclius. N'attente rien, barbare!
Je suis...

Phocas. Avoue enfin.

Héraclius. Je tremble, je m'égare,
Et mon cœur...

Phocas, à *Héraclius.* Tu pourras à loisir y penser.
A *Octavian.* Frappe.

Héraclius. Arrête, je suis... Puis-je le prononcer ?

Phocas. Achève, ou...

Héraclius. Je suis donc, s'il faut que je le die,
Ce qu'il faut que je sois pour lui sauver la vie.
Oui, je lui dois assez, seigneur, quoi qu'il en soit,

---

la scène; il n'y parle qu'une fois, et est un personnage purement passif. (V.)

ACTE V, SCÈNE II.

Pour vous payer pour lui de l'amour qu'il vous doit ;
Et je vous le promets entier, ferme, sincère,
Et tel qu'Héraclius l'aurait pour son vrai père.
J'accepte en sa faveur ses parents pour les miens ;
Mais sachez que vos jours me répondront des siens ;
Vous me serez garant des hasards de la guerre,
Des ennemis secrets, de l'éclat du tonnerre ;
Et, de quelque façon que le courroux des cieux
Me prive d'un ami qui m'est si précieux,
Je vengerai sur vous, et fussiez-vous mon père,
Ce qu'aura fait sur lui leur injuste colère.

Phocas. Ne crains rien : de tous deux je ferai mon appui ;
L'amour qu'il a pour toi m'assure trop de lui :
Mon cœur pâme de joie, et mon âme n'aspire
Qu'à vous associer l'un et l'autre à l'empire.
J'ai retrouvé mon fils ; mais sois-le tout à fait,
Et donne-m'en pour marque un véritable effet ;
Ne laisse plus de place à la supercherie ;
Pour achever ma joie épouse Pulchérie.

Héraclius. Seigneur, elle est ma sœur.

Phocas. Tu n'es donc point mon fils,
Puisque si lâchement déjà tu t'en dédis ?

Pulchérie. Qui te donne, tyran, une attente si vaine ?
Quoi ! son consentement étoufferait ma haine !
Pour l'avoir étonné tu m'aurais fait changer !
J'aurais pour cette honte un cœur assez léger !
Je pourrais épouser ou ton fils ou mon frère ?

SCÈNE III.

PHOCAS, HÉRACLIUS, PULCHÉRIE, MARTIAN, CRISPE, GARDES.

Crispe. Seigneur, vous devez tout au grand cœur d'Exupère ;
Il est l'unique auteur de nos meilleurs destins :
Lui seul et ses amis ont dompté vos mutins ;
Il a fait prisonniers leurs chefs qu'il vous amène.

Phocas. Dis-lui qu'il me les garde en la salle prochaine ;
Je vais de leurs complots m'éclaircir avec eux.

(*Crispe s'en va, et Phocas parle à Héraclius.*)

Toi, cependant, ingrat, sois mon fils, si tu veux.
En l'état où je suis, je n'ai plus lieu de feindre.
Les mutins sont domptés, et je cesse de craindre.
A Pulchérie. Je vous laisse tous trois. Use bien du moment
Que je prends pour en faire un juste châtiment ;
Et, si tu n'aimes mieux que l'un et l'autre meure,
Trouve, ou choisis mon fils, et l'épouse sur l'heure ;
Autrement, si leur sort demeure encor douteux,
Je jure à mon retour qu'ils périront tous deux.
Je ne veux point d'un fils dont l'implacable haine
Prend ce nom pour affront, et mon amour pour gêne.
Toi...

Pulchérie. Ne menace point, je suis prête à mourir.

Phocas. A mourir ! jusque-là je pourrais te chérir !
N'espère pas de moi cette faveur suprême.
Et pense...

Pulchérie. A quoi, tyran ?

Phocas. A m'épouser moi-même
Au milieu de leur sang à tes pieds répandu.

Pulchérie. Quel supplice !

Phocas. Il est grand pour toi ; mais il t'est dû.
Tes mépris de la mort bravaient trop ma colère.
Il est en toi de perdre ou de sauver ton frère ;
Et du moins, quelque erreur qui puisse me troubler,
J'ai trouvé le moyen de te faire trembler.

SCÈNE IV.

HÉRACLIUS, MARTIAN, PULCHÉRIE.

Pulchérie. Le lâche ! il vous flattait lorsqu'il tremblait dans l'âme.
Mais tel est d'un tyran le naturel infâme :
Sa douceur n'a jamais qu'un mouvement contraint ;
S'il ne craint, il opprime ; et s'il n'opprime, il craint.
L'une et l'autre fortune en montre la faiblesse ;
L'une n'est qu'insolence, et l'autre que bassesse.
A peine est-il sorti de ces lâches terreurs
Qu'il a trouvé pour moi le comble des horreurs.
Mes frères, puisque enfin vous voulez tous deux l'être,
Si vous m'aimez en sœur, faites-le-moi paraître.

Héraclius. Que pouvons-nous tous deux, lorsqu'on tranche nos jours ?
Pulchérie. Un généreux conseil est un puissant secours.
Martian. Il n'est point de conseil qui vous soit salutaire
Que d'épouser le fils pour éviter le père ;
De lui donner ainsi deux ennemis constants
Qui, sous un feint hymen, sauront prendre leur temps,
Et terminer bientôt la feinte avec sa vie.
Pulchérie. Pour conserver vos jours et fuir mon infamie,
Feignons, vous le voulez, et j'y résiste en vain.
Sus donc, qui de vous deux me prêtera la main ?
Qui veut feindre avec moi ? qui sera mon complice ?
Héraclius. Vous, prince, à qui le ciel inspire l'artifice.
Martian. Vous aviez commencé tantôt d'y consentir.
Pulchérie. Ah ! princes, votre cœur ne peut se démentir ;
Et vous l'avez tous deux trop grand, trop magnanime,
Pour souffrir sans horreur l'ombre même d'un crime.
Je vous connaissais trop pour juger autrement,
Et de votre conseil, et de l'événement ;
Et je n'y déférais que pour vous voir dédire.
Toute fourbe est honteuse aux cœurs nés pour l'empire.
Princes, attendons tout, sans consentir à rien.
Héraclius. Admirez cependant quel malheur est le mien :
L'obscure vérité que de mon sang je signe,
Du grand nom qui me perd ne me peut rendre digne.
On n'en croit pas ma mort ; et je perds mon trépas,
Puisque mourant pour lui je ne le sauve pas.
Martian. Voyez d'autre côté quelle est ma destinée,
Madame : dans le cours d'une seule journée,
Je suis Héraclius, Léonce, et Martian ;
Je sors d'un empereur, d'un tribun, d'un tyran.
De tous trois ce désordre en un jour me fait naître,
Pour me faire mourir enfin sans me connaître.
Pulchérie. Cédez, cédez tous deux aux rigueurs de mon sort :
Il a fait contre vous un violent effort.
Votre malheur est grand, mais, quoi qu'il en succède,
La mort qu'on me refuse en sera le remède ;
Et moi... Mais que nous veut ce perfide ?

SCÈNE V.

HÉRACLIUS, PULCHÉRIE, MARTIAN, AMINTAS.

Amintas. Mon bras
Vient de laver ce nom dans le sang de Phocas.
Héraclius. Que nous dis-tu ?
Amintas. Qu'à tort vous nous prenez pour traîtres;
Qu'il n'est plus de tyran ; que vous êtes les maîtres.
Héraclius. De quoi ?
Amintas. De tout l'empire
Martian. Et par toi ?
Amintas. Non, seigneur ;
Un autre en a la gloire, et j'ai part à l'honneur.
Héraclius. Et quelle heureuse main finit notre misère ?
Amintas. Princes, l'auriez-vous cru ? c'est la main d'Exupère.
Martian. Lui, qui me trahissait ?
Amintas. C'est de quoi s'étonner :
Il ne vous trahissait que pour vous couronner.
Héraclius. N'a-t-il pas des mutins dissipé la furie ?
Amintas. Son ordre excitait seul cette mutinerie.
Martian. Il en a pris les chefs toutefois ?
Amintas. Admirez
Que ces prisonniers même avec lui conjurés
Sous cette illusion couraient à leur vengeance :
Tous contre ce barbare étant d'intelligence,
Suivis d'un gros d'amis nous passons librement
Au travers du palais à son appartement.
La garde y restait faible, et sans aucun ombrage ;
Crispe même à Phocas porte notre message :
Il vient ; à ses genoux on met les prisonniers,
Qui tirent pour signal leurs poignards les premiers.
Le reste, impatient dans sa noble colère,
Enferme la victime ; et soudain Exupère :
« Qu'on arrête, dit-il ; le premier coup m'est dû :
« C'est lui qui me rendra l'honneur presque perdu. »
Il frappe, et le tyran tombe aussitôt sans vie,
Tant de nos mains la sienne est promptement suivie.

Il s'élève un grand bruit, et mille cris confus
No laissent discerner que Vive Héraclius!
Nous saisissons la porte, et les gardes se rendent.
Mêmes cris aussitôt de tous côtés s'entendent;
Et de tant de soldats qui lui servaient d'appui,
Phocas, après sa mort, n'en a pas un pour lui.
Pulchérie. Quel chemin Exupère a pris pour sa ruine!
Amintas. Le voici qui s'avance avecque Léontine.

SCÈNE VI.

HÉRACLIUS, MARTIAN, LÉONTINE, PULCHÉRIE, EUDOXE, EXUPÈRE, AMINTAS, TROUPE.

Héraclius, *à Léontine.* Est-il donc vrai, madame? et changeons-nous de sort?
Amintas nous fait-il un fidèle rapport?
Léontine. Seigneur, un tel succès à peine est concevable;
Et d'un si grand dessein la conduite admirable...
Héraclius, *à Exupère.* Perfide généreux, hâte-toi d'embrasser
Deux princes impuissants à te récompenser.
Exupère, *à Héraclius.* Seigneur, il me faut grâce ou de l'un ou de l'autre:
J'ai répandu son sang, si j'ai vengé le vôtre.
Martian. Qui que ce soit des deux, il doit se consoler
De la mort d'un tyran qui voulait l'immoler:
Je ne sais quoi pourtant dans mon cœur en murmure.
Héraclius. Peut-être en vous par là s'explique la nature:
Mais, prince, votre sort n'en sera pas moins doux;
Si l'empire est à moi, Pulchérie est à vous.
Puisque le père est mort, le fils est digne d'elle.
A Léontine. Terminez donc, madame, enfin notre querelle.
Léontine. Mon témoignage seul peut-il en décider?
Martian. Quelle autre sûreté pourrions-nous demander?
Léontine. Je vous puis être encor suspecte d'artifice.
Non, ne m'en croyez pas, croyez l'impératrice.
(*à Pulchérie, lui donnant un billet.*)
Vous connaissez sa main, madame; et c'est à vous
Que je remets le sort d'un frère et d'un époux.
Voyez ce qu'en mourant me laissa votre mère.
Pulchérie. J'en baise en soupirant le sacré caractère.

Léontine. Apprenez d'elle enfin quel sang vous a produits,
Princes.
Héraclius, *à Eudoxe.* Qui que je sois, c'est à vous que je suis.
Pulchérie *lit.* « Parmi tant de malheurs mon bonheur est étrange :
« Après avoir donné son fils au lieu du mien,
« Léontine à mes yeux, par un second échange,
« Donne encore à Phocas mon fils au lieu du sien.
« Vous qui pourrez douter d'un si rare service,
« Sachez qu'elle a deux fois trompé notre tyran :
« Celui qu'on croit Léonce est le vrai Martian,
« Et le faux Martian est vrai fils de Maurice.
                    « Constantine. »
Pulchérie, *à Héraclius.* Ah ! vous êtes mon frère !
          Héraclius, *à Pulchérie.* Et c'est heureusement
Que le trouble éclairci vous rend à Martian.
Martian. Je ne m'oppose point à la commune joie :
Mais souffrez des soupirs que la nature envoie.
Quoique jamais Phocas n'ait mérité d'amour,
Un fils ne peut moins rendre à qui l'a mis au jour :
Ce n'est pas tout d'un coup qu'à ce titre on renonce.
Héraclius. Donc, pour mieux l'oublier, soyez encor Léonce,
Sous ce nom glorieux aimez ses ennemis,
Et meure du tyran jusqu'au nom de son fils !
A Eudoxe. Vous, madame, acceptez et ma main et l'empire
En échange d'un cœur pour qui le mien soupire.
Eudoxe, *à Héraclius.* Seigneur, vous agissez en prince généreux.
Héraclius, *à Exupère et Amintas.*
Et vous dont la vertu me rend ce trouble heureux,
Attendant les effets de ma reconnaissance,
Reconnaissons, amis, la céleste puissance ;
Allons lui rendre hommage, et d'un esprit content,
Montrer Héraclius au peuple qui l'attend.

Il découvre à ces mots la tête de Méduse

ANDROMÈDE.

EFFETS DE LA TÊTE DE MÉDUSE

SUR LES ENNEMIS DE PERSÉE.

EXTRAIT DE LA TRAGÉDIE D'ANDROMÈDE.

CÉPHÉE, CASSIOPE, ANDROMÈDE; SUITE DU ROI ET DE LA REINE.

Cassiope. Mais, seigneur, dites-nous si Jupiter propice
Se déclare en faveur de votre sacrifice,
Si de notre famille il se rend le soutien,
S'il consent l'union de notre sang au sien.
Céphée. Jamais le feu sacré ni la mort des victimes
N'ont daigné mieux répondre à des vœux légitimes.
Tous auspices heureux; et le grand Jupiter
Par des signes plus clairs ne pouvait l'accepter,
A moins qu'y joindre encor l'honneur de sa présence,
Et de sa propre bouche assurer l'alliance.
Cassiope. Les nymphes de la mer nous en ont fait autant;
Toutes ont hors des flots paru presque à l'instant :
Et leurs bénins regards envoyés au rivage
Avecque notre encens ont reçu notre hommage;
Après le sacrifice honoré de leurs yeux,
Où Neptune à l'envi mêlait ses demi-dieux,
Toutes ont témoigné d'un penchement de tête
Consentir au bonheur que le ciel nous apprête :
Et nos submissions désarmant leurs dédains,
Toutes ont pour adieu battu l'onde des mains.
Que si même bonheur suit les vœux de Persée,
Qu'il ait vu de Junon sa prière exaucée,
Nous n'avons plus à craindre aucun sinistre effet.
Céphée. Les dieux ne laissent point leur ouvrage imparfait;

N'en doutez point, madame: aussi bien que Neptune,
Junon consentira notre bonne fortune.
Mais que nous veut Aglante?

CÉPHÉE, CASSIOPE, ANDROMÈDE, AGLANTE; SUITE DU ROI ET DE LA REINE.

Aglante. Ah! seigneur, au secours!
Du généreux Persée on attaque les jours.
Presque au sortir du temple une troupe mutine
Vient de l'environner, et déjà l'assassine.
Phinée en les joignant, furieux et jaloux,
Leur a crié : Main basse ; à lui seul, donnez tous.
Ceux qui l'accompagnaient tout aussitôt se rendent ;
Clyte et Nylée encor vaillamment le défendent ;
Mais ce sont vains efforts de peu d'autres suivis,
Et je viens tout en pleurs vous en donner avis.
Cassiope. Dieux! est-ce là l'effet de tant d'heureux présages?
Allez, gardes, allez signaler vos courages ;
Allez perdre ce traître, et punir ce voleur
Qui prétend sous le nombre accabler la valeur.
Céphée. Modérez vos frayeurs, et vous, séchez vos larmes.
Le ciel n'a pas besoin du secours de nos armes ;
Il a de ce héros trop pris les intérêts,
Pour n'avoir pas pour lui des miracles tout prêts :
Et peut-être bientôt sur ce lâche adversaire
Vous entendrez tomber le foudre de son père.
Jugez de l'avenir par ce qui s'est passé ;
Les dieux achèveront ce qu'ils ont commencé ;
Oui, les dieux à leur sang doivent ce privilége :
Y mêler notre main, c'est faire un sacrilége.
Cassiope. Seigneur, sur cet espoir hasarder ce héros,
C'est trop...

FRAGMENT.

CÉPHÉE, CASSIOPE, ANDROMÈDE, PHORBAS, AGLANTE :
SUITE DU ROI ET DE LA REINE.

Phorbas. Mettez, grand roi, votre esprit en repos ;
La tête de Méduse a puni tous ces traîtres.
Céphée. Le ciel n'est point menteur, et les dieux sont nos maîtres.
Phorbas. Aussitôt que Persée a pu voir son rival [1],
« Descendons, a-t-il dit, en un combat égal ;
« Quoique j'aie en ma main un entier avantage,
« Je ne veux que mon bras, ne prends que ton courage. »
« — Prends, prends cet avantage, et j'userai du mien, »
Dit Phinée ; et soudain, sans plus répondre rien,
Les siens donnent en foule, et leur troupe pressée
Fait choir Ménale et Clyte aux pieds du grand Persée.
Il s'écrie aussitôt : « Amis, fermez les yeux,
« Et sauvez vos regards de ce présent des cieux :
« J'atteste qu'on m'y force, et n'en fais plus d'excuse. »
Il découvre à ces mots la tête de Méduse.
Soudain j'entends des cris qu'on ne peut achever ;
J'entends gémir les uns, les autres se sauver ;
J'entends le repentir succéder à l'audace ;
J'entends Phinée enfin qui lui demande grâce.
« Perfide, il n'est plus temps, lui dit Persée. » Il fuit :
J'entends comme à grands pas ce vainqueur le poursuit,
Comme il court se venger de qui l'osait surprendre ;
Je l'entends s'éloigner, puis je cesse d'entendre.
Alors, ouvrant les yeux par son ordre fermés,
Je vois tous ces méchants en pierre transformés ;
Mais l'un plein de fureur, et l'autre plein de crainte,
En porte sur le front l'image encore empreinte ;
Et tel voulait frapper, dont le coup suspendu
Demeure en sa statue à demi descendu ;
Tant cet affreux prodige...

---

[1] C'est dans ce récit qu'on trouve des vers où l'on reconnaît le pinceau de Corneille ; mais ils ne sont pas les seuls qui méritent d'être remarqués. Il est vrai qu'on ne joue plus ni *Andromède,* ni *la Toison d'Or,* et que ces pièces ne sont guère lues que des gens de lettres ; mais il nous semble qu'elles étaient plus dignes de l'attention de Voltaire : elles peuvent faire regarder Corneille comme le créateur de l'opéra, et elles prouvent que son génie s'étendait à toutes les branches de l'art dramatique. (P.)

CÉPHÉE, CASSIOPE, ANDROMÈDE, PERSÉE, PHORBAS, AGLANTE ;
SUITE DU ROI ET DE LA REINE.

Céphée, *à Persée.* Est-il puni, ce lâche,
Cet impie ?
Persée. Oui, seigneur ; et si sa mort vous fâche,
Si c'est de votre sang avoir fait peu d'état...
Céphée. Il n'est plus de ma race après son attentat ;
Ce crime l'en dégrade, et ce coup téméraire
Efface de mon sang l'illustre caractère.
Perdons-en la mémoire, et faisons la céder
A l'heur de vous revoir et de vous posséder,
Vous que le juste ciel, remplissant son oracle,
Par miracle nous donne, et nous rend par miracle.
Entrons dedans ce temple, où l'on n'attend que vous
Pour nous unir aux dieux par des liens si doux ;
Entrons sans différer.

. . . .

DON SANCHE

D'ARAGON

COMÉDIE HÉROIQUE (1651).

ARGUMENT.

Don Fernand, roi d'Aragon, chassé de ses États par la révolte de D. Garcia d'Ayala, comte de Fuensalida, n'avait plus sous son obéissance que la ville de Calataiud et le territoire des environs, lorsque la reine D. Léonor, sa femme, accoucha d'un fils, qui fut nommé D. Sanche. Ce déplorable prince, craignant qu'il ne demeurât exposé aux fureurs de ce rebelle, le fit aussitôt enlever par D. Raimond de Moncade, son confident, afin de le faire nourrir secrètement. Ce cavalier, trouvant dans le village de Bubierça la femme d'un pêcheur nouvellement accouchée d'un enfant mort, lui donna celui-ci à nourrir, sans lui dire qui il était; mais seulement qu'un jour le roi et la reine d'Aragon le feraient Grand lorsqu'elle leur ferait présenter par lui un petit écrin, qu'en même temps il lui donna. Le mari de cette pauvre femme était pour lors à la guerre; si bien que, revenant au bout d'un an, il prit aisément cet enfant pour le sien, et l'éleva comme s'il en eût été le père. La reine ne put jamais savoir du roi où il avait fait porter son fils; et tout ce qu'elle en tira, après beaucoup de prières, ce fut qu'elle le reconnaîtrait un jour quand on lui présenterait cet écrin où il aurait mis leurs deux portraits, avec un billet de sa main et quelques autres pièces de remarque : mais, voyant qu'elle continuait toujours à en vouloir savoir davantage, il arrêta sa curiosité tout d'un coup, et lui dit qu'il était mort. Il soutint après cela cette malheureuse guerre encore trois ou quatre ans, ayant toujours quelque nouveau désavantage, et mourut enfin de déplaisir et de fatigue, laissant ses affaires désespérées, et la reine grosse, à qui il conseilla d'abandonner entièrement l'Aragon et se réfugier en Castille; elle exécuta ses ordres, et y accoucha d'une fille nommée D. Elvire, qu'elle y éleva jusqu'à l'âge de vingt ans. Cependant le jeune prince D. Sanche, qui se croyait fils d'un pêcheur, dès qu'il en eut atteint seize, se dérobe de ses parents, et se jette dans les armées du roi de Castille, qui avait de grandes guerres contre les Maures; et, de peur d'être connu pour ce qu'il pensait être, il quitte le nom de Sanche qu'on lui avait laissé, et prend celui de Carlos. Sous ce faux nom, il fait tant de merveilles, qu'il entre en grande considération auprès du roi D. Alphonse, à qui il sauve la vie en un jour de bataille : mais comme ce monarque était près de le récompenser, il est surpris de la mort, et ne lui laisse autre chose que les favorables regards de la reine D. Isabelle, sa sœur et son héritière, et de la jeune princesse d'Aragon, D. Elvire, que l'admiration de ses belles actions avait portées toutes deux à l'aimer. Cependant tous les grands de Castille, ne voyant point de rois voisins qui pussent épouser leur reine, prétendent à l'envi l'un de l'autre à son mariage, et étant près de former une guerre civile

19

pour ce sujet, les états du royaume la supplient de choisir un mari, pour éviter les malheurs qu'ils en prévoyaient devoir naître. Elle s'en excuse, comme ne connaissant pas assez particulièrement le mérite de ses prétendants, et leur commande de choisir eux-mêmes les trois qu'ils en jugent les plus dignes, les assurant que, s'il se rencontre quelqu'un entre ces trois pour qui elle puisse prendre quelque inclination, elle l'épousera. Ils obéissent, et lui nomment D. Manrique de Lare, D. Lope de Gusman, et D. Alvar de Lune. D'autre côté, les Aragonais, ennuyés de la tyrannie de D. Garcie et de D. Ramire, son fils, les chassent de Saragosse, et, les ayant assiégés dans la forteresse de Jaca, envoient des députés à leurs princesses, réfugiées en Castille, pour les prier de revenir prendre possession d'un royaume qui leur appartenait. Depuis leur départ, ces deux tyrans ayant été tués en la prise de Jaca, D. Raimond, qu'ils y tenaient prisonnier depuis six ans, apprend à ces peuples que D. Sanche, leur prince, était vivant, et part aussitôt pour le chercher à Bubierça, où il apprend que le pêcheur qui le croyait son fils l'avait perdu depuis huit ans, et l'était allé chercher en Castille, sur quelques nouvelles qu'il en avait eues par un soldat qui avait servi sous lui contre les Maures. Il pousse aussitôt de ce côté-là, et joint les députés comme ils étaient près d'arriver. C'est par son arrivée que l'aventurier Carlos est reconnu pour le prince D. Sanche, après quoi la reine D Isabelle se donne à lui, du consentement même des trois que ses états lui avaient nommés; et D. Alvar en obtient la princesse D. Elvire, qui, par cette reconnaissance, se trouve être sa sœur.

PERSONNAGES.

D. ISABELLE, reine de Castille.
D. LÉONOR, reine d'Aragon.
D. ELVIRE, princesse d'Aragon.
BLANCHE, dame d'honneur de la reine de Castille.
CARLOS, cavalier inconnu, qui se trouve être D. Sanche, roi d'Aragon.
D. RAIMOND DE MONCADE, favori du défunt roi d'Aragon.
D. LOPE DE GUSMAN,
D. MANRIQUE DE LARE, } grands d'Espagne.
D. ALVAR DE LUNE,

La scène est à Valladolid.

ACTE PREMIER.

SCÈNE PREMIÈRE.

D. LÉONOR, D. ELVIRE.

D. Léonor. Après tant de malheurs, enfin le ciel propice
S'est résolu, ma fille, à nous faire justice :
Notre Aragon, pour nous presque tout révolté,
Enlève à nos tyrans ce qu'ils nous ont ôté,
Brise les fers honteux de leurs injustes chaînes,
Se remet sous nos lois, et reconnaît ses reines;
Et par ses députés, qu'aujourd'hui l'on attend,
Rend d'un si long exil le retour éclatant.
Comme nous, la Castille attend cette journée
Qui lui doit de sa reine assurer l'hyménée :
Nous l'allons voir ici faire choix d'un époux.
Que ne puis-je, ma fille, en dire autant de vous!
Nous allons en des lieux sur qui vingt ans d'absence
Nous laissent une faible et douteuse puissance :
Le trouble règne encore où vous devez régner;
Le peuple vous rappelle, et peut vous dédaigner,
Si vous ne lui portez, au retour de Castille,
Que l'avis d'une mère, et le nom d'une fille.
D'un mari valeureux les ordres et le bras
Sauraient bien mieux que nous assurer vos États,
Et par des actions nobles, grandes et belles,
Dissiper les mutins, et dompter les rebelles.
Vous ne pouvez manquer d'époux dignes de vous;
On aime votre sceptre, on vous aime; et, sur tous,
Du comte don Alvar la vertu non commune
Vous aima dans l'exil et durant l'infortune.
Qui vous aima sans sceptre, et se fit votre appui,
Quand vous le recouvrez, est bien digne de lui.
D. Elvire. Ce comte est généreux, et me l'a fait paraître;
Aussi le ciel pour moi l'a voulu reconnaître,

Puisque les Castillans l'ont mis entre les trois
Dont à leur grande reine ils demandent le choix;
Et, comme ses rivaux lui cèdent en mérite,
Un espoir à présent plus doux le sollicite :
Il régnera sans nous. Mais, madame, après tout,
Savez-vous à quel choix l'Aragon se résout,
Et quels troubles nouveaux j'y puis faire renaître
S'il voit que je lui mène un étranger pour maître?

D. Léonor. De l'inconnu Carlos l'éclatante valeur
Aux mérites du comte a fermé votre cœur.
Tout est illustre en lui, moi-même je l'avoue;
Mais son sang, que le ciel n'a formé que de boue,
Et dont il cache exprès la source obstinément...

D. Elvire. Vous pourriez en juger plus favorablement;
Sa naissance inconnue est peut-être sans tache :
Vous la présumez basse à cause qu'il la cache;
Mais combien a-t-on vu de princes déguisés
Signaler leur vertu sous des noms supposés,
Dompter des nations, gagner des diadèmes,
Sans qu'aucun les connût, sans se connaître eux-mêmes!

D. Léonor. Quoi! voilà donc enfin de quoi vous vous flattez!

D. Elvire. J'aime et prise en Carlos ses rares qualités.
Il n'est point d'âme noble à qui tant de vaillance
N'arrache cette estime et cette bienveillance;
Et l'innocent tribut de ces affections,
Que doit toute la terre aux belles actions,
N'a rien qui déshonore une jeune princesse.
En cette qualité, je l'aime sans faiblesse;
En cette qualité, ses devoirs assidus
Me rendent les respects à ma naissance dus.
Il fait sa cour chez moi comme un autre peut faire :
Il a trop de vertus pour être téméraire ;
Et, si jamais ses vœux s'échappaient jusqu'à moi,
Je sais ce que je suis, et ce que je me doi.

D. Léonor. Daigne le juste ciel vous donner le courage
De vous en souvenir et le mettre en usage!

D. Elvire. Vos ordres sur mon cœur sauront toujours régner.

D. Léonor. Cependant ce Carlos vous doit accompagner,
Doit venir jusqu'aux lieux de votre obéissance

ACTE I, SCÈNE I.

Vous rendre ces respects dus à votre naissance,
Vous faire, comme ici, sa cour tout simplement ?

D. Elvire. De ses pareils la guerre est l'unique élément :
Accoutumés d'aller de victoire en victoire,
Ils cherchent en tous lieux les dangers et la gloire.
La prise de Séville, et les Maures défaits,
Laissent à la Castille une profonde paix :
S'y voyant sans emploi, sa grande âme inquiète
Veut bien de don Garcie achever la défaite,
Et contre les efforts d'un reste de mutins
De toute sa valeur hâter nos bons destins.

D. Léonor. Mais quand il vous aura dans le trône affermie,
Et jeté sous vos pieds la puissance ennemie,
S'en ira-t-il soudain aux climats étrangers
Chercher tout de nouveau la gloire et les dangers ?

D. Elvire. Madame, la reine entre.

SCÈNE II.

D. ISABELLE, D. LÉONOR, D. ELVIRE, BLANCHE.

D. Léonor. Aujourd'hui donc, madame,
Vous allez d'un héros rendre contente l'âme,
Et, d'un mot, satisfaire aux plus ardents souhaits
Que poussent vers le ciel vos fidèles sujets.

D. Isabelle. Dites, dites plutôt qu'aujourd'hui, grandes reines,
Je m'impose à vos yeux la plus dure des gênes,
Et fais dessus moi-même un illustre attentat
Pour me sacrifier au repos de l'État.
Que c'est un sort fâcheux et triste que le nôtre
De ne pouvoir régner que sous les lois d'un autre ;
Et qu'un sceptre soit cru d'un si grand poids pour nous,
Que pour le soutenir il nous faille un époux !
A peine ai-je deux mois porté le diadème,
Que de tous les côtés j'entends dire qu'on m'aime,
Si toutefois sans crime et sans m'en indigner
Je puis nommer ainsi une ardeur de régner.
L'ambition des grands à cet espoir ouverte
Semble pour m'acquérir s'apprêter à ma perte ;

Et, pour trancher le cours de leurs dissensions,
Il faut fermer la porte à leurs prétentions ;
Il m'en faut choisir un ; eux-mêmes m'en convient,
Mon peuple m'en conjure, et mes états m'en prient ;
Et même par mon ordre ils m'en proposent trois,
Dont mon cœur à leur gré peut faire un digne choix.
Don Lope de Gusman, don Manrique de Lare,
Et don Alvar de Lune ont un mérite rare :
Mais que me sert ce choix qu'on fait en leur faveur,
Si pas un d'eux enfin n'a celui de mon cœur ?

D. Léonor. On vous les a nommés, mais sans vous les proscrire ;
On vous obéira, quoi qu'il vous plaise élire :
Si le cœur a choisi, vous pouvez faire un roi.

D. Isabelle. Madame, je suis reine, et dois régner sur moi.
Le rang que nous tenons, jaloux de notre gloire,
Souvent dans un tel choix nous défend de nous croire,
Jette sur nos désirs un joug impérieux,
Et dédaigne l'avis et du cœur et des yeux.
Qu'on ouvre. Juste ciel, vois ma peine, et m'inspire
Et ce que je dois faire, et ce que je dois dire !

SCÈNE III.

**D. ISABELLE, D. LÉONOR, D. ELVIRE, BLANCHE, D. LOPE, D. MANRIQUE,
D. ALVAR, CARLOS.**

D. Isabelle. Avant que de choisir je demande un serment,
Comtes, qu'on agréera mon choix aveuglément ;
Que les deux méprisés, et tous les trois peut-être,
De ma main, quel qu'il soit, accepteront un maître :
Car enfin je suis libre à disposer de moi ;
Le choix de mes états ne m'est point une loi :
D'une troupe importune il m'a débarrassée,
Et d'eux tous sur vous trois détourné ma pensée,
Mais sans nécessité de l'arrêter sur vous.
J'aime à savoir par là qu'on vous préfère à tous ;
Vous m'en êtes plus chers et plus considérables ;
J'y vois de vos vertus les preuves honorables ;
J'y vois la haute estime où sont vos grands exploits :
Mais quoique mon dessein soit d'y borner mon choix,

Ma valeur est ma race, et mon bras est mon père.

ACTE I, SCÈNE III.

Le ciel en un moment quelquefois nous éclaire.
Je veux, en le faisant, pouvoir ne le pas faire,
Et que vous avouiez que, pour devenir roi,
Quiconque me plaira n'a besoin que de moi.

D. Lope. C'est une autorité qui vous demeure entière ;
Votre état avec vous n'agit que par prière,
Et ne vous a pour nous fait voir ses sentiments
Que par obéissance à vos commandements.
Ce n'est point ni son choix ni l'éclat de ma race
Qui me font, grande reine, espérer cette grâce :
Je l'attends de vous seule et de votre bonté,
Comme on attend un bien qu'on n'a pas mérité,
Et dont, sans regarder service ni famille,
Vous pouvez faire part au moindre de Castille.
C'est à nous d'obéir, et non d'en murmurer :
Mais vous nous permettrez toutefois d'espérer
Que vous ne ferez choir cette faveur insigne,
Ce bonheur d'être à vous, que sur le moins indigne ;
Et que votre vertu nous fera trop savoir
Qu'il n'est pas bon d'user de tout votre pouvoir.
Voilà mon sentiment.

D. Isabelle. Parlez, vous, don Manrique.

D. Manrique. Madame, puisqu'il faut qu'à vos yeux je m'explique,
Quoique votre discours nous ait fait des leçons
Capables d'ouvrir l'âme à de justes soupçons,
Je vous dirai pourtant, comme à ma souveraine,
Que pour faire un vrai roi vous le fassiez en reine ;
Que vous laisser borner, c'est vous-même affaiblir
La dignité du rang qui le doit ennoblir ;
Et qu'à prendre pour loi le choix qu'on vous propose,
Le roi que vous feriez vous devrait peu de chose,
Puisqu'il tiendrait les noms de monarque et d'époux
Du choix de vos états aussi bien que de vous.
J'oserai me promettre un sort assez propice
De l'aveu du feu roi, de quatre ans de service ;
Et sur ce doux espoir dussé-je me trahir,
Puisque vous le voulez, je jure d'obéir.

D. Isabelle. C'est comme il faut m'aimer. Et don Alvar de Lune ?

D. Alvar. Je ne vous ferai point de harangue importune.

Choisissez hors des trois, tranchez absolument ;
Je jure d'obéir, madame, aveuglément.
Vous savez...

D. Isabelle. C'est assez ; que chacun prenne place.

(Ici les trois reines prennent chacune un fauteuil, et, après que les trois comtes et le reste des grands qui sont présents se sont assis sur des bancs préparés exprès, Carlos, y voyant une place vide, s'y veut seoir, et don Manrique l'en empêche.)

D. Manrique. Tout beau, tout beau, Carlos! d'où vous vient cette audace!
Et quel titre en ce rang a pu vous établir ?

Carlos. J'ai vu la place vide, et cru la bien remplir.

D. Manrique. Un soldat bien remplir une place de comte !

Carlos. Seigneur, ce que je suis ne me fait point de honte.
Depuis plus de six ans il ne s'est fait combat
Qui ne m'ait bien acquis ce grand nom de soldat :
J'en avais pour témoin le feu roi votre frère,
Madame ; et par trois fois...

D. Manrique. Nous vous avons vu faire,
Et savons mieux que vous ce que peut votre bras.

D. Isabelle. Vous en êtes instruits ; et je ne la suis pas ;
Laissez-le me l'apprendre. Il importe aux monarques
Qui veulent aux vertus rendre de dignes marques
De les savoir connaître, et ne pas ignorer
Ceux d'entre leurs sujets qu'ils doivent honorer.

D. Manrique. Je ne me croyais pas être ici pour l'entendre.

D. Isabelle. Comte, encore une fois laissez-le me l'apprendre.
Nous aurons temps pour tout. Et vous, parlez, Carlos.

Carlos. Je dirai qui je suis, madame, en peu de mots.
On m'appelle soldat : je fais gloire de l'être ;
Au feu roi par trois fois je le fis bien paraître.
L'étendard de Castille, à ses yeux enlevé,
Des mains des ennemis par moi seul fut sauvé :
Cette seule action rétablit la bataille,
Fit rechasser le Maure au pied de sa muraille,

---

(1) *Tout beau, tout beau*, pourrait être ailleurs bas et familier, mais ici je le crois très bien placé ; cette manière de parler est assez convenable d'un seigneur très fier à un soldat de fortune. Cela forme une situation singulière et intéressante, inconnue jusque-là au théâtre. Elle donne lieu très naturellement à Carlos de parler dignement de ses grandes actions. La vertu qui s'élève quand on veut l'avilir produit presque toujours de belles choses. (V.)

ACTE I, SCÈNE III.

Et, rendant le courage aux plus timides cœurs,
Rappela les vaincus, et défit les vainqueurs.
Ce même roi me vit dedans l'Andalousie
Dégager sa personne en prodiguant ma vie,
Quand, tout percé de coups, sur un monceau de morts,
Je lui fis si longtemps bouclier de mon corps,
Qu'enfin autour de lui ses troupes ralliées,
Celles qui l'enfermaient furent sacrifiées ;
Et le même escadron qui vint le secourir
Le ramena vainqueur, et moi prêt à mourir.
Je montai le premier sur les murs de Séville,
Et tins la brèche ouverte aux troupes de Castille.
Je ne vous parle point d'assez d'autres exploits,
Qui n'ont pas pour témoins eu les yeux de mes rois.
Tel me voit et m'entend, et me méprise encore,
Qui gémirait sans moi dans les prisons du Maure.

D. Maurique. Nous parlez-vous, Carlos, pour don Lope et pour moi ?

Carlos. Je parle seulement de ce qu'a vu le roi,
Seigneur, et qui voudra parle à sa conscience.
Voilà dont le feu roi me promit récompense ;
Mais la mort le surprit comme il la résolvait.

D. Isabelle. Il se fût acquitté de ce qu'il vous devait ;
Et moi, comme héritant son sceptre et sa couronne,
Je prends sur moi sa dette, et je vous la fais bonne !
Seyez-vous, et quittons ces petits différends.

D. Lope. Souffrez qu'auparavant il nomme ses parents.
Nous ne contestons point l'honneur de sa vaillance,
Madame ; et, s'il en faut notre reconnaissance,
Nous avouerons tous deux qu'en ces combats derniers
L'un et l'autre, sans lui, nous étions prisonniers ;
Mais enfin la valeur, sans l'éclat de la race,
N'eut jamais aucun droit d'occuper cette place.

Carlos. Se pare qui voudra du nom de ses aïeux :
Moi, je ne veux porter que moi-même en tous lieux ;
Je ne veux rien devoir à ceux qui m'ont fait naître,
Et suis assez connu sans les faire connaître.
Mais, pour en quelque sorte obéir à vos lois,
Seigneurs, pour mes parents je nomme mes exploits ;
Ma valeur est ma race, et mon bras est mon père.

19.

D. Lope. Vous le voyez, madame, et la preuve en est claire,
Sans doute il n'est pas noble.

D. Isabelle. Eh bien! je l'anoblis,
Quelle que soit sa race et de qui qu'il soit fils.
Qu'on ne conteste plus.

D. Manrique. Encore un mot, de grâce.

D. Isabelle. Don Manrique, à la fin c'est prendre trop d'audace.
Ne puis-je l'anoblir si vous n'y consentez?

D. Manrique. Oui, mais ce rang n'est dû qu'aux hautes dignités;
Tout autre qu'un marquis ou comte le profane.

D. Isabelle, *à Carlos.*

Eh bien! seyez-vous donc, marquis de Santillane,
Comte de Pegnafiel, gouverneur de Burgos.
Don Manrique, est-ce assez pour faire seoir Carlos?
Vous reste-t-il encor quelque scrupule en l'âme?

(*D. Manrique et don Lope se lèvent, et Carlos se sied.*)

D. Manrique. Achevez, achevez; faites-le roi, madame :
Par ces marques d'honneur l'élever jusqu'à nous,
C'est moins nous l'égaler que l'approcher de vous.
Ce préambule adroit n'était pas sans mystère;
Et ces nouveaux serments qu'il nous a fallu faire
Montraient bien dans votre âme un tel choix préparé.
Enfin vous le pouvez, et nous l'avons juré.
Je suis prêt d'obéir; et, loin d'y contredire,
Je laisse entre ses mains et vous et votre empire.
Je sors avant ce choix; non que j'en sois jaloux,
Mais de peur que mon front n'en rougisse pour vous.

D. Isabelle. Arrêtez, insolent : votre reine pardonne
Ce qu'une indigne crainte imprudemment soupçonne;
Et, pour la démentir, veut bien vous assurer
Qu'au choix de ses états elle veut demeurer.

D. Manrique. Madame, excusez donc si quelque antipathie...

D. Isabelle. Ne faites point ici de fausse modestie;
J'ai trop vu votre orgueil pour le justifier,
Et sais bien les moyens de vous humilier.
Soit que j'aime Carlos, soit que par simple estime
Je rende à ses vertus un honneur légitime,
Vous devez respecter, quels que soient mes desseins,
Ou le choix de mon cœur, ou l'œuvre de mes mains.

ACTE I. SCÈNE III.

Je l'ai fait votre égal, et quoiqu'on s'en mutine,
Sachez qu'à plus encor ma faveur le destine.
Je veux qu'aujourd'hui même il puisse plus que moi :
J'en ai fait un marquis, je veux qu'il fasse un roi.
S'il a tant de valeur que vous-même le dites,
Il sait quelle est la vôtre, et connaît vos mérites,
Et jugera de vous avec plus de raison
Que moi, qui n'en connais que la race et le nom.
Marquis, prenez ma bague, et la donnez pour marque
Au plus digne des trois que j'en fasse un monarque.
Je vous laisse y penser tout le reste du jour.
Rivaux ambitieux, faites-lui votre cour :
Qui me rapportera l'anneau que je lui donne,
Recevra sur-le-champ ma main et ma couronne.
Allons, reines, allons, et laissons-les juger
De quel côté mon choix avait su m'engager.

SCÈNE IV.

D. MANRIQUE, D. LOPE, D. ALVAR, CARLOS.

D. Lope. Eh bien! seigneur marquis, nous direz-vous, de grâce,
Ce que pour vous gagner il est besoin qu'on fasse?
Vous êtes notre juge, il faut vous adoucir.
Carlos. Vous y pourriez peut-être assez mal réussir.
Quittez ces contre-temps de froide raillerie.
D. Manrique. Il n'en est pas saison, quand il faut qu'on vous prie.
Carlos. Ne raillons ni prions, et demeurons amis.
Je sais ce que la reine en mes mains a remis;
J'en userai fort bien : vous n'avez rien à craindre;
Et pas un de vous trois n'aura lieu de se plaindre.
Je n'entreprendrai point de juger entre vous
Qui mérite le mieux le nom de son époux;
Je serais téméraire, et m'en sens incapable;
Et peut-être quelqu'un m'en tiendrait récusable.
Je m'en récuse donc, afin de vous donner
Un juge que sans honte on ne peut soupçonner;
Ce sera votre épée et votre bras lui-même.
Comtes, de cet anneau dépend le diadème :

Il vaut bien un combat, vous avez tous du cœur :
Et je le garde...

D. Lope. A qui, Carlos?

Carlos. A mon vainqueur [1].
Qui pourra me l'ôter l'ira rendre à la reine ;
Ce sera du plus digne une preuve certaine.
Prenez entre vous l'ordre et du temps et du lieu ;
Je m'y rendrai sur l'heure, et vais l'attendre. Adieu.

SCÈNE V.

D. MANRIQUE, D. LOPE, D. ALVAR.

D. Lope. Vous voyez l'arrogance.

D. Alvar. Ainsi les grands courages
Savent en généreux repousser les outrages.

D. Manrique. Il se méprend pourtant s'il pense qu'aujourd'hui
Nous daignions mesurer notre épée avec lui.

D. Alvar. Refuser un combat !

D. Lope. Des généraux d'armée,
Jaloux de leur honneur et de leur renommée,
Ne se commettent point contre un aventurier.

D. Alvar. Ne mettez point si bas un si vaillant guerrier :
Qu'il soit ce qu'en voudra présumer votre haine,
Il doit être pour nous ce qu'a voulu la reine.

D. Lope. La reine, qui nous brave, et, sans égard au sang,
Ose souiller ainsi l'éclat de notre rang !

D. Alvar. Les rois de leurs faveurs ne sont jamais comptables.
Ils font, comme il leur plaît, et défont nos semblables.

D. Manrique. Envers les majestés vous êtes bien discret.
Voyez-vous cependant qu'elle l'aime en secret ?

D. Alvar. Dites, si vous voulez, qu'ils sont d'intelligence,
Qu'elle a de sa valeur si haute confiance,
Qu'elle espère par là faire approuver son choix,
Et se rendre avec gloire au vainqueur de tous trois ;
Qu'elle nous hait dans l'âme autant qu'elle l'adore :

---

(1) Cela est digne de la tragédie la plus sublime. Dès qu'il s'agit de grandeur, il y en a toujours dans les pièces espagnoles. Mais ces grands traits de lumière, qui percent l'ombre de temps en temps, ne suffisent pas ; il faut un grand intérêt : nulle langueur ne doit l'interrompre. (V.)

ACTE I, SCÈNE V.

C'est à nous d'honorer ce que la reine honore.
D. Manrique. Vous la respectez fort : mais y prétendez-vous ?
On dit que l'Aragon a des charmes si doux...
D. Alvar. Qu'ils me soient doux ou non, je ne crois pas sans crime
Pouvoir de mon pays désavouer l'estime ;
Et, puisqu'il m'a jugé digne d'être son roi,
Je soutiendrai partout l'état qu'il fait de moi.
Je vais donc disputer, sans que rien me retarde,
Au marquis don Carlos cet anneau qu'il nous garde ;
Et, si sur sa valeur je le puis emporter,
J'attendrai de vous deux qui voudra me l'ôter :
Le champ vous sera libre.
    D. Lope. A la bonne heure, comte ;
Nous vous irons alors le disputer sans honte ;
Nous ne dédaignons point un si digne rival :
Mais pour votre marquis, qu'il cherche son égal.

ACTE DEUXIÈME.

SCÈNE PREMIÈRE.

D. ISABELLE, BLANCHE.

D. Isabelle. Maintenant je vois bien que je me suis trompée
De m'en être remise à qui porte une épée,
Et trouve occasion, dessous cette couleur,
De venger le mépris qu'on fait de sa valeur.
Je devais par mon choix étouffer cent querelles ;
Et l'ordre que j'y tiens en forme de nouvelles,
Et jette entre les grands, amoureux de mon rang,
Une nécessité de répandre du sang.
Mais j'y saurai pourvoir.
    Blanche. C'est un pénible ouvrage
D'arrêter un combat qu'autorise l'usage,
Que les lois ont réglé, que les rois vos aïeux

Daignaient assez souvent honorer de leur yeux :
On ne s'en dédit point sans quelque ignominie ;
Et l'honneur aux grands cœurs est plus cher que la vie.

D. Isabelle. Je sais ce que tu dis, et n'irai pas de front
Faire un commandement qu'ils prendraient pour affront.
Lorsque le déshonneur souille l'obéissance [1],
Les rois peuvent douter de leur toute-puissance :
Qui la hasarde alors n'en sait pas bien user ;
Et qui veut pouvoir tout ne doit pas tout oser.
Je romprai ce combat feignant de le permettre,
Et je le tiens rompu si je puis le remettre.
Les reines d'Aragon pourront même m'aider.
Voici déjà Carlos que je viens de mander.
Demeure, et tu verras avec combien d'adresse
Ma gloire de mon âme est toujours la maîtresse.

SCÈNE II.

D. ISABELLE, CARLOS, BLANCHE.

D. Isabelle. Vous avez bien servi, marquis, et jusqu'ici
Vos armes ont pour nous dignement réussi :
Je pense avoir aussi bien payé vos services.
Malgré vos envieux et leurs mauvais offices,
J'ai fait beaucoup pour vous, et tout ce que j'ai fait
Ne vous a pas coûté seulement un souhait.
Si cette récompense est pourtant si petite
Qu'elle ne puisse aller jusqu'à votre mérite,
S'il vous en reste encor quelque autre à souhaiter,
Parlez, et donnez-moi moyen de m'acquitter.

Carlos. Après tant de faveurs à pleines mains versées,
Dont mon cœur n'eût osé concevoir les pensées,
Surpris, troublé, confus, accablé de bienfaits,
Que j'osasse former encor quelques souhaits !

[1] Des vers tels que ceux-ci méritaient bien d'être remarqués. A une représentation de la pièce, dont nous fûmes témoins, et qui eut lieu à l'époque où les parlements refusaient d'enregistrer quelques édits de Louis XV, ils furent applaudis de manière à donner de l'inquiétude au gouvernement, qui les fit supprimer à la représentation suivante. (P.)

ACTE II, SCÈNE II.

D. Isabelle. Vous êtes donc content ; et j'ai lieu de me plaindre.
Carlos. De moi ?
D. Isabelle.   De vous, marquis. Je vous parle sans feindre :
Écoutez. Votre bras a bien servi l'État
Tant que vous n'avez eu que le nom de soldat ;
Dès que je vous fais grand, sitôt que je vous donne
Le droit de disposer de ma propre personne,
Ce même bras s'apprête à troubler son repos,
Comme si le marquis cessait d'être Carlos,
Ou que cette grandeur ne fût qu'un avantage
Qui dût à sa ruine armer votre courage.
Les trois comtes en sont les plus fermes soutiens :
Vous attaquez en eux ses appuis et les miens ;
C'est son sang le plus pur que vous voulez répandre :
Et vous pouvez juger l'honneur qu'on leur doit rendre,
Puisque ce même état me demandant un roi,
Les a jugés eux trois les plus dignes de moi.
Peut-être un peu d'orgueil vous a mis dans la tête
Qu'à venger leur mépris ce prétexte est honnête ;
Vous en avez suivi la première chaleur :
Mais leur mépris va-t-il jusqu'à votre valeur ?
N'en ont-ils pas rendu témoignage à ma vue ?
Ils ont fait peu d'état d'une race inconnue,
Ils ont douté d'un sort que vous voulez cacher :
Quand un doute si juste aurait dû vous toucher,
J'avais pris quelque soin de vous venger moi-même.
Remettre entre vos mains le don du diadème,
Ce n'était pas, marquis, vous venger à demi.
Je vous ai fait leur juge, et non leur ennemi ;
Et si sous votre choix j'ai voulu les réduire,
C'est pour vous faire honneur et non pour les détruire ;
C'est votre seul avis, non leur sang que je veux ;
Et c'est m'entendre mal que vous armer contre eux.
N'auriez-vous point pensé que, si ce grand courage
Vous pouvait sur tous trois donner quelque avantage,
On dirait que l'état, me cherchant un époux,
N'en aurait pu trouver de comparable à vous ?
Ah ! si je vous croyais si vain, si téméraire...
Carlos. Madame, arrêtez là votre juste colère ;

Je suis assez coupable, et n'ai que trop osé,
Sans choisir pour me perdre un crime supposé.
Je ne me défends point des sentiments d'estime
Que vos moindres sujets auraient pour vous sans crime.
Je puis contre le ciel en secret murmurer
De n'être pas né roi pour pouvoir espérer ;
Et, les yeux éblouis de cet éclat suprême,
Baisser soudain la vue, et rentrer en moi-même :
Mais que je laisse aller d'ambitieux soupirs,
Un ridicule espoir, d'inutiles désirs !...
Si, par quelque malheur que je ne puis comprendre,
Du trône jusqu'à moi je vous voyais descendre,
Commençant aussitôt à vous moins estimer,
Je cesserais sans doute aussi de vous aimer.
Mon dévouement pour vous est tout à votre gloire :
Je ne vous prétends point pour fruit de ma victoire ;
Je combats ces rivaux, sans dessein d'acquérir
Que l'heur d'en faire voir le plus digne, et mourir ;
Et tiendrais mon destin assez digne d'envie,
S'il le faisait connaître aux dépens de ma vie.
Serait-ce à vos faveurs répondre pleinement,
Que hasarder ce choix à mon seul jugement ?
Il vous doit un époux, à la Castille un maître :
Je puis en mal juger, je puis les mal connaître.

D. Isabelle. Je n'abuserai point du pouvoir absolu
Pour défendre un combat entre vous résolu ;
Je blesserais par là l'honneur de tous les quatre :
Les lois vous l'ont permis, je vous verrai combattre ;
C'est à moi, comme reine, à nommer le vainqueur.
Dites-moi cependant qui montre plus de cœur ?
Qui des trois le premier éprouve la fortune ?

Carlos. Don Alvar.

D. Isabelle. Don Alvar !

Carlos. Oui, don Alvar de Lune.

D. Isabelle. Il est promis ailleurs.

Carlos. On le dit ; mais enfin
Lui seul jusqu'ici tente un si noble destin.

D. Isabelle. Je devine à peu près quel intérêt l'engage ;
Et nous verrons demain quel sera son courage.

ACTE II, SCÈNE II.

Carlos. Vous ne m'avez donné que ce jour pour ce choix.
D. *Isabelle.* J'aime mieux, au lieu d'un, vous en accorder trois.
Carlos. Madame, son cartel marque cette journée.
D. *Isabelle.* C'est peu que son cartel, si je ne l'ai donnée :
Qu'on le fasse venir pour la voir différer.
Je vais pour vos combats faire tout préparer
Adieu. Souvenez-vous surtout de ma défense ;
Et vous aurez demain l'honneur de ma présence.

SCÈNE III.

CARLOS.

Consens-tu qu'on diffère, honneur? le consens-tu ?
Cet ordre n'a-t-il rien qui souille ma vertu ?
N'ai-je point à rougir de cette déférence
Que d'un combat illustre achète la licence ?
Tu murmures, ce semble? Achève; explique-toi.
La reine a-t-elle droit de te faire la loi ?
Tu n'es point son sujet, l'Aragon m'a vu naître.
O ciel ! je m'en souviens ; et j'ose encor paraître !
Et je puis, sous les noms de comte et de marquis,
D'un malheureux pêcheur reconnaître le fils !
Honteuse obscurité, qui seule me fais craindre !
Injurieux destin, qui seul me rends à plaindre !
Plus on m'en fait sortir, plus je crains d'y rentrer,
Et crois ne t'avoir fui que pour te rencontrer.
Ton cruel souvenir sans fin me persécute ;
Du rang où l'on m'élève il me montre la chute.
Lasse-toi désormais de me faire trembler ;
Je parle à mon honneur, ne viens point le troubler.
Laisse-le sans remords m'approcher des couronnes,
Et ne viens point m'ôter plus que tu ne me donnes.
Je n'ai plus rien à toi : la guerre a consumé
Tout cet indigne sang dont tu m'avais formé ;
J'ai quitté jusqu'au nom que je tiens de ta haine,
Et ne puis... Mais voici ma véritable reine.

SCÈNE IV.

D. ELVIRE, CARLOS.

D. Elvire. Ah! Carlos, car j'ai peine à vous nommer marquis,
Non qu'un titre si beau ne vous soit bien acquis,
Non qu'avecque justice il ne vous appartienne,
Mais parce qu'il vous vient d'autre main que la mienne,
Et que je présumais n'appartenir qu'à moi
D'élever votre gloire au rang où je la voi.
Je me consolerais toutefois avec joie
Des faveurs que sans moi le ciel sur vous déploie,
Et verrais sans envie agrandir un héros,
Si le marquis tenait ce qu'a promis Carlos,
S'il avait comme lui son bras à mon service.
Je venais à la reine en demander justice;
Mais, puisque je vous vois, vous m'en ferez raison.
Je vous accuse donc, non pas de trahison,
Pour un cœur généreux cette tache est trop noire,
Mais d'un peu seulement de manque de mémoire.
Carlos. Moi, madame?
       D. Elvire. Écoutez mes plaintes en repos.
Je me plains du marquis, et non pas de Carlos.
Carlos de tout son cœur me tiendrait sa parole:
Mais ce qu'il m'a donné, le marquis me le vole;
C'est lui seul qui dispose ainsi du bien d'autrui,
Et prodigue son bras quand il n'est plus à lui.
Carlos se souviendrait que sa haute vaillance
Doit ranger don Garcie à mon obéissance;
Qu'elle doit affermir mon sceptre dans ma main;
Qu'il doit m'accompagner peut-être dès demain:
Mais ce Carlos n'est plus, le marquis lui succède,
Qu'une autre soif de gloire, un autre objet possède,
Et qui, du même bras que m'engageait sa foi,
Entreprend trois combats pour une autre que moi.
Hélas! si ces honneurs dont vous comble la reine
Réduisent mon espoir en une attente vaine;
Si les nouveaux desseins que vous en concevez

ACTE II, SCÈNE IV.

Vous ont fait oublier ce que vous me devez,
Rendez-lui ces honneurs qu'un tel oubli profane ;
Rendez-lui Pegnafiel, Burgos, et Santillane ;
L'Aragon a de quoi vous payer ces refus,
Et vous donner encor quelque chose de plus.

Carlos. Et Carlos, et marquis, je suis à vous, madame ;
Le changement de rang ne change point mon âme :
Mais vous trouverez bon que, par ces trois défis,
Carlos tâche à payer ce que doit le marquis.
Vous réserver mon bras noirci d'une infamie,
Attirerait sur vous la fortune ennemie,
Et vous hasarderait, par cette lâcheté,
Au juste châtiment qu'il aurait mérité.
Quand deux occasions pressent un grand courage,
L'honneur à la plus proche avidement l'engage,
Et lui fait préférer, sans le rendre inconstant,
Celle qui se présente à celle qui l'attend.
Ce n'est pas toutefois, madame, qu'il l'oublie :
Mais bien que je vous doive immoler don Garcie,
J'ai vu que vers la reine on perdait le respect,
Que d'indignes soucis son cœur était suspect ;
Pour m'avoir honoré je l'ai vue outragée,
Et ne puis m'acquitter qu'après l'avoir vengée.

D. Elvire. C'est me faire une excuse où je ne comprends rien,
Sinon que son service est préférable au mien,
Qu'avant que de me suivre on doit mourir pour elle,
Et qu'étant son sujet il faut m'être infidèle.

Carlos. Ce n'est point en sujet que je cours au combat ;
Peut-être suis-je né dedans quelque autre État :
Mais, par un zèle entier et pour l'une et pour l'autre,
J'embrasse également son service et le vôtre ;
Et les plus grands périls n'ont rien de hasardeux
Que j'ose refuser pour aucune des deux.
Quoique engagé demain à combattre pour elle,
S'il fallait aujourd'hui venger votre querelle,
Tout ce que je lui dois ne m'empêcherait pas
De m'exposer pour vous à plus de trois combats.
Je voudrais toutes deux pouvoir vous satisfaire,

Vous, sans manquer vers elle ; elle, sans vous déplaire :
Cependant je ne puis servir elle ni vous
Sans de l'une ou de l'autre allumer le courroux.

ACTE TROISIÈME.

SCÈNE PREMIÈRE.

D. MANRIQUE, D. LOPE, D. ALVAR.

D. Manrique. La reine charme-t-elle auprès de done Elvire?
D. Alvar. Si j'emporte la bague, il faudra vous le dire.
D. Lope. Carlos vous nuit partout, du moins à ce qu'on croit.
D. Alvar. Il fait plus d'un jaloux, du moins à ce qu'on voit.
D. Lope. Il devrait par pitié préférer l'un ou l'autre.
D. Alvar. Plaignant mon intérêt, n'oubliez pas le vôtre.
D. Manrique. De vrai, la presse est grande à qui le fera roi.
D. Alvar. Je vous plains fort tous deux, s'il vient à bout de moi.
D. Manrique. Mais si vous le vainquez, serons-nous fort à plaindre?
D. Alvar. Quand je l'aurai vaincu, vous aurez fort à craindre.
D. Lope. Oui, de vous voir longtemps hors de combat pour nous.
D. Alvar. Nous aurons essuyé les plus dangereux coups.
D. Manrique. L'heure nous tardera d'en voir l'expérience.
D. Alvar. On pourra vous guérir de cette impatience.
D. Lope. De grâce, faites donc que ce soit promptement.

SCÈNE II.

D. ISABELLE, D. MANRIQUE, D. ALVAR, D. LOPE.

D. Isabelle. Laissez-moi, don Alvar, leur parler un moment :
Je n'entreprendrai rien à votre préjudice ;
Et mon dessein ne va qu'à vous faire justice,
Qu'à vous favoriser plus que vous ne voulez.
D. Alvar. Je ne sais qu'obéir alors que vous parlez.

SCÈNE III.

D. ISABELLE, D. MANRIQUE, D. LOPE.

D. Isabelle. Comtes, je ne veux plus donner lieu qu'on murmure
Que choisir par autrui c'est me faire une injure;
Et, puisque de ma main le choix sera plus beau,
Je veux choisir moi-même, et reprendre l'anneau.
Je ferai plus pour vous : des trois qu'on me propose,
J'en exclus don Alvar ; vous en savez la cause :
Son cœur depuis longtemps désire d'autres nœuds ;
Je vous ôte un rival pour le rendre à ses vœux.
Qui n'agit que par force aime qu'on le néglige ;
Et mon refus du moins autant que vous l'oblige.
Vous êtes donc les seuls que je veux regarder :
Mais, avant qu'à choisir j'ose me hasarder,
Je voudrais voir en vous quelque preuve certaine
Qu'en moi c'est moi qu'on sert, et non l'éclat de reine ;
Qu'en me servant on a même cœur, même vœux :
Si vous ne m'entendez, je vais m'expliquer mieux.
Aux vertus de Carlos j'ai paru libérale :
Je voudrais en tous deux voir une estime égale,
Qu'il trouvât même honneur, même justice en vous ;
Car ne présumez pas que je prenne un époux
Pour m'exposer moi-même à ce honteux outrage
Qu'un roi fait de ma main détruise mon ouvrage ;
N'y pensez l'un ni l'autre, à moins qu'un digne effet
Suive de votre part ce que pour lui j'ai fait,
Et que par cet aveu je demeure assurée
Que tout ce qui m'a plu doit être de durée.

D. Manrique. Toujours Carlos, madame ! et toujours son bonheur
Fait dépendre de lui le nôtre, et votre cœur !
Mais puisque c'est par là qu'il faut enfin vous plaire,
Vous-même apprenez-nous ce que nous pouvons faire.
Nous l'estimons tous deux un des braves guerriers
A qui jamais la guerre ait donné des lauriers :
Notre liberté même est due à sa vaillance ;
Et, quoiqu'il ait tantôt montré quelque insolence,

Dont nous a dû piquer l'honneur de notre rang,
Vous avez suppléé l'obscurité du sang.
Ce qu'il vous plaît qu'il soit, il est digne de l'être.
Nous lui devons beaucoup, et l'allons reconnaître,
L'honorer en soldat, et lui faire du bien ;
Mais après vos faveurs nous ne pouvons plus rien ;
Qui pouvait pour Carlos ne peut rien pour un comte ;
Il n'est rien en nos mains qu'il en reçût sans honte ;
Et vous avez pris soin de le payer pour nous.

D. Isabelle. Il en est en vos mains des présents assez doux,
Qui purgeraient vos noms de toute ingratitude,
Et mon âme pour lui de toute inquiétude ;
Il en est dont sans doute il serait possesseur :
En un mot, vous avez l'un et l'autre une sœur ;
Et je veux que le roi qu'il me plaira de faire,
En recevant ma main, le fasse son beau-frère ;
Et que par cet hymen son destin affermi
Ne puisse en mon époux trouver son ennemi.
Ce n'est pas, après tout, que j'en craigne la haine ;
Je sais qu'en cet État je serai toujours reine,
Et qu'un tel roi jamais, quel que soit son projet,
Ne sera sous ce nom que mon premier sujet ;
Mais je ne me plais pas à contraindre personne,
Et moins que tous un cœur à qui le mien se donne.
Répondez donc tous deux : n'y consentez-vous pas ?

D. Manrique. Oui, madame, aux plus longs et plus cruels trépas,
Plutôt qu'à voir jamais de pareils hyménées
Ternir en un moment l'éclat de mille années.
Ne cherchez point par là cette union d'esprits :
Votre sceptre, madame, est trop cher à ce prix ;
Et jamais...

D. Isabelle. Ainsi donc vous me faites connaître
Que ce que je l'ai fait il est digne de l'être,
Que je puis suppléer l'obscurité du sang ?

D. Manrique. Oui, bien pour l'élever jusques à notre rang.
Jamais un souverain ne doit compte à personne
Des dignités qu'il fait, et des grandeurs qu'il donne :
S'il est d'un sort indigne ou l'auteur ou l'appui,
Comme il le fait lui seul, la honte est toute à lui.

ACTE III, SCÈNE III.

Mais disposer d'un sang que j'ai reçu sans tache !
Avant que le souiller il faut qu'on me l'arrache ;
J'en dois compte aux aïeux dont il est hérité,
A toute leur famille, à la postérité.

D. Isabelle. Et moi, Manrique, et moi, qui n'en dois aucun compte,
J'en disposerai seule, et j'en aurai la honte.
Mais quelle extravagance a pu vous figurer
Que je me donne à vous pour vous déshonorer ?
Ah ! si vous n'apprenez à parler d'autre sorte...

D. Lope. Madame, pardonnez à l'ardeur qui l'emporte ;
Il devait s'excuser avec plus de douceur.
Nous avons en effet l'un et l'autre une sœur ;
Mais, si j'ose en parler avec quelque franchise,
A d'autres qu'au marquis l'une et l'autre est promise.

D. Isabelle. A qui, don Lope ?

D. Manrique. A moi, madame.

D. Isabelle. Et l'autre ?

D. Lope. A moi.

D. Isabelle. J'ai donc tort parmi vous de vouloir faire un roi.
Je vous l'ai déjà dit, je ne force personne,
Et rends grâce à l'état des princes qu'il me donne.

D. Lope. Écoutez-nous, de grâce.

D. Isabelle. Et que me direz-vous ?
Que la constance est belle au jugement de tous ?
Qu'il n'est point de grandeurs qui la doivent séduire ?
Quelques autres que vous m'en sauront mieux instruire ;
Et si cette vertu ne se doit point forcer,
Peut-être qu'à mon tour je saurai l'exercer.

D. Lope. Exercez-la, madame, et souffrez qu'on s'explique.
Vous connaîtrez du moins don Lope et don Manrique.
Ils se sont l'un à l'autre attachés par ces nœuds
Qui n'auront leur effet que pour le malheureux :
Il me devra sa sœur, s'il faut qu'il vous obtienne ;
Et si je suis à vous, je lui devrai la mienne.
Celui qui doit vous perdre, ainsi, malgré son sort,
A s'approcher de vous fait encor son effort ;
Ainsi, pour consoler l'une ou l'autre infortune,
L'une et l'autre est promise, et nous n'en devons qu'une ;
Nous ignorons laquelle ; et vous la choisirez,

Puisque enfin c'est la sœur du roi que vous ferez,
Jugez donc si Carlos en peut être beau-frère,
Et si vous devez rompre un nœud si salutaire,
Hasarder un repos à votre État si doux,
Qu'affermit sous vos lois la concorde entre nous.

D. Isabelle. Et ne savez-vous point qu'étant ce que vous êtes,
Vos sœurs par conséquent mes premières sujettes,
Les donner sans mon ordre, et même malgré moi,
C'est dans mon propre État m'oser faire la loi?

D. Manrique. Agissez donc enfin, madame, en souveraine,
Et souffrez qu'on s'excuse, ou commandez en reine;
Nous vous obéirons, mais sans y consentir;
Et, pour vous dire tout avant que de sortir,
Carlos est généreux, il connaît sa naissance;
Qu'il se juge en secret sur cette connaissance;
Et, s'il trouve son sang digne d'un tel honneur,
Qu'il vienne, nous tiendrons l'alliance à bonheur;
Qu'il choisisse des deux, et l'épouse, s'il l'ose.
Nous n'avons plus, madame, à vous dire autre chose :
Mettre en un tel hasard le choix de leur époux,
C'est jusqu'où nous pouvons nous abaisser pour vous;
Mais, encore une fois, que Carlos y regarde,
Et pense à quels périls cet hymen le hasarde.

D. Isabelle. Vous-même gardez bien, pour le trop dédaigner,
Que je ne montre enfin comme je sais régner.

SCÈNE IV.

D. ISABELLE.

Quel est ce mouvement qui tous deux les mutine,
Lorsque l'obéissance au trône les destine?
Est-ce orgueil? est-ce envie? est-ce animosité,
Défiance, mépris, ou générosité?
N'est-ce point que le ciel ne consent qu'avec peine
Cette triste union d'un sujet à sa reine,
Et jette un prompt obstacle aux plus aisés desseins
Qui laissent choir mon sceptre en leurs indignes mains?

SCÈNE V.

D. ISABELLE, BLANCHE.

D. Isabelle. Blanche, j'ai perdu temps.
      Blanche. Je l'ai perdu de même.
D. Isabelle. Les comtes à ce prix fuyent le diadème.
 Blanche. Et Carlos ne veut point de fortune à ce prix.
D. Isabelle. Rend-il haine pour haine, et mépris pour mépris?
Blanche. Non, madame, au contraire, il estime ces dames
  Dignes des plus grands cœurs et des plus belles âmes.
D. Isabelle. Et qui l'empêche donc de parler et d'agir?
Blanche. Quelque secret obstacle arrête son désir.
D. Isabelle. Il me préfère une autre, et cette préférence
  Forme de son respect la trompeuse apparence :
  Faux respect qui me brave, et veut régner sans moi.
Blanche. Pour préférer Elvire, il n'est pas encor roi.
D. Isabelle. Elle est reine, et peut tout sur l'esprit de sa mère.
Blanche. Si ce n'est un faux bruit, le ciel lui rend un frère.
  Don Sanche n'est point mort, et vient ici, dit-on,
  Avec les députés qu'on attend d'Aragon ;
  C'est ce qu'en arrivant les gens ont fait entendre.
D. Isabelle. Blanche, s'il est ainsi, que d'heur j'en dois attendre!
  L'injustice du ciel, faute d'autres objets,
  Me forçait d'abaisser mes yeux sur mes sujets,
  Ne voyant point de prince égal à ma naissance
  Qui ne fût sous l'hymen, ou Maure, ou dans l'enfance :
  Mais, s'il lui rend don Sanche, il m'envoie un époux.
  Comtes, je n'ai plus d'yeux pour Carlos ni pour vous.

ACTE QUATRIÈME.

SCÈNE PREMIÈRE.

D. LÉONOR, D. MANRIQUE, D. LOPE.

D. Manrique. Quoique l'espoir d'un trône et la main d'une reine
Soient des biens que jamais on ne céda sans peine,
Quoiqu'à l'un de nous deux elle ait promis sa foi,
Nous cessons de prétendre où nous voyons un roi.
Dans notre ambition nous savons nous connaître ;
Et, bénissant le ciel qui nous donne un tel maître,
Ce prince qu'il vous rend après tant de travaux
Trouve en nous des sujets, et non pas des rivaux :
Heureux si l'Aragon, joint avec la Castille,
Du sang de deux grands rois ne fait qu'une famille !
Nous vous en conjurons, loin d'en être jaloux,
Comme étant l'un et l'autre à l'État plus qu'à nous ;
Et, tout impatients d'en voir la force unie
Des Maures, nos voisins, dompter la tyrannie,
Nous renonçons sans honte à ce choix glorieux,
Qui d'une grande reine abaissait trop les yeux.

D. Léonor. La générosité de votre déférence,
Comtes, flatte trop tôt ma nouvelle espérance :
D'un avis si douteux j'attends fort peu de fruit ;
Et ce grand bruit enfin peut-être n'est qu'un bruit.
Mais jugez-en tous deux, et me daignez apprendre
Ce qu'avecque raison mon cœur en doit attendre.
Les troubles d'Aragon vous sont assez connus ;
Je vous en ai souvent tous deux entretenus,
Et ne vous redis point quelles longues misères
Chassèrent don Fernand du trône de ses pères.
Il y voyait déjà monter ses ennemis,
Ce prince malheureux, quand j'accouchai d'un fils :
On le nomma don Sanche ; et, pour cacher sa vie
Aux barbares fureurs du traître don Garcie,

A peine eus-je loisir de lui dire un adieu,
Qu'il le fit enlever sans me dire en quel lieu ;
Et je n'en pus jamais savoir que quelques marques,
Pour reconnaître un jour le sang de nos monarques.
Trop inutiles soins contre un si mauvais sort !
Lui-même au bout d'un an m'apprit qu'il était mort.
Quatre ans après il meurt et me laisse une fille
Dont je vins par son ordre accoucher en Castille.
Il me souvient toujours de ses derniers propos ;
Il mourut en mes bras avec ces tristes mots :
« Je meurs, et je vous laisse en un sort déplorable !
« Le ciel vous puisse un jour être plus favorable !
« Don Raimond a pour vous des secrets importants,
« Et vous les apprendra quand il en sera temps :
« Fuyez dans la Castille. » A ces mots il expire,
Et jamais don Raimond ne me voulut rien dire.
Je partis sans lumière en ces obscurités :
Mais le voyant venir avec ces députés,
Et que c'est par leurs gens que ce grand bruit éclate,
(Voyez qu'en sa faveur aisément on se flatte !)
J'ai cru que du secret le temps était venu,
Et que don Sanche était ce mystère inconnu ;
Qu'il l'amenait ici reconnaître sa mère.
Hélas ! que c'est en vain que mon amour l'espère !
A ma confusion ce bruit s'est éclairci ;
Bien loin de l'amener, ils le cherchent ici :
Voyez quelle apparence, et si cette province
A jamais su le nom de ce malheureux prince.

D. Lope. Si vous croyez au nom, vous croirez son trépas,
Et qu'on cherche don Sanche où don Sanche n'est pas ;
Mais si vous en voulez croire la voix publique,
Et que notre pensée avec elle s'explique,
Ou le ciel pour jamais a repris ce héros,
Ou cet illustre prince est le vaillant Carlos.
Nous le dirons tous deux, quoique suspects d'envie,
C'est un miracle pur que le cours de sa vie.
Cette haute vertu qui charme tant d'esprits,
Cette fière valeur qui brave nos mépris,
Ce port majestueux qui, tout inconnu même,

A plus d'accès que nous auprès du diadème ;
Deux reines qu'à l'envi nous voyons l'estimer,
Et qui peut-être ont peine à ne le pas aimer ;
Ce prompt consentement d'un peuple qui l'adore :
Madame, après cela j'ose le dire encore,
Ou le ciel pour jamais a repris ce héros,
Ou cet illustre prince est le vaillant Carlos.
Nous avons méprisé sa naissance inconnue ;
Mais à ce peu de jour nous recouvrons la vue,
Et verrions à regret qu'il fallût aujourd'hui
Céder notre espérance à tout autre qu'à lui.

D. Léonor. Il en a le mérite, et non pas la naissance ;
Et lui-même il en donne assez de connaissance,
Abandonnant la reine à choisir parmi vous
Un roi pour la Castille, et pour elle un époux.

D. Manrique. Et ne voyez-vous pas que sa valeur s'apprête
A faire sur tous trois cette illustre conquête ?
Oubliez-vous déjà qu'il a dit à vos yeux
Qu'il ne veut rien devoir au nom de ses aïeux ?
Son grand cœur se dérobe à ce haut avantage,
Pour devoir sa grandeur entière à son courage ;
Dans une cour si belle et si pleine d'appas,
Avez-vous remarqué qu'il aime en lieu plus bas ?

D. Léonor. Le voici, nous saurons ce que lui-même en pense.

SCÈNE II.

D. LÉONOR, CARLOS, D. MANRIQUE, D. LOPE.

Carlos. Madame, sauvez-moi d'un honneur qui m'offense :
Un peuple opiniâtre à m'arracher mon nom
Veut que je sois don Sanche, et prince d'Aragon.
Puisque que par sa présence il faut que ce bruit meure,
Dois-je être, en l'attendant, le fantôme d'une heure ?
Ou si c'est une erreur qui lui promet ce roi,
Souffrez-vous qu'elle abuse et de vous et de moi ?

D. Léonor. Quoi que vous présumiez de la voix populaire,
Par de secrets rayons le ciel souvent l'éclaire :
Vous apprendrez par là du moins les vœux de tous.

ACTE IV, SCÈNE II.

Et quelle opinion les peuples ont de vous.

D. Lope. Prince, ne cachez plus ce que le ciel découvre ;
Ne fermez pas nos yeux quand sa main nous les ouvre.
Vous devez être las de nous faire faillir.
Nous ignorons quel fruit vous en vouliez cueillir,
Mais nous avions pour vous une estime assez haute
Pour n'être pas forcés à commettre une faute ;
Et notre honneur, au vôtre en aveugle opposé,
Méritait par pitié d'être désabusé.
Notre orgueil n'est pas tel qu'il s'attache aux personnes,
Ou qu'il ose oublier ce qu'il doit aux couronnes ;
Et s'il n'a pas eu d'yeux pour un roi déguisé,
Si l'inconnu Carlos s'en est vu méprisé,
Nous respectons don Sanche, et l'acceptons pour maître,
Sitôt qu'à notre reine il se fera connaître :
Et sans doute son cœur nous en avouera bien.
Hâtez cette union de votre sceptre au sien,
Seigneur, et, d'un soldat quittant la fausse image,
Recevez, comme roi, notre premier hommage.

Carlos. Comtes, ces faux respects dont je me vois surpris
Sont plus injurieux encor que vos mépris.
Je pense avoir rendu mon nom assez illustre
Pour n'avoir pas besoin qu'on lui donne un faux lustre
Reprenez vos honneurs où je n'ai point de part.
J'imputais ce faux bruit aux fureurs du hasard,
Et doutais qu'il pût être une âme assez hardie
Pour ériger Carlos en roi de comédie :
Mais, puisque c'est un jeu de votre belle humeur,
Sachez que les vaillants honorent la valeur ;
Et que tous vos pareils auraient quelque scrupule
A faire de la mienne un éclat ridicule.
Si c'est votre dessein d'en réjouir ces lieux,
Quand vous m'aurez vaincu vous me raillerez mieux :
La raillerie est belle après une victoire ;
On la fait avec grâce aussi bien qu'avec gloire.
Mais vous précipitez un peu trop ce dessein :
La bague de la reine est encore en ma main ;
Et l'inconnu Carlos, sans nommer sa famille,
Vous sert encor d'obstacle au trône de Castille.

20.

Ce bras, qui vous sauva de la captivité,
Peut s'opposer encore à votre avidité.

D. Manrique. Pour n'être que Carlos, vous parlez bien en maître,
Et tranchez bien du prince, en déniant de l'être.
Si nous avons tantôt jusqu'au bout défendu
L'honneur qu'à notre rang nous voyions être dû,
Nous saurons bien encor jusqu'au bout le défendre :
Mais ce que nous devons, nous aimons à le rendre.
Que vous soyez don Sanche, ou qu'un autre le soit,
L'un et l'autre de nous lui rendra ce qu'il doit.
Pour le nouveau marquis, quoique l'honneur l'irrite,
Qu'il sache qu'on l'honore autant qu'il le mérite ;
Mais que, pour nous combattre, il faut que le bon sang
Aide un peu sa valeur à soutenir ce rang.
Qu'il n'y prétende point à moins qu'il se déclare :
Non que nous demandions qu'il soit Gusman ou Lare :
Qu'il soit noble, il suffit pour nous traiter d'égal ;
Nous le verrons tous deux comme un digne rival ;
Et si don Sanche enfin n'est qu'une attente vaine,
Nous lui disputerons cet anneau de la reine.
Qu'il souffre cependant, quoique brave guerrier,
Que notre bras dédaigne un simple aventurier.
Nous vous laissons, madame, éclaircir ce mystère :
Le sang a des secrets qu'entend mieux une mère ;
Et, dans les différends qu'avec lui nous avons,
Nous craignons d'oublier ce que nous vous devons.

SCÈNE III.

D. LÉONOR, CARLOS.

Carlos. Madame, vous voyez comme l'orgueil me traite ;
Pour me faire un honneur on veut que je l'achète :
Mais, s'il faut qu'il m'en coûte un secret de vingt ans,
Cet anneau dans nos mains pourra briller longtemps.

D. Léonor. Laissons là ce combat, et parlons de don Sanche.
Ce bruit est grand pour vous, toute la cour y penche :
De grâce, dites-moi, vous connaissez-vous bien ?

Carlos. Plût à Dieu qu'en mon sort je ne connusse rien !

ACTE IV, SCÈNE III. 355

Si j'étais quelque enfant épargné des tempêtes,
Livré dans un désert à la merci des bêtes,
Exposé par la crainte ou par l'inimitié,
Rencontré par hasard, et nourri par pitié,
Mon orgueil à ce bruit prendrait quelque espérance
Sur votre incertitude, et sur mon ignorance ;
Je me figurerais ces destins merveilleux,
Qui tiraient du néant les héros fabuleux,
Et me revêtirais des brillantes chimères
Qu'osa former pour eux le loisir de nos pères :
Car enfin je suis vain, et mon ambition
Ne peut s'examiner sans indignation ;
Je ne puis regarder sceptre ni diadème
Qu'ils n'emportent mon âme au delà d'elle-même :
Inutiles élans d'un vole impétueux
Que pousse vers le ciel un cœur présomptueux,
Que soutiennent en l'air quelques exploits de guerre,
Et qu'un coup d'œil sur moi rabat soudain à terre !
Je ne suis point don Sanche, et connais mes parents ;
Ce bruit me donne en vain un nom que je vous rends ;
Gardez-le pour ce prince : une heure ou deux peut-être
Avec vos députés vous le feront connaître.
Laissez-moi cependant à cette obscurité
Qui ne fait que justice à ma témérité.

D. Léonor. En vain donc je me flatte, et ce que j'aime à croire
N'est qu'une illusion que me fait votre gloire.
Mon cœur vous en dédit ; un secret mouvement,
Qui le penche vers vous, malgré moi vous dément :
Mais je ne puis juger quelle source l'anime,
Si c'est l'ardeur du sang, ou l'effort de l'estime ;
Si la nature agit, ou si c'est le désir ;
Si c'est vous reconnaître, ou si c'est vous choisir.
Je veux bien toutefois étouffer ce murmure
Comme de vos vertus une aimable imposture,
Condamner, pour vous plaire, un bruit qui m'est si doux ;
Mais où sera mon fils s'il ne vit point en vous ?
On veut qu'il soit ici ; je n'en vois aucun signe :
On connaît, hormis vous, quiconque en serait digne ;
Et le vrai sang des rois, sous le sort abattu,

Peut cacher sa naissance, et non pas sa vertu :
Il porte sur son front un luisant caractère
Qui parle malgré lui de tout ce qu'il veut taire ;
Et celui que le ciel sur le vôtre avait mis
Pouvait seul m'éblouir si vous l'eussiez permis.
Vous ne l'êtes donc point, puisque vous me le dites :
Mais vous êtes à craindre avec tant de mérites.
Souffrez que j'en demeure à cette obscurité.
Je ne condamne point votre témérité ;
Mon estime au contraire est pour vous si puissante
Qu'il ne tiendra qu'à vous que mon cœur n'y consente :
Votre sang avec moi n'a qu'à se déclarer,
Et je vous donne après liberté d'espérer.
Que si même à ce prix vous cachez votre race,
Ne me refusez point du moins une autre grâce :
Ne vous préparez plus à nous accompagner ;
Nous n'avons plus besoin de secours pour régner.
La mort de don Garcie a puni tous ses crimes,
Et rendu l'Aragon à ses rois légitimes ;
N'en cherchez plus la gloire, et quels que soient vos vœux,
Ne me contraignez point à plus que je ne veux.
Le prix de la valeur doit avoir ses limites ;
Et je vous crains enfin avec tant de mérites.
C'est assez vous en dire. Adieu : pensez-y bien,
Et faites-vous connaître, ou n'aspirez à rien.

SCÈNE IV.

CARLOS, BLANCHE.

Blanche. Qui ne vous craindra point, si les reines vous craignent?
Carlos. Elles se font raison lorsqu'elles me dédaignent.
Blanche. Dédaigner un héros qu'on reconnaît pour roi !
Carlos. N'aide point à l'envie à se jouer de moi,
Blanche, et si tu te plais à seconder ma haine,
Du moins respecte en moi l'ouvrage de ta reine.
Blanche. La reine même en vous ne voit plus aujourd'hui
Qu'un prince que le ciel nous montre malgré lui.
Mais c'est trop la tenir dedans l'incertitude ;

ACTE IV, SCÈNE IV.

Ce silence vers elle est une ingratitude :
Ce qu'a fait pour Carlos sa générosité
Méritait de don Sanche une civilité.

Carlos. Ah ! nom fatal pour moi, que tu me persécutes,
Et prépares mon âme à d'effroyables chutes !

SCÈNE V.

D. ISABELLE, CARLOS, BLANCHE.

Carlos. Madame, commandez qu'on me laisse en repos,
Qu'on ne confonde plus don Sanche avec Carlos ;
C'est faire au nom d'un prince une trop longue injure :
Je ne veux que celui de votre créature ;
Et si le sort jaloux, qui semble me flatter,
Veut m'élever plus haut pour m'en précipiter,
Souffrez qu'en m'éloignant je dérobe ma tête
A l'indigne revers que sa fureur m'apprête.
Je le vois de trop loin pour l'attendre en ce lieu ;
Souffrez que je l'évite en vous disant adieu ;
Souffrez...

D. Isabelle. Quoi ! ce grand cœur redoute une couronne !
Quand on le croit monarque, il frémit, il s'étonne !
Il veut fuir cette gloire, et se laisse alarmer
De ce que sa vertu force d'en présumer !

Carlos. Ah ! vous ne voyez pas que cette erreur commune
N'est qu'une trahison de ma bonne fortune ;
Que déjà mes secrets sont à demi trahis.
Je lui cachais en vain ma race et mon pays ;
En vain sous un faux nom je me faisais connaître,
Pour lui faire oublier ce qu'elle m'a fait naître ;
Elle a déjà trouvé mon pays et mon nom.
Je suis Sanche, madame, et né dans l'Aragon ;
Et je crois déjà voir sa malice funeste
Détruire votre ouvrage en découvrant le reste,
Et faire voir ici, par un honteux effet,
Quel comte et quel marquis votre faveur a fait.

D. Isabelle. Pourrais-je alors manquer de force ou de courage

Pour empêcher le sort d'abattre mon ouvrage?
Ne me dérobez point ce qu'il ne peut tenir;
Et la main qui l'a fait saura le soutenir.

ACTE CINQUIÈME.

SCÈNE PREMIÈRE.

D. ALVAR, D. ELVIRE.

D. Alvar. Enfin, après un sort à mes vœux si contraire,
Je dois bénir le ciel qui vous renvoie un frère;
Puisque de notre reine il doit être l'époux,
Cette heureuse union me laisse tout à vous.
Je me vois affranchi d'un honneur tyrannique,
D'un joug que m'imposait cette faveur publique,
D'un choix qui me forçait à vouloir être roi :
Je n'ai plus de combat à faire contre moi.
D. Elvire. Plus que vous ne pensez la couronne m'est chère;
Je perds plus qu'on ne croit, si Carlos est mon frère.
Attendez les effets que produiront ces bruits;
Attendez que je sache au vrai ce que je suis,
Si le ciel m'ôte ou laisse enfin le diadème,
S'il vous faut m'obtenir d'un frère ou de moi-même.
Carlos a tant de lieu de vous considérer,
Que, s'il devient mon roi, vous devez espérer.
D. Alvar. Madame...
D. Elvire. En ma faveur donnez-vous cette peine,
Et me laissez, de grâce, entretenir la reine.
D. Alvar. J'obéis avec joie, et ferai mon pouvoir
A vous dire bientôt ce qui s'en peut savoir.

SCÈNE II.

D. LÉONOR, D. ELVIRE.

D. **Léonor.** Don Alvar me fuit-il ?
D. **Elvire.**   Madame, à ma prière,
Il va de tous ces bruits chercher quelque lumière.
D. **Léonor.** Je lui puis donc enfin promettre votre foi ?
D. **Elvire.** Oui, si vous lui gagnez l'aveu du nouveau roi.
D. **Léonor.** Et si ce bruit est faux, si vous demeurez reine ?
D. **Elvire.** Que vous puis-je répondre, en étant incertaine ?
D. **Léonor.** En cette incertitude on peut faire espérer.
D. **Elvire.** On peut attendre aussi pour en délibérer :
On agit autrement quand le pouvoir suprême...

SCÈNE III.

D. ISABELLE, D. LÉONOR, D. ELVIRE.

D. **Isabelle.** J'interromps vos secrets, mais j'y prends part moi-même ;
Et j'ai tant d'intérêt de connaître ce fils,
Que j'ose demander ce qui s'en est appris.
D. **Léonor.** Vous ne m'en voyez point davantage éclaircie.
D. **Isabelle.** Mais de qui tenez-vous la mort de don Garcie,
Vu que, depuis un mois qu'il vient des députés,
On parlait seulement de peuples révoltés ?
D. **Léonor.** Je vous puis sur ce point aisément satisfaire ;
Leurs gens m'en ont donné la raison assez claire.
On assiégeait encor, alors qu'ils sont partis,
Dedans leur dernier fort don Garcie et son fils :
On l'a pris tôt après ; et soudain par sa prise
Don Raimond prisonnier recouvrant sa franchise,
Les voyant tous deux morts, publie à haute voix
Que nous avions un roi du vrai sang de nos rois,
Que don Sanche vivait, et part en diligence
Pour rendre à l'Aragon le bien de sa présence :

Il joint nos députés hier sur la fin du jour,
Et leur dit que ce prince était en votre cour.
C'est tout ce que j'ai pu tirer d'un domestique :
Outre qu'avec ces gens rarement on s'explique,
Comme ils entendent mal, leur rapport est confus :
Mais bientôt don Raimond vous dira le surplus.
Que nous veut cependant Blanche tout étonnée ?

SCÈNE IV.

D. ISABELLE, D. LÉONOR, D. ELVIRE, BLANCHE.

Blanche. Ah ! madame !

D. Isabelle. Qu'as-tu ?

Blanche. La funeste journée !
Votre Carlos...

D. Isabelle. Eh bien ?

Blanche. Son père est en ces lieux,
Et n'est...

D. Isabelle. Quoi ?

Blanche. Qu'un pêcheur.

D. Isabelle. Qui te l'a dit ?

Blanche. Mes yeux.

D. Isabelle. Tes yeux !

Blanche. Mes propres yeux.

D. Isabelle. Que j'ai peine à les croire !

D. Léonor. Voudriez-vous, madame, en apprendre l'histoire ?

D. Elvire. Que le ciel est injuste !

D. Isabelle. Il l'est, et nous fait voir,
Par cet injuste effet, son absolu pouvoir,
Qui du sang le plus vil tire une âme si belle,
Et forme une vertu qui n'a lustre que d'elle.
Parle, Blanche, et dis-nous comme il voit ce malheur.

Blanche. Avec beaucoup de honte, et plus encor de cœur.
Du haut de l'escalier je le voyais descendre ;
En vain de ce faux bruit il se voulait défendre ;
Votre cour, obstinée à lui changer de nom,

Quand un chétif vieillard le saisit et l'embrasse....

DON SANCHE. Acte V, Scène IV.

Murmurait tout autour : « Don Sanche d'Aragon, »
Quand un chétif vieillard le saisit et l'embrasse.
Lui qui le reconnaît frémit de sa disgrâce ;
Puis, laissant la nature à ses pleins mouvements,
Répond avec tendresse à ses embrassements.
Ses pleurs mêlent aux siens une fierté sincère ;
On n'entend que soupirs : « Ah ! mon fils ! Ah ! mon père !
« O jour trois fois heureux ! moment trop attendu !
« Tu m'as rendu la vie ! » et : « Vous m'avez perdu ! »
Chose étrange ! à ces cris de douleur et de joie,
Un grand peuple accouru ne veut pas qu'on les croie ;
Il s'aveugle soi-même ; et ce pauvre pêcheur,
En dépit de Carlos, passe pour imposteur.
Dans les bras de ce fils on lui fait mille hontes ;
C'est un fourbe, un méchant suborné par les comtes.
Eux-mêmes (admirez leur générosité)
S'efforcent d'affermir cette incrédulité :
Non qu'ils prennent sur eux de si lâches pratiques ;
Mais ils en font auteur un de leurs domestiques,
Qui, pensant bien leur plaire, a si mal à propos
Instruit ce malheureux pour affronter Carlos.
Avec avidité cette histoire est reçue ;
Chacun la tient trop vraie aussitôt qu'elle est sue ;
Et pour plus de croyance à cette trahison,
Les comtes font traîner ce bonhomme en prison.
Carlos rend témoignage en vain contre soi-même ;
Les vérités qu'il dit cèdent au stratagème :
Et, dans le déshonneur qui l'accable aujourd'hui,
Ses plus grands envieux l'en sauvent malgré lui.
Il tempête, il menace, et, bouillant de colère,
Il crie à pleine voix qu'on lui rende son père :
On tremble devant lui sans croire son courroux ;
Et rien... Mais le voici qui vient s'en plaindre à vous.

SCÈNE V.

**D. ISABELLE, D. LÉONOR, D. ELVIRE, BLANCHE, CARLOS, D. MANRIQUE,
D. LOPE.**

    Carlos. Eh bien! madame, enfin on connaît ma naissance;
Voilà le digne fruit de mon obéissance.
J'ai prévu ce malheur, et l'aurais évité
Si vos commandements ne m'eussent arrêté.
Ils m'ont livré, madame, à ce moment funeste;
Et l'on m'arrache encor le seul bien qui me reste!
On me vole mon père! on le fait criminel!
On attache à son nom un opprobre éternel!
Je suis fils d'un pêcheur, mais non pas d'un infâme;
La bassesse du sang ne va point jusqu'à l'âme,
Et je renonce aux noms de comte et de marquis
Avec bien plus d'honneur qu'aux sentiments de fils;
Rien n'en peut effacer le sacré caractère.
De grâce, commandez qu'on me rende mon père.
Ce doit leur être assez de savoir qui je suis
Sans m'accabler encor par de nouveaux ennuis.
    D. Manrique. Forcez ce grand courage à conserver sa gloire,
Madame, et l'empêchez lui-même de se croire.
Nous n'avons pu souffrir qu'un bras qui tant de fois
A fait trembler le Maure, et triompher nos rois,
Reçût de sa naissance une tache éternelle;
Tant de valeur mérite une source plus belle.
Aidez ainsi que nous ce peuple à s'abuser;
Il aime son erreur, daignez l'autoriser :
A tant de beaux exploits rendez cette justice,
Et de notre pitié soutenez l'artifice.
    Carlos. Je suis bien malheureux si je vous fais pitié[1];
Reprenez votre orgueil et votre inimitié.
Après que ma fortune a soûlé votre envie,
Vous plaignez aisément mon entrée à la vie;
Et, me croyant par elle à jamais abattu,

---

(1) Tout ce que dit ici Carlos est grand, sans enflure, et d'une beauté vraie. (V.)

ACTE V, SCÈNE V.

Vous exercez sans peine une haute vertu.
Peut-être elle ne fait qu'une embûche à la mienne :
La gloire de mon nom vaut bien qu'on la retienne;
Mais son plus bel éclat serait trop acheté,
Si je le retenais par une lâcheté.
Si ma naissance est basse, elle est du moins sans tache :
Puisque vous la savez, je veux bien qu'on la sache.
Sanche, fils d'un pêcheur, et non d'un imposteur,
De deux comtes jadis fut le libérateur;
Sanche, fils d'un pêcheur, mettait naguère en peine
Deux illustres rivaux sur le choix de leur reine;
Sanche, fils d'un pêcheur, tient encore en sa main
De quoi faire bientôt tout l'heur d'un souverain;
Sanche enfin, malgré lui, dedans cette province,
Quoique fils d'un pêcheur, a passé pour un prince.
Voilà ce qu'a pu faire, et qu'a fait à vos yeux
Un cœur que ravalait le nom de ses aïeux.
La gloire qui m'en reste après cette disgrâce
Éclate encore assez pour honorer ma race,
Et paraîtra plus grande à qui comprendra bien
Qu'à l'exemple du ciel j'ai fait beaucoup de rien.

D. Lope. Cette noble fierté désavoue un tel père,
Et, par un témoignage à soi-même contraire,
Obscurcit de nouveau ce qu'on voit éclairci.
Non, le fils d'un pêcheur ne parle point ainsi,
Et son âme paraît si dignement formée,
Que j'en crois plus que lui l'erreur que j'ai semée.
Je le soutiens, Carlos, vous n'êtes point son fils :
La justice du ciel ne peut l'avoir permis;
Les tendresses du sang vous font une imposture,
Et je démens pour vous la voix de la nature.
Ne vous repentez point de tant de dignités
Dont il vous plut orner ses rares qualités :
Jamais plus digne main ne fit plus digne ouvrage,
Madame; il les relève avec ce grand courage;
Et vous ne leur pouviez trouver plus haut appui,
Puisque même le sort est au-dessous de lui.

D. Isabelle. La générosité qu'en tous les trois j'admire
Me met en un état de n'avoir que leur dire,

Et, dans la nouveauté de ces événements,
Par un illustre effort prévient mes sentiments.
Ils paraîtront en vain, comtes, s'ils vous excitent
A lui rendre l'honneur que ses hauts faits méritent,
Et ne dédaigner pas l'illustre et rare objet
D'une haute valeur qui part d'un sang abject :
Vous courez au-devant avec tant de franchise,
Qu'autant que du pêcheur je m'en trouve surprise.
Et vous, que par mon ordre ici j'ai retenu,
Sanche, puisqu'à ce nom vous êtes reconnu,
Miraculeux héros, dont la gloire refuse
L'avantageuse erreur d'un peuple qui s'abuse,
Parmi les déplaisirs que vous en recevez,
Puis-je vous consoler d'un sort que vous bravez?
Puis-je vous demander ce que je vous vois faire?
Je vous tiens malheureux d'être né d'un tel père;
Mais je vous tiens ensemble heureux au dernier point
D'être né d'un tel père, et de n'en rougir point[1],
Et de ce qu'un grand cœur, mis dans l'autre balance,
Emporte encor si haut une telle naissance.

SCÈNE VI.

D. ISABELLE, D. LÉONOR, D. ELVIRE, CARLOS, D. MANRIQUE, D. LOPE, D. ALVAR, BLANCHE, UN GARDE.

D. Alvar. Princesses, admirez l'orgueil d'un prisonnier
Qu'en faveur de son fils on veut calomnier.
Ce malheureux pêcheur, par promesse ni crainte,
Ne saurait se résoudre à souffrir une feinte.
J'ai voulu lui parler et n'en fais que sortir;
J'ai tâché, mais en vain, de lui faire sentir
Combien mal à propos sa présence importune
D'un fils si généreux renverse la fortune,
Et qu'il le perd d'honneur, à moins que d'avouer
Que c'est un lâche tour qu'on le force à jouer;

(1) Ce vers est très beau, et digne de Corneille. Au reste, le dénouement est à l'espagnole. (V.)

J'ai même à ces raisons ajouté la menace :
Rien ne peut l'ébranler, Sanche est toujours sa race ;
Et quant à ce qu'il perd de fortune et d'honneur,
Il dit qu'il a de quoi faire le grand seigneur,
Et que plus de cent fois il a su de sa femme
(Voyez qu'il est crédule et simple au fond de l'âme)
Que voyant ce présent, qu'en mes mains il a mis,
La reine d'Aragon agrandirait son fils.

A D. Léonor. Si vous le recevez avec autant de joie,
Madame, que par moi ce vieillard vous l'envoie,
Vous donnerez sans doute à cet illustre fils
Un rang encor plus haut que celui de marquis.
Ce bonhomme en paraît l'âme toute comblée.

(D. *Alvar présente à Léonor un petit écrin qui s'ouvre sans clef, au moyen d'un ressort secret.*)

D. Isabelle. Madame, à cet aspect vous paraissez troublée !

D. Léonor. J'ai bien sujet de l'être en recevant ce don,
Madame : j'en saurai si mon fils vit ou non ;
Et c'est où le feu roi, déguisant sa naissance,
D'un sort si précieux mit la reconnaissance.
Disons ce qu'il enferme avant que de l'ouvrir.
Ah ! Sanche, si par là je puis le découvrir,
Vous pouvez être sûr d'un entier avantage
Dans les lieux dont le ciel a fait notre partage ;
Et qu'après ce trésor que vous m'aurez rendu
Vous recevrez le prix qui vous en sera dû.
Mais à ce doux transport c'est déjà trop permettre.
Trouvons notre bonheur avant que d'en promettre.
Ce présent donc enferme un tissu de cheveux
Que reçut don Fernand pour arrhes de mes vœux,
Son portrait et le mien, deux pierres les plus rares
Que forme le soleil sous les climats barbares,
Et, pour un témoignage encore plus certain,
Un billet que lui-même écrivit de sa main.

Un Garde. Madame, don Raimond vous demande audience.

D. Léonor. Qu'il entre. Pardonnez à mon impatience
Si l'ardeur de le voir et de l'entretenir
Avant votre congé l'ose faire venir.

D. Isabelle. Vous pouvez commander dans toute la Castille,
Et je ne vous vois plus qu'avec des yeux de fille.

SCÈNE VII.

D. ISABELLE, D. LÉONOR, D. ELVIRE, CARLOS, D. MANRIQUE, D. LOPE,
D. ALVAR, BLANCHE, D. RAIMOND.

D. Léonor. Laissez là, don Raimond, la mort de nos tyrans,
Et rendez seulement don Sanche à ses parents.
Vit-il ? peut-il braver nos fières destinées ?
D. Raimond. Sortant d'une prison de plus de six années,
Je l'ai cherché, madame, où, pour les mieux braver,
Par l'ordre du feu roi je le fis élever,
Avec tant de secret, que même un second père
Qui l'estime son fils ignore ce mystère.
Ainsi qu'en votre cour Sanche y fut son vrai nom,
Et l'on n'en retrancha que cet illustre Don.
Là j'ai su qu'à seize ans son généreux courage
S'indigna des emplois de ce faux parentage ;
Qu'impatient déjà d'être si mal tombé,
A sa fausse bassesse il s'était dérobé ;
Que déguisant son nom, et cachant sa famille,
Il avait fait merveille aux guerres de Castille,
D'où quelque sien voisin, depuis peu de retour,
L'avait vu plein de gloire, et fort bien en la cour ;
Que du bruit de son nom elle était toute pleine,
Qu'il était connu même et chéri de la reine :
Si bien que ce pêcheur, d'aise tout transporté,
Avait couru chercher ce fils si fort vanté.
D. Léonor. Don Raimond, si vos yeux pouvaient le reconnaître...
D. Raimond. Oui, je le vois, madame. Ah ! seigneur ! ah ! mon maître !
D. Lope. Nous l'avions bien jugé : grand prince, rendez-vous ;
La vérité paraît, cédez aux vœux de tous.
D. Léonor. Don Sanche, voulez-vous être seul incrédule ?
Carlos. Je crains encor du sort un revers ridicule :
Mais, madame, voyez si le billet du roi
Accorde à don Raimond ce qu'il vous dit de moi.

ACTE V, SCÈNE VII.

D. Léonor *ouvre l'écrin, et en tire un billet qu'elle lit.*

« Pour tromper un tyran je vous trompe vous-même.
« Vous reverrez ce fils que je vous fais pleurer :
« Cette erreur lui peut rendre un jour le diadème ;
« Et je vous l'ai caché pour le mieux assurer.
« Si ma feinte vers vous passe pour criminelle,
« Pardonnez-moi les maux qu'elle vous fait souffrir,
« De crainte que les soins de l'amour maternelle
« Par leurs empressements le fissent découvrir.
« Nugne, un pauvre pêcheur, s'en croit être le père ;
« Sa femme en son absence accouchant d'un fils mort,
« Elle reçut le vôtre, et sut si bien se taire,
« Que le père et le fils en ignorent le sort.
« Elle-même l'ignore ; et d'un si grand échange
« Elle sait seulement qu'il n'est pas de son sang,
« Et croit que ce présent, par un miracle étrange,
« Doit un jour par vos mains lui rendre son vrai rang.
« A ces marques un jour daignez le reconnaître ;
« Et puisse l'Aragon, retournant sous vos lois,
« Apprendre ainsi que vous, de moi qui l'ai vu naître,
« Que Sancho, fils de Nugne, est le sang de ses rois !
                « DON FERNAND D'ARAGON. »

D. Léonor, *après avoir lu.* Ah ! mon fils ! s'il en faut encore davantage,
Croyez-en vos vertus et votre grand courage.
Carlos, *A D. Léonor.* Ce sera't mal répondre à ce rare bonheur
Que vouloir me défendre encor d'un tel honneur.
A D. Isabelle. Je reprends toutefois Nugne pour mon vrai père,
Si vous ne m'ordonnez, madame, que j'espère.
D. Isabelle. C'est trop peu d'espérer quand tout vous est acquis.
Je vous avais fait tort en vous faisant marquis ;
Et vous n'aurez pas lieu désormais de vous plaindre
De ce retardement où j'ai su vous contraindre.
Et pour moi, que le ciel destinait pour un roi
Digne de la Castille, et digne encor de moi,
J'avais mis cette bague en des mains assez bonnes
Pour la rendre à don Sanche et joindre nos couronnes.
Carlos. Je ne m'étonne plus de l'orgueil de mes vœux
Qui sans le partager donnaient mon cœur à deux.

A D. Elvire. Si vous m'aimez encore, et m'honorez en frere,
  Un époux de ma main pourrait-il vous déplaire?
D. Elvire. Si don Alvar de Lune est cet illustre époux,
  Il vaut bien à mes yeux tout ce qui n'est point vous.
Carlos, *à D. Elvire.* Il honorait en moi la vertu toute nue.
A D. Manrique et à D. Lope.
  Et vous, qui dédaigniez ma naissance inconnue,
  Comtes, et les premiers en cet événement
  Jugiez en ma faveur si véritablement,
  Votre dédain fut juste autant que son estime ;
  C'est la même vertu sous une autre maxime.
D. Raimond, *à D. Isabelle.*
  Souffrez qu'à l'Aragon il daigne se montrer.
  Nos députés, madame, impatients d'entrer...
D. Isabelle. Il vaut mieux leur donner audience publique,
  Afin qu'aux yeux de tous ce miracle s'explique.
  Allons ; et cependant qu'on mette en liberté
  Celui par qui tant d'heur nous vient d'être apporté ;
  Et qu'on l'amène ici, plus heureux qu'il ne pense,
  Recevoir de ses soins la digne récompense.

NICOMÈDE

TRAGÉDIE (1652).

PERSONNAGES.

PRUSIAS, roi de Bithynie.
FLAMINIUS, ambassadeur de Rome.
ARSINOÉ, seconde femme du roi Prusias.
LAODICE, reine d'Arménie.
NICOMÈDE, fils aîné de Prusias, sorti du premier lit.
ATTALE, fils de Prusias et d'Arsinoé.
ARASPE, capitaine des gardes de Prusias.
CLÉONE, confidente d'Arsinoé.

La scène est à Nicomédie.

ACTE PREMIER.

SCÈNE PREMIÈRE.

NICOMÈDE, LAODICE.

Laodice. Votre marâtre règne; et le roi votre père,
  Seigneur, voit par ses yeux, seule la considère,
  Pour souveraine loi n'a que sa volonté :
  Jugez après cela de votre sûreté.
  La haine que pour vous elle a si naturelle
  A mon occasion encor se renouvelle.
  Votre frère son fils, depuis peu de retour...
Nicomède. Je le sais, ma princesse, il revient à la cour.
  Je sais que les Romains, qui l'avaient en otage,
  L'ont enfin renvoyé pour un plus digne ouvrage;
  Que ce don à sa mère était le prix fatal
  Dont leur Flaminius marchandait Annibal,
  Que le roi par son ordre eût livré ce grand homme,

S'il n'eût par le poison lui-même évité Rome,
Et rompu par sa mort les spectacles pompeux
Où l'effroi de son nom le destinait chez eux.
Par mon dernier combat je voyais réunie
La Cappadoce entière avec la Bithynie,
Lorsqu'à cette nouvelle, enflammé de courroux
D'avoir perdu mon maître, et de craindre pour vous,
J'ai laissé mon armée aux mains de Théagène,
Pour voler en ces lieux au secours d'une reine.
Vous en aviez besoin, madame, et je le voi,
Puisque Flaminius obsède encor le roi.
Si de son arrivée Annibal fut la cause,
Lui mort, ce long séjour prétend quelque autre chose;
Et je ne vois que vous qui le puisse arrêter,
Pour aider à mon frère à vous persécuter.

Laodice. Je ne veux point douter que sa vertu romaine
N'embrasse avec chaleur l'intérêt de la reine :
Annibal, qu'elle vient de lui sacrifier,
L'engage en sa querelle, et m'en fait défier.
Mais, seigneur, jusqu'ici j'aurais tort de m'en plaindre :
Et, quoi qu'il entreprenne, avez-vous lieu de craindre?
Ma gloire et mes serments peuvent bien peu sur moi,
S'il faut votre présence à soutenir ma foi,
Et si je puis tomber en cette frénésie
De préférer Attale au vainqueur de l'Asie;
Attale, qu'en otage ont nourri les Romains,
Ou plutôt qu'en esclave ont façonné leurs mains,
Sans lui rien mettre au cœur qu'une crainte servile
Qui tremble à voir une aigle, et respecte un édile [1]!

Nicomède. Plutôt, plutôt la mort, que mon esprit jaloux
Forme des sentiments si peu dignes de vous.
Je crains la violence, et non votre faiblesse;
Et si Rome une fois contre nous s'intéresse...

Laodice. Je suis reine, seigneur; et Rome a beau tonner,
Elle ni votre roi n'ont rien a m'ordonner;
Si de mes jeunes ans il est dépositaire,
C'est pour exécuter les ordres de mon père :
Il m'a donnée à vous, et nul autre que moi

---

(1) *La crainte qui tremble* paraît une expression faible et négligée, un pléonasme. (V.)

ACTE I, SCÈNE I.

N'a droit de l'en dédire, et me choisir un roi.
Par son ordre et le mien, la reine d'Arménie
Est due à l'héritier du roi de Bithynie,
Et ne prendra jamais un cœur assez abject
Pour se laisser réduire à l'hymen d'un sujet.
Mettez-vous en repos.

Nicomède. Et le puis-je, madame,
Vous voyant exposée aux fureurs d'une femme
Qui, pouvant tout ici, se croira tout permis
Pour se mettre en état de voir régner son fils ?
Il n'est rien de si saint qu'elle ne fasse enfreindre.
Qui livrait Annibal pourra bien vous contraindre,
Et saura vous garder même fidélité
Qu'elle a gardée aux droits de l'hospitalité.

Laodice. Mais ceux de la nature ont-ils un privilége
Qui vous assure d'elle après ce sacrilége ?
Seigneur, votre retour, loin de rompre ses coups,
Vous expose vous-même, et m'expose après vous.
Comme il est fait sans ordre, il passera pour crime ;
Et vous serez bientôt la première victime
Que la mère et le fils, ne pouvant m'ébranler,
Pour m'ôter mon appui se voudront immoler.
Si j'ai besoin de vous de peur qu'on me contraigne,
J'ai besoin que le roi qu'elle-même vous craigne.
Retournez à l'armée, et pour me protéger
Montrez cent mille bras tout prêts à me venger.
Parlez la force en main, et hors de leur atteinte :
S'ils vous tiennent ici, tout est pour eux sans crainte ;
Et ne vous flattez point ni sur votre grand cœur,
Ni sur l'éclat d'un nom cent et cent fois vainqueur.
Quelque haute valeur que puisse être la vôtre,
Vous n'avez en ces lieux que deux bras comme un autre ;
Et, fussiez-vous du monde et l'amour et l'effroi,
Quiconque entre au palais porte sa tête au roi.
Je vous le dis encor, retournez à l'armée,
Ne montrez à la cour que votre renommée ;
Assurez votre sort pour assurer le mien ;
Faites que l'on vous craigne, et je ne craindrai rien.

Nicomède. Retourner à l'armée ! Ah ! sachez que la reine

La sème d'assassins achetés par sa haine.
Deux s'y sont découverts, que j'amène avec moi
Afin de la convaincre et détromper le roi.
Quoiqu'il soit son époux, il est encor mon père ;
Et quand il forcera la nature à se taire,
Trois sceptres à son trône attachés par mon bras
Parleront au lieu d'elle, et ne se tairont pas.
Que si notre fortune à ma perte animée
La prépare à la cour aussi bien qu'à l'armée,
Dans ce péril égal qui me suit en tous lieux,
M'envierez-vous l'honneur de mourir à vos yeux ?

Laodice. Non ; je ne vous dis plus désormais que je tremble,
Mais que, s'il faut périr, nous périrons ensemble.
Armons-nous de courage, et nous ferons trembler
Ceux dont les lâchetés pensent nous accabler.
Le peuple ici vous aime, et hait ces cœurs infâmes ;
Et c'est être bien fort que régner sur tant d'âmes.
Mais votre frère Attale adresse ici ses pas.

Nicomède. Il ne m'a jamais vu ; ne me découvrez pas.

SCÈNE II.

LAODICE, NICOMÈDE, ATTALE.

Attale. Quoi ! madame, toujours un front inexorable !
Ne pourrai-je surprendre un regard favorable,
Un regard désarmé de toutes ces rigueurs,
Et tel qu'il est enfin quand il gagne les cœurs ?

Laodice. Si ce front est mal propre à m'acquérir le vôtre,
Quand j'en aurai dessein, j'en saurai prendre un autre.

Attale. Vous ne l'acquerrez point, puisqu'il est tout à vous.

Laodice. Je n'ai donc pas besoin d'un visage plus doux.

Attale. Conservez-le, de grâce, après l'avoir su prendre.

Laodice. C'est un bien mal acquis que j'aime mieux vous rendre.

Attale. Vous l'estimez trop peu pour le vouloir garder.

Laodice. Je vous estime trop pour vouloir rien farder.
Votre rang et le mien ne sauraient le permettre :
Pour garder votre cœur je n'ai pas où le mettre ;
La place est occupée : et je vous l'ai tant dit,

ACTE I, SCÈNE II.

Prince, que ce discours vous dût être interdit :
On le souffre d'abord, mais la suite importune.
Attale. Que celui qui l'occupe a de bonne fortune !
Et que serait heureux qui pourrait aujourd'hui
Disputer cette place, et l'emporter sur lui !
Nicomède. La place à l'emporter coûterait bien des têtes,
Seigneur : ce conquérant garde bien ses conquêtes,
Et l'on ignore encor parmi ses ennemis
L'art de reprendre un fort qu'une fois il a pris.
Attale. Celui-ci toutefois peut s'attaquer de sorte
Que, tout vaillant qu'il est, il faudra qu'il en sorte.
Laodice. Vous pourriez vous méprendre.
     Attale. Et si le roi le veut ?
Laodice. Le roi, juste et prudent, ne veut que ce qu'il peut.
Attale. Et que ne peut ici la grandeur souveraine ?
Laodice. Ne parlez pas si haut : s'il est roi, je suis reine ;
Et vers moi tout l'effort de son autorité
N'agit que par prière et par civilité.
Attale. Non ; mais agir ainsi souvent c'est beaucoup dire
Aux reines comme vous qu'on voit dans son empire :
Et, si ce n'est assez des prières d'un roi,
Rome qui m'a nourri vous parlera pour moi.
Nicomède. Rome, Seigneur !
     Attale. Oui, Rome ; en êtes-vous en doute ?
Nicomède. Seigneur, je crains pour vous qu'un Romain vous écoute ;
Et si Rome savait quels desseins vous formez,
Bien loin de vous prêter l'appui dont vous parlez,
Elle s'indignerait de voir sa créature
A l'éclat de son nom faire une telle injure,
Et vous dégraderait peut-être dès demain
Du titre glorieux de citoyen romain.
Vous l'a-t-elle donné pour mériter sa haine
En le déshonorant pour servir une reine ?
Et ne savez-vous plus qu'il n'est princes ni rois
Qu'elle daigne égaler à ses moindres bourgeois ?
Pour avoir tant vécu chez ces cœurs magnanimes,
Vous en avez bientôt oublié les maximes.
Reprenez un orgueil digne d'elle et de vous ;
Remplissez mieux un nom sous qui nous tremblons tous ;

Et, sans plus l'abaisser à cette ignominie
De rechercher en vain la reine d'Arménie,
Songez qu'il faut du moins pour toucher votre cœur,
La fille d'un tribun ou celle d'un préteur ;
Que Rome vous permet cette haute alliance,
Dont vous aurait exclu le défaut de naissance,
Si l'honneur souverain de son adoption
Ne vous autorisait à tant d'ambition.
Forcez, rompez, brisez de si honteuses chaînes ;
Aux rois qu'elle méprise abandonnez les reines ;
Et concevez enfin des vœux plus élevés,
Pour mériter les biens qui vous sont réservés.

Attale. Si cet homme est à vous, imposez-lui silence,
Madame, et retenez une telle insolence.
Pour voir jusqu'à quel point elle pourrait aller,
J'ai forcé ma colère à le laisser parler ;
Mais je crains qu'elle échappe, et que, s'il continue,
Je ne m'obstine plus à tant de retenue.

Nicomède. Seigneur, si j'ai raison, qu'importe à qui je sois ?
Perd-elle de son prix pour emprunter ma voix ?
Votre intérêt à part, je vous en fais arbitre.
Ce grand nom de Romain est un précieux titre ;
Et la reine et le roi l'ont assez acheté
Pour ne se plaire pas à le voir rejeté,
Puisqu'ils se sont privés, pour ce nom d'importance,
Des charmantes douceurs d'élever votre enfance.
Dès l'âge de quatre ans ils vous ont éloigné ;
Jugez si c'est pour voir ce titre dédaigné,
Pour vous voir renoncer, par l'hymen d'une reine,
A la part qu'ils avaient à la grandeur romaine.
D'un si rare trésor l'un et l'autre jaloux...

Attale. Madame, encore un coup, cet homme est-il à vous ?
Et pour vous divertir est-il si nécessaire
Que vous ne lui puissiez ordonner de se taire ?

Laodice. Puisqu'il vous a déplu vous traitant de Romain,
Je veux bien vous traiter de fils de souverain.
En cette qualité vous devez reconnaître
Qu'un prince votre aîné doit être votre maître,
Craindre de lui déplaire, et savoir que le sang

ACTE I, SCÈNE II.

Ne vous empêche pas de différer de rang,
Lui garder le respect qu'exige sa naissance,
Et loin de lui voler son bien en son absence...

Attale. Si l'honneur d'être à vous est maintenant son bien,
Dites un mot, madame, et ce sera le mien ;
Et si l'âge à mon rang fait quelque préjudice,
Vous en corrigerez la fatale injustice.
Mais, si je lui dois tant en fils de souverain,
Permettez qu'une fois je vous parle en Romain.
Sachez qu'il n'en est point que le ciel n'ait fait naître
Pour commander aux rois, et pour vivre sans maître ;
Sachez que mon hymen est un noble projet
Pour éviter l'affront de me voir son sujet ;
Sachez...

Laodice. Je m'en doutais, seigneur, que ma couronne
Vous charmait bien du moins autant que ma personne ;
Mais, telle que je suis, et ma couronne et moi,
Tout est à cet aîné qui sera votre roi.
Et s'il était ici, peut-être en sa présence
Vous penseriez deux fois à lui faire une offense.

Attale. Que ne puis-je l'y voir ! et ce bras valeureux...

Nicomède. Faites quelques souhaits qui soient moins dangereux,
Seigneur ; s'il les savait, il pourrait bien lui-même
Venir d'un tel projet venger l'objet qu'il aime.

Attale. Insolent ! est-ce enfin le respect qui m'est dû ?

Nicomède. Je ne sais de nous deux, seigneur, qui l'a perdu.

Attale. Peux-tu bien me connaître et tenir ce langage ?

Nicomède. Je sais à qui je parle, et c'est mon avantage
Que n'étant point connu, prince, vous ne savez
Si je vous dois respect, ou si vous m'en devez.

Attale. Ah ! madame, souffrez que ma juste colère...

Laodice. Consultez-en, seigneur, la reine votre mère :
Elle entre.

SCÈNE III[1].

NICOMÈDE, ARSINOÉ, LAODICE, ATTALE, CLÉONE.

Nicomède. Instruisez mieux le prince votre fils,
Madame, et dites-lui, de grâce, qui je suis :
Faute de me connaître, il s'emporte, il s'égare ;
Et ce désordre est mal dans une âme si rare :
J'en ai pitié.

Arsinoé. Seigneur, vous êtes donc ici ?
Nicomède. Oui, madame, j'y suis, et Métrobate aussi.
Arsinoé. Métrobate ! ah ! le traître !
Nicomède. Il n'a rien dit, madame,
Qui vous doive jeter aucun trouble dans l'âme.
Arsinoé. Mais qui cause, seigneur, ce retour surprenant ?
Et votre armée ?
Nicomède. Elle est sous un bon lieutenant ;
Et quant à mon retour, peu de chose le presse.
J'avais ici laissé mon maître et la princesse :
Vous m'avez ôté l'un, vous dis-je, ou les Romains ;
Et je viens sauver l'autre et d'eux et de vos mains.
Arsinoé. C'est ce qui vous amène ?
Nicomède. Oui, madame ; et j'espère
Que vous m'y servirez auprès du roi mon père.
Arsinoé. Je vous y servirai comme vous l'espérez.
Nicomède. De votre bon vouloir nous sommes assurés.
Arsinoé. Il ne tiendra qu'au roi qu'aux effets je ne passe.
Nicomède. Vous voulez à tous deux nous faire cette grâce ?
Arsinoé. Tenez-vous assuré que je n'oublierai rien.
Nicomède. Je connais votre cœur, ne doutez pas du mien.
Attale. Madame, c'est donc là le prince Nicomède ?
Nicomède. Oui, c'est moi qui viens voir s'il faut que je vous cède.
Attale. Ah ! seigneur, excusez si, vous connaissant mal...
Nicomède. Prince, faites-moi voir un plus digne rival.
Si vous aviez dessein d'attaquer cette place,
Ne vous départez point d'une si noble audace :

---

(1) Presque toute la fin de la scène seconde et le commencement de celle-ci sont une ironie perpétuelle. (V.)

ACTE I, SCÈNE III.

Mais, comme à mon secours je n'amène que moi,
Ne la menacez plus de Rome ni du roi.
Je la défendrai seul ; attaquez-la de même,
Avec tous les respects qu'on doit au diadème.
Je veux bien mettre à part, avec le nom d'aîné,
Le sang de votre maître où je suis destiné ;
Et nous verrons ainsi qui fait mieux un brave homme,
Des leçons d'Annibal, ou de celles de Rome.
Adieu ; pensez-y bien, je vous laisse y rêver.

SCÈNE IV.

ARSINOÉ, ATTALE, CLÉONE.

Arsinoé. Quoi ! tu faisais excuse à qui m'osait braver !
Attale. Que ne peut point, madame, une telle surprise ?
Ce prompt retour me perd, et rompt votre entreprise.
Arsinoé. Tu l'entends mal, Attale ; il la met dans ma main.
Va trouver de ma part l'ambassadeur romain ;
Dedans mon cabinet amène-le sans suite,
Et de ton heureux sort laisse-moi la conduite.
Attale. Mais, madame, s'il faut...
Arsinoé. Va, n'appréhende rien ;
Et pour avancer tout hâte cet entretien.

SCÈNE V.

ARSINOÉ, CLÉONE.

Cléone. Vous lui cachez, madame, un dessein qui le touche !
Arsinoé. Je crains qu'en l'apprenant son cœur ne s'effarouche ;
Je crains qu'à la vertu par les Romains instruit
De ce que je prépare il ne m'ôte le fruit,
Et ne conçoive mal qu'il n'est fourbe ni crime
Qu'un trône acquis par là ne rende légitime.
Cléone. J'aurais cru les Romains un peu moins scrupuleux,
Et la mort d'Annibal m'eût fait mal juger d'eux.
Arsinoé. Ne leur impute pas une telle injustice ;
Un Romain seul l'a faite, et par mon artifice.
Rome l'eût laissé vivre, et sa légalité

N'eût point forcé les lois de l'hospitalité.
Savante à ses dépens de ce qu'il savait faire,
Elle le souffrait mal auprès d'un adversaire ;
Mais quoique, par ce triste et prudent souvenir,
De chez Antiochus elle l'ait fait bannir,
Elle aurait vu couler sans crainte et sans envie
Chez un prince allié les restes de sa vie.
Le seul Flaminius, trop piqué de l'affront
Que son père défait lui laisse sur le front ;
Car je crois que tu sais que, quand l'aigle romaine
Vit choir ses légions au bord du Trasimène,
Flaminius son père en était général [1],
Et qu'il y tomba mort de la main d'Annibal ;
Ce fils donc, qu'a pressé la soif de la vengeance,
S'est aisément rendu de mon intelligence :
L'espoir d'en voir l'objet entre ses mains remis
A pratiqué par lui le bonheur de mon fils ;
Par lui j'ai jeté Rome en haute jalousie
De ce que Nicomède a conquis dans l'Asie,
Et de voir Laodice unir tous ses États,
Par l'hymen de ce prince, à ceux de Prusias :
Si bien que le sénat prenant un juste ombrage
D'un empire si grand sous un si grand courage,
Il s'en est fait nommer lui-même ambassadeur,
Pour rompre cet hymen, et borner sa grandeur.
Irriter un vainqueur en tête d'un armée
Prête à suivre en tous lieux sa colère allumée,

[1] Corneille donne ici, contre la vérité historique, l'exemple d'une licence qui, à ce que nous croyons, ne doit jamais être imitée. Le Flaminius qu'il introduit dans sa pièce n'était point du tout, comme il le suppose, fils du général qui fut vaincu, et qui périt à la journée de Trasimène. Ces deux Flaminius n'avaient pas même une origine commune. Celui qui combattit contre Annibal se nommait Caius Flaminius, et sa famille était plébéienne ; l'autre, patricien de naissance, se nommait Titus Quintus, et fut en effet député à la cour de Prusias, pour y demander, au nom des Romains, Annibal, qui s'était réfugié chez ce prince. Corneille, quoique très instruit, fut trompé, selon toute apparence, par la conformité des noms ; et ce qui nous le persuade, c'est que, lorsqu'il se permet de donner volontairement quelque atteinte à la vérité de l'histoire, il ne le dissimule jamais dans l'examen de ses pièces, et qu'il y rend compte des motifs qui ont pu l'autoriser à se donner cette licence ; mais on ne trouve rien, ni dans la préface, ni dans l'examen de *Nicomède*, qui prouve que Corneille ait cru prendre ici quelque liberté. (P.)

ACTE I, SCÈNE V.

C'était trop hasarder; et j'ai cru pour le mieux
Qu'il fallait de son fort l'attirer en ces lieux.
Métrobate l'a fait, par des terreurs paniques,
Feignant de lui trahir mes ordres tyranniques;
Et, pour l'assassiner se disant suborné,
Il l'a, grâces aux dieux, doucement amené.
Il vient s'en plaindre au roi, lui demander justice;
Et sa plainte le jette au bord du précipice.
Sans prendre aucun souci de m'en justifier,
Je saurai m'en servir à me fortifier.
Tantôt en le voyant j'ai fait de l'effrayée,
J'ai changé de couleur, je me suis écriée :
Il a cru me surprendre, et l'a cru bien en vain,
Puisque son retour même est l'œuvre de ma main.
Je n'en veux pas, Cléone, au sceptre d'Arménie :
Je cherche à m'assurer celui de Bithynie;
Et, si ce diadème une fois est à nous,
Que cette reine après se choisisse un époux.
Je ne la vais presser que pour la voir rebelle,
Que pour aigrir les cœurs de Nicomède et d'elle.
Le roi, que le Romain poussera vivement,
De peur d'offenser Rome agira chaudement;
Et ce prince, piqué d'une juste colère,
S'emportera sans doute, et bravera son père.
S'il est prompt et bouillant, le roi ne l'est pas moins;
Et, comme à l'échauffer j'appliquerai mes soins,
Pour peu qu'à de tels coups le prince soit sensible,
Mon entreprise est sûre, et sa perte infaillible.
Voilà mon cœur ouvert, et tout ce qu'il prétend.
Mais dans mon cabinet Flaminius m'attend.
Allons, et garde bien le secret de ta reine.

Cléone. Vous me connaissez trop pour vous en mettre en peine.

ACTE DEUXIÈME.

SCÈNE PREMIÈRE.

PRUSIAS, ARASPE.

Prusias. Revenir sans mon ordre, et se montrer ici !
Araspe. Sire, vous auriez tort d'en prendre aucun souci,
   Et la haute vertu du prince Nicomède
   Pour ce qu'on peut en craindre est un puissant remède ;
   Mais tout autre que lui devrait être suspect :
   Un retour si soudain manque un peu de respect,
   Et donne lieu d'entrer en quelque défiance
   Des secrètes raisons de tant d'impatience.
Prusias. Je ne les vois que trop, et sa témérité
   N'est qu'un pur attentat sur mon autorité :
   Il n'en veut plus dépendre, et croit que ses conquêtes
   Au-dessus de son bras ne laissent point de têtes,
   Qu'il est lui seul sa règle, et que sans se trahir
   Des héros tels que lui ne sauraient obéir.
Araspe. C'est d'ordinaire ainsi que ses pareils agissent :
   A suivre leur devoir leurs hauts faits se ternissent ;
   Et ces grands cœurs, enflés du bruit de leurs combats,
   Souverains dans l'armée, et parmi leurs soldats,
   Font du commandement une douce habitude,
   Pour qui l'obéissance est un métier bien rude.
Prusias. Dis tout, Araspe ; dis que le nom de sujet
   Réduit toute leur gloire en un rang trop abject ;
   Que, bien que leur naissance au trône les destine,
   Si son ordre est trop lent, leur grand cœur s'en mutine ;
   Qu'un père garde trop un bien qui leur est dû,
   Et qui perd de son prix étant trop attendu ;
   Qu'on voit naître de là mille sourdes pratiques
   Dans le gros de son peuple, et dans ses domestiques ;
   Et que, si l'on ne va jusqu'à trancher le cours
   De son règne ennuyeux, et de ses tristes jours,

ACTE II, SCÈNE I.

Du moins une insolente et fausse obéissance,
Lui laissant un vain titre, usurpe sa puissance.

Araspe. C'est ce que de tout autre il faudrait redouter,
Seigneur, et qu'en tout autre il faudrait arrêter,
Mais ce n'est pas pour vous un avis nécessaire ;
Le prince est vertueux, et vous êtes bon père.

Prusias. Si je n'étais bon père, il serait criminel :
Il doit son innocence à l'amour paternel ;
C'est lui seul qui l'excuse, et qui le justifie,
Ou lui seul qui me trompe, et qui me sacrifie :
Car je dois craindre enfin que sa haute vertu
Contre l'ambition n'ait en vain combattu,
Qu'il ne force en son cœur la nature à se taire.
Qui se lasse d'un roi peut se lasser d'un père ;
Mille exemples sanglants nous peuvent l'enseigner :
Il n'est rien qui ne cède à l'ardeur de régner ;
Et depuis qu'une fois elle nous inquiète,
La nature est aveugle, et la vertu muette.
Te le dirai-je, Araspe ? il m'a trop bien servi ;
Augmentant mon pouvoir, il me l'a tout ravi :
Il n'est plus mon sujet qu'autant qu'il le veut être ;
Et qui me fait régner en effet est mon maître.
Pour paraître à mes yeux son mérite est trop grand :
On n'aime point à voir ceux à qui l'on doit tant.
Tout ce qu'il a fait parle au moment qu'il m'approche ;
Et sa seule présence est un secret reproche :
Elle me dit toujours qu'il m'a fait trois fois roi ;
Que je tiens plus de lui qu'il ne tiendra de moi ;
Et que, si je lui laisse un jour une couronne,
Ma tête en porte trois que sa valeur me donne.
J'en rougis dans mon âme ; et ma confusion,
Qui renouvelle et croît à chaque occasion,
Sans cesse offre à mes yeux cette vue importune,
Que qui m'en donne trois peut bien m'en ôter une ;
Qu'il n'a qu'à l'entreprendre, et peut tout ce qu'il veut.
Juge, Araspe, où j'en suis s'il veut tout ce qu'il peut.

Araspe. Pour tout autre que lui je sais comme s'explique
La règle de la vraie et saine politique.
Aussitôt qu'un sujet s'est rendu trop puissant

Encor qu'il soit sans crime, il n'est pas innocent ;
On n'attend point alors qu'il s'ose tout permettre ;
C'est un crime d'État que d'en pouvoir commettre ;
Et qui sait bien régner l'empêche prudemment
De mériter un juste et plus grand châtiment,
Et prévient, par un ordre à tous deux salutaire,
Ou les maux qu'il prépare, ou ceux qu'il pourrait faire.
Mais, seigneur, pour le prince, il a trop de vertu ;
Je vous l'ai déjà dit.

Prusias. Et m'en répondras-tu ?
Me seras-tu garant de ce qu'il pourra faire
Pour venger Annibal, ou pour perdre son frère ?
Et le prends-tu pour homme à voir d'un œil égal
Les désirs de son frère, et la mort d'Annibal ?
Non, ne nous flattons point, il court à sa vengeance ;
Il en a le prétexte, il en a la puissance ;
Il est l'astre naissant qu'adorent mes États ;
Il est le dieu du peuple, et celui des soldats.
Sûr de ceux-ci, sans doute il vient soulever l'autre,
Fondre avec son pouvoir sur le reste du nôtre :
Mais ce peu qui m'en reste, encor que languissant,
N'est pas peut-être encor tout à fait impuissant.
Je veux bien toutefois agir avec adresse,
Joindre beaucoup d'honneur à bien peu de rudesse,
Le chasser avec gloire, et mêler doucement
Le prix de son mérite à mon ressentiment ;
Mais, s'il ne m'obéit, ou s'il ose s'en plaindre,
Quoi qu'il ait fait pour moi, quoi que j'en voie à craindre,
Dussé-je voir par là tout l'État hasardé...

Araspe. Il vient.

SCÈNE II.

PRUSIAS, NICOMÈDE, ARASPE.

Prusias. Vous voilà, prince ! et qui vous a mandé ?
Nicomède. La seule ambition de pouvoir en personne
Mettre à vos pieds, seigneur, encore une couronne,
De jouir de l'honneur de vos embrassements,
Et d'être le témoin de vos contentements.

La plus mauvaise excuse est assez pour un père.

NICOMEDE   Acte II, Scène II.

ACTE II, SCÈNE II.

Après la Cappadoce heureusement unie
Aux royaumes du Pont et de la Bithynie,
Je viens remercier et mon père et mon roi
D'avoir eu la bonté de s'y servir de moi,
D'avoir choisi mon bras pour une telle gloire,
Et fait tomber sur moi l'honneur de sa victoire.

Prusias. Vous pouviez vous passer de mes embrassements,
Me faire par écrit de tels remercîments ;
Et vous ne deviez pas envelopper d'un crime
Ce que votre victoire ajoute à votre estime.
Abandonner mon camp en est un capital,
Inexcusable en tous, et plus au général ;
Et tout autre que vous, malgré cette conquête,
Revenant sans mon ordre, eût payé de sa tête.

Nicomède. J'ai failli, je l'avoue, et mon cœur imprudent
A trop cru les transports d'un désir trop ardent :
L'amour que j'ai pour vous a commis cette offense,
Lui seul à mon devoir fait cette violence.
Si le bien de vous voir m'était moins précieux,
Je serais innocent, mais si loin de vos yeux,
Que j'aime mieux, seigneur, en perdre un peu d'estime,
Et qu'un bonheur si grand me coûte un petit crime,
Qui ne craindra jamais la plus sévère loi,
Si l'amour juge en vous ce qu'il a fait en moi.

Prusias. La plus mauvaise excuse est assez pour un père,
Et sous le nom d'un fils toute faute est légère.
Je ne veux voir en vous que mon unique appui :
Recevez tout l'honneur qu'on vous doit aujourd'hui.
L'ambassadeur romain me demande audience ;
Il verra ce qu'en vous je prends de confiance ;
Vous l'écouterez, prince, et répondrez pour moi.
Vous êtes aussi bien le véritable roi ;
Je n'en suis plus que l'ombre, et l'âge ne m'en laisse
Qu'un vain titre d'honneur qu'on rend à ma vieillesse ;
Je n'ai plus que deux jours peut-être à le garder :
L'intérêt de l'État vous doit seul regarder.
Prenez-en aujourd'hui la marque la plus haute :
Mais gardez-vous aussi d'oublier votre faute ;
Et, comme elle fait brèche au pouvoir souverain,

Pour la bien réparer, retournez dès demain.
Remettez en éclat la puissance absolue :
Attendez-la de moi comme je l'ai reçue,
Inviolable, entière ; et n'autorisez pas
De plus méchants que vous à la mettre plus bas.
Le peuple qui vous voit, la cour qui vous contemple,
Vous désobéiront sur votre propre exemple :
Donnez-leur-en un autre, et montrez à leurs yeux
Que nos premiers sujets obéissent le mieux.

Nicomède. J'obéirai, seigneur, et plus tôt qu'on ne pense ;
Mais je demande un prix de mon obéissance.
La reine d'Arménie est due à ses États.
Et j'en vois les chemins ouverts par nos combats.
Il est temps qu'en son ciel cet astre aille reluire :
De grâce, accordez-moi l'honneur de l'y conduire.

Prusias. Il n'appartient qu'à vous, et cet illustre emploi
Demande un roi lui-même, ou l'héritier d'un roi ;
Mais pour la renvoyer jusqu'en son Arménie
Vous savez qu'il y faut quelque cérémonie.
Tandis que je ferai préparer son départ,
Vous irez dans mon camp l'attendre de ma part.

Nicomède. Elle est prête à partir sans plus grand équipage.

Prusias. Je n'ai garde à son rang de faire un tel outrage.
Mais l'ambassadeur entre, il le faut écouter ;
Puis nous verrons quel ordre on y doit apporter.

SCÈNE III.

PRUSIAS, NICOMÈDE, FLAMINIUS, ARASPE.

Flaminius. Sur le point de partir, Rome, seigneur, me mande
Que je vous fasse encor pour elle une demande.
Elle a nourri vingt ans un prince votre fils ;
Et vous pouvez juger des soins qu'elle en a pris
Par les hautes vertus et les illustres marques
Qui font briller en lui le sang de vos monarques.
Surtout il est instruit en l'art de bien régner :
C'est à vous de le croire, et de le témoigner.
Si vous faites état de cette nourriture,

ACTE II, SCÈNE III.

Donnez ordre qu'il règne : elle vous en conjure :
Et vous offenseriez l'estime qu'elle en fait
Si vous le laissiez vivre et mourir en sujet.
Faites donc aujourd'hui que je lui puisse dire
Où vous lui destinez un souverain empire.

Prusias. Les soins qu'ont pris de lui le peuple et le sénat
Ne trouveront en moi jamais un père ingrat :
Je crois que pour régner il en a les mérites,
Et n'en veux point douter après ce que vous dites ;
Mais vous voyez, seigneur, le prince son aîné,
Dont le bras généreux trois fois m'a couronné ;
Il ne fait que sortir encor d'une victoire ;
Et pour tant de hauts faits je lui dois quelque gloire :
Souffrez qu'il ait l'honneur de répondre pour moi.

Nicomède. Seigneur, c'est à vous seul de faire Attale roi.

Prusias. C'est votre intérêt seul que sa demande touche.

Nicomède. Le vôtre toutefois m'ouvrira seul la bouche.
De quoi se mêle Rome, et d'où prend le sénat,
Vous vivant, vous régnant, ce droit sur votre État ?
Vivez, régnez, seigneur, jusqu'à la sépulture,
Et laissez faire après, ou Rome, ou la nature.

Prusias. Pour de pareils amis il faut se faire effort.

Nicomède. Qui partage vos biens aspire à votre mort ;
Et de pareils amis, en bonne politique...

Prusias. Ah ! ne me brouillez point avec la république ;
Portez plus de respect à de tels alliés.

Nicomède. Je ne puis voir sous eux les rois humiliés ;
Et quel que soit ce fils que Rome vous renvoie,
Seigneur, je lui rendrais son présent avec joie.
S'il est si bien instruit en l'art de commander,
C'est un rare trésor qu'elle devrait garder,
Et conserver chez soi sa chère nourriture,
Ou pour le consulat, ou pour la dictature,

Flaminius, à *Prusias.* Seigneur, dans ce discours qui nous traite si mal,
Vous voyez un effet des leçons d'Annibal ;
Ce perfide ennemi de la grandeur romaine
N'en a mis en son cœur que mépris et que haine.

Nicomède. Non, mais il m'a surtout laissé ferme en ce point,
D'estimer beaucoup Rome, et ne la craindre point.

22

On me croit son disciple, et je le tiens à gloire ;
Et quand Flaminius attaque sa mémoire,
Il doit savoir qu'un jour il me fera raison
D'avoir réduit mon maître au secours du poison;
Et n'oublier jamais qu'autrefois ce grand homme
Commença par son père à triompher de Rome.

Flaminius. Ah ! c'est trop m'outrager !

Nicomède. N'outragez plus les morts.

Prusias. Et vous, ne cherchez point à former de discords;
Parlez, et nettement, sur ce qu'il me propose.

Nicomède. Eh bien ! s'il est besoin de répondre autre chose,
Attale doit régner, Rome l'a résolu ;
Et puisqu'elle a partout un pouvoir absolu,
C'est aux rois d'obéir alors qu'elle commande.
Attale a le cœur grand, l'esprit grand, l'âme grande,
Et toutes les grandeurs dont se fait un grand roi.
Mais c'est trop que d'en croire un Romain sur sa foi ;
Par quelque grand effet voyons s'il en est digne,
S'il a cette vertu, cette valeur insigne :
Donnez-lui votre armée, et voyons ces grands coups;
Qu'il en fasse pour lui ce que j'ai fait pour vous ;
Qu'il règne avec éclat sur sa propre conquête,
Et que de sa victoire il couronne sa tête.
Je lui prête mon bras, et veux dès maintenant,
S'il daigne s'en servir, être son lieutenant.
L'exemple des Romains m'autorise à le faire,
Le fameux Scipion le fut bien de son frère ;
Et lorsque Antiochus fut par eux détrôné,
Sous les lois du plus jeune on vit marcher l'aîné.
Les bords de l'Hellespont, ceux de la mer Égée,
Le reste de l'Asie à nos côtés rangée,
Offrent une matière à son ambition...

Flaminius. Rome prend tout ce reste en sa protection ;
Et vous n'y pouvez plus étendre vos conquêtes
Sans attirer sur vous d'effroyables tempêtes.

Nicomède. J'ignore sur ce point les volontés du roi :
Mais peut-être qu'un jour je dépendrai de moi ;
Et nous verrons alors l'effet de ces menaces.
Vous pouvez cependant faire munir ces places,

Préparer un obstacle à mes nouveaux desseins,
Disposer de bonne heure un secours de Romains ;
Et si Flaminius en est le capitaine,
Nous pourrons lui trouver un lac de Trasimène.

PRUSIAS. Prince, vous abusez trop tôt de ma bonté :
Le rang d'ambassadeur doit être respecté ;
Et l'honneur souverain qu'ici je vous défère...

NICOMÈDE. Ou laissez-moi parler, sire, ou faites-moi taire.
Je ne sais point répondre autrement pour un roi
A qui dessus son trône on veut faire la loi.

PRUSIAS. Vous m'offensez moi-même en parlant de la sorte,
Et vous devez dompter l'ardeur qui vous emporte.

NICOMÈDE. Quoi ! je verrai, seigneur, qu'on borne vos États,
Qu'au milieu de ma course on m'arrête le bras,
Que de vous menacer on a même l'audace,
Et je ne rendrai point menace pour menace !
Et je remercierai qui me dit hautement
Qu'il ne m'est plus permis de vaincre impunément !

PRUSIAS, *à Flaminius.*
Seigneur, vous pardonnez aux chaleurs de son âge ;
Le temps et la raison pourront le rendre sage.

NICOMÈDE. La raison et le temps m'ouvrent assez les yeux,
Et l'âge ne fera que me les ouvrir mieux.
Si j'avais jusqu'ici vécu comme ce frère,
Avec une vertu qui fût imaginaire
(Car je l'appelle ainsi quand elle est sans effets ;
Et l'admiration de tant d'hommes parfaits
Dont il a vu dans Rome éclater le mérite,
N'est pas grande vertu si l'on ne les imite) ;
Si j'avais donc vécu dans ce même repos
Qu'il a vécu dans Rome auprès de ses héros,
Elle me laisserait la Bithynie entière,
Telle que de tous temps l'aîné la tient d'un père,
Et s'empresserait moins à le faire régner,
Si vos armes sous moi n'avaient su rien gagner :
Mais parce qu'elle voit avec la Bithynie
Par trois sceptres conquis trop de puissance unie,
Il faut la diviser ; et, dans ce beau projet,
Ce prince est trop bien né pour vivre mon sujet !

Puisqu'il peut la servir à me faire descendre,
Il a plus de vertu que n'en eut Alexandre :
Et je lui dois quitter, pour le mettre en mon rang,
Le bien de mes aïeux, ou le prix de mon sang.
Grâces aux immortels, l'effort de mon courage
Et ma grandeur future ont mis Rome en ombrage :
Vous pouvez l'en guérir, seigneur, et promptement ;
Mais n'exigez d'un fils aucun consentement :
Le maître qui prit soin d'instruire ma jeunesse
Ne m'a jamais appris à faire une bassesse.

Flaminius. A ce que je puis voir, vous avez combattu,
Prince, par intérêt, plutôt que par vertu.
Les plus rares exploits que vous ayez pu faire
N'ont jeté qu'un dépôt sur la tête d'un père ;
Il n'est que gardien de leur illustre prix,
Et ce n'est que pour vous que vous avez conquis,
Puisque cette grandeur à son trône attachée
Sur nul autre que vous ne peut être épanchée.
Certes je vous croyais un peu plus généreux ;
Quand les Romains le sont, ils ne font rien pour eux.
Scipion, dont tantôt vous vantiez le courage,
Ne voulait point régner sur les murs de Carthage ;
Et de tout ce qu'il fit pour l'empire romain
Il n'en eut que la gloire et le nom d'Africain.
Mais on ne voit qu'à Rome une vertu si pure ;
Le reste de la terre est d'une autre nature.
Quant aux raisons d'État qui vous font concevoir
Que nous craignons en vous l'union du pouvoir,
Si vous en consultiez des têtes bien sensées,
Elles vous déferaient de ces belles pensées.
Par respect pour le roi je ne dis rien de plus ;
Prenez quelque loisir de rêver là-dessus ;
Laissez moins de fumée à vos feux militaires,
Et vous pourrez avoir des visions plus claires.

Nicomède. Le temps pourra donner quelque décision
Si la pensée est belle ou si c'est vision.
Cependant...

Flaminius. Cependant, si vous trouvez des charmes
A pousser plus avant la gloire de vos armes,

ACTE II, SCÈNE III.

Nous ne la bornons point; mais, comme il est permis
Contre qui que ce soit de servir ses amis,
Si vous ne le savez je veux bien vous l'apprendre,
Et vous en donne avis pour ne vous pas surprendre.
Au reste soyez sûr que vous posséderez
Tout ce qu'en votre cœur déjà vous dévorez ;
Le Pont sera pour vous avec la Galatie,
Avec la Cappadoce, avec la Bithynie.
Ce bien de vos aïeux, ce prix de votre sang,
Ne mettront point Attale en votre illustre rang :
Et, puisque leur partage est pour vous un supplice,
Rome n'a pas dessein de vous faire injustice.
Ce prince règnera sans rien prendre sur vous.

A Prusias. La reine d'Arménie a besoin d'un époux :
Seigneur, l'occasion ne peut être plus belle ;
Elle vit sous vos lois, et vous disposez d'elle.

Nicomède. Voilà le vrai secret de faire Attale roi,
Comme vous l'avez dit, sans rien prendre sur moi.
La pièce est délicate, et ceux qui l'ont tissue
A de si longs détours font une digne issue.
Je n'y réponds qu'un mot, étant sans intérêt.
Traitez cette princesse en reine comme elle est :
Ne touchez point en elle aux droits du diadème,
Ou pour les maintenir je périrai moi-même.
Je vous en donne avis, et que jamais les rois,
Pour vivre en nos Etats, ne vivent sous nos lois ;
Qu'elle seule en ces lieux d'elle-même dispose.

Prusias. N'avez-vous, Nicomède, à lui dire autre chose ?

Nicomède. Non, seigneur, si ce n'est que la reine, après tout,
Sachant ce que je puis, me pousse trop à bout.

Prusias. Contre elle dans ma cour que peut votre insolence ?

Nicomède. Rien du tout que garder ou rompre le silence.
Une seconde fois avisez, s'il vous plaît,
A traiter Laodice en reine comme elle est ;
C'est moi qui vous en prie.

SCÈNE IV.

PRUSIAS, FLAMINIUS, ARASPE.

Flaminius. Eh quoi ! toujours obstacle ?
Prusias. De la part d'un guerrier ce n'est pas grand miracle.
Cet orgueilleux esprit, enflé de ses succès,
Pense bien de son cœur nous empêcher l'accès.
J'ai sur elle après tout une puissance entière,
Mais j'aime à la cacher sous le nom de prière.
Rendons-lui donc visite ; et, comme ambassadeur,
Proposez cet hymen vous-même à sa grandeur.

ACTE TROISIÈME.

SCÈNE PREMIÈRE.

PRUSIAS, FLAMINIUS, LAODICE.

Prusias. Reine, puisque ce titre a pour vous tant de charmes,
Sa perte vous devrait donner quelques alarmes :
Qui tranche trop du roi ne règne pas longtemps.
Laodice. J'observerai, seigneur, ces avis importants ;
Et, si jamais je règne, on verra la pratique
D'une si salutaire et noble politique.
Prusias. Vous vous mettez fort mal au chemin de régner.
Laodice. Seigneur, si je m'égare, on peut me l'enseigner.
Prusias. Vous méprisez trop Rome, et vous devriez faire
Plus d'estime d'un roi qui vous tient lieu de père.
Laodice. Vous verriez qu'à tous deux je rends ce que je doi,
Si vous vouliez mieux voir ce que c'est qu'être roi.
Recevoir ambassade en qualité de reine,
Ce serait à vos yeux faire la souveraine,
Entreprendre sur vous, et dedans votre État
Sur votre autorité commettre un attentat :

Je la refuse donc, seigneur, et me dénie
L'honneur qui ne m'est dû que dans mon Arménie.
C'est là que sur mon trône avec plus de splendeur
Je puis honorer Rome en son ambassadeur,
Faire réponse en reine, et comme le mérite
Et de qui l'on me parle, et qui m'en sollicite.
Ici c'est un métier que je n'entends pas bien :
Car hors de l'Arménie enfin je ne suis rien ;
Et ce grand nom de reine ailleurs ne m'autorise
Qu'à n'y voir point de trône à qui je sois soumise,
A vivre indépendante, et n'avoir en tous lieux
Pour souverains que moi, la raison et les dieux.

Prusias. Ces dieux vos souverains, et le roi votre père,
De leur pouvoir sur vous m'ont fait dépositaire ;
Et vous pourrez peut-être apprendre une autre fois
Ce que c'est en tous lieux que la raison des rois.
Pour en faire l'épreuve allons en Arménie ;
Je vais vous y remettre en bonne compagnie ;
Partons, et dès demain, puisque vous le voulez,
Préparez-vous à voir vos pays désolés ;
Préparez-vous à voir par toute votre terre
Ce qu'ont de plus affreux les fureurs de la guerre,
Des montagnes de morts, des rivières de sang.

Laodice. Je perdrai mes États, et garderai mon rang ;
Et ces vastes malheurs où mon orgueil me jette
Me feront votre esclave, et non votre sujette :
Ma vie est en vos mains, mais non ma dignité.

Prusias. Nous ferons bien changer ce courage indompté ;
Et quand vos yeux, frappés de toutes ces misères,
Verront Attale assis au trône de vos pères,
Alors, peut-être, alors vous le prierez en vain
Que pour y remonter il vous donne la main.

Laodice. Si jamais jusque-là votre guerre m'engage,
Je serai bien changée et d'âme et de courage.
Mais peut-être, seigneur, vous n'irez pas si loin :
Les dieux de ma fortune auront un peu de soin ;
Ils vous inspireront, ou trouveront un homme
Contre tant de héros que vous prêtera Rome.

Prusias. Sur un présomptueux vous fondez votre appui ;

Mais il court à sa perte, et vous traîne avec lui.
Pensez-y bien, madame, et faites-vous justice ;
Choisissez d'être reine, ou d'être Laodice ;
Et, pour dernier avis que vous aurez de moi,
Si vous voulez régner, faites Attale roi.
Adieu.

SCÈNE II.

FLAMINIUS, LAODICE.

Flaminius. Madame, enfin une vertu parfaite...
Laodice. Suivez le roi, seigneur, votre ambassade est faite,
Et je vous dis encor, pour ne point vous flatter,
Qu'ici je ne la dois ni la veux écouter.
Flaminius. Et je vous parle aussi, dans ce péril extrême,
Moins en ambassadeur qu'en homme qui vous aime
Et qui, touché du sort que vous vous préparez,
Tâche à rompre le cours des maux où vous courez.
J'ose donc comme ami vous dire en confidence
Qu'une vertu parfaite a besoin de prudence,
Et doit considérer, pour son propre intérêt,
Et les temps où l'on vit et les lieux où l'on est.
La grandeur de courage en une âme royale
N'est sans cette vertu qu'une vertu brutale,
Que son mérite aveugle, et qu'un faux jour d'honneur
Jette en un tel divorce avec le vrai bonheur,
Qu'elle-même se livre à ce qu'elle doit craindre,
Ne se fait admirer que pour se faire plaindre,
Que pour nous pouvoir dire, après un grand soupir :
« J'avais droit de régner, et n'ai su m'en servir. »
Vous irritez un roi dont vous voyez l'armée
Nombreuse, obéissante, à vaincre accoutumée ;
Vous êtes en ses mains, vous vivez dans sa cour.
Laodice. Je ne sais si l'honneur eut jamais un faux jour,
Seigneur ; mais je veux bien vous répondre en amie.
Ma prudence n'est pas tout à fait endormie ;
Et, sans examiner par quel destin jaloux
La grandeur de courage est si mal avec vous,
Je veux vous faire voir que celle que j'étale

ACTE III, SCÈNE II.

N'est pas tant qu'il vous semble une vertu brutale ;
Que, si j'ai droit au trône, elle s'en veut servir,
Et sait bien repousser qui me le veut ravir.
Je vois sur la frontière une puissante armée,
Comme vous l'avez dit, à vaincre accoutumée ;
Mais par quelle conduite, et sous quel général ?
Le roi, s'il s'en fait fort, pourrait s'en trouver mal ;
Et, s'il voulait passer de son pays au nôtre,
Je lui conseillerais de s'assurer d'une autre.
Mais je vis dans sa cour, je suis dans ses États,
Et j'ai peu de raison de ne le craindre pas.
Seigneur, dans sa cour même, et hors de l'Arménie
La vertu trouve appui contre la tyrannie.
Tout son peuple a des yeux pour voir quel attentat
Font sur le bien public les maximes d'État :
Il connaît Nicomède, il connaît sa marâtre,
Il en sait, il en voit la haine opiniâtre ;
Il voit la servitude où le roi s'est soumis,
Et connaît d'autant mieux les dangereux amis.
Pour moi, que vous croyez au bord du précipice,
Bien loin de mépriser Attale par caprice,
J'évite les mépris qu'il recevrait de moi
S'il tenait de ma main la qualité de roi.
Je le regarderais comme une âme commune,
Comme un homme mieux né pour une autre fortune,
Plus mon sujet qu'époux ; et le nœud conjugal
Ne le tirerait pas de ce rang inégal.
Mon peuple à mon exemple en ferait peu d'estime.
Ce serait trop, seigneur, pour un cœur magnanime :
Mon refus lui fait grâce, et, malgré ses désirs,
J'épargne à sa vertu d'éternels déplaisirs.

Flaminius. Si vous me dites vrai, vous êtes ici reine :
Sur l'armée et la cour je vous vois souveraine ;
Le roi n'est qu'une idole, et n'a de son pouvoir
Que ce que par pitié vous lui laissez avoir.
Quoi ! même vous allez jusques à faire grâce !
Après cela, madame, excusez mon audace ;
Souffrez que Rome enfin vous parle par ma voix :
Recevoir ambassade est encor de vos droits ;

Ou, si ce nom vous choque ailleurs qu'en Arménie,
Comme simple Romain souffrez que je vous die
Qu'être allié de Rome, et s'en faire un appui,
C'est l'unique moyen de régner aujourd'hui ;
Que c'est par là qu'on tient ses voisins en contrainte,
Ses peuples en repos, ses ennemis en crainte ;
Qu'un prince est dans son trône à jamais affermi
Quand il est honoré du nom de son ami ;
Qu'Attale avec ce titre est plus roi, plus monarque
Que tous ceux dont le front ose porter la marque ;
Et qu'enfin…

Laodice. Il suffit ; je vois bien ce que c'est :
Tous les rois ne sont rois qu'autant comme il vous plaît ;
Mais si de leurs États Rome à son gré dispose,
Certes pour son Attale elle fait peu de chose ;
Et qui tient en sa main tant de quoi lui donner
A mendier pour lui devrait moins s'obstiner.
Pour un prince si cher sa réserve m'étonne.
Que ne me l'offre-t-elle avec une couronne ?
C'est trop m'importuner en faveur d'un sujet,
Moi qui tiendrais un roi pour un indigne objet,
S'il venait par votre ordre, et si votre alliance
Souillait entre ses mains la suprême puissance.
Ce sont des sentiments que je ne puis trahir :
Je ne veux point de rois qui sachent obéir ;
Et, puisque vous voyez mon âme tout entière,
Seigneur, ne perdez plus menace ni prière.

Flaminius. Puis-je ne pas vous plaindre en cet aveuglement ?
Madame, encore un coup, pensez-y mûrement :
Songez mieux ce qu'est Rome et ce qu'elle peut faire ;
Et, si vous vous aimez, craignez de lui déplaire.
Carthage étant détruite, Antiochus défait,
Rien de nos volontés ne peut troubler l'effet ;
Tout fléchit sur la terre, et tout tremble sur l'onde ;
Et Rome est aujourd'hui la maîtresse du monde.

Laodice. La maîtresse du monde ! Ah ! vous me feriez peur
S'il ne s'en fallait pas l'Arménie et mon cœur,
Si le grand Annibal n'avait qui lui succède,
S'il ne revivait pas au prince Nicomède,

Et s'il n'avait laissé dans de si dignes mains
L'infaillible secret de vaincre les Romains.
Un si vaillant disciple aura bien le courage
D'en mettre jusqu'au bout les leçons en usage :
L'Asie en fait l'épreuve, où trois sceptres conquis
Font voir en quelle école il en a tant appris.
Ce sont des coups d'essai, mais si grands que peut-être
Le Capitole a droit d'en craindre un coup de maître,
Et qu'il ne puisse un jour...

Flaminius. Ce jour est encor loin,
Madame, et quelques-uns vous diront, au besoin,
Quels dieux du haut en bas renversent les profanes,
Et que, même au sortir de Trébie ou de Cannes,
Son ombre épouvanta votre grand Annibal.
Mais le voici ce bras à Rome si fatal.

SCÈNE III.

NICOMÈDE, LAODICE, FLAMINIUS.

Nicomède. Ou Rome à ses agents donne un pouvoir bien large,
Ou vous êtes bien long à faire votre charge [1].
Flaminius. Je sais quel est mon ordre ; et si j'en sors ou non,
C'est à d'autres qu'à vous que j'en rendrai raison.
Nicomède. Allez-y donc, de grâce, et laissez à mon âme
Le bonheur à son tour d'entretenir madame :
Vous avez dans ce cœur fait de si grands progrès,
Et vos discours pour elle ont de si grands attraits,
Que sans de grands efforts je n'y pourrai détruire
Ce que votre harangue y voulait introduire.
Flaminius. Les malheurs où la plonge une indigne amitié
Me faisaient lui donner un conseil par pitié.
Nicomède. Lui donner de la sorte un conseil charitable,
C'est être ambassadeur et tendre et pitoyable [2].

---

(1) Ces deux vers, que leur ridicule a rendus fameux, ont été aussi corrigés par les comédiens. Ce n'est plus ici une ironie qui peut quelquefois être ennoblie; c'est une plaisanterie basse, absolument indigne de la tragédie et de la comédie. (V.)

(2) Le mot *pitoyable* signifiait alors compatissant, aussi bien que *digne de pitié*. Cela forme une équivoque qui tourne l'ambassadeur en ridicule, et on devait retrancher *pitoyable* aussi bien que *le long et le large*. (V.)

Vous a-t-il conseillé beaucoup de lâchetés,
Madame ?
Flaminius. Ah ! c'en est trop : et vous vous emportez.
Nicomède. Je m'emporte ?
Flaminius. Sachez qu'il n'est point de contrée
Où d'un ambassadeur la dignité sacrée...
Nicomède. Ne nous vantez plus tant son rang et sa splendeur :
Qui fait le conseiller n'est plus ambassadeur ;
Il excède sa charge, et lui-même y renonce.
Mais dites-moi, madame, a-t-il eu sa réponse ?
Laodice. Oui, seigneur.
Nicomède. Sachez donc que je ne vous prends plus
Que pour l'agent d'Attale, et pour Flaminius ;
Et, si vous me fâchiez, j'ajouterais peut-être
Que pour l'empoisonneur d'Annibal, de mon maître.
Voilà tous les honneurs que vous aurez de moi :
S'ils ne vous satisfont, allez vous plaindre au roi.
Flaminius. Il me fera justice, encor qu'il soit bon père ;
Ou Rome à son refus se la saura bien faire.
Nicomède. Allez de l'un et l'autre embrasser les genoux.
Flaminius. Les effets répondront ; prince, pensez à vous.

SCÈNE IV.

NICOMÈDE, LAODICE.

Nicomède. Cet avis est plus propre à donner à la reine.
Ma générosité cède enfin à sa haine :
Je l'épargnais assez pour ne découvrir pas
Les infâmes projets de ses assassinats ;
Mais enfin on m'y force, et tout son crime éclate.
J'ai fait entendre au roi Zénon et Métrobate ;
Et, comme leur rapport a de quoi l'étonner,
Lui-même il prend le soin de les examiner.
Laodice. Je ne sais pas, seigneur, quelle en sera la suite ;
Mais je ne comprends point toute cette conduite,
Ni comme à cet éclat la reine vous contraint.
Plus elle vous doit craindre, et moins elle vous craint ;
Et plus vous la pouvez accabler d'infamie,

Vous m'envoirez à Rome !

NICOMÈDE.　　　　　　　　　Acte V, Scène IV.

ACTE III, SCÈNE IV.

Plus elle vous attaque en mortelle ennemie.
Nicomède. Elle prévient ma plainte, et cherche adroitement
A la faire passer pour un ressentiment ;
Et ce masque trompeur de fausse hardiesse
Nous déguise sa crainte et couvre sa faiblesse.
Laodice. Les mystères de cour souvent sont si cachés,
Que les plus clairvoyants y sont bien empêchés.
Lorsque vous n'étiez point ici pour me défendre,
Je n'avais contre Attale aucun combat à rendre.
Pour moi, je ne vois goutte en ce raisonnement
Qui n'attend point le temps de votre éloignement,
Et j'ai devant les yeux toujours quelque nuage
Qui m'offusque la vue, et m'y jette un ombrage.
Le roi chérit sa femme, il craint Rome ; et pour vous,
S'il ne voit vos hauts faits d'un œil un peu jaloux,
Du moins, à dire tout, je ne saurais vous taire
Qu'il est trop bon mari pour être assez bon père.
Voyez quel contre-temps Attale prend ici !
Qui l'appelle avec nous ? quel projet ? quel souci ?
Je conçois mal, seigneur, ce qu'il faut que j'en pense ;
Mais j'en romprai le coup, s'il y faut ma présence.
Je vous quitte.

SCÈNE V.

NICOMÈDE, ATTALE, LAODICE.

Attale. Madame, un si doux entretien
N'est plus charmant pour vous quand j'y mêle le mien !
Laodice. Votre importunité, que j'ose dire extrême,
Me peut entretenir en un autre moi-même :
Il connaît tout mon cœur, et répondra pour moi,
Comme à Flaminius il a fait pour le roi.

SCÈNE VI.

NICOMÈDE, ATTALE.

Attale. Puisque c'est la chasser, seigneur, je me retire.
Nicomède. Non, non ; j'ai quelque chose aussi bien à vous dire,

Prince. J'avais mis bas, avec le nom d'aîné,
L'avantage du trône où je suis destiné.
Mais, ou vous n'avez pas la mémoire fort bonne,
Ou vous n'y mettez rien de ce qu'on vous ordonne.
Attale. Seigneur, vous me forcez à m'en souvenir mal,
Quand vous n'achevez pas de rendre tout égal.
Vous vous défaites bien de quelques droits d'aînesse ;
Mais vous défaites-vous du cœur de la princesse,
De toutes les vertus qui vous en font aimer,
Des hautes qualités qui savent tout charmer,
De trois sceptres conquis, du gain de six batailles,
Des glorieux assauts de plus de cent murailles ?
Avec de tels seconds rien n'est pour vous douteux.
Rendez donc la princesse égale entre nous deux :
Ne lui laissez plus voir ce long amas de gloire
Qu'à pleines mains sur vous a semé la victoire ;
Et faites qu'elle puisse oublier une fois
Et vos rares vertus et vos fameux exploits ;
Ou contre votre cœur, contre votre vaillance,
Souffrez Rome et le roi dedans l'autre balance :
Le peu qu'ils ont gagné vous fait assez juger
Qu'ils n'y mettront jamais qu'un contre-poids léger.
Nicomède. C'est n'avoir pas perdu tout votre temps à Rome,
Que vous savoir ainsi défendre en galant homme :
Vous avez de l'esprit, si vous n'avez du cœur.

SCÈNE VII.

ARSINOÉ, NICOMÈDE, ATTALE, ARASPE.

Arsinoé. Seigneur, le roi vous mande.
                Nicomède. Il me mande ?
                                Araspe. Oui, seigneur.
Arsinoé. Prince, la calomnie est aisée à détruire.
Nicomède. J'ignore à quel sujet vous m'en venez instruire,
Moi qui ne doute point de cette vérité,
Madame.
       Arsinoé. Si jamais vous n'en aviez douté,
Prince, vous n'auriez pas, sous l'espoir qui vous flatte

Amené de si loin Zénon et Métrobate.

Nicomède. Je m'obstinais, madame, à tout dissimuler ;
Mais vous m'avez forcé de les faire parler.

Arsinoé. La vérité les force, et mieux que vos largesses.
Ces hommes du commun tiennent mal leurs promesses ;
Tous deux en ont plus dit qu'ils n'avaient résolu.

Nicomède. J'en suis fâché pour vous, mais vous l'avez voulu.

Arsinoé. Je le veux bien encore, et je n'en suis fâchée
Que d'avoir vu par là votre vertu tachée,
Et qu'il faille ajouter à vos titres d'honneur
La noble qualité de mauvais suborneur.

Nicomède. Je les ai subornés contre vous à ce compte ?

Arsinoé. J'en ai le déplaisir, vous en aurez la honte.

Nicomède. Et vous pensez par là leur ôter tout crédit ?

Arsinoé. Non, seigneur, je me tiens à ce qu'ils en ont dit.

Nicomède. Qu'ont-ils dit qui vous plaise et que vous vouliez croire ?

Arsinoé. Deux mots de vérité qui vous comblent de gloire.

Nicomède. Peut-on savoir de vous ces deux mots importants ?

Araspe. Seigneur, le roi s'ennuie, et vous tardez longtemps.

Arsinoé. Vous les saurez de lui, c'est trop le faire attendre.

Nicomède. Je commence, madame, enfin à vous entendre :
Son amour conjugal, chassant le paternel,
Vous fera l'innocente, et moi le criminel.
Mais...

Arsinoé. Achevez, seigneur ; ce mais, que veut-il dire ?

Nicomède. Deux mots de vérité qui font que je respire.

Arsinoé. Peut-on savoir de vous ces deux mots importants ?

Nicomède. Vous les saurez du roi, je tarde trop longtemps.

SCÈNE VIII.

ARSINOÉ, ATTALE.

Arsinoé. Nous triomphons, Attale ; et ce grand Nicomède
Voit quelle digne issue à ses fourbes succède.
Les deux accusateurs que lui-même a produits,
Que pour l'assassiner je dois avoir séduits,
Pour me calomnier, subornés par lui-même,
N'ont su bien soutenir un si noir stratagème :

Tous deux m'ont accusée, et tous deux avoué
L'infâme et lâche tour qu'un prince m'a joué.
Qu'en présence des rois les vérités sont fortes !
Que pour sortir d'un cœur elles trouvent de portes !
Qu'on en voit le mensonge aisément confondu !
Tous deux voulaient me perdre, et tous deux l'ont perdu.

Attale. Je suis ravi de voir qu'une telle imposture
Ait laissé votre gloire et plus grande et plus pure ;
Mais pour l'examiner, et bien voir ce que c'est,
Si vous pouviez vous mettre un peu hors d'intérêt,
Vous ne pourriez jamais, sans un peu de scrupule,
Avoir pour deux méchants une âme si crédule.
Ces perfides tous deux se sont dits aujourd'hui
Et subornés par vous, et subornés par lui :
Contre tant de vertus, contre tant de victoires,
Doit-on quelque croyance à des âmes si noires ?
Qui se confesse traître est indigne de foi.

Arsinoé. Vous êtes généreux, Attale, et, je le voi,
Même de vos rivaux la gloire vous est chère.

Attale. Si je suis son rival, je suis aussi son frère ;
Nous ne sommes qu'un sang, et ce sang dans mon cœur
A peine à le passer pour calomniateur.

Arsinoé. Et vous en avez moins à me croire assassine,
Moi, dont la perte est sûre à moins que sa ruine ?

Attale. Si contre lui j'ai peine à croire ces témoins,
Quand ils vous accusaient je les croyais bien moins.
Votre vertu, madame, est au-dessus du crime.
Souffrez donc que pour lui je garde un peu d'estime :
La sienne dans la cour lui fait mille jaloux,
Dont quelqu'un a voulu le perdre auprès de vous ;
Et ce lâche attentat n'est qu'un trait de l'envie
Qui s'efforce à noircir une si belle vie.
Pour moi, si par soi-même on peut juger d'autrui,
Ce que je sens en moi, je le présume en lui.
Contre un si grand rival j'agis à force ouverte,
Sans blesser son honneur, sans pratiquer sa perte.
J'emprunte du secours, et le fais hautement ;
Je crois qu'il n'agit pas moins généreusement,
Qu'il n'a que les desseins où sa gloire l'invite,

ACTE III, SCÈNE VIII.

Et n'oppose à mes vœux que son propre mérite.
Arsinoé. Le temps vous apprendra, par de nouveaux emplois,
Quelles vertus il faut à la suite des rois.
Cependant, si le prince est encor votre frère,
Souvenez-vous aussi que je suis votre mère;
Et, malgré les soupçons que vous avez conçus,
Venez savoir du roi ce qu'il croit là-dessus.

ACTE QUATRIÈME.

SCÈNE PREMIÈRE.

PRUSIAS, ARSINOÉ, ARASPE.

Prusias. Faites venir le prince, Araspe.
　　(Araspe rentre.)　　　Et vous, madame,
Retenez des soupirs dont vous me percez l'âme.
Quel besoin d'accabler mon cœur de vos douleurs,
Quand vous y pouvez tout sans le secours des pleurs?
Quel besoin que ces pleurs prennent votre défense?
Douté-je de son crime ou de votre innocence?
Et reconnaissez-vous que tout ce qu'il m'a dit
Par quelque impression ébranle mon esprit?
Arsinoé. Ah! seigneur, est-il rien qui répare l'injure
Que fait à l'innocence un moment d'imposture?
Et peut-on voir mensonge assez tôt avorté
Pour rendre à la vertu toute sa pureté?
Il en reste toujours quelque indigne mémoire
Qui porte une souillure à la plus haute gloire.
Combien en votre cour est-il de médisants?
Combien le prince a-t-il d'aveugles partisans,
Qui, sachant une fois qu'on m'a calomniée,
Croiront que votre amour m'a seul justifiée?
Et si la moindre tache en demeure à mon nom,
Si le moindre du peuple en conserve un soupçon,

Suis-je digne de vous? et de telles alarmes
Touchent-elles trop peu pour mériter mes larmes?

Prusias. Ah! c'est trop de scrupule, et trop mal présumer
D'un mari qui vous aime, et qui vous doit aimer.
La gloire est plus solide après la calomnie,
Et brille d'autant mieux qu'elle s'en vit ternie.
Mais voici Nicomède, et je veux qu'aujourd'hui...

SCÈNE II.

PRUSIAS, ARSINOÉ, NICOMÈDE, ARASPE, GARDES.

Arsinoé. Grâce, grâce, seigneur, à notre unique appui!
Grâce à tant de lauriers en sa main si fertiles!
Grâce à ce conquérant, à ce preneur de villes!
Grâce...

Nicomède. De quoi, madame? est-ce d'avoir conquis
Trois sceptres, que ma perte expose à votre fils?
D'avoir porté si loin vos armes dans l'Asie,
Que même votre Rome en a pris jalousie?
D'avoir trop soutenu la majesté des rois?
Trop rempli votre cœur du bruit de mes exploits?
Trop du grand Annibal pratiqué les maximes?
S'il faut grâce pour moi, choisissez de mes crimes;
Les voilà tous, madame; et si vous y joignez
D'avoir cru des méchants par quelque autre gagnés,
D'avoir une âme ouverte, une franchise entière,
Qui, dans leur artifice, a manqué de lumière,
C'est gloire et non pas crime à qui ne voit le jour
Qu'au milieu d'une armée, et loin de votre cour,
Qui n'a que la vertu de son intelligence,
Et, vivant sans remords, marche sans défiance.

Arsinoé. Je m'en dédis, seigneur; il n'est point criminel.
S'il m'a voulu noircir d'un opprobre éternel,
Il n'a fait qu'obéir à la haine ordinaire
Qu'imprime à ses pareils le nom de belle-mère.
De cette aversion son cœur préoccupé
M'impute tous les traits dont il se sent frappé.
Que son maître Annibal, malgré la foi publique,

ACTE IV, SCENE II.

S'abandonne aux fureurs d'une terreur panique ;
Que ce vieillard confie et gloire et liberté
Plutôt au désespoir qu'à l'hospitalité ;
Ces terreurs, ces fureurs, sont de mon artifice.
Quelque attrait que lui-même il trouve en Laodice,
C'est moi qui fais qu'Attale a des yeux comme lui ;
C'est moi qui force Rome à lui servir d'appui ;
De cette seule main part tout ce qui le blesse ;
Et, pour venger ce maître et sauver la princesse,
S'il a tâché, seigneur, de m'éloigner de vous,
Tout est trop excusable en un prince jaloux.
Ce faible et vain effort ne touche point mon âme.
Je sais que tout mon crime est d'être votre femme ;
Que ce nom seul l'oblige à me persécuter :
Car enfin hors de là que peut-il m'imputer ?
Ma voix, depuis dix ans qu'il commande une armée,
A-t-elle refusé d'enfler sa renommée ?
Et lorsqu'il l'a fallu puissamment secourir,
Que la moindre longueur l'aurait laissé périr,
Quel autre a mieux pressé les secours nécessaires ?
Qui l'a mieux dégagé de ses destins contraires ?
A-t-il eu près de vous un plus soigneux agent
Pour hâter les renforts et d'hommes et d'argent ?
Vous le savez, seigneur ; et pour reconnaissance,
Après l'avoir servi de toute ma puissance,
Je vois qu'il a voulu me perdre près de vous :
Mais tout est excusable en un prince jaloux ;
Je vous l'ai déjà dit.

    Prusias. Ingrat ! que peux-tu dire ?
Nicomède. Que la reine a pour moi des bontés que j'admire.
Je ne vous dirai point que ces puissants secours
Dont elle a conservé mon honneur et mes jours,
Et qu'avec tant de pompe à vos yeux elle étale,
Travaillaient par ma main à la grandeur d'Attale ;
Que par mon propre bras elle amassait pour lui,
Et préparait dès lors ce qu'on voit aujourd'hui.
Par quelques sentiments qu'elle ait été poussée,
J'en laisse le ciel juge, il connaît sa pensée ;
Il sait pour mon salut comme elle a fait des vœux ;

Il lui rendra justice, et peut-être à tous deux.
Cependant, puisqu'enfin l'apparence est si belle,
Elle a parlé pour moi, je dois parler pour elle,
Et pour son intérêt vous faire souvenir
Que vous laissez longtemps deux méchants à punir.
Envoyez Métrobate et Zénon au supplice.
Sa gloire attend de vous ce digne sacrifice :
Tous deux l'ont accusée ; et s'ils s'en sont dédits
Pour la faire innocente et charger votre fils,
Ils n'ont rien fait pour eux, et leur mort est trop juste
Après s'être joués d'une personne auguste.
L'offense une fois faite à ceux de notre rang
Ne se répare point que par des flots de sang :
On n'en fut jamais quitte ainsi pour s'en dédire.
Il faut sous les tourments que l'imposture expire ;
Ou vous exposeriez tout votre sang royal
A la légèreté d'un esprit déloyal.
L'exemple est dangereux, et hasarde nos vies
S'il met en sûreté de telles calomnies.

Arsinoé. Quoi ! seigneur, les punir de la sincérité
Qui soudain dans leur bouche a mis la vérité,
Qui vous a contre moi sa fourbe découverte,
Qui vous rend votre femme et m'arrache à ma perte,
Qui vous a retenu d'en prononcer l'arrêt ;
Et couvrir tout cela de mon seul intérêt !
C'est être trop adroit, prince, et trop bien l'entendre.

Prusias. Laisse là Métrobate, et songe à te défendre.
Purge-toi d'un forfait si honteux et si bas.

Nicomède. M'en purger ! moi, seigneur ! vous ne le croyez pas :
Vous ne savez que trop qu'un homme de ma sorte,
Quand il se rend coupable, un peu plus haut se porte ;
Qu'il lui faut un grand crime à tenter son devoir,
Où sa gloire se sauve à l'ombre du pouvoir.
Soulever votre peuple, et jeter votre armée
Dedans les intérêts d'une reine opprimée ;
Venir, le bras levé, la tirer de vos mains,
Malgré les vœux d'Attale et l'effort des Romains,
Et fondre en vos pays contre leur tyrannie
Avec tous vos soldats et toute l'Arménie ;

C'est ce que pourrait faire un homme tel que moi,
S'il pouvait se résoudre à vous manquer de foi.
La fourbe n'est le jeu que des petites âmes,
Et c'est là proprement le partage des femmes.
Punissez donc, seigneur Métrobate et Zénon ;
Pour la reine, ou pour moi, faites-vous-en raison.
A ce dernier moment la conscience presse ;
Pour rendre compte aux dieux tout respect humain cesse ;
Et ces esprits légers approchant des abois,
Pourraient bien se dédire une seconde fois.

Arsinoé. Seigneur...

Nicomède. Parlez, madame, et dites quelle cause
A leur juste supplice obstinément s'oppose ;
Ou laissez-nous penser qu'aux portes du trépas
Ils auraient des remords qui ne vous plairaient pas.

Arsinoé. Vous voyez à quel point sa haine m'est cruelle ;
Quand je le justifie, il me fait criminelle :
Mais sans doute, seigneur, ma présence l'aigrit,
Et mon éloignement remettra son esprit ;
Il rendra quelque calme à son cœur magnanime,
Et lui pourra sans doute épargner plus d'un crime.
Je ne demande point que par compassion
Vous assuriez un sceptre à ma protection,
Ni que, pour garantir la personne d'Attale,
Vous partagiez entre eux la puissance royale :
Si vos amis de Rome en ont pris quelque soin,
C'était sans mon aveu, je n'en ai pas besoin.
Je n'aime point si mal que de ne vous pas suivre,
Sitôt qu'entre mes bras vous cesserez de vivre ;
Et sur votre tombeau mes premières douleurs
Verseront tout ensemble et mon sang et mes pleurs.

Prusias. Ah ! madame.

Arsinoé. Oui, seigneur, cette heure infortunée
Par vos derniers soupirs clora ma destinée ;
Et, puisque ainsi jamais il ne sera mon roi,
Qu'ai-je à craindre de lui ? que peut-il contre moi ?
Tout ce que je demande en faveur de ce gage,
De ce fils qui déjà lui donne tant d'ombrage,
C'est que chez les Romains il retourne achever

Des jours que dans leur sein vous fîtes élever ;
Qu'il retourne y traîner, sans péril et sans gloire,
De votre amour pour moi l'impuissante mémoire.
Ce grand prince vous sert, et vous servira mieux
Quand il n'aura plus rien qui lui blesse les yeux.
Et n'appréhendez point Rome, ni sa vengeance :
Contre tout son pouvoir il a trop de vaillance :
Il sait tous les secrets du fameux Annibal,
De ce héros à Rome en tous lieux si fatal,
Que l'Asie et l'Afrique admirent l'avantage
Qu'en tire Antiochus, et qu'en reçut Carthage.
Je me retire donc afin qu'en liberté
Les tendresses du sang pressent votre bonté ;
Et je ne veux plus voir ni qu'en votre présence
Un prince que j'estime indignement m'offense,
Ni que je sois forcée à vous mettre en courroux
Contre un fils si vaillant et si digne de vous.

SCÈNE III.

PRUSIAS, NICOMÈDE, ARASPE.

Prusias. Nicomède, en deux mots, ce désordre me fâche.
Quoi qu'on t'ose imputer, je ne te crois point lâche :
Mais donnons quelque chose à Rome qui se plaint,
Et tâchons d'assurer la reine qui te craint.
J'ai tendresse pour toi, compassion pour elle ;
Et je ne veux pas voir cette haine éternelle,
Ni que des sentiments que j'aime à voir durer
Ne règnent dans mon cœur que pour le déchirer.
J'y veux mettre d'accord l'amour et la nature,
Être père et mari dans cette conjoncture...
Nicomède. Seigneur, voulez-vous bien vous en fier à moi ?
Ne soyez l'un ni l'autre.

Prusias. Et que dois-je être ?

Nicomède. Roi.
Reprenez hautement ce noble caractère.
Un véritable roi n'est ni mari ni père ;
Il regarde son trône, et rien de plus. Régnez,

ACTE IV, SCÈNE III.

Rome vous craindra plus que vous ne la craignez [1].
Malgré cette puissance et si vaste et si grande,
Vous pouvez déjà voir comme elle m'appréhende,
Combien en me perdant elle espère gagner,
Parce qu'elle prévoit que je saurai régner.

Prusias. Je règne donc, ingrat! puisque tu me l'ordonnes;
Choisis, ou Laodice, ou mes quatre couronnes :
Ton roi fait ce partage entre ton frère et toi;
Je ne suis plus ton père, obéis à ton roi.

Nicomède. Si vous étiez aussi le roi de Laodice,
Pour l'offrir à mon choix avec quelque justice,
Je vous demanderais le loisir d'y penser :
Mais enfin pour vous plaire, et ne pas l'offenser,
J'obéirai, seigneur, sans répliques frivoles,
A vos intentions, et non à vos paroles.
A ce frère si cher transportez tous mes droits,
Et laissez Laodice en liberté du choix.
Voilà quel est le mien.

Prusias. Quelle bassesse d'âme!
Quelle fureur t'aveugle en faveur d'une femme!
Tu la préfères, lâche! à ces prix glorieux
Que ta valeur unit au bien de tes aïeux!
Après cette infamie es-tu digne de vivre?

Nicomède. Je crois que votre exemple est glorieux à suivre :
Ne préférez-vous pas une femme à ce fils
Par qui tous ces États aux vôtres sont unis?

Prusias. Me vois-tu renoncer pour elle au diadème?

Nicomède. Me voyez-vous pour l'autre y renoncer moi-même?
Que cédé-je à mon frère en cédant vos États?
Ai-je droit d'y prétendre avant votre trépas?
Pardonnez-moi ce mot, il est fâcheux à dire :
Mais un monarque enfin comme un autre homme expire;

---

[1] Ce morceau sublime, jeté dans cette comédie, fait voir combien le reste est petit. Il n'y a peut-être rien de plus beau dans les meilleures pièces de Corneille. Ce vrai sublime fait voir combien l'ampoulé doit déplaire aux esprits bien faits. Il n'y a pas un mot dans ces quatre vers qui ne soit simple et noble; rien de trop ni de trop peu; l'idée est grande, vraie, bien placée, bien exprimée. Je ne connais point, dans les anciens, de passage qui l'emporte sur celui-ci. Il fallait que toute la pièce fût sur ce ton héroïque. Je ne veux pas dire que tout doive tendre au sublime, car alors il n'y en aurait point; mais tout doit être noble. Nicomède insulte ici un peu son père; mais Prusias le mérite (V.)

Et vos peuples alors, ayant besoin d'un roi,
Voudront choisir peut-être entre ce prince et moi.
Seigneur, nous n'avons pas si grande ressemblance,
Qu'il faille de bons yeux pour y voir différence?
Et ce vieux droit d'aînesse est souvent si puissant,
Que pour remplir un trône il rappelle un absent.
Que si leurs sentiments se règlent sur les vôtres,
Sous le joug de vos lois j'en ai bien rangé d'autres;
Et, dussent vos Romains en être encor jaloux,
Je ferai bien pour moi ce que j'ai fait pour vous.

Prusias. J'y donnerai bon ordre.

Nicomède. Oui, si leur artifice
De votre sang par vous se fait un sacrifice;
Autrement vos États à ce prince livrés
Ne seront en ses mains qu'autant que vous vivrez.
Ce n'est point en secret que je vous le déclare;
Je le dis à lui-même, afin qu'il s'y prépare :
Le voilà qui m'entend.

Prusias. Va, sans verser mon sang,
Je saurai bien, ingrat! l'assurer en ce rang;
Et demain...

SCÈNE IV.

PRUSIAS, NICOMÈDE, ATTALE, FLAMINIUS, ARASPE, GARDES.

Flaminius. Si pour moi vous êtes en colère,
Seigneur, je n'ai reçu qu'une offense légère :
Le sénat en effet pourra s'en indigner;
Mais j'ai quelques amis qui sauront le gagner.

Prusias. Je lui ferai raison; et dès demain Attale
Recevra de ma main la puissance royale :
Je le fais roi de Pont, et mon seul héritier.
Et quant à ce rebelle, à ce courage fier,
Rome entre vous et lui jugera de l'outrage :
Je veux qu'au lieu d'Attale il lui serve d'otage;
Et pour l'y mieux conduire, il vous sera donné,
Sitôt qu'il aura vu son frère couronné.

Nicomède. Vous m'enverrez à Rome !

ACTE IV, SCÈNE IV.

Prusias. On t'y fera justice.
Va, va lui demander la reine Laodice.
Nicomède. J'irai, j'irai, seigneur, vous le voulez ainsi ;
Et j'y serai plus roi que vous n'êtes ici.
Flaminius. Rome sait vos hauts faits, et déjà vous adore.
Nicomède. Tout beau, Flaminius ! je n'y suis pas encore :
La route en est mal sûre, à tout considérer ;
Et qui m'y conduira pourrait bien s'égarer.
Prusias. Qu'on le remène, Araspe ; et redoublez sa garde.
A Attale. Toi, rends grâces à Rome, et sans cesse regarde
Que, comme son pouvoir est la source du tien,
En perdant son appui tu ne seras plus rien.
Vous, seigneur, excusez si, me trouvant en peine
De quelques déplaisirs que m'a fait voir la reine,
Je vais l'en consoler, et vous laisse avec lui.
Attale, encore un coup, rends grâce à ton appui.

SCÈNE V.

FLAMINIUS, ATTALE.

Attale. Seigneur, que vous dirai-je après des avantages
Qui sont même trop grands pour les plus grands courages ?
Vous n'avez point de borne, et votre affection
Passe votre promesse et mon ambition.
Je l'avouerai pourtant, le trône de mon père
Ne fait pas le bonheur que plus je considère :
Ce qui touche mon cœur, ce qui charme mes sens,
C'est Laodice acquise à mes vœux innocents.
La qualité de roi qui me rend digne d'elle...
Flaminius. Ne rendra pas son cœur à vos vœux moins rebelle.
Attale. Seigneur, l'occasion fait un cœur différent.
D'ailleurs, c'est l'ordre exprès de son père mourant ;
Et par son propre aveu la reine d'Arménie
Est due à l'héritier du roi de Bithynie.
Flaminius. Ce n'est pas loi pour elle ; et, reine comme elle est,
Cet ordre, à bien parler, n'est que ce qui lui plaît.
Aimerait-elle en vous l'éclat d'un diadème
Qu'on vous donne aux dépens d'un grand prince qu'elle aime ;
En vous qui la privez d'un si cher protecteur ;

En vous qui de sa chute êtes l'unique auteur ?

Attale. Ce prince hors d'ici, seigneur, que fera-t-elle ?
Qui contre Rome et nous soutiendra sa querelle ?
Car j'ose me promettre encor votre secours.

Flaminius. Les choses quelquefois prennent un autre cours ;
Pour ne vous point flatter, je n'en veux pas répondre.

Attale. Ce serait bien, seigneur, de tout bien me confondre,
Et je serais moins roi qu'un objet de pitié
Si le bandeau royal m'ôtait votre amitié.
Mais je m'alarme trop, et Rome est plus égale :
N'en avez-vous pas l'ordre ?

Flaminius. Oui, pour le prince Attale,
Pour un homme en son sein nourri dès le berceau ;
Mais pour le roi de Pont il faut ordre nouveau.

Attale. Il faut ordre nouveau ! Quoi ! se pourrait-il faire
Qu'à l'œuvre de ses mains Rome devînt contraire ;
Que ma grandeur naissante y fît quelques jaloux ?

Flaminius. Que présumez-vous, prince ? et que me dites-vous ?

Attale. Vous-même dites-moi comme il faut que j'explique
Cette inégalité de votre république.

Flaminius. Je vais vous l'expliquer, et veux bien vous guérir
D'une erreur dangereuse où vous semblez courir.
Rome, qui vous servait auprès de Laodice,
Pour vous donner son trône eût fait une injustice ;
Son amitié pour vous lui faisait cette loi :
Mais par d'autres moyens elle vous a fait roi :
Et le soin de sa gloire à présent la dispense
De se porter pour vous à cette violence.
Laissez donc cette reine en pleine liberté,
Et tournez vos désirs de quelque autre côté,
Rome de votre hymen prendra soin elle-même.

Attale. Mais s'il arrive enfin que Laodice m'aime ?

Flaminius. Ce serait mettre encor Rome dans le hasard
Que l'on crût artifice ou force de sa part ;
Cet hymen jetterait une ombre sur sa gloire.
Prince, n'y pensez plus, si vous m'en pouvez croire.
Ou, si de mes conseils vous faites peu d'état,
N'y pensez plus du moins sans l'aveu du sénat.

Attale. A voir quelle froideur à tant d'amour succède,

ACTE IV, SCÈNE V.

Rome ne m'aime pas ; elle hait Nicomède :
Et lorsqu'à mes désirs elle a feint d'applaudir,
Elle a voulu le perdre, et non pas m'agrandir.

Flaminius. Pour ne vous faire pas de réponse trop rude
Sur ce beau coup d'essai de votre ingratitude,
Suivez votre caprice, offensez vos amis ;
Vous êtes souverain, et tout vous est permis :
Mais puisque enfin ce jour vous doit faire connaître
Que Rome vous a fait ce que vous allez être,
Que perdant son appui, vous ne serez plus rien,
Que le roi vous l'a dit, souvenez-vous-en bien.

SCÈNE VI.

ATTALE.

Attale, était-ce ainsi que régnaient tes ancêtres ?
Veux-tu le nom de roi pour avoir tant de maîtres !
Ah ! ce titre à ce prix déjà m'est importun :
S'il nous en faut avoir, du moins n'en ayons qu'un.
Le ciel nous l'a donné trop grand, trop magnanime,
Pour souffrir qu'aux Romains il serve de victime.
Montrons-leur hautement que nous avons des yeux,
Et d'un si rude joug affranchissons ces lieux.
Puisqu'à leurs intérêts tout ce qu'ils font s'applique,
Que leur vaine amitié cède à leur politique,
Soyons à notre tour de leur grandeur jaloux,
Et comme ils font pour eux, faisons aussi pour nous.

ACTE CINQUIÈME.

SCÈNE PREMIÈRE.

ARSINOÉ, ATTALE.

Arsinoé. J'ai prévu ce tumulte, et n'en vois rien à craindre :
Comme un moment l'allume, un moment peut l'éteindre,
Et, si l'obscurité laisse croître ce bruit,

Le jour dissipera les vapeurs de la nuit.
Je me fâche bien moins qu'un peuple se mutine,
Que de voir que ton cœur dans son désir s'obstine ;
Le trône, et non la reine, avait dû te charmer :
Tu vas régner sans elle ; à quel propos l'aimer ?
Porte, porte ce cœur à de plus douces chaînes.
Puisque te voilà roi, l'Asie a d'autres reines,
Qui, loin de te donner des rigueurs à souffrir,
T'épargneront bientôt la peine de t'offrir.

Attale. Mais, madame...

Arsinoé. Eh bien ! soit, je veux qu'elle se rende :
Prévois-tu les malheurs qu'ensuite j'appréhende ?
Sitôt que d'Arménie elle t'aura fait roi,
Elle t'engagera dans sa haine pour moi.
Qu'est-ce qu'en sa fureur une femme n'essaie ?

Attale. Que de fausses raisons pour me cacher la vraie !
Rome, qui n'aime pas à voir un puissant roi,
L'a craint en Nicomède, et le craindrait en moi.
Je ne dois plus prétendre à l'hymen d'une reine,
Si je ne veux déplaire à notre souveraine ;
Et puisque la fâcher ce serait me trahir,
Afin qu'elle me souffre, il vaut mieux obéir.
Je sais par quels moyens sa sagesse profonde
S'achemine à grands pas à l'empire du monde.
Aussitôt qu'un État devient un peu trop grand,
Sa chute doit guérir l'ombrage qu'elle en prend.
C'est blesser les Romains que faire une conquête,
Que mettre trop de bras sous une seule tête ;
Et leur guerre est trop juste après cet attentat
Que fait sur leur grandeur un tel crime d'État.
Eux, qui pour gouverner sont les premiers des hommes,
Veulent que sous leur ordre on soit ce que nous sommes,
Veulent sur tous les rois un si haut ascendant
Que leur empire seul demeure indépendant.
Je les connais, madame, et j'ai vu cet ombrage
Détruire Antiochus, et renverser Carthage.
De peur de choir comme eux, je veux bien m'abaisser,
Et cède à des raisons que je ne puis forcer.
D'autant plus justement mon impuissance y cède,

ACTE V, SCÈNE I.

Que je vois qu'en leurs mains on livre Nicomède.
Un si grand ennemi leur répond de ma foi ;
C'est un lion tout prêt à déchaîner sur moi.

Arsinoé. C'est de quoi je voulais vous faire confidence :
Mais vous me ravissez d'avoir cette prudence.
Le temps pourra changer ; cependant prenez soin
D'assurer des jaloux dont vous avez besoin.

SCÈNE II.

FLAMINIUS, ARSINOÉ, ATTALE.

Flaminius. Madame, voyez donc si vous serez capable
De rendre en ce moment le peuple raisonnable.
Le mal croît ; il est temps d'agir de votre part,
Ou, quand vous le voudrez, vous le voudrez trop tard.
Ne vous figurez plus que ce soit le confondre
Que de le laisser faire, et ne lui point répondre.
Rome autrefois a vu de ces émotions,
Sans embrasser jamais vos résolutions.
Quand il fallait calmer toute une populace,
Le sénat n'épargnait promesse ni menace,
Et rappelait par là son escadron mutin
Et du mont Quirial et du mont Aventin,
Dont il l'aurait vu faire une horrible descente,
S'il eût traité longtemps sa fureur d'impuissante,
Et l'eût abandonnée à sa confusion,
Comme vous semblez faire en cette occasion.

Arsinoé. Après ce grand exemple en vain on délibère :
Ce qu'a fait le sénat montre ce qu'il faut faire ;
Et le roi... Mais il vient.

SCÈNE III.

PRUSIAS, ARSINOÉ, FLAMINIUS, ATTALE.

Prusias. Je ne puis plus douter,
Seigneur, d'où vient le mal que je vois éclater :
Ces mutins ont pour chefs les gens de Laodice.

Flaminius. J'en avais soupçonné déjà son artifice.

Attale. Ainsi votre tendresse et vos soins sont payés !
Flaminius. Seigneur, il faut agir ; et, si vous m'en croyez...

SCÈNE IV.

PRUSIAS, ARSINOÉ, FLAMINIUS, ATTALE, CLÉONE.

Cléone. Tout est perdu, madame, à moins d'un prompt remède :
Tout le peuple à grands cris demande Nicomède ;
Il commence lui-même à se faire raison,
Et vient de déchirer Métrobate et Zénon.
Arsinoé. Il n'est donc plus à craindre, il a pris ses victimes :
Sa fureur sur leur sang va consumer ses crimes ;
Elle s'applaudira de cet illustre effet,
Et croira Nicomède amplement satisfait.
Flaminius. Si ce désordre était sans chefs et sans conduite,
Je voudrais, comme vous, en craindre moins la suite ;
Le peuple par leur mort pourrait s'être adouci ;
Mais un dessein formé ne tombe pas ainsi :
Il suit toujours son but jusqu'à ce qu'il l'emporte ;
Le premier sang versé rend sa fureur plus forte ;
Il l'amorce, il l'acharne, il en éteint l'horreur,
Et ne lui laisse plus ni pitié ni terreur

SCÈNE V.

PRUSIAS, FLAMINIUS, ARSINOÉ, ATTALE, CLÉONE, ARASPE.

Araspe. Seigneur, de tous côtés le peuple vient en foule ;
De moment en moment votre garde s'écoule ;
Et, suivant les discours qu'ici même j'entends,
Je n'en puis plus répondre.
                   Prusias. Allons, allons le rendre,
Ce précieux objet d'une amitié si tendre.
Obéissons, madame, à ce peuple sans foi,
Qui, las de m'obéir, en veut faire son roi ;
Et du haut d'un balcon, pour calmer la tempête,
Sur ses nouveaux sujets faisons voler sa tête.
Attale. Ah ! seigneur !
      Prusias. C'est ainsi qu'il lui sera rendu :

ACTE V, SCÈNE V.

A qui le cherche ainsi, c'est ainsi qu'il est dû.

Attale. Ah! seigneur, c'est tout perdre et livrer à sa rage
Tout ce qui de plus près touche votre courage ;
Et j'ose dire ici que votre majesté
Aura peine elle-même à trouver sûreté.

Prusias. Il faut donc se résoudre à tout ce qu'il m'ordonne,
Lui rendre Nicomède avec ma couronne :
Je n'ai point d'autre choix ; et, s'il est le plus fort,
Je dois à son idole ou mon sceptre ou la mort.

Flaminius. Seigneur, quand ce dessein aurait quelque justice,
Est-ce à vous d'ordonner que ce prince périsse ?
Quel pouvoir sur ses jours vous demeure permis ?
C'est l'otage de Rome, et non plus votre fils :
Je dois m'en souvenir quand son père l'oublie.
C'est attenter sur nous qu'ordonner de sa vie ;
J'en dois compte au sénat, et n'y puis consentir.
Ma galère est au port toute prête à partir ;
Le palais y répond par la porte secrète :
Si vous le voulez perdre, agréez ma retraite ;
Souffrez que mon départ fasse connaître à tous
Que Rome a des conseils plus justes et plus doux ;
Et ne l'exposez pas à ce honteux outrage
De voir à ses yeux même immoler son otage.

Arsinoé. Me croirez-vous, seigneur, et puis-je m'expliquer ?

Prusias. Ah! rien de votre part ne saurait me choquer ;
Parlez.

Arsinoé. Le ciel m'inspire un dessein dont j'espère
Et satisfaire Rome et ne vous pas déplaire.
S'il est prêt à partir, il peut en ce moment
Enlever avec lui son otage aisément :
Cette porte secrète ici nous favorise.
Mais, pour faciliter d'autant mieux l'entreprise,
Montrez-vous à ce peuple, et, flattant son courroux,
Amusez-le du moins à débattre avec vous ;
Faites-lui perdre temps, tandis qu'en assurance
La galère s'éloigne avec son espérance.
S'il force le palais, et ne l'y trouve plus,
Vous ferez comme lui le surpris, le confus ;
Vous accuserez Rome, et promettrez vengeance

Sur quiconque sera de son intelligence.
Vous envoierez après, sitôt qu'il sera jour,
Et vous lui donnerez l'espoir d'un prompt retour,
Où mille empêchements que vous ferez vous-même
Pourront de toutes parts aider au stratagême.
Quelque aveugle transport qu'il témoigne aujourd'hui,
Il n'attentera rien tant qu'il craindra pour lui,
Tant qu'il présumera son effort inutile.
Ici la délivrance en paraît trop facile :
Et s'il l'obtient, seigneur, il faut fuir vous et moi :
S'il le voit à sa tête, il en fera son roi ;
Vous le jugez vous-même.

Prusias. Ah ! j'avouerai, madame,
Que le ciel a versé ce conseil dans votre âme.
Seigneur, se peut-il voir rien de mieux concerté ?
Flaminius. Il vous assure et vie, et gloire, et liberté ;
Et vous avez d'ailleurs Laodice en otage :
Mais qui perd temps ici perd tout son avantage.
Prusias. Il n'en faut donc plus perdre ; allons-y de ce pas.
Arsinoé. Ne prenez avec vous qu'Araspe et trois soldats :
Peut-être un plus grand nombre aurait quelque infidèle.
J'irai chez Laodice, et m'assurerai d'elle.
Attale, où courez-vous ?

Attale. Je vais de mon côté
De ce peuple mutin amuser la fierté,
A votre stratagême en ajouter quelque autre.
Arsinoé. Songez que ce n'est qu'un que mon sort et le vôtre,
Que vos seuls intérêts me mettent en danger.
Attale. Je vais périr, madame, ou vous en dégager.
Arsinoé. Allez donc. J'aperçois la reine d'Arménie.

SCÈNE VI.

ARSINOÉ, LAODICE, CLÉONE.

Arsinoé. La cause de nos maux doit-elle être impunie ?
Laodice. Non, madame ; et, pour peu qu'elle ait d'ambition,
Je vous réponds déjà de sa punition.
Arsinoé. Vous qui savez son crime, ordonnez de sa peine.

Laodice. Un peu d'abaissement suffit pour une reine :
C'est déjà trop de voir son dessein avorté.
Arsinoé. Dites, pour châtiment de sa témérité,
Qu'il lui faudrait du front tirer le diadème.
Laodice. Parmi les généreux il n'en va pas de même :
Ils savent oublier quand ils ont le dessus,
Et ne veulent que voir leurs ennemis confus.
Arsinoé. Ainsi qui peut vous croire aisément se contente.
Laodice. Le ciel ne m'a pas fait l'âme plus violente.
Arsinoé. Soulever des sujets contre leur souverain,
Leur mettre à tous le fer et la flamme en la main,
Jusque dans le palais pousser leur insolence,
Vous appelez cela fort peu de violence?
Laodice. Nous nous entendons mal, madame; et, je le voi,
Ce que je dis pour vous, vous l'expliquez pour moi.
Je suis hors de souci pour ce qui me regarde;
Et je viens vous chercher pour vous prendre en ma garde,
Pour ne hasarder pas en vous la majesté
Au manque de respect d'un grand peuple irrité.
Faites venir le roi, rappelez votre Attale:
Que je conserve en eux la dignité royale :
Ce peuple en sa fureur peut les connaître mal.
Arsinoé. Peut-on voir un orgueil à votre orgueil égal !
Vous par qui seule ici tout ce désordre arrive;
Vous, qui dans ce palais vous voyez ma captive;
Vous, qui me répondrez au prix de votre sang
De tout ce qu'un tel crime attente sur mon rang,
Vous me parlez encore avec la même audace
Que si j'avais besoin de vous demander grâce !
Laodice. Vous obstiner, madame, à me parler ainsi,
C'est ne vouloir pas voir que je commande ici,
Que, quand il me plaira, vous serez ma victime.
Et ne m'imputez point ce grand désordre à crime :
Votre peuple est coupable, et dans tous vos sujets
Ces cris séditieux sont autant de forfaits ;
Mais pour moi, qui suis reine, et qui, dans nos querelles,
Pour triompher de vous, vous ai fait ces rebelles,
Par le droit de la guerre il fut toujours permis
D'allumer la révolte entre ses ennemis :

M'enlever mon époux, c'est vous faire la mienne.
Arsinoé. Je la suis donc, madame ; et, quoi qu'il en avienne,
Si ce peuple une fois enfonce le palais,
C'est fait de votre vie, et je vous le promets.
Laodice. Vous tiendrez mal parole, ou bientôt sur ma tombe
Tout le sang de vos rois servira d'hécatombe.
Mais avez-vous encor parmi votre maison
Quelque autre Métrobate, ou quelque autre Zénon ?
N'appréhendez-vous point que tous vos domestiques
Ne soient déjà gagnés par mes sourdes pratiques ?
En savez-vous quelqu'un si prêt à se trahir,
Si las de voir le jour, que de vous obéir ?
Je ne veux point régner sur votre Bithynie :
Ouvrez-moi seulement les chemins d'Arménie ;
Et, pour voir tout d'un coup vos malheurs terminés,
Rendez-moi cet époux qu'en vain vous retenez.
Arsinoé. Sur le chemin de Rome il vous faut l'aller prendre ;
Flaminius l'y mène, et pourra vous le rendre ;
Mais hâtez-vous, de grâce, et faites bien ramer,
Car déjà sa galère a pris le large en mer.
Laodice. Ah ! si je le croyais !...
     Arsinoé. N'en doutez point, madame.
Laodice. Fuyez donc les fureurs qui saisissent mon âme :
Après le coup fatal de cette indignité,
Je n'ai plus ni respect ni générosité.
Mais plutôt demeurez pour me servir d'otage
Jusqu'à ce que ma main de ses fers le dégage.
J'irai jusque dans Rome en briser les liens,
Avec tous vos sujets, avecque tous les miens ;
Aussi bien Annibal nommait une folie
De présumer la vaincre ailleurs qu'en Italie.
Je veux qu'elle me voie au cœur de ses États
Soutenir ma fureur d'un million de bras ;
Et sous mon désespoir rangeant sa tyrannie...
Arsinoé. Vous voulez donc enfin régner en Bithynie ?
Et, dans cette fureur qui vous trouble aujourd'hui,
Le roi pourra souffrir que vous régniez pour lui ?
Laodice. J'y régnerai, madame, et sans lui faire injure.
Puisque le roi veut bien n'être roi qu'en peinture,

ACTE V, SCÈNE VI.

Que lui doit importer qui donne ici la loi,
Et qui règne pour lui des Romains ou de moi?
Mais un second otage entre mes mains se jette.

SCÈNE VII.

ARSINOÉ, LAODICE, ATTALE, CLÉONE.

Arsinoé. Attale, avez-vous su comme ils ont fait retraite?
Attale. Ah! madame!
Arsinoé. Parlez.
Attale. Tous les dieux irrités
Dans les derniers malheurs nous ont précipités.
Le prince est échappé.
Laodice. Ne craignez plus, madame :
La générosité déjà rentre en mon âme.
Arsinoé. Attale, prenez-vous plaisir à m'alarmer?
Attale. Ne vous flattez point tant que de le présumer.
Le malheureux Araspe, avec sa faible escorte,
L'avait déjà conduit à cette fausse porte ;
L'ambassadeur de Rome était déjà passé,
Quand, dans le sein d'Araspe, un poignard enfoncé
Le jette aux pieds du prince. Il s'écrie ; et sa suite,
De peur d'un pareil sort prend aussitôt la fuite.
Arsinoé. Et qui dans cette porte a pu le poignarder?
Attale. Dix ou douze soldats qui semblaient la garder.
Et ce prince...
Arsinoé. Ah! mon fils! qu'il est partout de traîtres!
Qu'il est peu de sujets fidèles à leurs maîtres!
Mais de qui savez-vous un désastre si grand?
Attale. Des compagnons d'Araspe, et d'Araspe mourant.
Mais écoutez encor ce qui me désespère.
J'ai couru me ranger auprès du roi mon père ;
Il n'en était plus temps : ce monarque étonné
A ses frayeurs déjà s'était abandonné,
Avait pris un esquif pour tâcher de rejoindre
Ce Romain dont l'effroi peut-être n'est pas moindre.

SCÈNE VIII.

PRUSIAS, FLAMINIUS, ARSINOÉ, LAODICE, ATTALE, CLÉONE.

Prusias. Non, non, nous revenons l'un sans l'autre en ces lieux
Défendre votre gloire, ou mourir à vos yeux.
Arsinoé. Mourons, mourons, seigneur, et dérobons nos vies
A l'absolu pouvoir des fureurs ennemies ;
N'attendons pas leur ordre, et montrons-nous jaloux
De l'honneur qu'ils auraient à disposer de nous.
Laodice. Ce désespoir, madame, offense un si grand homme
Plus que vous n'avez fait en l'envoyant à Rome :
Vous devez le connaître ; et, puisqu'il a ma foi,
Vous devez présumer qu'il est digne de moi.
Je le désavouerais s'il n'était magnanime,
S'il manquait à remplir l'effort de mon estime,
S'il ne faisait paraître un cœur toujours égal.
Mais le voici ; voyez si je le connais mal.

SCÈNE IX.

PRUSIAS, NICOMÈDE, ARSINOÉ, LAODICE, FLAMINIUS, ATTALE, CLÉONE.

Nicomède. Tout est calme, seigneur ; un moment de ma vue
A soudain apaisé la populace émue.
Prusias. Quoi ! me viens-tu braver jusque dans mon palais,
Rebelle ?
Nicomède. C'est un nom que je n'aurai jamais.
Je ne viens point ici montrer à votre haine
Un captif insolent d'avoir brisé sa chaine ;
Je viens en bon sujet vous rendre le repos,
Que d'autres intérêts troublaient mal à propos.
Non que je veuille à Rome imputer quelque crime :
Du grand art de régner elle suit la maxime ;
Et son ambassadeur ne fait que son devoir
Quand il veut entre nous partager le pouvoir.
Mais ne permettez pas qu'elle vous y contraigne ;
Rendez-moi votre amour, afin qu'elle vous craigne :
Pardonnez à ce peuple un peu trop de chaleur

Qu'à sa compassion a donné mon malheur;
Pardonnez un forfait qu'il a cru nécessaire,
Et qui ne produira qu'un effet salutaire.
Faites-lui grâce aussi, madame, et permettez
Que jusques au tombeau j'adore vos bontés.
Je sais par quel motif vous m'êtes si contraire :
Votre amour maternel veut voir régner mon frère ;
Et je contribuerai moi-même à ce dessein,
Si vous pouvez souffrir qu'il soit roi de ma main.
Oui, l'Asie à mon bras offre encor des conquêtes,
Et pour l'en couronner mes mains sont toutes prêtes.
Commandez seulement ; choisissez en quels lieux ;
Et j'en apporterai la couronne à vos yeux.

Arsinoé. Seigneur, faut-il si loin pousser votre victoire,
Et qu'ayant en vos mains et mes jours et ma gloire,
La haute ambition d'un si puissant vainqueur
Veuille encor triompher jusque dedans mon cœur?
Contre tant de vertu je ne puis le défendre ;
Il est impatient lui-même de se rendre.
Joignez cette conquête à trois sceptres conquis,
Et je croirai gagner en vous un second fils.

Prusias. Je me rends donc aussi, madame ; et je veux croire
Qu'avoir un fils si grand est ma plus grande gloire.
Mais, parmi les douceurs qu'enfin nous recevons,
Faites-nous savoir, prince, à qui nous vous devons.

Nicomède. L'auteur d'un si grand coup m'a caché son visage ;
Mais il m'a demandé mon diamant pour gage [1],
Et me le doit ici rapporter dès demain.

Attale. Le voulez-vous, seigneur, reprendre de ma main?

Nicomède. Ah! laissez-moi toujours à cette digne marque
Reconnaître en mon sang un vrai sang de monarque.
Ce n'est plus des Romains l'esclave ambitieux,
C'est le libérateur d'un sang si précieux.

---

(1) Attale paraît ici bien prudent, et Nicomède bien peu curieux ; mais, si ce moyen n'est pas digne de la tragédie, la situation n'en est pas moins belle : il paraît seulement bien injuste et bien odieux qu'Attale ait assassiné un officier du roi son père, qui faisait son devoir : ne pouvait-il pas faire une belle action sans la souiller par cette horreur? A l'égard du diamant, je ne sais si Boileau, qui blâmait tant l'anneau royal dans Astrate, était content du diamant de Nicomède.

(V.)

Mon frère, avec mes fers vous en brisez bien d'autres,
Ceux du roi, de la reine, et les siens et les vôtres.
Mais pourquoi vous cacher en sauvant tout l'État ?

Attale. Pour voir votre vertu dans son plus haut éclat ;
Pour la voir seule agir contre notre injustice,
Sans la préoccuper par ce faible service ;
Et me venger enfin ou sur vous ou sur moi,
Si j'eusse mal jugé de tout ce que je voi.
Mais, madame...

Arsinoé. Il suffit, voilà le stratagême
Que vous m'aviez promis pour moi contre moi-même.
A Nicomède. Et j'ai l'esprit, seigneur, d'autant plus satisfait,
Que mon sang rompt le cours du mal que j'avais fait.

Nicomède, à Flaminius.
Seigneur, à découvert, toute âme généreuse
D'avoir votre amitié doit se tenir heureuse ;
Mais nous n'en voulons plus avec ces dures lois
Qu'elle jette toujours sur la tête des rois :
Nous vous la demandons hors de la servitude ;
Ou le nom d'ennemis nous semblera moins rude.

Flaminius, à Nicomède.
C'est de quoi le sénat pourra délibérer :
Mais cependant pour lui j'ose vous assurer,
Prince, qu'à ce défaut vous aurez son estime,
Telle que doit l'attendre un cœur si magnanime ;
Et qu'il croira se faire un illustre ennemi,
S'il ne vous reçoit pas pour généreux ami.

Prusias. Nous autres, réunis sous de meilleurs auspices,
Préparons à demain de justes sacrifices ;
Et demandons aux dieux, nos dignes souverains,
Pour comble de bonheur l'amitié des Romains [1].

---

(1) *Nicomède* est dans le goût de *Don Sanche d'Aragon.* Les Espagnols, comme on l'a déjà dit, sont les inventeurs de ce genre, qui est une espèce de comédie héroïque. Ce n'est ni la terreur ni la pitié de la vraie tragédie ; ce sont des aventures extraordinaires, des bravades, des senti- ments généreux, et une intrigue dont le dénouement heureux ne coûte ni de sang aux personnages, ni de larmes aux spectateurs. L'art dramatique est une imitation de la nature, comme l'art de peindre. Il y a des sujets de peintures sublimes, il y en a de simples ; la vie commune, la

vie champêtre, les paysages, les grotesques même, entrent dans cet art : Raphaël a peint les horreurs de la mort, et les noces de Psyché. C'est ainsi que dans l'art dramatique on a la pastorale, la farce, la comédie, la tragédie, plus ou moins héroïque, plus ou moins terrible, plus ou moins attendrissante. Lorsqu'on rejoua, en 1756, *Nicomède*, oublié pendant plus de quatre-vingts ans, les comédiens du roi ne l'annoncèrent que sous le titre de tragi-comédie. Cette pièce est peut-être une des plus fortes preuves du génie de Corneille ; et je ne suis pas étonné de l'affection qu'il avait pour elle. Ce genre est non-seulement le moins théâtral de tous, mais le plus difficile à traiter. Il n'a point cette magie qui transporte l'âme, comme le dit si bien Horace :

Ille per extentum funem mihi posse videtur
Ire poeta, meum qui pectus inaniter angit,
Irritat, mulcet, falsis terroribus implet
Ut magus, et modo me Thebis, modo ponit Athenis.

Ce genre de tragédie ne se soutenant point par un sujet pathétique, par de grands tableaux, par les fureurs des passions, l'auteur ne peut qu'exciter un sentiment d'admiration pour le héros de la pièce. L'admiration n'émeut guère l'âme, ne la trouble point : c'est de tous les sentiments celui qui se refroidit le plus tôt. Le caractère de Nicomède avec une intrigue terrible, telle que celle de Rodogune, eût été un chef-d'œuvre. (V.)

FRAGMENT
DE LA TRAGÉDIE D'ŒDIPE.

INDIGNATION DE THÉSÉE CONTRE LA FATALITÉ.

Jocaste. Eh bien! soyez mon fils, puisque vous voulez l'être;
Mais donnez-moi la marque où je le dois connaître.
Êtes-vous l'assassin et d'un père et d'un roi?
Thésée. Ah! madame! ce mot me fait pâlir d'effroi.
Jocaste. C'était là de mon fils la noire destinée;
Sa vie, à ces forfaits par le ciel condamnée,
N'a pu se dégager de cet astre ennemi,
Ni de son ascendant s'échapper à demi.
Si ce fils vit encore, il a tué son père;
C'en est l'indubitable et le seul caractère;
Et le ciel, qui prit soin de nous en avertir,
L'a dit trop hautement pour se voir démentir.
Sa mort seule pouvait le dérober au crime.
Prince, renoncez donc à toute votre estime;
Dites que vos vertus sont crimes déguisés;
Recevez tout le sort que vous vous imposez.
Thésée. Quoi! la nécessité des vertus et des vices[1]
D'un astre impérieux doit suivre les caprices,
Et Delphes, malgré nous, conduit nos actions
Au plus bizarre effet de ses prédictions!
L'âme est donc tout esclave : une loi souveraine
Vers le bien ou le mal incessamment l'entraîne;
Et nous ne recevons ni crainte ni désir
De cette liberté qui n'a rien à choisir,
Attachés sans relâche à cet ordre sublime,
Vertueux sans mérite, et vicieux sans crime.
Qu'on massacre les rois, qu'on brise les autels,
C'est la faute des dieux, et non pas des mortels :
De toute la vertu sur la terre épandue,

---

[1] Ce morceau contribua beaucoup au succès de la pièce. Les disputes sur le libre arbitre agitaient alors les esprits. Cette tirade de Thésée, belle par elle-même, acquit un nouveau prix par les querelles du temps; et plus d'un amateur la sait encore par cœur. Il y a dans ce beau morceau quelques expressions impropres et vicieuses. (V.)

Tout le prix à ces dieux, toute la gloire est due ;
Ils agissent en nous quand nous pensons agir ;
Alors qu'on délibère on ne fait qu'obéir ;
Et notre volonté n'aime, hait, cherche, évite,
Que suivant que d'en haut leur bras la précipite.
D'un tel aveuglement daignez me dispenser.
Le ciel, juste à punir, juste à récompenser,
Pour rendre aux actions leur peine ou leur salaire,
Doit nous offrir son aide, et puis nous laisser faire.
N'enfonçons toutefois ni votre œil ni le mien
Dans ce profond abîme où nous ne voyons rien :
Delphes a pu vous faire une fausse réponse ;
L'argent put inspirer la voix qui les prononce ;
Cet organe des dieux peut se laisser gagner
A ceux que ma naissance éloignait de régner ;
Et par tous les climats on n'a que trop d'exemples
Qu'il est ainsi qu'ailleurs des méchants dans les temples.
Du moins puis-je assurer que dans tous mes combats
Je n'ai jamais souffert de seconds que mon bras ;
Que je n'ai jamais vu ces lieux de la Phocide
Où fut par des brigands commis ce parricide ;
Que la fatalité des plus pressants malheurs
Ne m'aurait pu réduire à suivre des voleurs ;
Que j'en ai trop puni pour en croître le nombre...

Jocaste. Mais Laïus a parlé, vous en avez vu l'ombre ;
De l'oracle avec elle on voit tant de rapport,
Qu'on ne peut qu'à ce fils en imputer la mort ;
Et c'est le dire assez qu'ordonner qu'on efface
Un grand crime impuni par le sang de sa race.
Attendons toutefois ce qu'en dira Phorbas ;
Autre que lui n'a vu ce malheureux trépas ;
Et de ce témoin seul dépend la connaissance
Et de ce parricide et de votre naissance.
Si vous êtes coupable, évitez-en les yeux ;
Et, de peur d'en rougir, prenez d'autres aïeux.

Thésée. Je le verrai, madame, et sans inquiétude.
Ma naissance confuse a quelque incertitude ;
Mais, pour ce parricide, il est plus que certain
Que ce ne fut jamais un crime de ma main.

PROLOGUE
DE LA TRAGÉDIE DE LA TOISON D'OR,
A L'OCCASION DU MARIAGE DE LOUIS XIV.

PERSONNAGES.

LA FRANCE.
LA VICTOIRE.
MARS.
LA PAIX.
L'HYMÉNÉE.
LA DISCORDE.
L'ENVIE.

L'heureux mariage de Sa Majesté, et la paix qu'il lui a plu donner à ses peuples, ayant été les motifs de la réjouissance publique pour laquelle cette tragédie a été préparée, non-seulement il était juste qu'ils servissent de sujet au prologue qui la précède, mais il était même absolument impossible d'en choisir une plus illustre matière.

SCÈNE PREMIÈRE.

L'ouverture du théâtre fait voir un pays ruiné par les guerres, et terminé dans son enfoncement par une ville qui n'en est pas mieux traitée; ce qui marque le pitoyable état où était la France réduite avant cette faveur du ciel, qu'elle a si longtemps souhaitée, et dont la bonté de son généreux monarque la fait jouir à présent.

LA FRANCE, LA VICTOIRE.

La France. Doux charme des héros, immortelle Victoire,
Ame de leur vaillance, et source de leur gloire,
Vous qu'on fait si volage, et qu'on voit toutefois
Si constante à me suivre, et si ferme en ce choix,
Ne vous offensez pas si j'arrose de larmes
Cette illustre union qu'ont avec vous mes armes,
Et si vos faveurs même obstinent mes soupirs
A pousser vers la Paix mes plus ardents désirs.
Vous faites qu'on m'estime aux deux bouts de la terre;
Vous faites qu'on m'y craint : mais il vous faut la guerre;
Et quand je vois quel prix me coûtent vos lauriers,
J'en vois avec chagrin couronner mes guerriers.

La Victoire. Je ne me repens point, incomparable France,
De vous avoir suivie avec tant de constance;
Je vous prépare encor mêmes attachements :
Mais j'attendais de vous d'autres remercîments.
Vous lassez-vous de moi qui vous comble de gloire,

PROLOGUE DE LA TOISON D'OR.

De moi qui de vos fils assure la mémoire,
Qui fais marcher partout l'effroi devant leurs pas?

La France. Ah! Victoire, pour fils n'ai-je que des soldats?
La gloire qui les couvre, à moi-même funeste,
Sous mes plus beaux succès fait trembler tout le reste;
Ils ne vont aux combats que pour me protéger,
Et n'en sortent vainqueurs que pour me ravager.
S'ils renversent des murs, s'ils gagnent des batailles,
Ils prennent droit par là de ronger mes entrailles;
Leur retour me punit de mon trop de bonheur,
Et mes bras triomphants me déchirent le cœur.
A vaincre tant de fois mes forces s'affaiblissent:
L'État est florissant, mais les peuples gémissent;
Leurs membres décharnés courbent sous mes hauts faits,
Et la gloire du trône accable les sujets.
Voyez autour de moi que de tristes spectacles!
Voilà ce qu'en mon sein enfantent vos miracles.
Quelque encens que je doive à cette fermeté
Qui vous fait en tous lieux marcher à mon côté,
Je me lasse de voir mes villes désolées,
Mes habitants pillés, mes campagnes brûlées.
Mon roi, que vous rendez le plus puissant des rois,
En goûte moins le fruit de ses propres exploits;
Du même œil dont il voit ses plus nobles conquêtes,
Il voit ce qu'il leur faut sacrifier de têtes;
De ce glorieux trône où brille sa vertu,
Il tend sa main auguste à son peuple abattu;
Et, comme à tous moments la commune misère
Rappelle en son grand cœur les tendresses de père,
Ce cœur se laisse vaincre aux vœux que j'ai formés
Pour faire respirer ce que vous opprimez.

La Victoire. France, j'opprime donc ce que je favorise!
A ce nouveau reproche excusez ma surprise:
J'avais cru jusqu'ici qu'à vos seuls ennemis
Ces termes odieux pouvaient être permis,
Qu'eux seuls de ma conduite avaient droit de se plaindre.

La France. Vos dons sont à chérir, mais leur suite est à craindre.
Pour faire deux héros ils font cent malheureux:
Et ce dehors brillant que mon nom reçoit d'eux
M'éclaire à voir les maux qu'à ma gloire il attache,

Le sang dont il m'épuise, et les nerfs qu'il m'arrache.

La Victoire. Je n'ose condamner de si justes ennuis,
Quand je vois quels malheurs malgré moi je produis ;
Mais ce dieu dont la main m'a chez vous affermie,
Vous pardonnera-t-il d'aimer son ennemie ?
Le voilà qui paraît, c'est lui-même, c'est Mars,
Qui vous lance du ciel de farouches regards ;
Il menace, il descend : apaisez sa colère
Par le prompt désaveu d'un souhait téméraire.

Le ciel s'ouvre, et fait voir Mars en posture menaçante, un pied en l'air, et l'autre porté sur son étoile. Il descend ainsi à un des côtés du théâtre, qu'il traverse en parlant ; et, sitôt qu'il a parlé, il remonte au même lieu dont il est parti.

SCÈNE II.

MARS, LA FRANCE, LA VICTOIRE.

Mars. France ingrate, tu veux la paix !
Et pour toute reconnaissance
D'avoir en tant de lieux étendu ta puissance,
Tu murmures de mes bienfaits !
Encore un lustre ou deux, et sous tes destinées,
Ton État n'aurait eu pour bornes que ton choix ;
Et tu devais tenir pour assuré présage,
Voyant toute l'Europe apprendre ton langage,
Que toute cette Europe allait prendre tes lois

Tu renonces à cette gloire,
La Paix a pour toi plus d'appas !
Et tu dédaignes la Victoire
Que j'ai de ma main propre attachée à tes pas !
Vois dans quels fers sous moi la Discorde et l'Envie
Tiennent cette Paix asservie.
La Victoire t'a dit comme on peut m'apaiser ;
J'en veux bien faire encor ta compagne éternelle ;
Mais sache que je la rappelle,
Si tu manques d'en bien user.

Avant que de disparaître, ce dieu, en colère contre la France, lui fait voir la Paix, qu'elle demande avec tant d'ardeur, prisonnière dans son palais, entre les mains de la Discorde et de l'Envie, qu'il lui a données pour gardes. Ce palais a pour colonnes des canons, qui ont pour bases des mortiers, et des boulets pour chapiteaux ; le tout accompagné, pour ornement, de trompettes, de tambours, et autres instruments de guerre entrelacés ensemble, et découpés à jour, qui font comme un second rang de colonnes. Le lambris est composé de trophées d'armes, et de tout ce qui peut désigner et embellir la demeure de ce dieu des batailles.

SCÈNE III.

LA PAIX, LA DISCORDE, L'ENVIE, LA FRANCE, LA VICTOIRE.

La Paix. En vain à tes soupirs il est inexorable ;
Un dieu plus fort que lui me va rejoindre à toi ;
Et tu devras bientôt ce succès adorable
    A cette reine incomparable [1]
Dont les soins et l'exemple ont formé ton grand roi.
Ses tendresses de sœur, ses tendresses de mère,
Peuvent tout sur un fils, peuvent tout sur un frère.
Bénis, France, bénis ce pouvoir fortuné ;
Bénis le choix qu'il fait d'une reine comme elle :
Cent rois en sortiront, dont la gloire immortelle
Fera trembler sous toi l'univers étonné,
Et dans tout l'avenir sur leur front couronné
    Portera l'image fidèle
    De celui qu'elle t'a donné.

    Le blond et pompeux hyménée
Prépare en ta faveur l'éclatante journée
    Où sa main doit briser mes fers.
Ces monstres insolents dont je suis prisonnière,
Prisonniers à leur tour au fond de leurs enfers,
Ne pourront mêler d'ombre à sa vive lumière.
    A tes cantons les plus déserts
    Je rendrai leur beauté première ;
Et dans les doux torrents d'une allégresse entière
Tu verras s'abîmer tes maux les plus amers.

Tu vois comme déjà ces deux autres puissances
Que Mars semblait plonger en d'immortels discords
Ont, malgré ses fureurs, assemblé sur tes bords
    Les sublimes intelligences
Qui de leurs grands États meuvent les vastes corps.
    Les surprenantes harmonies
    De ces miraculeux génies
Savent tout balancer, savent tout soutenir :
Leur prudence était due à cet illustre ouvrage ;
    Et jamais on n'eût pu fournir
Aux intérêts divers de la Seine et du Tage,

---

[1] Anne d'Autriche, mère de Louis XIV, sœur de Philippe IV.

Ni zèle plus savant en l'art de réunir,
Ni savoir mieux instruit du commun avantage.

Par ces organes seuls ces dignes potentats
    Se font eux-mêmes leurs arbitres;
Aux conquêtes par eux ils donnent d'autres titres,
    Et des bornes à leurs États.
Ce dieu même qu'attend ma longue impatience
N'a droit de m'affranchir que par leur conférence;
Sans elle son pouvoir serait mal reconnu.
Mais enfin je le vois, leur accord me l'envoie.
    France, ouvre ton cœur à la joie;
Et vous, monstres, fuyez; ce grand jour est venu.

L'Hyménée paraît couronné de fleurs, portant en sa main droite un dard semé de lis et de roses, et en la gauche le portrait de la reine peint sur son bouclier.

SCÈNE IV.

**L'HYMÉNÉE, LA PAIX, LA DISCORDE, L'ENVIE, LA FRANCE,
LA VICTOIRE.**

La Discorde. En vain tu le veux croire, orgueilleuse captive :
Pourrions-nous fuir le secours qui t'arrive?
L'Envie. Pourrions-nous craindre un dieu qui contre nos fureurs
    Ne prend pour armes que des fleurs?
L'Hyménée. Oui, monstres, oui, craignez cette main vengeresse
    Mais craignez encor plus cette grande princesse
    Pour qui je viens allumer mon flambeau :
Pourriez-vous soutenir les traits de son visage?
    Fuyez, monstres, à son image;
Fuyez; et que l'enfer, qui fut votre berceau,
    Vous serve à jamais de tombeau.
Et vous, noirs instruments d'un indigne esclavage,
Tombez, fers odieux, à ce divin aspect,
    Et, pour lui rendre un prompt hommage,
Anéantissez-vous de honte ou de respect.

Il présente ce portrait aux yeux de la Discorde et de l'Envie, qui trébuchent aussitôt aux enfers; et ensuite il le présente aux chaînes qui tiennent la Paix prisonnière, lesquelles tombent et se brisent tout à l'heure.

SCÈNE V.

L'HYMÉNÉE, LA PAIX, LA FRANCE, LA VICTOIRE.

La France, *à la Paix.* Adorable souhait des peuples gémissants.

Féconde sûreté des travaux innocents,
Infatigable appui du pouvoir légitime,
Qui dissipez le trouble, et détruisez le crime,
Protectrice des arts, mère des beaux loisirs,
Est-ce une illusion qui flatte mes désirs?
Puis-je en croire mes yeux, et dans chaque province
De votre heureux retour faire bénir mon prince?

La Paix. France, apprends que lui-même il aime à le devoir
A ces yeux dont tu vois le souverain pouvoir.
Par un effort d'amour réponds à leurs miracles;
Fais éclater ta joie en de pompeux spectacles.
Ton théâtre a souvent d'assez riches couleurs
Pour n'avoir pas besoin d'emprunter rien ailleurs.
Ose donc, et fais voir que ta reconnaissance...

La France. De grâce, voyez mieux quelle est mon impuissance.
Est-il effort humain qui jamais ait tiré
Des spectacles pompeux d'un sein si déchiré?
Il faudrait que vos soins par le cours des années...

L'Hyménée. Ces traits divins n'ont pas des forces si bornées.
Mes roses et mes lis par eux en un moment
A ces lieux désolés vont servir d'ornement.
Promets, et tu verras l'effet de ma parole.

La France. J'entreprendrai beaucoup; mais ce qui m'en console,
C'est que sous votre aveu...

L'Hyménée. Va, n'appréhende rien;
Nous serons à l'envi nous-mêmes ton soutien.
Porte sur ton théâtre une chaleur si belle,
Que des plus heureux temps l'éclat s'y renouvelle:
Nous en partagerons la gloire et le souci.

La Victoire. Cependant la Victoire est inutile ici;
Puisque la Paix y règne, il faut qu'elle s'exile.

La Paix. Non, Victoire; avec moi tu n'es pas inutile.
Si la France en repos n'a plus où t'employer,
Du moins à ses amis elle peut t'envoyer.
D'ailleurs mon plus grand calme aime l'inquiétude
Des combats de prudence, et des combats d'étude;
Il ouvre un champ plus large à ces guerres d'esprits:
Tous les peuples sans cesse en disputent le prix;
Et, comme il fait monter à la plus haute gloire,
Il est bon que la France ait toujours la Victoire.

Fais-lui donc cette grâce, et prends part comme nous
A ce qu'auront d'heureux des spectacles si doux.

La Victoire. J'y consens, et m'arrête aux rives de la Seine,
Pour rendre un long hommage à l'une et l'autre reine,
Pour y prendre à jamais les ordres de son roi.
Puissé-je en obtenir, pour mon premier emploi,
Ceux d'aller jusqu'aux bouts de ce vaste hémisphère
Arborer les drapeaux de son généreux frère,
D'aller d'un si grand prince, en mille et mille lieux,
Égaler le grand nom au nom de ses aïeux,
Le conduire au delà de leurs fameuses traces,
Faire un appui de Mars du favori des Grâces,
Et sous d'autres climats couronner ses hauts faits
Des lauriers qu'en ceux-ci lui dérobe la Paix !

L'Hyménée. Tu vas voir davantage, et les dieux, qui m'ordonnent
Qu'attendant tes lauriers mes myrthes le couronnent,
Lui vont donner un prix de toute autre valeur
Que ceux que tu promets avec tant de chaleur.
Cette illustre conquête a pour lui plus de charmes
Que celles que tu veux assurer à ses armes;
Et son œil, éclairé par mon sacré flambeau,
Ne voit point de trophée ou si noble ou si beau:
Ainsi, France, à l'envi l'Espagne et l'Angleterre
Aiment à t'enrichir quand tu finis la guerre;
Et la Paix, qui succède à ses tristes efforts,
Te livre par ma main les plus rares trésors.

La Paix. Allons sans plus tarder mettre ordre à tes spectacles;
Et, pour les commencer par de nouveaux miracles,
Toi que rend tout puissant ce chef-d'œuvre des cieux,
Hymen, fais-lui changer la face de ces lieux.

L'Hyménée, *seul*. Naissez à cet aspect, fontaines, fleurs, bocages;
Chassez de ces débris les funestes images,
Et formez des jardins tels qu'avec quatre mots
Le grand art de Médée en fit naître à Colchos.

<small>Tout le théâtre se change en un jardin magnifique à la vue du portrait de la reine, que l'Hyménée lui présente.</small>

SERTORIUS

TRAGÉDIE (1662).

PERSONNAGES.

SERTORIUS, général du parti de Marius en Espagne.
PERPENNA, lieutenant de Sertorius.
AUFIDE, tribun de l'armée de Sertorius.
POMPÉE, général du parti de Sylla.
ARISTIE, femme de Pompée.
VIRIATE, reine de Lusitanie, à présent Portugal.
THAMIRE, dame d'honneur de Viriate.
CELSUS, tribun du parti de Pompée.
ARCAS, affranchi d'Aristius, frère d'Aristie.

La scène est à Nertobrige, ville d'Aragon, conquise par Sertorius, à présent Catalayud.

ACTE PREMIER.

SCÈNE PREMIÈRE.

PERPENNA, AUFIDE.

Perpenna. D'où me vient ce désordre, Aufide? et que veut dire
Que mon cœur sur mes vœux garde si peu d'empire?
L'horreur que, malgré moi, me fait la trahison
Contre tout mon espoir révolte ma raison;
Et de cette grandeur sur le crime fondée,
Dont jusqu'à ce moment m'a trop flatté l'idée,
L'image tout affreuse, au point d'exécuter,
Ne trouve plus en moi de bras à lui prêter.
En vain l'ambition, qui presse mon courage,
D'un faux brillant d'honneur pare son noir ouvrage;
En vain, pour me soumettre à ses lâches efforts,
Mon âme a secoué le joug de cent remords :
Cette âme, d'avec soi tout à coup divisée,
Reprend de ce remords la chaîne mal brisée;

     Et de Sertorius le surprenant bonheur
     Arrête une main prête à lui percer le cœur.
Auflde. Quel honteux contre-temps de vertu délicate
    S'oppose au beau succès de l'espoir qui vous flatte?
    Et depuis quand, seigneur, la soif du premier rang
    Craint-elle de répandre un peu de mauvais sang?
    Avez-vous oublié cette grande maxime,
    Que la guerre civile est le règne du crime;
    Et qu'aux lieux où le crime a plein droit de régner,
    L'innocence timide est seule à dédaigner?
    L'honneur et la vertu sont des noms ridicules:
    Marius ni Carbon n'eurent point de scrupules;
    Jamais Sylla, jamais...
      Perpenna. Sylla ni Marius
   N'ont jamais épargné le sang de leurs vaincus;
   Tour à tour la victoire, autour d'eux en furie,
   A poussé leur courroux jusqu'à la barbarie;
   Tour à tour le carnage et les proscriptions
   Ont sacrifié Rome à leurs dissensions:
   Mais leurs sanglants discords, qui nous donnent des maîtres,
   Ont fait des meurtriers, et n'ont point fait de traîtres;
   Leurs plus vastes fureurs jamais n'ont consenti
   Qu'aucun versât le sang de son propre parti:
   Et dans l'un ni dans l'autre aucun n'a pris l'audace
   D'assassiner son chef pour monter en sa place.
Auflde. Vous y renoncez donc, et n'êtes plus jaloux
    De suivre les drapeaux d'un chef moindre que vous?
    Ah! s'il faut obéir, ne faisons plus la guerre;
    Prenons le même joug qu'a pris toute la terre.
    Pourquoi tant de périls? pourquoi tant de combats?
    Si nous voulons servir, Sylla nous tend les bras.
    C'est mal vivre en Romain que prendre loi d'un homme:
    Mais, tyran pour tyran, il vaut mieux vivre à Rome.
Perpenna. Vois mieux ce que tu dis quand tu parles ainsi.
    Du moins la liberté respire encore ici.
    De notre république, à Rome anéantie,
    On y voit refleurir la plus noble partie;
    Et cet asile, ouvert aux illustres proscrits,
    Réunit du sénat les précieux débris.

ACTE I, SCÈNE I.

Par lui Sertorius gouverne ces provinces,
Leur impose tribut, fait des lois à leurs princes,
Maintient de nos Romains le reste indépendant :
Mais comme tout parti demande un commandant,
Ce bonheur imprévu qui partout l'accompagne,
Ce nom qu'il s'est acquis chez les peuples d'Espagne...

Aufide. Ah ! c'est ce nom acquis avec trop de bonheur
Qui rompt votre fortune, et vous ravit l'honneur :
Vous n'en sauriez douter, pour peu qu'il vous souvienne
Du jour que votre armée alla joindre la sienne.
Lors...

Perpenna. N'envenime point le cuisant souvenir
Que le commandement devait m'appartenir.
Je le passais en nombre aussi bien qu'en noblesse ;
Il succombait sans moi sous sa propre faiblesse :
Mais, sitôt qu'il parut, je vis en moins de rien
Tout mon camp déserté pour repeupler le sien ;
Je vis par mes soldats mes aigles arrachées
Pour se ranger sous lui voler vers ses tranchées ;
Et, pour en colorer l'emportement honteux,
Je les suivis de rage, et m'y rangeai comme eux.
L'impérieuse aigreur de l'âpre jalousie
Dont en secret dès lors mon âme fut saisie
Grossit de jour en jour sous une impression
Qui tyrannise encor plus que l'ambition :
Viriate me charme ; et cette grande reine,
Des Lusitaniens l'illustre souveraine,
Pourrait par son hymen me rendre sur les siens
Ce pouvoir absolu qu'il m'ôte sur les miens.
Mais elle-même, hélas ! de ce grand nom charmée,
S'attache au bruit heureux qui fait sa renommée ;
Et, s'il peut me céder ce trône où je prétends,
J'immolerai ma haine à mes désirs contents ;
Et je n'envierai plus le rang dont il s'empare,
S'il m'en assure autant chez ce peuple barbare,
Qui, formé par nos soins, instruit de notre main,
Sous notre discipline est devenu romain.

Aufide. Lorsqu'on fait des projets d'une telle importance,
Les intérêts du cœur entrent-ils en balance ?

Et, si ces intérêts vous sont enfin si doux,
Viriate, lui mort, n'est-elle pas à vous ?

Perpenna. Oui ; mais de cette mort la suite m'embarrasse.
Aurai-je sa fortune aussi bien que sa place ?
Ceux dont il a gagné la fortune et l'appui
Prendront-ils même joie à m'obéir qu'à lui ?
Et, pour venger sa trame indignement coupée,
N'arboreront-ils point l'étendard de Pompée ?

Aufide. C'est trop craindre, et trop tard ; c'est dans votre festin
Que ce soir par votre ordre on tranche son destin.
La trêve a dissipé l'armée à la campagne,
Et vous en commandez ce qui nous accompagne.
L'occasion nous rit dans un si grand dessein ;
Mais tel bras n'est à nous que jusques à demain.
Si vous rompez le coup, prévenez les indices ;
Perdez Sertorius, ou perdez vos complices.
Craignez ce qu'il faut craindre : il en est parmi nous
Qui pourraient bien avoir mêmes remords que vous ;
Et si vous différez .. Mais le tyran arrive.
Tâchez d'en obtenir l'objet qui vous captive ;
Et je prierai les dieux que dans cet entretien
Vous ayez assez d'heur pour n'en obtenir rien.

SCÈNE II.

SERTORIUS, PERPENNA.

Sertorius. Apprenez un dessein qui me vient de surprendre.
Dans deux heures Pompée en ce lieu doit se rendre :
Il veut sur nos débats conférer avec moi,
Et pour toute assurance il ne prend que ma foi.

Perpenna. La parole suffit entre les grands courages.
D'un homme tel que vous la foi vaut cent otages ;
Je n'en suis point surpris : mais ce qui me surprend,
C'est de voir que Pompée ait pris le nom de Grand,
Pour faire encore au vôtre entière déférence,
Sans vouloir de lieu neutre à cette conférence.
C'est avoir beaucoup fait que d'avoir jusque là
Fait descendre l'orgueil des héros de Sylla.

Sertorius. S'il est plus fort que nous, ce n'est plus en Espagne,
Où nous forçons les siens de quitter la campagne,
Et de se retrancher dans l'empire douteux
Que lui souffre à regret une province ou deux,
Qu'à sa fortune lasse il craint que je n'enlève,
Sitôt que le printemps aura fini la trêve.
C'est l'heureuse union de vos drapeaux aux miens
Qui fait ces beaux succès qu'à toute heure j'obtiens ;
C'est à vous que je dois ce que j'ai de puissance :
Attendez tout aussi de ma reconnaissance.
Je reviens à Pompée, et pense deviner
Quels motifs jusqu'ici peuvent nous l'amener.
Comme il trouve avec nous peu de gloire à prétendre,
Et qu'au lieu d'attaquer il a peine à défendre,
Il voudrait qu'un accord, avantageux ou non,
L'affranchît d'un emploi qui ternit ce grand nom ;
Et chatouillé d'ailleurs par l'espoir qui le flatte,
De faire avec plus d'heur la guerre à Mithridate,
Il brûle d'être à Rome, afin d'en recevoir
Du maître qu'il s'y donne et l'ordre et le pouvoir.

Perpenna. J'aurais cru qu'Aristie ici réfugiée,
Que, forcé par ce maître, il a répudiée,
Par un doux souvenir l'attirât en ces lieux
Sous une autre couleur lui faire ses adieux ;
Car de son cher tyran l'injustice fut telle,
Qu'il ne lui permit pas de prendre congé d'elle.

Sertorius. Elle cherche bien moins un asile chez nous
Que la gloire d'y prendre un plus illustre époux.
C'est ainsi qu'elle parle, et m'offre l'assistance
De ce que Rome encore a de gens d'importance,
Dont les uns ses parents, les autres ses amis,
Si je veux l'épouser, ont pour moi tout promis.
Leurs lettres en font foi, qu'elle me vient de rendre.
Voyez avec loisir ce que j'en dois attendre ;
Je veux bien m'en remettre à votre sentiment.

Perpenna. Pourriez-vous bien, seigneur, balancer un moment,
A moins d'une secrète et forte antipathie
Qui vous montre un supplice en l'hymen d'Aristie ?
Voyant ce que pour dot Rome lui veut donner,

Vous n'avez aucun lieu de rien examiner.
Sertorius. Eh bien! donc, Perpenna, car il faut vous le dire,
La reine Viriate à mon hymen aspire ;
Elle veut que ce choix de son ambition
De son peuple avec nous commence l'union,
Et qu'ensuite à l'envi mille autres hyménées
De nos deux nations l'une à l'autre enchaînées
Mêlent si bien le sang et l'intérêt commun,
Qu'ils réduisent bientôt les deux peuples en un.
C'est ce qu'elle prétend pour digne récompense
De nous avoir servis avec cette constance
Qui n'épargne ni biens ni sang de ses sujets
Pour affermir ici nos généreux projets :
Non qu'elle me l'ait dit, ou quelque autre pour elle ;
Mais j'en vois chaque jour quelque marque fidèle ;
Et comme ce dessein n'est plus pour moi douteux,
Je ne puis l'ignorer qu'autant que je le veux.
Je crains donc de l'aigrir si j'épouse Aristie,
Et que de ses sujets la meilleure partie,
Pour venger ce mépris, et servir son courroux,
Ne tourne obstinément ses armes contre nous.
Auprès d'un tel malheur, pour nous irréparable,
Ce qu'on promet pour l'autre est peu considérable ;
Et, sous un faux espoir de nous mieux établir,
Ce renfort accepté pourrait nous affaiblir.
Voilà ce qui retient mon esprit en balance.
Je n'ai pour Aristie aucune répugnance ;
Et la reine à tel point n'asservit pas mon cœur,
Qu'il ne fasse encor tout pour le commun bonheur.
Perpenna. Cette crainte, seigneur, dont votre âme est gênée
Ne doit pas d'un moment retarder l'hyménée.
Viriate, il est vrai, pourra s'en émouvoir ;
Mais que sert la colère où manque le pouvoir ?
Malgré sa jalousie et ses vaines menaces,
N'êtes-vous pas toujours le maître de ses places ?
Les siens, dont vous craignez le vif ressentiment,
Ont ils dans votre armée aucun commandement ?
Des plus nobles d'entre eux, et des plus grands courages
N'avez-vous pas les fils dans Osca pour otages !

ACTE I, SCÈNE II.

Tous leurs chefs sont Romains; et leurs propres soldats,
Dispersés dans nos rangs, ont fait tant de combats,
Que la vieille amitié qui les attache aux nôtres
Leur fait aimer nos lois et n'en vouloir pas d'autres.
Pourquoi donc tant les craindre, et pourquoi refuser...

Sertorius. Vous-même, Perpenna, pourquoi tant déguiser?
Je vois ce qu'on m'a dit : vous aimez Viriate;
Et ce désir caché dans vos raisons éclate.
Mais les raisonnements sont ici superflus :
Dites que vous l'aimez, et je ne l'aime plus.
Parlez : je vous dois tant, que ma reconnaissance
Ne peut être sans honte un moment en balance.

Perpenna. L'aveu que vous voulez à mon cœur est si doux,
Que j'ose...

Sertorius. C'est assez : je parlerai pour vous.

SCÈNE III.

SERTORIUS, ARISTIE.

Aristie. Ne vous offensez pas si dans mon infortune
Ma faiblesse me force à vous être importune;
Non pas pour mon hymen : les suites d'un tel choix
Méritent qu'on y pense un peu plus d'une fois;
Mais vous pouvez, seigneur, joindre à mes espérances
Contre un péril nouveau nouvelles assurances.
J'apprends qu'un infidèle, autrefois mon époux,
Vient jusque dans ces murs conférer avec vous :
L'ordre de son tyran, et son âme inquiète,
Me pourront envier l'honneur de ma retraite :
L'un en prévoit la suite, et l'autre en craint l'éclat;
Et tous les deux contre elle ont leur raison d'État.
Je vous demande donc sûreté tout entière,
Contre la violence et contre la prière,
Si par l'une ou par l'autre il veut se ressaisir
De ce qu'il ne peut voir ailleurs sans déplaisir.

Sertorius. Il en a lieu, madame; un si rare mérite
Semble croître de prix quand par force on le quitte;
Mais vous avez ici sûreté contre tous,
Pourvu que vous puissiez en trouver contre vous.

Aristie. L'ingrat, par son divorce en faveur d'Æmilie,
M'a livrée au mépris de toute l'Italie.
Vous savez à quel point mon courage est blessé :
Mais s'il se dédisait d'un outrage forcé,
S'il chassait Æmilie et me rendait ma place,
J'aurais peine, seigneur, à lui refuser grâce ;
Et, tant que je serai maîtresse de ma foi,
Je me dois toute à lui, s'il revient tout à moi.

Sertorius. En vain donc je me flatte ; en vain j'ose, madame,
Promettre à mon espoir quelque part en votre âme :
Pompée en est encor l'unique souverain.
Tous vos ressentiments n'offrent que votre main ;
Et, quand par ses refus j'aurai droit d'y prétendre,
Le cœur, toujours à lui, ne voudra pas se rendre.

Aristie. Qu'importe de mon cœur, si je sais mon devoir,
Et si mon hyménée enfle votre pouvoir ?
Vous ravaleriez-vous jusques à la bassesse
D'exiger de ce cœur des marques de tendresse,
Et de les préférer à ce qu'il fait d'effort
Pour braver mon tyran et relever mon sort ?
Unissons ma vengeance à votre politique,
Pour sauver des abois toute la république :
L'hymen seul peut unir des intérêts si grands.
Je sais que c'est beaucoup que ce que je prétends ;
Mais, dans ce dur exil que mon tyran m'impose,
Le rebut de Pompée est encor quelque chose ;
Et j'ai des sentiments trop nobles ou trop vains
Pour le porter ailleurs qu'au plus grand des Romains.

Sertorius. Ce nom ne m'est pas dû, je suis...

                      Aristie. Ce que vous faites
Montre à tout l'univers, seigneur, ce que vous êtes ;
Mais quand même ce nom semblerait trop pour vous,
Du moins mon infidèle est d'un rang au-dessous :
Il sert dans son parti, vous commandez au vôtre ;
Vous êtes chef de l'un, et lui sujet dans l'autre ;
Et son divorce enfin, qui m'arrache sa foi,
L'y laisse par Sylla plus opprimé que moi,
Si votre hymen m'élève à la grandeur sublime
Tandis qu'en l'esclage un autre hymen l'abîme.

ACTE I, SCÈNE III.

Mais, seigneur, je m'emporte, et l'excès d'un tel heur
Me fait vous en parler avec trop de chaleur.
Tout mon bien est encor dedans l'incertitude :
Je n'en conçois l'espoir qu'avec inquiétude ;
Et je craindrai toujours d'avoir trop prétendu,
Tant que de cet espoir vous m'ayez répondu.
Vous me pouvez d'un mot assurer ou confondre.

Sertorius. Mais, madame, après tout, que puis-je vous répondre ?
De quoi vous assurer, si vous-même parlez
Sans être sûre encor de ce que vous voulez ?
De votre illustre hymen je sais les avantages ;
J'adore les grands noms que j'en ai pour otages,
Et vois que leur secours, nous rehaussant le bras,
Aurait bientôt jeté la tyrannie à bas :
Mais cette attente aussi pourrait se voir trompée
Dans l'offre d'une main qui se garde à Pompée,
Et qui n'étale ici la grandeur d'un tel bien
Que pour me tout promettre et ne me donner rien.

Aristie. Si vous vouliez ma main par choix de ma personne,
Je vous dirais, seigneur : « Prenez ; je vous la donne ;
« Quoi que veuille Pompée, il le voudra trop tard. »
Mais, comme en cet hymen le cœur n'a point de part,
Qu'il n'est qu'un pur effet de noble politique,
Souffrez que je vous die, afin que je m'explique,
Que, quand j'aurais pour dot un million de bras,
Je vous donne encor plus en ne l'achevant pas.
Si je réduis Pompée à chasser Æmilie,
Peut-il, Scylla régnant, regarder l'Italie ?
Ira-t-il se livrer à son juste courroux ?
Non, non ; si je le gagne, il faut qu'il vienne à vous.
Ainsi par mon hymen vous avez assurance
Que mille vrais Romains prendront votre défense :
Mais, si j'en romps l'accord pour lui rendre mes vœux,
Vous aurez ces Romains et Pompée avec eux ;
Vous aurez ses amis par ce nouveau divorce ;
Vous aurez du tyran la principale force,
Son armée, ou du moins ses plus braves soldats,
Qui de leur général voudront suivre les pas ;
Vous marcherez vers Rome à communes enseignes.

25.

Il sera temps alors, Sylla, que tu me craignes,
Tremble, et crois voir bientôt trébucher ta fierté,
Si je puis t'enlever ce que tu m'as ôté.
Pour faire de Pompée un gendre de ta femme,
Tu l'as fait un parjure, un méchant, un infâme :
Mais, s'il me laisse encor quelques droits sur son cœur,
Il reprendra sa foi, sa vertu, son honneur ;
Pour rentrer dans mes fers il brisera tes chaines ;
Et nous t'accablerons sous nos communes haines.
J'abuse trop, seigneur, d'un précieux loisir :
Voilà vos intérêts ; c'est à vous de choisir.
Si votre cœur trop prompt veut borner sa conquête,
Je vous le dis encor, ma main est toute prête.
Je vous laisse y penser : surtout souvenez-vous
Que ma gloire en ces lieux me demande un époux ;
Qu'elle ne peut souffrir que ma fuite m'y range,
En captive de guerre, au péril d'un échange,
Qu'elle veut un grand homme à recevoir ma foi,
Qu'après vous et Pompée il n'en est point pour moi,
Et que...

Sertorius. Vous le verrez, et saurez sa pensée.
Aristie. Adieu, seigneur : j'y suis la plus intéressée,
Et j'y vais préparer mon reste de pouvoir.
Sertorius. Moi, je vais donner l'ordre à le bien recevoir.

ACTE DEUXIÈME.

SCÈNE PREMIÈRE.

VIRIATE, THAMIRE.

Viriate. J'aime en Sertorius ce grand art de la guerre
Qui soutient un banni contre toute la terre ;
J'aime en lui ces cheveux tout couverts de lauriers,
Ce front qui fait trembler les plus braves guerriers,
Ce bras qui semble avoir la victoire en partage.
L'amour de la vertu n'a jamais d'yeux pour l'âge :

ACTE II, SCÈNE I.

Le mérite a toujours des charmes éclatants ;
Et quiconque peut tout est aimable en tout temps.
Thamire. Mais, madame, nos rois, dont le choix vous irrite,
N'ont-ils tous ni vertu, ni pouvoir, ni mérite ?
Et dans votre parti se peut-il qu'aucun d'eux
N'ait signalé son nom par des exploits fameux ?
Celui des Turdetans, celui des Celtibères,
Soutiendraient-ils si mal le sceptre de vos pères ?...
Viriate. Contre des rois comme eux j'aimerais leur soutien ;
Mais contre des Romains tout leur pouvoir n'est rien.
Rome seule aujourd'hui peut résister à Rome :
Il faut pour la braver qu'elle nous prête un homme,
Et que son propre sang en faveur de ces lieux
Balance les destins, et partage les dieux.
Depuis qu'elle a daigné protéger nos provinces,
Et de son amitié faire honneur à leurs princes,
Sous un si haut appui nos rois humiliés
N'ont été que sujets sous le nom d'alliés ;
Et ce qu'ils ont osé contre leur servitude
N'en a rendu le joug que plus fort et plus rude.
Qu'a fait Mandonius, qu'a fait Indibilis,
Qu'y plonger plus avant leurs trônes avilis,
Et voir leur fier amas de puissance et de gloire
Brisé contre l'écueil d'une seule victoire ?
Le grand Viriatus, de qui je tiens le jour,
D'un sort plus favorable eut un pareil retour.
Il défit trois préteurs, il gagna dix batailles,
Il repoussa l'assaut de plus de cent murailles ;
Et de Servilius l'astre prédominant
Dissipa tout d'un coup ce bonheur étonnant.
Ce grand roi fut défait, il en perdit la vie,
Et laissait sa couronne à jamais asservie,
Si pour briser les fers de son peuple captif
Rome n'eût envoyé ce noble fugitif.
Depuis que son courage à nos destins préside,
Un bonheur si constant de nos armes décide,
Que deux lustres de guerre assurent nos climats
Contre ces souverains de tant de potentats,
Et leur laissent à peine, au bout de dix années,

Pour se couvrir de nous l'ombre des Pyrénées.
Nos rois, sans ce héros, l'un de l'autre jaloux,
Du plus heureux sans cesse auraient rompu les coups :
Jamais ils n'auraient pu choisir entre eux un maître.

Thamire. Mais consentiront-ils qu'un Romain puisse l'être ?

Viriate. Il n'en prend pas le titre, et les traite d'égal :
Mais, Thamire, après tout, il est leur général ;
Ils combattent sous lui, sous son ordre ils s'unissent ;
Et tous ces rois de nom en effet obéissent,
Tandis que de leur rang l'inutile fierté
S'applaudit d'une vaine et fausse égalité.

Thamire. Je n'ose vous rien dire après cet avantage,
Et voudrais comme vous faire grâce à son âge ;
Mais enfin ce héros, sujet au cours des ans,
A trop longtemps vaincu pour vaincre encor longtemps ;
Et sa mort...

Viriate. Jouissons, en dépit de l'envie,
Des restes glorieux de son illustre vie :
Sa mort me laissera pour ma protection
La splendeur de son ombre et l'éclat de son nom.
Sur ces deux grands appuis ma couronne affermie
Ne redoutera point de puissance ennemie ;
Ils feront plus pour moi que ne feraient cent rois.
Mais nous en parlerons encor quelque autre fois.
Je l'aperçois qui vient.

SCÈNE II.

SERTORIUS, VIRIATE, THAMIRE.

Sertorius. Que direz-vous, madame,
Du dessein téméraire où s'échappe mon âme ?
N'est-ce point oublier ce qu'on vous doit d'honneur
Que demander à voir le fond de votre cœur ?

Viriate. Il est si peu fermé, que chacun y peut lire,
Seigneur, peut-être plus que je ne puis vous dire ;
Pour voir ce qui s'y passe, il ne faut que des yeux.

Sertorius. J'ai besoin toutefois qu'il s'explique un peu mieux.
Tous vos rois à l'envi briguent votre hyménée ;
Et comme vos bontés font notre destinée,

Par ces mêmes bontés j'ose vous conjurer,
En faisant ce grand choix, de nous considérer.
Si vous prenez un prince inconstant, infidèle,
Ou qui pour le parti n'ait pas assez de zèle,
Jugez en quel état nous nous verrons réduits,
Si je pourrai longtemps encor ce que je puis,
Si mon bras...

Viriate. Vous formez des craintes que j'admire.
J'ai mis tous mes États si bien sous votre empire,
Que quand il me plaira faire choix d'un époux,
Quelque projet qu'il fasse, il dépendra de vous.
Mais, pour vous mieux ôter cette frivole crainte,
Choisissez-le vous-même, et parlez-moi sans feinte :
Pour qui de tous ces rois êtes-vous sans soupçon ?
A qui d'eux pouvez-vous confier ce grand nom ?

Sertorius. Je voudrais faire un choix qui pût aussi vous plaire ;
Mais, à ce froid accueil que je vous vois leur faire,
Il semble que pour tous sans aucun intérêt...

Viriate. C'est peut-être, seigneur, qu'aucun d'eux ne me plaît,
Et que de leur haut rang la pompe la plus vaine
S'efface au seul aspect de la grandeur romaine.

Sertorius. Si donc je vous offrais pour époux un Romain ?

Viriate. Pourrais-je refuser un don de votre main ?

Sertorius. J'ose après cet aveu vous faire offre d'un homme
Digne d'être avoué de l'ancienne Rome.
Il en a la naissance, il en a le grand cœur,
Il est couvert de gloire, il est plein de valeur ;
De toute votre Espagne il a gagné l'estime,
Libéral, intrépide, affable, magnanime ;
Enfin c'est Perpenna sur qui vous emportez...

Viriate. J'attendais votre nom après ces qualités.
Les éloges brillants que vous daignez y joindre
Ne me permettaient pas d'espérer rien de moindre :
Mais certes le détour est un peu surprenant.
Vous donnez une reine à votre lieutenant !
Je le dis donc tout haut, afin que l'on m'entende :
Je veux bien un Romain, mais je veux qu'il commande ;
Et ne trouverais pas vos rois à dédaigner,
N'était qu'ils savent mieux obéir que régner.

Mais, si de leur puissance ils vous laissent l'arbitre,
Leur faiblesse du moins en conserve le titre :
Ainsi ce noble orgueil qui vous préfère à tous
En préfère le moindre à tout autre qu'à vous ;
Car enfin, pour remplir l'honneur de ma naissance,
Il me faudrait un roi de titre et de puissance :
Mais, comme il n'en est plus, je pense m'en devoir
Ou le pouvoir sans nom, ou le nom sans pouvoir.

Sertorius. J'honore ce grand cœur qui rend ce qu'il doit rendre
Aux illustres aïeux dont on vous voit descendre.
A de moindres pensers son orgueil abaissé
Ne soutiendrait pas bien ce qu'ils vous ont laissé.
Mais puisque, pour remplir la dignité royale,
Votre haute naissance en demande une égale,
Perpenna parmi nous est le seul dont le sang
Ne mêlerait point d'ombre à la splendeur du rang ;
Il descend de nos rois et de ceux d'Étrurie.
Pour moi, qu'un sang moins noble a transmis à la vie,
Je n'ose m'éblouir d'un peu de nom fameux,
Jusqu'à déshonorer le trône par mes vœux.
Cessez de m'estimer jusqu'à lui faire injure :
Je ne veux que le nom de votre créature ;
Un si glorieux titre a de quoi me ravir ;
Il m'a fait triompher en voulant vous servir ;
Et malgré tout le peu que le ciel m'a fait naître...

Viriate. Si vous prenez ce titre, agissez moins en maître,
Ou m'apprenez du moins, seigneur, par quelle loi
Vous n'osez m'accepter, et disposez de moi.
Accordez le respect que mon trône vous donne
Avec cet attentat sur ma propre personne.
Voir toute mon estime, et n'en pas mieux user,
C'en est un qu'aucun art ne saurait déguiser.
Ne m'honorez donc plus jusqu'à me faire injure ;
Puisque vous le voulez, soyez ma créature ;
Et, me laissant en reine ordonner de vos vœux,
Portez-les jusqu'à moi, parce que je le veux.
Pour votre Perpenna, que sa haute naissance
N'affranchit point encor de votre obéissance,
Fût-il du sang des dieux aussi bien que des rois,

Ne lui promettez plus la gloire de mon choix.
Rome n'attache point le grade à la noblesse.
Votre grand Marius naquit dans la bassesse;
Et c'est pourtant le seul que le peuple romain
Ait jusques à sept fois choisi pour souverain.
Ainsi pour estimer chacun à sa manière,
Au sang d'un Espagnol je ferais grâce entière;
Mais parmi vos Romains je prends peu garde au sang,
Quand j'y vois la vertu prendre le plus haut rang.
Vous, si vous haïssez comme eux le nom de reine,
Regardez-moi, seigneur, comme dame romaine :
Le droit de bourgeoisie à nos peuples donné
Ne perd rien de son prix sur un front couronné.
Sous ce titre adoptif, étant ce que vous êtes,
Je pense bien valoir une de mes sujettes;
Et, si quelque Romaine a causé vos refus,
Je suis tout ce qu'elle est, et reine encor de plus.
Peut-être la pitié d'une illustre misère...

Sertorius. Je vous entends, madame, et, pour ne vous rien taire,
J'avouerai qu'Aristie...

Viriate. Elle nous a tout dit;
Je sais ce qu'elle espère et ce qu'on vous écrit.
Sans y perdre de temps, ouvrez votre pensée.

Sertorius. Au seul bien de la cause elle est intéressée :
Mais puisque, pour ôter l'Espagne à nos tyrans,
Nous prenons, vous et moi, des chemins différents,
De grâce, examinez le commun avantage,
Et jugez ce que doit un généreux courage.
Je trahirais, madame, et vous et vos États,
De voir un tel secours, et ne l'accepter pas :
Mais ce même secours deviendrait notre perte,
S'il nous ôtait la main que vous m'avez offerte,
Et qu'un destin jaloux de nos communs desseins
Jetât ce grand dépôt en de mauvaises mains.
Je tiens Sylla perdu, si vous laissez unie
A ce puissant renfort votre Lusitanie.
Mais vous pouvez enfin dépendre d'un époux,
Et le seul Perpenna peut m'assurer de vous.

Viriate. Après que ma couronne a garanti vos têtes,

Ne mérité-je point de part en vos conquêtes?
Ne vous ai-je servi que pour servir toujours,
Et m'assurer des fers par mon propre secours?
Ne vous y trompez pas : si Perpenna m'épouse,
Du pouvoir souverain je deviendrai jalouse,
Et le rendrai moi-même assez entreprenant
Pour ne pas vous laisser un roi pour lieutenant.
Je vous avouerai plus : à qui que je me donne,
Je voudrai hautement soutenir ma couronne :
Et c'est ce qui me force à vous considérer,
De peur de perdre tout, s'il nous faut séparer.
Je ne vois que vous seul qui des mers aux montagnes
Sous un même étendard puisse unir nos Espagnes :
Mais ce que je propose en est le seul moyen ;
Et, quoi qu'ait fait pour nous ce cher concitoyen,
S'il vous a secouru contre la tyrannie,
Il en est bien payé d'avoir sauvé sa vie.
Les malheurs du parti l'accablaient à tel point
Qu'il se voyait perdu, s'il ne vous eût pas joint ;
Et même, si j'en veux croire la renommée,
Ses troupes, malgré lui, grossirent votre armée.
Rome offre un grand secours, du moins on vous l'écrit ;
Mais, s'armât-elle toute en faveur d'un proscrit,
Quand nous sommes aux bords d'une pleine victoire,
Quel besoin avons-nous d'en partager la gloire?
Encore une campagne, et nos seuls escadrons
Aux aigles de Sylla font repasser les monts.
Et ces derniers venus auront droit de nous dire
Qu'ils auront en ces lieux établi notre empire !
Soyons d'un tel honneur l'un et l'autre jaloux ;
Et quand nous pouvons tout, ne devons rien qu'à nous.

Sertorius. L'espoir le mieux fondé n'a jamais trop de forces ;
Le plus heureux destin surprend par les divorces ;
Du trop de confiance il aime à se venger ;
Et dans un grand dessein rien n'est à négliger.
Devons-nous exposer à tant d'incertitude
L'esclavage de Rome et notre servitude,
De peur de partager avec d'autres Romains
Un honneur où le ciel veut peut-être leurs mains?

Notre gloire, il est vrai, deviendra sans seconde,
Si nous faisons sans eux la liberté du monde;
Mais si quelque malheur suit tant d'heureux combats,
Quels reproches cruels ne nous ferons-nous pas!
D'ailleurs, considérez que Perpenna vous aime,
Qu'il est ou qu'il se croit digne du diadème,
Qu'il peut ici beaucoup; qu'il s'est vu de tout temps
Qu'en gouvernant le mieux on fait des mécontents;
Que, piqué du mépris, il osera peut-être...

Viriate. Tranchez le mot, seigneur : je vous ai fait mon maître,
Et je dois obéir malgré mon sentiment;
C'est à quoi se réduit tout ce raisonnement.
Faites, faites entrer ce héros d'importance,
Que je fasse un essai de mon obéissance;
Et si vous le craignez, craignez autant, du moins,
Un long et vain regret d'avoir prêté vos soins.

Sertorius. Madame, croiriez-vous...

Viriate. Ce mot doit vous suffire :
J'entends ce qu'on me dit, et ce qu'on me veut dire.
Allez, faites-lui place, et ne présumez pas...

Sertorius. Je parle pour un autre, et toutefois, hélas!
Si vous saviez...

Viriate. Seigneur, que faut-il que je sache?
Et quel est le secret que ce soupir me cache?

Sertorius. Ce soupir redoublé...

Viriate. N'achevez point; allez :
Je vous obéirai plus que vous ne voulez.

SCÈNE III.

VIRIATE, PERPENNA, AUFIDE, THAMIRE.

Viriate. J'ai de l'ambition, et mon orgueil de reine
Ne peut voir sans chagrin une autre souveraine
Qui, sur mon propre trône à mes yeux s'élevant,
Jusque dans mes États prenne le pas devant.
Sertorius y règne : si dans tout notre empire
Il dispense des lois où j'ai voulu souscrire,
Je ne m'en repens point, il en a bien usé;
Je rends grâces au ciel qui l'a favorisé.

Mais, pour vous dire enfin de quoi je suis jalouse,
Quel rang puis-je garder auprès de son épouse?
Aristie y prétend, et l'offre qu'elle fait,
Ou que l'on fait pour elle, en assure l'effet.
Délivrez nos climats de cette vagabonde,
Qui vient par son exil troubler un autre monde;
Et forcez-la sans bruit d'honorer d'autres lieux
De cet illustre objet qui me blesse les yeux.
Assez d'autres États lui prêteront asile.

Perpenna. Quoi que vous m'ordonniez, tout me sera facile :
Mais quand Sertorius ne l'épousera pas,
Un autre hymen vous met dans le même embarras.
Et qu'importe, après tout, d'une autre ou d'Aristie,
Si...

Viriate. Rompons, Perpenna, rompons cette partie;
Donnons ordre au présent; et quant à l'avenir,
Suivant l'occasion nous saurons y fournir.
Le temps est un grand maître, il règle bien des choses.
Enfin je suis jalouse, et vous en dis les causes.
Voulez-vous me servir?

Perpenna. Si je le veux? j'y cours,
Madame, et meurs déjà d'y consacrer mes jours.

Viriate. Sans doute un tel service aura droit de me plaire;
Mais laissez-moi, de grâce, arbitre du salaire :
Je ne suis point ingrate, et sais ce que je dois;
Et c'est vous dire assez pour la première fois.

SCÈNE IV.

PERPENNA, AUFIDE.

Perpenna. Hasardons quelques jours sur l'espoir qui nous flatte,
Dussions-nous, pour tout fruit, ne faire qu'une ingrate.

Aufide. Mais, seigneur...

Perpenna. Épargnons les discours superflus;
Songeons à la servir, et ne contestons plus :
Cet unique souci tient mon âme occupée.
Cependant de nos murs on découvre Pompée;
Tu sais qu'on me l'a dit : allons le recevoir,
Puisque Sertorius m'impose ce devoir.

Et vous pensez avoir l'âme toute romaine.

SERTORIUS.   Acte III, Scène I.

ACTE TROISIÈME.

SCÈNE PREMIÈRE[1].

SERTORIUS, POMPÉE, SUITE.

Sertorius. Seigneur, qui des mortels eût jamais osé croire
Que la trève à tel point dût rehausser ma gloire ;
Qu'un nom à qui la guerre a fait trop applaudir
Dans l'ombre de la paix trouvât à s'agrandir ?
Certes, je doute encor si ma vue est trompée,
Alors que dans ces murs je vois le grand Pompée ;
Et quand il lui plaira, je saurai quel bonheur
Comble Sertorius d'un tel excès d'honneur.
Pompée. Deux raisons. Mais, seigneur, faites qu'on se retire,
Afin qu'en liberté je puisse vous les dire.

SCÈNE II.

SERTORIUS *et* POMPÉE, *assis*.

Pompée. L'inimitié qui règne entre nos deux partis
N'y rend pas de l'honneur tous les droits amortis.
Comme le vrai mérite a ses prérogatives,
Qui prennent le dessus des haines les plus vives,
L'estime et le respect sont de justes tributs
Qu'aux plus fiers ennemis arrachent les vertus ;
Et c'est ce que vient rendre à la haute vaillance,
Dont je ne fais ici que trop d'expérience,
L'ardeur de voir de près un si fameux héros,
Sans lui voir en la main piques ni javelots,
Et le front désarmé de ce regard terrible
Qui dans nos escadrons guide un bras invincible.
Je suis jeune et guerrier, et tant de fois vainqueur,
Que mon trop de fortune a pu m'enfler le cœur ;

[1] Cette scène, ou plutôt la seconde, dont celle-ci n'est que le commencement, fit le succès de *Sertorius*, et elle aura toujours une grande réputation. S'il y a quelques défauts dans le style, ces défauts n'ôtent rien à la noblesse des sentiments, à la politique, aux bienséances de toute espèce, qui font un chef-d'œuvre de cette conversation. Elle n'est pas tragique, j'en conviens ; elle n'est que politique. La pièce de *Sertorius* n'a rien de la chaleur et du pathétique de la vraie tragédie ; mais cette scène de Sertorius et de Pompée, prise à part, est un grand modèle. (V.)

Mais, et ce franc aveu sied bien aux grands courages,
J'apprends plus contre vous par mes désavantages
Que les plus beaux succès qu'ailleurs j'aie emportés
Ne m'ont encore appris par mes prospérités.
Je vois ce qu'il faut faire, à voir ce que vous faites :
Les siéges, les assauts, les savantes retraites,
Bien camper, bien choisir à chacun son emploi,
Votre exemple est partout une étude pour moi.
Ah ! si je vous pouvais rendre à la république,
Que je croirais lui faire un présent magnifique !
Et que j'irais, seigneur, à Rome avec plaisir,
Puisque la trève enfin m'en donne le loisir,
Si j'y pouvais porter quelque faible espérance
D'y conclure un accord d'une telle importance !
Près de l'heureux Sylla ne puis-je rien pour vous ?
Et près de vous, seigneur, ne puis-je rien pour tous ?

Sertorius. Vous me pourriez sans doute épargner quelque peine,
Si vous vouliez avoir l'âme toute romaine :
Mais, avant que d'entrer en ces difficultés,
Souffrez que je réponde à vos civilités.
Vous ne me donnez rien par cette haute estime
Que vous n'ayez déjà dans le degré sublime.
La victoire attachée à vos premiers exploits,
Un triomphe avant l'âge où le souffrent nos lois,
Avant la dignité qui permet d'y prétendre,
Font trop voir quels respects l'univers vous doit rendre.
Si dans l'occasion je ménage un peu mieux
L'assiette du pays et la faveur des lieux,
Si mon expérience en prend quelque avantage,
Le grand art de la guerre attend quelquefois l'âge ;
Le temps y fait beaucoup ; et de mes actions
S'il vous a plu tirer quelques instructions,
Mes exemples un jour ayant fait place aux vôtres,
Ce que je vous apprends, vous l'apprendrez à d'autres ;
Et ceux qu'aura ma mort saisis de mon emploi
S'instruiront contre vous, comme vous contre moi.
Quant à l'heureux Sylla, je n'ai rien à vous dire.
Je vous ai montré l'art d'affaiblir son empire ;
Et, si je puis jamais y joindre des leçons
Dignes de vous apprendre à repasser les monts,

ACTE III, SCÈNE I.

Je suivrai d'assez près votre illustre retraite
Pour traiter avec lui sans besoin d'interprète,
Et sur les bords du Tibre, une pique à la main,
Lui demander raison pour le peuple romain.

Pompée. De si hautes leçons, seigneur, sont difficiles,
Et pourraient vous donner quelques soins inutiles,
Si vous faisiez dessein de me les expliquer,
Jusqu'à m'avoir appris à les bien pratiquer.

Sertorius. Aussi me pourriez-vous épargner quelque peine,
Si vous vouliez avoir l'âme toute romaine ;
Je vous l'ai déjà dit.

Pompée. Ce discours rebattu
Lasserait une austère et farouche vertu.
Pour moi, qui vous honore assez pour me contraindre
A fuir obstinément tout sujet de m'en plaindre,
Je ne veux rien comprendre en ces obscurités.

Sertorius. Je sais qu'on n'aime point de telles vérités :
Mais, seigneur, étant seuls, je parle avec franchise ;
Bannissant les témoins, vous me l'avez permise ;
Et je garde avec vous la même liberté
Que si votre Sylla n'avait jamais été.
Est-ce être tout Romain qu'être chef d'une guerre
Qui veut tenir aux fers les maîtres de la terre ?
Ce nom, sans vous et lui, nous serait encor dû.
C'est par lui, c'est par vous, que nous l'avons perdu.
C'est vous qui sous le joug traînez des cœurs si braves ;
Ils étaient plus que rois, ils sont moindres qu'esclaves ;
Et la gloire qui suit vos plus nobles travaux
Ne fait qu'approfondir l'abîme de leurs maux :
Leur misère est le fruit de votre illustre peine :
Et vous pensez avoir l'âme toute romaine !
Vous avez hérité ce nom de vos aïeux ;
Mais, s'il vous était cher, vous le rempliriez mieux.

Pompée. Je crois le bien remplir quand tout mon cœur s'applique
Aux soins de rétablir un jour la république :
Mais vous jugez, seigneur, de l'âme par le bras ;
Et souvent l'un paraît ce que l'autre n'est pas.
Lorsque deux factions divisent un empire,
Chacun suit au hasard la meilleure ou la pire,

Suivant l'occasion ou la nécessité
Qui l'emporte vers l'un ou vers l'autre côté.
Le plus juste parti, difficile à connaître,
Nous laisse en liberté de nous choisir un maître ;
Mais, quand ce choix est fait, on ne s'en dédit plus.
J'ai servi sous Sylla du temps de Marius,
Et servirai sous lui tant qu'un destin funeste
De nos divisions soutiendra quelque reste.
Comme je ne vois pas dans le fond de son cœur,
J'ignore quels projets peut former son bonheur :
S'il les pousse trop loin, moi-même je l'en blâme ;
Je lui prête mon bras sans engager mon âme ;
Je m'abandonne au cours de sa félicité,
Tandis que tous mes vœux sont pour la liberté ;
Et c'est ce qui me force à garder une place
Qu'usurperaient sans moi l'injustice et l'audace,
Afin que, Sylla mort, ce dangereux pouvoir
Ne tombe qu'en des mains qui sachent leur devoir.
Enfin je sais mon but, et vous savez le vôtre.

Sertorius. Mais cependant, seigneur, vous servez comme un autre ;
Et nous, qui jugeons tout sur la foi de nos yeux,
Et laissons le dedans à pénétrer aux dieux,
Nous craignons votre exemple, et doutons si dans Rome
Il n'instruit point le peuple à prendre loi d'un homme ;
Et si votre valeur, sous le pouvoir d'autrui,
Ne sème point pour vous lorsqu'elle agit pour lui.
Comme je vous estime, il m'est aisé de croire
Que de la liberté vous feriez votre gloire,
Que votre âme en secret lui donne tous ses vœux ;
Mais, si je m'en rapporte aux esprits soupçonneux,
Vous aidez aux Romains à faire essai d'un maître,
Sous ce flatteur espoir qu'un jour vous pourrez l'être.
La main qui les opprime, et que vous soutenez,
Les accoutume au joug que vous leur destinez ;
Et, doutant s'ils voudront se faire à l'esclavage,
Aux périls de Sylla vous tâtez leur courage [1].

(1) Ce mot *tâter*, qui par lui-même est familier, et même ignoble, fait ici un très bel effet ; car, comme on l'a déjà remarqué, il n'y a guère de mot qui, étant heureusement placé, ne puisse contribuer au sublime. Ce discours de Sertorius est

ACTE III, SCÈNE I.

Pompée. Le temps détrompera ceux qui parlent ainsi ;
Mais justifiera-t-il ce que l'on voit ici ?
Permettez qu'à mon tour je parle avec franchise ;
Votre exemple à la fois m'instruit et m'autorise :
Je juge, comme vous, sur la foi de mes yeux,
Et laisse le dedans à pénétrer aux dieux.
Ne vit-on pas ici sous les ordres d'un homme ?
N'y commandez-vous pas comme Sylla dans Rome ?
Du nom de dictateur, du nom de général,
Qu'importe, si des deux le pouvoir est égal ?
Les titres différents ne font rien à la chose ;
Vous imposez des lois ainsi qu'il en impose ;
Et, s'il est périlleux de s'en faire haïr,
Il ne serait pas sûr de vous désobéir.
Pour moi, si quelque jour je suis ce que vous êtes,
J'en userai peut-être alors comme vous faites :
Jusque là...

Sertorius. Vous pourriez en douter jusque là,
Et me faire un peu moins ressembler à Sylla.
Si je commande ici, le sénat me l'ordonne.
Mes ordres n'ont encore assassiné personne.
Je n'ai pour ennemis que ceux du bien commun ;
Je leur fais bonne guerre, et n'en proscris pas un.
C'est un asile ouvert que mon pouvoir suprême ;
Et, si l'on m'obéit, ce n'est qu'autant qu'on m'aime.

Pompée. Et votre empire en est d'autant plus dangereux,
Qu'il rend de vos vertus les peuples amoureux,
Qu'en assujettissant vous avez l'art de plaire,
Qu'on croit n'être en vos fers qu'esclave volontaire,
Et que la liberté trouvera peu de jour
A détruire un pouvoir que fait régner l'amour.
Ainsi parlent, seigneur, les âmes soupçonneuses.
Mais n'examinons point ces questions fâcheuses,
Ni si c'est un sénat qu'un amas de bannis,
Que cet asile ouvert sous vous a réunis.

un des plus beaux morceaux de Corneille ; et le reste de la scène en est digne, à quelques négligences près. Ces vers :
Et votre empire en est d'autant plus dangereux, etc.
Rome n'est plus dans Rome, elle est toute où je suis, etc.
sont égaux aux plus beaux vers de *Cinna* et des *Horaces*. (V.)

Une seconde fois, n'est-il aucune voie
Par où je puisse à Rome emporter quelque joie?
Elle serait extrême à trouver les moyens
De rendre un si grand homme à ses concitoyens.
Il est doux de revoir les murs de la patrie :
C'est elle par ma voix, seigneur, qui vous en prie ;
C'est Rome...

Sertorius. Le séjour de votre potentat,
Qui n'a que ses fureurs pour maximes d'État (1)?
Je n'appelle plus Rome un enclos de murailles
Que ses proscriptions comblent de funérailles ;
Ces murs, dont le destin fut autrefois si beau,
N'en sont que la prison, ou plutôt le tombeau :
Mais, pour revivre ailleurs dans sa première force,
Avec les faux Romains elle a fait plein divorce ;
Et, comme autour de moi j'ai tous ses vrais appuis,
Rome n'est plus dans Rome, elle est toute où je suis.
Parlons pourtant d'accord. Je ne sais qu'une voie
Qui puisse avec honneur nous donner cette joie.
Unissons-nous ensemble, et le tyran est bas :
Rome à ce grand dessein ouvrira tous ses bras.
Ainsi nous ferons voir l'amour de la patrie,
Pour qui vont les grands cœurs jusqu'à l'idolâtrie ;
Et nous épargnerons ces flots de sang romain
Que versent tous les ans votre bras et ma main.

Pompée. Ce projet, qui pour vous est tout brillant de gloire,
N'aurait-il rien pour moi d'une action trop noire?
Moi qui commande ailleurs puis-je servir sous vous?

Sertorius. Du droit de commander je ne suis point jaloux ;
Je ne l'ai qu'en dépôt, et je vous l'abandonne,
Non jusqu'à vous servir de ma seule personne ;

---

(1) Voilà encore un des plus beaux endroits de Corneille : il y a de la force, de la grandeur, de la vérité, et même il est supérieurement écrit, à quelques négligences, à quelques familiarités près ; comme *le tyran est bas, donner cette joie, ouvrir tous ses bras*. Mais quand une expression familière et commune est bien placée et fait un contraste, alors elle tient presque du sublime; tel est ce vers :

Je n'appelle plus Rome un enclos de murailles.

Ce mot *enclos*, qui ailleurs est si commun et même bas, s'ennoblit ici, et fait un très beau contraste avec ce vers admirable :

Rome n'est plus dans Rome, elle est toute où je suis.
(V.)

ACTE III, SCÈNE I.

Je prétends un peu plus : mais dans cette union
De votre lieutenant m'envieriez-vous le nom ?

Pompée. De pareils lieutenants n'ont des chefs qu'en idée ;
Leur nom retient pour eux l'autorité cédée :
Ils n'en quittent que l'ombre ; et l'on ne sait que c'est
De suivre ou d'obéir que suivant qu'il leur plaît.
Je sais une autre voie, et plus noble et plus sûre :
Sylla, si vous voulez, quitte sa dictature ;
Et déjà de lui-même il s'en serait démis,
S'il voyait qu'en ces lieux il n'eût plus d'ennemis.
Mettez les armes bas, je réponds de l'issue,
J'en donne ma parole après l'avoir reçue.
Si vous êtes Romain, prenez l'occasion.

Sertorius. Je ne m'éblouis point de cette illusion.
Je connais le tyran, j'en vois le stratagème ;
Quoi qu'il semble promettre, il est toujours lui-même.
Vous qu'à sa défiance il a sacrifié
Jusques à vous forcer d'être son allié...

Pompée. Hélas ! ce mot me tue, et, je le dis sans feinte,
C'est l'unique sujet qu'il m'a donné de plainte.
J'aimais mon Aristie, il m'en vient d'arracher ;
Mon cœur frémit encore à me le reprocher :
Vers tant de biens perdus sans cesse il me rappelle ;
Et je vous rends, seigneur, mille grâces pour elle,
A vous, à ce grand cœur dont la compassion
Daigne ici l'honorer de sa protection.

Sertorius. Protéger hautement les vertus malheureuses,
C'est le moindre devoir des âmes généreuses :
Aussi fais-je encor plus, je lui donne un époux.

Pompée. Un époux ! dieux ! qu'entends-je ! Et qui, seigneur ?

Sertorius. Moi.

Pompée. Vous ?

(*Aristie paraît.*)

Sertorius. Tout est encore à vous. Venez, venez, madame,
Faire voir quel pouvoir j'usurpe sur votre âme,
Et montrer, s'il se peut, à tout le genre humain
La force qu'on vous fait pour me donner la main.

Pompée. C'est elle-même, ô ciel !

Sertorius. Je vous laisse avec elle,

Et sais que tout son cœur vous est encor fidèle.
Reprenez votre bien; ou ne vous plaignez plus,
Si j'ose m'enrichir, seigneur, de vos refus.

SCÈNE II.
POMPÉE, ARISTIE.

Pompée. Me dit-on vrai, madame, et serait-il possible...
Aristie. Oui, seigneur, il est vrai que j'ai le cœur sensible;
Et je sens qu'à vos yeux mon courroux chancelant
Trébuche, perd sa force, et meurt en vous parlant.
Plus de Sertorius. Hélas! quoi que je die,
Vous ne me dites point, seigneur, plus d'Æmilie.
Rentrez dans mon esprit, jaloux ressentiments,
Fiers enfants de l'honneur, nobles emportements;
C'est vous que je veux croire; et Pompée infidèle
Ne saurait plus souffrir que ma haine chancelle;
Il l'affermit pour moi. Venez, Sertorius,
Il me rend toute à vous par ce muet refus.
Donnons ce grand témoin à ce grand hyménée;
Son âme toute ailleurs n'en sera point gênée;
Il le verra sans peine, et cette dureté
Passera chez Sylla pour magnanimité.
Pompée. Ce qu'il vous fait d'injure également m'outrage;
Mais enfin je vous aime, et ne puis davantage.
Sylla n'a que son temps, il est vieil et cassé;
Son règne passera, s'il n'est déjà passé;
Ce grand pouvoir lui pèse; il s'apprête à le rendre;
Comme à Sertorius, je veux bien vous l'apprendre.
Peut-être touchons-nous au moment désiré
Qui saura réunir ce qu'on a séparé.
Ayez plus de courage et moins d'impatience;
Souffrez que Sylla meure, ou quitte sa puissance...
Aristie. J'attendrai de sa mort ou de son repentir
Qu'à me rendre l'honneur vous daigniez consentir!
Et je verrai toujours votre cœur plein de glace,
Mon tyran impuni, Æmilie en ma place,
Jusqu'à ce qu'il renonce au pouvoir absolu,
Après l'avoir gardé tant qu'il l'aura voulu!
Pompée. Mais tant qu'il pourra tout, que pourrai-je, madame?

Aristie. Suivre en tous lieux, seigneur, l'exil de votre femme,
La ramener chez vous avec vos légions,
Et rendre un heureux calme à nos divisions.
Que ne pourrez-vous point en tête d'une armée,
Partout, hors de l'Espagne, à vaincre accoutumée!
Et quand Sertorius sera joint avec vous,
Que pourra le tyran? qu'osera son courroux?

Pompée. Ce n'est pas s'affranchir qu'un moment le paraître,
Ni secouer le joug que de changer de maître.
Sertorius pour vous est un illustre appui;
Mais en faire le mien, c'est me ranger sous lui;
Joindre nos étendards, c'est grossir son empire.
Perpenna qui l'a joint saura que vous en dire.
Je sers : mais jusqu'ici l'ordre vient de si loin,
Qu'avant qu'on le reçoive il n'en est plus besoin;
Et ce peu que j'y rends de vaine déférence,
Jaloux du vrai pouvoir, ne sert qu'en apparence.
Je crois n'avoir plus même à servir qu'un moment;
Et, quand Sylla prépare un si doux changement,
Pouvez-vous m'ordonner de me bannir de Rome,
Pour la remettre au joug sous les lois d'un autre homme;
Moi qui ne suis jaloux de mon autorité
Que pour lui rendre un jour toute sa liberté?
Non, non, si vous m'aimez, comme j'aime à le croire,
Vous saurez accorder votre cœur et ma gloire,
Céder avec prudence au temps prêt à changer,
Et ne me perdre pas au lieu de vous venger.

Aristie. Si vous m'avez aimée, et qu'il vous en souvienne,
Vous mettrez votre gloire à me rendre la mienne.
Mais il est temps qu'un mot termine ces débats.
Me voulez-vous, seigneur? ne me voulez-vous pas?
Parlez : que votre choix règle ma destinée.
Suis-je encore à l'époux à qui l'on m'a donnée?
Suis-je à Sertorius? C'est assez consulté :
Rendez-moi mes liens, ou pleine liberté...

Pompée. Je le vois bien, madame, il faut rompre la trêve,
Pour briser en vainqueur cet hymen, s'il s'achève.
Pourrez-vous me haïr?

Aristie. J'en fais tous mes souhaits.
Pompée. Adieu donc pour deux jours.
Aristie. Adieu pour tout jamais!

ACTE QUATRIÈME.

SCÈNE PREMIÈRE.

VIRIATE, SERTORIUS, THAMIRE.

Sertorius. Pourrions-nous venger Rome après de telles pertes?
Pourrions-nous l'affranchir des misères souffertes?
Et de ses intérêts un si haut abandon...
Viriate. Et que m'importe à moi si Rome souffre ou non[1]?
Quand j'aurai de ses maux effacé l'infamie,
J'en obtiendrai pour fruit le nom de son amie!
Je vous verrai consul m'en apporter les lois,
Et m'abaisser vous-même au rang des autres rois!
Si vous m'aimez, seigneur, nos mers et nos montagnes
Doivent borner vos vœux, ainsi que nos Espagnes :
Nous pouvons nous y faire un assez beau destin,
Sans chercher d'autre gloire au pied de l'Aventin.
Affranchissons le Tage, et laissons faire au Tibre.
La liberté n'est rien quand tout le monde est libre;
Mais il est beau de l'être, et voir tout l'univers
Soupirer sous le joug, et gémir dans les fers;
Il est beau d'étaler cette prérogative
Aux yeux du Rhône esclave et de Rome captive;
Et de voir envier aux peuples abattus
Ce respect que le sort garde pour les vertus.
Quant au grand Perpenna, s'il est si redoutable,
Remettez-moi le soin de le rendre traitable :
Je sais l'art d'empêcher les grands cœurs de faillir.

---

(1) Voilà enfin des sentiments dignes d'une reine et d'une ennemie de Rome. Voilà des vers qui seraient dignes de l'entrevue de Pompée et de Sertorius, avec un peu de correction. Si tout le rôle de Viriate était de cette force, la pièce serait au rang des chefs-d'œuvre. (V.)

ACTE IV, SCÈNE I.

Sertorius. Mais quel fruit pensez-vous en pouvoir recueillir?
Je le sais comme vous, et vois quelles tempêtes
Cet ordre surprenant formera sur nos têtes.
Ne cherchons point, madame, à faire des mutins,
Et ne nous brouillons point avec nos bons destins.
Rome nous donnera sans eux assez de peine,
Avant que de souscrire à l'hymen d'une reine;
Et nous n'en fléchirons jamais la dureté,
A moins qu'elle nous doive et gloire et liberté.

Viriate. Je vous avouerai plus, seigneur : loin d'y souscrire,
Elle en prendra pour vous une haine où j'aspire,
Un courroux implacable, un orgueil endurci;
Et c'est par où je veux vous arrêter ici.
Qu'ai-je à faire dans Rome? et pourquoi, je vous prie...

Sertorius. Mais nos Romains, madame, aiment tous leur patrie;
Et de tous leurs travaux l'unique et doux espoir,
C'est de vaincre bientôt assez pour la revoir.

Viriate. Pour les enchaîner tous sur les rives du Tage,
Nous n'avons qu'à laisser Rome dans l'esclavage :
Ils aimeront à vivre et sous vous et sous moi
Tant qu'ils n'auront qu'un choix d'un tyran ou d'un roi.

Sertorius. Ils ont pour l'un et l'autre une pareille haine,
Et n'obéiront point au mari d'une reine.

Viriate. Qu'ils aillent donc chercher des climats à leur choix,
Où le gouvernement n'ait ni tyrans ni rois.
Nos Espagnols, formés à votre art militaire,
Achèveront sans eux ce qui nous reste à faire.
La perte de Sylla n'est pas ce que je veux;
Rome attire encor moins la fierté de mes vœux :
L'hymen où je prétends ne peut trouver d'amorces
Au milieu d'une ville où règnent les divorces,
Et du haut de mon trône on ne voit point d'attraits
Où l'on n'est roi qu'un an, pour n'être rien après.
Enfin, pour achever, j'ai pour vous plus qu'elle :
Elle vous a banni, j'ai pris votre querelle;
Je conserve des jours qu'elle veut vous ravir.
Prenez le diadème, et laissez-la servir.
Il est beau de tenter des choses inouïes,
Dût-on voir par l'effet ses volontés trahies.

26.

Pour moi, d'un grand Romain je veux faire un grand roi ;
Vous, s'il y faut périr, périssez avec moi :
Je suis reine ; et qui sait porter une couronne,
Quand il a prononcé, n'aime point qu'on raisonne.
Je vais penser à moi, vous penserez à vous.

Sertorius. Ah ! si vous écoutez cet injuste courroux...

Viriate. Je n'en ai point, seigneur ; mais mon inquiétude
Ne veut plus dans mon sort aucune incertitude :
Vous me direz demain où je dois l'arrêter.
Cependant je vous laisse avec qui consulter.

SCÈNE II.

SERTORIUS, PERPENNA, AUFIDE.

Aufide. Je crains parmi le peuple un insolent murmure :
Ils ont dit que Sylla quitte sa dictature,
Que vous seul refusez les douceurs de la paix,
Et voulez une guerre à ne finir jamais.
Déjà de nos soldats l'âme préoccupée
Montre un peu trop de joie à parler de Pompée,
Et si l'erreur s'épand jusqu'en nos garnisons,
Elle y pourra semer de dangereux poisons.

Sertorius. Nous en romprons le coup avant qu'elle grossisse,
Et ferons par nos soins avorter l'artifice.
D'autres plus grands périls le ciel m'a garanti.

Perpenna. Ne ferions-nous pas mieux d'accepter le parti,
Seigneur ? Trouvez-vous l'offre ou honteuse ou mal sûre ?

Sertorius. Sylla peut en effet quitter sa dictature ;
Mais il peut faire aussi des consuls à son choix,
De qui la pourpre esclave agira sous ses lois ;
Et, quand nous n'en craindrons aucuns ordres sinistres,
Nous périrons par ceux de ses lâches ministres.
Croyez-moi, pour des gens comme vous deux et moi,
Rien n'est si dangereux que trop de bonne foi.
Sylla par politique a pris cette mesure
De montrer aux soldats l'impunité fort sûre ;
Mais pour Cinna, Carbon, le jeune Marius,
Il a voulu leur tête, et les a tous perdus.
Pour moi, que tout mon camp sur ce bruit m'abandonne,

ACTE IV, SCÈNE II.

Qu'il ne reste pour moi que ma seule personne,
Je me perdrai plutôt dans quelque affreux climat,
Qu'aller, tant qu'il vivra, briguer le consulat.
Vous...

Perpenna. Ce n'est pas, seigneur, ce qui me tient en peine ;
Exclus du consulat par l'hymen d'une reine,
Du moins si vos bontés m'obtiennent ce bonheur,
Je n'attends plus de Rome aucun degré d'honneur ;
Et, banni pour jamais dans la Lusitanie,
J'y crois en sûreté les restes de ma vie.

Sertorius. Oui ; mais je ne vois pas encor de sûreté
A ce que vous et moi nous avions concerté.
Vous savez que la reine est d'une humeur si fière...
Mais peut-être le temps la rendra moins altière.
Adieu : dispensez-moi de parler là-dessus.

Perpenna. Parlez, seigneur : mes vœux sont-ils si mal reçus ?

Sertorius. Que sert que je promette et que je vous la donne,
Quand son ambition l'attache à ma personne ?
Vous savez les raisons de cet attachement,
Je vous en ai tantôt parlé confidemment ;
Je vous en fais encor la même confidence.
Faites à votre cœur un peu de violence ;
J'ai triomphé du mien, j'y suis encor tout prêt :
Mais, s'il faut du parti ménager l'intérêt,
Faut-il pousser à bout une reine obstinée,
Qui veut faire à son choix toute sa destinée,
Et de qui le secours, depuis plus de dix ans,
Nous a mieux soutenus que tous nos partisans ?

Perpenna. La trouvez-vous, seigneur, en état de vous nuire ?

Sertorius. Non, elle ne peut pas tout à fait nous détruire :
Mais, si vous m'enchaînez à ce que j'ai promis,
Dès demain elle traite avec nos ennemis.
Leur camp n'est que trop proche ; ici chacun murmure ;
jugez ce qu'il faut craindre en cette conjoncture.
Voyez quel prompt remède on y peut apporter,
Et quel fruit nous aurons de la violenter.

Perpenna. Toutefois la colère où s'emporte son âme
Pourrait dès cette nuit commencer quelque trame.
Vous lui direz, seigneur, tout ce que vous voudrez ;

SERTORIUS,

   Et je suivrai l'avis que pour moi vous prendrez.
Sertorius. Je vous admire et plains.
      Perpenna. Que j'ai l'âme accablée !
Sertorius. Je partage les maux dont je la vois comblée.
   Adieu : j'entre un moment pour calmer son chagrin,
   Et me rendrai chez vous à l'heure du festin.

SCÈNE III.

PERPENNA, AUFIDE.

Aufide. Elle n'est point ingrate ; et les lois qu'elle impose,
   Pour se faire obéir promettent peu de chose ;
   Mais on n'a qu'à laisser le salaire à son choix,
   Et courir sans scrupule exécuter ses lois.
   Vous ne me dites rien? Apprenez-moi, de grâce,
   Comment vous résolvez que le festin se passe?
   Dissimulerez-vous ce manquement de foi?
   Et voulez-vous...
    Perpenna. Allons en résoudre chez moi.

ACTE CINQUIÈME.

SCÈNE PREMIÈRE.

ARISTIE, VIRIATE.

Aristie. Oui, madame, j'en suis comme vous ennemie.
   Vous aimez les grandeurs, et je hais l'infamie.
   Je cherche à me venger, vous, à vous établir ;
   Mais vous pourrez me perdre, et moi, vous affaiblir,
   Si le cœur mieux ouvert ne met d'intelligence
   Votre établissement avecque ma vengeance.
   On m'a volé Pompée ; et moi pour le braver,
   Cet ingrat que sa foi n'ose me conserver,
   Je cherche un autre époux qui le passe, ou l'égale :
   Mais je n'ai pas dessein d'être votre rivale,

ACTE V, SCÈNE I.

Et n'ai point dû prévoir, ni que vers un Romain
Une reine jamais daignât pencher sa main,
Ni qu'un héros, dont l'âme a paru si romaine,
Démentît ce grand nom par l'hymen d'une reine.
J'ai cru dans sa naissance et votre dignité
Pareille aversion et contraire fierté.
Cependant on me dit qu'il consent l'hyménée,
Et qu'en vain il s'oppose au choix de la journée,
Puisque, si dès demain il n'a tout son éclat,
Vous allez du parti séparer votre État.
Comme je n'ai pour but que d'en grossir les forces,
J'aurais grand déplaisir d'y causer des divorces,
Et de servir Sylla mieux que tous ses amis,
Quand je lui veux partout faire des ennemis.
Parlez donc : quelque espoir que vous m'ayez vu prendre,
Si vous y prétendez, je cesse d'y prétendre.
Un reste d'autre espoir, et plus juste, et plus doux,
Saura voir sans chagrin Sertorius à vous.
Ne me déguisez rien, non plus que je déguise.

Viriate. Viriate à son tour vous doit même franchise,
Madame ; et d'ailleurs même on vous en a trop dit
Pour vous dissimuler ce que j'ai dans l'esprit.
J'ai fait venir exprès Sertorius d'Afrique
Pour sauver mes États d'un pouvoir tyrannique ;
Et mes voisins domptés m'apprenaient que sans lui
Nos rois contre Sylla n'étaient qu'un vain appui.
Avec un seul vaisseau ce grand héros prit terre ;
Avec mes sujets seuls il commença la guerre :
Je mis entre ses mains mes places et mes ports,
Et je lui confiai mon sceptre et mes trésors.
Dès l'abord il sut vaincre, et j'ai vu la victoire
Enfler de jour en jour sa puissance et sa gloire.
Nos rois lassés du joug, et vos persécutés,
Avec tant de chaleur l'ont joint de tous côtés,
Qu'enfin il a poussé nos armes fortunées
Jusques à vous réduire au pied des Pyrénées.
Mais, après l'avoir mis au point où je le voi,
Je ne puis voir que lui qui soit digne de moi ;
Et, regardant sa gloire ainsi que mon ouvrage,

Je périrai plutôt qu'une autre la partage.
Mes sujets valent bien que j'aime à leur donner
Des monarques d'un sang qui sache gouverner,
Qui sache faire tête à vos tyrans du monde,
Et rendre notre Espagne en lauriers si féconde,
Qu'on voie un jour le Pô redouter ses efforts,
Et le Tibre lui-même en trembler pour ses bords.

Aristie. Votre dessein est grand ; mais à quoi qu'il aspire...

Viriate. Il m'a dit les raisons que vous me voulez dire.
Je sais qu'il serait bon de taire et différer
Ce glorieux hymen qu'il me fait espérer :
Mais la paix qu'aujourd'hui l'on offre à ce grand homme
Ouvre trop les chemins et les portes de Rome.
Je vois que, s'il y rentre, il est perdu pour moi,
Et je l'en veux bannir par le don de ma foi.
Si je hasarde trop de m'être déclarée,
J'aime mieux ce péril que ma perte assurée ;
Et, si tous vos proscrits osent s'en désunir,
Nos bons destins sans eux pourront nous soutenir.
Mes peuples aguerris sous votre discipline
N'auront jamais au cœur de Rome qui domine ;
Et ce sont des Romains dont l'unique souci
Est de combattre, vaincre, et triompher ici.
Tant qu'ils verront marcher ce héros à leur tête,
Ils iront sans frayeur de conquête en conquête.
Un exemple si grand dignement soutenu
Saura... Mais que nous veut ce Romain inconnu ?

SCÈNE II.

ARISTIE, VIRIATE, ARCAS.

Aristie. Madame, c'est Arcas, l'affranchi de mon frère ;
Sa venue en ces lieux cache quelque mystère.
Parle, Arcas, et dis-nous...

Arcas. Ces lettres mieux que moi
Vous diront un succès qu'à peine encor je croi.

Aristie *lit.* « Chère sœur, pour ta joie il est temps que tu saches
« Que nos maux et les tiens vont finir en effet.
« Sylla marche en public sans faisceaux et sans haches,

ACTE V, SCÈNE II.

« Prêt à rendre raison de tout ce qu'il a fait.
« Il s'est en plein sénat démis de sa puissance ;
« Et si vers toi Pompée a le moindre penchant,
« Le ciel vient de briser sa nouvelle alliance,
« Et la triste Æmilie est morte en accouchant.
« Sylla même consent, pour calmer tant de haines,
« Qu'un lien aussi beau rentre en sa dignité,
« Et que l'hymen te rende à tes premières chaînes,
« En même temps qu'à Rome il rend sa liberté.
                          « QUINTUS ARISTIUS. »
Le ciel s'est donc lassé de m'être impitoyable !
Ce bonheur comme lui me paraît incroyable.
Cours au camp de Pompée, et dis-lui, cher Arcas...

Arcas. Il a cette nouvelle, et revient sur ses pas.
De la part de Sylla chargé de lui remettre
Sur ce grand changement une pareille lettre,
A deux milles d'ici j'ai su le rencontrer.

Aristie. Quels transports, quelle joie a-t-il daigné montrer ?
Que dit-il ? que fait-il ?

      Arcas. Par votre expérience
Vous pouvez bien juger de son impatience ;
Mais, rappelé vers vous par un constant amour
Qui ne lui permet pas d'achever son retour,
L'ordre que pour son camp ce grand effet demande
L'arrête à le donner, attendant qu'il s'y rende.
Il me suivra de près, et m'a fait avancer
Pour vous dire un miracle où vous n'osiez penser.

Aristie. Vous avez lieu d'en prendre une allégresse égale,
Madame ; vous voilà sans crainte et sans rivale.

Viriate. Je n'en ai plus en vous, et je n'en puis douter ;
Mais il m'en reste une autre, et plus à redouter,
Rome, que ce héros aime plus que lui-même,
Et qu'il préférerait sans doute au diadème,
Si contre cet espoir...

SCÈNE III.

VIRIATE, ARISTIE, THAMIRE, ARCAS.

Thamire. Ah! madame!

Viriate. Qu'as-tu,
Thamire? et d'où te vient ce visage abattu?
Que nous disent tes pleurs?

Thamire. Que vous êtes perdue,
Que cet illustre bras qui vous a défendue...

Viriate. Sertorius?

Thamire. Hélas! ce grand Sertorius...

Viriate. N'achèveras-tu point?

Thamire. Madame, il ne vit plus.

Viriate. Il ne vit plus, ô ciel! Qui te l'a dit, Thamire?

Thamire. Ses assassins font gloire eux-mêmes de le dire;
Ces tigres, dont la rage, au milieu du festin,
Par l'ordre d'un perfide a tranché son destin,
Tout couverts de son sang, courent parmi la ville
Émouvoir les soldats et le peuple imbécile;
Et Perpenna par eux proclamé général
Ne vous fait que trop voir d'où part ce coup fatal.

Viriate. Il m'en fait voir ensemble et l'auteur et la cause.
Par cet assassinat c'est de moi qu'on dispose;
C'est mon trône, c'est moi qu'on prétend conquérir;
Et c'est mon juste choix qui seul l'a fait périr.
Madame, après sa perte, et parmi ces alarmes,
N'attendez point de moi de soupirs ni de larmes;
Ce sont amusements que dédaigne aisément
Le prompt et noble orgueil d'un vif ressentiment :
Qui pleure l'affaiblit; qui soupire l'exhale.
Il faut plus de fierté dans une âme royale;
Et ma douleur, soumise aux soins de le venger...

Aristie. Mais vous vous aveuglez au milieu du danger :
Songez à fuir, madame.

Thamire. Il n'est plus temps; Aufide,
Des portes du palais saisi pour ce perfide,

En fait votre prison, et lui répond de vous.
Il vient ; dissimulez un si juste courroux ;
Et jusqu'à ce qu'un temps plus favorable arrive,
Daignez vous souvenir que vous êtes captive.

Viriate. Je sais ce que je suis, et le serai toujours,
N'eussé-je que le ciel et moi pour mon secours.

SCÈNE IV.

PERPENNA, ARISTIE, VIRIATE, THAMIRE, ARCAS.

Perpenna, *à Viriate.* Sertorius est mort ; cessez d'être jalouse,
Madame, du haut rang qu'aurait pris son épouse,
Et n'appréhendez plus, comme de son vivant,
Qu'en vos propres États elle ait le pas devant.
Si l'espoir d'Aristie a fait ombrage au vôtre,
Je puis vous assurer et d'elle et de tout autre.

Aristie. Après t'être immolé chez toi ton général,
Toi, que faisait trembler l'ombre d'un tel rival,
Lâche, tu viens encore insulter une femme,
Vanter insolemment la noirceur de ton âme,
T'emparer d'une reine en son propre palais,
Et demander sa main pour prix de tes forfaits !
Crains les dieux, scélérat ; crains les dieux, ou Pompée ;
Crains leur haine, ou son bras, leur foudre, ou son épée,
Et, quelque noir orgueil qui te puisse aveugler,
Apprends qu'il me protége, et commence à trembler.
Tu le verras, méchant, plus tôt que tu ne penses ;
Attends, attends de lui tes dignes récompenses.

Perpenna. S'il en croit votre ardeur, je suis sûr du trépas ;
Mais peut-être, madame, il ne l'en croira pas ;
Et quand il me verra commander une armée
Contre lui tant de fois à vaincre accoutumée,
Il se rendra facile à conclure une paix
Qui faisait dès tantôt ses plus ardents souhaits.
J'ai même entre mes mains un assez bon otage,
Pour faire mes traités avec quelque avantage.
Cependant vous pourriez, pour votre heur et le mien,
Ne parler pas si haut à qui ne vous dit rien.

Viriate. Oui, madame, en effet, c'est à moi de répondre,
Et mon silence ingrat a droit de me confondre.
Ce généreux exploit, ces nobles sentiments,
Méritent de ma part de hauts remercîments :
Les différer encor, c'est lui faire injustice.
Il m'a rendu sans doute un signalé service,
Et comme je n'ai point les sentiments ingrats,
Je lui veux conseiller de ne m'épouser pas.
Ce serait près de lui mettre son ennemie,
Pour être à tous moments maîtresse de sa vie ;
Et je me résoudrais à cet excès d'honneur,
Pour mieux choisir la place à lui percer le cœur.
Seigneur, voilà l'effet de ma reconnaissance.
Du reste, ma personne est en votre puissance :
Vous êtes maître ici ; commandez, disposez,
Et recevez enfin ma main si vous l'osez.
Perpenna. Moi ! si je l'oserai ? Vos conseils magnanimes
Pouvaient perdre moins d'art à condamner mes crimes :
J'en connais mieux que vous toute l'énormité,
Et pour la bien connaître ils m'ont assez coûté.
On ne s'attache point sans un remords bien rude
A tant de perfidie et tant d'ingratitude :
Pour vous je l'ai dompté, pour vous je l'ai détruit ;
J'en ai l'ignominie, et j'en aurai le fruit.
J'accepte votre haine, et l'ai bien méritée ;
J'en ai prévu la suite, et j'en sais la portée.
Mon triomphe...

SCÈNE V.

PERPENNA, ARISTIE, VIRIATE, AUFIDE, ARCAS, THAMIRE.

Aufide. Seigneur, Pompée est arrivé,
Nos soldats mutinés, le peuple soulevé.
La porte s'est ouverte à son nom, à son ombre.
Nous n'avons point d'amis qui ne cèdent au nombre :
Antoine et Manlius déchirés par morceaux,
Tout morts et tout sanglants, ont encor des bourreaux.
On cherche avec chaleur le reste des complices

ACTE V, SCÈNE V.

Que lui-même il destine à de pareils supplices.
Je défendais mon poste, il l'a soudain forcé,
Et de sa propre main vous me voyez percé ;
Maître absolu de tout, il change ici la garde.
Pensez à vous, je meurs ; la suite vous regarde.

Aristie. Pour quelle heure, seigneur, faut-il se préparer
A ce rare bonheur qu'il vient vous assurer?
Avez-vous en vos mains un assez bon otage,
Pour faire vos traités avec grand avantage?

Perpenna. C'est prendre en ma faveur un peu trop de souci,
Madame ; et j'ai de quoi le satisfaire ici.

SCÈNE VI.

POMPÉE, PERPENNA, VIRIATE, ARISTIE, CELSUS, ARCAS, THAMIRE.

Perpenna. Seigneur, vous aurez su ce que je viens de faire.
Je vous ai de la paix immolé l'adversaire,
Le grand Sertorius, et ce rival fameux
Qui s'opposait partout au succès de vos vœux.
Je fais plus : je vous livre une fière ennemie,
Avec tout son orgueil et sa Lusitanie ;
Je vous en ai fait maître, et de tous ses Romains
Que déjà leur bonheur a remis en vos mains.
Comme en un grand dessein, et qui veut promptitude ;
On ne s'explique pas avec la multitude.
Je n'ai point cru, seigneur, devoir apprendre à tous
Celui d'aller demain me rendre auprès de vous ;
Mais j'en porte sur moi d'assurés témoignages.
Ces lettres de ma foi vous seront de bons gages ;
Et vous reconnaîtrez, par leurs perfides traits,
Combien Rome pour vous a d'ennemis secrets,
Qui tous, pour Aristie enflammés de vengeance,
Avec Sertorius étaient d'intelligence.
Lisez...

(Il lui donne les lettres qu'Aristie avait apportées de Rome à Sertorius.)

Aristie. Quoi! scélérat! quoi! lâche! oses-tu bien...

Perpenna. Madame, il est ici votre maître et le mien ;
Il faut en sa présence un peu de modestie,

Et si je vous oblige à quelque repartie,
La faire sans aigreur, sans outrages mêlés,
Et ne point oublier devant qui vous parlez.
Vous voyez là, seigneur, deux illustres rivales,
Que cette perte anime à des haines égales.
Jusques au dernier point elles m'ont outragé;
Mais, puisque je vous vois, je suis assez vengé.
Je vous regarde aussi comme un dieu tutélaire;
Et ne puis... Mais, ô dieux! seigneur, qu'allez-vous faire?

Pompée, *après avoir brûlé les lettres sans les lire.*
Montrer d'un tel secret ce que je veux savoir.
Si vous m'aviez connu, vous l'auriez su prévoir.
Rome en deux factions trop longtemps partagée
N'y sera point pour moi de nouveau replongée;
Et quand Sylla lui rend sa gloire et son bonheur,
Je n'y remettrai point le carnage et l'horreur.
Oyez, Celsus. (*Il lui parle à l'oreille.*)
              Surtout empêchez qu'il ne nomme
Aucun des ennemis qu'elle m'a faits à Rome.

A Perpenna. Vous, suivez ce tribun; j'ai quelques intérêts
Qui demandent ici des entretiens secrets.

Perpenna. Seigneur, se pourrait-il qu'après un tel service...

Pompée. J'en connais l'importance, et lui rendrai justice.
Allez.

Perpenna.   Mais cependant leur haine...

                      Pompée. C'est assez.
Je suis maître, je parle, allez, obéissez.

SCÈNE VII.

POMPÉE, VIRIATE, ARISTIE, THAMIRE, ARCAS.

Pompée. Ne vous offensez pas d'ouïr parler en maître,
Grande reine; ce n'est que pour punir un traître.
Criminel envers vous d'avoir trop écouté
L'insolence où montait sa noire lâcheté,
J'ai cru devoir sur lui prendre ce haut empire,
Pour me justifier avant de vous rien dire :
Mais je n'abuse point d'un si facile accès,

Et je n'ai jamais su dérober mes succès.
Quelque appui que son crime aujourd'hui vous enlève,
Je vous offre la paix, et ne romps point la trêve ;
Et ceux de nos Romains qui sont auprès de vous
Peuvent y demeurer sans craindre mon courroux.
Si de quelque péril je vous ai garantie,
Je ne veux pour tout prix enlever qu'Aristie,
A qui devant vos yeux, enfin maître de moi,
Je rapporte avec joie et ma main et ma foi.

Viriate. Moi, j'accepte la paix que vous m'avez offerte,
C'est tout ce que je puis, seigneur, après ma perte ;
Elle est irréparable : et, comme je ne voi
Ni chefs dignes de vous, ni rois dignes de moi,
Je renonce à la guerre ainsi qu'à l'hyménée ;
Mais j'aime encor l'honneur du trône où je suis née.
D'une juste amitié je sais garder les lois,
Et ne sais point régner comme règnent nos rois.
S'il faut que sous votre ordre ainsi qu'eux je domine,
Je m'ensevelirai sous ma propre ruine :
Mais, si je puis régner sans honte et sans époux,
Je ne veux d'héritiers que votre Rome, ou vous ;
Vous choisirez, seigneur ; ou, si votre alliance
Ne peut voir mes États sous ma seule puissance,
Vous n'avez qu'à garder cette place en vos mains,
Et je m'y tiens déjà captive des Romains.

Pompée. Madame, vous avez l'âme trop généreuse
Pour n'en pas obtenir une paix glorieuse ;
Et l'on verra chez eux mon pouvoir abattu,
Ou j'y ferai toujours honorer la vertu.

SCÈNE VIII.

POMPÉE, ARISTIE, VIRIATE, CELSUS, ARCAS, THAMIRE.

Pompée. En est-ce fait, Celsus ?
  Celsus. Oui, seigneur ; le perfide
A vu plus de cent bras punir son parricide ;
Et livré par votre ordre à ce peuple irrité,
Sans rien dire...

Pompée. Il suffit, Rome est en sûreté ;
Et ceux qu'à me haïr j'avais trop su contraindre,
N'y craignent rien de moi, n'y donnent rien à craindre.
A Viriate. Vous, madame, agréez pour notre grand héros
Que ses mânes vengés goûtent un plein repos.
Allons donner votre ordre à des pompes funèbres
A l'égal de son nom illustres et célèbres,
Et dresser un tombeau, témoin de son malheur,
Qui le soit de sa gloire et de notre douleur.

PORTRAIT DE L'EMPEREUR GALBA

OTHO.

TABLEAU
DE LA COUR DE GALBA
ET
PORTRAIT DE L'EMPEREUR OTHON.

FRAGMENTS DE LA TRAGÉDIE D'OTHON.

OTHON, ALBIN.

Albin. On s'étonne de voir qu'un homme tel qu'Othon,
Othon, dont les hauts faits soutiennent le grand nom,
Daigne d'un Vinius se réduire à la fille,
S'attache à ce consul, qui ravage, qui pille,
Qui peut tout, je l'avoue auprès de l'empereur,
Mais dont tout le pouvoir ne sert qu'à faire horreur.
Othon. Quand le monarque agit par sa propre conduite,
Mes pareils sans péril se rangent à sa suite ;
Le mérite et le sang nous y font discerner :
Mais quand le potentat se laisse gouverner,
Et que de son pouvoir les grands dépositaires
N'ont pour raison d'État que leurs propres affaires,
Ces lâches ennemis de tous les gens de cœur
Cherchent à nous pousser avec toute rigueur,
A moins que notre adroite et prompte servitude
Nous dérobe aux fureurs de leur inquiétude.
Sitôt que de Galba le sénat eut fait choix,
Dans mon gouvernement j'en établis les lois
Et je fus le premier qu'on vit au nouveau prince
Donner toute une armée et toute une province :
Ainsi je me comptais de ses premiers suivants.
Mais déjà Vinius avait pris les devants :
Martian l'affranchi, dont tu vois les pillages,
Avait avec Lacus fermé tous les passages ;
On n'approchait de lui que sous leur bon plaisir.
J'eus donc pour m'y produire un des trois à choisir.

Je les voyais tous trois se hâter sous un maître [1]
Qui, chargé d'un long âge, a peu de temps à l'être,
Et tous trois à l'envi s'empresser ardemment
A qui dévorerait ce règne d'un moment.
J'eus horreur des appuis qui restaient seuls à prendre.
J'espérai quelque temps de m'en pouvoir défendre ;
Mais quand Nymphidius dans Rome assassiné
Fit place au favori qui l'avait condamné,
Que Lacus par sa mort fut préfet du prétoire,
Que pour couronnement d'une action si noire
Les mêmes assassins furent encor percer
Varron, Turpillian, Capiton, et Macer,
Je vis qu'il était temps de prendre mes mesures,
Qu'on perdait de Néron toutes les créatures,
Et que, demeuré seul de toute cette cour,
A moins d'un protecteur j'aurais bientôt mon tour.
Je choisis Vinius dans cette défiance ;
Pour plus de sûreté, j'en cherchai l'alliance.
Les autres n'ont ni sœur ni fille à me donner ;
Et d'eux sans ce grand nœud tout est à soupçonner.

Albin. Vos vœux furent reçus ?

Othon.　Oui ; déjà l'hyménée
Aurait avec Plautine uni ma destinée,
Si ces rivaux d'État n'en savaient divertir
Un maître qui sans eux n'ose rien consentir.

LACUS. MARTIAN.

Lacus. Quoi ! vous nous donneriez vous-même Othon pour maître ?
Martian. Et quel autre dans Rome est plus digne de l'être ?
Lacus. Ah ! pour en être digne, il l'est, et plus que tous ;
Mais aussi, pour tout dire, il en sait trop pour nous.

---

1) Je les voyais tous trois se hâter sous un maître.

Avec quelle force Corneille nous peint les trois favoris du vieux Galba ! Ses expressions sont encore plus fortes que celles de Tacite : *Servorum manus avidas, et tanquam apud senem festinantes.* Quel autre avait dit avant Corneille : *dévorer un règne !* (L. RACINE.) — *Dévorer un règne !* Quelle effrayante énergie d'expression ! et cependant elle est claire, juste et naturelle : c'est le sublime. (LA H.)
— Corneille n'a jamais fait quatre vers plus forts, plus pleins, plus sublimes ; et c'est en partie ce qui justifie la liberté que je prends de préférer cette exposition à celle de toutes ses autres pièces. (V.)

Il sait trop ménager ses vertus et ses vices [1].
Il était sous Néron de toutes ses délices :
Et la Lusitanie a vu ce même Othon
Gouverner en César et juger en Caton.
Tout favori dans Rome, et tout maître en province,
De lâche courtisan il s'y montra grand prince ;
Et son âme ployante, attendant l'avenir,
Sait faire également sa cour, et la tenir.
Sous un tel souverain nous sommes peu de chose ;
Son soin jamais sur nous tout-à-fait ne repose :
Sa main seule départ ses libéralités ;
Son choix seul distribue États et dignités.
Du timon qu'il embrasse il se fait le seul guide,
Consulte et résout seul, écoute et seul décide ;
Et, quoi que nos emplois puissent faire de bruit,
Sitôt qu'il nous veut perdre, un coup d'œil nous détruit.
Voyez d'ailleurs Galba, quel pouvoir il nous laisse,
En quel poste sous lui nous admit sa faiblesse.
Nos ordres règlent tout, nous donnons, retranchons ;
Rien n'est exécuté dès que nous l'empêchons :
Comme par un de nous il faut que tout s'obtienne,
Nous voyons notre cour plus grosse que la sienne ;
Et notre indépendance irait au dernier point,
Si l'heureux Vinius ne la partageait point :
Notre unique chagrin est qu'il nous la dispute.
L'âge met cependant Galba près de sa chute ;
De peur qu'il nous entraîne il faut un autre appui,
Mais il le faut pour nous aussi faible que lui.
Il nous en faut prendre un qui, satisfait des titres,
Nous laisse du pouvoir les suprêmes arbitres.
Pison a l'âme simple et l'esprit abattu ;
S'il a grande naissance, il a peu de vertu :
Non de cette vertu qui déteste le crime ;
Sa probité sévère est digne qu'on l'estime ;
Elle a tout ce qui fait un grand homme de bien :
Mais en un souverain c'est peu de chose, ou rien.

(1) Le portrait d'Othon est très beau dans cette scène. Il est permis à un auteur dramatique d'ajouter des traits aux caractères qu'il dépeint, et d'aller plus loin que l'histoire. (V.)

Il faut de la prudence, il faut de la lumière,
Il faut de la vigueur adroite autant que fière,
Qui pénètre, éblouisse, et sème des appas...
Il faut mille vertus enfin qu'il n'aura pas.
Lui-même il nous priera d'avoir soin de l'empire,
Et saura seulement ce qu'il nous plaira dire :
Plus nous l'y tiendrons bas, plus il nous mettra haut;
Et c'est-là justement le maître qu'il nous faut.

Martian. Mais, seigneur, sur le trône élever un tel homme,
C'est mal servir l'État, et faire opprobre à Rome.

Lacus. Et qu'importe à tous deux de Rome et de l'État ?
Qu'importe qu'on leur voie ou plus ou moins d'éclat ?
Faisons nos sûretés, et moquons-nous du reste.
Point, point de bien public s'il nous devient funeste.
De notre grandeur seule ayons des cœurs jaloux ;
Ne vivons que pour nous, et ne pensons qu'à nous.
Je vous le dis encor : mettre Othon sur nos têtes,
C'est nous livrer tous deux à d'horribles tempêtes.
Si nous l'en voulons croire, il nous devra le tout ;
Mais de ce grand projet s'il vient par nous à bout,
Vinius en aura lui seul tout l'avantage.
Comme il l'a proposé, ce sera son ouvrage ;
Et la mort, ou l'exil, ou les abaissements,
Seront pour vous et moi ses vrais remercîments.

Martian. Oui, notre sûreté veut que Pison domine :
Obtenez-en pour moi qu'il m'assure Plautine ;
Je vous promets pour lui mon suffrage à ce prix.
La violence est juste après de tels mépris.
Commençons à jouir par-là de son empire,
Et voyons s'il est homme à nous oser dédire.

ATTILA

TRAGÉDIE (1669).

PERSONNAGES.

ATTILA, roi des Huns.
ARDARIC, roi des Gépides.
VALAMIR, roi des Ostrogoths.
HONORIE, sœur de l'empereur Valentinian.
ILDIONE, sœur de Mérouée, roi de France.
OCTAR, capitaine des gardes d'Attila.
FLAVIE, dame d'honneur d'Honorie.

La scène est au camp d'Attila, dans la Norique.

ACTE PREMIER.

SCÈNE PREMIÈRE.

ATTILA, OCTAR, SUITE.

Attila. Ils ne sont pas venus, nos deux rois? qu'on leur die
Qu'ils se font trop attendre, et qu'Attila s'ennuie;
Qu'alors que je les mande ils doivent se hâter.
Octar. Mais, seigneur, quel besoin de les en consulter?
Pourquoi de votre hymen les prendre pour arbitres,
Eux qui n'ont de leur trône ici que des vains titres,
Et que vous ne laissez au nombre des vivants
Que pour traîner partout deux rois pour vos suivants?
Attila. J'en puis résoudre seul, Octar, et les appelle,
Non sous aucun espoir de lumière nouvelle;
Je crois voir avant eux ce qu'ils m'éclairciront,
Et m'être déjà dit tout ce qu'ils me diront :
Mais de ces deux partis lequel que je préfère,
Sa gloire est un affront pour l'autre, et pour son frère;
Et je veux attirer d'un si juste courroux
Sur l'auteur du conseil les plus dangereux coups,

Assurer une excuse à ce manque d'estime,
Pouvoir, s'il est besoin, livrer une victime ;
Et c'est ce qui m'oblige à consulter ces rois,
Pour faire à leurs périls éclater ce grand choix :
Car enfin j'aimerais un prétexte à leur perte ;
J'en prendrais hautement l'occasion offerte.
Ce titre en eux me choque, et je ne sais pourquoi
Un roi que je commande ose se nommer roi.
Un nom si glorieux marque une indépendance
Que souille, que détruit la moindre obéissance ;
Et je suis las de voir que du bandeau royal
Ils prennent droit tous deux de me traiter d'égal.

Octar. Mais, seigneur, se peut-il que pour ces deux princesses
Vous ayez mêmes yeux et pareilles tendresses,
Que leur mérite égal dispose sans ennui
Votre âme irrésolue aux sentiments d'autrui ?
Ou si vers l'une ou l'autre elle a pris quelque pente,
Dont prennent ces deux rois la route différente,
Voudra-t-elle, aux dépens de ses vœux les plus doux,
Préparer une excuse à ce juste courroux ?
Et pour juste qu'il soit, est-il si fort à craindre
Que le grand Attila s'abaisse à se contraindre ?

Attila. Non : mais la noble ardeur d'envahir tant d'États
Doit combattre de tête encor plus que de bras,
Entre ses ennemis rompre l'intelligence,
Y jeter du désordre et de la défiance,
Et ne rien hasarder qu'on n'ait de toutes parts,
Autant qu'il est possible, enchaîné les hasards.
Nous étions aussi forts qu'à présent nous le sommes,
Quand je fondis en Gaule avec cinq cent mille hommes.
Dès lors, s'il t'en souvient, je voulus, mais en vain,
D'avec le Visigoth détacher le Romain.
J'y perdis auprès d'eux des soins qui me perdirent ;
Loin de se diviser, d'autant mieux ils s'unirent.
La terreur de mon nom pour nouveaux compagnons
Leur donna les Alains, les Francs, les Bourguignons ;
Et n'ayant pu semer entre eux aucuns divorces,
Je me vis en déroute avec toutes mes forces.
J'ai su les rétablir, et cherche à me venger ;

ACTE I, SCÈNE I.

Mais je cherche à le faire avec moins de danger.
De ces cinq nations contre moi trop heureuses,
J'envoie offrir la paix aux deux plus belliqueuses;
Je traite avec chacune; et comme toutes deux
De mon hymen offert ont accepté les nœuds,
Des princesses qu'ensuite elles en font le gage
L'une sera ma femme et l'autre mon otage.
Si j'offense par là l'un des deux souverains,
Il craindra pour sa sœur qui reste entre mes mains.
Ainsi je les tiendrai l'un et l'autre en contrainte,
L'un par mon alliance, et l'autre par la crainte;
Ou si le malheureux s'obstine à s'irriter,
L'heureux en ma faveur saura lui résister;
Tant que de nos vainqueurs terrassés l'un par l'autre
Les trônes ébranlés tombent au pied du nôtre.
Mais quant au cœur, apprends que mon plus doux souci
N'est... Mais Ardaric entre, et Valamir aussi.

SCÈNE II.

ATTILA, ARDARIC, VALAMIR, OCTAR.

Attila. Rois, amis d'Attila, soutiens de ma puissance,
Qui rangez tant d'États sous mon obéissance,
Et de qui les conseils, le grand cœur, et la main,
Me rendent formidable à tout le genre humain,
Vous voyez en mon camp les éclatantes marques
Que de ce vaste effroi nous donnent deux monarques.
En Gaule Mérouée, à Rome l'empereur,
Ont cru par mon hymen éviter ma fureur.
La paix avec tous deux en même temps traitée
Se trouve avec tous deux à ce prix arrêtée;
Et presque sur les pas de mes ambassadeurs
Les leurs m'ont amené deux princesses leurs sœurs.
Le choix m'en embarrasse, il est temps de le faire;
Depuis leur arrivée en vain je le diffère;
Il faut enfin résoudre; et, quel que soit ce choix,
J'offense un empereur, ou le plus grand des rois.
Je le dis le plus grand, non qu'encor la victoire
Ait porté Mérouée à ce comble de gloire;

Mais, si de nos devins l'oracle n'est point faux,
Sa grandeur doit atteindre aux degrés les plus hauts ;
Et de ses successeurs l'empire inébranlable
Sera de siècle en siècle enfin si redoutable,
Qu'un jour toute la terre en recevra des lois,
Ou tremblera du moins au nom de leurs François.
Vous donc, qui connaissez de combien d'importance
Est pour nos grands projets l'une et l'autre alliance,
Prêtez-moi des clartés pour bien voir aujourd'hui
De laquelle ils auront ou plus ou moins d'appui ;
Qui des deux, honoré par ces nœuds domestiques,
Nous vengera le mieux des champs catalauniques ;
Et qui des deux enfin, déchu d'un tel espoir,
Sera le plus à craindre à qui veut tout prévoir.

Ardaric. En l'état où le ciel a mis votre puissance
Nous mettrions en vain les forces en balance :
Tout ce qu'on y peut voir ou de plus ou de moins
Ne vaut pas amuser le moindre de vos soins.
L'un et l'autre traité suffit pour nous instruire
Qu'ils vous craignent tous deux et n'osent plus vous nuire.
Ainsi, sans perdre temps à vous inquiéter,
Vous n'avez que vos yeux, seigneur, à consulter.
Laissez aller ce choix du côté du mérite
Pour qui, sur leur rapport, l'attrait vous sollicite ;
Croyez ce qu'avec eux votre cœur résoudra ;
Et de ces potentats s'offense qui voudra.

Attila. L'attrait chez Attila n'est pas un bon suffrage ;
Ce qu'on m'en donnerait me tiendrait lieu d'outrage ;
Et tout exprès ailleurs je porterais ma foi,
De peur qu'on n'eût par là trop de pouvoir sur moi.
Les femmes qu'on encense usurpent un empire
Que jamais un mari n'ose ou ne peut dédire :
C'est au commun des rois à se plaire en leurs fers,
Non à ceux dont le nom fait trembler l'univers.
Que chacun de leurs yeux aime à se faire esclave ;
Moi, je ne veux les voir qu'en tyrans que je brave :
Et par quelques attraits qu'ils captivent un cœur,
Le mien en dépit d'eux est tout à ma grandeur.
Parlez donc seulement du choix le plus utile,

ACTE I, SCÈNE II.

Du courroux à dompter ou plus ou moins facile ;
Et ne me dites point que de chaque côté
Vous voyez comme lui peu d'inégalité.
En matière d'État ne fût-ce qu'un atome,
Sa perte quelquefois importe d'un royaume ;
Il n'est scrupule exact qu'il n'y faille garder,
Et le moindre avantage a droit de décider.

Valamir. Seigneur, dans le penchant que prennent les affaires,
Les grands discours ici ne sont pas nécessaires ;
Il ne faut que des yeux ; et pour tout découvrir,
Pour décider de tout, on n'a qu'à les ouvrir.
Un grand destin commence, un grand destin s'achève :
L'empire est prêt à choir, et la France s'élève ;
L'une peut avec elle affermir son appui,
Et l'autre en trébuchant l'ensevelir sous lui.
Vos devins vous l'ont dit ; n'y mettez point d'obstacles,
Vous qui n'avez jamais douté de leurs oracles :
Soutenir un État chancelant et brisé,
C'est chercher par sa chute à se voir écrasé.
Appuyez donc la France, et laissez tomber Rome ;
Aux grands ordres du ciel prêtez ceux d'un grand homme :
D'un si bel avenir avouez vos devins,
Avancez les succès, et hâtez les destins.

Ardaric. Oui, le ciel, par le choix de ces grands hyménées,
A mis entre vos mains le cours des destinées ;
Mais s'il est glorieux, seigneur, de le hâter,
Il l'est, et plus encor, de si bien l'arrêter,
Que la France, en dépit d'un infaillible augure,
N'aille qu'à pas traînants vers sa grandeur future,
Et que l'aigle, accablé par ce destin nouveau,
Ne puisse trébucher que sur votre tombeau.
Serait-il gloire égale à celle de suspendre
Ce que ces deux États du ciel doivent attendre,
Et de vous faire voir aux plus savants devins
Arbitre des succès et maître des destins ?
J'ose vous dire plus. Tout ce qu'ils vous prédisent,
Avec pleine clarté dans le ciel ils le lisent ;
Mais vous assurent-ils que quelque astre jaloux
N'ait point mis plus d'un siècle entre l'effet et vous ?

Ces éclatants retours que font les destinées
Sont assez rarement l'œuvre de peu d'années ;
Et ce qu'on vous prédit touchant ces deux États
Peut être un avenir qui ne vous touche pas.
Cependant regardez ce qu'est encor l'empire :
Il chancelle, il se brise, et chacun le déchire ;
De ses entrailles même il produit les tyrans ;
Mais il peut encor plus que tous ses conquérants.
Le moindre souvenir des champs catalauniques
En peut mettre à vos yeux des preuves trop publiques :
Singibar, Gondebaut, Méroüée et Thierri,
Là, sans Aétius, tous quatre auraient péri.
Les Romains firent seuls cette grande journée :
Unissez-les à vous par un digne hyménée.
Puisque déjà sans eux vous pouvez presque tout,
Il n'est rien dont par eux vous ne veniez à bout.
Quand de ces nouveaux rois ils vous auront fait maître,
Vous verrez à loisir de qui vous voudrez l'être,
Et résoudrez vous seul avec tranquillité
Si vous leur souffrirez encore l'égalité.

Valamir. L'empire, je l'avoue, est encor quelque chose ;
Mais nous ne sommes plus au temps de Théodose ;
Et comme dans sa race il ne revit pas bien,
L'empire est quelque chose, et l'empereur n'est rien.
Ses deux fils n'ont rempli les trônes des deux Romes
Que d'idoles pompeux, que d'ombres au lieu d'hommes.
L'imbécile fierté de ces faux souverains,
Qui n'osait à son aide appeler des Romains,
Parmi des nations qu'ils traitaient de barbares
Empruntaient pour régner des personnes plus rares ;
Et d'un côté Gainas, de l'autre Stilicon,
A ces deux majestés ne laissant que le nom,
On voyait dominer d'une hauteur égale
Un Goth dans un empire, et dans l'autre un Vandale.
Comme de tous côtés on s'en est indigné,
De tous côtés aussi pour eux on a régné.
Le second Théodose avait pris leur modèle :
Sa sœur à cinquante ans le tenait en tutèle,
Et fut, tant qu'il régna, l'âme de ce grand corps,

ACTE I, SCÈNE II.

Dont elle fait encor mouvoir tous les ressorts.
Pour Valentinian, tant qu'a vécu sa mère,
Il a semblé répondre à ce grand caractère ;
Il a paru régner : mais on voit aujourd'hui
Qu'il régnait par sa mère, ou sa mère pour lui ;
Et depuis son trépas il a trop fait connaître
Que s'il est empereur, Aétius est maître ;
Et c'en serait la sœur qu'il faudrait obtenir,
Si jamais aux Romains vous vouliez vous unir.
Au reste, un prince faible, envieux, mol, stupide,
Qu'un heureux succès enfle, un douteux intimide,
Qui pour unique emploi s'attache à son plaisir,
Et laisse le pouvoir à qui s'en peut saisir.
Mais le grand Mérouée est un roi magnanime,
Amoureux de la gloire, ardent après l'estime,
Qui ne permet aux siens d'emploi ni de pouvoir,
Qu'autant que par son ordre ils en doivent avoir.
Il sait vaincre et régner ; et depuis sa victoire,
S'il a déjà soumis et la Seine et la Loire,
Quand vous voudrez aux siens joindre vos combattants,
La Garonne et l'Arar ne tiendront pas longtemps.
Alors ces mêmes champs, témoins de notre honte,
En verront la vengeance et plus haute et plus prompte ;
Et, pour glorieux prix d'avoir su nous venger,
Vous aurez avec lui la Gaule à partager ;
D'où vous ferez savoir à toute l'Italie
Que lorsque la prudence à la valeur s'allie,
Il n'est rien à l'épreuve, et qu'il est temps qu'enfin
Et du Tibre et du Pô vous fassiez le destin.

Ardaric. Prenez-en donc le droit des mains d'une princesse
Qui l'apporte pour dot à l'ardeur qui vous presse ;
Et paraissez plutôt vous saisir de son bien,
Qu'usurper des États sur qui ne vous doit rien.
Sa mère eut tant de part à la toute puissance,
Qu'elle fit à l'empire associer Constance ;
Et si ce même empire a quelque attrait pour vous,
La fille a même droit en faveur d'un époux.
Allez, la force en main, demander ce partage,
Que d'un père mourant lui laissa le suffrage :

Sous ce prétexte heureux vous verrez des Romains
Se détacher de Rome, et vous tendre les mains.
Aétius n'est pas si maître qu'on veut croire ;
Il a jusque chez lui des jaloux de sa gloire ;
Et vous aurez pour vous tous ceux qui dans le cœur
Sont mécontents du prince, ou las du gouverneur.
Le débris de l'empire a de belles ruines ;
S'il n'a plus de héros, il a des héroïnes.
Rome vous en offre une et part à ce débris ;
Pourriez-vous refuser votre main à ce prix ?
Ildione n'apporte ici que sa personne ;
Sa dot ne peut s'étendre aux droits d'une couronne,
Ses Francs n'admettent point de femme à dominer ;
Mais les droits d'Honorie ont de quoi tout donner.
Attachez-les, seigneur, à vous, à votre race ;
Du fameux Théodose assurez-vous la place ;
Rome adore la sœur, le frère est sans pouvoir,
On hait Aétius : vous n'avez qu'à vouloir.

Attila. Est-ce comme il me faut tirer d'inquiétude,
Que de plonger mon âme en plus d'incertitude ?
Et pour vous prévaloir de mes perplexités
Choisissez-vous exprès ces contrariétés ?
Plus j'entends raisonner, et moins on détermine ;
Chacun dans sa pensée également s'obstine ;
Et quand par vous je cherche à ne plus balancer,
Vous cherchez l'un et l'autre à mieux m'embarrasser !
Je ne demande point de si diverses routes :
Il me faut des clartés, et non de nouveaux doutes ;
Et quand je vous confie un sort tel que le mien,
C'est m'offenser tous deux que ne résoudre rien.

Valamir. Seigneur, chacun de nous vous parle comme il pense,
Chacun de ce grand choix vous fait voir l'importance ;
Mais nous ne sommes point jaloux de nos avis.
Croyez-le, croyez-moi, nous en serons ravis ;
Ils sont les purs effets d'une amitié fidèle,
De qui le zèle ardent...

Attila. Unissez donc ce zèle,
Et ne me forcez point à voir dans vos débats
Plus que je ne veux voir, et... Je n'achève pas.

Dites-moi seulement ce qui vous intéresse
A protéger ici l'une et l'autre princesse.
Leurs frères vous ont-ils, à force de présents,
Chacun de son côté, rendus leurs partisans?
Est-ce amitié pour l'une, est-ce haine pour l'autre,
Qui forme auprès de moi son avis et le vôtre?
Par quel dessein de plaire ou de vous agrandir...
Mais derechef je veux ne rien approfondir,
Et croire qu'où je suis on n'a pas tant d'audace.
Vous, si vous vous aimez, faites-vous une grâce;
Accordez-vous ensemble, et ne contestez plus,
Ou de l'une des deux ménagez un refus,
Afin que nous puissions en cette conjoncture
A son aversion imputer la rupture.
Employez-y tous deux ce zèle et cette ardeur
Que vous dites avoir tous deux pour ma grandeur.
J'en croirai les efforts qu'on fera pour me plaire,
Et veux bien jusque-là suspendre ma colère.

SCÈNE III.

ARDARIC, VALAMIR.

Ardaric. En serons-nous toujours les malheureux objets?
    Et verrons-nous toujours qu'il nous traite en sujets?
Valamir. Fermons les yeux, seigneur, sur de telles disgrâces;
    Le ciel en doit un jour effacer jusqu'aux traces;
    Mes devins me l'ont dit; et, s'il en est besoin,
    Je dirai que ce jour peut-être n'est pas loin :
    Ils en ont, disent-ils, un assuré présage.
    Je vous confierai plus : ils m'ont dit davantage,
    Et qu'un Théodoric qui doit sortir de moi
    Commandera dans Rome, et s'en fera le roi;
    Et c'est ce qui m'oblige à parler pour la France,
    A presser Attila d'en choisir l'alliance,
    D'épouser Ildione, afin que par ce choix
    Il laisse à mon hymen Honorie et ses droits.
Ardaric. Nous n'avons que trop vu jusqu'où va sa colère,
    Qui n'a pas épargné le sang même d'un frère,
    Et combien après lui de rois ses alliés

A son orgueil barbare il a sacrifiés.
Valamir. Les peuples qui suivaient ces illustres victimes
Suivent encore sous lui l'impunité des crimes ;
Et ce ravage affreux qu'il permet aux soldats
Lui gagne tant de cœurs, lui donne tant de bras,
Que nos propres sujets sortis de nos provinces
Sont en dépit de nous plus à lui qu'à leurs princes.
Ardaric. Il semble à ses discours déjà nous soupçonner,
Et ce sont des soupçons qu'il nous faut détourner.
Ah! que ne pouvons-nous être heureux l'un et l'autre !
Valamir. Ah! que n'est mon bonheur plus compatible au vôtre !
Ardaric. Allons des deux côtés chacun faire un effort.
Valamir. Allons, et du succès laissons-en faire au sort.

ACTE DEUXIÈME.

SCÈNE PREMIÈRE.

HONORIE, FLAVIE.

Honorie. L'insolent Attila me donne une rivale ;
Par ce choix qu'il balance il la fait mon égale ;
Et quand pour l'en punir je crois prendre un grand roi,
Je ne prends qu'un grand nom qui ne peut rien pour moi.
Juge que de chagrins au cœur d'une princesse
Qui hait également l'orgueil et la faiblesse.
Jusqu'à Rome Attila m'envoie offrir sa foi,
Pour douter dans son camp entre Ildione et moi.
Hélas! Flavie, hélas! si ce doute m'offense,
Que doit faire une indigne et haute préférence ?
Et n'est-ce pas alors le dernier des malheurs,
Qu'un éclat impuissant d'inutiles douleurs?
Flavie. Prévenez-le, madame ; et montrez à sa honte
Combien de tant d'orgueil vous faites peu de compte.
Honorie. La bravade est aisée, un mot est bientôt dit :
Mais où fuir un tyran que la bravade aigrit?
Retournerai-je à Rome où j'ai laissé mon frère

ACTE II, SCÈNE I.

Enflammé contre moi de haine et de colère,
Et qui sans la terreur d'un nom si redouté
Jamais n'eût mis de borne à ma captivité :
Moi qui prétends pour dot la moitié de l'empire...

Flavie. Ce serait d'un malheur vous jeter dans un pire.
Ne vous emportez pas contre vous jusque-là :
Il est d'autres moyens de braver Attila.
Épousez Valamir.

Honorie. Est-ce comme on le brave
Que d'épouser un roi dont il fait son esclave?

Flavie. Mais vous l'aimez.

Honorie. Eh bien ! si j'aime Valamir,
Je ne veux point de rois qu'on force d'obéir.

SCÈNE II.

VALAMIR, HONORIE, FLAVIE.

Honorie. Attila m'est promis, j'en ai sa foi pour gage ;
La princesse des Francs prétend même avantage ;
Et bien que sur le choix il me semble hésiter,
Étant ce que je suis j'aurais tort d'en douter.
Mais qui promet à deux outrage l'une et l'autre.
J'ai du cœur, on m'offense ; examinez le vôtre.
Pourrez-vous m'en venger? pourrez-vous l'en punir ?

Valamir. N'est-ce que par le sang qu'on peut vous obtenir?
Et faut-il que mon âme à ce grand cœur réponde
Par un assassinat du plus grand roi du monde,
D'un roi que vous avez souhaité pour époux ?
Ne saurait-on sans crime être digne de vous ?

Honorie. Non, je ne vous dis pas qu'aux dépens de sa tête
Vous vous fassiez aimer, et payiez ma conquête.
De l'aimable façon qu'il vous traite aujourd'hui
Il a trop mérité ces tendresses pour lui.
D'ailleurs, s'il faut qu'on l'aime, il est bon qu'on le craigne.
Mais c'est cet Attila qu'il faut que je dédaigne.
Pourrez-vous hautement me tirer de ses mains,
Et braver avec moi le plus fier des humains ?

Valamir. Il n'en est pas besoin, madame : il vous respecte ;
Et bien que sa fierté vous puisse être suspecte,

A vos moindres froideurs, à vos moindres dégoûts,
Je sais que ses respects me donneraient à vous.

Honorie. Que j'estime assez peu le sang de Théodose
Pour souffrir qu'en moi-même un tyran en dispose,
Qu'une main qu'il me doit me choisisse un mari,
Et me présente un roi comme son favori !
Si vous me connaissez, seigneur, vous devez croire
Que rien ne m'est sensible à l'égal de ma gloire.
Régnez comme Attila, je vous préfère à lui ;
Mais point d'époux qui n'ose en dédaigner l'appui,
Point d'époux qui m'abaisse au rang de ses sujettes
Enfin, je veux un roi : regardez si vous l'êtes ;
Et soyez satisfait qu'on vous daigne assurer
Qu'à tous les rois ce cœur voudrait vous préférer.

SCÈNE III.

VALAMIR, FLAVIE.

Valamir. Quelle hauteur, Flavie, et que faut-il qu'espère
Un roi dont tous les vœux...

    Flavie. Seigneur, laissez-la faire ;
L'orgueil qui vous dédaigne en dépit de vos vœux
Fait haïr Attila de se promettre à deux.
Non que cette fierté n'en soit assez jalouse
Pour ne pouvoir souffrir qu'Ildione l'épouse.
A son frère, à ses Francs faites-la renvoyer ;
Vous verrez tout ce cœur soudain se déployer,
Suivre ce qui lui plaît, braver ce qui l'irrite,
Et livrer hautement la victoire au mérite.
Ne vous rebutez point d'un peu d'emportement ;
Quelquefois malgré nous il vient un bon moment.
Le ciel fait des heureux lorsque moins on y pense ;
Et je ne vous dis rien sans beaucoup d'apparence.
Ardaric vous apporte un entretien plus doux.
Adieu ; et croyez-moi le temps sera pour vous.

SCÈNE IV.

ARDARIC, VALAMIR.

Ardaric. Qu'avez-vous obtenu, seigneur, de la princesse?
Valamir. Beaucoup, et rien. J'ai vu pour moi quelque tendresse;
Mais elle sait d'ailleurs si bien ce qu'elle vaut,
Que si celle des Francs a le cœur aussi haut,
Si c'est à même prix, seigneur, qu'elle se donne,
Vous lui pourrez longtemps offrir votre couronne.
Voyez votre Ildione; et puissiez-vous, seigneur,
Y trouver plus de jour à lire dans son cœur,
Une âme plus tournée à remplir votre attente,
Un esprit plus facile. Octar sort de sa tente.
Adieu.

SCÈNE V.

ARDARIC, OCTAR.

Ardaric. Pourrai-je voir la princesse à mon tour?
Octar. Non, à moins qu'il vous plaise attendre son retour;
Mais, à ce que ses gens, seigneur, m'ont fait entendre,
Vous n'avez en ce lieu qu'un moment à l'attendre.
Ardaric. Dites-moi cependant : vous fûtes prisonnier
Du roi des Francs, son frère, en ce combat dernier?
Octar. Le désordre, seigneur, des champs catalauniques
Me donna peu de part aux disgrâces publiques.
Si j'y fus prisonnier de ce roi généreux,
Il me fit dans sa cour un sort assez heureux :
Ma prison y fut libre; et j'y trouvai sans cesse
Une bonté si rare au cœur de la princesse,
Que de retour ici je pense lui devoir
Les plus sacrés respects qu'un sujet puisse avoir.
Ardaric. Qu'un monarque est heureux lorsque le ciel lui donne
La main d'une si sage et si rare personne!
Octar. Vous savez toutefois qu'Attila ne l'est pas,
Et combien son trop d'heur lui cause d'embarras.
Ardaric. Ah! puisqu'il a des yeux, sans doute il la préfère.
Mais vous vous louez fort aussi du roi son frère;
Ne me déguisez rien. A-t-il des qualités
A se faire admirer ainsi de tous côtés?

Est-ce une vérité que ce que j'entends dire,
Ou si c'est sans raison que l'univers l'admire ?

Octar. Je ne sais pas, seigneur, ce qu'on vous en a dit ;
Mais si pour l'admirer ce que j'ai vu suffit,
Je l'ai vu dans la paix, je l'ai vu dans la guerre[1],
Porter partout un front de maître de la terre.
J'ai vu plus d'une fois de fières nations
Désarmer son courroux par leurs soumissions.
J'ai vu tous les plaisirs de son âme héroïque
N'avoir rien que d'auguste et que de magnifique ;
Et ses illustres soins offrir à ses sujets
L'école de la guerre au milieu de la paix.
Par ces délassements sa noble inquiétude
De ses justes desseins faisait l'heureux prélude ;
Et, si j'ose le dire, il doit nous être doux
Que ce héros les tourne ailleurs que contre nous.
Je l'ai vu, tout couvert de poudre et de fumée,
Donner le grand exemple à toute son armée,
Semer par ses périls l'effroi de toutes parts,
Bouleverser les murs d'un seul de ses regards,
Et sur l'orgueil brisé des plus superbes têtes
De sa course rapide entasser les conquêtes.
Ne me commandez point de peindre un si grand roi,
Ce que j'en ai vu passe un homme tel que moi :
Mais je ne puis, seigneur, m'empêcher de vous dire
Combien son jeune prince est digne qu'on l'admire.
Il montre un cœur si haut sous un front délicat,
Que dans son premier lustre il est déjà soldat.
Le corps attends les ans, mais l'âme est toute prête.
D'un gros de cavaliers il se met à la tête,
Et, l'épée à la main, anime l'escadron
Qu'enorgueillit l'honneur de marcher sous son nom.
Tout ce qu'a d'éclatant la majesté du père,
Tout ce qu'ont de charmant les grâces de la mère,
Tout brille sur ce front, dont l'aimable fierté
Porte empreints et ce charme et cette majesté.

---

(1) Cet éloge de Louis XIV et de son fils (car c'est à ceux que Corneille faisait allusion dans ces vers), avait précédé les prologues adulateurs de Quinault, et servi d'exemples à tous les poëtes du temps, qui ne manquèrent pas de l'imiter. (P.)

ACTE V, SCÈNE III.

L'amour et le respect qu'un si jeune mérite...
Mais la princesse vient, seigneur; et je vous quitte.

SCÈNE VI.
ARDARIC, ILDIONE.

Ildione. On vous a consulté, seigneur; m'apprendrez-vous
Comment votre Attila dispose enfin de nous?
Car l'esclavage fier d'une haute naissance,
Où toute autre peut tout, me tient dans l'impuissance;
Et, victime d'État, je dois sans reculer
Attendre aveuglément qu'on me daigne immoler.
Ardaric. Attendre qu'Attila, l'objet de votre haine,
Daigne vous immoler à la fierté romaine?
Ildione. Qu'un pareil sacrifice aurait pour moi d'appas!
Et que je souffrirai s'il ne s'y résout pas!
Ardaric. Qu'il serait glorieux de le faire vous-même,
D'en épargner la honte à votre diadème!
J'entends celui des Francs, qu'au lieu de maintenir...
Ildione. C'est à mon frère alors de venger et punir;
Mais ce n'est point à moi de rompre une alliance
Dont il vient d'attacher vos Huns avec sa France,
Et me faire par là du gage de la paix
Le flambeau d'une guerre à ne finir jamais.
Ardaric. Pouvez-vous espérer qu'Attila vous dédaigne?
Ildione. Rome est encor puissante, il se peut qu'il la craigne.
Je le hais d'autant plus, que son ambition
A voulu s'asservir toute ma nation;
Qu'en dépit des traités et de tout leur mystère
Un tyran qui déjà s'est immolé son frère,
Si jamais sa fureur ne redoutait plus rien,
Aurait peut-être peine à faire grâce au mien.
Si donc ce triste choix m'arrache à ce que j'aime,
S'il me livre à l'honneur qu'il me fait de lui-même,
S'il m'attache à la main qui veut tout saccager,
Voyez que d'intérêts, que de maux à venger! (*Elle s'en va.*)
Ardaric. Vous préserve le ciel de l'épreuve cruelle
Où veut un cœur si grand mettre une âme si belle!
Et puisse Attila prendre un esprit assez doux
Pour vouloir qu'on vous doive autant à lui qu'à vous!

ACTE TROISIÈME.

SCÈNE PREMIÈRE.
ATTILA, OCTAR.

Attila. Octar, as-tu pris soin de redoubler ma garde ?
Octar. Oui, seigneur ; et déjà chacun s'entre-regarde,
S'entre-demande à quoi ces ordres que j'ai mis...
Attila. Quand on a deux rivaux, manque-t-on d'ennemis ?
Ce grand chef des Romains, l'illustre Aétius,
Le seul que je craignais, Octar, il ne vit plus.
Octar. Qui vous en a défait ?
   Attila.   Valentinian même.
Craignant qu'il n'usurpât jusqu'à son diadème,
Et pressé des soupçons où j'ai su l'engager,
Lui-même, à ses yeux même, il l'a fait égorger.
Rome perd en lui seul plus de quatre batailles ;
Je me vois l'accès libre au pied de ses murailles ;
Et si j'y fais paraître Honorie et ses droits,
Contre un tel empereur j'aurai toutes les voix :
Tant l'effroi de mon nom et la haine publique
Qu'attire sur sa tête une mort si tragique,
Sauront faire aisément, sans en venir aux mains,
De l'époux d'une sœur un maître des Romains !
Octar. Ainsi donc votre choix tombe sur Honorie ?
Attila. J'y fais ce que je puis, et ma gloire m'en prie.
O raison confondue ! orgueil presque étouffé,
Avant ce coup fatal que n'as-tu triomphé !

SCÈNE II.
HONORIE, ATTILA, ILDIONE, OCTAR.

Honorie. Ce grand choix est donc fait, seigneur, et pour le faire
Vous avez à tel point redouté ma colère,
Que vous n'avez pas cru vous en pouvoir sauver
Sans doubler votre garde, et me faire observer ?
Je ne me jugeais pas en ces lieux tant à craindre ;
Et d'un tel attentat j'aurais tort de me plaindre,
Quand je vois que la peur de mes ressentiments

ACTE III, SCÈNE III.

En commence déjà les justes châtiments.

Ildione. Que ces ordres nouveaux ne troublent point votre âme :
C'était moi qu'on craignait, et non pas vous, madame ;
Et ce glorieux choix qui vous met en courroux
Ne tombe pas sur moi, madame ; c'est sur vous.
Il est vrai que sans moi vous n'y pouviez prétendre :
Le roi, tant qu'il m'eût plu, s'en aurait su défendre.

Honorie. C'est donc de votre main qu'il passe dans la mienne,
Madame, et c'est de vous qu'il faut que je le tienne ?

Ildione. Si vous ne le voulez aujourd'hui de ma main,
Craignez qu'il soit trop tard de le vouloir demain.
Elle l'aimera mieux sans doute de la vôtre,
Seigneur, ou vous ferez ce présent à quelque autre.
Je vous rends à vous-même, et ne puis rien de plus ;
Et c'est à vous de faire accepter mes refus.

SCÈNE III.

ATTILA, HONORIE, OCTAR.

Honorie. Accepter ses refus ! moi, seigneur ?

       Attila. Vous, madame.
Peut-il être honteux de devenir ma femme ?
Et quand on vous assure un si glorieux nom,
Peut-il vous importer qui vous en fait le don ?
Peut-il vous importer par quelle voie arrive
La gloire dont pour vous Ildione se prive ?
Que ce soit son refus, ou que ce soit mon choix,
En marcherez-vous moins sur la tête des rois ?
N'en murmurez, madame, ici non plus que l'autre,
Sa part la satisfait, recevez mieux la vôtre ;
Car je la préférais, et veux vous épouser.
La raison ? c'est ainsi qu'il me plaît d'en user.

Honorie. Et ce n'est pas ainsi qu'il me plaît qu'on en use :
Je cesse d'estimer ce qu'une autre refuse ;
Et, bien que vos traités vous engagent ma foi,
Le rebut d'Ildione est indigne de moi.
Oui, bien que l'univers ou vous serve ou vous craigne,
Je n'ai que des mépris pour ce qu'elle dédaigne.
Quel honneur est celui d'être votre moitié,

Qu'elle cède par grâce, et m'offre par pitié?
Je sais ce que le ciel m'a faite au-dessus d'elle,
Et suis plus glorieuse encor qu'elle n'est belle.

Attila. J'honore cet orgueil, il est égal au mien,
Madame; et nos fiertés se ressemblent si bien,
Que si la ressemblance est par où l'on s'entr'aime,
J'ai lieu de vous aimer comme autre moi-même.

Honorie. Ah! si non plus que vous je n'ai pas le cœur bas,
Nos fiertés pour cela ne se ressemblent pas.
La mienne est de princesse, et la vôtre est d'esclave:
Je brave les mépris, vous aimez qu'on vous brave.
Aétius est mort. Je n'ai plus de tyran;
Je reverrai mon frère en Valentinian;
Et mille vrais héros qu'opprimait ce faux maître
Pour me faire justice à l'envi vont paraître.
Ils défendront l'empire, et soutiendront mes droits
En faveur des vertus dont j'aurai fait le choix.
Les grands cœurs n'osent rien sous de si grands ministres;
Leur plus haute valeur n'a d'effets que sinistres;
Leur gloire fait ombrage à ces puissants jaloux
Qui s'estiment perdus s'ils ne les perdent tous.
Mais après leur trépas tous ces grands cœurs revivent;
Et, pour ne plus souffrir des fers qui les captivent,
Chacun reprend sa place et remplit son devoir.
La mort d'Aétius te le fera trop voir:
Si pour leur maître en toi je leur mène un barbare,
Tu verras quel accueil leur vertu te prépare;
Mais si d'un Valamir j'honore un si haut rang,
Aucun pour me servir n'épargnera son sang.

Attila. Vous voulez Valamir, je voulais Ildione:
Je me garde pour vous, gardez-vous pour mon trône;
Prenez ainsi que moi des sentiments plus hauts,
Et suivez mes vertus ainsi que mes défauts.

Honorie. Parle de tes fureurs et de leur noir ouvrage;
Il s'y mêle peut-être une ombre de courage;
Mais, bien loin qu'avec gloire on te puisse imiter,
La vertu des tyrans est même à détester.
Irai-je à ton exemple assassiner mon frère?
Sur tous mes alliés répandre ma colère,

Me baigner dans leur sang, et d'un orgueil jaloux...
Attila. Si nous nous emportons, j'irai plus loin que vous,
Madame.
Honorie. Les grands cœurs parlent avec franchise.
Attila. Quand je m'en souviendrai, n'en soyez pas surprise;
Et si je vous épouse avec ce souvenir,
Vous voyez le passé, jugez de l'avenir.
Je vous laisse y penser. Adieu, madame.
Honorie. Ah! traître!
Attila. Il en est encor temps, demain je serai maître.
Ramenez la princesse, Octar.
Honorie. Quoi!
Attila. C'est assez.
Vous me direz tantôt tout ce que vous pensez;
Mais pensez-y deux fois avant que me le dire :
Songez que c'est de moi que vous tiendrez l'empire,
Que vos droits sans ma main ne sont que droits en l'air.
Honorie. Ciel!
Attila. Allez, et du moins apprenez à parler.
Honorie. Apprends, apprends toi-même à changer de langage,
Lorsqu'au rang des Césars ta parole t'engage.
Attila. Nous en pourrons changer avant la fin du jour.
Honorie. Fais ce que tu voudras, tyran; j'aurai mon tour.

ACTE QUATRIÈME.

SCÈNE PREMIÈRE.

HONORIE, OCTAR, FLAVIE.

Honorie. Allez, servez-moi bien. Si vous voulez Flavie,
Elle sera le prix de m'avoir bien servie.
Octar. Bien qu'Attila me traite assez confidemment,
Ma vie dépend sous lui d'un malheureux moment :
Il ne faut qu'un soupçon, un dégoût, un caprice,
Pour en faire à sa haine un soudain sacrifice;

Ce n'est pas un esprit que je porte où je veux.
Faire un peu plus de pente au penchant de ses vœux,
L'attacher un peu plus au parti qu'ils choisissent,
Ce n'est rien qu'avec moi deux mille autres ne puissent ;
Mais proposer de front, ou vouloir doucement
Contre ce qu'il résout tourner son sentiment,
Combattre sa pensée en faveur de la vôtre,
C'est ce que nous n'osons, ni moi, ni pas un autre ;
Et si je hasardais ce contre-temps fatal,
Je me perdrais, madame, et vous servirais mal.

Honorie. Mais qui l'attache à moi, quand à l'autre il aspire ?

Octar. La mort d'Aétius et vos droits sur l'empire.
Il croit s'en voir par là les chemins aplanis ;
Et tous autres souhaits de son cœur sont bannis.
Il aime à conquérir ; mais il hait les batailles ;
Il veut que son nom seul renverse les murailles :
Et, plus grand politique encor que grand guerrier,
Il tient que les combats sentent l'aventurier.
Il veut que de ses gens le déluge effroyable
Attère impunément les peuples qu'il accable ;
Et prodigue de sang, il épargne celui
Que tant de combattants exposeraient pour lui.
Ainsi n'espérez pas que jamais il relâche,
Que jamais il renonce à ce choix qui vous fâche :
Si pourtant je vois jour à plus que je n'attends,
Madame, assurez-vous que je prendrai mon temps.

SCÈNE II.

HONORIE, FLAVIE.

Flavie. Ne vous êtes-vous point un peu trop déclarée,
Madame, et le chagrin de vous voir préférée
Étouffe-t-il la peur que marquaient vos discours
De rendre hommage au rang d'un roi de quatre jours ?

Honorie. Je te l'avais bien dit, que mon âme incertaine
De tous les deux côtés attendait même gêne,
Flavie ; et de deux maux qu'on craint également
Celui qui nous arrive est toujours le plus grand,
Celui que nous sentons devient le plus sensible.

D'un choix si glorieux la honte est trop visible ;
Ildione a su l'art de m'en faire un malheur :
La gloire en est pour elle, et pour moi la douleur ;
Elle garde pour soi tout l'effet du mérite,
Et me livre avec joie aux ennuis qu'elle évite.
Mais je me venge, et suis, en ce juste projet,
Jalouse du bonheur, et non pas de l'objet.
Flavie. Attila vient, madame.
Honorie. Eh bien! faisons connaître
Que le sang des Césars ne souffre point de maître,
Et peut bien refuser, de pleine autorité,
Ce qu'une autre refuse avec témérité.

SCÈNE III.

ATTILA, HONORIE, FLAVIE.

Attila. Tout s'apprête, madame, et ce grand hyménée
Peut dans une heure ou deux terminer la journée,
Mais sans vous y contraindre ; et je ne viens que voir
Si vous avez mieux vu quel est votre devoir.
Honorie. Mon devoir est, seigneur, de soutenir ma gloire,
Sur qui va s'imprimer une tache trop noire,
Si votre illustre hymen pour son premier effet
Ne venge hautement l'outrage qu'on lui fait.
Puis-je voir sans rougir qu'à l'heureuse Ildione
Vous demandiez congé de m'offrir votre trône,
Que...
Attila. Toujours Ildione, et jamais Attila !
Honorie. Si vous me préférez, seigneur, punissez-la ;
Prenez mes intérêts, et pressez donc votre âme
De remettre en honneur le nom de votre femme.
Ildione le traite avec trop de mépris ;
Souffrez-en de pareils, ou rendez-lui son prix.
A quel droit voulez-vous qu'un tel manque d'estime,
S'il est gloire pour elle, en moi devienne un crime ;
Qu'après que nos refus ont tous deux éclaté,
Le mien soit punissable où le sien est flatté ;
Qu'elle brave à vos yeux ce qu'il faut que je craigne,
Et qu'elle me condamne à ce qu'elle dédaigne ?

Attila. Pour vous justifier mes ordres et mes vœux,
Je croyais qu'il suffit d'un simple, Je le veux ;
Mais voyez, puisqu'il faut mettre tout en balance,
D'Ildione ou de vous qui m'oblige ou m'offense.
Quand son refus me sert, le vôtre me trahit ;
Il veut me commander, quand le sien m'obéit.
L'un est plein de respect, l'autre est gonflé d'audace ;
Le vôtre me fait honte, et le sien me fait grâce.
Faut-il après cela qu'aux dépens de son sang
Je mérite l'honneur de vous mettre en mon rang ?

Honorie. Ne peut-on se venger à moins qu'on assassine ?
Je ne veux point sa mort, ni même sa ruine ;
Il est des châtiments plus justes et plus doux,
Qui l'empêcheraient mieux de triompher de nous.
Je dis de nous, seigneur, car l'offense est commune,
Et ce que vous m'offrez des deux n'en ferait qu'une.
Ildione, pour prix de son manque de foi,
Dispose arrogamment et de vous et de moi !
Et la main d'Ardaric suffit à ma rivale
Pour lui donner plein droit de me traiter d'égale.
Si vous voulez punir l'affront qu'elle nous fait,
Réduisez-la, seigneur, à l'hymen d'un sujet ;
Ne cherchez point pour elle une plus dure peine
Que de voir votre femme être sa souveraine ;
Et je pourrai moi-même alors vous demander
Le droit de m'en servir et de lui commander.

Attila. Madame, je saurai lui trouver un supplice :
Agréez cependant pour vous même justice ;
Et s'il faut un sujet à qui dédaigne un roi,
Choisissez dans une heure, où d'Octar, ou de moi.

Honorie. D'Octar, ou...

Attila. Les grands cœurs parlent avec franchise,
C'est une vérité que vous m'avez apprise :
Songez donc sans murmure à cet illustre choix,
Et remerciez-moi de suivre ainsi vos lois.

Honorie. Me proposer Octar !

Attila. Qu'y trouvez-vous à dire ?
Serait-il à vos yeux indigne de l'empire ?
S'il est né sans couronne et n'eut jamais d'États,

ACTE IV, SCÈNE III.

On monte à ce grand trône encor d'un lieu plus bas.
On a vu des Césars, et même des plus braves,
Qui sortaient d'artisans, de bandoliers¹, d'esclaves :
Le temps et leurs vertus les ont rendus fameux,
Et notre cher Octar a des vertus comme eux.

Honorie. Va, ne me tourne point Octar en ridicule ;
Ma gloire pourrait bien l'accepter sans scrupule,
Tyran, et tu devrais du moins te souvenir
Que, s'il n'en est pas digne, il peut le devenir.
Au défaut d'un beau sang, il est de grands services,
Il est des vœux soumis, il est des sacrifices,
Il est de glorieux et surprenants effets,
Des vertus de héros, et même des forfaits.
L'exemple y peut beaucoup. Instruit par tes maximes,
Il s'est fait de ton ordre une habitude aux crimes ;
Comme ta créature, il doit te ressembler.
Quand je l'enhardirai, commence de trembler.
Ta vie est en mes mains dès qu'il voudra me plaire ;
Et rien n'est sûr pour toi, si je veux qu'il espère.
Ton rival entre, adieu : délibère avec lui,
Si ce cher Octar m'aime, ou sera ton appui.

SCÈNE IV.

ATTILA, ARDARIC.

Attila. Seigneur, sur ce grand choix je cesse d'être en peine ;
J'épouse dès ce soir la princesse romaine,
Et n'ai plus qu'à prévoir à qui plus sûrement
Je puis confier l'autre et son ressentiment.
Le roi des Bourguignons, par ambassade expresse,
Pour Sigismond, son fils, voulait cette princesse ;
Mais nos ambassadeurs furent mieux écoutés.
Pourrait-il nous donner toutes nos sûretés ?

Ardaric. Son État sert de borne à ceux de Méroüée ;
La partie entre eux deux serait bientôt nouée ;
Et vous verriez armer d'une pareille ardeur

---

(1) Brigands des montagnes. On écrit aujourd'hui *bandoulier*.

A quelques expressions près, qui sont trop familières, ces vers sont dignes de Corneille. (P.)

     Un mari pour sa femme, un frère pour sa sœur :
     L'union en serait trop facile et trop grande.
Attila. Celui des Visigoths faisait même demande.
     Comme de Mérouée il est plus écarté,
     Leur union aurait moins de facilité :
     Le Bourguignon d'ailleurs sépare leurs provinces,
     Et servirait pour nous de barre à ces deux princes.
Ardaric. Oui ; mais bientôt lui-même entre eux deux écrasé
     Leur ferait à se joindre un chemin trop aisé ;
     Et ces deux rois par là maîtres de la contrée,
     D'autant plus fortement en défendraient l'entrée
     Qu'ils auraient plus à perdre, et qu'un juste courroux
     N'aurait plus tant de chefs à liguer contre vous.
     La princesse Ildione est orgueilleuse et belle ;
     Il lui faut un mari qui réponde mieux d'elle,
     Dont tous les intérêts aux vôtres soient soumis,
     Et ne le pas choisir parmi vos ennemis.
     D'une fière beauté la haine opiniâtre
     Donne à ce qu'elle hait jusqu'au bout à combattre ;
     Et pour peu que la veuille écouter un époux...
Attila. Il lui faut donc, seigneur, ou Valamir, ou vous ;
     La pourriez-vous aimer ? parlez sans flatterie.
     J'apprends que Valamir est aimé d'Honorie ;
     Il peut de mon hymen concevoir quelque ennui,
     Et je m'assurerais sur vous plus que sur lui.
Ardaric. C'est m'honorer, seigneur, de trop de confiance.
Attila. Parlez donc, pourriez-vous goûter cette alliance ?
Ardaric. Vous savez que vous plaire est mon plus cher souci.
Attila. Qu'on cherche la princesse, et qu'on l'amène ici :
     Je veux que de ma main vous receviez la sienne.
     Mais, dites-moi, de grâce, attendant qu'elle vienne,
     Par où me voulez-vous assurer votre foi ?
     Et que seriez-vous prêt d'entreprendre pour moi ?
     Car enfin elle est femme, elle peut tout séduire,
     Et vous forcer vous-même à me vouloir détruire.
Ardaric. Faut-il vous immoler l'orgueil de Torrismond ?
     Faut-il teindre l'Arar du sang de Sigismond ?
     Faut-il mettre à vos pieds et l'un et l'autre trône ?
Attila. Ne dissimulez point, vous voulez Ildione,

ACTE IV, SCÈNE IV.

Et proposez bien moins ces glorieux travaux
Contre mes ennemis que contre vos rivaux.
Voyez comme un rival est soudain haïssable,
Comme vers nos projets ce nom le rend coupable ;
Comme sa perte est juste encor qu'il n'ose rien ;
Et sans aller si loin, délivrez-moi du mien.
C'est un roi dont les gens, mêlés parmi les nôtres,
Feraient accompagner son exil de trop d'autres
Qu'on verrait s'opposer aux soins que nous prendrons,
Et de nos ennemis grossir les escadrons.

Ardaric. Mais c'est déshonorer, seigneur, votre hyménée
Que vouloir d'un tel sang en marquer la journée.

Attila. Est-il plus grand honneur que de voir en mon choix
Qui je veux en ce jour immoler de deux rois,
Et que du sacrifice où s'expiera leur crime,
L'un deux soit le ministre, et l'autre la victime ?
Si vous n'osez par là satisfaire vos vœux,
Craignez que Valamir ne soit moins scrupuleux,
Qu'il ne s'impute pas à tant de barbarie
D'accepter à ce prix la princesse Honorie,
Et n'ait aucune horreur de ses vœux les plus doux
Si leur entier succès ne lui coûte que vous ;
Car je puis épouser encor votre princesse,
Et détourner vers lui l'effort de ma tendresse.

SCÈNE V.

ATTILA, ARDARIC, ILDIONE.

Attila, *à Ildione.* Vos refus obligeants ont daigné m'ordonner
De consulter vos vœux avant que vous donner ;
Je m'en fais une loi. Dites-moi donc, madame,
Si le prince Ardaric agréerait à votre âme ?

Ildione. C'est à moi d'obéir, si vous le souhaitez ;
Mais, seigneur...

    Attila. Il y fait quelques difficultés :
Mais je sais que sur lui vous êtes absolue.
Achevez d'y porter son âme irrésolue,
Afin que dans une heure, au milieu de ma cour,
Votre hymen et le mien couronnent ce grand jour.

SCÈNE VI.

ARDARIC, ILDIONE.

Ildione. D'où viennent ces soupirs, d'où naît cette tristesse?
Est-ce que la surprise étonne l'allégresse,
Qu'elle en suspend l'effet pour le mieux signaler,
Et qu'aux yeux du tyran il faut dissimuler?
Il est parti, seigneur; souffrez que votre joie,
Souffrez que son excès tout entier se déploie,
Qu'il fasse voir aux miens le bonheur de ce jour.
Ardaric. Vous allez soupirer, madame, à votre tour,
A moins que votre cœur malgré vous se prépare
A n'avoir rien d'humain non plus que ce barbare.
Il me choisit pour vous; c'est un honneur bien grand,
Mais qui doit faire horreur par le prix qu'il le vend.
A recevoir ma main pourrez-vous être prête,
S'il faut qu'à Valamir il en coûte la tête?
Ildione. Quoi, seigneur!
    Ardaric. Attendez à vous en étonner
Que vous sachiez la main qui doit l'assassiner.
C'est à cet attentat la mienne qu'il destine,
Madame.
    Ildione. C'est par vous, seigneur, qu'il l'assassine!
Ardaric. Il me fait son bourreau pour perdre un autre roi
A qui fait sa fureur la même offre qu'à moi.
Aux dépens de sa tête il veut qu'on vous obtienne.
On lui donne Honorie aux dépens de la mienne:
Sa cruelle faveur m'en a laissé le choix.
Ildione. Quel crime voit sa rage à punir en deux rois?
Est-il orgueil plus lâche, ou lâcheté plus noire?
Il veut que je vous coûte ou la vie ou la gloire,
Et serve de prétexte au choix infortuné
D'assassiner vous-même ou d'être assassiné!
Il vous offre ma main comme un bonheur insigne,
Mais à condition de vous en rendre indigne;
Et si vous refusez par là de m'acquérir,
Vous ne sauriez vous-même éviter de périr!
Ardaric. Il est beau de périr pour éviter un crime;

    Quand on meurt pour sa gloire, on revit dans l'estime ;
    Et triompher ainsi du plus rigoureux sort,
    C'est s'immortaliser par une illustre mort.
Ildione. Le ciel n'est pas toujours aux méchants si propice ;
    Après tant d'indulgence, il a de la justice.
    Parlez à Valamir, et voyez avec lui
    S'il n'est aucun remède à ce mortel ennui.
Ardaric. Madame...
    Ildione. Allez, seigneur : nos maux et le temps pressent,
    Et les mêmes périls tous deux vous intéressent.
Ardaric. J'y vais ; mais en l'état qu'est son sort et le mien,
    Nous nous plaindrons ensemble et ne résoudrons rien.

ACTE CINQUIÈME.

SCÈNE PREMIÈRE.

ARDARIC, VALAMIR.

(Ils n'ont point d'épée ni l'un ni l'autre.)

Ardaric. Seigneur, vos devins seuls ont causé notre perte ;
    Par eux à tous nos maux la porte s'est ouverte ;
    Et l'infidèle appât de leur prédiction
    A jeté trop d'amorce à votre ambition.
    A moins que je vous perde il faut que je périsse ;
    On vous fait même grâce, ou pareille injustice :
    Ainsi vos seuls devins nous forcent de périr,
    Et ce sont tous les droits qu'ils vous font acquérir.
Valamir. Je viens de les quitter ; et, loin de s'en dédire,
    Ils assurent ma race encor du même empire.
    Ils savent qu'Attila s'aigrit au dernier point :
    Et ses emportements ne les émeuvent point ;
    Quelque loi qu'il nous fasse, ils sont inébranlables :
    Le ciel en a donné des arrêts immuables ;
    Rien n'en rompra l'effet ; et Rome aura pour roi
    Ce grand Théodoric qui doit sortir de moi.
Ardaric. Ils veulent donc, seigneur, qu'aux dépens de ma tête

Vos mains à ce héros préparent sa conquête ?
Valamir. Seigneur, c'est m'offenser encor plus qu'Attila.
Ardaric. Par où lui pouvez-vous échapper que par là ?
Pouvez-vous que par là posséder Honorie ?
Et d'où naîtra ce fils si vous perdez la vie ?
Valamir. Je me vois comme vous aux portes du trépas ;
Mais j'espère, après tout, ce que je n'entends pas.

SCÈNE II.

ARDARIC, VALAMIR, HONORIE.

Honorie. Savez-vous d'Attila jusqu'où va la furie,
Princes, et quelle en est l'affreuse barbarie ?
Cette offre qu'il vous fait d'en rendre l'un heureux
N'est qu'un piège qu'il tend pour vous perdre tous deux.
Il veut, sous cet espoir, qu'il donne à l'un et l'autre,
Votre sang de sa main, ou le sien de la vôtre :
Mais qui le servirait serait bientôt livré
Aux troupes de celui qu'il aurait massacré ;
Et par le désaveu de cette obéissance
Ce tigre assouvirait sa rage et leur vengeance.
Octar aime Flavie, et l'en vient d'avertir.
Valamir. Euric son lieutenant ne fait que de sortir :
Le tyran soupçonneux, qui craint ce qu'il mérite,
A pour nous désarmer choisi ce satellite ;
Et comme avec justice il nous croit irrités,
Pour nous parler encore il prend ses sûretés.
Pour peu qu'il eût tardé, nous allions dans sa tente
Surprendre et prévenir sa plus barbare attente,
Tandis qu'il nous laissait encor la liberté
D'y porter l'un et l'autre une épée au côté.
Il promet à tous deux de nous la faire rendre
Dès qu'il saura de nous ce qu'il en doit attendre,
Quel est notre dessein, ou, pour en mieux parler,
Dès que nous résoudrons de nous entr'immoler.
Cependant il réduit à l'entière impuissance
Ce noble désespoir qu'il punit par avance,
Et qui, se faisant droit avant que de mourir,
Croit que se perdre ainsi c'est un peu moins périr :

ACTE V, SCÈNE II.

Car nous aurions péri par les mains de sa garde;
Mais la mort est plus belle alors qu'on la hasarde.
Honorie. Il vient, seigneur.

SCÈNE III.

ATTILA, VALAMIR, ARDARIC, HONORIE, OCTAR.

Attila. Eh bien! mes illustres amis,
Contre mes grands rivaux quel espoir m'est permis?
Pas un n'a-t-il pour soi la digne complaisance
D'acquérir sa princesse en perdant qui m'offense?
Quoi! l'honneur, l'amitié, tout va d'un froid égal!
Pas un ne m'aime assez pour haïr mon rival!
Valamir. A l'inhumanité joindre la raillerie,
C'est à son dernier point porter la barbarie.
Après l'assassinat d'un frère et de six rois,
Notre tour est venu de subir mêmes lois:
Et nous méritons bien les plus cruels supplices
De nous être exposés aux mêmes sacrifices,
D'en avoir pu souffrir chaque jour de nouveaux.
Punissez, vengez-vous, mais cherchez des bourreaux;
Et si vous êtes roi, songez que nous le sommes.
Attila. Vous? devant Attila vous n'êtes que deux hommes;
Et, dès qu'il m'aura plu d'abattre votre orgueil,
Vos têtes pour tomber n'attendront qu'un coup d'œil.
Je fais grâce à tous deux de n'en demander qu'une:
Faites-en décider l'épée et la fortune;
Et qui succombera du moins tiendra de moi
L'honneur de ne périr que par la main d'un roi.
Nobles gladiateurs, dont ma colère apprête
Le spectacle pompeux à cette grande fête,
Montrez, montrez un cœur enfin digne du rang...
Ardaric. Votre main est plus faite à verser de tel sang;
C'est lui faire un affront que d'emprunter les nôtres.
Attila. Pour me faire justice il s'en trouvera d'autres:
Mais si vous renoncez aux objets de vos vœux,
Le refus d'une tête en pourra coûter deux.
Je révoque ma grâce, et veux bien que vos crimes
De deux rois mes rivaux me fassent deux victimes,

Et ces rares objets si peu dignes de moi
Seront le digne prix de cet illustre emploi.
A Ardaric. De celui de vos vœux je ferai la conquête
De quiconque à mes pieds abattra votre tête.
A Honorie. Et comme vous paierez celle de Valamir,
Nous aurons à ce prix des bourreaux à choisir ;
Et, pour nouveau supplice à de si belles âmes,
Ce choix ne tombera que sur les plus infâmes.

Honorie. Tu pourrais être lâche et cruel jusque-là !

Attila. Encor plus, s'il le faut, mais toujours Attila,
Toujours l'heureux objet de la haine publique,
Fidèle au grand dépôt du pouvoir tyrannique,
Toujours...

Honorie. Achève, et dis que tu veux en tout lieu
Être l'effroi du monde, et le fléau de Dieu.
Etale insolemment l'épouvantable image
De ces fleuves de sang où se baignait ta rage.
Fais voir...

Attila. Que vous perdez de mots injurieux
A me faire un reproche et doux et glorieux !
Ce Dieu dont vous parlez, de temps en temps sévère,
Ne s'arme pas toujours de toute sa colère ;
Mais quand à sa fureur il livre l'univers,
Elle a pour chaque temps des déluges divers.
Jadis, de toutes parts faisant regorger l'onde,
Sous un déluge d'eaux il abîma le monde ;
Sa main tient en réserve un déluge de feux
Pour le dernier moment de nos derniers neveux ;
Et mon bras, dont il fait aujourd'hui son tonnerre,
D'un déluge de sang couvre pour lui la terre.

Honorie. Lorsque par les tyrans il punit les mortels,
Il réserve sa foudre à ces grands criminels
Qu'il donne pour supplice à toute la nature,
Jusqu'à ce que leur rage ait comblé la mesure.
Peut-être qu'il prépare en ce même moment
A de si noirs forfaits l'éclat du châtiment,
Qu'alors que ta fureur à nous perdre s'apprête
Il tient le bras levé pour te briser la tête,
Et veut qu'un grand exemple oblige de trembler

ACTE V, SCÈNE III.

          Quiconque désormais t'osera ressembler.

Attila. Eh bien ! en attendant ce changement sinistre,
          J'oserai jusqu'au bout lui servir de ministre,
          Et faire exécuter toutes ses volontés
          Sur vous, et sur des rois contre moi révoltés.
          Par des crimes nouveaux je punirai les vôtres,
          Et mon tour à périr ne viendra qu'après d'autres.

Honorie. Ton sang, qui chaque jour, à longs flots distillés,
          S'échappe vers ton frère, et six rois immolés,
          Te dirait-il trop bas que leurs ombres t'appellent ?
          Faut-il que ces avis par moi se renouvellent ?
          Vois, vois couler ce sang qui te vient avertir,
          Tyran, que pour les joindre il faut bientôt partir.

Attila. Ce n'est rien ; et pour moi s'il n'est pas d'autre foudre,
          J'aurai pour ce départ du temps à m'y résoudre.
          D'autres vous envoieraient leur frayer le chemin ;
          Mais j'en laisserai faire à votre grand destin,
          Et trouverai pour vous quelques autres vengeances,
          Quand l'humeur me prendra de punir tant d'offenses.

SCÈNE IV.

ATTILA, VALAMIR, ARDARIC, HONORIE, ILDIONE, OCTAR.

Attila, *à Ildione.* Où venez-vous, madame, et qui vous enhardit
          A vouloir voir ma mort qu'ici l'on me prédit
          Venez-vous de deux rois soutenir la querelle,
          Vous révolter comme eux, me foudroyer comme elle,
          Ou mendier l'appui de mon juste courroux
          Contre votre Ardaric qui ne veut plus de vous ?

Ildione. Il n'en mériterait ni l'honneur ni l'estime,
          S'il osait espérer m'acquérir par un crime.
          D'un si juste refus j'ai de quoi me louer,
          Et ne viens point ici pour l'en désavouer.
          Non, seigneur ; c'est du mien que j'y viens me dédire,
          Rendre à mes droits sur vous leur souverain empire,
          Rattacher, réunir votre vouloir au mien,
          Et reprendre un pouvoir dont vous n'usez pas bien.
          Seigneur, est-ce là donc cette reconnaissance
          Si hautement promise à mon obéissance ?

Rendez toute votre âme à son premier souhait ;
Recevez qui vous sert, et fuyez qui vous hait.
Honorie a ses droits ; mais celui de vous plaire
N'est pas, vous le savez, un droit imaginaire ;
Et, pour vous appuyer, Méroüée a des bras
Qui font taire les droits quand il faut des combats.

Attila. Non, je ne puis plus voir cette ingrate Honorie
Qu'avec la même horreur qu'on voit une furie ;
Et tout ce que le ciel a formé de plus doux,
Tout ce qu'il peut de mieux, je crois le voir en vous.
Mais dans votre cœur même un autre espoir murmure,
Lorsque...

Ildione. Vous pourriez croire une telle imposture !
Qu'ai-je dit ? qu'ai-je fait que de vous obéir ?
Et par où jusque-là m'aurais-je pu trahir ?

Attila. Ardaric est pour vous un époux préférable.

Ildione. Votre main lui donnait ce qu'il avait d'aimable ;
Et je ne l'ai tantôt accepté pour époux
Que par cet ordre exprès que j'ai reçu de vous.
Vous aviez déjà vu qu'en dépit de mon âme,
Pour vous faire empereur...

Attila. Vous me trompez, madame ;
Votre affirmation me sait si bien dompter,
Que je veux y céder pour ne plus résister.
N'abusez pas pourtant d'un si puissant empire ;
Songez qu'il est encor d'autres biens où j'aspire,
Qu'une juste vengeance attend aussi son tour ;
Et laissez-moi pouvoir quelque chose en ce jour.

Ildione. Seigneur, ensanglanter cette illustre journée ?
Grâce, grâce du moins jusqu'après l'hyménée.
A son heureux flambeau souffrez un pur éclat,
Et laissez pour demain les maximes d'État.

Attila. Vous le voulez, madame, il faut vous satisfaire ;
Mais ce n'est que grossir d'autant plus ma colère ;
Et ce que par votre ordre elle perd de moments
Enfle l'avidité de mes ressentiments.

A Honorie. Vous, princesse, il vaut mieux nous imiter l'un l'autre.
Vous suivrez mon exemple et je suivrai le vôtre.
Vous condamniez madame à l'hymen d'un sujet ;

ACTE V, SCÈNE IV.

Remplissez au lieu d'elle un si juste projet.
Je vous l'ai déjà dit, et mon respect fidèle
A cette digne loi que vous faisiez pour elle,
N'ose prendre autre règle à punir vos mépris.
Si Valamir vous plaît, sa vie est à ce prix;
Disposez à ce prix d'une main qui m'est due.
Octar, ne perdez pas la princesse de vue.
Vous qui me commandez de vous donner ma foi,
Madame, allons au temple; et vous, rois, suivez-moi.

SCÈNE V.

HONORIE, OCTAR.

Honorie. Tu le sais, pour toucher cet orgueilleux courage,
J'ai pleuré, j'ai prié, j'ai tout mis en usage,
Octar; et, pour tout fruit de tant d'abaissement,
Le barbare me traite encor plus fièrement.
S'il reste quelque espoir, c'est toi seul qu'il regarde.
Prendras-tu bien ton temps? tu commandes sa garde;
La nuit et le sommeil vont tout mettre en ton choix;
Et Flavie est le prix du salut de deux rois.

Octar. Ah! madame! Attila, depuis votre menace,
Met hors de mon pouvoir l'effet de cette audace.
Ce défiant esprit n'agit plus maintenant,
Dans toutes ses fureurs, que par mon lieutenant!
C'est par lui qu'aux deux rois il fait ôter les armes;
Et deux mots en son âme ont jeté tant d'alarmes,
Qu'exprès à votre suite il m'attache aujourd'hui
Pour m'ôter tout moyen de m'approcher de lui.
Pour peu que je vous quitte il y va de ma vie,
Et s'il peut découvrir que j'espère Flavie...

Honorie. Il le saura de moi, si tu ne veux agir,
Infâme, qui t'en peux excuser sans rougir :
Si tu veux vivre encor, va, cherche du courage.
Tu vois ce qu'à toute heure il immole à sa rage;
Et ta vertu, qui craint de trop paraître au jour,
Attend, les bras croisés, qu'il t'immole à son tour [1] !
Fais périr, ou péris ; préviens, lâche, ou succombe ;

---

[1] Il faut un Corneille pour dire : *Une vertu qui attend, les bras croisés.* (L. RACINE.)

Venge toute la terre, ou grossis l'hécatombe.
Si la gloire sur toi, si le cœur ne peut rien,
Meurs en traître, et du moins sers de victime au mien.
Mais qui me rend, seigneur, le bien de votre vue?

SCÈNE VI.

VALAMIR, HONORIE, OCTAR.

Valamir. L'impatient transport d'une joie imprévue.
Notre tyran n'est plus.
    Honorie. Il est mort?
       Valamir. Écoutez
Comme enfin l'ont puni ses propres cruautés,
Et comme heureusement le ciel vient de souscrire
A ce que nos malheurs vous ont fait lui prédire.
A peine sortions-nous pleins de trouble et d'horreur,
Qu'Attila recommence à saigner de fureur,
Mais avec abondance; et le sang qui bouillonne
Forme un si gros torrent, que lui-même il s'étonne.
Tout surpris qu'il en est : « S'il ne veut s'arrêter,
« Dit-il, on me paiera ce qu'il m'en va coûter. »
Il demeure à ces mots sans parole, sans force;
Tous ses sens avec lui font un soudain divorce :
Sa gorge enfle, et du sang dont le cours s'épaissit
Le passage se ferme, ou du moins s'étrécit.
De ce sang renfermé la vapeur en furie
Semble avoir étouffé sa colère et sa vie;
Et déjà de son front la funeste pâleur
N'opposait à la mort qu'un reste de chaleur,
Lorsqu'une illusion lui présente son frère,
Et lui rend tout d'un coup la vie et la colère :
Il croit le voir suivi des ombres de six rois,
Qu'il se veut immoler une seconde fois;
Mais ce retour si prompt de sa plus noire audace
N'est qu'un dernier effort de la nature lasse,
Qui, prête à succomber sous la mort qui l'atteint,
Jette un plus vif éclat et tout d'un coup s'éteint.
C'est en vain qu'il fulmine à cette affreuse vue,
Sa rage qui renaît en même temps le tue.

Sa vie a longs ruisseaux se répand sur le sable.

ATTILA

L'impétueuse ardeur de ces transports nouveaux
A son sang prisonnier ouvre tous ses canaux ;
Son élancement perce ou rompt toutes les veines,
Et ces canaux ouverts sont autant de fontaines
Par où l'âme et le sang se pressent de sortir,
Pour terminer sa rage et nous en garantir.
Sa vie à longs ruisseaux se répand sur le sable ;
Chaque instant l'affaiblit et chaque effort l'accable ;
Chaque pas rend justice au sang qu'il a versé,
Et fait grâce à celui qu'il avait menacé.
Ce n'est plus qu'en sanglots qu'il dit ce qu'il croit dire [1] ;
Il frissonne, il chancelle, il trébuche, il expire ;
Et sa fureur dernière, épuisant tant d'horreurs,
Venge enfin l'univers de toutes ses fureurs.

SCÈNE VII.

ARDARIC, VALAMIR, HONORIE, ILDIONE, OCTAR.

Ardaric. Ce n'est pas tout, seigneur : la haine générale,
  N'ayant plus à le craindre, avidement s'étale ;
  Tous brûlent de servir sous des ordres plus doux,
  Tous veulent à l'envi les recevoir de nous.
Valamir. Ne perdons point de temps en ce retour d'affaires ;
  Allons donner tous deux les ordres nécessaires,
  Remplir ce trône vide, et voir sous quelles lois
  Tant de peuples voudront nous recevoir pour rois.

[1] Quelle hardiesse d'expression pour dire qu'Attila ne peut plus parler, parce que le sang le suffoque ! (L. RACINE.)

FRAGMENTS
DE LA TRAGÉDIE DE SURÉNA

INGRATITUDE ET JALOUSIE D'ORODE.

PERSONNAGES.

ORODE, roi des Parthes.
PACORUS, fils d'Orode.
SURÉNA, lieutenant d'Orode et général de son armée contre Crassus.
SILLACE, autre lieutenant d'Orode.
EURYDICE, fille d'Artabase, roi d'Arménie.
PALMIS, sœur de Suréna.
ORMÈNE, dame d'honneur d'Eurydice.

La scène est à Séleucie, sur l'Euphrate.

ACTE TROISIÈME.

SCÈNE PREMIÈRE.

ORODE, SILLACE.

Sillace. Je l'ai vu par votre ordre, et voulu par avance
Pénétrer le secret de son indifférence.
Il m'a paru, seigneur, si froid, si retenu...
Mais vous en jugerez quand il sera venu.
Cependant je dirai que cette retenue
Sent une âme de trouble et d'ennuis prévenue ;
Que ce calme paraît assez prémédité
Pour ne répondre pas de sa tranquillité ;
Que cette indifférence a de l'inquiétude,
Et que cette froideur marque un peu trop d'étude.

Orode. Qu'un tel calme, Sillace, a droit d'inquiéter
Un roi qui lui doit tant, qu'il ne peut s'acquitter !
Un service au-dessus de toute récompense

A force d'obliger tient presque lieu d'offense :
Il reproche en secret tout ce qu'il a d'éclat ;
Il livre tout un cœur au dépit d'être ingrat.
Le plus zélé déplaît, le plus utile gêne,
Et l'excès de son poids fait pencher vers la haine.
Suréna de l'exil lui seul m'a rappelé ;
Il m'a rendu lui seul ce qu'on m'avait volé,
Mon sceptre ; de Crassus il vient de me défaire :
Pour faire autant pour lui quel don puis-je lui faire ?
Lui partager mon trône ? Il serait tout à lui
S'il n'avait mieux aimé n'en être que l'appui.
Quand j'en pleurais la perte, il forçait des murailles ;
Quand j'invoquais mes dieux, il gagnait des batailles.
J'en frémis, j'en rougis, je m'en indigne, et crains
Qu'il n'ose quelque jour s'en payer par ses mains ;
Et, dans tout ce qu'il a de nom et de fortune,
Sa fortune me pèse, et son nom m'importune.
Qu'un monarque est heureux quand parmi ses sujets
Ses yeux n'ont point à voir de plus nobles objets,
Qu'au-dessus de sa gloire il n'y connaît personne,
Et qu'il est le plus digne enfin de sa couronne !

Sillace. Seigneur, pour vous tirer de ces perplexités,
La saine politique a deux extrémités.
Quoi qu'ait fait Suréna, quoi qu'il en faille attendre,
Ou faites-le périr, ou faites-en un gendre.
Puissant par sa fortune, et plus par son emploi,
S'il devient par l'hymen l'appui d'un autre roi,
Si, dans les différends que le ciel vous peut faire,
Une femme l'entraîne au parti de son père,
Que vous servira lors, seigneur, d'en murmurer ?
Il faut, il faut le perdre, ou vous en assurer ;
Il n'est point de milieu.

    Orode. Ma pensée est la vôtre ;
Mais s'il ne veut pas l'un, pourrai-je vouloir l'autre ?
Pour prix de ses hauts faits, et de m'avoir fait roi,
Son trépas... Ce mot seul me fait pâlir d'effroi ;
Ne m'en parlez jamais : que tout l'État périsse,
Avant que jusque-là ma vertu se ternisse,
Avant que je défère à ces raisons d'État

Qui nommeraient justice un si lâche attentat!
Sillace. Mais pourquoi lui donner les Romains en partage,
Quand sa gloire, seigneur, vous donnait tant d'ombrage?
Pourquoi contre Artabase attacher vos emplois,
Et lui laisser matière à de plus grands exploits?
Orode. L'événement, Sillace, a trompé mon attente.
Je voyais des Romains la valeur éclatante;
Et, croyant leur défaite impossible sans moi,
Pour me la préparer, je fondis sur ce roi:
Je crus qu'il ne pourrait à la fois se défendre
Des fureurs de la guerre et de l'offre d'un gendre;
Et que par tant d'horreurs son peuple épouvanté
Lui ferait mieux goûter la douceur d'un traité:
Tandis que Suréna, mis aux Romains en butte,
Les tiendrait en balance, ou craindrait pour sa chute,
Et me réserverait la gloire d'achever,
Ou de le voir tombant, et de le relever.
Je réussis à l'un, et conclus l'alliance;
Mais Suréna vainqueur prévint mon espérance.
A peine d'Artabase eus-je signé la paix,
Que j'appris Crassus mort, et les Romains défaits.
Ainsi d'une si haute et si prompte victoire
J'emporte tout le fruit, et lui toute la gloire;
Et, beaucoup plus heureux que je n'aurais voulu,
Je me fais un malheur d'être trop absolu.
Je tiens toute l'Asie et l'Europe en alarmes,
Sans que rien s'en impute à l'effort de mes armes;
Et quand tous mes voisins tremblent pour leurs États,
Je ne les fais trembler que par un autre bras.
J'en tremble enfin moi-même, et pour remède unique
Je n'y vois qu'une basse et dure politique,
Si Mandane, l'objet des vœux de tant de rois,
Se doit voir d'un sujet le rebut ou le choix.
Sillace. Le rebut! Vous craignez, seigneur, qu'il la refuse?
Orode. Et ne se peut-il pas qu'un autre soin l'amuse,
Et que, rempli qu'il est d'une juste fierté,
Il n'écoute son cœur plus que ma volonté?
Le voici; laissez-nous.

FRAGMENTS.

SCÈNE II.

ORODE, SURÉNA.

Orode. Suréna, vos services
(Qui l'aurait osé croire?) ont pour moi des supplices ;
J'en ai honte, et ne puis assez me consoler
De ne voir aucun don qui les puisse égaler.
Suppléez au défaut d'une reconnaissance
Dont vos propres exploits m'ont mis en impuissance ;
Et s'il en est un prix dont vous fassiez état,
Donnez-moi les moyens d'être un peu moins ingrat.

Suréna. Quand je vous ai servi, j'ai reçu mon salaire,
Seigneur, et n'ai rien fait qu'un sujet n'ait dû faire ;
La gloire m'en demeure, et c'est l'unique prix
Que s'en est proposé le choix que j'en ai pris.
Si pourtant il vous plaît, seigneur, que j'en demande
De plus dignes d'un roi dont l'âme est toute grande ;
La plus haute vertu peut faire de faux pas ;
Si la mienne en fait un, daignez ne le voir pas ;
Gardez-moi des bontés toujours prêtes d'éteindre
Le plus juste courroux que j'aurais lieu d'en craindre ;
Et si...

Orode. Ma gratitude oserait se borner
Au pardon d'un malheur qu'on ne peut deviner,
Qui n'arrivera point? et j'attendrais un crime,
Pour vous montrer le fond de toute mon estime?
Le ciel m'est plus propice, et m'en ouvre un moyen
Par l'heureuse union de votre sang au mien.
D'avoir tout fait pour moi ce sera le salaire.

Suréna. J'en ai flatté longtemps un espoir téméraire ;
Mais puisque enfin le prince...

Orode. Il aima votre sœur,
Et le bien de l'État lui dérobe son cœur ;
La paix de l'Arménie à ce prix est jurée.
Mais l'injure aisément peut être réparée.
J'y sais des rois tout prêts : et pour vous, dès demain,
Mandane que j'attends vous donnera la main.
C'est tout ce qu'en la mienne ont mis les destinées

Qu'à force de hauts faits la vôtre a couronnées.

Suréna. A cet excès d'honneur rien ne peut s'égaler :
Mais si vous me laissiez liberté d'en parler,
Je vous dirais, seigneur, que l'amour paternelle
Doit à cette princesse un trône digne d'elle ;
Que l'inégalité de mon destin au sien
Ravalerait son sang sans élever le mien ;
Qu'une telle union, quelque haut qu'on la mette,
Me laisse encor sujet, et la rendrait sujette ;
Et que de son hymen, malgré tous mes hauts faits,
Au lieu de rois à naître, il naîtrait des sujets.
De quel œil voulez-vous, seigneur, qu'elle me donne
Une main refusée à plus d'une couronne,
Et qu'un si digne objet des vœux de tant de rois
Descende par votre ordre à cet indigne choix ?
Que de mépris pour moi! que de honte pour elle!
Non, seigneur, croyez-en un serviteur fidèle ;
Si votre sang du mien veut augmenter l'honneur,
Il y faut l'union du prince avec ma sœur.
Ne le mêlez, seigneur, au sang de vos ancêtres
Qu'afin que vos sujets en reçoivent des maîtres.
Vos Parthes dans la gloire ont trop longtemps vécu,
Pour attendre des rois du sang de leur vaincu.
Si vous ne le savez, tout le camp en murmure ;
Ce n'est qu'avec dépit que le peuple l'endure.
Quelles lois eût pu faire Artabase vainqueur
Plus rudes, disent-ils, même à des gens sans cœur ?
Je les fais taire. Mais, seigneur, à le bien prendre,
C'était moins l'attaquer que lui mener un gendre ;
Et, si vous en aviez consulté leurs souhaits,
Vous auriez préféré la guerre à cette paix.

Orode. Est-ce dans le dessein de vous mettre à leur tête
Que vous me demandez ma grâce toute prête?
Et de leurs vains souhaits vous font-ils le porteur
Pour faire Palmis reine avec plus de hauteur?
Il n'est rien d'impossible à la valeur d'un homme
Qui rétablit son maître et triomphe de Rome :
Mais sous le ciel tout change, et les plus valeureux
N'ont jamais sûreté d'être toujours heureux.

J'ai donné ma parole, elle est inviolable.
Le prince aime Eurydice autant qu'elle est aimable :
Et, s'il faut dire tout, je lui dois cet appui
Contre ce que Phradate osera contre lui.
Car tout ce qu'attenta contre moi Mitradate,
Pacorus le doit craindre à son tour de Phradate :
Cet esprit turbulent, et jaloux du pouvoir,
Quoique son frère...

Suréna. Il sait que je sais mon devoir,
Et n'a pas oublié que dompter des rebelles,
Détrôner un tyran...

Orode. Ces actions sont belles;
Mais pour m'avoir remis en état de régner,
Rendent-elles pour vous ma fille à dédaigner?

Suréna. La dédaigner, seigneur, quand mon zèle fidèle
N'ose me regarder que comme indigne d'elle!
Osez me dispenser de ce que je vous doi;
Et, pour la mériter, je cours me faire roi.
S'il n'est rien d'impossible à la valeur d'un homme
Qui rétablit son maître et triomphe de Rome,
Sur quels rois aisément ne pourrais-je emporter,
En faveur de Mandane, un sceptre à la doter?
Prescrivez-moi, seigneur, vous-même une conquête
Dont en prenant sa main je couronne sa tête;
Et vous direz après si c'est la dédaigner,
Que de vouloir me perdre ou la faire régner.
Mais je suis né sujet; et j'aime trop à l'être
Pour hasarder mes jours que pour servir mon maître,
Et consentir jamais qu'un homme tel que moi
Souille par son hymen le pur sang de son roi.

Orode. Je n'examine point si ce respect déguise :
Mais parlons une fois avec pleine franchise.
Vous êtes mon sujet, mais un sujet si grand,
Que rien n'est malaisé quand son bras l'entreprend.
Vous possédez sous moi deux provinces entières
De peuples si hardis, de nations si fières,
Que sur tant de vassaux je n'ai d'autorité
Qu'autant que votre zèle a de fidélité :
Il vous ont jusqu'ici suivi comme fidèle ;

Et, quand vous le voudrez, ils vous suivront rebelle :
Vous avez tant de nom, que tous les rois voisins
Vous veulent, comme Orode, unir à leurs destins.
La victoire, chez vous passée en habitude,
Met jusque dans ses murs Rome en inquiétude ;
Par gloire, ou pour braver au besoin mon courroux,
Vous traînez en tous lieux dix mille âmes à vous.
Le nombre est peu commun pour un train domestique ;
Et s'il faut qu'avec vous tout à fait je m'explique,
Je ne vous saurais croire assez en mon pouvoir,
Si les nœuds de l'hymen n'enchaînent le devoir.

Suréna. Par quel crime, seigneur, ou par quelle imprudence
Ai-je pu mériter si peu de confiance?
Si mon cœur, si mon bras pouvait être gagné,
Mitradate et Crassus n'auraient rien épargné :
Tous les deux...

Orode. Laissons la Crassus et Mitradate.
Suréna, j'aime à voir que votre gloire éclate ;
Tout ce que je vous dois j'aime à le publier ;
Mais, quand je m'en souviens, vous devez l'oublier.
Si le ciel par vos mains m'a rendu cet empire,
Je sais vous épargner la peine de le dire ;
Et, s'il met votre zèle au-dessus du commun,
Je n'en suis point ingrat ; craignez d'être importun.

Suréna. Je reviens à Palmis, seigneur. De mes hommages
Si les lois du devoir sont de trop faibles gages,
En est-il de plus sûrs, ou de plus fortes lois,
Qu'avoir une sœur reine et des neveux pour rois?
Mettez mon sang au trône, et n'en cherchez point d'autres,
Pour unir à tel point mes intérêts aux vôtres
Que tout cet univers, que tout notre avenir
Ne trouve aucune voie à les en désunir.

Orode. Mais, Suréna, le puis-je après la foi donnée,
Au milieu des apprêts d'un si grand hyménée?
Et rendrai-je aux Romains qui voudraient me braver
Un ami que la paix vient de leur enlever?
Si le prince renonce au bonheur qu'il espère,
Que dira la princesse, et que fera son père?

Suréna. Pour son père, seigneur, laissez-m'en le souci.

Les morts les mieux vengés ne ressuscitent point.

J'en réponds, et pourrais répondre d'elle aussi.
Malgré la triste paix que vous avez jurée,
Avec le même prince elle s'est déclarée ;
Et je puis bien vous dire avec quels sentiments
Elle attend à demain l'effet de vos serments...

Orode. Est-ce au peuple, est-ce à vous, Suréna, de me dire
Pour lui donner des rois quel sang je dois élire?
Et, pour voir dans l'État tous mes ordres suivis,
Est-ce de mes sujets que je dois prendre avis ?
Si le prince à Palmis veut rendre sa tendresse,
Je consens qu'il dédaigne à son tour la princesse ;
Et nous verrons après quel remède apporter
A la division qui peut en résulter.
Pour vous, qui vous sentez indigne de ma fille,
Et craignez par respect d'entrer en ma famille,
Choisissez un parti qui soit digne de vous,
Et qui surtout n'ait rien à me rendre jaloux.
Mon âme avec chagrin sur ce point balancée
En veut, et dès demain, être débarrassée.

Suréna. Seigneur, je n'aime rien.

      Orode. Que vous aimiez ou non,
Faites un choix vous-même, ou souffrez-en le don.

Suréna. Mais, si j'aime en tel lieu qu'il m'en faille avoir honte,
Du secret de mon cœur puis-je vous rendre compte ?

Orode. A demain, Suréna ; s'il se peut, dès ce jour,
Résolvons cet hymen, et cela sans retour.
Cependant allez voir la princesse Eurydice ;
Sous les lois du devoir ramenez son caprice ;
Et ne m'obligez point à faire à ses appas
Un compliment de roi qui ne lui plairait pas.
Palmis vient par mon ordre, et je veux en apprendre
Dans vos prétentions la part qu'elle aime à prendre.

SCÈNE III.

ORODE, PALMIS.

Orode. Suréna m'a surpris, et je n'aurais pas dit
Qu'avec tant de valeur il eût eu tant d'esprit :
Mais moins on le prévoit, et plus cet esprit brille :

Il trouve des raisons à refuser ma fille,
Mais fortes, et qui même ont si bien succédé,
Qu'en s'en disant indigne il m'a persuadé.
. . . .
Il nous faut un hymen, pour nous donner des princes
Qui soient l'appui du sceptre et l'espoir des provinces;
C'est là qu'est notre force ; et, dans nos grands destins,
Le manque de vengeurs enhardit les mutins.
Du reste, en ces grands nœuds l'État qui s'intéresse
Ferme l'œil aux attraits et l'âme à la tendresse :
La seule politique est ce qui nous émeut ;
On la suit, et l'attrait s'y mêle comme il peut :
N'en parlons plus, madame ; et dites à ce frère,
Qui vous est aussi cher que vous me seriez chère,
Que parmi ses respects il n'a que trop marqué...

Palmis. Quoi, seigneur ?

Orode. Avec lui je crois m'être expliqué.
Qu'il y pense, madame. Adieu.

Palmis, *seule.* Quel triste augure !
Et que ne me dit point cette menace obscure !
. . . .

ACTE CINQUIÈME.

SCÈNE DEUXIÈME.

EURYDICE, SURÉNA.

Eurydice. Seigneur, le roi condamne
Ma main à Pacorus, ou la vôtre à Mandane ;
Le refus n'en saurait demeurer impuni ;
Il lui faut l'une ou l'autre, ou vous êtes banni.

Suréna. Madame, ce refus n'est point vers lui mon crime :
Vous m'aimez ; ce n'est point non plus ce qui l'anime.
Mon crime véritable est d'avoir aujourd'hui
Plus de nom que mon roi, plus de vertu que lui ;
Et c'est de là que part cette secrète haine
Que le temps ne rendra que plus forte et plus pleine

Plus on sert des ingrats, plus on s'en fait haïr :
Tout ce qu'on fait pour eux ne fait que nous trahir.
Mon visage l'offense, et ma gloire le blesse.
Jusqu'au fond de mon âme il cherche une bassesse,
Et tâche à s'ériger par l'offre ou par la peur,
De roi que je l'ai fait, en tyran de mon cœur ;
Comme si par ses dons il pouvait me séduire,
Ou qu'il pût m'accabler, et ne se point détruire.
Je lui dois en sujet tout mon sang, tout mon bien ;
Mais, si je lui dois tout, mon cœur ne lui doit rien,
Et n'en reçoit de loi que comme autant d'outrages,
Comme autant d'attentats sur de plus doux hommages.
Cependant pour jamais il faut nous séparer,
Madame.

Eurydice. Cet exil pourrait toujours durer ?
Suréna. En vain pour mes pareils leur vertu sollicite ;
Jamais un envieux ne pardonne au mérite.
Cet exil toutefois n'est pas un long malheur ;
Et je n'irai pas loin sans mourir de douleur.

. . . .

Eurydice. Votre nom, vos vertus, valaient bien ma naissance ;
Et Crassus a rendu plus digne encor de moi
Un héros dont le zèle a rétabli son roi.
Dans les maux où j'ai vu l'Arménie exposée
Mon pays désolé m'a seul tyrannisée.
Esclave de l'État, victime de la paix,
Je m'étais répondu de vaincre mes souhaits.
Suréna. Un trône vous attend, le premier de la terre,
Un trône où l'on ne craint que l'éclat du tonnerre,
Qui règle le destin du reste des humains,
Et jusque dans leurs murs alarme les Romains.
Eurydice. J'envisage ce trône et tous ses avantages,
Et je n'y vois partout, seigneur, que vos ouvrages ;
Sa gloire ne me peint que celle de mes fers,
Et, dans ce qui m'attend, je vois ce que je perds.
Ah ! seigneur !
Suréna. Épargnez la douleur qui me presse ;
Ne la ravalez point jusques à la tendresse ;
Et laissez-moi partir dans cette fermeté

SURÉNA,

Qui fait de tels jaloux, et qui m'a tant coûté.
Eurydice. Partez, puisqu'il le faut, avec ce grand courage
Qui mérita ma main et donne tant d'ombrage.
Je suivrai votre exemple, et vous n'aurez point lieu...
Mais j'aperçois Palmis qui vient vous dire adieu ;
Et je puis, en dépit de tout ce qui me tue,
Quelques moments encor jouir de votre vue.

SCÈNE III.

EURYDICE, SURÉNA, PALMIS.

Palmis. On dit qu'on vous exile à moins que d'épouser,
Seigneur, ce que le roi daigne vous proposer.
Suréna. Non ; mais jusqu'à l'hymen que Pacorus souhaite
Il m'ordonne chez moi quelques jours de retraite.
Palmis. Et vous partez ?
Suréna. Je pars.
Palmis. Et, malgré son courroux,
Vous avez sûreté d'aller jusque chez vous ?
Vous êtes à couvert des périls dont menace
Les gens de votre sorte une belle disgrâce,
Et s'il faut dire tout, sur de si longs chemins
Il n'est point de poisons, il n'est point d'assassins ?
Suréna. Le roi n'a pas encor oublié mes services,
Pour commencer par moi de telles injustices ;
Il est trop généreux pour perdre son appui.
Palmis. S'il l'est, tous vos jaloux le sont-ils comme lui ?
Est-il aucun flatteur, seigneur, qui lui refuse
De lui prêter un crime et lui faire une excuse ?
En est-il que l'espoir d'en faire mieux sa cour
N'expose sans scrupule à ces courroux d'un jour,
Ces courroux qu'on affecte alors qu'on désavoue
De lâches coups d'État dont en l'âme on se loue,
Et qu'une absence élude, attendant le moment
Qui laisse évanouir ce faux ressentiment ?
Suréna. Ces courroux affectés que l'artifice donne
Font souvent trop de bruit pour abuser personne.
Si ma mort plaît au roi, s'il la veut tôt ou tard,
J'aime mieux qu'elle soit un crime qu'un hasard ;

FRAGMENTS.

    Qu'aucun ne l'attribue à cette loi commune
    Qu'impose la nature et règle la fortune ;
    Que son perfide auteur, bien qu'il cache sa main,
    Devienne abominable à tout le genre humain ;
    Et qu'il en naisse enfin des haines immortelles
    Qui de tous ses sujets lui fassent des rebelles.

Palmis. Je veux que la vengeance aille à son plus haut point,
    Les morts les mieux vengés ne ressuscitent point.

. . . .

Suréna. Que faire donc, ma sœur?

              Palmis. Votre asile est ouvert.

Suréna. Quel asile ?

           Palmis. L'hymen qui vous vient d'être offert.

Suréna. Quoi! vous vous figurez que l'heureux nom de gendre,
    Si ma perte est jurée, a de quoi m'en défendre,
    Quand, malgré la nature, en dépit de ses lois,
    Le parricide a fait la moitié de nos rois,
    Qu'un frère pour régner se baigne au sang d'un frère,
    Qu'un fils impatient prévient la mort d'un père ?
    Notre Orode lui-même, où serait-il sans moi?
    Mitradate pour lui montrait-il plus de foi?
    Croyez-vous Pacorus bien plus sûr de Phradate?
    J'en connais mal le cœur, si bientôt il n'éclate,
    Et si de ce haut rang que j'ai vu l'éblouir
    Son père et son aîné peuvent longtemps jouir.
    Plus je les servirai, plus je serai coupable ;
    Et s'ils veulent ma mort, elle est inévitable.
    Chaque instant que l'hymen pourrait la reculer
    Ne les attacherait qu'à mieux dissimuler,
    Qu'à rendre, sous l'appât d'une amitié tranquille,
    L'attentat plus secret, plus noir et plus facile.
    Ainsi, dans ce grand nœud chercher ma sûreté,
    C'est inutilement faire une lâcheté,
    Souiller en vain mon nom, et vouloir qu'on m'impute
    D'avoir enseveli ma gloire sous ma chute.
    Mais, dieux! se pourrait-il qu'ayant si bien servi,
    Par l'ordre de mon roi le jour me fût ravi?
    Non, non ; c'est d'un bon œil qu'Orode me regarde ;
    Vous le voyez, ma sœur, je n'ai pas même un garde ;

Je suis libre.

Palmis. Et j'en crains d'autant plus son courroux ;
S'il vous faisait garder, il répondrait de vous.
Mais pouvez-vous, seigneur, rejoindre votre suite ?
Êtes-vous libre assez pour choisir une fuite ?
Garde-t-on chaque porte à moins d'un grand dessein ?
Pour en rompre l'effet il ne faut qu'une main.
Par toute l'amitié que le sang doit attendre,
Par tout ce que mon cœur a pour vous de plus tendre...
Quoi ! vous pourriez...

Suréna. Adieu. Le trouble où je vous voi
Me fait vous craindre plus que je ne crains le roi.

SCÈNE IV.

EURYDICE, PALMIS.

Eurydice. Vous vous alarmez trop : le roi dans sa colère
Ne parle...

Palmis. Vous dit-il tout ce qu'il prétend faire ?
D'un trône où ce héros a su le replacer,
S'il en veut à ses jours, l'ose-t-il prononcer ?
Le pourrait-il sans honte ; et pourriez-vous attendre
A prendre soin de lui qu'il soit trop tard d'en prendre ?
N'y perdez aucun temps, partez : que tardez-vous ?
Peut-être en ce moment on le perce de coups ;
Peut-être...

Eurydice. Que d'horreurs vous me jetez dans l'âme ?

Palmis. Quoi ! vous n'y courez pas !

Eurydice. Et le puis-je, madame !

Palmis. Savez-vous qu'il le faut, ou que vous le perdez ?

SCÈNE V.

EURYDICE, PALMIS, ORMÈNE.

Eurydice. Je n'y résiste plus, vous me le défendez.
Ormène vient à nous, et lui peut aller dire
Qu'il épouse... Achevez tandis que je respire.

Palmis. Elle vient tout en pleurs.

Ormène. Qu'il vous en va coûter !

FRAGMENTS.

Et que pour Suréna...

Palmis. L'a-t-on fait arrêter ?
Ormène. A peine du palais il sortait dans la rue,
Qu'une flèche a parti d'une main inconnue ;
Deux autres l'ont suivie : et j'ai vu ce vainqueur,
Comme si toutes trois l'avaient atteint au cœur,
Dans un ruisseau de sang tomber mort sur la place.
Eurydice. Hélas !
Ormène. Songez à vous, la suite vous menace ;
Et je pense avoir même entendu quelques voix
Nous crier qu'on apprît à dédaigner les rois.
Palmis. Prince ingrat ! lâche roi ! Que fais-tu du tonnerre,
Ciel, si tu daignes voir ce qu'on fait sur la terre ?
Et pour qui gardes-tu tes carreaux embrasés,
Si de pareils tyrans n'en sont point écrasés ?
. . . .

TABLE DES PIÈCES

CONTENUES DANS CE VOLUME.

———

	Pages.
Avertissement de l'Éditeur.	v
Notice de Corneille.	x
LE CID, tragédie en cinq actes.	1
MÉDÉE, tragédie en cinq actes (fragments).	39
HORACE, tragédie en cinq actes.	47
CINNA, tragédie en cinq actes.	99
POLYEUCTE, tragédie en cinq actes.	141
POMPÉE, tragédie en cinq actes.	195
RODOGUNE, tragédie en cinq actes (Vengeance de Cléopâtre, fragments).	243
HÉRACLIUS, tragédie en cinq actes.	273
ANDROMÈDE, tragédie en cinq actes (Effet de la tête de Méduse sur les ennemis de Persée, fragment).	321
DON SANCHE D'ARAGON, comédie héroïque en cinq actes.	325
NICOMÈDE, tragédie en cinq actes.	369
OEDIPE, tragédie en cinq actes (Indignation de Thésée contre la fatalité, fragment).	424
Prologue de la tragédie de la TOISON D'OR.	426
SERTORIUS, tragédie en cinq actes.	433
OTHON, tragédie (Tableau de la cour de Galba et portrait de l'empereur Othon, fragments).	475
ATTILA, tragédie en cinq actes.	479
SURÉNA, tragédie en cinq actes (Indignation et jalousie d'Orode, fragments).	513

———

IMPRIMERIE D'E. DUVERGER,
rue de Verneuil, 4.

www.ingramcontent.com/pod-product-compliance
Lightning Source LLC
Chambersburg PA
CBHW070830230426
43667CB00011B/1744